4·16구술증언록 단원고 2학년 7반 제7권

그날을 말하다

찬호 아빠 전명선

4·16구술증언록 단원고 2학년 7반 제7권

그날을 말하다

찬호 아빠 전명선

4·16기억저장소 기획 편집
(사) 4·16세월호참사가족협의회 지원 협조

한울

일러두기

1. 음절로 식별 가능한 소리를 들리는 대로 전사하는 것을 원칙으로 한다.

2. 의미를 파악하기 위해 추가 설명이 필요할 경우 [ ]로 표시한다.

3. 몸짓, 어조 등 비언어적 행위는 ( )로 표시한다.

4. 구술자가 말을 잇지 못해 말줄임표를 사용하는 경우 ……, …로 길고 짧음을 표시한다.

5. 비공개 영역은 〈비공개〉로 표시한다.

6. 비공개해야 하는 희생자 형제자매의 이름은 ○○, △△ 등의 도형기호로, 생존자의 이름은 A, B, C 등 알파벳 대문자로 표시한다.

7. 비공개해야 하는 제3자는 직분이나 소속, 성만 공개하고, 이름은 ××로 표시한다. 비공개해야 하는 숫자는 자릿수에 상관없이 □로 표시하며, 지명은 □□로 표시한다.

책머리에

4·16기억저장소에서는 세월호 참사 5주기를 맞아 구술증언 수집 사업의 결과물 일부를 100권의 책으로 발간하게 되었습니다. 이 사업은 2015년 6월부터 다양한 학문 분야 구술 연구자들의 자발적인 참여로 진행되어 왔으며, 세월호 참사를 좀 더 정확하고 다각적으로 기록하고 기억하고자 하는 노력의 일환으로 수행되었습니다.

2014년 참사 발생 이후, 참사 피해자들의 목격담과 경험은 안타깝게도 공식적인 국가기관과 언론의 기록 속에서 철저히 소외되거나 왜곡되었습니다. 그것은 세월호 참사가 우리에게 안긴 죽음과 고통의 충격만큼이나 우리 사회의 끔찍한 비극이었습니다. 따라서 사업을 진행하면서 세월호 참사 희생자 가족, 생존자, 생존자 가족, 어민, 잠수사, 활동가, 기자 등등, 참사의 초기 과정을 직접 경험한 분들의 증언을 우선적으로 수집했습니다. 구술자는 이 사업의 취지와 방식에 개인적으로 동의한 분 중에서 선정했으며, 참여 과정에 어떠한 금전적 보상이나 이익이 제공되지 않았습니다. 또한 구술증언 수집 사업을 진행하는 동안, 면담자는 연구자이자 참사를 겪은 공동체 시민으로서 최대한 윤리적이고자 노력했습니다.

구술자마다 매회 약 2시간씩 3회를 원칙으로 음성 녹취와 영상 촬영을 하는 방식으로 진행되었고, 증언의 일관성을 확보하기 위해 면담자는 큰 틀에서 공통 질문지를 사용했습니다. 공통 질문지의 내용은 참사와 구술자 간의 관계성에 따라 차이가 있지만, 유가족 구술의 경우 1회차 '참사 이전의 삶, 팽목항과 진도에서의 경험, 자녀에 대한 기억'을, 2회차 '참사 이후 투쟁과 공동체 활동 경험'을, 3회차 '참사 이후 개인 및 가족이 경험한 삶의 변화와 깨달음, 자녀의 현재적 의미'를 중심으로 했습니다. 이처럼 증언 내용은 참사 이전에서 시작해 참사 발생 당시의 경험과 이후의 변화 과정까지 폭넓게 수집했고, 면담자는 구술 채록 과정에서 구술자의 발화를 최대한 존중하고자 했으며, 무엇보다 각자의 특수한 경험과 다른 시각을 충실히 반영하고자 했습니다.

이 구술증언록의 발간을 위해, 채록된 음성 자료는 문서로 변환해 구술자와 함께 검토했고, 현재 시점에서 공개할 수 있는 영역과 할 수 없는 영역으로 구별했습니다. 따라서 책에 실린 내용은 모두 구술자로부터 공개를 허락받은 부분입니다. 비공개 영역은 추후 구술자의 동의를 받아 적절한 절차를 거쳐 추가로 공개될 수 있으리라 생각합니다.

이 구술증언록 100권에는 그동안 우리 사회에 왜곡되어 알려지거나 잘 알려지지 않았던, 참사 발생 직후 팽목항과 진도 혹은 바다에서의 초기 상황에 관한 중요한 증언이 포함되어 있습니다. 또한, 자녀를 잃는 잔인하고 애통한 상황을 겪으면서도 그 누구보다 강인한 정치적 주체로 성장할 수밖에 없었던 유가족의 마음과 경험을 구체적으로, 그리고 여러 각도에서 살펴볼 수 있습니다. 그외에도, 이 구술증언록은 2014년을 전후한 한국 사회의 여러 측면을 드러내는 귀중한 자료가 되리라고 생각합니다. 무엇보다 국내외의 많은 분이 이 책을 읽어, 장차 세월호 참사의 진상 규명과 역사 서술에 기여할 수 있기를 바랍니다.

구술증언 수집 사업이 진행되고, 책으로 출간되기까지 많은 분의 도움과 지지가 있었습니다. 이 지면을 빌려 부족하나마 감사의 말씀을 전하고자 합니다.

먼저 (사)4·16세월호참사가족협의회와 4·16기억저장소에 감사를 드립니다. 이분들의 신뢰와 적극적인 협조가 없었다면, 이 사업은 처음부터 시작할 수조차 없었을 것입니다. 또한 어려운 정치 환경 속에서도 사업의 취지에 공감해 재정 지원을 결정해 준 아름다운가게와 역사문제연구소에 감사드립니다. 두 단체 덕분에, 이 사업을 4년 동안 계속해 올 수 있었습니다. 그리고 구술증언록 100권의 발간에 동의하고, 바쁜 일정에도 출판 실무를 기꺼이 맡아주신 한울엠플러스(주)에도 감사를 드립니다. 이 외에도 많은 개인과 단체가 직간접적으로 많은 도움을 주시고 격려해 주셨습니다. 여기에 모두 밝히지 못하는 것을 죄송하게 생각합니다.

　말할 필요도 없이, 가장 크고 또 가슴 아픈 감사는 구술자 한 분 한 분께 드리고자 합니다. 이 책이 발간될 수 있었던 것은, 무엇보다 용기를 내어 아픔과 고통의 기억을 다시 떠올리고 장시간 진심으로 이야기를 해주신 구술자가 있었기 때문입니다. 오랜 시간 이야기를 나누며 함께 공감하기도 했지만, 그 아픔과 고통을 어떻게 가늠할 수 있을까 싶습니다. 더 큰 도움이 되지 못함을 안타까워하며, 이 구술증언록 100권의 발간이 피해자분들에게 조금이라도 위로가 될 수 있기를 기원합니다.

2019년 4월

4·16기억저장소 구술팀 책임자
서울대학교 인류학과 교수 이현정

차례

찬호 아빠 전명선

구술자 전명선은 단원고 2학년 7반 고 전찬호의 아빠다. 세월호의 침몰 소식을 접하고 한 달음으로 팽목으로 달려간 아빠는, 도착 직후부터 정부의 대응이 뭔가 정상적이지 않다는 것을 직감하고 제대로 된 구조 활동을 촉구하기 위해 13인위원회에 참여하는 등 혼신의 힘을 다했다. 이후 아빠는 가족협의회 진상규명분과장, 운영위원장으로 활동하며 특별법 제정, 선체 인양과 미수습자 수색, 단원고 교실 문제의 해결, 생명안전공원의 건립 등의 문제에 전방위적으로 대응했다. 이제 운영위원장직을 내려놓은 찬호 아빠는 하늘로 간 아이에게 떳떳한 아빠가 되기 위해 계속해서 가족협의회의 활동을 지지함과 동시에 진상 규명 자료를 정리하는 등의 활동에 매진하고 있다.

전명선의 구술 면담은 2018년 8월 6일, 8일, 16일, 18일, 23일, 총 5회에 걸쳐 28시간 30분 동안 진행되었다. 면담자는 이현정, 촬영자는 강재성이었다.

구술자 본인의 프라이버시나 제3자의 프라이버시를 보호해야 할 부분을 제외하고는 구술자의 발화를 있는 그대로 전사했다.

1회차

2018년 8월 6일

1
시작 인사말

면담자   본 구술증언은 4·16 사건에 대한 참여자들의 경험과 기억을 기록으로 남김으로써 이후 진상 규명 및 역사 기술에 기여하고자 합니다. 지금부터 전명선 씨의 증언을 시작하겠습니다. 오늘은 2018년 8월 6일이며, 장소는 안산시 단원구 4·16기억저장소입니다. 면담자는 이현정이며, 촬영자는 강재성입니다.

2
구술증언 참여 동기 및 희망 사항

면담자   구술에 동의해 주셔서 감사합니다. 먼저 어떻게 구술에 참여하기로 결정을 하셨고, 이 기록이 어떻게 사용되기를 원하시는지를 말씀해 주시길 부탁드립니다.

찬호 아빠   참여하게 된 동기는 당연히 기록에 대한 소중함이죠. 그리고 기록을 통해서 지금 정권이 바뀌었다고 하지만, 세월호 참사에 대한 부분이 오랜 시간이 지나게 되면 사람들 기억 속에서 잊혀지게 될 것이고. 그리고 우리가 죽고 나서든, 혹은 대한민국 내에서는 이런 기록이 책으로 남겨짐으로 인해서 잊지 않는 기억들을 그대로 다시 정립을 할 수 있을 것 같고, 그 내용들을 통해서 누군가의, 전문가들 혹은 많은 사람들을 통해서 다시 재조명되거나 충분히 그럴 가치가 있겠다 [싶어요]. 많은 참사가 과거에 있었고, 그런 내용들이 빈번하게 일어나

는 걸 저희가 참사를 겪고 많이 느끼지만, 제가 한결같이 얘기하는 창
경호라든가 남영호라든가 서해 페리호 다음에 이 세월호 참사까지, 대
한민국 내에 대형 여객선에 대한 참사가 아주 어마어마한 참사로서 네
개가 있었는데, 그게 공교롭게도 주기적으로 반복되고 있고 [관련한] 어
떠한 내용들을 찾아볼라고 하더라도 실제 인터넷 검색상으로, 혹은 제
가 참사를 겪기 이전의 서해 페리호라든가 그거 외에는, 사실 창경호나
남영호는 내 기억에 없었던 거예요.

그니까 대한민국 국민으로서, 가장으로서, 사회 구성원으로서 살면
서도 사실은 본인 일이 아니기 때문에 정확하게 기억을 못 하는 거죠.
이미 두 건은 제가 태어나기 전의 일이고, 제대로 생각을 하지 못하는
태어난 지 2살 때 일어났던 참산데, 근데 그게 사실은 20년 만에 계속
반복되는 이유가 [세월호 참사와] 똑같은 거지요. 이 세월호 참사와 비일
비재하게 일어나는 참사의 내용들을 보면 다 똑같았다는 것, 그리고
그 내용에 대한 어떠한 자료도 제대로 남아 있지 않고 그 흔적을 찾아보
기 어렵다[는 것]. 그리고 세월호 참사에 대한 이런 내용이 제대로 알려
지거나 그러기 위해서는 무엇보다도 세월호 선체 보존 이런 것도 중요
하겠지만, 기존 피해 가족으로서 겪었던 그런 내용들, 그다음에 그 참
사의 현장[에 대한] 그런 내용들이 그대로 남아 있고 그게 나중에는 2차
든 3차든 해서 어떠한 표현이나 어떠한 방식이나, 어떠한 전문가들을
통해서라도 다시 이 세월호 참사에 대해 재조명할 수 있고, 그런 것을
통해서, 이런 자료들을 통해서 지금까지 20년의 주기적으로 반복되는
그런 참사는 막아져야 되겠다[는 것]. 그리고 많이 확대해서 해외라든가
그런 전문가들, 해외에서 포럼의 장이 열리고, 다음에 제대로 된 정책

20

찬호 아빠 전명선

제도개선이 만들어진다라고 하는, 주된 목적이 아마 이런 게 아닌가 싶어요.

두 번째는 기억. 기억이 잊혀지기 전에 제대로 이런 내용들을 정리해 둘 필요가 있겠다는 거구요. [이전 참사들과 세월호 참사의] 내용도 똑같더라구요. 처음에 참사가 나면 바로 책임자에 대한, 책임도 담당 인사 해임 정도로 아주 한두 명에 대한 징계만 이루어지고, 끝내고 나서 10년이 딱 지나게 되면 바로 규제 완화를 하고, 그다음에 민영화라든가 이런 제도개선에 대한 부분이 딱 10년이 지나면 다시 다 완화되고, 그래서 10년이 지나면 다시 이런 대형 참사가 나고, 참사가 나면 10년 동안은 억압했다가 다시 풀어나고 이런 부분이 반복되는 것 같아서, 그런 자료로서 활용하는 게 가장 중요하고…. 그렇게 생각을 해서 구술에 참여했구요, 너무 늦은 것 같아요.

면담자　　　　저희가 이번에 구술증언록을 내면서 가족협의회 집행부에서 주로 활동하셨던 분들 이야기도 듣고 싶었는데, 참 어려웠어요. 이제는 시간이 많이 흘러서 다들 기억이 많이 사라지지 않으셨을까 걱정스럽기도 했습니다.

찬호 아빠　　　　지금 구술도 난 늦지 않았다라고 보구요. 이런 자료가, 많은 자료들이 세월호 관련된 작은 사안이라도 나는 많은 책들이 나왔으면 좋겠어요. 때로는 그 책이 너무 마음 아프거나 슬픈 그런 내용뿐만이 아니더라도 각계각층의 사람들이 다 접할 수 있는 그런 내용으로. 그게 어떤 표현이냐 하면, 사실상 자식을 잃은 부모로서, 당사자로서는 마음 아픈 일이지만 국민들이라고 하면 아주 어린아이들부터도 있을 거잖아요. 요번에 촛불을 든 국민들 [중에] 진짜 아주 어린아이들도 나와 있거든요. 아주 연세 많으셔서 거동이 불편하신 분들이나 그다음에 본인 몸이 불편해서 이런 장애인들까지도 그 추운 겨울에 참여하시는 걸 보면서 그런 생각이 들더라구요. '지금까지 [유가족들이] 생활하고 했던 부분이 그냥 쪼금이라도 잊혀지기 전에 어떠한 내용으로 만들어서 많은 사람들이 읽혀지면 좋겠다'. 그런 어린아이들을 보고 생각하는 거는 '자식을 잃어서 그 자식들이 우리가 어떠한 행위를 하더라도 살아 돌아올 수 없는 것은 부정할 수가 없는 사실이다 보니까, 피해 가족으로서 피해당사자들이 감당해야 될 부분이다. [그렇지만] 이러한 내용들이 너무나 마음 아프고 그런 내용만이 아닌, 때로는 많은 예술인들이 예술로서 승화시켜서 만화든 그림이든 혹은 웹툰 작가들에 의해서, 어떠한 장르에 따라서는 희화화까지 하더라도 많은 사람들이 접했으면 좋겠다'. 그런데 그런 내용을 보면 외려 가족들이 마음 아플 수가 있거든요. 그 내용을 보면서, 때로는 그런 작품들을 보면서 이해하기 힘들고 감추어뒀던 아픔이 되살아날 수 있겠지만, 이제는 그것은 피해 가족으로서 국민들이 우리한테 손 내밀고 지금까지 연대해 준 그 정이랄까요? 그리고 세월호 진상 규명을 밝히고자 했던 그런 시민들의 열망 때문에 저희가 지금까지 이렇게 단단하게 있을 수 있었기 때문에, 이제는 그 책임은 가족들이 감내해야 될 부분 아닌가···. 그래서 그런 내용들이 때로는 많은 예술인들을 통해서 예술로서 좀 승화시키고 많이 나왔으면 좋겠다는 그런 생각이구요.

하나 더 얘기하고자 하는 거는, 제 바람이죠. 이런 구술을 통해서도 참 좋은데, 실제 어떻게 보면 꼭 전문가 집단이 아니더라도 많은 작가 분들 또는 이런 기록이나 이런 교수님들을 통해서라도 각계 분야에 있는 몇몇 사람들이 이렇게 모여서 머지않아 꼭 하고 싶은 게, '가족 백서'를 만들고 싶은데, 저는. 그래서 예산도 준비돼 있어요. 저희 가족들이 지금까지 정부를 통해서, 가족 내부의 우리 아픔 그런 내용들을 숨기지 않고 있는 그대로를, 회의 과정을 담아놓은 영상들이 다 있죠, 그리고 회의록이 다 있고. 그 회의록에는 공개 내용도 있고 비공개 내용도 우리가 아예 구분을 할 정도로 그 내용들이 다 있기 때문에, 사실은 그런 전문가 분들을 통해서 우리 회의록이 전부 다 공개되고, 영상이, 그걸 보고 나서 실제적으로 결정의 내용들이 만들어졌으면[남겨졌으면] 좋겠다는 생각을 해요.

면담자   가능하면 많은 사람들에게 공개될 뿐 아니라 다양한 집단에 의해서 활용되고 다양한 형태로 만들어지기를 바란다는 말씀을 하셨는데, 그렇게 하는 것이 진상 규명에 도움이 된다고 생각해서 그러시는 건가요, 아니면 찬호와 친구를 기억하는 것이 중요하다고 생각해서 그러시는 건가요? 그렇게 되길 바라는 이유를 듣고 싶습니다.

찬호 아빠   후자가 더 솔직하게 얘기하면, 진상 규명의 내용보다도 후자가 더 강할 거예요. 그니까 부모였으니까. 찬호도 그렇고 찬호 친구들[을] 부모로서 지켜주지 못했고 그 현장에 가서도 어떠한 부분도 손 쓸 수가 없었죠. 그냥 바라만 볼 수밖에 없었던 그런 부모였기 때문에 미안함이 더 크고. 그리고 아이들을 위한 어떠한 조형물이 됐던, 어떠한 이런 기록이 됐던 그 부분은 부모가 해주지 못했으니까. 아이들의 꿈, 제대로 펼쳐보지도 못하고 아이들이 그렇게 희생됐기 때문에 가장 큰 것은 부모로서의 지켜주지 못한 미안함, 그래서 후자의 게 솔직하게 더 많죠.

그리고 전자에 대해 얘기를 하면, 진상 규명에 대한 얘기를 한다고 하면 그런 부분에 있어서는 실제적으로 이런 구술 내용도 아주 중요한 부분이 있겠지만 초기에 그런 기억은 잊혀지기 쉽다고 하잖아요? 그래서 많은 분들이 도움을 주셔서 그래도 초기의 기초 진술, 그리고 이러한 구술을 통해서 많은 내용들이 모아진 내용이 있고, 또한 쪼금 전에 얘기했던 실제적인 쪽은 기억에 대한 부분[이기에] 사람은 혼동할 수도 있고 잘못 기억하거나 판단하거나 잘못 구술될 수 있는 내용도 있죠. 그렇기 때문에 그런 활동의 영상들, 그리고 아직까지 밝혀지지 못하고 아직도 서서히 나오고 있는 건들, 1심이 선고됐다고 하더라도 판결문 자체에서 아직까지 제대로 다루지 못했던 부분들, 그게 실제적으로 캐비닛 문건이라든가, 국정원과 기무사 문건, 그리고 실제 그 전에 앞서서 전 정권에서 이뤄졌던 부분이라 제대로 안 됐었던 거 같은데, 의혹은 충분히 다 제기를 했었는데 받아들이지 못했던 부분들, 청문회와 또 1기 특조위와 그다음에 국정감사 내용을 통해서라도 사실은 지금 다 다시 볼 수 있을 것이라는 거죠.

그래서 이 구술에 대해서 많은 책으로 알려지기를 바라는 부분은, 이 구술에 대한 내용은 저는 아이들을 기억하고, 또 예를 들어서 『416단원고약전』 같은 경우에는 18년도 채 못 살고 간 우리 아이들의 일대기가, 우리 아이들의 꿈과 희망이 부모가 없어도 계속 남는 거거든요. 대한민국이 있으면 그대로 존재할 것이라는 그런 의미가 강할 것 같고요. 진상 규명은 이런 구술보다도 실제 내용을 토대로 그 당시의 상황들이든 증거 수집, 녹취록들, 이런 부분을 통해서 별도로 팩트 있게 이의 제기 하고, [만약에] 2기 특조위, 사회적참사[특별]법에서 제대로 못 다뤄지고 또 특검에서도 제대로 못 다뤄진다면, 가족들이 가지고 있던 증거와 내용들, 그걸 기준으로 해서 별도로 충분히 민사소송이라도 끝까지 갈 수 있을 거예요. 그래서 진상 규명과 별개일 것 같은 생각이 든다고 얘기해야 될 것 같아요.

3
민사 소송에 대한 소회

면담자   최근의 근황에 대해 먼저 여쭤보겠습니다. 가족협의회 운영위원장이시니까 최근의 진상 규명 활동과 관련해서 진행되는 상황과 그리고 앞으로 어떻게 진행하실 생각인지 말씀해 주시면 감사하겠습니다.

찬호 아빠   일단 요번에 민사소송에 대한 부분은 정확하죠. 일단은 승소에 대한 부분은 아마 가족들이나 국민들 누구라도 많은 내용들이 언론에 공개됐기 때문에, 또 이미 현장지휘관이었던 김경일 경장의 판결 내용을 보더라도 당연히 승소할 수 있을 것이라고 당연히 예상을 했었던 부분이 있구요, 저 또한 마찬가지였고. 그런데 많은 내용들이 부족함이 있죠. 우리가 크게 얘기했던 것 중에, 그중에 첫 번째가 관제에 대한 실패에 대해서. 사실은 진도 브이티에스[VTS], 제주 브이티에스에 대해 증거보전을 신청을 했었고, 그거에 대한 내용을 다 확인을 했었어요. 그리고 이미 청문회 국감 때, 증거인멸이죠, CCTV도 은폐하고 했던 내용이 센터장을 통해서 다 밝혀졌던 내용이 있는데, 관제 실패에 대한 부분도 인정을 못 받았다는 부분.

그다음에 두 번째는 생존 학생들, 또 일반 생존자들 그런 사람들의 증언에 따라 보더라도 항공 구조사들의 선내 진입에 대한 부분도 마찬가지예요. 항공 구조사라고 하면 적어도 교신이든 어떠한 수단과 방법을 가리지 않더라도 그 역할을 했어야 되는데, 아이들의 증언이나 일반인 생존자들의 증언에서도 사실은 선내에 많은 승객들이 있다라고 분명히 애길 했다는 증언이 수도 없이 있음에도 불구하고 선내 진입 안 했던 부분, 그것도 이번에 인용을 못 했죠.

그다음에 세 번째, 구조. 현장 구조 상황 부재, 부적절한 지휘 계통이라든가 그런 부분도 [있죠]. 사실상 진도 팽목항이나 진도체육관이나 또한 팽목항에서 브리핑을 하고 진도군에서 브리핑하고 또 범대본[범정부사고대책본부]에서 [브리핑했던] 자료들을 보면 아예 제목, 팩트, 그다음에 내용이 [서로] 다른 것들이 많아요. 그니까 이 부적절한 상황 지휘에 대한 부분도 이미 확연하게 드러나는 부분들이 있음에도 불구하고 그것도 인용이 안 됐어요. 그다음에 전 국민이 알고 있었지만 국가, 정부, 컨트롤타워의 부재에 대한 부분, 그것도 인용이 못 한 부분이 있고. 그게 우리가 민사소송을 제기하면서 [주장한] 기본적인 네 가지였는데, 고런 부분이 인용 안 됐던 부분이 있는 거구요.

거기다가 제 주관으로 두 개를 더 얘기드리고자 하면 첫 번째는 123정장이죠, 김경일 정장인데. 한 명의 재판 기준만 그대로 이번에 민사재판에서 사실 그대로 인용해서 쓴 것이 아닌가 하는 생각을 해요, 판결문을 읽어보고 나면. 그게 뭐냐 하면 1심 재판 때, 저도 시간이 오래돼서 정확하게[는 기억이 없는데], 제 기억 속에는 김경일 정장의 1심 재판 때 어떤 일이 있었냐 하면, [김 정장이] 현장 도착 시간을 9시 44분이라고 얘기를 하면서 56명에 대한 승객의 희생에 대한 부분만 과실치사로 적용이 돼요, 1심에서. 그런데 그게 왜 그러냐 하면, 탈출 시뮬레이션 시간이 6분 17초였거든요. 그리고 또한 현장 지휘관으로서도 현장 도착 시간이 9시 44분이었기 때문에 고런 판결이 나왔었죠. 근데 1년 지나서 2심 판결 때는 완전히 뒤집어지는 결과가 나오죠. 뭐냐 하면, 위증을 한 거예요. 현장 도착 시간이 9시 36분으로 밝혀진 거죠. 그니까 1차 재판 때 위증을 한 거고, 그거에 따라서 한 명 추락사를 제외하고 303명에 대한 부분이 과실치사로 적용이 되는 거예요. 그런데 과실치사로 적용이 됐다는 부분은 요번에는 제가 법조인은 아니지만 그 정도 부분까지도 제대로 인용이 못 됐다는 거예요.

그다음에 두 번째 제 주관적으로 또 하나 얘기드리고자 하는 것은 대법원의 보상 선정 기준이 바뀌었지요. 참사 이후에 2016년 10월 24일 날 아마 선정 기준이 바뀌었을 거예요. 그래서 그게 인정되는 기준이 최소가 2억이고, 그다음에 거기에 대해서 가중이든 그런 내용이 있으면 4억, 그다음에 최대로 가중에 대한 부분과 인과관계 이런 부분이 적용된다고 하면, 법조 용어라서 되게 어렵지요, 근데 그 내용 자체를 그냥 간단하게 요약하면 최대 6억까지라고 돼 있었는데, 그 부분도 제대로 적용이 안 됐다는 거고. 사실 이게 그냥 돈을 더 받기 위해서 한 게 아니지만, 민사는 결론은 돈에 대한 것이잖아요. 그런데 희생된 아이들의 배·보상을 더 받자고 하는 게 아니라, 실제 그게 [민사소송의] 판결문에 남길라면 그 기준이 있고, 그러면 적어도 법원이면 그 기준에 맞게끔 판결을 해야 되는데 그러지 못했다는 걸 지적하는 거예요. 돈 액수가 중요한 게 아니고, 돈을 얘기하고자 하는 게 아니라 네 가지가 다 빠졌다[는 거죠]. 그다음에 선정 기준을 대법원에서 정해놓고도 그 기준조차도 민사, 요번에 재판에서는 반영되지 못했다는 것. 그러면 형사재판과 다르게 민사재판은 결론은 돈으로 가는 거기 때문에 연계된다고 한다면 연관성 있게 얘기해야 했지만 그 내용들이 정확하게 짚어지지 않았고. 사실 그거를 위해서 제가 굳이 비용 얘기를 할 필요가 없지만, 하지만 그 얘기까지 할 수밖에 없겠다는 거고.

그리고 가장 더 심각하게 느끼는 것은 재판부가 잘못했다는 것보다도 이미 재판 과정이 이미 쭉 진행이 됐고 최근에 탄핵 이후에 나왔던 내용들이 거의 재판부에서 다뤄지지 않았죠. 사실 민사재판 하면서 이미 증인이든 뭐든 그런 부분이 진행 절차가 있었기 때문에 그 부분은 이제 항소로 충분히 따져서 항소에서 밝혀질 거라고 보는데, 청와대에서 [나온] "이것이 팩트[입니]다" 문건이 있죠? 거기에 보면 충분하게 국민들을 기만하고 속이고자 했던 [정황이 나와요]. 가장 중요한 골든타임, 최초 보고 시점 조작, 공문서 위조, 그다음에 가장 우리 아이들의 생명과 밀접했던 골든타임[까지], 그것을 보면 보고 시점을 조작하고, 공문서까지 위조하고 했던 이유가 [보여요]. 그리고 결론은 그것을 한 이유는 골든타임. 골든타임 자체를 어떻게든 자기들이 책임 안 지고 모면하기 위해서 한 행위가 사실은 청와대 캐비닛 문건을 통해서 다 밝혀졌죠. 그게 언론을 통해서 국민들이 다 알게 됐어요. 그런데 요번에 민사재판 내에서는 증인이든 그런 과정이 없었기 때문에 고런 부분이 안 다뤄졌어요. 그리고 최근에 나온 청와대 캐비닛 문건 플러스 기무사 민간인 사찰 부분까지도.

사실은 이거는 민사[재판]이지만, 그런 내용들을 고려해서 항소 때는 아까 네 가지 사항, 그다음에 제가 주장하고자 하는 두 가지 사항은 반드시 담아야겠다 싶은 거구요. 그다음에 국민들에게 어떻게든 이걸 은폐할라고 했던 2014년 4월 16일, 대부분의 국민들도 그렇지만 우리 가족들은 진짜 철저하게 느낀 것은, 그때 대한민국 국가는 없었어요, 정부는 없었다구요. 현장에 도착했을 때 봤을 때 그 모습은, 언론을 통해서 거짓 내용들이 계속 반복돼서 언론, 상황실 화면으로 나오는 걸 봐서는 '2014년 4월 16일, 대한민국 국가는 없었다'죠. 컨트롤타워에 대한 부재, 그리고 가장 아이들의 생명을 좌지우지할 수 있었던 그런 골든타임에 대한 부분은 [정부가] 너무나 집요하게 은폐할라고 했었던 부분이고 이미 국민들이 알기 때문에 항소하면 이길 겁니다.

면담자   신문 기사를 통해서 접해서 보면 김경일 정장이 승객들에게 수의를 주지 않았나는 그 정도만 문제가 되는 것으로 이야기가 되는 것 같고, 그 외에 지금 말씀하신 부분들은 거의 반영이 되지 않았었던 것 같아요.

찬호 아빠   그렇죠. 그다음에 선조위 일을 얘기를 드리자면…. 제가 말이 너무 길죠?

면담자   아니요, 이 이야기를 더 여쭤보고 싶습니다. 이 소송을 2015년도 9월에 제기하셨죠. 그 과정이 길게 진행이 됐었던 같은데 그것에 대해서 설명을 해주시겠어요?

찬호 아빠   민사소송 자체가 길어진 이유는, 그거는 법원에서 판단해서 증인이든 이런 부분 때문에 하는 거다 보니까 그렇고요. 워낙에 이렇게 길어진 부분에 대해서 얘기하는 거는, 재판 일정이라든가 그런 것을 가족협의회가 정하는 게 아니라서…. 또한 우리 가족협의회 내에서도 증인 신청이라든가, 반대쪽 정부와 청해진해운에서 증인 신청하고 이런 부분들이 상당히 많았어요. 상당히 많았기 때문에 짧은 재판 과정에서 사실상 그 증인들에 대한 그런 부분이 다 다뤄지기는 많이 힘들었을 것이라고 얘기를 드려야 될 거 같고. 그럼에도 불구하고 가족들이 그런 많은 증인 요청을 하고, 청해진에서는 거부하고, 이런 행위들이 계속 이루어졌을 거 아니에요? 그런데 가족들이 이게 [과정이] 짧다 길다고 크게 느끼지는 않았을 거 같아요. 이거는 가족들을 대변하는 얘기가 아니라 제 생각을 얘기하면, 이게 긴 시간이라고 이렇게 생각하지는 않아요. 어떻게든 제대로 법정에서 다뤄져야 되기 때문에 그런 부분들이 쪼끔이라도 새로운 증언을 해줄 사람이 있기를 더 기대하면서 우리는 계속 그런 사람을 찾았고, 또한 기존에 자료실에서 확보하고 있던 부분이나, 같이 연대해서 활동하고 있는 우리 민간 잠수사들, 피해 화물 기사들, 일반인들, 어떠한 내용들이 더 추가될 수 있기 때문에 그런 부분에서 쪼끔이라도 진상 규명, 우리가 밝히고자 하는 내용에 접근할 수 있다고 하면 재판 기간은 더 길어져도 아무 상관없다는 그런 거였죠.

면담자   대법원까지 갈 것 같죠? (찬호 아빠 : 네 그렇죠, 항소했으면) 정권이 바뀌어서 재판 진행 과정에서 좀 더 나을 거라고 판단하시나요?

찬호 아빠   저는 낫겠다고 판단해요. 초기에 민사 소송을 제기했을 때 저희 법률 자문단, 혹은 많은 변호사들이 법률적인 자문들을 저희한테 해줬었는데 각자가 생각하는 기준은 다를 수가 있죠. 그리고 변호사들도 감히 전 정권에서는 어떻게 될 것이라고 확답은 못 했어요. 승소할 것이라고 장담해서 얘기한 사람은 한 명도 없어요, 변호사들. 그리고 또한 가족들[에게] 설명이나 이런 부분을 해줄 때도 그런 얘기들을 했죠. 가족들이 승소할 수 있는지 없는지에 대한 부분을 얘기할 때도 첫 번째, 가장 우선 승소를 하고 안 하고의 중요성이 아니라 법률 자문단, 그니까 법조인으로서 우리한테 설명해 줄 수 있는 것은, 사실 그 외에까지도 다 설명을 해줬던 거거든요. 그래서 가장 첫 번째가 가족들이 많이 흔들렸을 수도 있고. 그런데 그게 마음 아픈 거예요, 그게 마음 아픈 일인데. 일단은 국가, 국가에서 그때 지급하기로 했던 위로금, 그게 5000만 원이었을 거예요.

근데 그거에 대한 부분은 우리가 이미 민사소송을 들어가는 순간 그건 포기하는 거거든요, '정확하게 포기한다'. 가족들[에게] 그런 거는 아무것도 안 돼요. 그리고 그 외에 것도 사실은, '승소를 못 할 수도 있다'. 돈에 대한 부분은 쉽게 말해서, 우리가 원했던 건 그게 아니니까, 거기까지는 잘됐던 거 같애. 사실은 그랬었거든요, 우리는. 이미 변호사들 통해서 그런 법률 자문을 받고 가족들 토론회식으로 설명회를 통해서 몇 차례 그런 내용을 받았기 때문에 시간적인 부분이나, 비용적인 부분이나 그런 것을 민사소송에 제기했던 사람들은 별 문제가 없었다고 생각이 되고. 그리고 실제적으로 법률 자문을 정확하게 해줬기 때문에 국가가 지급하기로 했던 위로금의 5000만 원 포기, 그리고 나머지 배·보상 신청을 안 했을 때 나머지 한 3억 이런 거는 '그건 중요하지 않았다'. 거의 민사소송에 제기했던 분들은 변호사들이 정확하게 답변을 못 했기 때문에, '자식을 잃은 부모로서 이 진상 규명에 대한 부분만 생각을 하고 다 참여를 했다', 이렇게 보고. 그 와중에 위원장으로서 어려웠던 부분은 많은 공격들이 있었어요.

면담자　　　　　민사소송을 제기하는 자체에 대해서요?

찬호 아빠　　　　그렇죠. 그게 저는 두 가지로 보는데, 첫 번째는 '그럴 수 있었다'. 두 번째는 '많이 가족들이 힘들구나, 어렵구나', 그리고 '나도 피해 가족인데' 그런 생각들. 그게 뭐냐 하면, 나는 참사 나고 한부모가정들이 이렇게 많은 줄은 몰랐어요. 팽목에 있을 때부터 시작해서 위원장을 맡고 나서 개인 신상 자료를 들고 오거나 면담을 요청하거나 하면 대부분 나이가 저보다 많거든요, 가족들이. 그럼에도 불구하고 많은 면담 요청을 하거나 이런 거를 봤을 때 '왜 이럴까?'라고 했었는데, 처음에는 단순하게 팽목항에 있을 때 13인의 공동 대표, 이런 게 꾸려지기 전에 공동 대표를 아마 제가 했었어요. 그래서 '그때 아마 그런 행위를 봐서 나한테 이렇게 연락을 하시나?' 그랬는데, 한부모가정이 너무 많다는 그 부분을 정부가 아주 주도면밀하게 그 약점을 파고들어서 가족들을 혼란스럽게 만들고, 제대로 이성적으로 판단하지 못하게 부추기고 서로 갈등하게 만들었다고 생각이 돼요.

　　　　그것이 어떻게 보면 일반인들도 마찬가지였고. 그리고 기간까지 연장함으로 인해서, 기간까지 연장하면서 이미 우리 [가협의] 입장은 정확하게 밝히고 민사소송에 대한 내용까지 다 얘길 하고 이미 명단까지 다 취합을 했음에도 불구하고 [배·보상 신청] 기간을 연장하고 공무원을 파견 보내고 상주까지 하고, 그 상주된 파견 공무원들 책상을 가족협의회에서 가서 다 들어내 버리고 쫓아내 버렸는데도 불구하고 집요하게 각 반으로 침투했어요. 그러면서 소송에 참여하겠다는 가족들이 나한테는 소송에 참여하겠다라고 얘기를 하죠. 했는데, 정보관한테서 연락 오죠. "몇 반에 몇 분이 세종시에 오셨다", "뭐 땜에 왔냐?", "배·보상 신청하러 오셨다고 합니다. 혹시 위원장님은 아십니까?" 이런 얘기를 봤었을 때 사실 힘이 쭉쭉 빠지죠.

그담에 한부모가정이라거나, 그게 자기의 밝히기 싫어하는 아픔이었을 수 있고 그러니까 다른 사람들이 모르게 이렇게 숨기고자 하는 그런 게 있었을 텐데, 이 참사를 겪고 자식을 잃은 아픔에, 그런 자기가 숨기고 싶은 사실까지 같이 공개가 되는 부분에 있어서 아마 가족들이 다 어른임에도 불구하고, 성인임에도 불구하고 그런 아픔들이 되게 많고요. 그리고 [공무원들이] 그런 부분을 집요하게 파고들어서, 사실은 맨 처음에는 상당히 많았어요. 그랬다가 많이 (면담자 : 떠나시게 된 거네요) 네, 떠나고. 본인 스스로가 그렇게 임원들 앞에서 [유]가족들 앞에서, 아빠들 휴게 공간에서 같이 얘기하거나 집회 현장에서 "당연히 소송 참여해야 돼" 이렇게 주장을 했던 사람이 갑자기 개인 가정사로 인해서 소송을 할 수가 없게 되면, 그랬던 부분들로 [인해] 위축될 수밖에 없고, 본인이 거짓말한 사람이 되는 것 같고, 본인의 자격지심으로 결론은 가족협의회 활동의 동력 자체에서 빠지는 그런 행위까지 됐다고 나는 보는 거예요. 그리고 충분히 피해 가족으로서는 이해할 수 있지만, 그분은 그게 숨기고 싶은 사실이 있었다는 이런 부분이 너무 마음이 아프고. 〈비공개〉

면담자　　　지금까지 가협에 참여하고 계시는 일반인이 한두 명 계시다고 하셨죠?

찬호 아빠　　한 명. 그다음에 화물 피해 기사, 네, 화물 피해 기사가 두 분 계세요.

면담자　　　그러면은 가족분들은 총 133명인가요?

찬호 아빠　　아니요, 본래 그 116가족. 그니까, 희생자 기준으로 해서. 그리고 소송 인원으로 참여한 사람은 저 외에 361명, 전명선 외 361명, 그랬었던 부분인데 중간에 진행되면서 소취[소송 취하]하신 분들이 많아요.

면담자　　　개인적인 사정으로 그만두신 건가요?

찬호 아빠　　대부분 그렇다고 봐야죠. 소취 하신 분들이 있고, 추가로 소송에 참여해서 병합되신 가족이 네 가족이 있어요. 네 가족보다 더 취하하신 분들이 많은 거죠. 그렇게 됐는데, 네 가족이 나중에 소송에 참여하게 된 부분 같은 경우도, 그런 부분은 각자가 판단할 거라고 생각하지만 저는 많이 잘못했었다고 보는 거예요, 내 기준이 다소 다를 수는 있으나. 참사 겪고 나서 제가 경험한 게 뭐냐 하면, 우리 가족들의 회의만이 아니라, 회의도 워낙에 많았지만 정부 관계자들, 국회의원들, 그다음에 우리 일을 위해서 만난 회의가 수만 번이 될 거 아니에요. 그러면서 느낀 게, 제가 법조인도 아니고 정치하는 사람도 아닌데, '진짜 냉정해야 될 필요가 있겠다'라는 부분. 그다음에, '쟤들은 아주 선량한 웃음을 나한테 보이고 있지만 뭔가 자기에게 득이 안 되면 그렇게 절실하게 붙어서 도와주는 사람은 그렇게 많지 않다', 그걸 철저하게 느꼈어요. 그래서 판단 자체[에 있어서]는 "'내가 피해 가족이니까, 내가 유가족이니까'라고 주장해서는 어렵다'. 그리고 때로는, 지금까지도 그래요, 어떠한 내용이 됐든 간에 모든 판단은, 표현이 그럴지 몰라도, 정무적으로 판단할 수밖에 없겠다는 것. 이런 얘기를 하면 가족들, 이런 분들은 '쟤가 뭐 정치할라 그러나? 뭔가 쫌 욕심이 있는 것 같다' 이렇게 오해할 수 있지만, 제가 얘기하는 '정무적'이라는 것은 그냥 용어 그대로, 어떠한 우리 일을 진행함에 있어서, 진상 규명 활동도 그렇고 우리 가족협의회 결집도 그렇고, 제가 위원장 달고 제일 힘들었던 거는 사실은 운영이거든요. 아무것도 없는데 어떻게 운영이 돼요. 그러기 때문에 행정 사무가 뒷받침돼 주지 못하면 어떠한 사항도 해결하기가 어렵다는 거죠. 그래서 고런 기준이 먼저 전제돼야 된다. 왜? 협의 석상에서는, 나 말고 우리 가족 말고 상대방 측, 정부 관계자 혹은 국회의원들, 혹은 여기 지역 내에서, 혹은 심사 단체도 제가 나쁜 사람으로 인식될 수는 있겠으나, 저는 그냥 개인이 아니라 대부분의 가족들, 다수의 의견이 내 주관이 될 수밖에 없고, 그 주관으로 해서 움직일 수밖에 없기 때문에 '첫 번째 기준은 정무적 판단이다'라는 거였고. 그것을 제대로 이해 못 하는 것 같아서 뭐랄까… 답답함이라 그럴까요? 그런 것들이 있었던 거죠. 〈비공개〉

　아무튼 그래서 민사소송 하면서 나중에 결합한 인원도 설득을 한 거예요, 설득하면서, 참여하시라고. 이미 배·보상 신청을 안 했기 때문에 기한은 끝났어요, 배·보상 신청을 할 수가 없어. "그러면 더 늦기 전에 빨리 소송에 참여하셔라. 소송에 참여를 안 하시고 별도로 분리해서 하셔도 된다". 근데 잘못 알고 있었던 거예요, 법 해석을. 시신이 수습하면 이미 참사 그날로 사실은 우리가 사망신고를 했든 안 했든 법적으로는 사망이 인정된다고 변호사들이 그렇게 설명했는데도, 저 또한 찬호의 휴대폰이든 사망신고를 안 했거든요? 근데 이미 그 법적 기준에서는 의미 없는 거예요. 법적으로 다투면 인정을 받을 수가 없어요. 사망

신고를 안 했어도 이미 사망자로 돼 있어요, 그건 다투면 우리가 100프로 진다라고 이미 얘길 했고. 그다음에 세월호 참사 이후 우리 기존 법상 3년이거든요, 민사적 소송을 제기할 수 있는 시한이 3년이라고 분명히 안내를 했어요. 단, 5년으로 연장한[되는] 가족은 현재 미수습자 가족으로 인정받은 자. 그 가족들만 5년인 거예요. 그래서 마지막에 이분들이 안 했으면 민사소송을 할 수가 없는 거죠. 근데 민사소송 나중에 할 수가 있지, 할 수가 있는데 기존처럼 우리 기준에 대한 규정을 가지고 할 수 있는 부분은 아니라, 따른 걸로 해야지. 그건 이미 끝났으니까, 법적으로 다시 다퉈야 되는 거죠. 그니까 금액에 대한 부분을 얘기하면 기본에, 다 덮고 다시 시작해야 되는 부분들이 있어서 너무 안타까운 거예요.

면담자   지금 미수습자 가족도 같이 포함돼 있나요?

찬호 아빠   없어요. 그래서 미수습자 가족들은 안내를 안 한 게, 쪼금 전에 얘기한 것처럼, 일반 가족들 중에서 배·보상 어려우면 요청을 하거든요. 그게 찬호 아빠니까 요청한 게 아니죠. 가족협의회 위원장이니까 가족들이 요청을 했고, 그래서 배·보상 신청 기준이[기간이] 끝난 상태에서 모르고 있었다 해수부를 찾아간 사람도 있어요, 가족 중에. 그런데 제가 통화를 하죠, "소송 참여하셔라. 배·보상 신청하지 마시고". [기간이] 끝났는데 안 된다 이거예요. 자기는 [배·보상을] 받아야 된다 이거예요. 왜? 이미 전처가, 지금 저걸[배·보상 신청을] 해서 [본인이 신청을] 안 하게 되면, 지금 자기가 권리주장 하고 있으니까 성금이나 이런 거는 그렇게, 8 대 2, 7 대 3, 이런 식으로 될 수도 있다, 6 대 4, 5 대 5가 아니라. 그니까 어떻게 해. 그거 내가 해수부에다 요청까지 했어요. 그런 가족은, 접수 기간이 끝났는데 이미 이러한 사실이 있었고 확인이 되는 사항인데 정부 부처에서 왜 못 받아주냐 그래서 늦게 신청해 놓은 사람도 있어요.

면담자　　소취를 하신 분들은 그러면 배·보상을 받을 수 있는 건가요?

찬호 아빠　　대부분 다 했고, 딱 한 명 있어요, 한 가족. 한 가족 있어서 그렇게 처리했고, 나머지 분들 안 한 분들은, 대부분 다 연락처가 저한테 있으니까 참여를 하라고 해서 대부분 배·보상 다 받으셨고. 그래서 [배·보상을] 안 받은 사람 중에 있어서 [소송에] 참여하시라고 안내를 해서 네 가족 정도 병합해서 참여하신 부분이 있고.

그러니까 너무나 많은 사람들이 그런 얘기를 하는 거죠. 본인이 다 쳐서, 마음을 다쳐서 제대로 판단할 수 없었다고 이렇게 얘길 하면, 그 사람들을 [제가] 너무 왜곡하는 내용일 수도 있죠. 아무튼 내 개인이 판단하는 주관이랑은 너무나 상반되는 판단을 하고 계셨던 분들이 있어요. 그리고 추가로 이렇게 가입해 주신 분들도 참 고맙고. 그분들은 정확하게 그 권리주장을 받아야 되고, 그거에 대해서 전화를 안 받고 했던 부분에 있어서는 법적 기준에 3년, 미수습자 가족만 5년인데 착각하고 있었던 부분이 있는 것 같은 거예요. 제대로 이해 못 하고 계시다 그래서 혹시나 다툴 여지는 있지만, 지금에서 병합해서 하시든가 별도로 하는데 이 기한이 민법상 3년이에요. 그래서 실제 가족들이 지금 많은 요청을 하는데, 그거는 각자가, "민사재판에 대한 부분은 가족협의회서 책임질 수 있는 게 아니다" 그건 각자가 판단하는 기준이고, 우리가 지금 병합해서 같이 가는 거지, 가족협의회가 주도로 해서 민사재판은 가는 게 아니고, 각 가정에서 결정하시라고 얘길 하고. 지금도 전화가 많이 오는 게 뭐냐 하면, 그 기한에 대한 부분을 모르고 계신다는 거예요, 대부분.

면담자　　3년이 마무리되는 시점이 언젠가요?

찬호 아빠　　지금 벌써 4년이 넘었으니까 이미 끝났죠.

면담자　　참사 시점부터 3년인 건가요?

찬호 아빠　　그렇죠. 그래서 작년에 기한 넘기기 전에 이렇게 했던 건데, 우리 회의록에도 있고 회의 내용에도 있고 있는데, 문제는 집중을 안 하죠. 유가족의 진상 규명은 진상 규명대로 하면서 진짜 법적으로 싸울 거는 싸우고 피해 가족 당사자니까 준비할 건 준비를 해야 되는데, 그걸 대수롭지 않게 느끼거나 그런 얘기를 하면 외려 '쟤가 해수부 관계자? 쟤가 공무원인가?' 그러니까 더 이상 강요를 못 하는 거예요. 그런 게 마음 아픈 거지.

면담자　　한 가지만 확인할게요. 그 중간에 소취를 하시는 분들은 민사소송을 하실 수도 없고, 그 해수부 측의 배·보상도 기한이 이미 지났잖아요. 소취를 하시는 분들은 소송도 배·보상도 포기하는 건가요?

찬호 아빠　　소취했다는 거는 말 그대로 돈을 받겠다는 거죠.

면담자　　기간이 지났어도 받을 수가 있는 건가요?

찬호 아빠　　그니까 민사재판에 같이 참여를 했다가 취하를 하는 거기 때문에, 그거는 법률적으로 다 그걸 받을 수가 있는 거죠. 이미 소송에 참여를 했고 말 그대로 '끝까지 싸우지 않는다'라는 거고, 그거에 대한 부분은 그대로 인정을 하는 거죠. 크게 두 가진데, 예를 들어보면 한 부모가정 중에 말 그대로 자녀 양육에 대한 부분 [때문에] 그니까 소취하면 기존의 배·보상 그거를 받아가는 거예요, 소송을 안 한 게 아니라. 그런데 안타깝게도 1심 판결문에 그 사람 명단이 빠지잖아요 그분의 이름이, 몇 개월을 남겨놓고. 진짜 우리가 하고자 했던 거는 우리가 승소했다는 부분만 남기고자 하는 게 아니라, 그 내용들을 다 남기고 싶었던 건데, 판결문에. 채 1년을 안 남기고 소취한 분들은 대부분은 한부모가족과 미성년자, 그니까 친권자가 대리할 수 있는, 그니까 한부모가정들의, 지금 양육을 하고 계신 분들. 그니까 그건 가정사니까 뭐라고 얘기할 수 있는 부분은 아니고, 그거는 제 스스로가 가장 마음이 아픈 거고. 그다음에 고렇게 하신 분들, 소취 하신 분들이 지금까지 잘 싸워오시다가 마지막에 그렇게 하신 분들이 마음이 아픈 거고.

그다음에 가족들 유언비어로, 말 그대로 국가 위로금 5000[만 원]은 당연히 포기한 거고, 그때 그 설명회 석상에 올라가서 강단에서 얘기를 한 거예요. 변호사분들, 전 집행부죠. 변호사들이 대놓고 "아니다. 그러면 하나도 못 받을 수 있다, 정권이 바뀌겠냐?" 소리까지 해요. 그러한 영상이 우리 회의록에 다 있어요. 근데 실제 그걸 변호사들한테 딱 물어보니까 승소 무조건 한다고 답변을 못 하니까 많은 가족들이 흔들린 거죠. 특히 한부모가정들은 흔들려 버린 거죠, 그래서 배·보상 신청으로 엄청 가시게 된 게. 그리고 가장 마음 아픈 건 일반인들. 왜 2차 합의안 받아들이고, 새누리당이 뭘 약속을 했는지 모르지만, 당연히 안될 걸 알면서 속아 넘어간 거.

그다음에 두 번째는 우리 가족들 [중에] 민사 참여를 하고, 말 그대로 참여를 하셨다가 채 1년도 안 남긴 상태에서 소취하 해서. 아이들의 명예라고 전 얘기하거든요. 그걸 남길 수가 있었는데, 본인 이름이 아이의 엄마로서, 아이의 아빠로서의 그 이름 자체가. [그런데] 마지막에 1년도 안 남겨놓고 소취하 해서 그런 부분이 너무 마음 아픈 거고.

세 번째는 같은 가족이지만 우리가 돈이 우선이 아니었었는데 그거를 아에 못 받을 수 있다고, 그런 유언비어를 만들고 설명회 때 실제 같은 피해 가족으로서 이거는 배·보상을 신청을 해야 된다고 주장했던 그런 아빠들이 저는 괘씸한 게 아니라 마음 아프죠. 나도 유가족인데 지금 봐도 불쌍해요. '나도 불쌍한 사람이지만 그 사람들이 너무나 불쌍하고 안됐다', 고게 제일 저거 한[안타까운] 거고.

이제 네 번째는, 처음에 민사소송에 참여를 했다가 1심 선고가 끝나고 기한이 3년, 미수습자 5년, 미수습자도 이제 5년으로 연장이 된 거죠. 그런데 처음에 참여를 안 했다가 1심 판결이 끝나고 승소를 했어요. 그런데 형제자매들, 신청을 안 했던 친구들…. 사실 돈이 중요한 게 아니거든요. 근데 문제는 지금 하시겠다고 많은 사람들이 연락이 오는 거죠. 그래서 우리 실무관들한테도 "답변하지 마. 그건 실무관들이 책임질 수 있는 게 아니고 가족협의회에서 책임질 수 있는 게 아니야. 민사는 철저하게 개인이 하는 거야. 그리고 계속 전화 오면 나한테 넘겨, 그런 사람들은. 그거 책임 못 져, 가족협의회에서는". 그리고 고런 사람들만 연락이 오면, "얘기드렸잖아요. 현실적으로 어렵고 불가능한 건 아니다. 싸워볼 필요는 있지만 기한이 3년이라서 이미 지났다. 그래서 패소할 확률이 더 높다. 그래도 하실 거면 하셔라. 근데 그거에 대한 재판 과정이든 그것은 가족협의회가 하는 게 아니라 개인이 하는 거기 때문에 법률 비용이든 나중에 패소 비용도 본인이 책임지시는 거다".

그런 부분에서 제가 네 번째로 얘기하고자 하는 거는 그 당시에 민사재판으로 참여했을 때 쉽게 말해서 형제자매들, 그다음에 친척 있잖아요? 그니까 그런 참여를 안 했던 가족분들이 저는 이해는 가요, 왜 그랬는지. 눈치를 볼 수밖에 없었고, 그 동생들은 사회생활을 해야 되고, 민사재판이 1년 안에 끝날 것도 아니고, 1년 안에 끝난다고 생각하는 사람 아무도 전 정권에서 없었을 거고. 그렇다고 하면 아이들이[희생 학생의 동생들이] 지금 미성년자고, 고등학교도 가고 대학교도 다녀야 되고 하는데 그런 부분이 진행되고 있으면 아이들한테 문제가 될 수 있잖아요, 피해가 될 수 있고. 그런 부분에서 기준으로 각 가정에서 판단해야 하는데 지금 와서 "그때는 안 했지만 지금 다시 하고 싶다" 이렇게 나오니까 그게 나로서는 마음 아픈 거예요(한숨).

4
법률 자문단

면담자   지금 법률 자문단은 누가 해주고 계시나요?

찬호 아빠   민사소송에 대해서는 법무법인 '원'에서 하고 있어요.

면담자   그건 어떻게 선정을 하시게 됐나요?

찬호 아빠   추천을 해줬죠. 초창기에 많은 변호사들이 도와주시겠다고 왔죠. 쉽게 말해서 가족협의회, 언론상으로는 변호사들 1000여 명이라고, 변호사 협회, 대한변협[대한변호사협회], 민변[민주사회를 위한 변호사모임], 아무튼 민변도 대한변협에 속해 있는 거라고 보고, 한 1000여 명 이렇게 언론지상에도 나왔지만, 증거보전 신청했을 때 한 여섯 분 정도의 변호사들이 같이 교류하신 분이 있었고. 실제 가족협의회에서 제가 진상규명[분과]을 맡았었다고 그랬잖아요, 부위원장 하면서. 진상규명[분과]의 단장은 대한변협의 오영중 단장, 그다음에 부단장은 박주민, 지금은 의원이죠, 이랬어요. 그 밑에 증거보전 신청하고 법률 저거[자문] 하면서 여섯 분의 변호사들이 있었고, 그다음에 한부모가정들 법률 자문해 주시는 변호사님이 여섯 분 계셨고, 자율적으로. 그다음에 가족들 기초 진술 진행하면서 고거는 최소 비용을 드렸어요. 월 150만 원씩 어떻게든 준비해서 150만 원씩 이렇게 집행을 했는데, 고 변호사님 여섯 분들 이렇게 해서 있었죠, 도움을 주고 있었고.

그리고 나서 황필규 변호사, 박선영 변호사, 그리고 오세범 변호사 정도가 거의 가족들에게 거의 붙어서 상주하고 있었고. 지금 아직도 하고 있는 거는 많은 분들이 도와주세요. 무슨 사안이 생겨서 전화하면 민변 변호사들 다 도와주시는데, 현실적으로 그때는 그렇게 많았지만 지금은 법률 자문을 받거나 할 때는 가족협의회의 공적인 내용이나 공중 관련된 요런 내용은 사실 법무법인 다산에 우리가 자문을 받고, 법무법인 다산을 통해서 진행하고 있고, 민사는 아까 법무법인 원을 통해서 진행하고 있고. 각 가정에서 변호사들 알고 지내시는 분들 있으니까 개별적으로 연락해서 그런 자문을 받으시는 거 같고. 현재 가족협의회에서는 그렇게 딱 두 틀, 그다음에 개인적으로 연락해서 자문받는 거는 있지만, 협의회, 그니까 가족협의회도 이제는 비영리법인이잖아요. 그러기 때문에 그런 절차는 딱 그 두 곳을 통해서 진행하고 있고. 개별적으로는 오세범 변호사가 많이 재단에도 운영위원으로 들어와서 활동하시면서 도와주고. 거기에 민변에 이상호 변호사님도 [4·16]재단 이사로 계시고 이래서 많은 분들이 옆에서 이렇게 자문은 아직도 이뤄지고 있다고 보면 돼요.

면담자　　　가족분들이 이야기하셨던 책임자 처벌이라든지, 이런 것을 달성할 수 있을까 하는 문제도 있고, 지금 민사소송에 같이 참여하고 있다고 하더라도 부모님들이 '이거 우리가 언제까지 가냐, 그냥 여기까지 하고 그만두자'라고 생각하시는 분들도 있는 것 같아요. 이 문제에 대해서는 어떻게 생각하시나요?

찬호 아빠　　　저는 가족회의나 임원 회의나 어떠한 사항을 통해서도 가급적이면 소송에 참여하는 사람들은 끝까지 가야 한다가 제 논리고 주장이구요. 그거는 지금까지 한결같이 얘기하는 게, "아이들이 살아 돌아올 수 없다" 그건 부정할 수 없는 거예요. 그리고 그것을 위해서 지금까지 3년 재판을 끌고 왔어요, 그것도 부정할 수가 없어. 근데 왜 포기하냐고, 왜 항소를 안 하냐고. '제대로 승소를 했다'라는 것만 남기는 게 아니라, [민사재판에서] 승소했다는 것은 형사 재판상보다 못 해요. [재판 결과에 대해서] 집권 여당인 국회의 민주당 대변인한테도 전화해서 "이게 말 같은 얘기냐", 청와대에서도 "말 같은 얘기냐", 그다음에 언론은 내가 직접적으로 대응은 안 하지만 그런 게 있어요, 나름 신조 아닌 신조처럼 지키는 게. 그다음에 총회도 가족들 활동 담당 정보관들 있잖아요. "정확하게 보고해라"[라고] 이렇게 얘기해요. 그 이유가 "그 [소송 포기라는] 거는 있을 수 없다"라고. 그거는 내가 강제할 수 있는 거는 아닌데, 그렇게 판단하는 가족들이 있다고 하면 제가 막죠, 최대한. 제가 설득을 해서라도 최대한 막고, "그거는 있을 수 없는 거다. 왜 지금 와서 포기를 하냐. 그거는 변호사가 됐든 누가 와도, 대법관이 와도 저[를] 설득할 수 없다. 저는 이거는 가야 된다". 그게 뭐냐 하면, "지금까지 그렇게 해왔던 거를 지금 와서 포기하는 거는 너무 억울하다. 그다음에 취지에도 맞지 않다. 돈 바라고 한 것도 아니지만 진상 규명에도 그 내용을 남기고자 했으면 적어도 얘기했던 네 가지, 제가 주장하는 두 가지 말고래도 네 가지만큼이라도 내용을 남겨야 된다. 이거는 형사재판보다도 못한 판결이다, 이미 승소는 기본이었고" 그렇게 얘기하고, 그러면 지금까지 생활하기 어렵고, 뭐 이런 거 아니겠어요? 근데 그거는 저는 정확해요. 설득할 논리도 있고, 일단.

이미 1심 선고가 끝났어요. [그러면] 가지급금 집행하면 돼요, 진짜 생활이 어렵다라고 하면 지금까지 활동하면서 그걸로 생활하시면 되고, 아니면 사회로 복귀하시라는 거예요. 가족 중에 한 명은 사회로 복귀하시라 이거예요. "가정을 돌봐라, 항소랑 그거랑 뭔 상관있냐"라는 거예요, 저는. 그리고 가지급 비용은 저는 한 명도 반대 안 하고 다 받아줬으면 좋겠다가 제 입장인데, 임원들한테도 제 입장을 그렇게 얘기를, 피력을 해. 다 받아야 되는 게 맞다고 저는 피력해 나갈 텐데 강제할 순 없죠. 그거는 가족협의회 위원장으로서 지시해서 할 사항도 아니고, 가족협의회에서 의결할 사항도 아니고, 민사재판은 각 개인이 국가를 상대로 진행을 하는 건데, 병합됐다 뿐이지만.

근데 제가 가족들에게 할 거는, 크게 두 가지. 제가 임원들한테 혹은 우리 집행부에 가끔 얘기하는 게 딱 두 가지가 있어요. 첫 번째는 "이렇게까지 오게 됐는데 그거의 가장 큰 힘은 우리 내부였다, 가족이

찬호 아빠 전명선

었다. 우리가 있었기 때문에 지금 버틸 수 있었다", 두 번째는 "우리와 함께해 주고 연대해 주는 국민의 힘이다. 지금도 함께해 주시는 그분들이 있었기 때문에 가능한 거다. 그리고 우리가 이렇게 결정력을 갖게 되거나 우리가 이렇게 [가협 자료실의] 나스[NAS: 데이터 저장장치] 체계라든가 자료라든가 진상 규명이라든가 이런 체계까지 쪼끔 빠르게 구축할 수 있었던 부분은, 교수님 같은 분들, 각계각층의 전문가들, 그다음에 피해를 입었던, 그런 과거사를 겪었었던 분들이 자기들의 부족하고, 시간이 지나고 자기들이 소외되는 사항을 얘기해 준 걸 제대로 인식하고 받아들이고 그중에 일부를 녹여냈다"[는 거예요]. 전 이렇게 보는 거거든요. 그러기 때문에 강제할 순 없으나 그런 국민들에게, 특히 다른 거는 몰라도 '국민 성금, 그중에 절반은 나중에 나는 우리가 사회에 환원해야 된다', 그 원칙은 변함이 없어요.

면담자　　　말씀하신 그 네 가지 사항이 대법원에서 다 반영될 수 있다고 보세요?

찬호 아빠　　　저는 된다고 봐요. 물론 다 될 순 없겠죠. 정부가 모든 걸 인정할 순 없겠지만, 아직까지도 관련 문건들이 나올 것들이 더 있고, 기무사 요즘 문건에서도 뭐가 더 나올지는 모르겠지만 더 있을 거고요. 그다음에 형사재판의 과정에서 나온 판결문 내용을 다시 반박할 수 있겠다 싶고요. 그다음에 법무법인 원에서도 법률대리인으로서 지금 검토를 하고 있으시겠지만, 그다음에 형평성에 대한 부분, 이런 거는 법 조문 자체에서, 그거는 말이 안 된다 [싶어요]. 제가 법조인이 아니래도, 기존 국민 성금하고, 배·보상 선정 기준을 자기들이 정했으면서 기존에 배·보상을 신청할 사람들의 형평성을 운운하는 자체는, 그거는 누가 판사였는지 몰라도 법조인 아닌 제가 판결문을 다 읽어봤을 때는 100프로 그렇다, 그리고 항소가 대법원까지 갈 때 몇 년이 걸리고 그거는 아무 문제가 아니다[는 것이고].

저는 가족들이 가지급[금]을 받아야 된다고 얘기하는 이유는, "그게 외려 우리들이 권리주장을 하고 우리가 이기적인 집단으로 비쳐질 수 있다"라는 거예요. 그게 뭐냐 하면, 가지급금을 받으라는 거잖아요, 활동을 하고, 아니면 사회 복귀하고. 우리가 돈 가지고 [소송]한 건 아니지만, 그런데 그걸 안 받게 되면 이런 게 있죠. 이미 선고를 했어요, 승소를 했어. 그러면 그 금액의 이자가 몇 프로냐 하면은 5프로죠, 선고기일까지는. 그리고 선고한 그다음 날부터는 몇 프로? 15프로예요. 그리고 우리 가족들, 남자, 여자, 아이들마다, 그다음에 생년월일에 따라, 그다음에 참여 가구의 인원수에 따라 다소의 차이는 있다고 보나, 최하한 6억으로 본다고 하면, 6억도 넘겠죠. 기존 게 됐다라고 보면 한 6억? 암튼 6억으로 보고, 6억이 넘을 거야, 한 6억 5000으로 보든, 그거의 이자가 참사일로부터 해서 선고기일이 7월이니까 이미 4년이 지났으니까 날짜가 어마어마하거든요. 그럼 그거의 5프로의 이자만 해도 이미 1억이 넘어요. 근데 그거 집행은 누구 돈으로 주는 거예요, 판결이 되면? 결국은 국민 세금이에요. 저는 가족들에게 그렇게 설명하겠다는 얘기예요, 내가 맞다는 게 아니라.

두 번째는 그러면 선고기일 이후부터는 패소할 수도 있죠. 패소하면 다시 5프론가 4프로, 다시 환원을 해야 될 거예요. 만약에 승소를 했다고 하고 이미 선고가 끝났는데, 승소를 했는데, 가지급을 안 받아? 그럼 [이자가] 15프로예요. 그러면 6억 5000의 15프로면 얼마가 되는 거야? 하루에 수십만 원치 이자가 붙는 거죠. 그래서 그게 결론은 국민 세금이고, 저는 가족들이 이미 승소를 했기 때문에 그걸 대법원 판결 끝날 때까지 안 받겠다고 버티는 것은 [아니라는 거죠]. 왜? 우리가 진상 규명 하겠다고 하는 싸움의 명분은 있어. [그런데] 그 명분은 이 돈이랑 아무 상관이 없는 거야. 근데 우리가 그걸 주장을 하면 객관적으로 국민들이 봤을 때는 '오, 그러면 저 사람들이 받을 수 있는 돈이 하루 이자가 수십만 원씩 받는 거 아냐?' 이럴 수 있죠. 그러면 그런 마타도어[matador, 흑색선전]나 일베, 혹은 자한당[자유한국당], 바른정당 저놈들이 가만히 있겠어요? 다 까발리고 언론에 다 나가는 순간 지금까지 우리와 연대해 준, 그다음에 우리 가족협의회가 진상 규명 활동을 해온 부분들에 대해 [타격이 있죠]. 그거는 마타도어가 아니라 실제 있는 그대로만 객관적으로만 이끌어나가도 국민들이 볼 때는 '어? 쟤들 뭐야?' 이렇게 될 여지가 충분히 있다는 거죠.

힘들어하는 사람이 그만큼 많고, 그리고 작년 제가 가족들 공방 토론회 때 그런 얘기를 했어요. 내 주관은 지금 우리가 가족들이 있었고, 두 번째는 국민들이 그렇게 해서 [연대]해 줄 수 있었고, 세 번째는 우리가 이렇게 결합되어 있는 그런 분들 때문에 됐다고 그런 얘기를 하면서, 실제 국민 성금에 대해서는 저는 최소한 절반은 우리가 사회에 복귀하고 나면 사회에 환원해야 된다는 얘기를 했어요. 그래서 "가족들이 한 5000만 원씩 냈으면 좋겠네", 물론 여담식으로. 근데 저는 여담이 아니라 한두 번 그런 얘기를 한 게 아니거든요, 그런 얘기를 드렸어요. 만약에 진짜, 내가 다 맞지는 않지만 저는 가족들이 그랬으면 좋겠다는 거고. 이번에 대해서 항소를 안 한다는 분들은 어떻게든 저는 지금 얘기했던 그 내용대로 가족들을 설득하고 싶어요.

아까 마음 아프다고 한 부분은 [사실] "관여를 안 하겠다, 그거는 관여를 할 수가 없다" [왜냐하면] 민사는 가족협의회가 할 수 있는 게 아니잖아요. 그분들을 위해서 내가 힘을 안 쓰겠다는 게 아니라, 그거는 내가 권리주장을 할 수도 없고 할 수가 없는 부분이니까 마음 아프다는 거고, 현실적으로 이 부분만큼은 어떻게든 설득해서 끌고 나가서 가야 된다[는 거죠]. 그리고 우리가 항소를 하든 안 하든 간에 쟤들은 무조건 항소할 수밖에 없다, 무조건 항소할 수밖에 없다. 왜? 청해진해운이 항소 안 하겠습니까? 구상권 청구한다고 했는데, 항소 안 하겠어요? 그리고 우리는 그런 걸 다 떠나서 무조건 항소해야 되고. 비용에 대해서 제 생각은 그렇습니다. 가지급금은 받아야 되고, 그게 그런 마타도어든 뭐든 지금까지 함께해 준 국민들이나 옆에 계시던 그런 가족분들의 동력, 혹은 진상 규명에 함께했던 사람들의 열망을 위해서라도 이거는 받아야 된다. 안 받고, 마타도어에 휩싸이고, 그러면 안 된다[는 거죠]. '마타도어가 아니고 있는 그대로 언론을 통해서 나가더라도, 있는 그대로만 객관적으로 보도가 되더라도, 국민들이 지금까지 우리를 안쓰러워하고 지켜줬던 사람들이 객관적으로 그런 내용들을 접하고 나서 주관적인 판단은 다소 달라질 수가 있겠다' 싶은 거죠.

5
선체조사위위원회, 세월호의 최종 거치 위치 문제

면담자   지금까지 저희가 세월호 참사에 대한 국가책임 소송, 민사소송 제기하신 것에 대한 이야기를 들었구요. 최근에 거의 마무리가 되었지만 선체조사위원회에 대한 문제와 관련해서 가협에서 어떤 문제들을 고민하고 계신지 말씀해 주시면 감사하겠습니다.

찬호 아빠   선체조사위원회는 많이 부족했다고 보구요. 결론을 내리자면, 많이 부족하고 아쉬움이 너무 많았다. 그리고 선체조사위원회에서의 주된 내용이야 일단은 세월호 참사가 왜 일어났는지에 대한 정밀 조사와, 두 번째는 미수습자분들의 수습이 그분들이 했어야 될 주된 일들이었어요. 그럼에도 불구하고 어느 한쪽의 결론을 도출하거나 종합보고서를 쓰는 내용이라든가, 혹은 현재 마지막까지 종합보고서 내용을 담기 위해서 매일 진행되고 있는 전원위원회 내용조차를 보더라도, 많이 부족한 것 같다는 생각을 해요. 가장 아쉬운 점은, 초창기죠. 한시적인 기구였기 때문에 어느 정도 초창기에는 나름 그래도 좀 피해 당사자로서래도 [부족함을] 납득할 수 있겠다는 그런 부분이 없지 않아 있죠. [하지만] 인양이 되고 나서 그런 전문가들, 그다음에 자문위원들, 다음에 전 정권에서 만들어냈던 해수부의 용역 보고서, 그런 부분도 자문위원이나 혹은 선조위의 조사위원으로서, 조사관으로서 그런 내용들을 충실하게 다 수행을 못 한 부분이 없지 않아 있다고 얘기를 드리고 싶구요. 가장 아쉬운 점으로 얘기하면 첫 번째가 선체조사위원회의 내부 간의 문제들, 그리고 그게 내부의, 뭐라 그럴까요, 권력 다툼? 그런 식으로까지 비쳐지고, 선체조사위원회 내부에서의 자기들끼리의 권력 다툼에 의한 편 가르기, 거기에 피해 가족인 유가족들을 당사자로서 올려놓는 그런 부분들이 아주 잘못된 부분이었다라고 생각이 돼요.

면담자   구체적으로 들을 수 있을까요?

찬호 아빠　　　사실상 선체조사위원회에 위원으로 참여했던, 부위원장까지 얘기를 하면 일단 김영모 부위원장 같은 경우는 기존에 검경합동수사본부에 자문위원으로 있었고, 마지막에 이동곤 위원 같은 경우도 사실은, 권리를 박탈당했지만, 이동곤 위원도 직접적인 당사자였고. 김철승 위원 같은 경우도 자문위원으로 활동을 했었고, 그런 사람들이 2기 특조위[선체조사위]에 그대로 들어와서 활동을 했다는 부분, 그게 본의 아니게 자한당 다 추천이었다는 부분. 그래서 조직적으로 세월호 참사의 증거에 대한 인멸, 은폐, 축소에 대한 목적을 가지고 참여를 했었다고 봐요. 다만 정권이 바뀌고 국민들에게 알권리 제공을 위해서 세월호 참사의 진상 규명을 놓고 본다고 하면, 기존에 본인이 이미 자문을 했었던 검경합동수사본부의 내용이라든가, 그다음에 이동곤 위원이 해심원[해양안전심판원]에서 이미 기존에 [수행한] 항적 실험이든 했던 모의 실험 내용들을 은폐하거나 혹은 축소하거나 혹은 어떻게 에둘러서 기존의 내용들을 고수하고자 했던 그런 사항들. 김철승 위원도 해양대 출신의 자문위원이면서, 자문위원으로 참석했던 부분에 있어서 그분의 그 부분에 대해 다시 실제적인 진실에 대해서 조사가 이루어진 내용에 근거해서 제대로 된 재조명을 하기 위한 조사 과정이 이루어졌으면 좋았을 텐데, 그게 피해 가족들이, 우리 당사자들이 알고 있음에도 불구하고 공개적으로 외부로 표출하지 않았던 부분이 있죠. 정권이 바뀌었다거나 하는 얘기보다도, 실체적인, 객관적인, 사실적인, 객관적인 내용으로 그걸 가지고 그대로 다시 진상 규명에 접근하면 되는 부분이라서 과거에 그 사람들이 어떠한 행위를 했었고 어디 집단에서 어떠한 역할을 했었다는 부분은 중요하지 않다라고 봐요, 사람은 실수할 수도 있고, 그걸 다시 본인이 잘못한 부분이 있다고 하면 뒤집을 수도 있었으니까. 그런데 이게 실제적으로 마지막에는 거의 1년 정도 돼가면서 극과 극으로 치닫는 상황까지 이르렀었고.

그리고 말 그대로 선체조사위원회 김영모 부위원장, 이동곤 위원, 김철승 위원, 심지어 가족 추천인 공길영 위원조차도 위원회 위원으로서의 제대로 된 역할을 못 했다[고 봐요]. 선체조사위원회의 전원회의 내용을 보더라도, 참석 여부를 보더라도 알 수 있다. 너무나 안일한 태도로 [임했기에] 위원으로서의 부족함을 드러내는 그런 위원들도 너무 많았고, 그게 권력 다툼까지 붙여져서. 그다음에 이동곤 위원과 다음에 장범선 위원, 그다음에 가족 추천인 권영빈 소위원장까지 해서 고렇게 정확하게 편이 가르다시피 진행이 있었던 부분이 있었다. 그리고 특히 위원장과 상임위원인 권영빈 위원하고의 갈등 부분. 이게 결론은 청문회 요청까지 진행이 됐었고, 결론은 대한변협의 중재에 의해서 마지막엔 아무튼 김창준 위원장이 취하하고 받아들이는 바람에 나름 그래도 선체조사위원회가 마무리까지는 있을 수 있게 된 게 아닌가…. 그 당시 상황으로서는 되게 마음 아팠다는 거죠. 위원회 내부에서 서로 청문회를 요청을 하고 청문회를 진행을 하고 서로가 질타를 하고 세월호 참사의 진실을 밝히는 데 중점을 두는 게 아니라 본인들끼리의 다툼으로 비쳐지는 모습이 너무 마음 아프고 안타까웠다라는 거고. 지금 활동 기한이 끝나고 종합보고서를 쓰는 단계에서도 부족한 부분이 너무 많았던 것 같아요.

면담자   종합보고서를 어떻게 쓴다고 하던가요?

찬호 아빠   침몰 원인이든 그런 부분에 있어서 [위원들 간에] 실제적으로 의견이 대립되는 거거든요, 정확하게 3 대 3으로. 그래서 그런 모습을 전문가가 아니고 피해당사자로서 제가 보는 견해로 보면, 실제 선체조사위원회 위원들이 많이 착각하고 있다[고 생각해요]. 피해 가족 당사자나 국민들이 원하는 바가 뭔지, 적어도 국민 세금으로 한시적으로 운영되는 법적 기구임을 망각한 부분 아닌가라는 부분이고. 사실은 아쉬운 부분이 꼭 위원뿐만이 아니라 조사관들도 때로는 행태라든가 행위라든가 그런 걸 보면 부족한 부분이 없지 않아 많다라는 거죠. 그분들은 실제적으로 피해 가족인 우리를 위해서 있는 조직이 아니고 진상 규명의 실체를 밝히기 위한 그런 일에 집중을 하면 되는데, 다수의 분들이 본인의 공적으로 여기거나 하는 그런 아쉬움들이 많이 남아요.

개인적으로 비판하고자 하는 부분이 아니라, 간혹 가다 되지도 않는 내용, 혹은 가족들의 눈치만 보거나, 혹은 본인들이 당연히 선체조사위원회의 위원과 조사관으로서 본인의 업무를 해야 되는 게 분명한데도 외려 그런 모든 내용들을 가족들에게 의사를 묻거나, 물론 가족들 편에서 한다는 표현으로 비쳐질 수도 있겠으나, 그런 행위 자체가 잘못됐다고 저는 봐요. 가족들을 편애하거나 가족들 편에 서서 어떠한 내용을 만들 것이 아니라, 위원회가 있으면 위원회의 권한이 있고 위원회에서 해야 될 의무 조항들이 있는데, 피해 가족인 당사자들은, 우리는 가족협의회 입장에서 충분히 우리가 이의 제기 하거나 혹은 조사 신청을 우리가 충분히 제출할 수가 있기 때문에, 그런 부분을 서로 논의하거나 할 필요까지는 없지 않았냐. 그리고 가족들 비위를 맞추기 위한 행위로 비쳐지는 모습들은 너무 안타까웠다. 본인들의 의무 자체를 망각하거나 너무나 본인의 역할 자체도 제대로 파악 못 한 사람들이 있었다, 정도로 하죠.

면담자   정권이 바뀌니까 그런 모습이 드러나던가요.

찬호 아빠   정권 바뀌기 전에도 저는 사실은 마음에 안 드는 내용은 있어요. 그걸 근데 그 사람들이 운영되는 걸 제가 개입해서 제 주관이 어떻다고 얘기할 부분은 바람직하지 않지만, 때로는 직접적으로 전달을 하기도 하고 때로는 제3자를 통해서 "똑바로 해라", 이렇게 제 주관과 소견, 바라보는 시각차 이런 걸 전달한 부분도 사실은 있죠. 개입은 안 했지만 다만 제대로 잘되기만 바랄 뿐이었죠. 그래서 너무나 위원뿐만이 아니라 그런 부분들에 아쉬움이 너무 많고. 이미 보고서가 나왔겠지만 지금이라도 이렇게 생각하죠. 선체조사위원회는 본인들이 결론을 내는 부분은 아니거든요. 본인들 능력이 부족하거나 혹은 본인들이 제대로 조사를 다 못 한 부분이 있으면 한 부분까지만 남기면 되는 거거든요. 근데 그것을 부족한 부분을 어떻게든 본인들이 최대한 활동 기한 내에 성과를 낸 것으로 해서 매듭지을라고 하는 그 행태나 그 태도 자체가 아주 잘못됐다는 거죠. 있는 그대로, 사실 그대로 조사한 현재까지의 내용대로만 그대로 적나라하게 있는 그대로 내용을 적시하면 되는 거죠. 그리고 그다음에서 부족했던 부분들은 다시 조사를 하거나 재조명할 수도 있는 부분이 있겠죠. 그래서 세월호 침몰 원인에 대한 정밀 조사에 대한 부분도 크게 결론을, 원인 규명을 제대로 못 하고 마무리하는 것 같아서 아쉽고, 미수습자 수습에 대한 부분도 참 아쉬움이 많이 남죠.

이미 전 정권에서부터 진행됐었지만, 주무 부처인 해수부와 그 해수부가 요청한 용역 내용과 전문가들을 통해서 기술 검토했던 내용들이 한두 번 틀렸어야지, 그죠? 그래서 세월호를 인양하고 나서, 선체조사위원회가 채 구성원이 다 구성이 되기 이전에, 그래서 그 부분은 어느 정도 인정하겠다고 하지만, [인정]할 수 없었던 부분은, 인양하고 나서 그 안에 뻘이라든가 혹은 일단 모듈 트랜스포터죠. 그런 수량에 대한 차이가 나거나, 무게 계측부터도 아예 그런 오류를 범했죠. 그러면서도 결론은 [세월호] 안에 그 해수를 외부로 빼거나 이런 행위 자체가 한 달 이상이 지연되면서 이미 미수습자 수습에 대한 부분과 혹은 세월호 선체의 훼손과 이런 부분들이 [문제가 됐죠].

진짜, 전문가라고 하면서 능력도 안 되는 비전문가 사람들의 그런 되도 않은 내용 가지고 [했으면] 아마 정권이 바뀌지 않았으면 저거 싹 훼손되고 다 분해됐을 거라고 저는 그렇게 생각해요. 나름 그래도 저 정도까지 유지될 수 있었던 것은 탄핵 이후에 정권교체로 인해서 저 정도까지 유지는 가능했었다. 근데 그런 기술적인 데이터 자체가 제대로 안 돼 있었고, 시간은 시간대로 허비를 했고, 인양에 대한 부분도 되도 않은 방식을 논의했죠. [인양업체 선정 기준을] 분명 기술력이 우선이라고 했었는데, 결론은 마지막에는 최초에 용역 참여했던 업체 [네덜란드의 스미트]의 내용대로 사실은 인양이 [다시] 제대로 이루어지게 된 것이고, 시간만 1년 반 까먹고, 미수습자 수습도 그만큼 늦춰졌고, 그만큼 세월호에 대한 선체의 타공이나 절단 이런 것들로 인해서 그만큼 훼손시켰다고 얘기를 드리고 싶어요.

그리고 미수습자 가족들과 피해 가족인 우리와의 관계 선상에 있어서도 많은 갈등을 유발시키고자 했다라는 부분이고, 또한 미수습자 가족들도 아쉬운 부분이 있다라고 얘기하고 싶어요. 일단은 그 갈등을 야기시켰다고 하는 부분은, 사실상 전문가들이 제대로 재원이든, 무게 중량부터도 제대로 파악 못 하고 있었던 내용을 가지고 1차 실패하고 2차 실패하고, 결론은 3차 때부터 시작해서 무게를 줄이기 위한 측량도 잘못했으니까. 아무튼 모듈 트랜스포터를 설치해서 외부로[뭍으로] 나올 때 그 수량이 제 머릿속에는 아마 거의 두 배가량, 그다음에 무게 수도 그만큼 틀렸었고. 그리고 타공 하면서 그만큼 뻘이든 안에 있는 침전물이든 그런 부분의 검토 자체도 제대로 못 한 상태에서 너무나 인위적으로 진행할라고 했던 부분들이 워낙에 훼손을 넓혔다[고 봐요].

그다음에 미수습자 가족분들은, 갈등에 대한 부분을 얘기하는 부분은, 미수습자 가족으로서는, 그다음에 가족협의회 우리 자체도 일명, 미수습자 가족들이 했던 얘기가 "우리도 유가족이 되고 싶어요"라는 얘기잖아요. 그게 얼마나 마음 아픈 얘기예요. 당연히 가족협의회 측면에서도 당연히 미수습자 가족들 수습이 우선이죠. 그래서 조금 더 버텨줬으면 했어요. 수색 종료 때도 아쉬움이 남고…, 수색 종료 때도 제가 기자회견문까지 써서 줬었는데 결론은 수색 종료를 했고. 결국은 외부에서 비쳐지는 국민들 시각으로 보면 이 세월호 진상 규명의 그런 열망과, 그다음에 정밀 조사를 못 했던 그런 부분, 미수습자 수습에 대한 부분의 열망 자체[가 있는데] 우리 스스로가 갈등하게 만들고, 우리 스스로 서로를 조금 적대시하거나 [하게 한 면이 있죠]. 그래서 세월호를 어쩔 수 없이 훼손시키게 하는 그런 행위의 방패막으로, 나는 작업의 편의성과 비용과 기간 때문이라고 생각이 되는데, 그런 것은 뒤에 숨기고 미수습자 수습에 대한 부분만 앞세워서 피해 가족과 유가족들 가족협의회와 미수습자 가족들을 갈등 구조로 만들고, 그리고 "어쩔 수 없이 너네가 동의했으니까"로 받아들이게 만들어서 세월호를 저렇게까지 훼손시키지 않았나 하는 부분이 있어요.

면담자   미수습자 시신을 찾는다는 명분으로 선체를 훼손할 수 있다는 것을 가족분들이 동의를 하셨던 건가요?

찬호 아빠   동의할 수밖에 없죠. 일단은 [선내 벽 같은 것들이] 협착이 됐고, 선내 진입을 못 하고, 그래서 타공을 해야 되고, 그 안에 있는 그런 기기와 그다음에 특히 대형 화물들 그런 걸 일단 꺼낼 수밖에 없으니까, 상층부 부위의 그런 부분은 어쩔 수 없이 당연히 절단될 수밖에 없었죠. 근데 그 외에도 어마어마한 내용들이 다 절단이 되기 시작하거든요. 그리고 선조위 마지막 때 가족협의회에서 막았지만 지금 좌현 외판에 3층, 4층, 5층을 다 절단하겠다는 거였어요, 지난달에. 근데 그거는 가족협의회에서 용납할 수 없다고 딱 막아버렸던 부분이 있다는 정도로 얘기를 드리고요, 그 정도 발상이었어요, 정권 바뀐 거나 그거나 아무 저게 없고. 누가 보더라도 미수습자 수습을 당연히 해야죠. 그리고 선내에 진입 못 하는 부분이 있었기 때문에 당연히 지금도 해야 된다고 보고. [하지만] 그 부분은 훼손을 안 하고도 충분히 할 수 있는데, 결론적으로 지금까지도 [수습을] 못 했으면서 그게 되면 "한 달이면 된다, 두 달이면 된다" 그 내용을 계속 언론을 통해서 밝혔는데, 그거를 믿는 사람은 아무도 없는 거죠. 피해당사자인 우리도 믿지 못하고, 미수습자 가족들도 믿지 못하고, 그것을 언론으로 지켜보던 국민들도 믿지 못하는 거죠. 그렇게 이미 신뢰를 잃어버린 그랬던 부분이 아쉽고, 그런 내용에서 미수습자 가족들도 상처를 입고 가족협의회 유가족들 자체도 상처를 입은 부분들이 여러 내용들이 있어서, 그런 부분들은 아품을 잘 치유해야 하고. 그리고 미수습자 수습에 있어서 진짜 최선을 다하는 모습을 보여주고 해야 되는 선체조사위원회와 주무 부처인 해수부가 미흡한 부분이 많았다고 얘기를 해야 될 것 같아요.

면담자   아직 논란이 되고 있는 문제 중 하나가 선체의 처리 문제죠. 제가 듣기로는 청해진해운에서 선체에 대한 소유권을 주장하고 있다고 하는데, 가족분들 같은 경우는 어떻게 의견이 정해졌나요?

찬호 아빠   그… 가족협의회 안을 만들기로 했었죠. 〈비공개〉 일단 다수의 의견은 안산 대부도, 보존은 원형 보존, 그거에 변함은 없어요. 단 한 표가 많더라도 그게 다수의 뜻이고, 근데 제 주관을 피력하자면 저는 사실은 작년까지는 저는 제주도였어요.

면담자   아이들이 가고자 했었던?

찬호 아빠   네, 목적지에 가야 되는 것이 그게 첫 번째. 내가 내 의견을 얘기한 거는, 운영위원장이 회의를 주재하지만 나도 내 한 표의 주관을 얘기하는 입장에서는 그래요. 두 번째는 가장 많은 사람들이 보고 가장 많은 사람들이 참여를 하고 많은 사람들에게 교육 공간으로 할애가 될 수 있는 그 공간이 어딜까? 안산 대부도일까 현실적으로 제주도일까? 그게 제주도라 이거죠, 가고자 하는 목적지도 거기였고. 그다음에 여기는[안산에는] 생명안전공원이 만들어질 거고, 그게 일명 삼각 다이아그램, 진도가 됐든 목포가 됐든 제주도가 됐든 안산이 됐든 그거에 대한 삼각 다이아그램. 그래서 어디든 방문을 하더래도 그게 교육 차원이든 그런 게 연계되는 식이죠. 대부도에는 '해양안전체험관', 진도에는 '국민해양안전관', 그리고 세월호가 5대 거점이 될 거고. 아무튼 화랑유원지 여기에는 4·16생명안전공원과 그런 안전교육의 시설복합문화 공간시설들이 들어올 거고, '고게 고런 편으로 이어졌으면 좋겠다'가 내 주관이었어요. 그런데 올해 와서 접었죠, 바뀌었죠. 왜? 제주도는 난리 났잖아요. 더 이상 중국인들, 외국인들, 그다음에 이주민들 이런 부분들 때문에 자치단체에 더 이상 외부의 그런 부분이 들어오는 부분이라든가 그런 게 [부정적인 것이] 전체적인 제주도민들의 내용이다, 그랬을 때 '아, 그래? 그러면 제주도에 외려 갖다 놓으면 외려 더 효과가 없을 수 있겠다' 그래서 제 주관은 어디가 됐든 정확하게 많은 사람들이 찾아올 수 있게끔…, 삼각 다이아그램 기법이라고 하더라구요. 〈비공개〉

면담자   가족분들이 대부도를 더 선호하시는 이유는 뭔가요? 제가 듣기로는 지자체는 목포 쪽이 선체를 보존하거나 관리하는 거에 대해서 더 적극적인 입장이라던데요.

찬호 아빠   진도와 목포는 이미 초창기부터 그랬죠. 그럴 수밖에 없다는 게 내 주관이죠. 내가 진도 혹은 전남에 거주하는 사람이라도 당연히 그렇게 얘기하겠다 [싶어요], 세월호 참사관[이] 와서 [자기 지역에 만들어지면 좋겠다는 거죠]. 제가 진도군 인구가 얼만지는 모르겠어요, 아무튼 5만이 안 될 것이죠. 그리고 진도를 관광특구로 개발하겠다, 군수가 바뀔 때마다 관광특구랑 지역도로 개선이 20년간 숙원 사업이었어요. 근데 세월호 참사 터지고 그 숙원사업[이었던] 지역도로가 그냥 한방에 정부에서 다 해주기로 된 거예요. 그러면 그 도로망에 관광특구로 만들겠다는데 도로부터가 돼야 되잖아요, 해안 따라서. 그게 첫 번째 됐어요. 두 번째 진도항. 진도항에 5000톤급이 못 들어오게 돼 있는데, 진도항에 400억 짜리를 정부에서 준 거예요. 그다음에 국민해양안전관, 말 그대로 270억짜리. 거기서 관광특구 개발 사업으로 계속 진행했는데 진도군에는 그게 있어요, 아예 청사진이. 근데 그게 세월호 참사 나고 한방에 다 된 거예요. 도로 다 됐지, 20년 숙원 사업 한방에 해결됐지, 5000톤급 여객선이 들어오는 400억이 저기 돼버렸지, 그다음에 말 그대로 270억 들여서 국민해양안전관이 들어와 있지, 그게 해안선 따라 다 연결이 되지, 진도군에서 관광특구로 개발하겠다는…. 그리고 "기억의 숲"도 있죠. 그거에 대한 재원이든 뭐든 그거에 대한 이미지 자체가 확대됐고 그게 별도의 공원 조성까지도 이미 전남도청에서까지 지금 지원해 주고. 그니까 진도군이나 목포 입장에서는 저걸[세월호 선체를] 유치함으로써 지역에, 중장기적으로는 지역 경제 발전에, 안전교육에, 공간 활용뿐만 아니라 중장기적으로는 경제적 비전을 지역에 제시할 수도 있을 것이다라는 거죠. 왜? 진짜 진도군은 아예 초창기 때 그 얘기가 나왔어요, [세월호] 유치. 지금 유치위원회가 만들어져 있어요, 진도군은, 목포도 마찬가지고. 사실 목포 같은 경우도 그 지역에서 태어났고 자기 지역 발전을 위해서 그렇게 힘쓰시는 분들이 많거든요. 그분들이 바라봤을 때도 이거는 보존 자체의 가치가 중장기적으로는 아무튼 그 지역의 발전, 그다음에 플러스 교육 문화의 공간[으로서] 충분히 그럴 가치가 있다라고 이미 생각을 하는 거지.

면담자   이러한 목포와 진도의 움직임은 정권이 바뀌고 이루어진 건가요, 아니면 그 전부터 있었나요?

찬호 아빠   그 전부터도 얘기는 나왔어요, 진도는. 진도는 정확하게 나왔었고. 이동진 군수랑 제가 미수습자 수습 종료 기자회견 하고 나서, 그해에 "기억의 숲" 행사 하기 전에 제가 군수가 한번 보자 그래서 만난 적이 있어요. 그때 이미 그런 얘기가 있었고.

면담자　　　진도체육관에 미수습자 가족들이 있었을 때, 아마 2주기 되기 전이었던 것 같은데요. 당시에 진도에서 도 체육대회 때문에 체육관을 수리해야 하니 미수습자 가족들에게 옮겨달라고 한 적이 있다고 들었는데요.

찬호 아빠　　　그것도 마타도어나 유언비어가 너무 많았었죠. 그때 저희 가족협의회 당시 사무처장을 내려보냈었어요, 제가 "파악해라"[해가지고]. 이거 화나잖아요. "말 같은 소리 해라, 너네" 내려갔는데 파악해 보니까 그게 아닌 거예요. 진도군 입장은 "지원하겠다"야, "가족협의회 너네가 요구하는 거를". 실제적으로 그때 미수습자 가족들이 거기에[체육관에] 있지를 않았잖아요. 그 공간이 힘들고 어렵다고 사실은 팽목항 거기에 개인 숙소를 다 요구를 하셨고, 그다음에 몇 차례 요구를 한 부분이 있어서 저기 했었고. 우리가 거기를[체육관을] 요구했던 거는 도보행진, 행진하면서 그 공간에서 우리가 숙박을 하겠다는 거였어요. 근데 실제 이게 도대체 대화가 안 돼서 사무처장이 갔는데, 사무처장도 어렵겠다는 얘기를 해서 열받아서 내려갔어요. 직접 진도군으로 내려가 봤는데 그 내용이 아니라, 실제 그때 럭비부였나? 국가대표 럭비부가 거기서 훈련을 이미 하고 있었어요. 그리고 안에 도색 작업을 실제 하고 있었어요. 그거는 안 알린 거지. 진도군에서 가족협의회 의견들 다 배척한다고 그랬는데, 카메라 들고 그 현장에 가봤으면 알 수 있는 거예요. 실내는 이미 그 페인트 냄새 같은 게 심했고, 실제 럭비부인가 동계훈련한다고 했지만 걔들은 바깥에서 일단 하고 있었고. 아무튼 그렇게 돼 있는 상태였었고, 진도군에서 제안한 거는 "진도군 실내 체육관을 못 주겠다는 게 아니라, 거기가 지금 그런 단장 때문에 페인트 작업이 진행돼서 페인트 냄새도 나고 그런데다가 미수습자 가족들이 거기서 활동을 안 하고 안 지내시니까, 거기를 지금 페인트 도색과 국가대표 럭비 팀이 동계훈련으로 내달라고 해서 이미 그 사람들이 와 있는 상태다"였어요. 근데 그게 기사가 안 나갔지.

면담자   기사는 굉장히 갈등적인 상황으로 나왔었어요.

찬호 아빠   갈등으로 나왔고, 그래서 실제 가봤더니 눈으로 가서 확인해 보니까 그렇고. 그다음에 진도군에서 페이퍼 만들어놨던 거 보니까, 그래서 사무처장이 "직접 위원장님 내려와서 결정하시라" 이렇게 된 거구요. 그니까 그 심사 자체도 너무 강하게 부정하고 때려죽일 놈까지 되고 있었으니, 진도군에서 입장 표명을 안 하는 거야. 왜? 자기가 자꾸 이거를 책임을 덮을라고 하고, 그게 아니었다라고 자꾸 자기가 저거 할라고 하는 거 같으니까, 외려 더 공분만 살 정도 되니까 공식적으로 발표를 내지 말라고 한 거예요. 그랬던 거고, 가봤더니까.

면담자   진도 주민들은 등을 돌리거나 (찬호 아빠 : 그러지 않았죠) 주민들의 이익을 위해서 이렇게 배타시하거나 그랬던 거는 없었던 거군요?

찬호 아빠   한 번 있었지, 전 정권에서 휘둘린 거. 이번에 저 기무사 문건에도 그런 게 나왔잖아요. 문건 나온 거의 딱 한 개만 얘기하면 예를 들어서 "지역 피해 어민들에게 권리주장을 구해서 가족들의 힘을, 동력을 약화시키고 철수해라". 그래서 고 얘기대로 어민들이 현수막을 몸에다가 패용하고 사실은 우리가 있던 팽목항에서 그 행위를 일주일간 했었고, 진도체육관에서도 몇 차례 했었어요. 여기에 그런 문건이 나와요. 그런데 그것은 일부에 해당되는 거지, 어디에나 그런 사람들은 있기 마련이기 때문에 국민들이 다 그렇다고 그렇게 표현하는 건 잘못된 부분이죠. 〈비공개〉

면담자   가족분들이 세월호 선체가 대부도에 왔으면 좋겠다고 하시는 거는, 아마 안산으로 다 모이는 게 좋겠다고 생각을 하시기 때문인 건가요?

찬호 아빠   그렇죠, 장기적으로는 지역 발전 그런 것도 있고, 그다음에 여기가 안산이 가장 많은 우리 아이들이 희생된 부분도 있고. 의견들이 다 다르겠지만 저는 딱 하나예요, 목포나 진도에 하거나. 안산에 했을 때는 비용이 배 이상이 들고, 그러면 '비용 부분은 우리가 논의할 필요는 없겠다. 사유지가 있고 그런 장소에 대한 그것도 논의할 필요가 없겠다'. 일단은 저는 국민공청회에서도 살짝 피력은 했지만 제 주관은 정확해요. 제 주관은 그것을 선조위에서 결정할 사항도 아니고, 그다음에 유가족들이 결정할 사항도 아니다. [다만] 주장은 할 수 있다. 우리 의견에 대한 부분은 피력할 수 있겠지만, 다만 저게 결론은 수천억이 들어가든 수조가 들어가든, 제가 꼭 예를 드는 게 [스웨덴] '바사박물관' 예를 들어요. 그리고 국민 세금으로 저게 어떻게 보존 처리든 하면서 정부에서 아무튼 하게 될 텐데, 그게 진도로 하게 되면 500억, 570억, 목포에서 해도 그 정도 수준, 안산에서 하면 1170억. 문제는, 돈 얘기를 왜 군이 하냐. 그거의 가치, 활용 가치와 장기적인 교육의 장이 될 비전을 제시해 주면 될 거고. 결론은 선체조사위원회에서도 그걸 결정할 부분도 아니고, 다음에 오로지 가족들 힘만으로 결정할 부분도 아니고, 그거는 별도의 법안 발의를 통해서 진행해야 된다.

실제 세월호 참사 이후에 많은 얘기들, 많은 의혹들, 그다음에 많은 밝혀진 내용들[이 있었고] 국민들이 마음 아파했고 "제2의 세월호 참사는 없어야 된다. 4·16 이전과 이후는 바뀌어야 된다" 그런 많은 얘기들을 하셨지만, 그런 내용대로 잘 실현이 될라면, 던져주면 되는 거예요. 그 내용을 국민들에게 편향적으로 비용을 제시해서 얘기하는 게 아니라, 어떤 쪽으로 잘 활용이 되고 세월호 참사 이후에 국민들에게 전달된 내용들, 그다음에 국민들의 상처, 그다음에 국민들이 세월호 참사를 바라보고 앞으로 어떤 식으로 바라는 미래 지향적인 그런 희망이나 비전들이 그대로 내용만 있고, 그 결정은 국민들이 하는 거예요. 그래서 그 내용만 잘 녹여내서 그게 있는 그대로의 비전만 딱 만들어서 제시하면, 그렇게 해서 법안이 발의되고 하면 그게 천억이 들든 2000억이 들든, 혹은 정부 예산이 없고 당장 안 돼서 올해는 100억 규모로[밖에] 일단은 결정 못 했어, 내년에도 일단 보존 처리만 해, 10억 가지고 [선체를] 코팅만 해, 그다음에도 청소만 하고 다시 코팅만 해, 더 훼손 안 되게. 그 결정은 국민들에 의해서 별도의 법안이 발의되고 그렇게 만들어 갈 수밖에 없다, 그게 500억짜리가 됐든 1000억짜리가 됐든. 지금 비용을 자꾸 얘기하는 부분에 있어서 눈을 자꾸 가리고자 하는 부분이 있겠다 싶어요.

혹시 바사박물관은 갔다 오셨어요? (면담자 : 아니오) 그게 본래 스페인[스웨덴] 배가 건조되자마자 바로 가라앉았던 거죠. 자세히는 모르는데 우리 세월호 참사 나고 한 57개 사례를 봤어요, [선체] 보존에 관련된 자료들을. 검색하면 쭉쭉쭉 나오니까, 아까 국내 사례, 창경호, 남영호, 서해 페리호 쭉 봤지만, 국외의 사례로 봤을 때는 '바사박물관'은 제가 말하는 거 딱 하나예요. 그게 맨 처음에는 발견하고 나서 인양할 때까지가 333년이 걸렸다는 거예요, 333년이. 그리고 그게 박물관까지 만들어지는 동안이 28년인가 걸렸어요. 그니까 보존 처리를 해야 될 거 아니에요, 그거 하는 기간도 그만큼 많이 걸렸고. 지금은 전 세계적으로 명소라고 표현할 정도로 전 세계에서 많은 관광객들이 온다고 하는데, 그리고 인터넷 어디를 쳐서도 방문 후기들이 쭈루룩 뜰 정도로 그렇게 많을 정돈데. 그걸 보면서 맨 처음에는 쪼끔 더 세부적으로 들어가 봤더라니까, 자세히는 모르지만, 그냥 있는 상으로 제가 쭉 읽으면서 기억이 나는 게 그런 것들이죠. 처음에야 그 지역에서 얼마나 저거 했겠어요.

면담자   직접 가보시지는 않은 건가요?

찬호 아빠   스페인[스웨덴]은 제가 안 가봤어요, 자료로만. 근데 감명 깊은 거야. 그렇게 오랜 시간 동안에 그렇게[보존] 했었고 그런 가치까지 실현하기 위해서는 그렇게 긴 시간이 걸렸는데 그게 어떻게 가능했을까를 봤을 때, [이유는] 사람들의 인식, 국민들의 인식이었던 거잖아요. 그리고 맨 처음에는 그거 발굴했던 해양학자나 전문가, 그다음에 고고학을 다루고 있었던 그런 전문가들의 그런 열정, 그리고 그것을 받아들이는 국민들, 그다음에 정부…. 국가 입장에서 봤을 때 그게 다 맞았더라니까, 발견하고 333년이 지나도 인양을 하고, 그다음에 박물관이 만들어지기까지 28년간에 걸쳐서 보존 처리든 그걸 다 하고….

찬호 아빠 전명선

면담자   뭘 하나를 하더라도 제대로 할 수 있게 믿음을 가지고 기다릴 수 있으면 참 좋을 텐데요.

찬호 아빠   그렇죠. 그 공감대를 형성해 주는 게, 일단은 뭐라 그럴까요, 우리 교수님들? 전문가들? 말 그대로 그런 교육적 가치를 실현해 주는 그런 분들이 주도해서만 될 것도 아니지만, 고런 제안을 해주는 게 좋죠. 그런 공감대만 형성을 시켜주면 그러면 자발적으로 국민과 국가가 나서게 되는 거죠. 그런데 단순하게 어떠한, 본인이 최고라고 생각하는 건 좋지만, 그런 공감대든 그런 내용들이 제대로 전파가 안 된 상황에서 아직까지 더 정밀 조사에 대한 부분이 완벽하게 [이루어지지 못하고] 어떻다고 결정도 내리지 못하는 이 팽팽한 선체조사위원회 내부 상황, 그리고 미수습자 수습에 대한 정밀 조사도 안 이뤄졌지만, [선체] 내에 있는 뻘도 다 아직까지 못하고, 그 유품과 유류품도 다 회수하지 못한 상태에서 저렇게 결론을 내고자 하는 부분은 잘못된 거 같고요.

그리고 가장 중요한 건, 저는 국민 공감대라고 봐요. '국민들이 누구나 다 마찬가지지만, 어린 우리 학생들까지도 그렇게 어리석지 않다. 부끄러운 일이지만 과거 언론을 장악한, 언론[이] 했던 그런 왜곡된 내용으로는 국민들의 눈과 귀를 가릴 수 없다. 국민들이 그렇게 바보스럽지 않고 현명하다. 그리고 그런 인식을 믿고 국민들에게 믿고 맡기면 된다'라고 저는 봐요. 가족협의회는 우리의 요구 사항을 있는 그대로 전달하면 되는 것이고, 그것을 바라보는 국민들, 그다음에 그걸 통해서 그런 여론을 모아서 국회와 정부는 공감대만 형성되면 자연적으로 되겠다. 그걸 단정적으로 돈으로 치부하거나 돈으로 비유해서, 혹은 본인들의 입지를 검토함에 있어서 전문가적인 접근은 좋은데, "거기는 논란

여지가 있다", "개인 사유지가 있다", "협의 대상에서 제외돼야 된다", 이런 부분을 말하는 거는 [부적절하죠]. 그 땅 주인 만나서 얘기해 봤어요? 물론 그분은 저보다 더 훌륭하신 발상이나 사고를 가지고 계신 분일 수도 있어요. 자기 땅을 기증해서라도 여기다 만들어야 된다, 이런 사람도 있을 수 있는 거예요. 그런데 그걸 어떻게 단순하게, 한 기관, 한 단체에서 결정할라고 하냐고. 그건 잘못된 거 같아요.

그런데 선체조사위원회는 제가 하나 더 얘기하고 싶은 게, 정밀 조사와 미수습자 수습에 대한 부분이에요. 실제 선체조사위에서 잘못하고 있었던 게 유품과 유류품, 세월호 선체에 대한 보존, 그리고 또한 지금 증거물 컨테이너에 있는 금속물들, "이게 지금 제대로 안 돼 있다. 그것도 제대로 못 했다"라고 얘길 하고 싶고. 그래서 정권이 바뀌고 뭐고가 중요한 게 아니라, 선체조사위원회 위원들이, 그다음에 현재 정부가 아직까지도 생각하는 수준은 현실과 많이 동떨어져 있다. 그 첫 번째가, 우리도 권리주장을 하면 안 돼요, 더 이상. 저는 찬호 신발을, 신발 한 짝만 나왔는데, 그거를 아무튼 끝까지 버티다가 찾아온 지는 얼마 안 됐어요. 왜 안 찾아왔었냐 하면, 나도 부끄럽고 명분이 없으니까. 왜? 유실물법에 따라서 가족들이 동의하고 자기가 서명하고 받아왔으면 그 권리주장은 이제 정부에다 할 수 없잖아요, 자기가 인계를 해서 받은 거이기 때문에. 그래서 찬호 거를 늦게 받아왔던 이유는 보존 처리에 대한 부분이에요.

5·18기념관, 박물관, 거기 가서 느낀 게 뭐냐면, 없어. 그리고 유족회 어머니가, 제가 회장님하고 회원들 사이에, 간담회 그런 게 있었고, 5·18 행사 끝나고, 그때 주먹밥 나눠 먹던 그 개념으로 김밥을 나눠 먹

고 좌담을 잠깐 했거든요. 그때 유족회 어머님이 그 얘기를 하시는 거야. 자기 자식 게 아직 집에 피 묻은 옷이 있다는 거야. "그걸 가져오면 될까요?"를 얘기하는 거예요, 지금 몇십 년이 지났는데. 내가 거기 가서 박물관 보면서 제대로 볼 만한 게 없는 거야. 와닿지 않는 거야. 와서 진짜 그 참혹한 사진이든 그런 게 전시가 돼 있고, 기본적으로 영상관에서는 제대로 참혹했던, 흑백이래도 좋으니까, 일반 5·18에 대한 내용들이 나는 사실상 편집돼서 들어갔으면 좋겠지 않겠냐. 그건 내가 무식해서 그럴지 모르겠지만 그 만화라도 제대로 좀 만들든가. 너무 이게, 뭐라 그럴까, 떨어지더라. 이게 현실적으로 요즘 초등학생들이 봐도 확 마음에 와닿지 않는 것 같더라.

그래서 유실물 얘기를 하면, 너무나 잘못했다. 교수님도 잘 아시다시피 제 머릿속 기억은 정확해요. 찬호 거를 끝까지 [안] 찾아오고 버틴 이유는, 집사람도 우리 자식 게 나왔는데 가져오고 싶지 왜 안 가져오고 싶겠어요. 근데 그걸 찾아오는 순간 나머지 저기에 방치되고 있는, 유실물법에 따라서, 나중에 저거 다 어떻게 할까? 저거 다 폐기될 거 같은 거예요. 다 망가지고 폐기되고 그럴 거 같은 거예요. 그래서 안 찾아왔던 거예요. 그런데 그게 협의체가 만들어졌잖아요? 그래서 응급 보존 처리까지 하게 됐잖아요. 그거 결정되고 나서 찾아왔어요. 찾아왔는데, 그때까지도 저도 마음 아팠죠. 찬호 거 아무것도 안 나왔는데. 신발 한 짝 나왔는데 그것도 안 가지고 와? 찬호 신발 나오기 전에 같이 커플로 샀거든요, 저랑 똑같은 거. 그래서 그거를 찬호 잃고 나서 신지를 못 해요, 제가. 깨끗하게 빨아서 거기다가 숨 먹지 말라고 아예 한지까지 넣어서 이렇게 신발장에 넣어놨는데, 가끔 꺼내서만 봤었지. 그랬다가 찬호 신발 한 짝이 나왔는데, 고래서 그런 용역, 기록 카드라든가 대장을 일단 2017년 12월 기준으로 6151점이죠? 고거에 대한 기록 카드라든가 기록 대장을 만들고 분류하고 나서, 어떻게? 응급 보존 처리까지 지금 할 수 있게 돼 있잖아요. 1억 1000[만 원에] 용역을 따서 100일간, 7월 5일부터 10월 12일까지 진행해요, 선조위 활동은 끝났지만. 그게 되고 나서 신발 찾아왔다.

그리고 드리고 싶은 얘기는 선체조사위원회든 혹은 정부든, 피해 가족들의 절실함이라고 얘기하기보다는, 그런 책임 있는 행위들, 이거는 증거물로 활용돼야 될 물건임에도 불구하고 방치하거나, 또는 재원이 부족하기 때문에 다 포렌식이든 할 수 없다는 그런 발생 자체 하는 것 자체가 저는 잘못됐다. 적어도 선체조사위원회의 위원장이고 위원들이면, 거기에 대한 금속류든 혹은 정밀 조사를 위해서, 혹은 그 안에서 나왔던 기기들, 컴퓨터나 휴대폰이든, 각자의 의류나 옷가지들은 그거는 각자 거니까 증거 대상물이 아니라고 볼 수도 있겠지만, 그 사람들 논리면, 저는 그것도 반대라고 생각하겠죠. '재원 때문에 결론은 그런 걸 다 진행을 못 하고 했었고 초기부터 방치했다' 그건 말이 안 된다. 그러면서 그런 사람들이 전문가라고 얘기하는 자체가 진짜, 아주 실망스러운 거죠.

그래서 초기에 제가 기억저장소 소장님과 기억저장소 엄마들과 기억저장소에서 활동하고 자문해 주는 외부 운영위원들, 이런 분들한테 감사하게 생각하는 이유가, 그런 부분을 가족들이 실제 나서서 처리하고 있었다라는 거예요. 그래서 지금 기억저장소에서 보존 처리한 게 2800여 점 돼요. 그리고 선체조사위원회가 냉동고를 준비하기 이전에 사실은 여기서 냉동고를 준비해서. 왜, 지류 같은 경우는 이미 숨 먹고 곰팡이 슬고 이미 대기에 노출되는 순간 더 이상 복원은 어려우니까. 근데 그 정도로 방치하고 있었고, 객실 열쇠 꾸러미든 금속류도, 그런 부분을 재원으로, 적어도 위원장이면, 선체조사위원회의 위원들이고, 한시적인 법적 기구로 그런 권한을 가진 자들이라고 하면, 국가 상대로 싸우든 어떻게든 기한을 내고 어떻게 추경을 받든 어떻게든 대응을 했어야 되는데, 내부에서 자기들까지도 제대로 결속 못 하고 내용 가지고 저거 하면서 그런 부분은 다 놓치고 있었다, 그게 아쉽다라는 거고.

그리고 해수부가 5점, 제 기억에, 그다음에 선체조사위원회가 198점 그래서 합이 203점 보존 처리한 게 그게 다고, 우리 가족들이 실제 한 것은 2800여 점 현재 되고, 추가로 계속 진행하고 있다라는 부분이죠. 그래서 용역을 받아서 지금 유실물 컨테이너에 유실물법에 따른 유품과 유실물들에 대한 부분은, 그게 처리가 되니까 된 거고. 그랬으면, 그 정도까지 했으면 알아서 더 움직여야 되는 거 아니냐, 적어도 정부고, 해수부와 선체조사위원회는. 그래서 지난주, 지난주에 중간보고회가 있었죠. 지금 용역 진행하고 있는데, 유품 유류품에 대한 응급 보존 처리 위한 중간보고회가 있었는데, 지난주 가서 제가 얘기한 건 딱 두 가지예요.

"첫 번째, 선체조사위원회에서는 8월 5일, 그래서 8월 6일 활동이 종료되기 이전에 선체위원회의 위원장 직인을 찍어서 해수부에 '지금 이 용역에 빠져 있는, 증거물 컨테이너에 있는 금속류들과 세월호 선체에 대한 부분은 별도의 협의체 구성이 필요하다'라고 공문을 발송해라. 그다음에 2기 특조위의 장완익 위원장도, 2기 특조위에서도, 정확하게 저거는 증거물이기 때문에 증거물 컨테이너에 있는 것은 지금 여기 응급 보존 처리의 용역에 포함되지 않아 있기 때문에, 장완익 위원장, 그니까 2기 특조위에서는 2소위원회를 통해서 정확하게 해수부에다 똑같은 공문을 보내라. 세월호 선체와 증거물 컨테이너에 있는 금속류는 아직까지 증거물이다. 세월호 정밀 조사, 세월호 진상 규명을 하기 위한 증거물이기 때문에 해수부에다 공문을 보내라. 그리고 해수부에서는 그 선체조사위원회와 2기 특조위에서 그 공문을 받았으면 별도로 금속류와 세월호 선체 보존, 8월 말이면 청소 끝날 거고 그럴 텐데, 그거에 대한 응급조치방안 협의체를 구성해서, 자문위원들의 별도의 협의체를 통해서 이걸 어떻게, 당장 코팅이라도 하든 어떻게 보존 처리해야 될지, 그런 내용을 만들어라"를 얘기한 거예요. 그거를 우리 가족협의회에서 제가 얘기하거나 할 부분은 아니잖아요. "그 정도다"라고 아무리 얘기해도 그다음을 생각하거나 하지는 않아요, 자기네 활동에서.

그런 부분에서 아직도 인식 구조 자체가 많이 잘못됐고, 피해당사자로서가 아니라, 과거사들 돌아보고 4·3도 갔다 오고 5·18도 갔다 오고 갔다 와봤지만, "실제 제대로 저게 나중에 교육자료로 쓰고 할라면, 지금이라도 늦지 않았다. 구분해야 한다. 가족들도 정부가 안 한다라고 하면 우리가 더 노력해서 해야 될 것이다"라는 거고. 재능 기부 차원으로 했지만 사실 1억 5백 7000원을 작년 12월에 제가 집행을 했는데, 그 비용으로 2800여 점을 보존 처리했다는 거는, 우리 가족들이 잘했다는 게 아니라 그런 훌륭하신 외부의 기관들이 있다는 거예요. 국가기관 외에도 그런 보존이든 그런 전문가들, 그다음에 그거에 대한 중요성을 느끼고 진짜 재능 기부 차원으로 만들어주신 거거든, 이 보존을. 그런 분들이 계시다는 거예요. 그런 분들이 계시는데 문제는 '정부가, 정부 부처가 그걸 뒷받침 못 하고 그걸 해야 될 선체조사위원회가 그 역할을 못 하고 있다' 이런 생각을 하면, 그런 얘기할 때마다 화도 나고, '아직 멀었고 할 일이 많다' 그런 생각을 느끼죠. 그래서, 유품 보존에 대한 얘기는 고 정도. 꼭, 요거는 너무 잘못했었던 부분이고.

면담자   이게 지금 언제까지 하기로 되어 있는 건가요?

찬호 아빠   지금 여기 용역은, 저는 기한에 연연하지 않을 거예요. 이미 기한은 사실 100일로 정해져 있죠. 용역 금액은 8000만 원, 아니 1억 1000만으로 정해져 있는데, 그래서 7월 5일 착수 보고회를 했고, 10월 12일까지 딱 100일간이에요. 그런데 거기에 컨소시엄으로 참여하고 있고, 한국문화재[보존]과학협회, 국내, 아마 64개 단체가 있는 걸로 제가 대표님한테 들었는데, 지금 한 10개 단체가 컨소시엄으로 참여를 하고 계시는데, 이미 그렇게 용역은 10월 12일까지 진행하면 된다. 실제 6151점, 개체 수는 그렇다라고 하는데, 그 안의 내용물들은 어마어마하게 많죠, 그죠? '그걸 다 촬영하고 다음에 응급조치해서 할라면, 할 때까지 해서 그걸 다 못 한다. 그렇다고 다 대충할 수 있는 거는 아니고, 그렇게 되면 그거는 또 연기해서 진행하면 된다'라고 저는 보기 때문에, '시간에 연연하지 않고, 시간은 정해져 있고 비용은 이미 정해져서 용역을 했다 그러더라도, 기존처럼 이렇게 뭉뚱그려서 그 기한 내에 끝내야 되니까 허술하게 해서는 안 된다'.

그래서 그분들이 최대한, 네 개 팀으로 진행하고 있는데, '그걸 해서 다 못 하면 그때는 별도의 다시, 해수부와 주무 부처와 2기 특조위와 연계해서 가족협의회와 진행하면 된다. 그리고 그래도 너네가 안 한

다 그러면 저는 그거는 피해 가족 당사자가 나서더라도 꼭 해야 된다'
라고 봐요. 그래야 2기 특조위를 통해서 금속류든 세월호 선체에 대한
증거물과 그런 방향으로 해서 진행을 하고, 나머지 유실물법에 따른 유
품 지금 방치돼 있는 부분은 그렇게 응급 처치 하고. 그게 결론은 '나중
에 세월호 참사에 대한 어떠한 공간들이 만들어지고 교육 공간이 만들
어지고 영상실이 만들어지고 하더라도 전시할 수 있는, 교육 가치로서
쓸 수 있는 그게, 남겨봐야 그게 실현 가능한 거 아닌가. 그래서 최대한
남겨놀 수 있는 건 남겨야 된다'. 선체조사위원회에 대해서는 고 정도.

6
특조위 문제에 대한 소회

면담자   우리가 1기 특조위와 2기 특조위에 대한 이야기를 해야
될 거 같아요. 1기 특조위에 아쉬움이 너무나 많지만, 어떤 점이 특별
히 걸리시는지. 그리고 2기 특조위에 대해서 기대하시는 거, 그리고 약
간 우려되는 것은 무엇인지 말씀해 주시면 좋겠습니다.

찬호 아빠   1기 특조위는 말할 것도 없을 것 같고요. 워낙에….

면담자   실제로 제대로 일을 한 기간 확보도 못 했었던 것 같아요.

찬호 아빠   그렇죠. 다만, 1기 특조위에서 제가 아쉬움이라면, '전
정권에서 어쩔 수 없었다'라고 하지만 제가 아쉬운 점은 딱 두 가진데,
하나만 얘기드리면, 제일 아쉬운 점은, 저는 그랬어요. '그게 정부의 조
직적인 방해와, 그다음에 음해와, 그다음에 아주 1기 특조위 내부의 자

한당 추천위원들의 조직적인 방해, 그리고 자료 제출 요구조차도 제대로 받아들이지 않았던 전 정부의 행태들, 주무 부처, 각 기관들의 행태들을 봐서, 한계는 있었다. 그거는 부정할 수는 없다'. 다만 아쉬운 점은, 적어도 그런 거라도, 제 주관은 '적어도 세미[semi] 보고, 중간보고서 정도까지는 나와줬어야 된다. 그래서, 지금은 정권이 바뀌었으니까 망정이지, 정권이 안 바뀌었으면 한 10년 동안 우리가 세월호 알리고 사람들 해서 정권교체 해야 되겠다'가 내 생각이었는데, 정권교체가 빨리 된 거죠. 워낙에 쟤들이 잘못한 게 많아서 빨리 된 거 같은데, '근데 중간보고서 정도까지는 나와줬어야 된다. 만약에 이 정권교체가 안 이뤄졌었다라고 하면 더 싸움이 힘들어질 수도 있었겠다. 그냥 단식 농성하고 그럴 게 아니라, 최소한의 있는 내용들 가지고 너네가 이런 조직적 방해로 인해서 이런 부분 확인도 못 했고, 이것도 안 됐고, 이것도 안 됐고, 있는 그대로 최소한의 공보 사항 정도의 중간보고서는 나와줬어야 된다'.

난 그게 맨 처음에 불안했어요, 정권교체? 왜 개인적으로는 불안했냐 하면, 나는 성격상 뭘 하기로 했음 그걸 해야 되거든요. 근데 '평생 내가 죽을 때까지 해도 이거 어렵겠다' 싶은 거야. 그럴 때가 제일 힘들거든요, 죽어라고 하고 있는데 안 보일 때. 뭔가 희망을 가지고 해야 되잖아요. 제가 개인적으로는 중간보고서래도 나와서 세월호 가족들이, 제가, 가족협의회가, 어떻게든 국가를 상대로, 정권을 상대로, 국회를 상대로, 뭔가 계속 투쟁하고 논의하고 우리가 권리주장 하고, 그럴 빌미를 만들어주기를 바랐던 거예요. 그래서 적어도 중간보고서가 나와서, 그다음에 공보 사항 정도가 나와서, 그게 교육부면 교육부, 그다음에 안전에서 안전행정부면 안전행정부, 그다음에 말 그대로 각, 학교 말고, 해양 관련된 해수부에 대한 부분, 그다음에 안전에 대한 부분, 제도개선에 대한 부분, 그 정도로 나왔던 내용 가지고 "이 정도까지는 이미 이렇게 잘못됐었다, 이런 부분은 철저한 제도개선이 필요하고.

아주 단순한 예로 수학여행 가는 부분도 이제는 저걸 해야 된다. 한 달 내에 전국의 아이들이 한 번에 다 수학여행을 가면 그게 안전에 대한 관리 체계가 제대로 되겠냐? 그것도 자율화시켜 주고 그 기간도 넓혀주고 각 학교장 권한으로 위임해 주고, 그렇게 해야 되는 거 아니냐. 쉽게 그런 거래도 중간보고서가 만들어지게 된다라고 하면 그걸 토대로 국회가, 입법부의 국회의원들을 상대로 각 부서에 가서 '우리 세월호 관련된 권리주장 이거야. 진상 규명이 안 된 것뿐만 아니라 바뀐 거 하나도 없다' [하고] 싸울 비빌 언덕이 되는 거고, 권리주장 할 수 있는 거고, 그리고 또한 정부를 상대로도 부처에 이런 거는 꼭 만들어주셔라" 그걸 사실은 이석태 위원장과, 제가 부탁을 했었어요.

난 마지막에, 이미 이게 어쩔 수 없으니까, "단식하러 간다" 그래서, 단식하러 가기 전날 올라갔었어요, 제가. 그러면서, 우리 분과장들 한 두세 명 있었고, 한 서너 명 있었을 거 같으네요, 집행부, 팀장들까지 해서. 그때 내가 마지막에 부탁한 게 그 얘기였어요. 적어도 시간도 지금 없고, 인력도 안 되고, 저렇게 반대하고 반대편 애들 있으니까, 고 인원 가지고 해봤자 되게 부족할 거 같은데 적어도 저는, "그래도 중간 보고서, 공보 사항 정도는 나와서, 우리가 내가 끝까지 싸울 수 있게끔, 비빌 언덕은 쫌 1기 특조위에서 만들어주셨으면 좋겠다"라고 얘기를 했는데, 공감은 하셨어요. 권영빈 소위원장, 이석태 위원장, 그때 누구지? 장완익 위원은 안 계셨고, 지금 위원장은, 박종운 상임까지 있는 자리에서 내가 그 얘기를 하고, 마지막에 고거는 미안하다라고 하더라구요. "도저히 뭔 인프라든 인력적으로도 안 되고, 시간적으로도 안 되고, 오죽했으면 위원장이 농성장에 가서 그냥 주저앉았겠냐", 공감은 하지만, 그때는 저는 그게 제일 불안했어요. '그거 정도까지는 해야 된다'[고 생각했는데 결국 안 된 게] 그게 아쉬움이었는데, 정권이 바뀌었기 때문에 충분히 다시 그게 됐고, 바로 그러면서 한편 위안을 삼았던 게, 우리가 신속처리법안, 패스트트랙으로 해서 신속처리법안을 우리가 냈었잖아요, 이미.

그래서 '자동 상정 하게 되면, 세월호 우리가 흩어지지만 않고 버티면 2기 특조위는 무조건 만들어진다. 그리고 그걸 어디에다가 낼까'도 고민 많이 했어요. 운영위원회에다 내게 되면, 국회 운영위면, 당시에 정진석이지, 원내대표가 정진석이, 그니까 새누리당 고놈이 위원장이니까 삔때 내서[삐뚤어진 생각으로 고집 피워] 안 될 수 있고 그래서…. 법안이 본래 세 개였어요. 고민 엄청 했어요, 신속처리법안 내는 것도. 그래서 '아, 문형표 장관, 그래, 이게 맞다' 그렇게 결정한 부분들이 많이 있고, '신속처리법안을 통해서 1년 동안 버티면 결론은 우리 법안 만들 수 있다. 함께해 주는 우리 국회의원들, 기존, 야당 의원들만 다 모으고, 쫌만 힘 합쳐서 몇 표만 저거 하면 되겠다' 이런 희망도 있었고. 그래서 두 가지가 위로가, 걱정도 되지만 위안을 삼았기 때문에 그랬고. 1기 특조위에 대해서는…….

면담자　　　1기 특조위에서 얻은 성과는 뭐가 있다고 생각하시나요?

찬호 아빠　　　진상 규명을 밝혀야 된다는 그런 의지 정도는 피력됐다,

충분히. 그리고 실제 관심 없고 언론에 제대로 안 나갔지만, 강제해산 시킨 부분, 자유한국당 추천위원들, 새누리당 추천위원들의 일탈행위라든가, 가족들에 대한 보수 언론들을 통해서 가족들을 비하하거나 가족들의 갈등을 부추기거나 혹은 "가족들을 고소, 고발해라"까지도 다 언론에 공개됐잖아요, 자료가 나오고. 그리고 파견 공무원, 파견 공무원이 실제 그런 집단 만나서 가족들 고소, 고발[을] 주도하고 그런 자료들 외부에 유출하고 자유한국당, 그니까 새누리당이었죠, 거기에 자료 제출했던 부분 같은 거 정도는 나왔기 때문에 세월호에 관심을 가졌던 국민들은 '아, 전 정권에서 이 세월호에 대한 부분을 어떻게든 은폐하고 축소하고 법리적으로도 이건 맞지 않는데', 고거에 대한 공감대는 국민들에게 알려졌다. 그래서 세월호 참사에 대한 진상 규명은, '진짜 쟤들이 뭔가 있구나. 뭔가 숨길라고 하는구나. 뭔가 축소할라고 하는구나. 뭔가 밝히기를 꺼려하는구나. 뭔가 진실이 나오, 뭔가 진실이 있는데', 그런 갈망을 국민들에게 충분히, 거꾸로 제공했을 수, 했다고 보는 거죠. 그렇기 때문에 계속 이렇게 결집하고 할 수 있었지 않았겠냐, 그런 거는 충분히 있었다고.

면담자   2기 특조위에서 기대하시는 것 하고, 우려되는 점은 어떤 것인가요?

찬호 아빠   2기 특조위는 다소 너무 늦어서 좀 답답한 면이 없지 않아 있지만, 근데 저게 맞다. 2기 특조위는 1기 특조위 때 잘못했던 내용들, 그런 부분을 충분히 보완해서 담고 있는 부분도 있지만, 사실은 세월호에 관련된 부분만이 아니잖아요, 가습기 살균제 피해자들도 계시고. 사실은 어떻게 보면 세월호와 이 두 가지 사항이 있다 보니까 실제 기간 내에 인력 가지고 해야 될 일들이 충분히, 세월호만 집중돼 있다라고 하면 충분히 가능할 것 같은데, 가습기 피해자도 있기 때문에.

면담자　　어떻게 해서 그렇게 된 건가요?

찬호 아빠　　그럴 수밖에 없었던 거[는] 신속처리법안을 낼 때, 세월호는 이미 전 정권에서 할 방법이 없었잖아요. 그래서 "세월호와 사회적 참사법, 그니까, 가습기에 대한 피해 그런 게 있어서 이걸 안전에 대한 부분을 같이하면 정부에서 받을 수밖에 없다. 국회에서도 그냥 통과된다" 이렇게 해서 이미 세월호는 활동 기한이 안 끝나고 1기 특조위가 있는 상태에서 우리가 법안을 낼 수가 있나요, 법안을? (웃으며) 우리가 부정하는 건데, 1기 특조위를? 1기 특조위 활동 기간은 언제까지다? 2월. 그런데 우리가 7월이든 8월이든 법안을 내면, 그러면 1기 특조위 활동 기한은 내년이라고까지 우리는 계속 주장하면서 법안을 낼 수가 없잖아요. 그래서 그렇게 됐던 거예요. 근데 강제로 쫑날 거는 보이고 이미. 그러니까 '가족협의회 입장에서는 방심하고 있다가 정권교체도 안 되고 그렇게 되면 내년 2월에 돼서 하면 몇 개월? 시간 한 반년 이상, 8개월 지난 다음에 다시 세월호 이거 해서 우리가 집행을 하고 뭐 해서 힘 받을까?', 그런 고민이 있었던 거고. 이미 그런 동력에 대한 부분, 그게 제일 고민스러웠던 거죠.

그리고 현실적으로는 '아니 그럼 가습기 빼고 세월호만 하면 되지', 그거에 대해서는, 정확하게 그 부분이었어요. 우리가 국민들에게, 언론을 통해서 국민들에게 우리 스스로가 전 정권을 상대로, 그다음에 1기 특조위도 마찬가지고, 특조위의 정상적인 활동 기한은, 법조인들도 그런 해석을 해줬지만, "2월까진데 어떻게 강제해산시키냐. 6월 말부로 활동 기한이 끝난다? 이건 우리가 받아들일 수 없다", 늘 계속 얘길 했던 건데, 그래 놓고 7월에 법안을 우리가 발의해서 넣을 수가 없잖아, 활동 기한이 안 끝났는데. 그래서 이렇게 했던 부분이 있습니다.

면담자   그러면은 그 가습기 살균제 이슈랑, 세월호를 특조위 내부에서 결정해 가지고 배분을 하는 건가요, 아니면은 법안 (찬호 아빠 : 법안에) 다 명시가 되어 있나요?

찬호 아빠   법안에는, 사회적참사법은, 세월호 참사와 가습기 살균제 피해[가] 같이 있어요.

면담자   그래서 그러면 각각 조사관이 몇 명이 담당하고 이런 거까지 다 세부 사항이 정해져 있나요?

찬호 아빠   고거는 저게, 사회적참사법에 따른 2기 특조위에서 내부에서 저걸 한 거죠. 기본적인 법안에 인원에 대한 부분은 있죠. 하지만 그 인원이, 법안 내용에는 직제와 조직과 인원에 대한 부분이 명시가 돼 있지만, 실제 위원회에서 필요하다라고 하면 사실은 더 충원할 수도 있고, 그거는 가능하기로 사실은 돼 있는 부분이 있어서, 실제적인 그런 편성은 2기 특조위 내부에서 하는 거죠.

면담자   그 편성도 중요하겠네요.

찬호 아빠   그래서 사실은….

면담자   이번에 반대했던 그, (찬호 아빠 : 황전원) 세월호 이슈들을 누가 담당하고 계신가요.

찬호 아빠   그래서 어떻게 보면 저는 잘될 것이라고 보고, 그래서

'1기 특조위 때 부족했던 부분들을 누구보다 이미 1기 특조위를 통해서 많이 알고, 1기 특조위에서 진행됐던 사항과 선체조사위원회에서 진행됐던 사항들의 내용, 그다음에 자료들, 이게 2기 특조위로 정확하게 이관이 돼서 연계해서 진행된다라고 하고, 정권이 바뀌었고 혹은, 정권이 대통령이 바뀌었다라고 해서 밑에 공무원들이 바뀐 건 아니지만, 기존에 자료 제출 요구라든가 이런 거부했던, 그래서 자료를 확보하지 못했던, 그런 부분에 있어서는 지금이라도 가족협의회도 그렇고 정부에서도 책임 있는 모습을 보이고. 그래서 해수부나 해경은 자체 내 스스로가 적어도 청장의 의지로, 해수부 장관의 의지로, 본인 스스로를 어떻게 내부 감사라도 진행할 필요가 있겠다. 그래서 자료 제출 이런 거에 적극적으로 임하고 그러면 충분하게 그럴 희망이 보일 수 있다', 그래서 아주 부정적이지는 않구요.

해수부 장관이 사실 세월호 후속 대책 추진 단장을 일반 공무원이 아닌 민간인으로 채용을 했잖아요? 자기들 유해, 은폐, 고 사안이든, 그 있을 수가 없는 거였으니까. 그런 행태를 하고 있었으니까 민간인에게 한시적으로 지금 맡긴 거 아니겠어요? 그렇듯이, 자체적인 그런 변화되는 모습이 보이기도 하고…. '그게 눈으로 보여주기식으로 멈춰서는 안 되겠다. 필요하면 스스로들, 제대로 국민들에게 국민의 안전, 생명을 지켜주지 못한 공무원으로서, 책임자로서 제대로 반성하고 그런 제도개선을 위해서라도 적극적으로 자료 제출이든 혹은 내부 감사라도 진행하는 게 맞겠다'. 그리고 제대로 못 했던 조직 구성, 다소 늦은 부분이 있다라고 했지만 1기 특조위보다는, 외려 2기 특조위에서, 지금 조사 개시 시점이 제대로 다 구성해서 시작하는 게 이미 조사 개시 시점으로 활동 기한이 기산이 되기 때문에, 제대로 다 구성 못 하고 실행하는 거보다는, 일단 11월로 예상이 되지만, 제대로 그런.

면담자   아직 날짜는 안 정해졌나요, 구체적으로?

찬호 아빠   그렇죠. 그니까 법적으로는 정확하게 어떻게 됐냐 하면, 위임장을 임명받고 그날이 기한에 기산되는 게 아니라, 채용하고 나서 조사 개시 시점부터 기산되기로 돼 있어요. '1기 특조위 때는 그게 발목을 잡았었던 거고, 이번에는 그렇지 않으니까 제대로 인프라, 인력을, 인원을 구축하고 나서 진행하는 게 맞겠다. 그런 점에서 다소 늦는 부분이 있어도 제대로 하기 위해서, 진상 규명을 하기 위해서 제대로 그렇게 인력 구축을 하고, 제대로 직제와 그런 인력 편성이 된 상태에서 진행하는 게 맞겠다' 싶어서, 너무 늦는 거 같아서 조급함도 없지 않아, '답답함은 있지만, 그래도 인내하고 기다리는 게 맞겠다' 싶은 거죠. 잘, 기대는 해요, 잘될 수 있을 거라. 다만 우려스러운 거는, 아까처럼 '그분들은 진짜 제대로 된 세월호 참사의 진상 규명과, 그다음에 이 안전 시스템에 대한 제도개선, 그래서 이런 참사가 진짜 안 나올 수밖에 없게끔, 그런 아예 국가 개조, 안전에 대한, 그 정도까지 나올 수 있는 그런 내용들을 만들어줬으면 좋겠다. 그리고 그게 그분들의 사명이다, 소명이고'. '가족들을 위해서, 가족들의 눈치를 보거나 가족들의 비위를 맞추거나, 또는 객관적인 내용에 치우치지 못하고 뒷받침해 주는 자료의 부족함 없이 활동하는 게 맞겠고, 가족들을 너무나 배려하는 측면, 뭐 이런 식으로 접근하는 부분은 외려 바람직하지 못하다. 그리고 각자의 역할이 뭔지, 그 사명이 뭔지, 그걸 좀 잊지 않았으면 좋겠다. 중간에 힘들고 때로는 따른 사항이 나오더라도, 사실상, 진짜 있는 그

대로 돌파해 나가는 게 맞지, 또 내부의 그런 갈등 구조로 가거나 이거
는 이제는 맞지 않겠다. 그리고 너무나 있는 그대로의 모습을 그대로
적나라하게 드러내주는 게 맞고. 너무나 이게, 뭐라 그럴까요, 국민 정
서? 감정? 감성? 이런 부분의 개념을 벗어나야 된다. 그런 걸 바라지는
않는다'.

7
새 정권에 대한 요구 사항

면담자   이번에 문재인 정권으로 바뀐 다음에 두 가지 측면이 다
있는 거 같아요. '정권이 바뀌어서 상황이 아무래도 좀 낫지' 이렇게 생
각하시는 부분이 있는가 하면, 한편으로는 '정권이 바뀌어서 너희는 다
됐을 거야'라고 생각해서 오히려 국민들의 관심도 멀어지고, 이런 아쉬
운 부분이 있고, 사실상은 별로 이렇게 정권이 막 애를 쓰는 것 같지 않
다는 느낌도 있어서, 두 가지 측면이 다 발견되는 것 같거든요? 위원장
님은 어떻게 생각하시는지.

찬호 아빠   그렇죠, 저도 사람인데. 문재인 대통령께서 대통령 후보
일 때 우리 3주년 기억식 때 여기 와서, 정당 대표들 와서 한 얘기가 있
어요. 갑자기 그거 제가 부탁했던 건데…. 와서 세월호에 대해서 앞으
로 어떻게 할 건지를 문재인 후보, 그다음에 유승민, 심상정, 어, 한 명
이 누구였을까요?

면담자   홍준표?

찬호 아빠   아, 이렇게 넷이었어요. 나까지 다섯 명인데, (웃으며) 자유한국당은 당연히 와도 저희가 받지도 않죠. 저희가 받지도 않죠. 그래서 그 대표들 통해서 한 마디씩 다 들었고 약속을 했어요. 그리고 선거 발표 이전에 저는 문재인 대통령께 편지글을 하나 썼고. 다음에 편지글은 두 가지예요, 당선되신 축하의 말씀과 떨어지신 분들에 대한 위로. 그건 원론적인 거고, 실제 제가 정리하고자 했던 거는 문재인 대통령에게, 요구 사항이었어요, 열세 가지 요구 사항.

면담자   대통령 된 다음에요?

찬호 아빠   대통령이 될 거니까, 당신이.

면담자   그 당시에 쓰신 거였나요?

찬호 아빠   그 전에 투표하기 전에 이미 여론 지지도를 봐도 아무래도 될 것 같으니까 미리 썼어요. 미리 쓰고 그 투표 있기 전주, 우리 회의록에 다 있어요, 확대운영위원회 때 제가 임원들한테 줬어요. "여기다가 덧붙일 거 있으면 덧붙여 주시라. 그리고 이거는 바로 투표 발표하는 순간 우리는 광장에 가서 그날 전달한다. 와서 직접 받으라고 할 거다" 그렇게. 그래서 열세 가지, 임원들이 내용 수정한 거까지 해서, 열세 가지를 문재인 대통령에게 전달했어요. 이게 마지막 13번째가 뭐냐 하면, 말 그대로 "우리 가족, 피해 가족들을 직접 만나줘라, 간담회" 그렇게 해서 열세 가지가 있어요.

큰 틀에서 얘기하면 첫 번째 "미수습자의 수습, 그다음에 미수습자 수습을 하면서 지금 빠져 있는 부분, 침몰 해역에 대한, 추가 수습에 대한 대응안도 마련해야 될 것이다"가 첫 번째, 두 번째 내용일 거구요.

그러고 나서는 얘기했던 게 바로, 진상 규명. 진상 규명에서 1기 특조위가 강제해산되고 이제 제대로 된 진상 규명을 하기 위해서…. 아, 두 번째가 인양, 세월호 인양에 대한 부분, 그다음에 썼고, 그다음이 바로 세월호 진상 규명 활동. 미수습자 수습, 그다음에 인양에 대한 부분, 그다음에 2기 특조위. 그래서 "세월호 진상 규명을 해야 되는데 그러면 그 만들어질 때까지 이렇게 공백이 될 수는 없다. 그러기 때문에 적어도 국무총리 산하에 진상조사위원회라도, 이 2기 특조위가 가동되기 전까지는 만들어야 된다" 그런 내용이 들어갔구요. 그다음에는 생명안전공원, 생명안전공원은 어떻게 만들어져야 된다라는 요구 사항. 그다음에는 순서대로 나가는 거죠. 그다음에 4·16재단이죠. "재단이 만들어질 거고 그 재단을 어떻게 해야 된다. 생명안전공원은 국책 사업으로 진행해 줘라"라는 거고. 그다음에 4·16재단도 어떻게? "나중에 국가 공인 기구로 인정해 달라" 그런 내용이었고. 마지막에 "가족들 만나달라" 그런 내용이었어요.

그래서 열세 가지 사항을 사전 투표일, 그니까 우리 가족들은 광화문광장에 쫙 있었고, 그때 참사 났던 게 세월호가 인양됐던 3월 31일 날 사실은 스텔라데이지호가 사고가 있었잖아요? 그래서 우리 광화문 세월호 광장에 스텔라데이지호 가족들이 있었거든. 그래서 본래 우리만 만나기로 했었던 건데, 그분들 같이 가자 그러고 데리고 갔어요, 다. 그래서 최종 투표가 나오기 전에 이미 당선 확정하고 바로 왔잖아요? 그때 가서 거기서 딱 준 거예요. 그리고 정확하게 86일인가 만에 간담회가 이루어졌었구요, 제 기억으로. 그래서 그런 내용들이 있었다라는 얘기를 하고….

그러면, 내 주관을 물어보신 거잖아요, 그럼 제가 왜 반드시 문재인, 정권교체 해야 되고 문재인 후보가 대통령이 돼야 되는, 나는 이미 생각하고 있었잖아요. 가장 유력했고, 저쪽 놈들 되면 안 되고, 우리 쪽에서 되면 문재인이가 되는 게 가장 힘을, 우리가 가족협의회에서 받을 수 있으니까. 〈비공개〉

면담자   지금 이루어진 게 어떤 거 어떤 거가 있죠? 그 생명안전공원 같은 거.

찬호 아빠   그거 안 됐죠, 아직 안 됐으니까. 딱 이루어진 거는 가족 간담회, 만나준 거 하나. 그리고 아직 어민들까지는 안 됐지만, 확대해서 참고하고 있지만, 우리 기간제 교사들, 말 그대로 딱 두 가지죠. 의사자 지정된 거, 딱 두 개가 된 거고, 나머지는 지금 얘기하기는 그렇지만, 소통 라인이 있을 거 아니에요? '나머지는 지금 한순간에 딱 할 수는 없고, 쭉 진행하면서 하고 있는 것들은 다 된다'. 그래서 제가 봤을 때는 재단도 그대로 될 것 같고, 아까 내용 중에. 그리고 요점으로, 열세 가지를 아까 한 대여섯 가지로 얘기를 드렸는데, 세부 사항으로 봐서, 재단, 그다음에 재단이 만들어질라면 일단 전체 밟아야 될 우리 주무 부처가 있어요. 실제 우리가 재단에서 추구하고자 하는 목적, 사업의 취지를 보면 주무 부처인 해수부가 80프로고 행안부에서 할 거는 20프로밖에 안 돼요. 근데 우리는 끝까지 제가 요구하는 게 행안부가 주무부서가 돼야 된다라고 요구하거든요.

그 이유는 얘기 안 해도 아실 거 아니에요. 왜? 그 뒤의 얘기, "국가 공인 사업으로 인정받고, 법에 명기된 5년간만 그 재단을 지원하는 게 아니라, 5·18처럼 영구히 지원해라" 이거야, 정부에서, 얼마가 될지 모르지만. 그리고 나중에 그 재단을 통해서 그게 4·3처럼 한방에, 일률적으로 한방에 받을 건지, 아니면 넣어놓고 정부에서 예산 불려서 [할 건지] 모르겠고, 연 20억이 됐든 30억이 됐든 받아서 재단을 운영할 건지, 그거는 재단에 이사님들이 많으시니까 결정하시면 될 거고…, 고런 부분. 그래서 실제 비율로 봐도 해수부가 여덟 개지만 행안부를 끝까지 주장한 거예요, 오로지. 이 재단이, 머지않아 이 재단이 만들어질 거고, 그 재단이 국가에서 정식 4·16생명안정공원을 운영할 수 있는 공식 재단으로 임명을 해야 될 거고, 그 주무부서는 행안부가 돼야 될 거고, 행안부가 돼야지만 나중에 그다음에 국가 공인 사업으로 그걸 하는 부서는 행안부잖아요. 그래서 '나는 법에 명기된 5년이 아니라 내가 없고 내가 죽더라도 계속 그렇게 유지돼야 된다. 국가 공인 사업으로 인정받아야 된다', 고런 취지가 있어서 열세 가지 내용으로 정리한 거예요. 그 내용 열세 가지 정리하는 데 시간이 짧게 걸리지는 않았어요. 며칠을 고민한 거죠.

면담자   그 행안부 주관이라는 생각은 아버님 개인적으로 하셨던 건가요? 아니면은 이미 그 전에 다른 간부들이나 자문을 받으시거나 그런 건가요?

찬호 아빠   저는 제가 법조인도 아니고 그렇지만, 어떻게 보면 제 장점이 있어요. 아까 나약함이라는 표현을 했는데, 저는 내 스스로가 우는 거 자체를 용납이 안 돼요. 내 스스로가 일단 운다는 자체가 억울해서 못 울어. 어떻게 눈물을 흘려, 나약함이지. 꼭 가부장적인 예전의 그 유교적 사상 이런 게 아니라, 나만 바라보고 있는 집의, 내가 책임져야 될 가족들이 있는데, 내가 가장이란 사람이 눈물 보이고, 가족협의회 위원장이란 사람이 감상에 빠져갖고 어디 언론 앞에서 눈물 흘리고 하면 얼마나 약해빠진 모습이에요? 그거는 제가 용납이 안 되는 거예요. 왜 이 얘기를 드리냐 하면, 물어보는 질문에 엉뚱한 얘기를 하잖아요. 스스로를 계속 그렇게 다잡는 게 하나가 있구요.

두 번째, '나름 꼭 지켜야 될 게 있다'라는 게 있어요. 일명 똥고집이라고 하죠, 나름 그것도 없으면 힘들죠. 위원장을 맡고 나서 가족들이, 엄마들이 요구한 게 정확하게 딱 하나였어요, 부탁한 게, "위원장님 술 안 드셨으면 좋겠다". 근데 그 말은 맞는 얘기잖아요. 나도 술 먹고 싶고 힘들면 술 먹고 싶고 당연한 건데, 근데 엄마들이 나한테 위원장한테 처음 부탁한 게 그거야. 맞죠, 술을 안 먹고, 어떻게 보면 술을 먹으면 우발적이거나 혹은 사고 자체가 판단이 흐려질 수도 있기 때문에, 맞는 얘기야. 약속, 지금까지 술 입에도 안 됐어요, 지켜야지. 지금 현재 위원장을 하고 있으니까. 술은 위원장 내려놓고 먹으면 되는 거죠, 그 약속 하나.

그다음에 두 번째, 찬호와 찬호 친구들. 나는 우리 부모님들 보고 일 한다 그러지 않았잖아요. 〈비공개〉 단 한 번도, 찬호 수습했을 때도 딱 한 번 울고, 울어본 적이 없어요, 가족들 앞에서. 지금도 어느 누구 앞에서, 그리고 '그게 나약함 이렇게 표현하는 게, 가부장적인 거랑 다르다', 내 스스로가 용납이 안 되는 거죠. 내 약해빠진 모습이 용납이 안 되고, 심지어는 가족들이 건강 챙기셔라, 이런 얘기하는데 건강 양호하면, 아까 그러잖아요. 제가 생각하는 건강의 기준은 육체가 아니라 정신 건강이에요, 아까도 쓴 것도. 행진을 할 때 주사 맞고 걸었고, 그다음에 1년에 한 번씩 허리 시술했고, 지금도 오래 앉아 있으면 힘들고 차를 1시간 이상 타는 건 좀 무리고, 2시간 갈 때는 내리고, 그다음에 진동 때문에 목포로 갈 때도 KTX 세 번만 타고 지금도 아직 차로 움직이고 이런 거거든요.

근데 어느 정도냐 하면, 시술을 받고 병원에서 움직이지 말라고 그랬거든, 하루만 쉬라고. 근데 그다음 날 회의가 있었어요, 움직였어. 그러고 나서 두 번째 아파서 어쩔 수 없어, 안 되는 거야, 움직이질 못하니까, 걷지를 못하니까. 그래서 시술을 한 거예요. 수술을 하라고 권유하죠, 좀 쉬라고. 수술하면 당장 못 움직이는데? 내 일정은 일정표에 계속 있는데, 안 할 수는 없잖아요. 근데 요 허리 신경 아픈 거 쪼끔 참는다고 죽어? 안 죽거든요. 그래서 참은 거예요. 근데 시술을 받고, 그래도 아프잖아, 그니까 계속 이렇게 참은 거야, 회의를 하면서 아파도. 그러니까 어떻게 됐어요? 이게 근육이, 모르시죠? 굳었었어요. 내가 입원은 안 했는데 어쩔 수 없이 이게 하반신이 하나도 다리가 안 움직여 가지고, 아파서 힘을 꽉 주고 계속 얘길 하고 회의를 하니까, 이게 근육이 허리, 그담에 여기 골반, 엉덩이, 밑에 허벅지, 여 근육이 다 굳어버린 거예요. 그래서 다리가 안 움직이는 거야. 그래서 다시 달랑 들어서, 수술실 있잖아요? 거기 가서 엎드려서 근육이완젠가? 여섯 내 꽂고, 그 수액을 이틀 동안 수액 두 개, 근육이완제 맞고 나왔어요. 그래서 입원을 3일인가 4일 할 수밖에 없었지. 제가 얘기하는 건강은 그런 거예요. 근데 갑자기 대통령 얘기 하다 왔는데, 왜 대통령도 안 됐는데 그런 글을 쓰고…. 그니까 미리 그런 생각을 하는 건데, 제가 장점이 그랬잖아요, 술 안 먹기로 했으니까 안 먹고, 나름 고집, 그다음에 잠이 거의 없죠. 수면유도제조차도 한 번 먹어본 적이 없어요. 그게 용납이 안 돼

요. 약 먹고 졸린 상태에서 보면 제대로 보이겠어요? 정신력이라고 보고. 〈비공개〉

8
가협 위원장 교체 및 편지에 대통령이라고 쓴 이유

면담자　　　총회에서 위원장직을 그만두고 싶으시다고 하셨잖아요.

찬호 아빠　　　총회는, 그거는 그만두고 싶은 게 아니라, 우리 정관상 그만둬야 되는 거예요.

면담자　　　그러니까요. 그러면 누군가가 위원장을 하실 거잖아요. 그 위원장님이 지금 전 위원장님과는 다른 성격이거나 다른 방식의 추구를 하실 수도 있잖아요, 그죠?

찬호 아빠　　　그거는 못 하게 해야죠, 제가. 그건 피해 가족, 찬호 아빠로서, 그 사람이 논리적으로 날 이기거나, 논리적으로 그걸 가족들을 다 모아놓고 설명할 수 있으면 가능. 그다음에, 내가 잘못 판단했다는 걸, 따른 사람들이 다 '아 그건 전명선 씨 생각이 틀렸어. 이 사람 생각이 맞어' 그럼 내가 인정해야죠, 다수의 의견이 그렇다면. 그러기 때문에 민주주의 아니겠어요? 근데 '우리 애들 일 하면서 그런 잘못되는 거는 있을 수 없다' 그런 생각을 하고 있고…. 누가 돼도 난 잘할 수 있고 새로 되는 사람이 가족협의회 위원장인 거예요. 나는 지금까지 4년 동안 끌어왔던 가족협의회 위원장이고 이제는 찬호 아빠로서 가족협의회 위원장이 잘못하고 있는 거는 '야 이거는 아니지 않냐' 얘기할 수도 있고, 그다음에 '내가 이런 부분은 이런 생각을 가지고 있었다'를 공유를 해줘야죠, 그 사람이 누군지. 그리고 그 사람 생각이 내 생각이랑 틀리다 그러면 둘이서 얘기를 해봐야죠. "실제 이런 건데 당신 생각이 맞냐? 내 생각이 이랬었는데 내 얘기가 아직도 틀렸냐?" [하고] 그런데 그분이 내 얘기가 틀렸다 그러고 그걸 논리를, 서로 얘기를 해서, '어 근데 내가 듣다 보니까 그 사람 얘기가 일리가 있고 맞아' 그러면 좋은 쪽으로 가야죠, 맞는 쪽으로.

그런 거는 걱정이 안 되고, 그래서 두 가지 딱 고민하면서 그런 생각을 한 거예요, 4·3이 맞을까 5·18이 맞을까? 우리가 인프라 구축이, 전문적인 그런 저게 안 됐다라고 하면, 내 입장에는 4·3을 따라가는 게 맞다. 일단 올해 안에 기본적으로 내 목표는 400억, 내년에 정부는 200억, 600억은 내 목표예요. 내년에는 내가 더 이상 개입 못 하니까 올해 안에 어떻게든, 재단은 돈이거든요, 그건 나는 끌어땡기겠다 이거예요. 내가 이미 표명했고 내 의지도 있고 400억 갖다 놓고 시작하겠다 이거예요, 재단에다가. 지금 우리가 모았던 18억은 모르겠고, 나는 애들 위해서 400억은 기본적으로 있어야 된다 이거예요. 그 단도리 치고 다니겠죠, 쉽게 그런 식으로. 그다음에 정부 재원은 암튼 그렇다 그러더라도, 그런 영향 있으신 분을 초빙을 해서 그런 분이 재단에 고문이 됐든 재정 운영위원회가 됐든 어떠한 명칭이 돼도 좋지만, 그렇게 운영할 수 있는 사람이 구축이 안 된다라고 하면, 돈 까먹지 않을 데다 맡기는 게 맞죠. 국가에다가, '그래, 너네가 돌려. 400억 줬으니까 해년마다 너 4·3 요번에 70주년[에] 30억 내려보냈다매? 4·16재단도 내가 400억 줄 테니까 정부에서 돌려가지고 1년에 30억씩 가져와. 30억씩 재단은 운영 자금에서 써' 이러고 싶은 거예요.

〈비공개〉

대통령, 이제 결론. 서론이 너무 길었구요, 고런 주장이 있기 때문에 미리, 절실하니까, 절박하니까, 그때 기다렸다 생각하면 생각이 안 나잖아요. 그럼 대통령이 딱 되고 나서 빨리 우리 주장을 해야 될 게 뭔가를 고민을 할 수밖에 없고, 남들보다는 아무튼 고민해야 되고, 그래서 미리 만드는 건데…. 쓰는데 내 컴퓨터에 내가 쓰는데 대통령이 안 됐든 〈비공개〉 내가 내 컴퓨터에다가 내용을 정리하는데, 문재인 후보라고 쓸 필요가 있어요? 나중에 대통령 따른 사람이 되면 다시 바꾸면 되는 거고 내가 볼 때는 문재인을 바라보고 쓰는 건데, 그니까 대통령이라고 쓰는 거죠.

면담자   문재인 당시 후보가 대통령이 될 거를 예상하셨기 때문에 그렇게 하신 건가요? (찬호 아빠 : 돼야 되니까) 아니면 예를 들어서 유승민이라든지, 심상정이라든지, 이런 후보가 대통령이 될 것 같으면 그 사람에게 쓰셨을까요?

찬호 아빠   그 사람한테도 써야죠. 근데 나는 처음부터 해서 문재인 대통령의 그런 것도 보고, 딱 한 가지 마음에 안 드는 게 있긴 있었어요, 그 얘기는 빼고. 내가 '아 저건 아닌데?'라는 게 하나가 있긴 있었지만, 사람마다 주관이 틀리니까. 근데 반드시 우리 잘되기 위해서는 문재인 대통령이, 후보가 대통령이 돼야 한다는 게 나는 절실했고…. 만약에 심상정 대표나 유승민 대표나 혹은 말 그대로 다른 분이 됐었다라고 하면 그거는, 우리의 요구 사항은 변함이 없을 것이고, 다만 편지글만 바뀌었겠죠. 내 요구 사항은 변함이 없겠죠. 대통령께 드리는 가족협의회 요구 사항은 변함이 없죠, 편지글만 바뀌면 되는 거죠, 그래서 그렇게 썼고. 그래서 결론적으로 그런 나름의, 술을 안 마시거나 그런 철칙이 있고, 그런 원칙이 있고, 그런 가부장적, 이런 얘기까지 했지만 절실하니까, 미리 준비 안 하면 안 되니까…. 그리고 그렇게 조언을 해 주는 사람들, 그리고 그렇게 툭툭 올라오는 자료들을 읽어보고, 과거사를 겪었던 사람들이 조언해 주는 내용을 들어보면, 내가 아주 그런 분야의 전문가가 아니래도 당사자기 때문에 그걸 소홀히 들을 수가 없거든. 근데 그게 감정이 아니라, 그런 얘기를 정확하게 들으면 돼요, 그리고 판단 자체는 내 스스로가 하는 거고.

그것을 어떠한 근거 기준으로…, 그 기준은, 내가 정치하는 사람도 아니지만, 실제 뭐든지 할라면 우리 의지로만 되는 게 아니거든요. 그리고 함께해 주는 시민사회 단체가 있고, 그중에는 약간 불손한 사람도 있어, 없잖아 있죠? 뭐 나한테 항의서를 전달하는 그런 시민사회 단체도 있으니까. 아무튼 집회는 같이하지만, 하지만 서로 주관이 틀린 거거든, 그거는. 그래서 공격받을 거는 공격받아주면 되고, 내가 '당신 잘못했다'라고 공격할 거는 하면 되는 거니까, '고런 거에 대한 판단은 진짜 정무적이어야 된다, 장은, 리더는', 이런 표현. 근데 그걸 감내 못 하면 중간에 포기할 수밖에 없죠, 쓰러질 수밖에 없고. 그래서 나약함 이게 아니라 그런, 사무 행정적인 부분을, 그다음에 또 단체와 단체 간에, 그러다 보니까 외부에서 봤을 때는 우유부단할 수밖에 없고. 그럴 수가 있죠.

그담에 빠뜨린 철칙 하나가 있어요. SNS, 페이스북, 절대 안 해요. 그거는 가족들에게도 아예 공표한 거예요. 왜?

| 면담자 | 가족협의회 밴드, 반별 모임 이런 것도 안 하세요? |

찬호 아빠　저는 가족협의회 반 밴드에도 안 들어가 있어요, 반의 밴드에도. '별의 노래'인가 이런 거에도 당연히 안 들어가 있고. 왜? 그다음에 제 개인 SNS나 페이스북 다 닫고 안 해요. 제 성격이 있거든요. 그거는 저는, 나중에 얘기해 보면 알겠지만, 저는 내가 하기로 했으면 할 때까지 해요. 안 되면 내가 포기한다는 것은, 이미 그것은 내가 그걸 완전히 접는다는 표현밖에 안 되는 거고, 하기로 했으면 해야 돼요. 중간에 포기란 있을 수 없어. 그다음에 두 번째는 똥고집이 아니라, 그런 게 없으면 할 수가 없다니까. 그런 게 없으면 할 수가 없어요. 그리고 내 주관을 피력하기 시작하면 안 돼. 첫날, 내 행위 때문에, "13인의 공동 대표"라 그랬죠? 팽목항 진도에서. 근데 인천에 대표들이 나한테 한 번도 '전 위원장. 당신 나쁜 사람' 이렇게 지적한 적이 없고 욕한 적이 없어요. 언론 지상을 통하든, 그 친구들 페이스북을 통해서든 한 번도 공격을 안 한 이유가 있어요.

　　그리고 내가 하고 싶어서 한 게 아니라 첫날, 그 사람들이 뭐 땜에 날 초대했는지는 모르겠어요. 그 행위는 있었어요, 내가 의심하는 행위는 있었고. 그랬기 때문에 이미 전체 얘길 해야지, 내가 내 개인 얘기를 시작하기 시작하면 안 되잖아요. 그래서 그거는 약속을 했던 거예요. 그리고 지금까지도 안 해요. 왜? 어떤 때는, 이렇게 지금 말 많은데, 페이스북이나 SNS에서 '세월호, 야, 진상조사위원회 너네가 지금 유류품, 유실물법에 따른 게 이게 근거 조항이 맞냐?' 하고 싶은 말 엄청 많죠. 근데 하면 안 되잖아요. 왜? 때로는 내 주관이 맞고, 혹은 우리 가족협의회 전체 주관이 틀릴지라도, 가족협의회 다수의 의견이 내 입장이 돼야 되는 거예요. 내 주관이 피력되기 시작하면 안 돼요. 그 원칙은 있어요.

그랬고, 마지막 대통령을 가지고 결론을 짓자면, 그렇게 해서 우호적으로 잘 진행되고 있다. 바뀐 거는 두 개였지만 나머지 것도 사실은 지금 얘기하는 단계는 이르지만, 다 잘 진행되고 있고, 따른 내용 얘기하다가도 나올 수가 있겠다 싶어서 요 정도로 줄이고…. 대통령을 보는 입장에서 그럼 대통령이 바뀌고 정권이 바뀌었으니까 잘되겠느냐에 대한 부분은, 사실은 그렇게 우호적이진 않아요. "잘될 거 같다"라고 얘길 하면, 어? 그럼 뭐야, "잘될 거 같다"라고 얘기해 놓고. '대통령은 잘될 거 같다'라는 거죠. '근데 그 밑에 놈들은 아니다'라는 거죠. 고것을, 단편적으로, 제가 이런 얘기를 하는데, 대통령의 행보를 보면서, 대통령이 되기 이전의 행보도 관심이 있으니까.

근데 두 가지, 첫 번째, 세 가지. 첫 번째, 중국 방문했을 때 유타오(油條), 국물 여기다 찍어 먹는, 그 유타오를 먹는 대통령의 모습. 그다음에 베트남 방문했을 때 3800원짜리 쌀국수 먹는, 본래 그건 계획에도 없었던 내용이었는데, 일반 거기 나가서 그런 쌀국수 먹는 모습. 그 다음에 어디였지, 그 야크 부댄가, 야크 부대 방문했을 때 그때 어리둥절하는 모습들. 많은 저게 있지만, 당신의 신발을 벗고 당신의 양말을 벗어서 당신 손으로 짚고 그 사막을 걷는 모습. 하나 더 얘기하면, 집무실 회의 할 때, 이것은 저도 할 수 있어요, 옷을 벗어서 본인이 걸던 모습, 한 네 개만 얘기하면….

대통령은 바뀌어서 저렇게 하고 있는데, 그 밑에 공무원들, 그 밑에 대통령을 보좌해야 되고 개혁을 이끌어가야 될 밑에 공무원들은 바뀜이 없다. 아직까지도 우리 기업 식대도 마찬가지지만, 관행과 관례, 관습. 그다음에 대통령, 뭐라 그러죠? 의전에 대한 그런 관례, 관행, 관습을 운운해 가면서 "대통령이 참석하기 어렵다". 그니까 대통령은 바뀌었다, 근데 아직도 그렇게 밑에는 안 바뀌었기 때문에, 대통령은 이렇게 칭찬해, 고런 식으로 평가해 주고 싶고. 그 밑에 대통령을 해서 개혁을 이끌어갈 밑에 보좌진, 그 친구들 공무원들은 아직까지 관행과 관례, 관습에 얽매여서, 대통령의 저 개혁안 자체를 빨리 치고 나가지 못하게 외려 옥죄고 있다. 전 그렇게 보고 있는 거예요.

9
○○이 이야기, 가족들에게 미안한 점

면담자 마무리하면서 댁에 대해서도 좀 여쭈려고 하는데요, ○○는 좀 어떤가요?

찬호 아빠 〈비공개〉 호적상에 세대주는, 부부는 무촌이고, 내가 죽게 되면 가정을 끌고 세대주 역할을 하는 거는 ○○이에요. 내가 인정은 해버리잖아, 없는 건 아니었다라고, 그런 성격이에요. 엄청, 그런 대인관계든, 형이니까. ○○이는 학교까지 단 한 번 차로 태워다 준 적이 없다니까요, 장남이니까. 찬호는? 아침마다 샤워하고 학교 가니까, 집사람은 식당을 했었어요. 그니까 식자재도 싣고 그러니까 냄새가 날 수 있잖아. 차로, 출퇴근용. 아니 퇴근은 안 하고, 하교는. 아침에 엄마가 꼭 태워다 줬어요. "그 용도로 차 하나 더 사" 그럴 정도였으니까. 찬호는 매일 엄마가 차로 태워다가 학교에다 데려다줬어요. ○○이는 단 한 번도 그런 적이 없어요. (면담자 : 큰애라서?) 그렇죠. 자존심 강하게,

강하게 키우는 거죠.

면담자   아버님도 그렇게 형은 강하게 키우셨나요?

찬호 아빠   잘은 모르겠지만 제 스스로가 저는 강하다고 느끼고.

면담자   형하고 차이를 두셨나요?

찬호 아빠   당연하죠, 장남에 대해서는 그런 부분이 없지 않아 있었
겠죠. 내가 느끼기에도 그런 부분이 있고. 일단 장남이고, 저희도 아버
님이 돌아가시고, 정부 보상금 외에, 수해가 나서 엄마가, 그건 다 어머
니 거잖아요, 땅이든 뭐든 시골에 땅들이. 그런데, 수해 나고 이래서 엄
마가 처분해서, 자식들을 돈을 나눠준 적이 있어요. 그걸 제외하고는
그 땅이 있는데 그 땅은 누구 거겠어요? 형제들이 나누는 게 정당한 건
가요? 요즘 현실적으로 보면?

면담자   모르겠어요. 요즘은 집집마다 좀 다르죠.

찬호 아빠   네, 근데 저희는 그런 게 어느 누구도 이의 제기 없어요.
(면담자 : 그냥 큰형?) 그렇죠. 왜? 아버지 본이 정선이었고, 아버님이 그
본에 있던 그 전답을 자식대가 그걸 팔아먹거나, 그건 있을 수가 없다
이거야. 형제들이 나눈다는 것도 있을 수 없는 거야. '아버지 본이 거기
였다는 게 영구히 남도록 할려면 그것은 대대로 장손이 물려주는 게 맞
다'예요. 그리고 "도장을 뭘 우리 도장을 받아 가냐. 형이 알아서 싼 거
목도장 해서, 형이 다 찍어서 형 앞으로 다 하세요". 누나들이든 매형이
든, 어느 누구도 그걸 반대 안 해요, 딱 그렇게. 〈비공개〉

면담자   어머님들 보면은 자기 아이를 하나 더 챙기고 싶은 그런

마음들이 있으세요.

찬호 아빠   근데 15년도까지는 그런 게 많았어요. 광화문이든 어디든 가면 그런 것들이 참 많았는데. 그 "위원장님, 찬호와 위원장님 활동을 책으로 내고 싶어요", "찬호를 위해서 사진 같이 있는 거 있으면 저는, 화가인데 그림을 드리고 싶어요", 그리고 그 많았거든요, 15년도까지는. 지금은 없어요, 그렇게 얘기하는 사람이 없는데, (웃으며) 15년도에 다 그렇게 얘기하는 사람들한테는 저는 한결같이 얘기했어요. "찬호와 몇 명만은 안 되고요. 우리 아이들 전체를 그려준다면 제가 받아들일게요", 내가 위원장이 아니었으면 받았겠죠. 근데 그런 걸 못 하니까 사실, 가족협의회 위원장 역할을 하다 보니까 찬호한테, 고런, 그거는, 기념품이라고 얘기할 수 있는 게 아니라 찬호를 소중하게 그 당시의 사람들이 기억하고 추억하면서, 예술로 승화시켰던 그런 기억, 영구히 남길 수 있는 그런 건데, 아빠로서는 하나도 그것을, 마음은 그게 아닌데, 나는 찬호만이 아니라 찬호와 찬호 친구들…. 그런데 위원장이란 사람이 찬호만을 그리고 그게 되면, 따른 부모님들은 얼마나 서운할 거고, 따른 아이들은 얼마나 소외감을 느끼겠냐. 그래서 너무 거절한 거지. 한 개도 없는 거지, 한 개도. 그게 미안한 거예요, 솔직하게. 지금은 한 4년 지나고 나니까, 그런 게 못 해준 게 너무 미안한 거예요. 하나도 해주지 못하고, 하다못해, 못 한 게 그런 게, 부몬데 나도.

면담자   위원장 그만두시고 좀 받으시죠.

찬호 아빠   그런 사람들이 없어요. 그때 연락처라도 다 받아두고, "1년에 아이들 한 10명씩이라도 해주면 안 될까요?" 이제는 내가 그렇게 연락할 수 있겠는데, 연락처도 없고, 이제 15년도 전까지는 그런 사람들이 많았는데 요즘은 연락 오는 사람도 없고. 그때 연락처래도 놔뒀다가, 평생 동안 싸우겠다고 했으면서, 시간이 되는 대로, 몇 명 아이들, 또 몇 명 아이들, 이렇게 수십 년을 거쳐서 했어도 되는데, 왜 내가 그렇게 그 당시는 대의라는 명분 앞에서, 아이들의 그런 소중한 예술 작품도 할 수 있었는데, 내가 그 한 분이 250명 아이들을 어떻게 하겠다고 그 자리서 약속을 하겠어요. 그건 불가한 거지, 그잖아요? (면담자 : 그렇죠. 하지 말라는 얘기죠) 근데 나는 그렇게 얘기를 할 수밖에 없었던 게 그분한테도 죄송하고, 찬호한테도 미안하고 그런 부분이 있죠. 그래서, ○○이가 제일 힘들었을 거다. 그러면서 학사일정을 내려보내고, ○○이가 교수님이.

면담자   ○○이가 무슨 전공인가요? 전공이 뭐예요?

찬호 아빠   얘가 무슨, 무슨 화학 아마. 과학인가 화학인가.

면담자   자연대예요? 공대예요?

찬호 아빠   공대는 아니구요.

면담자   화학과?

찬호 아빠   저는 솔직하게 그런 걸 잘 모르겠네요. 저는 애들 보고 공부하라 이런 건 안 해봐 가지고. 예전엔 알았었는데, 대학교 입학할 때는 알았는데, 전공과를 모르겠….

면담자   제가 볼 때는 ○○이가 섭섭할 것은 바로 이러한 부분일 거 같은데요, 오히려(웃음).

97
•

찬호 아빠   그래요? 얘가, 그 뭐였냐 하면 화학이 아니고, 아, 걔가 화장품 과학. (면담자 : 아, 그런 과가 있어요?) 네, 과학. □□대 다녔어요. 그래 갖고 □□대 다니면서 제가 한 게, 아까 대인관계 얘기했지만, "아빠가 해줄 수 있는 거는, 학회장 그런 거 하지 마라. 그 정도까지 아빠가 밀어줄 수는 없지만, 너 학교 주변에서 방이 가장 넓고, 그니까 선후배든 대거 모여서 박작박작할 수 있는, 집은 해준다. 네가 고르면 그거는 아빠가. 근데 학회장은 하지 말고, 꼭 네가 할 게, 아빠가 공부하고 싶으면 부학회장을 해라. 그래서 교수님과 선후배와의 연대 관계 그거는 꼭 해라" 그랬거든요? 그렇게 했어요. 그래서 부학회장 하고 이러면서 선후배들, 대인관계가 좋아요, 얘도 성격이 좋고. 내 아들이래서 그렇게 보이는 게 아니라, 별로 대화는 안 했지만 그대로 하더라구요. "나는 네가 학회장보다 부학회장 했으면 좋겠어" 그랬더니 그렇게 했고, "너가 회사에서, 장학금을 두 번밖에 안 준대. 근데 4년제 성적순으로 딱 두 번, 2회에 걸쳐서. 근데 가급적이면 1학년 때 두 번 다 받고 2학년 때부터 놀아라" 저는 그렇게 얘기했죠. 근데 1학년 때 두 번 다 받더라구요.

면담자   1학기 2학기 다 받은 거예요?

찬호 아빠   네. 그리고 그 돈은 저는 어떻게 했겠어요. ○○이가 뭘 하든 관여 안 해요. 집사람한테도 "이거 ○○이 장학금이니까", 그냥 회사에서 계좌로 들어오거든요? "줘. 알아서 뭘로 주든" 이런 개념, 그런 거고. 돈에 대한 교육 차원도 나름, 다들 틀리겠지만 저희는, 그냥 놔둬요. "용돈 주세요" 그런 거 필요 없고, 그냥 현관, 신발장 나가기 전에 현관 장이 있는데 돈이 있어요. 그리고 안방에 서랍장을 열면 돈이 있어요, 수십만 원이. 그리고, 여기는 만 원짜리, 5000원짜리, 1000원 짜리가 있어요. 알아서 필요하면 갖다 쓰고, 엄마든 아빠든, 아빠한텐 거의 얘기 안 하죠. 뭐에 썼다고만 얘기하면 되는 거죠. 외려 절약하고 돈의 가치도 알고 그러더라구요. 그래서 아마 ○○이 같은 경우에는 고렇게 하면서, 아무튼 진짜 힘들었겠지만, 미안하지만, 그거는 마쳤고. 그러면서 교수님하고 약속했던 부분이 있던 거죠, 이미.

그래서 어디 연구소가 있어요. 교수님 아시는 분의, 친구의 아버지가 운영하는, (웃으며) 그런 거였어요. 거기 연구소를, 아무튼 열심히 노력을 했겠죠. "나머지 너가, 공부 못하고 그런 거는 아빠는 인정 할 수가 없고, 너는 학생 신분이니까 마치고 와야 된다" 그랬잖아요. 그리고 그거를 통해서 "약속은 너가 이행을 해야 된다" 그래서 ISO 9001인가 그거 획득하고 나서 회사 그만뒀을 거예요. 교수님이 소개해서 이미 가기로 돼 있었던 부분이 있어서, 거기에 가서, 연구소든 이런 데 있었으면 너무 답답하지 않았을까요? 그니까, 처음에 연구소로 바로 들어간 것도 아니고 ISO 9001 그 회사가, 취득을 위한 인증이 있었나 봐요. 그래서 거기 가서 6개월 동안 ISO 심사 기준 하고, 그것만 취득하고 딱 사직서 내고 나왔죠. 그니까, 너무나 참사 겪고 나서 회사 안에 갇혀서 품질, 연구, 이게 맞지 않았을 거 같고, 그래서 그만뒀더라구요. 나는 딱 물어보고 더 이상 얘기 안 했어요. 본인 적성에 맞고 본인이 즐거워야 성과도 나고 그런 거지, 강제로 회사생활 하는 거는 맞지 않거든요.

그랬었는데 뜻하지 않게, 뭐였냐 하면 여기저기 얘가 알아봤나 봐요, 나름. 근데 한샘은 두 차례 채용할 때가 있고 정기 채용이 거의 없어요, 들어오면 잘 안 나가거든. 그렇게 나쁘지가 않아요. 쉽게, 정식 직원이 딱 되는 순간, 내가 마지막 때는, 국내 기준으로 하면 항공비, 업무비, 그다음에 회사에서도 식당이 아니라 회사에서 식비 다 주고 법 인카드를 주니까 나가서 밥 먹으라 이거예요. 업체 사장들 보고도 "왜 너네가 업체 사장들한테 밥을 얻어먹냐. 너네가 사라" 이거죠. 그담에 외부 사람들 만나고 다니는데 깔끔하고 다녀야 하고 차도 깨끗해야 될 거 아니에요. 그니까 차량 유지비, 기름 쓰고 남으면 세차도, 차 유지비 에 해당되니까. 그니까 그만큼, 회사가 나름, 삼성 이런 수준에는 따라 갈라면 아직 수백분의 일이겠지만, 나름 경향에 맞춰서 그만큼 잘하시 는 거 같애요. 그런 걸 나름 회사들 알아보다가, 얘도 부모님, 엄마, 아 빠 옆을 떠나고 싶지 않았나 봐, 지금 물어보진 않았지만.

그 회사가 파주 쪽이었거든. 그니까 출퇴근하거나 아니면 거기에서 있어야 되는 거야. 집을 얻겠다고 맨 처음에 그랬거든. 근데 아마 찬호 를 잃고, 자기가 찬호 역할까지 해야 되겠다 싶어서, 그게 나빠서 그만 둔 거. 어떻게 보면 트라우마나 이런 거 때문에 답답해서, 갇혀 있는 게 싫어서 그만뒀을 수도 있고. 아니면 ○○이가 속이 깊고, 찬호도 없고 엄마가 너무 힘들어하고, 지금도 힘들어하고 있고. 아빠야 딱 내색도 안 하고 그냥 일하는 성격을 아니까, 자기가 찬호 역할까지 해야 되니 까, 엄마, 아빠 옆에 있어야 되겠다, 집에, 이런 생각을 했을 수도 있고. 정확하게 내가 단정 지을 수는 없겠네요. ○○이랑 얘기를 해본 적이 없어서, 그거에 대한 부분은. 그리고 나서 아무튼 그만두고 와서, 직장 을 알아보면서, 나름 몇 개가 있었나 보더라구요. 그러고 나서,

면담자   상의를 했나요, 아니면 나중에 결과를 그냥 말하던가요?

찬호 아빠   한샘을, "한샘은 어때요?"를 얘기를 했죠, 자기 엄마를

100

찬호 아빠 전명선

통해서. 근데 아빠가 이미 사직 처리를 했기 때문에 본인이, 저는 냉정해요.

면담자   그렇죠, 성인인데 자기가 결정하는 거죠.

찬호 아빠   네. 저는 그런 부분은 저걸 해서, "응, 회사 아빠가 생각했을 때는 어땠지"가 다예요. 그리고 그 알잖아요. 나름 저랑 가깝게 지냈던 분들, 협력 업체 사장들, 한샘 내에 부장급 이상들 중에 저랑 친하게 지냈던 분들은 이 패밀리 모임같이 운영했던 거는, ○○이가 어릴 때부터 같이 생활을 했고 같이 자라고 같이 여행 다닌 게 있기 때문에 알잖아요. "어? 니가 왜 왔어?" 이렇게 되는 거죠, "어? 너 ○○이 아냐" 이런 식으로. 그러다 보니까 자연스럽게 알게 됐고, 제가 딱 한 번 방문을 한 적이 있어요. 딱 한 번 방문해서, 딱 가서, 딱 저거죠. 저는 사람들을 만나러 간 거니까 거기 가서도 저는 똑같이 얘기했어요. "어, 그래, 열심히 해", 그리고 기존 직원들 대하듯 똑같이 다 하는 거죠. 오히려 저한테는 "그래 열심히 해", 그리고 팀장들이고 자기 위에 고참들 있으니까, ○○이도 그러면 "어, 너네도 음료수 한잔해" 이거죠.

면담자   언제 들어갔나요?

찬호 아빠   작년, 아니 지금 1년 넘었거든요.

면담자   부서가 어디예요, ○○이는?

찬호 아빠   구매. 10억 이상은 하고 있을 겁니다. 저도 담당을 할라면 그 정도 능력은 돼야 돼. 근데 딱 하나를, 아빠가 가르쳐준 거라곤 딱 그거죠. 회사에서 처음 그렇게 본 거예요, 다른 사람들 많은데. 나는 다른 사람들이랑 얘기를 하고 있었고, ○○이가 온 거야, 자기 선배들하고 쭉. 사람들은 나를 아니까 당연히 인사를 하고 왔을 거 아니에요. "너희 음료수 한잔해" 이렇게 얘길 하는 거죠. 그니까 ○○이가 아빠래서 그런지 몰라도, "○○이 너도 음료수 한잔해" 이렇게 얘길 한 거죠. "저 마셨어요" 이렇게 대답을 하는 거예요. 그니까 구매 팀장이 뭐라 그랬겠어요? "가서 뽑아오란 얘기야. 네가 먹든 말든 그건 네가 결정할 일이고", 선배들이 그 외 사람들도 있잖아요. "그럼 가서 뽑아 오란 얘기야. 네 먹을지 말지를 물어본 게 아니야", 이 약간, 잘못된 관습이죠. 근데 제 성격이 그랬어요, 그렇게 했으니까. 내가 먹든, 내가 먹었으면, 내 옆에 동료들이든 선배들 있으면, 먹고 말고는 갖다 놓고 얘기를 하는 거지, "아 저희 안 먹을래요"가 어딨어요. 갖다 놓고서 안 먹으면 안 먹는 거고. 갖다 놓으면 또 마음 바뀌어서 먹을 사람은 먹는 거야. 그면 안 먹고 다 있는데 나 혼자서 이렇게 마시고 있으면 그거는 예의가 아니지…. 그런 점, 고거 하나 아빠한테 딱 배웠어요.

그 외에는 그런 관련돼서는 얘기를 안 해, 절대. 그거는 누가 도와줘서 될 것도 아니고, 그거는 냉정하게 자기가 해야 될 일이고, 누가 그 일을 대신해 주거나 그러진 않죠, 네. 그러기 때문에, 회사 방침이 그렇고, 살아남을라면, 도태되지 않을라면 해야 되는 거예요. 나름 적성에는 맞는 거 같아서 다행스럽다 싶고, 아까 얘기한 것처럼 그런 문제도 있었지만, ○○이가 한샘인이거든. 그러기 때문에 내가, 한샘이든 한샘 계열이든 해외든 앞으로는, 근데 내가 잘하는 이런 일을 하고 싶은 생각은 없는 거야. 나 때는 끝났다, 내가 가장 잘하는 일을 하지 말아야 된다라고 생각하고, 이후에 내가 하고 싶은 일은 있어요. 이거 말고 내가 진짜 하고 싶은 일이 있어요, 있기 때문에, 그렇고. 그렇게 열심히 살아왔고, 계획들이 딱 딱 딱 있었죠.

50대 되면 시골에 전원주택, 아주 크진 않지만, 힐링할 수 있는 공간 만들고 ○○이 열쇠 하나, 찬호 열쇠 하나, 그다음에 우리 하나. 그리고, 누구든 힘들 때 있으면 가서 쉬고 오는 거야, 딱 고거 짓는다. 그리고 ○○이든 찬호든 결혼을 하면 집 한 채씩, 딱 그거였어요. "[그게] 외에는 안 해줘. 너네가 알아서 사는 거야. 단 결혼을 안 하면 안 줘. 결혼하면 비빌 언덕, 집은 당연히 남자기 때문에 아빠가 고것만 해준다, 엄마랑 아빠가 집만. 아파트 한 채, 끝" 이런 거였거든요. ○○이는 지금 받아놓은 게 있어요, 성인이기 때문에. 화랑유원지 바로 앞에, 와스타, 와스타디움이 아니라 화랑유원지 정문 바로 앞에 지금 이렇게 아파트 단지 있잖아요? 초지역 건너편, 초지역이면 1킬로[미터]대는 전자파 그러니까. 아무래도 자식이고, ○○이, 찬호를 잃고 ○○이 혼자잖아요? 그래서 1순위는 안 됐어요, 이번에 거기가. 근데 2순위도….

면담자   새로 지은 아파튼가요?

찬호 아빠   네, 화랑유원지에 그 주차장 바로 앞에, 30몇 층짜리 거기. 그 앞에 역세권이니 그래서 경쟁률이 높고 그랬죠. 고것도 아빠는 힌트만 준 거지, 그걸 직접 한 거는 ○○이 스스로가 한 거예요, 1순위도 안 됐거든요. 2순위는, ○○이는 당연히 2순위니까 거기 분양을 받을 수가 없었죠, 1순위에서 끝났으니까. 근데, 재테크를 잘하는 게 아니라 그런, 한샘이란 회사를 다녔기 때문에 알죠. 어떻게 하면 저기를, 들어갈 수 있는지를, 1순위가 아니더라도. 그걸 알지만 안 하죠. 근데 우리 가족들 중에도 두 분한테는 내가, 자기 집이 아니라 그러길래 애기한 적은 있는데, 말을 안 들었죠. 말을 안 들어 처먹더라고, 아무튼 너무 답답해요. 결론은, 저거 했고, ○○이는 거기 지금 하나 받아놨어요. 그런데 아빠 성격상은, 내년 8월인가 6월인가 입줄 거예요. 그럼 지금은 같이 살지만 그때 되면 얘기해 보고 싶은 거죠. '너는 성인이고, 저 명의는 너 집이고, 그러면 너는 결혼을 안 했지만 분가해야 되는 거 아닌가?'를 얘기해 볼려구요. 그렇게 해야 된다라는 게 맞다고 봐요. 결혼식은 아직 안 올렸지만 빨리 결혼했으면 좋겠고, 본래 결혼하면 집 주겠, 집 하나 해준다고 했는데, 결혼 안 했잖아요. 그니까 현재로서는 '네가 벌어서 갚아라'예요.

10
구술에 대한 감상, 의견 및 마무리

면담자　　　이야기를 들어보니 찬호 할아버지가 하셨던 그런 모습들이 아버님에게도 비슷하게 느껴지는 면이 있는 것 같아요. 지금 아이에 대한, 자녀에 대한 마음가짐이나 태도도 그렇고. 빨리 결혼해서 빨리 분가하고 성인으로서의 그런 삶을 살기 바라는 마음도 그렇고, 일하시는 거에 뿌듯해하시는 태도들도 그렇고. 오늘, 제가 생각했었던 것보다, 아버님께서 자세하고 재미있게 말씀을 해주셔 가지고(웃음)….

찬호 아빠　　　아 그래요? 재밌어요? 근데, 그게 아니라, 이런 구술은 제가 처음 해봤고. 근데 얘기하는 대로.

면담자　　　해보시니까 어떠세요? 이 생애사 구술을 해보시니까 어떠세요?

찬호 아빠 아니, 얘기하기 싫은 것들을 많이 얘기해야 되는 부분은 난감하고. '그런 부분은 좀 이렇게 감춰줬으면 좋겠다'가 제 솔직한 심정이고. 근데, 아까도 얘기했지만, 실제 얘기를 하게 되면 진솔하게 얘기해야 되고, 그 진솔함이 없다라고 하면 그건 거짓인 건데. 거짓된 얘기를 쓸데없는, 이 귀중한 시간에 할 필요가 없고, 언젠가 거짓을 하면 누군가에 의해서 밝혀지게 될 게 뻔하고, 그런 부분인데. 잘못된 부분들도 많고 그러니까 들추고 싶지 않은 그런 부분들이 왜 없겠어요, 있겠죠. 그랬었고, 구술 처음 해보다 보니까 어땠는지는 잘 모르겠어요. 근데 있는 그대로를 얘기하다 보니까….

면담자 굉장히 성실하게, 꼼꼼하게 해주셔 가지고, 굉장히 좋은 첫 번째 구술이었던 거 같구요. 저희가 쉬는 기간을 가지고 구술을 2차, 3차 이어나가겠습니다. 이렇게 해야 더 잘되는 것도 있구요. 물론 위원장님은 워낙 이런 말씀 자주 하시니까 다르실 수 있지만….

찬호 아빠 아니에요. 저, 이[런] 긴 얘기는, 어제 미류 씨가 지금 작가 분들 네 분이서 진행하는 부분 때문에 [구술을 하고 있기는 하지만], 한 번도 내가 이걸 한 적이 없어요. 어느 누가 요청을 해도 한 적이 없는데, 그걸 알고 미류 씨가 직접 했나 봐요, 자기가 하겠다고. 그래서 어제 한 2시.

면담자 뭘 구술하신대요? 뭐에 대해서요?

찬호 아빠 그냥 우리 가족들, 참사 이후에 그 사회 복귀에 대한, 그담에 그냥 찬호에 대한, 찬호 아빠로서의, 그담에 부모들 고런 내용을 정리하고 싶어 하더라고요. 그래서 처음으로 어제, 어제 한 3시간 얘기 했나? 처음 한 거예요, 어제. 근데 미류 씨가 궁금해 하는 부분만 물어 보면 고것만 대답하는 거고 그런 거죠, 해본 적은 없고.

면담자   어쨌든 오늘은 이 정도로 할까 봐요. 다음 2차 구술에서 는 참사 초기 이야기들을 아마 여쭙게 될 것 같아요. 너무 힘든 이야기 죠?

찬호 아빠   근데 생각을 안 해도 되구요. 길게 생각한다고 없는 게 생각날 건 아니고, 그냥 아무 때나 해도 돼요. 제가 겪었던 일인데, 제 가 중요하게 여기거나 내 주관에 대한 내용은 항상 있고, 그다음에 제 가 정확하게 기억 못 할 부분은 얘기할 필요가 없는 거고. 그것은 저는 그렇게 생각하거든요. 있는 그대로, 그다음에 모르는 거는 다시 자료를 들춰봐서라도 확인을 하면 되니까, 아무 팀을 줘도 되고, 안 줘도 되고. 저는 큰 상관은 없구요, 저는 그렇습니다.

면담자   네, 알겠습니다. 위원장님 같은 경우는 1기부터 쭉 가협 임원을 하셨기 때문에 질문들이 많아요. 그런 질문들 가지고 2회차 때 또 뵙겠습니다. 그럼 오늘은 여기까지로 마치겠습니다.

찬호 아빠   아이고, 수고 많으셨어요.

2회차

2018년 8월 8일

1
시작 인사말

면담자　　　본 구술증언은 4·16 사건에 대한 참여자들의 경험과 기억을 기록으로 남김으로써 이후 진상 규명 및 역사 기술에 기여하고자 합니다. 지금부터 전명선 씨의 증언을 시작하겠습니다. 오늘은 2018년 8월 8일이며, 장소는 안산시 기억저장소입니다. 면담자는 이현정이며, 촬영자는 강재성입니다.

2
수학여행 준비

면담자　　　오늘 2차 구술에서는 수학여행 준비에서부터, 그리고 나서 주로 팽목항과 진도에서의 경험에 대해 여쭤보도록 하겠습니다. 그리고 가족협의회가 구성되기까지의, 초기 조직 구성에서부터, 안산에 와서 보다 체계적으로 조직 구성될 때까지의 과정도 여쭤보도록 하겠습니다. 수학여행 출발 전에 여행에 대해서 어떤 거를 알고 계셨나요?

찬호 아빠　　　찬호가 수학여행을 간다, 당연하니까. 수학여행을 간다, 장소는 어디다, 배 타고 간다, 고 정도 수준. 실제적으로 아이들 학사일정이라든가, 그런 부분은 제가 크게 관여를 한 바가 없어요. 네, 그런 바가 없었고 대신에 딱 하나, 찬호는 뭐라 그럴까 공부를 했으면 좋겠다, 정도? 그니까 힘든 일을 안 했으면 좋겠다, 나중에 성인이 돼서. 찬호 같은 경우에 다친 경험이 있어서, 힘든 일을 하면 안 돼요. 찬호는 신장이 하나가 없어요, 놀다가 다쳐서. 그래서 고 정도 수준. 그담에 찬호 형도 그렇고, 공부에 대해서 "열심히 해라 그런" 말은 거의 [한 적이] 없었기 때문에 학사일정도, 무책임한 거지, 엄마한테만 맡기고. 별로 그런 거는 안 하고, 애들 데리고 여행, 놀러 가거나 그런 것만 외려 더 좋아했던 거 같아요.

면담자   배로 간다는 거에 대해서 의아하다거나 그러진 않으셨나요?

찬호 아빠   그런 거는 없었죠. 당연히 항공이라든가 혹은 배로 간다든가, 그런 부분에 있어서 충분히 안전에 대한 부분은 본래 학교나 학교 측, 학부모 운영위원회, 학교운영위원회에서 그런 부분은 다 검토를 했을 것이고, 그리고 안전이든 그런 거는 위험하다고 생각을 해보지 않았고, 솔직하게. 나 자신은 아마 '배를 타고 여행 가는 게 참 좋을 거 같다'라는 생각도 했어요. 뭐냐 하면 가족 여행을 많이 다니는 편이었는데, 제주도는 찬호가 어릴 때부터 참 여러 번 갔어요, 가족 여행으로. 아주 찬호가 쪼끄말 때부터, 기억에 있을지는 모르겠지만, 아주 어릴 때부터 제주도는 갔는데, 항상 갈 때마다 비행기를 타고 가니까, 배 타고 그렇게 제주도를 간 경험은 없으니까 '외려 나을 수도 있겠다'라는 점. 하나는 찬호가 어릴 때 TV 선전 같은 거 보면 새우깡 선전할 때, 보면 갈매기들 와서 이렇게 손에 들고 있으면, 고런 추억. 만약에 그런 걸 보면 꼭 만들어주고 싶었고…. ○○이, 찬호, 애들 어릴 때는 첫 그 경험을 인천에서 제가 시켜줬어요, 소무의도 가면서. 그래서 차까지 싣고 가니까, 그때 좋아했던 그런 모습들 보면서, '어, 배로 가면 외려 좋은 추억도 되고 경험도 될 수 있겠다' 그랬었죠.

면담자   15일 저녁에 배의 출항과 관련해서라든지…, 찬호와 마지막 연락은 언제 어떻게 하셨나요?

찬호 아빠   마지막 연락은 저랑 한 적은 없어요. 그니까 찬호가 갈 때 딱 한 가지. 찬호는 뭘 사달라거나 그런 게 거의 없었어요, 형 거 입는 거 좋아했고. 그리고 형 거 입는 걸 좋아해도, 본인이 뭘 사달래거나 이렇게 하는 게 거의 없었어요. 그니까 아마 그런 걸 사달라 하기 이전에 부족하지 않게, 그니까 그 당시에 이런 패딩 같은 거 유행하고 그러면 그런 거는 그냥 알아서 사줬으니까요. 알아서 아마 집사람이 다 챙겨줬었던 거 같고. 암튼 풍족하게 자랐어요. 그러기 때문에 뭘 사달라거나 그런 건 없었고…, 단 한 가지, 자기 형이 아르바이트 하면서, 자기 형한테, 아빠보다는 자기 형한테 많이 더 의지하고 놀고 그러지 않았었나 싶고. 근데 수학여행 가기 전에 처음으로 일요일 날인가? 뭘 사달라고 한 게 있어요, 처음으로. 한 번도 그런 적이 없거든. 근데 집사람하고, 엄마하고 이렇게, 쇼핑을 가도 가는 걸 좋아하고, 아빠랑은 쇼핑가는 거는 없어요, 가족들 다른 거 갔다가 쇼핑을 하면 몰라도.

그날은 자기 뭐 산다 그래 가지고, 일요일 날 쉬니까 나도 따라 나간 적이 있는데, 처음으로, 아마 찬호가 옷을 80만 원 넘겨서 샀어요. 막 고르는 거야, 이것저것 고르고, 체육복, 집에 많이 있지만, 여러 벌 있는데, 카파라든가 그런 거는 다 있는데, 아디다스 저지가 없었어요. 근데 그게 유행이었었나 봐. 그래서 그걸 하나 사겠다 그러더라구. 그걸 형한테 사달라 그랬었고, 형이 시간이 없으니까 못 갔다가, 그날 아무튼 그것까지 사게 된 거야. 그래서 옷도 사고, 단화도 (한숨 쉬며), 신발도 산다 그랬는데 신발은 자기 마음에 드는 게 없어서 못 사고, 자기가 옷, 백화점에서 옷 사다가 엄마 옷도 하나 사줬어요. 엄마 우비, 우비가 둔탁하고 보기 그렇잖아요, 그 당시에만 해도. 요즘에야 많이 나오지만, 약간 바람막이 정도 되는 그런 옷을 자기 엄마 거도 하나 사고…. 그렇게 사는 게 되게 보기 좋았어요, 처음 그렇게 샀고.

그리고 수학여행 가기 전날 연락이 왔었어요. 자기가 알아서 다 해도 되는데, 할머니랑 집에 있었고 했으니까, 엄마, 아빠가 집에 올 때까지 기다렸던 거예요, 수학여행 가방 싼다고. 그래서 심지어는 가방까지도 샀어요, 자기 마음에 드는 걸로. 옷을 그렇게 사고 나서, 아빠 캐리어라든가 그런 걸 가져가는 게 아니고, 집에 있는 캐리어 말고 가방도, 온백[ONBAG] 같은 거 자기가 매는 거 하나 사겠다 그래서 아마 엄마랑 가서 사 왔더라고요, 가방도 별도로. 근데 다 준비된 것을 내가 챙, 엄마가 개고 챙기고, 아무튼 같이 싸줬어요, 엄마랑 옆에 앉아서. 딱 그 기억, 수학여행 가기 전에는 고게 하나 기억이 나고, 또 한 가지는, 아마 애 엄마가 그날 모임이 있었나 봐요. 모임에 갔다가 먹고 나서 장어를 거기에서 아예 구워서 가지고 왔어요, 포장을 해서. 그리고 제 기억에 망고 이런 과일들, 와서 그날 저녁때 그런 걸 잘 먹더라고요, 잘 먹고, 그 기억. 출발하기 전에는 항상 제철과일이라고 하지만은 집사람은 빠른 편, 고거 나오기 전에 아이들 사주거나, 그래야 더 맛있게 먹거든요, 흔할 때 먹는 거보다. 그래서 아마 고 기억이 있어요. 수학여행 가기 전날 밤 짐 싸달라 그랬던 거랑, 집사람이랑 둘이서 짐을 싸주고…. 처음이에요, 제가 짐을 꾸려줘 본 것도. 그리고 그날 밤에 참 잘 먹었어요. 본래 장어 같은 걸 잘 많이 안 먹는 거 같은데 그날 맛있게 먹더라구, 과일도 그렇고.

찬호 아빠 전명선

면담자	그 신발을 같이 사셨다고 하셨는데.

찬호 아빠   신발 같은 경우는, 본래 운동화가 집에 있잖아요, 대부분. 저 같은 경우도 운동화 별도로 있고, 마라톤화 별도로 있고, 구두도 뭐 한 두 개? 등산화, 이런 식이었는데, 찬호가 신발 사러 갔다가 그냥 커플 신발 이렇게 얘기가 돼서 똑같은 걸 그냥 하나 더 샀어요, 찬호랑.

면담자   그게 언제, 일요일 날 쇼핑 갈 때? (찬호 아빠 : 아뇨, 아뇨) 그날 말고 따로?

찬호 아빠   그거는 그 전에. 그 전에 뭐 하러 갔었을까, 영화 보러 갔었을까? 자세하게 기억은 안 나는데, 운동화를 사거나 그런 신발을 살려고 갔던 건 아니고 따른 일로 밖에 나갔다가 그냥, '신발 하나 살까?' 이렇게 됐었던 거 같아요. 그러면서 같은 걸로 샀어요, 사이즈만 다르지.

면담자   찬호는 사이즈가?

찬호 아빠   찬호는 265, 저는 255에서 60. 운동화 같은 경우에는 주로 60을 신으면 맞아요.

면담자   똑같은 거를?

찬호 아빠   디자인도 똑같고 컬러도 똑같고 그런 거. 몇 번 제가 안 신었어요, 사놓고 사실. 회사 다닐 때 신을 일이 없으니까, 그랬던 기억도.

면담자   15일 날 떠나고 연락은 따로 없었나요?

찬호 아빠   저랑은 없었죠. 그리고 평상시에도, 찬호가 뭐가 필요하거나 이러면, 내가 그런 게 미안한데, 큰애도 그렇고, 그니까 찬호 형도 그렇고 찬호도 그렇고 주로 엄마랑 대화를 하고 하는 편이고 저랑은 대화는 그렇게 많지 않았던 거 같아요. 그니까 공 가지고 운동장에 가서 놀거나 여행 가거나 등산 데리고 다니거나 이런 거, 낚시 데리고 다니거나 그런 거는, 그것도 저학년일 때나 쫓아다니지 고학년이 되면 친구들이랑 놀라 그러지 아빠랑 놀라 그러지 않잖아요. 친구들이랑 노래방가고 이런 거가 더 재밌는 거고…. 그래서 별도로 전화를 해서 나한테 뭘 하거나 그런 거는 없고, 다만 눈에 보이는 거, '뭔가 이걸 해야 되는데' 요런 부분은 '아빠 동의가 있어야 되겠다' 싶었던 거, 그니까 휴대폰이 하나 있는데 기종을 바꾸고 싶거나…, 근데 그것도 휴대폰 바꾼다고 미리 얘기하는 거는 없어요. 다만, 엄마랑 가서 바꿔 오고 나서, 자기 형한테 혼날까 봐, 혹은 멀쩡한데 왜 바꿨냐고 할까 봐, 바꾸고 나서 톡을 보내지요, 톡으로. 문자, 그니까 톡으로 이렇게 보내요, 애교부리면서 "빠빠, 휴대폰 바꿨다" 이런 식으로, 그런 정도. 그니까 살갑게 전화로 해서 뭘 물어보거나 그런 거는 없었어요, 자기 엄마랑 [주로 하지].

3
사건 소식을 듣고 진도로

면담자   맨 처음 사건 소식을 들으셨을 때부터, 진도에 내려가기까지의 상황을 가능한 자세하게 말씀해 주세요.

찬호 아빠   저는 아침에, 저희가 근무시간 7시간, 그리고 정상적으로 4시 반 퇴근 그래요. 그니까 아침에 가면 항상 회의를 하죠. 그때 회의가 있었고, 회의를 하는데 인터넷상에 "세월호, 수학여행" 이런 게 뜬 거예요, 그 침몰에 대한. 저는 회의를 하고 있었고, 우리 부서는. 근데 바깥쪽에 있던 친구들한테 그런 얘기를 듣고 바로 보니까, 찬호가 탄 게 맞는 거예요, 이 배가. 그래서 바로, 회의도 다 안 마친 거 같아요, 회의 안 마치고 일단은 제조사업본부장, 지금 부사장이죠? 부사장님한 테 "수학여행을 갔는데 뭐 이렇게 지금 침몰해서 구조 저거 하고 있다 라고 한다"라고 얘기를 하고, 바로 나왔어요. 바로 나와서, 바로 출발해 서 집사람을, 집사람도 가게를 하고 있었기 때문에, 가게에서 태우고, 집사람 타고 그냥 놔두고, 가게에서 태우고 집에도 안 들르고 바로 집 으로 갔, 저 팽목항으로 갔어요, 팽목항, 집사람 태우고 바로.

면담자　　　그때가 몇 시 정돈가요?

찬호 아빠　　　우리가 7시, 늦어도 한 7시 반에 우리가 회의를 하니까, 아마 내가 출발한 거는 회사에서 바로 떠났으니까 8시 넘어서 반 전에 아마 떠났을 거 같아요. 바로, 바로 그냥 보고, 보고, 일단 구조하고 있 다 그러니까, 그러면서 당연히 집사람은 걱정할 거 뻔하고, 저도 걱정 되고…. 그래서 일단 옷이라도 갈아입혀야 될 거 아니에요, 젖었을 테 고. 그리고 수학여행은 이미 틀렸고 그래서, '아예 태우고 올라와야겠 다'라는 생각을 했었고. 학교에서 문자 오거나 그런 거, 학교에 가면 뭐 해요? 학교에서, 그래서 바로 학교에 가지도 않고, 회사에서 바로 가게 로 가서 집사람 딱 태우고 바로 그냥. 그리고 내려가면서 검색해서 가 장 가까운, 팽목항이죠? 팽목항을 갔어요, 팽목항으로 바로. 가면서 휴 게소에서 딱 한 번 들렀는데, 휴게소에서 딱 봤더니까 구조하는 그런 게, 아이들 모습이 막 보이는 거야. 근데 어렴풋이 찬호 모습이 스친 거 같은 느낌을 받았고, 집사람도 "어, 찬호 같다" 그랬는데 더 이상 화면이 안 나오니까. 그래서 휴게소에서 사실 그 아이들 구조되는 장면 보고 그러면서 사실은 안도했죠, '이제 다 아이들 구조 하는구나'. "전원구조", 고 오보도 났었지만⋯. 그리고 이미 갈 때 부사장도 그런 얘기를 했어요, "야, 전원 다 구조됐다라고 한다". 회사 측에서도 내려가고 있으니까, 회사 측에서도 보고 있다가, 그런 연락을 제가 받았고, 그래서 약간 안도를 하면서 휴게소 딱 한 번 들렀다가 바로 내려갔었죠.

면담자   회사에서 나오서 가지고 찬호 엄마를 태우고 갈 때 옷을 갈아입혀야겠다는 생각이셨으면 집에 들러서 옷이라도 가져가셔야 되잖아요. 근데 집에 안 들르고 바로 가신 거예요?

찬호 아빠   네, 그냥 바로 갔어요.

면담자   급하셨던 것 같은데, 혹시 무슨 일이 있거나, 불안감이라든가가 있으셨나요?

찬호 아빠   부모니까, 불안감은 당연히 있죠. 그리고 뭐라 그럴까, 일단은 많이 놀랐을 거 같고, 보나 마나. 그리고 물이 그 당시에 차갑거든요. 저 같은 경우는 한여름에 스킨스쿠버를 해봐도, 차요, 바닷물이 상당히 내려가면, 그래서 춥고. 단순하게 '수학여행은 이미 틀렸다', 그리고 '찬호 그냥 데리고 빨리 올라와야 되겠다'라는 생각 하나였죠, 따른 그런 거는 없었고. 외려 "전원 구조"라든가, 휴게소에 한번 들렀을 때 TV 영상이라든가, 직장 동료로부터 받은 "전부 다 전원 구조 됐답니다" 이런 전화라든가, 그런 걸 보면서 사실은 안도를 했어요. 안도를 하면서 내려간 게, 진도체육관 얘길 하는데, 체육관으로 저는 바로 안 가고, 그런 게 나오고는 있었지만, "인근 섬이라든가 그담에 그쪽을 통해서 지금 구조되고 있다, 가까운", 그래서 고걸 봤기 때문에, 검색하면서 계속 보니까….

바로 팽목항을 갔을 때 '이건 아닌 거 같다'라는 생각을 했어요. 팽목항은 그 당시에 아무것도 없는 거예요. 경계 서는 사람조차도 없고, 배가 들어와 있는 게 보이는 것도 없고, 어떠한 사람[도 보이지 않았어요]. 상당히 빨리 내려간 거죠, 바로 연락받고 바로 그냥 내려가 버렸으니까, 고거 보자마자.

면담자 　　　몇 시쯤 도착하셨나요?

찬호 아빠 　　아마 12시 넘어서 들어갔을 거예요, 상당히 빨리 갔어요. 근데, 팽목항은 사람들이 없는 거예요.

면담자 　　　바로 팽목항으로 가셨나요?

찬호 아빠 　　저는 바로 팽목항으로 갔어요. 그니까, 나름 그쪽을 통해서 가장 가까운, 인근 항을 검색하면 팽목항이 나와요, 서망항하고. 그래서 팽목항 서망항이 붙어 있으니까, 일단 가다 보니까 팽목항으로 먼저 들어간 거예요, 찍고 갔어요, 아예 팽목항. 내비게이션에다 팽목항을 찍고 갔는데 아무것도 없어, 경계도 없고, 119든 혹은 구조대거나 운반 차량이거나 혹은 버스라든가. 너무 조용한 시골 마을이었던 거예요, 아무 그것도 없이. 그래서 그 당시는 바로 거기 갔다가 체육관으로, 진도체육관으로 구조자들이 그쪽으로 저걸 한다라는 것도 다 알고 있었기 때문에, 저는 그쪽으로 다 들어오는 줄 알고 글로 먼저 갔었던 건데, 쪼금이라도 빨리 볼라고. 그 없었고, 그래서 거기서 다시 차 돌려서, 진도체육관으로 갔어요. 진도체육관으로 가서 딱 들어가는데 아이들 모습도 보이는 거야, 이렇게 [담요] 걸치고 TV에서 보던 화면. 그래서 주차도 하기 전에 일단 입구까지, 그때는 통제가 안 됐어요, 내가 워낙에 빨리 갔으니까. 그래서 집사람을 체육관 그 정문 앞에다 내려주고, 나는 아무튼 다시 차를 돌려서 주차를 하고 딱 왔는데, 그 앞에, 계속 체크하면서 표기를 한다 그랬어요, 구조자들 명단. 근데 거기 없는 거야, 찬호 이름이.

면담자   그니까 도착하셨을 때 (찬호 아빠 : 막, 적고 있었어, 막) 막 적고 있었어요? 체육관 바깥에서?

찬호 아빠   체육관 밖에, 네, 그게 있었어요. 체육관 입구 쪽에 그 명단 같은 걸, 도착했을 때 누군가가 적고 있었어요, 체크해 가지고. 그 기존에 적었던 거에다가 아마 더 적었었던 걸로 기억하고, 적고 있더라고. 그래서 명단에 없으니까 다 적을 때까지 기다렸다가 봤죠. 근데 찬호가 없어서. [그래서 체육관 안으로] 바로 들어갔었고. 그때 상황실처럼 이미 꾸려서 테이블, 그다음에 주로 진도군 관계자들, 공무원 복장에 이미 테이블 같은 걸 놓고 쭉 이케 막 있었고, 한쪽에는 아이들이, 아이들이 이렇게 한군데 모여서 막 있고, 그런 모습을 보고 바로 갔죠, 그쪽으로. 집사람은 이미 찬호 이름이 없으니까 울고 불안해하고, 나도 찬호 이름이 없으니까 불안하고. 아이들 혹시, 이렇게 봐도 찬호 모습이 안 보이니까, "찬호를, 찬호 봤냐" 이렇게 애들한테 물어봤는데 애들도 놀래노니까 제대로 대답하거나 그런 게 없는 거예요. "우리만 일단 먼저 왔다" 이런 식으로 애들이 대답밖에 안 했거든요. 구조가 안 됐다 그런 거는 애들이 모르고, 몰랐었던 거 같고. 그러고 나서, 지금 "저희랑

올 때는 찬호 못 봤어요. 저희랑 같이 온 건" 그리고 고기 상황실 쪽에 가서, 정확하게 내가 물어봤던 사람이 최성현 진도 부군수가 맨 앞에 테이블에 앉아 있었어요. 그 당시에 진도 부군수, 최성현일 거예요. 근데, 물어봤었죠. "지금 나머지 아이들 어디 있냐?" 그랬더니까, 그 당시에 발표했던 내용이랑 똑같애요. "지금 이동 중이다. 그다음에 인근 섬에 구조됐던 부분들 지금 파악하고 있고, 일부 이동 중에 있고" 이런 대답을 하는 거예요, 그리고 방송도 그렇게 해주고. 이제 모이기 시작했거든요, 사람들이. 그러고 나서 "도착할 때까지 시간이 한 2시간 걸린다" 그랬어요. "2시간 정도면 도착한다" 그랬는데, 더 이상 명단 체크되는 것도 없고, 그렇게 된 거죠. 그래서, 암튼 2시간이면 들어온다 그러니까 2시간을 그냥 기다렸어요, 2시간을.

면담자   그때 체육관에 찬호 아버님, 어머님 말고 부모로 보이는 사람들이 있었나요?

찬호 아빠   사람들도 금방 쭉 늘어났던 거 같아요. 사람들은, 그니까 부모들이 그렇게 많진 않았지만 사람들이 상당히 많았고, 그리고 불과 한 4, 2시간 지났으니까 한 4시 그때쯤에는 상당한 많은 사람들이 있었고, '아마 가족들도 상당히 많았었다'라고 생각이 돼요.

면담자   처음에 그 체육관 안에 있었던 아이들은 몇 명 정도, 그때?

찬호 아빠   아이들이 군데군데 있어서, 바깥에 이렇게 하고 걸어 다니는 아이들도 있었고, 그다음에 한 곳에 이렇게 모여져 있는 애들은 한 열몇 명 정도? 체육관 들어가면서 우측 편에 이렇게 아이들이 있었고, 바깥에 몇몇 아이들이 담요 같은 거 이렇게 걸치고 걸어 다니는 친구들도 있었고. 그 당시의 인원으로 제가 대충 봤을 때는 한 30명 정도의 아이들 정도, 수준? 고 정도 인원들만. 그리고 한군데 다 모여 있는 게 아니었어요.

면담자   기자들이라든지 아니면 이상해 보이는 사람도 있었나요?

찬호 아빠   기자들도 있었죠. 기자들도 있었고, 그다음에 이미 통제를 할라고 하고 있었고. 그리고 정부 관계자들, 지역 의원이나 그런 사람들이 오는 거 같은데, 나와서 인사들 하고 그러는데, 그게 상당히 보기 싫었죠, 그런 부분도 있었고. 그분들도 아무튼 걱정돼서 왔을 테고, 아이들, 생존돼 있는 아이들이나 혹은, 와서 이렇게 볼려고 하고 그런 거였는데, 그런 거에는 관심이 없었죠, 저 같은 경우는. 관심도 없었고, 아이들 올 때까지 기다리는 거, 일단 찬호가…. 그리고 제 기억에 찬호 이름이 있었어요. 근데 성이 다른 거야, 생존 거기에 적혀 있는 거에. 그래서, 고것도 다시 와서 한 번 정확하게, 찬호가 안 보이니까, 성을 확인했는데 전찬호는 아니었었던 거고. 그리고 나서 한 2시간 기다리고 나서, 한 거의 4시가량 가까이 됐을 거예요. 그때는 분노하기 시작했죠. 왜? 더 이상의 어떠한 브리핑도 없고, "수색해서 이동 중입니다" [는] 말조차도 더 이상 없는 거야. 그러다가, "더 이상 이동해서 구조돼서 오는 사람이 없다"라고 딱 얘길 해요, 2시간 이상 지난 다음에, 정확한 그때 시간을 내가 계속 본 거는 아니기 때문에. 그러고 나서 제가 그때 가서, "지금 구조하고 있다는, 그쪽에 그러면 무전이든, 빨리, 전화든, 연결 좀 해줘라. 연결해 봐라. 빨리 전화해 봐라", "지금 교신이 안 된다" 똑같아요. 그런 내용을 얘기해서 이제 화가 나기 시작했죠. "말 같은 소리를 해, 요즘 시대에. 빨리 연락해라. 지금 있는 거야, 없는 거야, 구조대가?" 그리고 한 1시간을 그렇게, 그냥 더 이상, 거기도 멘붕 상태였고, 더 이상 집계도 안 되고 막 이러니까, 처음에는 "구조하고 있습니다" 이렇게 막 강단에 올라가서 얘기하고 하다가.

면담자   그 얘기한 사람이 누구였나요?

찬호 아빠   여러 명 있었는데 주로 고거 답변하고 했던 게, 그 당시에 제가 누구냐고 물어봤을 때, 해경 쪽에 과장이었어요, 과장이었고. 왜 그걸 기억하나 하면, 연락이 안 된다 그러니까, 그쪽에, 소통도 안 되고, "그럼 무전을 해라" 그래도 "무전도 안 되고 지금 교신이 안 된다" 이런 표현을 해가지고, 그때는 '이건 잘못됐다'라는 걸 이미 알았고. '이 새끼들이 뭔가 제대로 구조도 못 하고 애들 배 속에 갇혀 있다. 아직까지 구조가 안 됐다'라는 걸 알았죠, 이미. 그래서 그때부터 화를 냈어요. 화를 내고, 맨 앞에 있는 전화는 아마 제가 집어던져 버렸을 거예요, "연락 안 된다" 그래서 던지고. 4시 넘어서 많은 사람들이 모였고, 여기저기서 막 소란스러웠고. 그리고 더 이상 답변이 없으니까, 아무리 아우성을 치고 가족들이 막 저걸 해도. 그리고 더 이상 거기 있는 애들도 나와서 답변을 안 할라고 해요. 근데 정복도 아니었고 사복을 입고 있었어요. 사복을 입고 있는 그 친구가 아무튼 얘기를 하는데, 그다음부터는 얘기도 제대로 못 하고 브리핑을 못 해서, 제가 했던 것은 맨 앞쪽에, 최성현 부군수. 나중에 최성현 부군수라는 걸 알았고, 그래도 나이가 가장 있어 보이고, 맨 앞쪽에 있고. 상황실 이렇게 쫙 테이블이 있고 전화들이 있고, 부서, 부처 내역들 해서 정리하고 이런 단계였는데, 그 전화 부수고 나서 한 게 뭐였나 하면, 제가 가서 마이크 뺏었어요, 강단에 올라가서. 근데 강단에 올라가서 마이크 뺏기 전에 두 가지를 했었는데, 그 첫 번째가 뭐냐 하면….

면담자 계속 전화 연락이 안 되고 그 전날 밤부터 쭉 찬호와는 연락을 하지 못하셨던 거죠?

찬호 아빠 아마 저녁때 집사람이랑 연락하거나 한 거는 있을 수 있고. 그리고 통화를 해도 저랑 한 거는 없으니까, 찬호랑은 당연히. 엄마랑은 통화하고 그렇게 하니까, 그리고 사고 나고 연락받고 내려가면서부터는 전화가 아예 안 돼요. 그니까 차 타고 내려가면서부터 집사람은 계속 전화 연락을 시도를 했고 도착해서도 계속 전화. 찬호 혹시나, '물에 빠졌으면 당연히 휴대폰 안 될 것이다'라는 건 알았지만 그래도 계속 전화를 해봤던 거예요. 그리고 나서 찬호의 그런 부분만 정확하게 알아야 되니까, 그 강단이 있고, 고 위에 보면 왼쪽 오른쪽으로 해서 대기실 같은 게 있잖아요? 그쪽 그니까, 강단을 봤을 때 왼쪽에서, 상황실 같은, 밑에 상황실이 있지만 상황실은, 그쪽에서 나와서 얘기하고 그런 걸 봤기 때문에, 거기를 들어갔어요, 제가 그냥 밀고. 제재는 하지만, 그냥 밀고 들어가 가지고 "너 누구냐"고 물어봤고, 그 당시에 마이크 잡고 그랬던 개가 수색과장이니 그런 얘기를 했고 [그래서] 걔한테 내가 전화번호를 줘요, 찬호 전화번호. 이거 지금 위치 파악, 살아 있는지, 지금 어디에 있는지 위치 파악만 하게 빨리 명단을 줘요. 근데 누군가가 뒤에서 "저희 아이 거도 해주세요" 그래서 전화번호를 받아 적어서 두 개를 내가 주거든요, 위치 파악 하라고. 그리고 그 위치 파악의 답변도 들었어요. 위치가 거기 해역 그쪽에, 그니까 "휴대폰상으로 위치 파악 했을 때 그쪽이다"라는 거는 정확하게 봤고 '아직은 찬호는 거기에 있겠다' 이런 생각을 했고, 더 이상 얘기가 없어서. 그리고 나서 물어봐도 대답을 어느 누구도 안 하는 거예요.

근데 그 상황실에 들어가는 건 아마, 가족 중에 누군지는 모르겠고, 제가 그냥 들어갔었고, 항상 지금처럼 다니면서 이렇게, 이렇게 옷을 입고 다니니까, 가족들 공분하는 사람들은 제재가 있었지만, 아무튼 크게 [저를 제재하지는 않더라고요]. 맨 처음에는 "아냐 할 말 있어서 그러니까, 일단" 이러고 들어가서 얘기를 하고 내려왔는데, 더 이상은 없어서, 그다음에 거기서 마이크 뺏었어요, 제가. 마이크 뺏고, "다 내려가고 필요 없고" [하면서] 제가 뭐라 그랬나 하면…. 밑에서 가족들 집어던지기 시작하고 난리가 났었던 거예요, 더 이상 어떠한 질, 브리핑도 없고, 상황에 대한 공유해 주는 게 없다 보니까. 그리고 제가 알기로는 3반에 쪼끄만 아버님 있어요. 그 아버님이 잘 활동을 안 하셔서, 강원도 분이라는 것만 알고 있고 [한데], "내 자식 죽였다"고 하면서 "빨리빨리 데려오라" 그러고, 아버님이 밑에 책상을, 상황실 책상 깔아논 걸, 전화도 집어던지고 막 던지는데, 던지기 시작하고 엄청 소란스러웠거든요. 그런데, 저럴 때가 아니잖아, 빨리 가야 되는데.

"간다. 그런데 배가 없다" 이런 얘기를 계속하는 거예요. "빨리해라. 현장 갈 수 있도록" 근데 어느 누구도 답변을 안 해. 그래서 저도 화가 나니까, 다 필요 없고, 고기에 있는 마이크 뺏고, 마이크를 잡고 제가 뭐라 그랬나 하면, "우리가 해역으로 간다" 그랬어요. "가족 여러분" [하면서], 아마 언론이든 있었을 테고 최초 영상을 확보해 보면 그런 게 나오겠지만, 제가 마이크를 뺏고 내 할 말만 하고, 걔들이 와서 뺏을라 그러거든요. 근데 마이크를 제가 발로 밟고 있었어요, "다 필요없다"고, [배 준비]할 때까지. 그리고 강당에 제가 계속 올라 서 있었던 거죠. 근데 아마 가족들이 봤을 때는 그때 복장이라든가 그래서, 유가족이라고는 생각을 맨 처음에는 못 했을 수도 있을 거 같은데, 그래서 프락치 얘기도 제가 들은 바는 있어요. 그래서 두 가지 요구한 게, 첫 번째는 "빨리 차 대라. 차 대고, 빨리 배 준비해라. 우리 해역으로 나간다" 이런 얘길 했었는데 뭐라 그랬나 하면, "지금 현장에 다 가서 배도 없고" [하면서] 배가 없다 그랬어요, 지금 구조작업 대부분이 다 나가서. 그런 얘길 해서, 단원고에서 이미 버스가 그때 도착을 했어요. "버스가 있어요"라고 얘길 했어요, 도착한 버스가. "그러면 가족들 가서 다 버스 타셔라. 그리고 빨리 배 준비해라. 해역으로 나간다" 그랬었고. 그 시간이, 이미 1시간, 1시간 반 정도 그런 실강이를 했었던 거예요, 그 안에서.

그리고 더 이상 얘기할 애들이 없으니까, 더 이상 못 떠들게, 걔들은 발로 잡고 그렇게 했었는데, "배가 없다" 그래서 제가 두 번째 얘기는 뭐였나 하면 "그면 진도군에서, 여기가 바다니까 행정선이래도 있을 거 아니냐. 행정선 대라, 행정선이라도. 가족들 갈 것이다" 그렇게 얘길 했어요. 그러고 나서, "가족들 와서 다 버스 타셔라. 그리고 우리 이제 해역으로 간다. 배가 없으면 행정선이래도 준비해라" 그리고는 확이미 바깥에서는 나가서 서로 버스 탈라 그러고, 그쪽에 관계자가 정확하게 누가 그 답변을 줬는지 몰라도, "해역으로 이동해서 해역으로 갈 수 있게끔 하겠다"란 답을 받고 버스 타고 이동을 하죠. 그래서 가족들이 사실은 서로 먼저 나갈라고 하니까, 저는 맨 마지막에 탔어요. 이미 집사람은 쇼크 [먹은 사람]처럼 있는 거 같고 이미, 집사람도 챙겨야 되고 그러니까, 단둘이서 내려갔던 거라. 그래서 아무튼 팽목항을 갔고, 버스를 타고 한 바퀴씩 다 갔다 왔죠, 해역을. 갔다 왔을 때 이미…

팽목항의 초기 상황

면담자   그때 배는 준비가 돼 있었나요?

찬호 아빠 배는 두 개, 충분한 배 양이 안 돼서, 몇 척의 배들을 나눠 타고 갔었죠, 먼저 출발하고 또 다음 배 타고 가고 뭐 이런 식으로 해서. 아무튼 그때 당시에 거기에 와 있던 가족들은 전부 다 배를 다 타고 해역은 다 나갔다 왔어요.

면담자   그때 가족들이 그럼 몇 명 정도 됐었나요?

찬호 아빠 글쎄, 제가 맨 마지막에 탔던 게 아마 네 번, 다섯 번째 탔으니까, 최소한 30명씩, 아마 150명 이상은 이미 들어갔다 왔다고 봐야 될 거 같아요. 그 정도로 한 바퀴씩 다 돌았고, 그리고 갔다가 왔는데 이미 배는 그렇게 그 모습으로 있는 것이고, 끝에만 보였던 부분이고, 더 이상 접근도 안 되고…. 그담에 함정이 있었지만, 소리치고 불러도 대답도 안 하고, 접근조차도 [못하게 하고], 소리 지르고 하면 들어가요, 다, 고놈들이, 밖에 서 있던 놈들까지도. 그 정도까지, 그니까 아예 응대를 안 하고 [해서, 우리는] 가서 그냥 한 번 보고 오는 게 다였어요, 첫날.

면담자   배가 일부분만 남아 있고 침몰된 상황을 보셨고, 그 당시 해역에서의 상황은 어땠나요? 배들이 주변을 돌고 있었다든지, (찬호 아빠 : 있었죠) 몇 척이나 있었나요?

찬호 아빠 배는 그렇게 많지는 않았고. 우리가 더 이상 접근을 못

하게 하죠, 위험하고 그렇다고, 접근을 못 하게 하는 부분이 있었고. 거기에 보면 큰, 함선이라고 해야 되겠죠. 3009함 이런 함선 정도의 그런 큰 배는, 멀리 떨어져 있는, 가까이 근교에 있는 배가 하나 있었고, 큰 배는. 그담에 근교에는 꼭 그런 군함이 아니더래도 큰 배가 몇 개가 보이는 게 있었고, 짝은 어선들 이런 거는 보이지 않았고. 그리고 경비정, 경비정보다도 짝은 보트 이런 거는 몇 척 떠 있었고. 경비정 짝은 거 한두 개 본 거 같아요, 그 정도 수준, 배가.

면담자　　　헬리콥터도 있었나요?

찬호 아빠　　　헬리콥터 없었죠, 당연히. 고 상황이 첫날은 마지막이에요. 그러고 나서 이미 뒤집어진 모습을 보고, 어떠한 것도 없는 걸 보니까 그때 들어오고 났을 때는 밤 늦었고. 이미 우리가 어두워져서 나가기 시작한 거거든요, 사실은 배 타고 나간 게. 그리고 들어와서 아수라장이 됐죠. 가족들, 해경들, 그다음에 일부 안전 이런 걸 담당한다라고 했던 거기에 있던 육경들, 지구대 소속들 해서. 파출소죠 거기는, 지구대가 아니고, 파출소가 있었는데, 아무튼 섞여서 난리가 났었고. 그리고 그날 상황실이 만들어져요, 그날 바로. 그 상황실은 뭐였나 하면, 매표소, 팽목항 거기에 상황실을 만들어주고, 아마 고 앞에서부터 엄청나게 싸움이, 몸싸움이라든가 그런 게 일어나죠. 그 당시에 김수현 [해경] 서해지방청장이 담당이었지만 어느 누구도 답변해 줄 사람이 없으니까, 이미 많은 공분을 했었고, 누구도 정확한 브리핑이든 얘기하는데 답변할 수 있는 사람이 없으니까. 그때 바로, 그날 밤에 해역에 갔다 왔을 때 그 팽목항 매표소 앞쪽에 가족들이, 가장 넓은 공간이니까 거기에 대거 다 거기에 모여 있었어요. 그래서 상황실을 만든다는 그런 얘기부터 시작하고. "일단은 빨리 설명하라" 그래도 답변 없고 이러니까 가족들은 멱살잡이도 하는 거고, 이미 공분을 한 상태였죠. 관계자도 누구 하나 답변을 해주거나, 브리핑을 하거나, "어떻게 하겠다. 구조작업 진행 중이다" 첫날은 사실 "작업 진행 중이다" 이렇게까지도 얘기한 사람이 없어요, 왜? 가서 직접 보고 왔거든, 현 해역을. 아무것도 안 하고 있었거든, 잠수사가 투입되거나, 이미 어두워졌었고.

그리고 가장 옆에 있는 군함, 거길 우리가 올라갈라고 배를 더 대라 그랬는데도, 걔들조차도 싹 사라져요, 다. 사라진다는 게, 갑판에 있으면 사람들이 보이잖아. 우리가 소리 지르고 그러는데 걔들이 그냥 시야에서 사라지는 거죠. 그냥 다 숨어버리거나 군함 안쪽으로 다 들어가 버리는 거죠, 갑판에 있던 애들도. 그러다 보니까 그때 이미 뭐냐 하면, 구조하고 해야 되니까 아이들[을], 우리 가족들이 "아예 대표단을 꾸리자", 바로 그날 밤에 그런 얘기가 나와요, 팽목항 내에서. 그담에, 이미 "진도체육관에도 많은 사람들이 있었다"라고 이미 했고. [사람들이] 오고 있고 계속 불어나는 상황이었기 때문에 그때 처음에 그날, 그래서 아예 "우리가 대표단을 꾸리자" 이런 얘기들이 여기저기서 나왔고. 그리고 그중에서 누군가가 추대를 해요. "아버님이 쫌 하셔라" 이렇게 추천을 하는데, 그 추대한 게 나중에 알고 봤더니, 5반에 박성호 아빠가 가장 먼저 직접 거기 "우리, 가족들 가족 대표단을 꾸리자"라고 추천한 게 사실은 그 사람이었어요. 그 사람이 날 추대한 거죠. 여기저기서 그렇게 하고, 그렇게 하면서 13인의 대표단이 꾸려지는데…. 아무튼 그런 추대를 받은 게 있고, 그래서 그런 대표단, 아무튼 계속 싸우니까, 그래서 상황실로 들어갔고, 상황실이 바로 만들어지기 시작하는 거예요, 첫날.

면담자   지금 말씀하시는 것들은 참사 당일인 16일 밤의 팽목항 상황인 거죠?

찬호 아빠   그렇죠. 그 정도였어요, 아무튼 야간에. 기본적으로 상황실 개념처럼 해서 상주하고 있고, 계속 싸움이죠, 어떠한 대답도 없고 그러니까. 그래서 아예, "상황 브리핑을 하겠다. 어떻게 하겠다. 어떻게 지금 수습하겠다" 그것을 얘길 하는데, 상황실, 그니까 매표소, 그 상황실 좁은 공간에 다 들어갈 수가 없잖아요, 사람들이 어마어마하게 많으니까. 그래서 가족들끼리도 밀고 하면서도, 아무튼 그럼 대표단들이 들어가서 얘기할 수 있게끔 그 근간이 딱 마련해져요, 가족들도 일단은 진행이 돼야 되니까.

면담자   위원장님 같은 경우는, 성호 아빠가 "하시죠" 해서 대표단을 했고, 다른 분들은 어떻게 들어오시게 된 건가요?

찬호 아빠   나머지 분들도 자발적이었던 거 같아요. 자발적으로 하시겠단 분도 있고, 이미 분노하고 하지만, 앞에서 이렇게 행동하거나 이런 사람들이 눈에 띄거나, 그러니까 가족들이 은연중에 동의를 해주는 거죠, 그냥.

면담자   반별로 하시게 된 건가요?

찬호 아빠   그런 게 아니었어요. 반별도 아니고, 초기에는 바로 그렇게 딱 시작이 됐어요.

면담자   대표단을 꾸려야 되고, 누가 추대하기도 하고 자발적으로 나서기도 하고 해서 자연스럽게 13명이 된 거예요?

찬호 아빠　　　그때 맨 처음에, 그날 [바로] 13명이 된 건 아니었고, 그날은. 그날은 그래서 팽목항에 있었던 게, 제 기억에 정확하게, 바로 이렇게 처음 만난 사람이지만 김병권 빛나라 아빠, 그담에 해화 아빠, 그담에 나름, 뭐라 그럴까, 전 사무처장 했던 상호 아빠, 그리고 우리 수빈이 아빠 최대광 씨. 딱 팽목항에서 일단은 다섯 명이 앞에 딱 스면 뒤에, 뭐라 그럴까, 워낙에 최대광 씨라든가 얼굴이 험상궂게 생겼잖아요, 등치도 있고. 아무튼 고 정도 수준이었고…. 담날 바로 되지도 않는 상황들이 발생이 돼요. 뭐냐 하면, 가족들은 잠도 안 자고 계속 아우성치고 엄마들 울고 아빠들도 울고 바다 바라보고 난리가 아니잖아요. 그리고 해경이든 뭐든 정복 입은 애들만 보면 붙잡고 죽이겠다고까지 하고 그 정도니까, 답변을 아무도 못 하니까, 문제는. 그런 뭐라 그럴까, 아주 아수라장이었죠. 근데 문제는 다음 날 더 심해지기 시작하는 거예요. 그래서 다음 날 같은 경우에는, 사실은 다음 날 어떤 일이 발생되냐 하면, 우리가 그렇게 논의해서 한 거는 아니었고, 사실은 몇 명이 그렇게 맨 첨에는 막 저거 해서 상황실에 들어가서 상황실에 아예 장악하고 앉아버리거든요.

면담자　　　상황실에서는 무슨 일을 하고 있었나요?

찬호 아빠　　　상황실에서는 계속 그 내역, 그담에 "구조하고 있다", "어떻게 진행될 건가", 매 똑같은 얘기만 하는 거예요, 그날은.

면담자　　　해경이 있었나요?

찬호 아빠　　　해경도 있었고, 그담에 해수부, 해수부도 있었고, 그 소방, 소방방재청, 교육부, 상당한 많은 사람들이 다 있어요, 관계 부처 사람들이, 보건복지부. 아무튼 다 있는데 가족들이 싸우면 한번 쏙 흩어졌다가, 이런 식. 그런데 나름 책임감 있는, 정부 부처 사람들은 다 와 있지만, 가족들이 워낙에 말 잘못하면 바로 멱살 잡고 저렇게 되니까, 싸움이 되니까, 나서지를 않는 거죠, 다 뒤에. 고렇게 해서 그날이 지나고 다음 날, 바로 어떤 행위가, 13인의 공동 대표가 꾸려진 게 아니라, 다음 날도 우리가 어떠한 그런 논의를 한 게 아니라….

저 같은 경우에는 해역을 가요. 이제 배가 또 없다는 거야. "배 대라, 해역 지금 빨리 나가보게" 아침이 되자마자, 아침도 아니죠, 날밤을 그냥 샜으니까. 근데 "배가 없다" 그러는 거야. 그래서 "뭔 소리 하냐". 누군가가 저한테 얘길 해줬어요, "아버님, 저기 요 뒤에 가면 서망항인데 거기에 배 많이 있습니다". 어선이라도 대고 가겠다고 했는데, 기세를 어떻게 컨트롤 할 수 없으니까, 그 당시에 "그럼 배를 준비해 드려" 이렇게 얘길 했고. 그게 아마 해경의 경비과장, 나중에 얻어맞아요, 걔는. 얻어맞는데, 쪼그만 애 있어요(웃음). 키도 짝고, 경비과장이었었는데, 서망항에 배를 준비하고 "다 갈 수는 없습니다" 이렇게 얘길 해요. 그래서 일단 "알았다. 알았으니까 일단 배만 대라" 그러고 나서, 그러면 "배가 준비를 하겠다"라고 했고. 그때 잠수사들이 어마어마하게 내려오고 있었거든요. 그 잠수사를 통해서, 그 잠수사가 한 얘기가 있어요. "자기는 잠수사고, 이 참사 소식 듣고, 집은 서울이고, 서울에서 내려왔다" 고 잠수사 전화번호가 아직도 있어요.

면담자   누군지 혹시 아시나요?

찬호 아빠   알죠, 아직도 전화번호 있고, 되게 젊으니까. 잠수에 직접 거기서 구조 활동을 한 친구는 아니에요, 그날 아무튼 내려왔는데, 내가 모르니까. 근데 가족들하고 다 섞여 있을 거 아니에요. 언론, 가족, 그담에 일반 시민들, 그담에 정부 관계자들 섞여 있는데, 어떻게 들었나 봐요. 그래서 누구냐 그랬더니까 가족인 줄 알고 물어봤죠. 가족 아닌 사람들 너무나 관여를 하고 이럴라고 하니까, 얼굴 아는 국회의원들조차도 있고 이 정도니까, 그때는 현직 국회의원은 아니었지만. 그래서 그 친구가 그 당시에, 얘가 23살인가밖에 안 됐어요, 되게 어려요. "서울에서 연락받고 왔다" 그래서, 자기는 잠수사로서 여기에 맨몸으로 내려온 거예요, 그 친구는. "서울에서 왔다"라고 해서 "그러면 따라와라" 그래서, 가족이 아닌데 그 친구 한 명, 그다음에 준우 아빠 있어요, 7반에 이수하 씨, 준우 아빠, 그리고 지금 집행위원장 사촌, 유호근이, 호근 씨. 아무튼 여섯 명이 나갔는데, 여섯 명이 나갔어요, 잠수사까지 포함해서. 그리고 그때 이슬비가, 비가 쪼금 뿌리기 시작할 때 나갔었는데, 팽목항 옆에 주차장이, 고 옆쪽으로, 그때는 텐트든 뭐든 다 구성이 안 된 상태라. 아무튼 그쪽에서 준비한 트럭이 있었어요. 트럭을 타고 가서, 해수부 배, 서망항을 가니까 해수부 배가 준비돼 있었어요. 그 배를 타고 나가서, 밤 10시에 들어와요.

근데 하루 종일 거기서, 배 타고 거기서 주위에 있는데, 어떠한 행위가 안 보이는 거예요. 그때 비도 오고 그랬다 그랬잖아요. 그때 내 눈에 의지가 보이는 건 호근이, 호근 씨. 그 친구는 눈빛이 진짜 살아 있었고, 아무튼 예은이 삼촌이잖아? 근데 "끝까지 더 있자"라고 했는데 내가 마지막에 결심한 거는, "들어가자 그냥. 들어갑시다" 이렇게, "배 대고 들어가세요". 맨 처음에는 기름이 없다 그랬어요. "더 버틸 수 없다. 기름이 없다" 이런 얘기까지 했는데, 제가 들어가자 한 이유는, 두 가지죠. 비도 오고 물이 되게 찼어요, 바닷물을, 밖에서 계속 담배만 피[우]고, 만져보니까 너무 찬 거야. 어떠한 행위도 안 해. 거 옆에 계속 있어봤자 내가 할 수 있는 건 아무것도 없는 거야. 그래서 그냥, 몇 시간을 있었을 거예요. 거의 들어왔을 때가 밤 10시니까, 하루 종일 배에 있었어요, 대기하면서. 근데 아무것도 안 하더라구요. 그래서 그날은, 바로 고 두 번째 날은, 그리고 들어와요.

들어와서, 집사람, ○○이도 내려왔고 이미, 그다음 날, 집사람한테 그냥 거짓말하죠. ○○이한테도 그때는, 아니야, 그 두 번째 날은 아예 배가 쏙 들어가고 선수부도 안 보일 때였으니까. 선수 이렇게 뒤집어져 있는 선수도 안 보일 때니까, 두 번째 날 내가 나갔을 때 이미. 그래서 물 만져보고 그리고는 대합실 앞에 조립식 컨테이너, 조립식 건물이 있었어요, 방도 있고. 그담에 앞에는 상가로 운영을 했었었나 봐요, 지금도 있을 텐데, 집사람이 거기 있었어요, 거기에. 거기 있으라 그러고 나갔다가. 집사람한테 갔을 때가 밤 10시 정도에 가서, 일단 에어포켓. "아직도, 배가 워낙 크니까, 살아 있을 수 있다. 너무 걱정하지 마라"라고 얘길 했는데 사실은 거짓말이죠. 이미 가라앉았기 때문에, 그 찬물에서 28시간 48시간 버틸 수가 없거든, 이미.

저 같은 경우도 얘기했지만 스킨스쿠버를 1시간 하고 올라오면 나는 모르지만 내 신체가 말을 안 들어, 파랗게 되고, 입술조차도. 그리고, 정신은 말짱한데 몸이 잘 말을 안 듣죠. 수영을 할라 그래도, 그래서 스킨스쿠버 하고 올라오면 일부러 강사들이 수영 시키거든. 바로 보트로 끌어올리지 않고, "요기까지 수영해서 오세요" 그러거든. 그런 경험이 있어서, 집사람한테 거짓말했죠. 그니까 집사람, 나의 희망, 그담에 집사람의 희망을 꺾으면 안 되잖아요. 찬호가 죽, 이미, '살아 있는 거 같지는 않다'라고 얘기를 할 수는 없고, 그때가 제일 힘들었어요. 이미 그때 들어올 때는, 담담한 척은 했지만, "들어갑시다"라고 했지만, 집사람 그렇게 안정시키고, "살아 있을 수 있을 거다. 워낙에 배가 거대하고, 뒤로 서서 가라앉았기 때문에, 그 안에 공기도 충분할 거고 괜찮아. 어떻게든 구조하면 될 거야" 이렇게 안정을 시켜놓고, 혼자서 사실 밤에는, 그날 밤에는 새벽까지 안 들어가요, 거길. 그 팽목항, 지금은 팽목 마을이라 그러는데 그 밑에 혼자 가서 많이 울었어요. 아침 6시까지 앉아 있었을 거예요, 거의. 6시 전에 환해지고, 환해졌을 때 내가 다시 올라왔으니까.

집사람은 성격 알고, ○○이도 "엄마 잘, 너가 엄마 옆에 있고, 엄마 잘 보살펴" 그랬고. 그담에 가족들, 동생, 형도 언론에 나갔으니까, 바로 팽목항으로 쫓아왔을 테니까. 그담에 내 남동생이 제일 먼저 도착했어요, 형보다. 그래서 ○○이, 그담에 ○○이하고 동생한테 "형수하고 ○○이하고 잘 저거 해라. 형 신경 쓰지 말고" 그러고는, 그날 주머니에 있던 게, 담배 있던 걸 다 가져간 게, 다섯 갑인가? 다섯 갑이 넘었죠, 피던 거까지. 그걸 그날 다 펴요. 그날 많이 울었어요, 혼자 거기 가서, 바닷가 가서, 팽목 마을. 지금은 매립하고 있는데, 거기에서 울고 아무튼 새벽에 들어와서 그때부터는 '빨리 수습해야 된다, 찬호. 찬호 데리고 가야 되겠다'는 생각만 하죠.

그러고 나서, 그날 다음 날이 나는 진짜 아비규환이었다. 언론과, 그담에 어른으로서, 진짜 보이지 말아야 할 행동들을 했다, 정부도. 영화에서만 보고, 지옥? 아비규환? 딱 그랬었다라고 봐요. 그게 뭐였나 하면 시신이 수습되기 시작하잖아요, 다음 날. 근데, 뭐냐하면, 세안도 안 시켰어요. 나도 찬호를 찾아야 되겠고, 이미 마음은 그랬지만 나름 속으로는 살아 있을 것이라는 기대를 놓지 않았죠, 기대는. 혹여나 그 래도 어떻게 잘 버티고 있으면 구조될 수 있으리라는 그런 희망? 근데 문제는, 그게 아니었잖아요. 이미 침몰되고 뒤집어지고 나서, 이제 부 상, 잠수가 제대로 이루어져서 수색을 하는 게 아니라, 그런 부분들.

그리고 상황실로 통해서 어느 정도 들었던 내용들, 그리고 말 그대 로 '뒤집어졌을 때 어떻게 떨어져 있다. 그래서 우현이 어디 와 있, 우 현 쪽이 위로 와 있다', 우현 첫 번째 방이 찬호 방이었거든요, 그걸 모 르지를 않거든요. 그러니까, 희망이 없어지는 거예요, 솔직하게, 내색 은 안 하지만. 거기는 공기도 있을 수 없고, '맨 위쪽으로 그렇게 돼 있 으면 어렵겠다' 생각을 했었던 거예요, 그리고 불길하기도 했고. 그때 수습된 아이들은 제대로 잠수해서 선내 진입해서 저걸 한 게 아니라 시 신이 떠오르는 거잖아요. 떠오르고, 그담에 그 뭐라 그럴까 이 충격에 의해서 배가 좌현으로 이렇게 되면서 올라왔던 애들이라, 어떻게 보면 뭐라 그럴까…. '저기에 찬호가 없어야 되는데' 이런 기대? 지금 올라오 는 애들은 다 살은 아이들을 수습한 게 아니라 다 죽은 애들 시신을 수 습한 거잖아요. 맨 처음에는 그랬어요, '저기에 찬호 없어야 되는데'. 하지만 부모로서 안 볼 수는 없으니까, 갔어요. 근데 그때는 폴리스 라 인이든 혹은 119 차량이든 언론이든, 가족들, 가족들도 서로 보겠다고, 마찬가지 다 뒤엉켜 있었고, 카메라가 갖다가 찍겠다고 들이대고, 그 정도였어요.

찬호 아빠 전명선

근데 딱 열어봤는데, 아이들 시신을, 그때 수습된 아이들은, 이 눈 코입 아무튼 여기를 딱 열었을 때, 그냥 전부 다 세안을 안 시킨 상태니까 그 참혹한, 그 죽으면서 힘들어했었던 그걸 다, 입이든 코든 눈이든 그게 다 나와 있는 거예요. 그 모습을 그냥 열은 거예요. 이제 그때는 진짜 정부나, 어른으로서, 망자, 희생되신 분들에 대한 최소한의 예의도 없는 거예요, 애들은. 엄청 화가 났었죠. 다 봤어요, 찬호는 없었고. 근데 그거는 아닌 거야. '그거는 아니다' 싶었고, 그리고 나서, 아무튼 그랬었고.

그리고 이제 세 번째 날 어떤 일이 벌어지나 하면, 13인의 대표 같은 경우는, 그니까 수습이 이쪽에서 이뤄지게 되고, "시신 수습이 이쪽에서 됐다" 그러니까 진도체육관에서 머물고 있는 가족들도 다 올 거 아니에요. 그럴 때, 가족 아닌, 되지도 않은 사람들이 많이 섞여서 가족인 냥 행세하고 그런 것들이 너무 많았거든요. 누구냐고 물어보면 제대로 대답도 못 하고, 그리고 보면 가족들 의심하는 건 정부 프락치, 이런 식으로 의심하고.

면담자   팽목항 쪽에도 많이 있었나요?

찬호 아빠   그렇죠. 엄청 많았고, 체육관에도 마찬가지고. 그래서 고 때 바로 우리 가족 대표단을 꾸리고 "가족들의, 가족인 걸 증명할 수 있는 그런 게 있어야 하지 않겠냐" 이런 얘기를 해요. 그러면서 진도체육관에 있으면서 "대표단을 하겠다"라고 나온 사람들이, 그때는 솔직한 얘기로 세가 쎄다 그럴까? 이미 다들 눈은 거의 뒤집혀져 있는 그런 상태이지만, 그 뭐라 그럴까, 자연스럽게 팽목 위주가 됐던 거 같아요. 기존에 이미 아까 얘기했던 우리 인원, 인원들은 어느 누구도 와서 손을 댈 수 없죠. 같은 유가족이라도 손을 못 댔을 거예요. 왜? 서로 그때는 욕하고 싸우고 그러니까. 가족들끼리도 싸웠어요, 사실은. 안 싸운 게 아니거든요. "너 조용히 해" 이런 식으로, "너 나가" [하기도 하고]. 얘기를 들어야 되는데 아우성치면 못 듣잖아요. 그런 행위도 있었어요. 그렇기 때문에 진도체육관에서 나름 얘길 하고 했던 게 누구였냐면 일반인 장종열. 맨 처음에 인천에 일반인 가족대책위의 위원장을 했었던 장종열. 그리고 약간 대표단으로 참여하니 해서 나온 게 이용기, 호진이 아빠. 그리고 맨 첨에는, 그때는 수염이 나 있었지만, 지금 동혁이 아빠. 이런 사람들이 같이 얘길 하자고 붙어요. 여기까지 하고 쉬었다 할까요?

면담자　　　　네.

(잠시 중단)

면담자　　　　네, 이어서 재개하겠습니다.

찬호 아빠　　　학교는, 학교에서 저거 하고 한다는 거는 집사람이 받았을 거예요. 저는 뭐라 그럴까, 나한테 학교에서 문자가 오지는 않았어요, 내 휴대전화로. 그리고 설사, 안 왔어요, 온 것도 없었고. 집사람[이] 그래서 학교로 가냐고 나한테 물어봤어요. 그래서 "학교를 왜 가냐? 바로 글로 가야지" 이러고는 바로 가게에서 집사람 태우고 바로 갔었던 거고, 그랬었고. 팽목항 얘기를 마저 하면, 그렇게 되면서 바로 제대로 상황실 개념도 만들어졌고…. 바로 첫 수습 하고 나서 그날 밤에 난리가 나는 게 뭐였나 하면, 제대로 대처를 안 하잖아요. 그리고 관계부처 사람들이 다 모여서 회의를 해요, 3일부터. 정확하게, 브리핑 개념까지, 둘째 날도 안 됐고 셋째 날부터는 그래도 어떻게 하겠다는 브리핑을 가족들[에게] 해요. 그래서 그때도 정확하게 우리 가족 대표단이 있었다 그랬잖아, 이미 회의 석상에. 그러고 나서 브리핑을 똑같이 하고 또한 들었던 내용을, 가족이, 가족 우리 대표들 중에 나와서 가족들에게 마이크로 얘기를 하고. 그니까 가족들도 못 믿는 거지. 가족들도 막 대표단한테 욕하고 이 정도까지였으니까. 〈비공개〉

서해지방청장이 있을 때 3일째 되는 날 어떤 행위가 있었나 하면, 야간에 전화를 하게 시켜요, 전화를. 가족들이 확 밀고 들어가 가지고 비상연락망이라 그러죠? 전화 뺏고, 서해지방청장한테 "전화 눌러. 청와대로". 그담에 "국무총리, 청와대, 대통령한테 빨리 전화 눌러" 이런 식으로…. 얘가 못 해요, 맨 처음에. 근데 나머지 애들[을] 다 내보내요. 거기 해경이든 뭐든 싹 쫓아내 버리고, 이미 너무나 그때는 분노했기 때문에 그때는, 그런 모습을. 의자 치켜들고 던지고 부서지고 했을 거 아니에요. 그리고 해경청장은, 당시에 서해지방청장은 떨죠. 그런데 전화하라 그러니까 자기는 연락처 모른다 이런 식으로 얘기했다가, 결론은 연락망[에 있는] 그 전화번호를 뺏어요(웃음). 뒤지니까 거기에 나왔을 거 아니에요. "전화 눌러" 해가지고 김수현이가 전화를 합니다. "서해지방청장 누굽니다"라고 해서, 전화를 눌르고, 전화를 뺏어갖고 듣고 "왜 아무것도 안 하냐". 그리고 언론에 나오는 것도 이미 조명탄을 몇백 발을 쏘니 [하면서] 바로 그렇게 나오기 시작하니까, 구조 헬기가 몇 대니 [하고], 되도 않는 언론에 그게 나오니까 이미 우리는 분노를 했었고. 그때 서해지방청장은 야간에 전화를 해요, 강제로 시키니까 전화 들고. "눌러. 해" 그렇게 해서 청와대까지 전화를 하게끔 만들어요. 그러고 나서 얘는 끝났다고 보는 거지, 서해지방청장은. 밤에 그런 행위가 한번 있었고 다음 날은.

면담자   그때 통화를 하셨나요? (찬호 아빠 : 했어요) 누구랑 통화를 하셨나요?

찬호 아빠   그때 비서실로 전화를 하라 그랬죠, 청와대 비서실장. "청와대로 전화해" 이렇게 했었어요. 아무튼 자기 소속까지 밝히고 했는데, 얘길 해서 어떻게 할 건지 빨리 답변받고 어떻게 구조할 건지 그런 얘기를 했는데, 아무 답변이 없죠. 전화기만 들고 그렇게 떨고 있는 수준이었으니까.

면담자   가족분들이 빼앗아서 이야기했나요?

찬호 아빠   했죠. 고걸 했었던 게 아마 이용기 씨가 전화 수화기는 빼앗었었고, 빼앗을 때 아마 전화는 바로 꺼졌을 거예요, 끊어졌었을 거예요. 책상 밀고 난리를 치니까…, 한 10명 들어갔었을 거예요, 그때. 그때 찍어놨던 영상들을 제가 확보를 하고 싶은데.

면담자   그때 영상이 있나요?

찬호 아빠   가족들 휴대폰으로 [찍고] 이랬는데 아직까지, 우리 자료실로 내가 제출하라 그랬는데 제출이 지금까지 안 됐어요. 찍은 건지 안 찍은 건지 모르겠지만 그런 게 있었고. 〈비공개〉
        고 때 두 가지가 벌어지는데, 첫 번째는 고렇게 해서 13인의 대표가 만들어지는 게 하나가 있고. 처음에 건너가서 회의를 할 때는 제가 안 건너가요. 김병권, 다음에 그 당시에 해화 아빠 김형기, 이수하 다음에 그리고 한두 명 더 건너왔어요. 최대광 이런 사람이 건너왔을 거고. 김유신이라든가, 김유신은 나보다, 아마 나이가 같을 거예요. 근데 형님이라고 나를 불렀으니까. 모르겠고, 아무튼 내 동생인 줄 알았었어요. 그리고 거기에 나는 팽목항에 있고 두 번째 내가 갈 때 [체육관으로] 건너가요. 건너가서 아까 얘기했던 몇몇 사람들이 거기 대표니 해서 있길래 만나서 미팅을 하고…. 〈비공개〉 가족들하고, 정확하게 가족을 알아야 되니까 뭘로 할까 회의를 했고, 그래서 가족들 "아이들 학생증 그 사진을 가지고 명찰을 다 만들자", 두 번째는 "가족들을 알 수 있게끔 조끼를 만들자" 이런 거. 쉽게 말해서 나름 13인의 대표가 구성되고 그때부터는 나름대로 우리는 우리의 주장을 정확하게 정부에다가, 상황실에 정확하게 피력을 할라고 요구를 했고, 그것을 아주 끝까지….

그때부터도 뭐라 그럴까, 갈라치기 하고 그런 부분은 있었다고 봐요. 그게 뭐냐면 가짜 유가족 행세를 하는 사람들, 유가족이라고 하고 누구 사촌이라고 하고 이모부니 고모부니 떠들면서 들어와서 가족들 옆에 있었던 정보관들, 나중에 다 들통 나서 쫓아내고, 말실수해서 얻어맞고 그런 친구들이 많았죠. 심지어는 기자들도 기자 취재가 안 되니까 자기 기자 신분을 숨기고, 가족들 옆에 요리조리 이렇게 붙어 있고 녹음하다가 걸려가지고 휴대폰 박살 나고 그런 것들이 비일비재 했으니까 초기에는. 기자들도 휴대폰, 지금 기자들한테 얘기하면 많이 뿌서졌다 그럴 거예요, 카메라도 많이 뿌서졌었을 거고. 근데 그거를 사실은 가족들에게 피해보상을 요구하거나 그런 거는 없었죠.

고 정도로 하면서 어떤 게 있었나 하면, 하나가 왜 내가 그걸, 얘들이 집요하게…, 성인이잖아요. 이미 언론을 통해서 거짓, 수백 발의 조명탄이 쏘아지는 모습, 팽목항에서 보면 조명탄을 쏘면 다 보이거든요

불빛이? 그런 행위가 없음에도 불구하고 계속 조명탄 쐈던 그거 한 번 하고, 더 이상 몇 번 터뜨리고는 하지도 않으면서 그 영상만 계속 나가는 거잖아, TV를 통해서. 상황실 밖에 TV가 이미 바로 있었기 때문에 고런 부분 언론을 통해서, 휴대폰을 통해서, 계속 작업을 하고 있는 것처럼 보여지니까, 근데 우리가 봤을 때는 아무 작업을 안 하고 있으니까. 그리고 외에도 가족들이 자주 어선 빌려서 타고 가요, 아무것도 안 하고 있다는 걸 우리가 알거든. 근데 언론은 그렇게 나와서 언론까지 배척하게 됐던 거고.

제가 그런 의심을 한 게, 한 가지 사건이 뭐가 생겼나 하면 우리 최대광 씨, 최대광 씨가 갑자기 돈봉투를 가져오는 거예요. "이게 뭐냐?" 그랬더니까, "뭐예요?" 나보다 형이거든 "이게 뭐예요?" 그때는 맨 처음에 알았으니까, 너 나이가 몇 살이고 그런 것도 모르고 서로 존대를 하고 하는데, 고향 쪽에 선배였기 때문에, 나보다 나이가 한 3살? 이 정도 많았을 거로 알고 있고, 3, 4살. 근데 돈봉투 사건, 누가 가족들 쓰라고 하면서 줬는데 그 안에는 현금이 있었어, 1000만 원. 그래서 우리끼리 얘기한 게 뭐냐 하면, "안 돼, 이거" 분명히 누군가가 이거 사진 찍었을 거고, 주위에서는, 그거를 상황실에서 우리가 회의 할 때 브리핑 받을 때 갖다줘요. 어떤 새끼가 줬는지 빨리 다 확인해 갖고 이거 잡으라고 [했는데] 결론은 그건 못 잡았어요. 근데 그 돈을 우리가 그 해경, 그 당시에 최상환 차장이죠? 차장한테 줘요, 회의 브리핑 석상에서 아침 회의 시간 때.

그리고 회의도 정확하게 3일째부터 해서 아침 점심 저녁 시간을 정하고 세 번 미팅 하고, 그리고 브리핑도 3회씩 하고, 이런 것도 정리가 되고. 그담에 [관계]부처[에서] 나와서 회의하면서 세 번째 날 바로 뭔 얘기가 있었나 하면 안산 시장, 시장한테는, 이게 말이 왔다 갔다 하는데, 안산 시장한테는 뭐라고 하나 하면, 가족 대표가 꾸려졌었다 그랬잖아요. 근데 나름 가족들이 생각하기에는 제가 봤을 때는 현명했다, 나름 분업화 그때부터 할라고 했다. 첫 번째는 수중 수색, 수습, 수색도 아니고 수습 쪽에 파트를 누가 맡을까, 그리고 장례에 대한 부분은 누가 맡을까, 그다음에 수습 지원 활동을 누가 할까 이런 식으로 진도체육관은 모르겠지만 팽목 내부에서는 그렇게 이루어져요, 그게.

면담자   13명 대표가 팽목에서 구성된 건가요?

찬호 아빠   아뇨, 13명은 체육관에 있는 사람까지 포함해서 13이에요.

면담자   아까 말씀하신 여덟 명은 팽목에서 구성되었나요?

찬호 아빠   아니, 여덟 명이, 이용기나 장종열 같은 친구는 체육관에 있었던 친구고, 맨 첨에 대표하면서 나왔던 거는 아까 얘기했던 김병권, 김형기, 이수하, 김유신, 최대광, 저 전명선, 그담에 유경근 정도예요, 맨 처음에 팽목항에서는. (면담자 : 일곱 분이었네요?) 네, 고 딱 그렇게 맨 처음에 돼 있었어요. 그랬었고 나머지 이용기라든가 장종열이라든가 그담에 몇 명 더 들어왔다가 흐지부지 이런 친구들도 있었지만, 그렇게 얘기하면 그렇지만 안 보이니까 아무튼 그랬었던 부분이 있고. 그래서 나름 그런 체계가 있었다. 그래서 회의 통해서 가족들의 표식을 해야 되겠다. 그래서 "명찰 만들어" 이런 게 있었고. 바로 그러면 관계부처가 교육부가 있었잖아요. 그럼 학교 측에다 얘기해서 그거 빨리 받아서 그렇게 하겠다, 가족이 만든 게 아니라 시켜서 가족에서 [요구해서

학교가] 만들게 하고, 두 번째,

면담자   명찰은 단원고 측에 요청을 하신 건가요?

찬호 아빠   우리는 단원고에다 얘기한 게 아니죠, 상황실에서만 했으니까. 상황실 내에는 해수부, 해경, 보건복지부, 교육부, 교육부도 그렇고 경기도교육청, 안산시, 당연히 안산시, 그담에 암튼 정부 부처들이 다 있었어요, 부처가 상황실에.

면담자   명찰을 만들 때 학생증 사진으로 하기로 하셨다 그랬잖아요?

찬호 아빠   그거는 우리가 가족들이 그렇게 해서, 그걸 해서 우리가 패용하고 가족 신분을 [명찰] 그걸 만들 거니까 그걸 준비해라고 하니까 그걸 정확하게, 교육부에서 아마 움직였겠죠, 상황실에도 교육부가 있으니까. 누가 정확하게 누구한테 지시가 아니라 우리는 그렇게만 얘기하고 그걸 준비해서 가지고 오게 된 거죠. 그렇게까지만 전달을 했고.

또 하나 기억이 뭐냐 하면, 마음 아픈 얘기지만, 사람들마다 그때까지도 살아 있다는 기대를 한 사람은 많아요. 나도 "살아 있을 것이다" 계속 그렇게 얘길 했죠. "애들이 그 안에서 다 희생됐다"라고 얘기를 단 한 번도 한 적은 없어요. 그러면서 한편으론 뭐였나 하면 장례 지원 관련해서 "올림픽기념관에다가 분향소를 만들겠다", 근데 그것도 우리가 안 된다 그랬던 거예요. "안 된다. 실내에다 그렇게 하는 것[은] 있을 수 없고 화랑유원지에다가 해라" 이렇게 됐던 거예요. 실내 자체에 들어갔을 때, 그 당시에 서명했을 때 시간적인 부분도 모르겠고 아이들 수습도 안 돼 있고, 안산이니까 올림픽기념관이 어떻다는 건 다 알고 있거든요. 근데 이미 여기에서는 만들고 있었어요, [분향소] 그거를. 그리고 미리 수습된 애들 올리고 있었어요.

근데 바로 전, 벌써 시장이 두 번 바뀌었네요. 그 전에 시장이 누구였더라 김철민 시장, 김철민 시장이 상황실에 있었고 가서 분향소를 자기가 만들 수 있다, "화랑유원지에다 그렇게 만들겠다". 왜? 그 이유는 딱 하나였어요. 일단 이미 참사 나고 어마어마한 조문객들이 길을 서서 저기 하고 있었고, 실내에다 그걸 만들 때에 그런 얘기를 했어요. 거기에 그걸 할 수가 없잖아요. 실내에다 만들면 시신을 보전하거나 할 수 있는 그런 방안이 없었던 거거든요. 그런 내용도 없이 아무튼 합동분향소를 만든다고 하는 걸 가족들이 받아들일 수는 없는 거죠. 장례를 안 치르고 시신을 거다가 갖다 놓겠다는 개념은 아니잖아요, 장례를 치르는 것도 아니고. 분향소가 그 실내 체육관에 있는 건 맞지 않고, 시간적 언제까지에 대한 답변도 받은 것도 없고, 수중 수색이든 해서 "수습이 언제 끝난다" 그런 게 없는 상태에서 "실내에다 그렇게 시신을 [두고] 하는 부분이 있을 수 없다", 그런 내용이었고.

그담에 상황실에서 부처 간, 다 얘기하면서, 뭐가 있었나 하면 '그럼 장례를 어떻게 치를까? 장례식은 어떡할까?' 그런 브리핑도 이 친구들이 해요, 정부에서 안 한 건 아니고. 그러면서 우리 요구도 해요, 첫 번째 검안소 만들 것. "적어도 너는 기본 예우도 없고 어른도 아니다. 어떻게 세안도 안 시키고 언론도 통제 안 되고 그걸 아비규환의 장소로 만드냐?"라고 했었고. 어제, 저번 때 잠깐 얘기했지만 둘째 날부터 우리 회사 동료들이 계속 왔었다 그랬잖아요? 둘째 날 이미 저는 뭐 했나 하면 그 헬기, 팽목항 거기에 그 헬기, 임시 헬기가 뜨고 내릴 수 있는

143
•
2회차

공간이 있었고 우리가 도착했을 때도 거기는 헬기가 있었어요, 119. 근데 거기에 검안소 만들고 이런 게 실제 상황실에서 가족 대표들이랑 논의가 되는 거예요. "정부가 알아서 주도적으로 했던 건 단 하나도 없었다" 저는 감히 그렇게 얘기하고, 그거에 대해서 당시에 해경 차장, 해수부 차장, 그니까 최성환 차장이나 문해남 실장이나 해수부 그 친구들도 그거에 대해서는 자기들이 주도적으로 그렇게 했다라고 대답 못 할 거다, 이미 지난 일이라도. 그런 요구들을 하나씩 가족들이 다 해요. 이게 어른이고 부모였기 때문에 그런 거는 다 가능하지 않았겠냐 싶고.

검안소 요청도 하고 냉동, 시신이 제대로 보존 처리 해야 되잖아. 맨 처음에는 그 텐트에다 그냥 다 갖다놨어요. 시신이 방치되고 공간이 부족해 가지고 사실, 영안실 공간이 한정돼 있는데 이미 시신 방치돼 있었고. 이런 일이 있었기 때문에 고려면서 체계적으로 브리핑도 이루어지고 수습 계획도 나름 세우고 이랬었는데, 일주일 안에 어마어마한 일들이 너무 많이 벌어져요. 날짜상으로 저걸[달력을] 보지 않고서 그냥 날짜상으로 얘기하는 어려운데 큰 틀에서 얘기하면, 그런 검안의 아비규환의 그런 모습, 그게 끝나고….

면담자   아이들 시신이 수습되고 확인되면 헬기로 움직였나요?

찬호 아빠   아뇨, 당시에 정확하게 일단은 수습이 돼서 오게 되면 맨 첨에는 그런 아비규환이었다 그랬잖아요. 거기서 보고 바로 앰뷸런스에 실어서, 앰뷸런스로 실어서 진도, 목포 인근의 병원 영안실에 안치가 됐죠, 맨 첨에는 검안소가 만들어지기 전에는. 그다음에 그 천막이 쳐지고 나서 검안소, 천막이 쳐지고 나서는 시신들이 많이 수습이 되거든요. 그러면 그걸 쭉 놓는 거예요, 천막 안에다가. 그리고 가족들이 가서 확인을 하는 거야. 열어서 확인을 하고 옮기는 거죠, 그런 부분이었었고. 목포와 진도 인근에 병원이나 영안실 규모가 한정이 돼 있었기 때문에 주위에 있는 영안실 규모라든가, 그담에 안산이 대거, 우리 학생들의 시신 수습이 많을 거라고 생각을 하고 안산 경기 일대, 그니까 부천, 수원, 안산, 일대 시흥까지 다 포함해서 영안소 시설까지 다 사실 브리핑 자료에, 정부에서는 파악을 해서 가지고 와요.

근데 두 가지 문제가 있었는데 두 가지도 잘못한 게 뭐였나 하면, 첫 번째는 검사를 통해서 검안이 확인이 돼야지만 시신을 인수받을 수 있죠, 시신이 바뀐 두 번의 그런 사건도 그래서 있었던 거고. 근데 그때 인천대책위에서 저한테 지금까지 단 한 번도 개인적으로 항의를 하거나 뒤에서 욕을 하거나 그런 게 없었다라고, 제가 들어본 바가 없으니까 언론을 통해서든 페이스북을 통해서든. 근데 시신 유기 아니 시신 유기가 아니라 시신 방치, 시신이 바뀌기 이전에 이미 시신 방치가 있었다. 그게 뭐였나 하면 그 당시에 목포지청에 담당 검사가 이봉창 검사였고, 이봉창 검사가 4일쨘가 되던 날 와서 새벽에 제가 불러냈어요, 4일쨘가 5일쨘가 정확하게 그것도 다 확인하면 나올 테지만. 이게 뭐였나 하면 밤 1시쯤 됐는데 장종열이한테서 전화가 와요, 인천에 나중에 대책위원장을 했던. 나는 계속 팽목항에 있으니까, 그니까 범대본 사무실은 진도군에 있었고, 그담에 진도군 체육관 내에 상황실이 있었고. 근데 팽목항에도 상황실이 있었는데 '거의 수습이든 모든 거의 집중은 팽목항이었었다'라고 생각이 되고. 그래서 확인하고 나서 병원으로 가잖아요, 병원 그 당시에.

근데 영안실 규모가 확보가 안 돼 있어노니까 어떡해? 공간은 10개고 수습이 15명이 돼 있으면 다섯 명은 방치죠. 그러면 적어도 정부에서 이봉창 검사, 검사면 파견 검사를 더 보내든가, 그담에 정부에서도 보건복지부를 통해서 보건복지부 내에 장례 지원이죠, 장례 지원 부서가 있는 걸로 알고 있는데, 장례 지원 과장이 있었으니까 그 당시에 이미 팽목항에도 상주하고 장례 지도사들도 있었던 거고. 그런데 밤 1시쯤에 12시 넘어서 1시쯤에 전화가 온 게 뭐냐 하면, 장종열이가 전화해서 자기 "어머니를 수습을 했는데 방치돼 있다" 이거야, 영안실이 없어서 복도에 있다는 거예요. "엘리베이터 앞에 있고, 시신 일부가 복도에도 있고, 영안실에 공간이 없어서 못 들어간다" 이거예요. "그럼 빨리 확인해서 모시고 올라가라" 이렇게 얘기했는데, "검안을 할 수가 없다"라고 해서 전화가 온 거예요. "왜 안 되냐?" 그랬더니까 검안 하는 사람이 없다는 거예요.

그래서 제가 상황실에 쫓아갔어요. 상황실에 가서 "복지부 담당 오라 그래" 이렇게 얘길 했고, 복지부 담당이 밤이니까 12시 넘었으니까 상황실에 몇 명만 근무하고 있었죠. 아무튼 거기에서 숙소들이 다 있었잖아요, 숙소가 아니라 천막이. 거기에서 불러내서 "검안, 이봉창 이 새끼 불러내라. 아니 검사라는 새끼가 지금 시신 저렇게 방치되고 있는데, 시간 됐다고 퇴근하고 집에 가서 처 자빠져 있고 시신을 저렇게 방치시켜?" 난리 친 거예요. 그래서 밤에 다시 나와요, 이봉창이. 그래서 결론은 장종열이는 저한테 고맙다 그러죠. 그래서 장종열 친구 같은 경우가 어머니를 모시고 인천으로 가요. 그게 거의 3시쯤 처리됐다라고 내가 연락받고 가죠.

그런 부분이 있었고, 그다음 날 사무실에 이봉창이 불러내서 박살을

냅니다. "너 인간도 아니다, 이 새끼야" 이러면서 욕으로 시작하는 거죠, 아침 상황 브리핑 회의하기 전에. 이봉창이 거기서 울어요. 검사라는 친구가 자기가 잘못한 부분도 있고 너무나 많은 시신들을 볼라니까 마음 아픔도 있었다라고 생각은 해요, 지금은. 근데 그때는 후자에 얘기했던 그런 거는 필요도 없고, 인간으로 안 보이는 거죠. 사람으로 어떻게 어른이 돼가지고, 검사도 필요 없고, 적어도 도의적으로 적어도 어른이라면, 적어도 성인이라면 죽은 희생되신 분들을 진짜 그렇게 마음 아파하고, 기본적인 희생자에 대한 예우 측면이라도 어떻게 퇴근하고 집에 가서 잠 잘 생각을 할 수 있냐 이거지, 시신이 수습되고 저 과정에서. 그래서 "잘못했다" 그러고 많이 울고 아무튼 그런 일이 있었고.

5
진도에서의 활동

찬호 아빠　　아까 돈 얘기도 잠깐 했고. 돈 얘기 같은 경우도 "분명히 이건 음해한다" 왜? 가족도 아닌 애가 가족을 사칭하고, 가족 대표도 아닌데 가서 기자회견을 해버리고, 이런 상황이 벌어지니까.

면담자　　그게 아직도, 어디서 나온 돈이거나 누가 준 건지는 아직 모르시는 거죠?

찬호 아빠　　네, 그때 우리는 돈을 그렇게 해서 범인 잡으라고 줬고. 사실은 3년까지도 그거는 해결이 된 게 없어요.

면담자　　최대광 씨도 누군지 모르시고?

찬호 아빠　　모르죠, 정신없는 상태에서 누가 가족들 주시라고 쇼핑백으로 툭 던져줬는데. 그리고 정신없이 하고 나서 열어봤더니 그 안에 돈이 그렇게 있으니까 바로 그때 해경을 통해서 제출했었던 부분이고. 그담에 가짜들 가짜 언론들 가짜 브리핑 내용들 이런 걸 보면서 "가족의 표식을 해야 되겠다"부터 시작해서 하게 됐던 거고. 고 정도 얘기를 하고, 그담에 나중에 아까 얘기했던 걔가 유 뭐였는데 아무튼 목사 같은 경우에는 저는 안 갔어요, 안 가고 걔 잡아오라 그랬죠, 팽목항으로 잡아오라 그러고.

면담자　　유 목사요?

찬호 아빠　　유, 유 씨였어요. 내가 다음에, 갑자기 지금 생각이 안 나니까, 이름이, 얘기해 드리면 될 거 같고. 나중에 찬호 발인 하고 나서도, 발인 때도 왔어요, 그 친구. 오기도 했었고 그랬지만, 따져볼 거는 나중에 따져보면 되고. 그래서 그때 팽목항으로 불러요, 더 이상 그런 일탈 행위를 할 수 없게끔 막기 위해서 불러놓고. 내가 컨테이너에서 생활했다 그랬잖아요? 다 나가라 그러고, 가족들, 컨테이너에 걔 불러다 놓고, 걔 너 가지고 있는 서류 다 뺏으라 그랬어요. 그래서 그 당시에 10반에 송희 삼촌, 두 형제가 있었고, 그다음에 김유신, 전 사무처장 상호 아빠 그리고 아무튼 한 두세 명이 바깥에 막고 있었고. 방안에 불러들이고 "정확하게 사과하고, 서류 다 내놔. 그리고 앞으로 여기 나타나지 마. 가" 그러고 돌려보냈고. 나중에 나한테 찬호 장례식 때도 다쳤다고 나한테 얘기하는데, 아마 가족들한테 맞았어요. 그런 행위 하다가 맞아가지고, 갈비뼈가 뿌러졌니 마니 그러기에, 지금 나 보는 거 아니니까 "야 이제" 내가 그냥 "더 이상 내 앞에 나타나지 말고 가라" 이런 식으로 정리하고 말았었는데, 고런 상황까지 발생이 되고 나서 가족을 사칭하고 대표해서 더 이상 기자회견을 하거나, "더 이상 하지 말아라" 그래서 그렇게 한 행위는 없었어요.

면담자   박근혜가 내려온다든가 하는 소식은 미디어를 통해 들으시는 건가요?

찬호 아빠   아뇨, 가족들이 집행부가 하죠. 그쪽에 같이 회의를 할 때 진도에 있는 대표단이 와 일로, 그래서 여기서 회의할 때도 있고. 이쪽에서 가더라도 저는 안 가죠, 딱 두 번밖에 안 갔어요, 회의할 때[도] 팽목항을 [떠나지 않았어요]. 회의 때문에 체육관을 두 번 갔지. 범대본 한 번 가고, 체육관을 한 번 갔다 온 적[이 있고], 그 외에는 팽목항을 떠나질 않았어요. 뭐였나 하면 고렇게 해서 대표가 나[오]고 나서 팽목항을 벗어날 수 없었던 게, 검안소, 검안소를 만드는 부분, 그다음에 두 번째는 제가 하기로 했던 게 뭐였나 하면 수습, 그걸 하기로 했었고. 그래서 우리 브리핑하고 나서 가족들한테 제가 뭐라 그랬나 하면, 실제 바지선 못 믿으니까 어느 누구 가족들이 가서 상주한다 이거예요, 24시간[을] 두 대로. 그래서 "아빠들 만약에 여기에 참여하실 수 있는 아빠들 있으면 저한테 연락을 하세요". 그래서 제 휴대폰에 현장 1, 현장 2, 현장 3, 현장 4, 누구 아빠도 아니고, 그렇게 전화번호를 받고. 전화번호를 가지고 온 사람들이 있어요. 로테이션으로 계속 현장 바지선에 가서 상주시키죠. 상주시키면서 가장, 계속 바지선에 내보내고. 두 번째는 물품들, 휴대폰을 충전할 수 있는 충전 잭이라든가 수건이라든가 담배라든가 그런 것들도 많이 들여다 보내주고, 먹을 거라든가. 그러면서 상주시키고 그것을 그쪽에 나가는 걸 체크하는 게 제가 그걸 하고 있었어요.

149

면담자   상주하는 아버님들은 어떻게 정하시게 된 건가요?

찬호 아빠   선정한 게 아니고 제가 그렇게 얘길 하고, 아빠들이 저한
테 찾아와요. "제가 갈게요" [하면] 전화번호 [적고] 이런 식으로. 지금도
이렇게 돼 있어요. 현장 예은이 삼촌, 현장 유호근, 유호근이는 아버님
이라고 돼 있는데 삼촌이잖아요? 현장 이용기, 호진 아빠, 현장 7 이 사
람은 그때가 바빴었나 봐 크레인이라고 돼 있잖아요. 자기는 크레인 이
런 일을 했었대, 누군진 모르고. 근데, 그냥 이런 식으로 보내면 보내
고, 이 말고도 아는 사람들이 많죠. 지민이 아빠라든가 3반에 이강혁
씨, 지민이 아빠 그 외에도 여러 명이 있죠. 그런 사람들이 와요, 항상
상황실 옆에. 나는 아예 숙소도 천막 이런 데서 한 번도 생활해 본 적이
없고, 컨테이너에 그냥 있었다 그랬잖아요. 그리고 나중에 어느 정도
수습되고 "거기를 좀 비워주시면 어떻겠냐, 가족들 있는 그 공간으로
이동[하고]", 근데 제가 싫다 그랬어요, "여기 주인이 돈 달라 그러면 내
가 임대료 다 줄 테니까". 집사람이 움직이기 싫어하는 거죠, 첫날 온
그 자리에서 찬호 찾고 가기 전까지는 안 떠나겠다는 거였으니까. 그래
서 최성현 부군수한테 "돈 땜에 그러면 내가 개인 돈 줄 테니까 찬호 내
가 찾을 때까지 여기서 안 나간다"[고 했어요]. 거기는 그래도 나름 세면
대도 있고 방도 있고 온수도 나오고 아무튼 그랬었는데, 30일 동안 찬
호 찾을 때까지 거기 있었고 거의 일주일 지나서는 혼자 생활했어요,
저희 가족 조립식 집 전체를 [쓰면서]. "안 나가겠다" 이렇게 해가지고
있었던 부분이 있었고.

면담자   일곱 분의 대표는 어떤 업무를 맡으셨나요?

찬호 아빠   내가 수첩을 봐야 되는데, 장례 쪽은 한 두 명씩 "내가 이거 일 할게. 일 할게" 이런 식으로 했었는데, 고거는 장례 쪽은 최형기 [김형기] 해화 아빠, 그리고 아마 한 명 더, 이수하가 했을 거예요. 그담에 여기에 기존 가족들 지원이든 회의든 이런 업무는 위원장하고, 그 당시에 위원장이 아니라 대표 김병권 이렇게 했고 그랬었어요.

면담자   김병권 씨가 대표로?

찬호 아빠   아니, 13인의 대표. 다 대표지, 다 대푠데 서로가 뭐랄까, 그런 부분에서 나름 서로가 자칭해서 "할게, 할게" 이런 거였고, 그런 부분이 있었어요. 지금 생각하면 가족들이 왜 그랬는지는 모르겠지만 고 때 처음에 체육관에서 마이크 잡고 "배 대라. 간다" 이런 걸로 해서 얼굴을 알아서 "아버님이 가족 대표 했으면 좋겠다" 이렇게 추대했었던 거 같고, 계속 그 옆에서 상주를 하니까 저는 찬호 찾아서 올 때까지 제가 유가족인지를 대부분 잘 몰랐을 거예요. 자원봉사자들도 "계장님" 이렇게 불렀으니까 저한테, 찬호 찾을 때까지도. 뭐냐 하면 자원봉사자들이든 누구든 뭘 해도 잘 안되거든요. 나중에 장기화되면서 바지선에 음식을 넣는다라든가 그담에 식수 인원을 파악할라고 한다든가 그런 행위를 할라 그래도 공무원들이든 해경이든 얘길 하면 안되거든요. 근데 저기 있는 빠짝 마른 저 공무원한테 얘기하면 잘되거든 유가족인 걸 모르는 거야. 나한테 와서 그런 부탁을 하면 되거든요. 뭐, "과일인데 자기는 어디 단체에서 왔는데 이것을 저 바지선에 지금 잠수사한테 전해줬으면 좋겠다" 그러면 해경한테 "이거 너주세요" 이러면 그냥 가지고 가고 이런 거였으니까. 그담에 햄버거 (웃으며) 사장님도 거기 가서 자기가 그런 자원봉사를 하고 싶은데 들어갈 수가 없잖아요.

"들어가게 하세요?" 그럼 들어가니까, 그런 부분이 있었어요.

그래서 어떻게 보면, 그런 얘기도 들었다 그랬잖아요, '첩자'[라고]. 쉽게 말해서 내가 유가족이 아니라는 그런 말도 많았고. 찬호를 수습한 날도 검안소 쪽에 자원봉사자로 계신 분이 찬호를 확인하고 왔는데 부르는 거예요, 부탁할 게 있다고. 그때 안산시 공무원이 만류를 하죠, "이제 올라가서야 된다. 이제 아들을 수습하셨다". 그때까지도 몰랐던 거예요, 유가족인지 아는 사람들만 알고, 그 정도. 그니까 엄청 보면 모르겠어요, 가족들이 봤을 때는, 가족들한테는 욕도 많이 먹었죠. 정부 편, 편애하는 거 같고 편든다고 그런 것도 많았고, 싸우는 과정에서도. 그리고 야간에 수색이 안 될 때 잠수사까지 불러내고 그러거든요. 해경에서 브리핑하나, "최성환이, 너 얘기 들을 내가 못 믿겠으니까, 지금 3009함에 있는 잠수사 데리고 와", 걔가 와서 여기 앉아서 직접 브리핑을 하거든요. 이렇게까지 했었거든요. 근데 풍랑 때문에 바람이 불고 그래서 헬기가 착륙을 못 해서 못 온다는 거야, 얘가 접안도 안 되고 배가. 근데 결론은 2시간 보태선가 데리고 오거든요, 잠수사를. 그 잠수사는 그 상황실에 불려 왔으니까 얼마나 떨었겠어요. 벌벌벌벌 떨고 있었어요. 근데 아무튼 헬기를 착륙을 못 시키고 아무튼 헬기가 가서 걔 잠수사 데리고 와서 걔가 설명을 했는데, 그런 정도까지 야간에.

면담자 그때 뭐라고 얘기하던가요?

찬호 아빠 "현재 수색 상황 니가 직접 설명해 봐. 어느 정도 진행되고 있고, 이런 거" 그런 거였어요. 그 정도[로] 못 믿으니까, 심지어는 내가 최성환이한테 개인적으로 그런 얘기까지 한 적 있어요. "차장 맞냐. 수색 지금 브리핑한 내용은 브리핑한 내용이고, 안전이고 뭐고 모르겠고, 저기 한 번 더 훑으라니까? 그거 하나 못 하냐, 어? 그 정도 강단도 없냐, 해경 차장이라면서" 이런 얘기까지 해요. 왜? 너무 답답하니까, 그리고 바지선을 내가 오래 못 타니까. 맨 처음에는 여러 번 나갔죠. 내가 도저히 그걸 오래 타고 있을 수가 없으니까, 밥도 잘 당연히 못 먹고 어지럽고 그래서 서 있을 수가 없으니까.

그래서 아버님들, 이렇게 호근이가 가장 바지선에 오래 탔을 거예요. 괜히 첫눈에 잘못 찍혀가지고 고생 많이 했어요(웃음). 호근 씨가 나보다 나이가 많이 어린 줄 알았지요. 저는 성격상 나보고 "형" 그러면 "어" 이렇게 가요. 그리고 찬호 장례 치르고 한 한 달 지나서 김유신 씨도 나랑 나이가 같다라고, 친군데 지금까지 자기가 형이라고 했다는 거야, 그걸 그때 알았으니까. 근데 저는 성격상 "형" 그러면 "어", '알고 애가 부르나 보다, 어떻게 아는지 몰라도' 이런 식이었기 때문에 호근 씨도 나랑 1살인가밖에 차이 안 날 거예요, 근데 첫 그렇게 만나서 아무튼 1살 형도 형이니까. 근데 되게 어린 줄 알았어요, 나는. 그래서 시켰죠, 막 시키고 쓰러질 때까지 일을 했었으니까, 호근 씨는. 내가 국회 있을 때 저 친구는 쓰러지고 그랬어, 그리고 아버님들도 저 땜에 고생 많이 했죠.

근데 저는 스타일이, 이렇게 불러놨잖아요. 근데 도저히 거기 갔다가 아이를 수습했어, 그럼 올라가야 되잖아요. 그러면 여기 가기로 했던 사람 강제로 보내는 거예요, "사람 없으니까 가라. 들어가 있어봐". 그러면 거기 있으면서 수습하면 톡으로 와요. "한 명 수습. 남자 추정. 두 명 수습. 세 명 수습" [하고] 밤에도 계속 보내거든요. 아무튼 그렇게까지 뭐라 그럴까, 이성을 잃으면 안 되니까, 그렇게 가급적이면 담담

153
•

할라고 냉정할라고 이성 잃지 말아야 되겠다, 그리고 술 먹지 말아라. 그때도 가족들 술 드시는 분이 많았어요. 근데 술 가급적이면 못 먹게 하고 그런 저게 있었고.

면담자 직접 바지선에 올라가신 적도 있는 거죠?

찬호 아빠 많이 갔죠, 초창기에는.

면담자 그때 수습 상황이나 잠수사들의 인원 등등 구체적으로 생각이 나시나요?

찬호 아빠 나죠, 그리고 체크를 하고. 이미 가면 이 보드판이 있어요. 가족들이 계속 지켜보고 있으니까 거짓을 할 수는 없잖아요. 그니까 잠수사들 몇 개 조, 네 개 조, 예비 조 준비, 나머지는 3009함에 있는 거고. 실제 바지선에는, 언론에 나왔던 것처럼 잠수하[는 사람이] 뭐 거기에 500명? 뭐 말 같은 얘기를 해야죠. 거기에 있는 거는 두 개 조, 예비 조, 세 개 조, 그담에 해경이든 뭐든 외부에서 뭐라 그러죠? 보트 같은 거 타고 저거 하는 그건 별개로. 그 정도 수준이었기 때문에, 그다음에 이미 계속 머무르고, 숙소가 있고, 나머지는 잠수사들은 3009함에 다 대기하고 있었기 때문에 그것도 거짓이죠. 그 많은 인원이 3009함에 없었죠, 있었던 적이 없죠.

면담자 바지선으로 바뀌고, 언딘 리베로호가 들어오고, 이런 것도 가족들은 파악을 했나요?

찬호 아빠 파악은 했죠. 상황실에서 브리핑을 했는데, 그게 최성환 재판 결과에서도 사실은 저걸 못 했는데, 지금 얘기하면, 제 주장은, 제

메모지에도 아마 그렇게 써놨을 거예요, "이윤 추구의 대상이었다"라고 저는 얘길 해요. 고생하신 분들은 고생하신 분들도 있고, 진짜 선의로 수습을 위해서 달려와 주신 분들도 있고 있지만, 언론 인터뷰 잘못한 친구들이나, 하다못해 JTBC의 손석희 사장 같은 경우도 잘못했다. 그담에 말 그대로 언딘 리베로호가 도착하기 전까지의 과정도 저는 '최성환이가 진짜 잘못했다' 지금도 그거에 대한 [생각은] 변함은 없고, 그거에 대한 책임은 못 졌다. 그게 무슨 뇌물이든, 3000만 원, 말 같은 소리를 해야지. 적어도 상황을, 상황실을 책임지고 있었던 해경 차장으로서의, 검찰이 잘못한 거죠, 검사 우리 저 검사 측이 참 진짜 전 정권에서는 "제대로 파악도 못 하고, 못 했다"라고 얘길 하고.

간단하게 제 주장은 그런 게 있었죠. 다이빙 벨이고 뭐고, 다이빙 벨을 저는 반대했던 사람 중에 하나예요. 왜? 거짓말 같거든. 시연하는 걸 봤는데, 도대체 믿음이 안 가는 거야. 그런 적이 있었고, 그래도 뭐든 해봐야 되니까, 가족들이 그때도 막 싸워요. "그렇게 해야 된다"[는 사람도 있었괴, 그럼 그거 때문에 이틀 방해가 되는 거거든 따른 걸 못 하니까, 수중 수색을.

면담자   잠수사를 어떤 팀에서 데려올지 하는 것은 가족들이 정하거나 회의를 했나요?

찬호 아빠   잠수사를 우리가 데려오거나 할 수 있는 회의는 없었고, 이미 잠수사들 중에 몇몇 사람들이 있었죠, 가족들과 소통하던 친구들이 있었고. 쉽게 최초에 언딘 쪽에 쪼끄만 그 과장 했던 친구, 그 친구는 밖에 나와서도 몇 번 만나고 했고, 자료도 많이 확보해 볼라고 노력을 했고, 그런 부분이 있었고. 거기 들어가서 잠수사들 하는 행위를 보면, 이거는 진짜 언론에서 나온 것처럼 "너 진짜, 한 번 들어가면 하루에 90만 원" 이런 얘기가 있었잖아요, 하루 일당. 그렇듯이 들어가서 한 20분도 안 돼서 푹푹 올라오고 이러니까, 초기에는 그랬어, 아주 미치는 거야.

그리고 오죽했으면 인터넷 뒤지고, 되도 않는 자기가 전문가라고 해서, 말 그대로 이 나이트룩스 방식, 초기에는 그걸 안 했잖아요. 이 나이트룩스 방식이 되는 데도 엄청난, 그거는 "할 수 없다"라고 해경이 그랬어요, 상황실 브리핑할 때도. 근데 "대부분 해저 해양, 그담에 잠수사들이 이런 뭐라 그러지, 그런 거[유물] 채취하고 이런 사람들 다 나이트룩스 방식을 쓰고, 초기에 그게 해군에서 미 해군에서 도입한 거고, 이미 지금도 그렇게 하고 있고 안전하다"고 그걸 가족들이 얘기한다니까요, 브리핑 때.

근데 그때 잠수사들, 그니까 얼마나 개판이었다는 거예요? 해경은 잠수 능력도 안 되는 놈들이었고, 그렇게 심해 잠수까지도 할 수 있는 인력 구조도 제대로 못 갖추고 있었고, 적어도 지금까지 목전에 잠수사들이 함께 연대해서 하고 있지만, 최초의 잠수사들도 잘못된 부분이 난 많다라고 봐요. 왜? 현장에 도착해서 자기들 후카 방식으로는 어느 정도 한정이 있잖아요, 잠수를, 수색하고 선내에 들어가고 [하는 데는]. 그걸 자기들도 얘기하거든. "최대한 내려가서 할 수 있는 시간이 20분입니다, 30분입니다" 떠들고 있으면서 그 나이트룩스 방식을 왜 안 썼냐 이거야. 지금이야 서로 저거 하니까 나는 이런 얘기를 하는 게, 결론은 잠수사들도 그 당시에 진짜 저거 하신 분들도 있었겠지만 진짜 그러지 못한 분들도 있었고.

그다음에 계약 체결 때문에 잠수사로 참여하면서 해경이든 계약을 체결했잖아요. 그것 때문에 그 당시에는 그런 얘기를 못 했겠다. 하지만 적어도 2기 특조위 때는 정권도 바뀌었고 "너네도 얘기해야 된다. 그리고 그 당시에 그렇게 얘기 못 한 부분에 대해서는 반성해야 된다". 희생되신 김관홍 잠수사부터 시작해서 다치신 이런 분들은 미안하긴 하지만 적어도 제대로 남길라면. 왜? "국내 최고의 잠수사다"라고 얘기하면서 이 나이트룩스 방식에 대한 부분을 안 했다? 그러면서 자기들은 해저 유물 발굴 탐사하거나 혹은 해저에 그 뭐죠? 해양 이거 물건들 채취하잖아요. 그 사람들은 고 있는 용접이든 뭐든 실제 분명히 저도 하고 있었으면서 왜 그 당시는, 초기에는 왜 그 얘기를 안 해줬냐고.

해경이 분명히 제재하는 부분이 있었을 테고, 나름 시간 벌기였다. 왜? 언딘과의 유착설을 나는 부정할 수 없고, 분명히 있었을 거다. 예를 들면 내가 의심하는 부분은 두 가지예요. 첫 번째, 그게 금양혼가? 쪼끄만 배가 계속 와 있었던 게 있어요, 나는 그거를 알박기라고 얘기하는 거예요. 지들이 상업적으로 이윤을 추구하기 위해서 먼저 온 놈이 저거니까 그래서 그 금양호든 쪼그만 선체 자체 하나는, 그게 금룡호였나? 금양호였나? 그런데요. 그것도 봐야 돼요, 워낙에 한 4년 되니까 아무튼 쪼그만 배가 있어요. 금영호였나? 금영혼가 그랬었던 걸로 기억하는데, 지금까지 어디 누구한테도 이런 얘기를 안 했지만, 제가 최성환 차장 재판 때 그 검사한테 그 자료를 냈어요, 내 소견을. 이거는 뭐다? 알박기였다. 그리고 언딘 리베로호와 최성환 차장하고의 유착설, 그리고 브리핑 당시에 최성환 차장이 얘기했죠. 도착시간을 얘기하고 하루 반을 지연시켰어요. 그리고 교체를 해야 되잖아요. 바지선 이

걸 교체를 할라면 앙카 내리고 이러면서 하루. 그래서 그 귀중한 수습 시간을 하루 반 지연시켰고, 도착해서 앙카가 한 번 끊어지는 적이 있었고, 이러면서 하루를 까먹었어. 이틀 반 정도의 그 소중한 수습 시간 자체를 허비했다. 그리고 그것은 뭐다? 자기들의 이윤을 추구하기 위한, 그리고 사실상 유착설에 대한 부분은 부정할 수 없다.

그리고 초기에 언딘 잠수사들도 대화하고, 아까 과장이랑 잠수 팀장이랑 그런 얘기도 했다라고 하지만, 사실 나는 그 친구들 믿지 않았다. 어떻게든 내 새끼 빨리 저걸 해야 되니까, 화를 내는 거는 해경이나 해군을 상태로 내가 화를 냈지, 잠수사들한테는 단 한 번도 기분 나쁘고 마음에 안 들고 '너 지금 쇼 하는 거냐'라고 내 눈에는 비쳐지지만. 에? 잠수 전문가라는 놈이 20분도 안 돼서 밑에서, 물에서 투입해서 들어갔다가 [사진] 한 장 [찍어서] 그렇게 언론에 나오고, "어렵다, 여기가 소조기이 아니면 유속이 어떻고 저떻고" 어? 20분도 안 돼서 훅 올라올 놈이 무슨 거기에 들어가서 하겠다고. 그리고 후카 방식에서, "제발 후카 방식은 안 되니까 이 나이트룩스 방식을 빨리 저거 해달라"고 그렇게 얘기했는데도. 그 귀중하게, 어느 정도의 정리될 때까지 그 방식을, 후카 방식을 고수하고 "나이트룩스 방식은 잠수사들 생명, 안전에 대한 부분에 아직까지 확실하게 보증이 안 됐다. 아니 검증이 안 됐다" 이런 식으로 그렇게 시간을 연장하고 했던 부분은, 딱 정해져 있다, 금영호 알박기. 두 번째, 언딘 리베로호 유착설, 그담에 나이트룩스 방식을 쓰면서 결론은 오랜 동안 수습 활동을 못 하고, 결론은 나중에 후카, 아니 후카 방식을 고집하고 있다가 나중에 나이트룩스 방식을 바뀌고 제대로 수습 활동들 이루어졌었는데, 요거에 대한 부분은 정확하게, 잠수사들도 초기에 언딘의 잠수사든 혹은 맨 마지막까지 잠수 팀에 참여했던 [88수중의] 백[성기] 팀장 같은 그런 친구든 양심선언 하고 양심 발언해야 된다.

〈비공개〉

되지도 않은 그런 내용들이 너무나 많았고, 그런 검안소를 만들고, 가족들이 요청하고. 안산정부합동분향소를 "올림픽기념관은 안 된다. 화랑유원지 거기다가 하자" 그것도 가족들이 제안을 했고. 김철민, 지금 의원이죠? 국회의원님께서 시장님을 하실 때 제, 내가 안산에 사니까 시장이 누군지는 다 알잖아요. "본인이 하시겠다"라고 하고, 그날 상황실에서 답변하고 바로 올라왔어요, 안산으로. 그렇게 해서 진행이 됐었던 거[였죠]. 그리고 가장 팽목항 고기에서 저거 한 거 하나 더 얘기하는 부분은, 그런 식으로 수습이 재개되고 나름 검안이든 뭐든 예의도 갖추게 되고 그담에 장례 지도사들에 대해서 고런 부분이 이루어지고, 또한 냉동, 쉽게 시신을 안치, 임시 보존할 수 있는 그런 준비까지 하는데 상당한 오랜 시간이 걸렸다.

대형 참사임에도 불구하고 정부의 각 주무 부처가 다 와서 상주함에도 불구하고 너무나 오랜 시간이 걸렸다라는 것이고, 초기의 그런 아비규환의 그런 것들을 어떻게 말로 다 표현해야 될지는 모르지만, 수중 수색부터 시작해서 너무나 부족한 게 많았고, 구조 구난에 대한 부분도 앞으로 밝혀야 될 게 많다. 고런 부분에 대해서 빠뜨리지 말고 얘기해야 될 부분이, 그게 내가 강하게 부정하고 있는 게, 아까 당시의 잠수 방식이라든가 참여, 그래서 유착설부터 쭉 해서, "알박기" 이런 표현까지 했는데, 내 시야에는 그렇게밖에 볼 수 없고, 초기에 그렇게 많이 나갔기 때문에 그런 얘기까지 할 수 있는 거고.

6

다이빙 벨, 구난령, 유류품 보존 문제 등에 대해서

찬호 아빠　　다이빙 벨 같은 경우도, 다이빙 벨 강제 철수할 때 갔어요. 그담에 다이빙 벨 그거를 적극적으로 찬성하고 그쪽 바지선에 탔던 아빠들은 다이빙 벨 철수하기 이전에 다 도망갔죠.

면담자　　다이빙 벨 찬성하는 가족들과 반대하는 가족들로 나뉘었죠?

찬호 아빠　　그렇죠. 그래서 손석희도 욕 얻어먹었던 거예요. 손석희 사장, 밑에 있다가 올라갔잖아요? 그때 "전화하라" 그랬어요, "그딴 식으로 언론에다 내보낸다"고. 나는 엄청 기분 나빴어요. 적어도 손석희 정도는 믿었었는데, 딱 그 사안에 대해서는 손석희가 "미안하다"고 얘기할 정도였으니까. 그게 뭐였나 하면 다이빙 벨 관련이었고, 다이빙 벨, 가족들이 나는 싸우는 거는 저걸 어떠한 방식이든 해서, 굳이 부정하지는 싫은데, 나는 아닌 거 같은 거지(웃음). 아닌 거 같은 거야. 유속이 그렇게 빠르고, 잠수사들 들어가서, 이미 로프 줄 날아가는 거는 보이거든요. 그리고 한두 번을 나가 본 게 아니잖아요. 상공에서 진짜 보면 이 물 흐르는 게 보여요, 육안으로 헬기를 타고 내려다보면. 그리고 실제 유속의 양을, 유식해서가 아니라, 요즘은 이게 검색을 해봐도 어느 정도의 몸무게 이게 한정이 돼 있거든, 지킬 수 있는 게, 자기가 버틸 수 있는 게.

그런데 (웃으며) 다이빙 벨은, 나는 많은 경험은 아니지만 그래도 이런 잔잔한 물에서 테스트한 거랑 유속이 그렇게 빠른 데서 테스트를 하지 않았기 때문에 나는 못 믿는 거고. 어떠한 방식이든 지푸라기라도 잡는 시점에서 뭐든 강하게 반대는 안 했지만, 저걸 해야 되는데, 그러면 그냥 했으면 좋겠는데, 그걸 준비를 해야 되잖아요. 그 시간이 낭비가 되는 거야, 소조기고 하루에 딱 수중 수색을 제대로 길게 할 수 있는 시간은 네 번 중에 그래도 딱 두 번, 거의 나머지는 짧게 하고 못 하니까. 하루 종일 기다리면서 그 시간만 기다리고 있는 거예요. 근데 시작하고 30분 만에 끝나고 결과 하나도 없고. 시작해서 유속이 빨라서 어떤 때는 투입만 한 세 번, 네 번 시켰다가 진입도 못 하고 다 올라오고 계속 그랬었으니까. 얼마나 시간이 저거 했겠어요, 그런 부분.

그다음에 전에 얘기할라 그랬다가 하나 꼭 얘기해야 될 게 빠뜨렸다는 게 뭐냐 하면 구난령이요. 그것도 밝혀야 된다. 참사가 났고 분명히 정부에서는 구난령을 내렸어요, "내렸다"라고 했고. "그거 서류 가져와" 해서 받았어요. 아직도 그 서류가 있어요. 쉽게 그런 참사가 나고 수색이 됐든 혹은 인양을 하든, 대부분 그런 얘기하잖아요. 수색해서 우리 아이들 아직 살아 있을 거 같으니까 "구조하라" 그럴 때는, 이 새끼들은 구난령, 그니까 아예 포기하고 다 죽었다는 거 인정하고 배를 인양할 생각을 했었던 거고, "인양해라" 그러니까 수색하겠다고 했던 거고. 예? 그때 자료들을 보면 다 그거잖아요? 그만큼 아무튼 한마디로 뭐다? 나쁜 놈들이었어요. 나쁜 놈들도 아니고, 진짜 진짜 나쁜 새끼들이었지. 인간도 아니었어. 그 구난령에 대한 얘기를 하고자 하는 거는 딱 하나예요.

내가 두 명의 기자한테 얘기했어요, 한 2주 지나고 나서 거의 수습할 사람들은 거의 하고 그때부터는 장기화됐을 때. 찬호는 30일 만에 내가 찾아서 올라왔으니까, 그때 남아 있는 사람도 얼마 없고 진도체육관에 있는 사람들도 있고, 팽목항에는 민지 아빠, 그다음에 몇 명 없었던 거 같아요. 한 네다섯 명 있었어요. 매일 술 먹고 벌벌 떨고 그러고 있어서 수중 수색 시간이 되면 제가 갔어요. 다 나보다 나이가 많더라고? 술 못 먹게 할라고, "내려와. 여기 지키고 쳐다봐야지 애들이 똑바로 할 거 아니냐" 그 정도로 [강하게 이야기하고 했어요]. 홍승준이 아빠, 8반에 조찬민이 아빠, 가장 저기 했던 게 2반에 윤민지 아빠, 윤민지 아빠는 술 없이 못 살 정도로 매일 떨고 있었으니까 그 술 못 먹게 할라고.

수중 수색 딱 되면 딱 올라와요. 천막에 가면 그분들도 내가 미안해서 그런지 술 먹다가도 술 숨기고 그랬어요. 근데 상황실 와서 앉아 있으라 이거지, "술 먹고 앉아 있지 말고 지키고 있어야, 할 거 아니냐". 그리고 때로는 상황 브리핑을 저 혼자서 받은 적도 있어요. "와서 해", 천막에 앉아서 "상황 브리핑해". 오늘 몇 시부터 몇 시까지 작업했고 수습한 건 뭐고 뭐가 나왔고 그다음에 실제 외부, 뻔한 소리잖아요. 앵무새처럼 매일 듣는 얘긴데 그래도 하게 해요.

그다음에, 아무튼 그렇게 했었고, 구난령을 얘기하면, 기자 두 명한테 JTBC 이지은 기자하고, KBS 기자, 김 무슨 기자였나, 뭔가 아무튼, 내가 그런 얘길 한 적이 있어요. JTBC 이지은 기자한테는 "나도 언론을 안 믿으니까, 이거 파악해 오면 내가 인터뷰하거나 할게" 이런 식이었어요, "내가 아는 내용도 얘기하고, 얘기한다". 천막에 찾아와도 인터뷰 한 번도 안 해요. 왜? 언론을 내가 못 믿으니까 정확하게 이름을 기억해요, 얼굴도 기억하고. 구난령, 구난령에 대한 거 이게 분명히 정부에서 나갔을 거고, 그러면 그게 참여한다, 안 참여한다에 대한 회신이 있었을 거다. 몇 개 어느 어떠한 계통을 통해서 통보가 됐고, 그걸 받은 쪽에서는 어떠하게 정부 기관으로 답변을 했는지…. 하나도 못 믿겠으니까, 거짓말 같으니까.

아까 얘기했던 언딘 리베로호도 하루 늦게 도착했지, 하루 반나절 이후에 도착했지 뭐 이런 부분. 그다음에 금영호 같은 경우에 '저거는 왜 저기 와 있지? 저게 어디 소속이지? 저게 결론은 쟤들 꺼네? 쟤가 알박기네?' 이런 내용. 나중에 언딘 리베로호 오고 나서 양쪽에서 같이하잖아요. 처음에는 왜 그걸 안 했는지 저는 그런 부분에 있어서 이윤을 추구하기 위한 알박기라고 생각을 하는 거고, 죽어도 안 된다 그랬다가 나중에는 앞뒤에다 놓고 바지선 두 개에서 사실은 작업을 하거든요. 초창기에는 그게 안 된다 그랬어, 안전성, 위험 이래 가지고. 근데 우리가 전문가가 아니니까 몰랐던 거고, 그래서 구난령에 대한 부분이 아직도 파악이 안 됐어요.

구난령 페이퍼를 받아봤어요. 페이퍼가 있어요, 우리 가족협의회. 근데 아직까지도 그게 구난령이 갔으면 어떤 계통으로 나갔고, 그걸 받았던 각 업체는, 기관은, 기관이 아니라 민간단체든 업체는 자기들이 거기에 참여를 하겠다, 안 하겠다에 대한 회신을 분명히 했을 텐데, 그런 내역은 1기 특조위 때도 난 못 봤고, 국정 감사 때도 못 봤고, 못 봤어요, 청문회 당시에도 못 봤고. 그런 거조차도 지휘계통, 이미 구조 본부 상황실의 계통, 그다음에 이미 기존의, 지난번 때 제가 인터뷰할 때 잠깐 얘기했듯이 선조위나 1기 특조위 강제해산이나 청와대 문건이나 지금 민사 소송이나 고런 거 봤을 때도, 다 그 내용에서 아직도 들춰내지 못하고 있는 거예요. 제대로 된 초기의 구조, 구조 실패에 대한 걸 뭉뚱그려서, "그래. 4월 16일 날 국가는 없었다. 국민을 위한 국가는 없었다" 이렇게 그냥 치부해 버리고 있고, 구조 상황에 대한 부분도 이미 안 했으니까, 언론을 통해서. 청문회도 국감 통해서 다 나왔지만 제대로 안 이루어졌다.

항공 구조사들도 선내 투입 안 했고, 현장 지휘관 책임을 맡고 있었던 김경일도 결론은 선내 진입 안 하고 도착시간부터 전부 다 위증했고, 위증이 밝혀져서 결론은 어떻게 됐다? 2심에서 한 명 추락을 제외하고 303명에 대한 과실치사가 적용이 됐었다. 관제 실패? 다 알고 증거인멸, CCTV까지 지웠던 게 다 밝혀졌으니까, 그 정도에서 만족하냐 이거지. 난 아니다. 어떠한 내용이든 그런 부분에 있어서는 정신 차리고 다시 다 밝힐 때까지 밝히고 있는 그대로 조사해서 정리돼야 되는 게 맞다. 그래서 구난령에 대한 부분도 사실은 초기 팽목항의 내용, 진도체육관을 떠나서 팽목항에 있었던 내용으로 꼭 얘기하고 싶으면 그거에 대한, 구난령에 대한 부분도 정확하게 파악되고, 실패라는 건 알지만, 컨트롤타워의 부재도 이미 알지만 그런 부분이 어떻게 잘못됐는지가 정확하게 기재가 돼야, 구난령이든 앞으로 어떠한 재해, 재난 재해가 발생이 되더라도 제대로 고쳐지지 않겠냐. 아니면 지금 제도개선만 해서 저게 되겠냐. 그래서 구난령에 대한 부분도 기록이 돼 있고, 기록이 한 줄이라도 남겨야 권고사항으로 가서 어떻게? 나중에는 제도개선으로 이루어지고 그냥 재해, 자연 재해에 의한 부분에 있어서도 제대로 활용이 될 수 있겠다. 근데 이거 자체에서, 세월호 참사 있고 [나서] 저거 [구난령에 대한 진상조사]조차도 빠져 있는 거는, '재발 방지 대책에 대해서 제대로 안 되고 있을 거 같다'라는 생각을 하구요.

하나만 더 마저 얘기하면, 이거는 지금 교수님이랑 얘기하면서 번외 얘기니까, 저번에 했을 때 했어야 되는데. 그런 거잖아요? 선조위 같은 경우도, 제가 1기 특조위 때도 적어도 중간보고서 정도라도 나와서 권고사항이라도 남고 정권이 바뀌기 이전이니까 우리가 끝까지 그걸 빌미로 해서 싸울, 어떻게 싸울 빌미라도 만들어 놔야 된다. 그래서 중간보고서라도 나와 달라고 내가 1기 특조위 때 요청을 했다 그랬잖아요, 강제해산 되기 전에. 근데 선조위를 보면, 선조위를 보고도 하나 꼭 얘기해야 될 게 그런 거죠. 종합보고서와 특별보고서, 제가 그런 권한이 없으니까, 가족협의회 위원장이 어느 정도의 권한이 있었으면 좋았는데 그런 권한이 없잖아요. 한시적인 법적 기구이니까, 내가 선체조사위원회의 위원장이 아니니까. 내가 선체조사위원회의 위원장이었으면 저 따구로 안 했다, 이런 거는 있죠. 내가 아무리 비전문가고 법조인은 아니더라도 최소한의 마음가짐으로 최대한의 노력은 했어야 되는 거 아니냐, 그런 게 많이 부족하다. 그리고 저렇게 마무리되면서, 전문가가 아니니까 어떠한 의견을 다는 거보다는, 딱 하나 짚어야 될 게 있죠.

적어도 정권이 바뀌었는데, 나는, "대통령이 바뀌었어요. 대통령의 행보는 그렇지 않게 바뀌고 있는데, 밑에서 아직도 그걸 보좌해야 되는 관행 관례 관습 밑에 공무원들이 못 따라주고 있다", 이런 얘길 했잖아요. 그래서 선조위로 하나를 얘기하면 종합보고서가 있고 특별보고서

165

2회차

가 있죠. 그 차이를 바보가 아닌 이상 누구나 다 알죠. 근데 그게 마음 아픈 거야. 정권이 바뀌었어요. 근데 종합보고서 말고 위원회 위원들이 의결한 게 있어요. 유품 보존에 대한 부분은 뭐로? 특별보고서로 가지고 정리가 됐잖아요, 유품 보존 특별 조사 보고서. 왜 특별로 하냐 이거야. 자기들이 뭔데 선체조사위원회 마감을 하면서, 활동을 하면서 본인들이 부족했던 부분이 있다라고 하면 다음에다 미뤄야 될 거 아냐. 그리고 자기들이 예산이든 기한이든 기간이든 혹은 전문적인 지식이든 그런 부분이 부족한 게 있으면 인정을 해야지. 그리고 유품이든 그런 부분, 유류품, 유실물법에 따라서 저렇게 방치되고, 세월호 선체든, 미수습 그 활동 기간 동안에 미수습자 활동조차도 완전히 못 하고, 정밀조사도 완전히 못 한 상태에서 내부의 그런 청문회까지 신청하고 이랬던 사항들을 뼈저리게 느낀다라고 하면 최대의 노력은 했어야지. 그게 뭐냐 하면 왜 본인들 위원들이 그런 결정을 하냐 이거야.

금속류든 포렌식이든 예산 때문에 다 하지 못했었고 예산 때문에 늦었고, 그담에 쪼금 더 보존할 수 있고 복원할 수 있고 할 수 있었는데 제대로 자기들이 처리 못 해서 못 핸 부분들이 있다라고 하면 반성하는 의미래도 보여야 되고. 그것을 어떻게? 자기들이 못 한 자신들의 내용을 그 [종합보고서] 내용에다가 담고, 아쉬움이나 부족했던 점을 그대로 있는 대로 적시하고. 적어도 보전이든, 아직 세월호든 증거물, 컨테이너에 있는 금속류는 어떠한 아직 협의체도 만들어지지 못하고 있어요. 그럼 2기 특조위가 지금 있으면 넘겨야지. 그럼에도 불구하고 유품에 대한, 아니, 유실물법에 딱 있죠. 정확하게 유실물과 유류품이라고 지칭을 하죠, 법적으로 할라면. 근데 그거에 대한 부분은 본인들이 제대로 그 역할을 못 했음에도 불구하고, 피해 가족인 당사자가 2800여 점을 보존 복원 처리를 했는데, 주무 부처인 해수부와 선체조사위원회는 203점이 다라[고] 그랬죠.

제 머릿속에는 아직 그래요. 해수부가 다섯 점 그랬으면 적어도 종합보고서로 위원회에서 의결해서 세월호 유품과 아니, 유실물과 금속류와 세월호 선체에 대한 부분은 유실물까지 포함해서 종합보고서로 의결해서 달았어야지, 자기들이 제대로 못 했는데 위원들이 위원회에서, 그런데 위원회에서 의결해서 종합보고서가 아닌 특별조사보고서로 작성하기로 의결하고, 특별조사보고서로 한 부분에 있어서도 되게 심히 기분 나빠요, 유감스럽고. 왜? 종합보고서와 특별조사보고서에는 엄연한 차이가 있잖아요. 국가기관에서 종합보고서에서 기록이 된 거면 국가기관에서 특이한 사항이 없을 때는 그걸 이행을 해야 되는 거잖아. 이행에 대한 효력 여분데 그걸 특별조사보고서로 해놨으니까, 강제 [한다는] 특이사항이 없으면 이행을 안 한다는 전제로 얘들이 자료를 지금 만든 거야, 그죠?

그래서 갑자기 팽목항 얘기 나와서 저 얘기, 구난령, 유착설, 가족들이 그런 대표단이 만들어지고, 인위적으로 외부와 제대로 된 이런 거짓 오보, 구조 진행 상황에 아예 상황 자체가 부적절하게 운영됐던 부분, 제대로 관리가 안 됐던 부분, 피해당사자인 가족들이 요구해서 모든 게 진행됐었던 부분. 가족이 아님에도 불구하고 정부 측면에 들여서, 정부가 얘기하는 대로 도움을 다 받겠다는 그런 가정 하에, 유가족도 아니면서 기자회견 해버리고, 대표인 양 그랬던 행위들. 이랬던 부분을 보면, 아무튼 잘 정리가 돼서 2기 특조위에서 다뤄지고 그래야 될 거 같아요. 이 얘기하다 보면 말이 많아지고 제가 열받죠.

7
범대본 브리핑 자료, 대통령 방문, 진도대교 행진 등에 대한 기억

면담자   회의를 두 번 나가셨다고 했는데, 한 번은 체육관으로 가시고 한 번은 범대본으로 가셨다 했잖아요. 그때가 언제고 무슨 사안 때문에 가시게 됐는지 얘기해 주세요.

찬호 아빠   첫 번째는 진도체육관에 있는 대표들 만나러 한 번 갔다 왔고, 한 번은 그 유××인가 개한테 자료를 강제로 뺏었었다 그랬잖아요? 그게 2주 전이었었는데 아마 1주는 넘었을 거예요. 그때 내용들이 팽목항에 상황실에서 작성하는 페이퍼, 그다음에 그 수습 내용을 게시판에다가 붙여놓는 그 페이퍼, 우리가 회의 석상에서 하는 페이퍼와 진도군 내 범대본에서 상황 브리핑 페이퍼가 있는데, 내용이 달라요. 고걸 확인할라고 범대본에 가서 자료 받을라고 직접 간 적이 있고. 그래서 그 자료를 제가 찬호 수습되고 나서까지도 계속 가져와, 한 장씩 계속 받아놨어요. 그게 있어요 다. 고거 확인할라고 갔어요, 이게 거짓이라는 걸 내가 지적할려고. "너 지금 뭐 하는 거냐. 이주영 장관 너. 어? 어떻게 똑같이 수중 수색 하고 지금 진행을 하고 있는데 페이퍼가 다르냐"를 따질라고 갔었던 거예요.

면담자   이주영 장관을 만났나요?

찬호 아빠   갔었죠. 봤는데 고런 얘기를 한 적이 있고, 그러고 나서 해경에서 "대표님한테 다 드려" 이렇게 돼서 해경에 정확하게 누군지는 모르는데 해경에 상주하고 있는 해경 직원을 통해서 그 브리핑 자료 있 잖아요, 매일 매일 이루어졌던 브리핑 자료를 계속 받아요. 내가 범대 본에 안 가도 혹은 진도를 안 가도, 내용이, 팽목항의 거는 내가 계속 들 여다보고 브리핑을 받으니까 그렇고, "그 페이퍼 가져와" 이런 식으로 해서 계속 [받았어요]. 아마 찬호 수습하고 나서도 내려갔는데 그걸 모아 놨더라구요, 계속 내가 가져오라 그랬으니까. 그래서 아마 찬호 수습하 고 나서 아마 5월 말경 거까지 아마 제가 다 가지고 있을 거예요. 고거 때문에 딱 두 번 갔다 왔고. 그리고 나서는 그 전에 우리가 진도대교 고 거는 별도로 그거는 내가 거기를 방문한 게 아니라, 와이프 데리고 우리 가 직접 가기로, 진도체육관에서 하고, 아니 팽목항에서 하고, "그러면 넘어가서 체육관에서 가족들 모아서 가자", 이렇게 됐던 거예요.

면담자　　진도대교 행진 전날 18일에 대통령이 내려오잖아요. 그 현장에는 안 계셨던 건가요?

찬호 아빠　　대통령이 왔을 때는 체육관엔 내가 없었죠, 진도체육관 에는 가지도 않았고. 대통령이 오고 나서 연락을 받았죠, "대통령 왔 다". 근데 그때도 팽목항은 아수라장이었다니까요, 아수라장 말 그대 로. 기본적인 게 안 돼 있었으니까, 제대로. 기본적인 게 제대로 안 돼 있고 해경청장, 최성환 차장이 자기가 맡아서 여기 상황실장이 된 거잖 아요? 고 때 첫 브리핑을 하기로 약속을 해요. 첫 브리핑은 최성환 차 장이 워드 다 쳐서 한 것도 아니고 펜으로 수기로 사인을 해요, 최성환 이가. 그때부터가 대화가 제대로 된 가족 대표단들과 정부 기관이랑 뭐 라 그럴까, 서로 논의라든가 의견이라든가 그런 체계가 만들어졌었던 거고. 이미 그러면서 그 대통령 왔을 때도 당연히, "온다"에 대한 연락도 받은 적이 없고 도착하고 나서 알았어요, 거기 왔다라는 걸. 그랬는데 마찬가지[였던 거지요]. 언론을 통해서는 되도 않는 내용만 나가고 이러니까, 우리가 있다가 대통령을 못 만났잖아요. "청와대로 가자" 이렇게 된 거예요. 오고 나서 그렇게 된 거예요.

면담자　　　그 과정을 자세히 이야기해 주세요.

찬호 아빠　　체육관에서는 어떤 얘기가 있었는지는 몰라도 팽목항에서부터 정확하게 됐고. 그게 뭐냐 하면 대통령을 만나거나 우리 요구 사항을 전달한 바도 없고, 그냥 와서 방문만 하고 갔고. 그담에 더 화를 나게 만든 것은 뭐였나 하면, 뚜렷하게 앞으로 수중 수색에 대한 계획이라든가 언제까지는 된다라든가 어떻게 방식이 된다라든가 그게 구체적이지 못했고. 두 번째는 우리가 어떻게, 요구 사항이든 얘길 해서 어떻게, 아이들 수습이 가장 중요한 거니까, 그때도 살아 있다라고 느꼈어요. 속으로는 '야, 어렵겠다'라고 했지만 한편으로는 간절히 '버티고 있어라. 제발 좀'. 그니까 1시간, 하루가 진짜 몇 년 같았을 거 아니에요, 부모 마음에서는. 그랬는데 왔다가 그냥 방문만 하고 간 거지. 어떠한 내용도 어떻게 하겠다는 게 없어. 현장에서는 그게 안 이루어지고 있고 그랬었기 때문에, 그때도 가족들 보여주기식 아니었냐. 이미 뻔하잖아요.

그래서 우리 팽목에 있을 때는 어떻게 됐었나 하면, 워낙에 이게 뭐라 그럴까, 어떻게 보면 팽목항은 거의 팽목항이 거점이었다고 봐요, 나는. 지금의 여기에서 거점이라는 표현을 하면, 모든 것은 거기에서 이루어졌다. 〈비공개〉 그래서 뭐라 했나 하면 "더 이상 여기서 안 되니까, 답변받으러 가자" 이렇게 됐던 거예요. 그리고 "다 갑시다", 거기에는 가족들, 상황실 앞에는 상황 브리핑을 하고 이랬기 때문에 가족들이 딱딱 모여요. 뭔 일 있으면 확 모이니까 "갑시다" 이렇게 된 거예요, 다. 그러면서 "갑시다" 그러고 무턱대고 간 건 아니고, "가는데 진도체육관에 들러서 진도체육관에서 가족들을 다 모아서 가자". 걸어갈 계획은 아니었어요. 걸어갈 계획은 아니었고 쉽게 말해서 안산에 여행사, 여행사가 아니라 뭐지 이거 버스, 여행산가요? 그 아는 사람이 있다 그랬어요. 그 얘기를 한 게 내 기억으로는 고거를 지금 심리분과장 재욱이 엄마와 그 옆에 누군가가 있었어요. 그래서 연락을 해서 "그럼 버스 대"로 했던 거예요, 사실은. 그래서 버스 타고 청와대로 올라 그랬던 거예요. 사실은 그랬는데, 우리가 그래서 아무튼.

면담자 　　버스로 올라가실 계획이었나요?

찬호 아빠 　　네, 그럴 계획이었어요. 그랬었는데 이미 병력들에 의해서 앞에, 체육관에 들어가는 때까지는 수월했어요. 수월하게 그냥 갔어요, 저희가. 그리고 체육관에서 "갑시다" 했는데, "갑시다" 했는데 당연히….

면담자 　　누가 앞에 나가서 이야기를 했나요?

찬호 아빠 　　가기로 했던 거니까, 이미 13인의 대표는 청와대를 우리가 이미 가기로 했던 거니까. 집사람이 잘, 빨리 걷거나 하질 못했어요, 워낙에 지쳐 있었고. 그때부터 저도 그랬지만 아무것도 안 먹었을걸요, 아마. 근데 집사람이 너무 지쳐 있었고, 그래서 아무튼 가기로 했으니까, 팽목항에서 다 가기로 했던 거예요. 근데 출발했을 때 사실은 다 안 갔어요. 남아 있는 사람도 있었어요.

면담자　　　상황실은 그럼 누가 지키기로 한 건가요, 팽목항에?

찬호 아빠　　그냥, 다 그냥 가기로 한 거예요. 딱 나와서 "갑시다" 하고 상황실 앞에 큰 뭐라 그럴까, TV가 하나 있었어요. 계속 그걸 지켜볼 수 있게 의자들도 있었고. 근데 그거 발로 집어 차버리죠, 되도 않은 대통령 저거 하는 내용이 나오니까. 그리고 "갑시다" 해서 간 거예요, 발로 집어 차서 떨어뜨리고. 그 발로 집어 찬 거는 김병권(웃음). 그리고는 갔는데 다 안 따라오더라구요. 근데 가자 그래서 진도체육관에 가서 한 3, 40분 지연됐어요. 그니까 어떻게 출발하자 그런 게 세부적으로 논의가 됐던 건 아니기 때문에 그냥 거기서 "자, 가자" 이렇게 됐던 거야. "차는?" 근데 차가 못 들어오는 거예요. 밖에서부터 아무튼 이렇게 에워싸고, 우리가 체육관에 있을 때는 상관없는데 체육관에서 나갈 때부터 막기 시작했어요, 병력으로. 그래서 결론은 그냥 차도 들어온 게 확인도 안 됐고 "아, 가" 이렇게 된 거예요, "걸어간다, 그러면". 그렇게 돼서 맨 처음에 앞에 막아봤자 병력이 많진 않았으니까 그냥 뚫리기 시작했고, 가족들을 철저하게 이렇게 막지 못하니까 뚫리고 뚫리고 하면서 가족들은 도로 위로 그냥 올라가기 시작한 거예요.

　　근데 차가 없는 거야. 그때부터는 통제가 안 되죠. 가기로 한 거니까 가야 해. 근데 그중에서 걸어가면서 사실은 출발하고 병력에 막혀서 체육관 밖을 벗어나지 못하고 입구에서, 한 절반 이상은 안 나온 거 같아요. 우리는 먼저 나왔으니까, 나는 뚫고 나오고 큰놈은 엄마 챙기고 하면서 나왔었던 거고. 혹시 찬호, 찬호가 수습될 수 있잖아요, 그래서 동생은 남으라 그랬고, 내 남동생은. 그리고는 일단은 도로까지 올라왔는데 도로에 올라와서 딱 봤더니 한 절반도 못 나온 거 같아요, 가족들이. 숫자가 확 없는 거예요. 근데 이미 나왔잖아요. "가자, 그냥" 이렇게 됐던 거예요.

면담자 　　나와서 걸었던 분들은 몇 명인가요?

찬호 아빠 　　그 당시에 제가 봤을 때는 거의 제가 맨 뒤쪽이었는데, 한 100명 이내? 한 그 정도? 쉽게 말해서 엄청난 인원으로 밀고 나오기 시작했는데 도로에 올라왔을 때는, 걷기 시작했을 때는. 맨 첨에는 중간에 걸었어요. 근데 집사람이 처지니까 맨 뒤에 섰는데 실제 인원이 한 100명 정도? 가면서 구호 하고 이러면서 가기 시작했고, 가다가 차가 안 오니까, 차가 안 오니까 "이제 그만 돌아가시라" 이렇게 계속 병력도 같이 붙었죠, 차들이. 그래서 차 올 때 막으니까 우리 계속 걸어가야 되고. 맨 처음에는 막았어요. 한 번 더, 한 번 더 막고 거기 차에 김병권이 드러눕고, 앞에 빛나라 아빠가 드러눕고 앞에서 강제로 차량을 저지하고, 저지해야지 우리는 계속 걸어가니까 막으니까. 그리고 저지해 갖고 달랑 차에 실렸죠, 고대로 차[에], 그냥 끌어내서. 차바퀴 밑에 들어가 있으니까 끌어내서 차에 태우고, 복귀. 그래서 김병권이는 못 쫓아와요, 차에 누웠다가 잡혀버렸고. 그러고 나서 걷기 시작했던 가족들은 계속 걸어서 가기 시작했던 거예요. 그리고 맨 뒤에 집사람이 어려운 부분도 있었지만, 걸은 인원은 한 100여 명이 걸은 거 같아요.

　　걸으면서 구호도 하고, 애들 이름도 부르고, 우리 아이들 살려내라 그러면서. 그거는 누가 한마디 하면 따라서 하고 이런 식으로 자율적으로 그냥, 그냥 부모였으니까 갔어요. 그때 맨 마지막에 천천히 맨 뒤에서 걸었어요. 그게 뭐였나 하면 안산시, 우리 집사람도 알고 저도 알죠.

그분이 집사람 모임의 바깥 남편이에요. 남편 되시는 분이 자율방범댄가 뭔가 해서 안산시에서 우리 동네에서 내려왔었어요. 왔는데 가족들이 갑자기 팽목항에서, 진도체육관이 아니라, "걷는다" 그러니까 그 차로 그냥 쫓아온 거예요. 먹을 것도 있었고 음료라든가 이런 것도 실려 있었고 빵 같은 것도 실려 있었고.

면담자   도와주러 내려오신 건가요?

찬호 아빠   그렇죠. 그니까 안산에 이런 많은 아이들이 희생됐고, 고 사람들은 안산시 동네 자율방범대였어요. 그분이 집사람 모임이었고 나는 잘 모르죠. 직장생활 했으니까 잘 모르는데,

면담자   혼자 차를 몰고 이렇게 내려오셨던 거예요?

찬호 아빠   아니요. 자율방범대에서였으니까 몇 명이 왔었나 봐. 근데 내가 아는 사람은 그 사람밖에 없는 거지, 얼굴을. 그래서 그 차가 맨 뒤에 따라오면서 하고, 차 타라 그랬는데도 안 타고 끝까지 그 진도대교 막힐 때까지 걸어갔어요, 걸어갔고. 가다가 앞쪽에 병력들 배치된 거 보고, 진도대교면 그냥 이렇게 가면 되는데 틀죠. 가다가 여기 막고 있으니까 이렇게 돌아가요. 돌아가다가 중간에서 진도대교 앞 가기 전에 밑에서 한 번 막고 그거 뚫고 들어가서, 아무튼 진도대교 앞쪽에 다 자리 차고 [앉아] 농성 아닌 농성으로 주저앉게 됐던 거고. 그러고 나서 그다음 날 오후 3시 경인가? 계속 그렇게 대치하고 밀고 싸우고. 그다음에 또 산으로 넘어서 갈라 그러다가 잡히고 막히고. 계속 그 대치 상황에서 오후 3시쯤인가, 그 나름 누구지? 아까 상호 아빠가 나중에 차를 끌고 왔었을 거예요, 거기에. 집사람이 워낙에 몸이 안 좋아 가지고

집사람은 차에 내가 태우고 쉬게 하고 있다가 13인의 나름 대표고 뭐고 이러니까 연락이 와요, 저한테. 팽목항에서 "찬호를 수습한 거 같다", 그 연락을 받고 제가 가요. 집사람이랑 우리 큰아들이랑 해서 팽목항을 가죠. 갔는데 찬호는 아니었어요. 그러고 나서 저녁때 한 2, 3시간까지 있고 가야 되잖아요, 아무튼 거기 가 있으니까. 근데 팽목항에 왔을 때 사람들이 많이 있었어요. 유가족들이 그랬고, 그러고 나서….

면담자   그 많이 있었던 유가족은 원래 계셨던 분들인가요?

찬호 아빠   팽목항에 계시던 분들, 맨 처음에 행진할 때 오다가 중간에 막혀서 돌아오신 분들도 있을 거 같고. 맨 첨에 가기로 했는데 다 안 온 거죠, 나오지 않으신 분들도 있는 거 같고. 아무튼 와서 가봤더니까 찬호가 아니에요. 찬호가 아니고 다시 가야 되는데 그게 그날 끝났어요 (웃음). 다 철수해요, 가족들이.

면담자   다시 출발했던 시간이 이른 아침이었나요?

찬호 아빠   우리가 저녁때 밤에, 이른 아침이 아니라, 아침도 아니었겠죠. 그게 뭐였나 하면 팽목항에서 갈 때가 이미 어두워졌었고. 네, 어두워졌었고 진도체육관에 도착했을 때도 어두웠고, 새벽이 되기 전에 우리가 출발한 거죠.

면담자   새벽이 되기 전에 출발을 하고?

찬호 아빠   그럼요, 캄캄할 때 걸은 거예요. 캄캄할 때 걷고, 걷다가 날이 샜으니까. 그리고 그날 진도에서는 그렇게 막혔고, 나왔고 막혔을 때 고립됐고 아무튼 그랬죠. 많이 싸웠던 거 같아요. "똑바로 해. 너네가 막을 권리도 없고 이미 누구 지시로 했냐" 그런 얘기 아무리 떠들어 봐야 이 새끼들이 대답도 안 해주는 거고.

면담자　　공권력과 부딪힌 게 그때가 처음이었죠?

찬호 아빠　　유가족을 딱 막은 거는 그게 처음이었고, 맨 처음에 팽목항에서도 막았, 잠깐잠깐 충돌은 있었죠. 그게 뭐냐 하면, 우리가 뭘 어떻게 하겠다라고 했을 때 말 잘못하면 잡아죽이겠다고, 그냥 매달리고 이러면 병력들이 와서 뜯어말리는 정도 수준. 다음에 죽겠다고 가족들이 바닷가로 가면 엄마들 같은 경우에 제재하는 수준, 고 정도였고. 부 닥친 적은 없었죠. 실제 피해 가족이었기 때문에 경찰이든 뭐든 누구든 막는 행위는 없었죠. 가족들이 처음이었죠, 처음, 부닥친 건.

8
무능력한 정부와 가족들의 적극적인 대응

면담자　　처음으로 공권력에 가로막히고 그 이후에, 13인의 대표 분 아니면 위원장님도 이 문제를 다르게 봐야겠다거나 혹은 이상하다 는 생각을 하셨나요?

찬호 아빠　　이미 첫날부터 다 그랬다고 봐요, 저는 가족들이면. 왜? TV 중계 그리고 둘째 날 나를 찾아오신 분들이 뭘 가지고 온지 아세요? 우리 회사 동료들이 그다음 날 왔다 그랬잖아. 임원들이 가지고 온 게, 담배. 저는 그 당시도 업체 사장님들이랑 회의를 해도 회의 석상에 서 담배를 펴야 돼요. 담배를 참 좋아했어요. 그리고 사장님이 담배를 안 피어도 환풍구까지 뚫어놓을 정도로. 안 그러면, 담배 필 수 있는 공간에서 내가 회의를 하니까, 회사 사무실에서는 근데 안 그랬어요(웃음). 그랬는데 담배를 사 왔고, 두 번째는 실내화를 사 왔어요. 세 번째는 내가 편안하게 입으라고 등산복, 편안하게 바지 그니까 실내화, 등산복, 담배. 그 얘기는 TV 화면에 진도체육관만 계속 비쳐주고, 팽목항은 그냥 천막에 바깥에 그냥, 그냥 그런 공간인데, 화면에서는 그런 게 안 나가니까. 그니까 임원들이 내려오면서 사 온 게 담배하고 (웃으며) 옷 갈아입으라고 체육복하고 위에 등산복 한 벌, 집사람 거하고 한 벌씩하고 실내화를 사 왔더라구요. 체육관에 있는 줄 알았던 거지. 그니까 언론이 그랬으니까 그거랑 마찬가지의 개념이다.

근데 가족들은 당연히 더 심하게 언론 그 화면을 통하거나 인터넷을 통하거나 혹은 거기에서 우리 아이들에 대한 요구라든가 아이들 어떻게 됐는지, 수색에 대한 부분이든 어떻게 진행되고 있는 건지 뭘 물어도 제대로 대답 못 하는 그런 상황. 언론에서는 되지도 않는 거짓이 이미 나가고 있고, 그렇기 때문에 '첫날부터 이미 가족들은 다 그런 생각하고 불신을 가지고 있었을 것이다'라고 생각을 하구요. 그러고 나서 가장 근본적으로 우리가 해야 되겠다는 것은 아까 얘기한 것처럼 그런 거. 제대로 된 어른으로서의 도리조차도 하지 못하고, 그런 망자 시신에 대한 수습도 제대로 못 하고, 어른으로서 기본적인 망자에 대한 예우도 갖추지 못하고 있는 그런 사람들을 상대로, 부모로서 내 자식인데 기본적인 예우는 할 수 있게끔 해야 되잖아요. 그니까 우리 권리주장을 하면서도, 아이들이 살아 있다는 기대감과 그런 걸로 해서 빨리 수색해서 아이들을 구조하기를 바라는, 그런 걸 적극적인 요청들이 들어가기 시작했고, 그 당시 상황실이라든가 정부 측면에서는 우리의 요구 사항조차도 다 받아들일 수 없을 만큼의 아예 통제 불능, 답변도 못 할 정도 수준이었으니까. 첫날부터 그랬을 것이다, 가족들은 [정부를 불신할 수밖에 없었던 거죠].

그러면서 검안소 설치라든가 시신에 대한 예우라든가, 막말로 화랑유원지에 그런 분향소에 대한 부분이라든가 고런 걸 직접적으로 요구를 하고 요청을 하고, 회의 석상에서 그런 내용들이 오고 가고, 안산의 시장 같은 경우도 자기가 거기서 답변하고 그거 만들겠다라고 올라온 거고. 그리고 화랑유원지에다가 분향소를 만들기 시작했던 거고, 천막으로 그렇게 했던 거고 다 그랬던 거다, 검안소도 그랬던 거고. 그다음에 아이들 유전자 검사, 부모들 그것도 회의 석상에서 나왔던 얘기고. 왜? 검사가 검안서를 작성을 해서 그걸 받아야지만 시신을 인계받고 가족을 올라올 수 있는데, 그런 부분도 다 거기에서 이루어졌던 거고. 그니까 정부 부처가 다 모였지만 그게 아주 체계적으로 진행이 안 됐었으니까, 시신이 방치되고, 영안실 규모가 그랬으니까. 그다음에 냉동, 검안소 안에 팽목항에 임시 [냉동고] 그것도 만들어야 되겠다, 검안소도 만들고 시신을 임시 보관할 수 있는 공간도 만들어야겠다, 그런 게 그런 회의 석상에서 다 나온 거예요, 정부가 주도해서 그게 다 나왔던 게 아니고. 그랬으니까 가족들은 첫날부터 아마 그런 불신과 정부에 대한 믿음에 대한 부분은 없었을 것이다.

면담자　　검안소랑 냉동고는 며칠째부터 설치됐나요?

찬호 아빠　　그 날짜는 정확하게 기억 못 하고, 바로 3일째 되던 날 상황실에서 그런 걸 준비하고 하겠다 이렇게 얘기까지 해요, 바로. 그 브리핑 내용에 그게 있어요. 그러고 나서 그런 요구 사항도 들어가고, 검안소 설치라든가 그다음에 검안소 설치가 되고 나서 시신 방치, 방치했던 그 내용이 나오고 나서 바로 추가 확보해야 되는 영안실의 규모도 페이퍼로 나오기 시작해요, 실제 어떻다, 내용이. 그리고 실제 그러면 팽목항 내에 검안소 옆에다가 임시 [냉동고] 그걸 만들라면 지금 현재적으로 불가능하다. 내용은 전력 만들어서 와야 되고, 그게 미안하지만 시신을 이렇게 넣을 수 있는 냉동고[는] 그런 컨테이너 수준으로 만들어야 된다, 이런 게 상황실 내에 회의 석상에서 나오고 그렇게 진행이 됐던 거죠.

면담자   상황실에서 회의를 매일 세 번 하셨다고 했죠?

찬호 아빠   매일. 맨 처음에는 세 번 하고 어느 정도 지나서 두 차례만.

면담자   회의엔 누가 참석했나요? (찬호 아빠 : 가족 대표들) 팽목항 쪽에 있었던 가족 대표들인가요?

찬호 아빠   주로 팽목항에 있는 사람들이 다 들어가고 그랬죠.

면담자   정부 부처 사람들도 들어왔나요?

찬호 아빠   네, 다 있었죠. 그래서 거기에 상황을 총괄하는 게 해경에 최상환 차장, 이미 서해지방청장은 그날 바로 날아간 거니까. 그리고 해수부에서는 실장, 넘버 투 실장, 그리고 각 부처의 교육부든 보건복지부든 다 참석을 하고 있었죠. 그래서 주재라 하면, 제 기억에, 딱 들어가서 해경차장 여기는 해수부, 해수부 문해남 실장 그담에 이쪽은 앞에 쭉 해서 해경 관계, 해수부 관계 그다음에 각 정부 부처들, 그리고 이 옆 뒤로는 뺑 돌아서 부처 사람들 쭉. 이쪽은, 이 반대쪽 입구 쪽 해서 짝은 테이블은 가족 대표단. 항상 그 형태에서 회의를 했죠.

면담자   회의는 누가 주재했나요?

찬호 아빠   해경 차장이 그때 이미 전체 상황 본부장, 담당을 맡고 있었던 거죠. 서해지방청장 김수현이 날아가고 나서 바로 해경 차장, 최상환 차장이, 최상환 차장이 상황실장을 맡게 됐었던 거고.

면담자   회의 시간은 정해져 있었나요?

찬호 아빠   시간 정해져 있었어요. 맨 처음에는 그렇게 아니고, 첫 브리핑할 때는 최상환 차장이 회의 하고 구조 계획 이거를 본인 서명을 하고 딱 배포했다 그랬잖아요. 그러면서 매주, 매일 하기로 했는데, 그게 처음에 한 게 아마 8시, 8시였을 거예요. 8시, 그다음에 오후 2시, 그 다음에 저녁 5시 이렇게 했나 그래요. 그리고 나서 시간이 한 번 조율은 돼요, 맨 처음에는 그렇게 딱 세 번, 시간을 아예 딱 정해놓고 하기로 했었고. 그거 끝나면 와서 가족들에게 설명, 그다음에 가족들 질문, 회의 끝나고 나와서 상황 브리핑, 항상 그렇게 하기로 했었던 거죠.

면담자   거기 있는 가족들은 컨테이너에서 생활했나요?

찬호 아빠   아니요, 장소는 다 다르죠. 그니까 그 컨테이너에는 맨 처음에 있었을 때 13인의 대표 중에 컨테이너에 있었던 거는 저밖에 없어요.

면담자   그러면 보통 다른 분들은 어디서 생활하셨나요?

찬호 아빠   천막들. 그 주위에 천막들이 많이 즐비하게 있었는데 그 천막 쪽으로 오라 그랬는데 저는 한 번도 안 갔어요.

면담자   정부 부처 사람들도 천막에 있었나요?

찬호 아빠   천막에. 팽목항이 있으면 그 당시에 여기가 매표소였던 상황실이 만들어지고, 거의 옆에 그 조립식 건물이 하나 있었고, 그 앞으로부터 시작해서 다 천막이었죠. 반대쪽도 천막. 끝으로 끝에까지 그런 천막에 여기저기 다 흩어져 있었던 거지, 가족들.

면담자   아이들의 시신이 안산으로 올라왔다가 다시 팽목으로 돌아가는 경우가 있었는데 그거에 대해 자세히 말씀해 주세요.

찬호 아빠   그거는 준형이. 준형이 같은 경우도 그거는 있을 수가 없는 거죠. 첫 번째는 이봉창 검사 불러다 세워놓고 그렇게 욕지거리 하고 울고, 이봉창 검사가 울었다니까요, 사과하고. 그 정도까지였는데, 그니까 그만큼 체계적이지 못했다. 근데 첫 시신에 대한 부분은 솔직하게 얘기하면 가족들이 너무나 항의적이고 통제하기 어려웠을 거는 인정. 반대로 얘기하면 그만큼 정부에서 그걸 대응할 수 있는 준비를 아무것도 한 게 없었다, 그리고 강하게 주장하니까 써준 거죠. 부모라고 와서 얼굴 확인하고 "내 아들이야" 하고 하니까 워낙에 저거 했겠죠. 그래서 그거에 대한 부분은, 제대로 정부가 그런 체계를 못 만들은 부분도 일단 기본적인 것은 정부의 잘못.

두 번째는 가족들은 자기 자식을 찾겠다는 그런 부분에 있어서 이미 이성적으로나 정신이 많이 저거 했을 수도 있겠다. 근데는 그거는 딱 누구의 잘못이라고 보기보다는, 정부의 그런 제대로 된 체계가 없었던 게 기본적인 거였고. 그다음에 너무나 자기 자식인 걸 확신하고 강하게 저걸 해서 그 기준을 이행 안 하고 했던 부분도 어떻게 보면…, 나중에 그래도 장례는 안 치러서 다행이지만 큰일 날 뻔 했다, 서로에게, 같은 피해 가족으로서 아이들에게. 그 이후부터 고 사건이 있고 나서 바로 준비가 되는데, 준형이가 아마 모르긴 몰라도 3일째, 4일째 많이 나왔을 때니까, 4일인가, 4일쨌가 아마 그때였었을 거 같아요. 제가 저 날짜는, 찬호가 아니고 그 당시는 나중에 준형이였으니까, 바뀌었다 하고 와서, 지금 진상[규명]분과장이 왔더라구요, 왔더라고 저한테, 자기가 그랬다고 바뀌었다고. 그 얘기를 들었죠, 와서 나한테 직접 얘기해서 난 알았어요, 모르고 있다가.

면담자 그때 외에는 시신이 바뀌거나 다른 사고는 없었나요?

찬호 아빠 딱 준형이만 그랬고, 한 번 그럴 수 있었다라는 얘기는 한 번 더 나왔죠. 그게 뭐였나 하면 목포에 한국병원이었을까? 병원에서 얘기가 나온 게 아니라, 가족들끼리 그게 소문일 수도 있고. 거기에 영안실에 들어가 있고 검안 확인하고 했는데, 인계하고 데리고 갈라 그랬는데 고 영안실 번호에, 그거는 아마 소문일 수도 있을 거 같은데, 영안실이 있으면 다 이게 벽이 있었을 거 아니에요, 칸이. 근데 고게 아마 잘못 확인해서 "누구냐" 이런 얘기가 나왔었던 거 같은데, 그 안에서 아무튼 처리는 된 거 같아요. 근데 그것을 누군가가 얘길 했어요. 그래서 있다가 "우리끼리래도 기본 절차는 지키고, 가급적이면 엄마들이 유전자가 더 정확하고 빠르다라고 하니까, 직접적으로, 직접 그 부스가 만들어지고 거기서 가족들이 참여해 주고 그렇게 하자" 이렇게 됐었던 거죠. 한 번은 준형이가 바뀌었고, 한 번은 저는 바뀐 사실은 모르고 그 말이 한 번 더 나왔어요. 그게 아마 제 기억으로는 한국, 목포에 있는 병원이 한국병원인가? [목포]한국병원이었을 거 같아요.

근데 그게 병원 측에서 나온 것도 아니고 정부 관계자가 얘기한 것도 아니고, 가족 중에 "그럴 뻔 했다" 이런 얘기가 은연중에 나왔었던 거 같고, 그거는 확인이 안 되는 사항일 거 같아요. 왜? 그거 말고도 워낙에 유언비어들이 많았고, 하다못해 "아이들이랑 전화 통화가 됐다" 그 내용이 한 번 있고 언론에도 나온 적이 있을 정도였는데, 그래서 내가 가서 쫓아가서 물어봤어요, 직접 통화했냐고 했는데 안 보여주는 거야. 그래서 사실은 엄마였기 때문에 마음 아팠고, 솔직하게 표현하면 별에 별 사람이 다 있었잖아요, 거의 이성적이지를 못했으니까. 그런데 나는 이미 엄마가 거짓말하는 거 같단 느낌을 받은 거예요. 왜? 그랬으면 공개를 해야 되잖아, 공개를 하고 기자들 붙잡고 자꾸 얘기할 게 아니라 통화를 했으면 봐야 될 거 아니야 통화 내역을. 〈비공개〉 근데 그때 그걸 보여달라 그러는데 옆에서 많은 사람들이 제재를 하더라고. 그냥 확 모여 있는 거야, 엄마들이 울고 "전화 통화 됐대요" 이러면서.

그래서 확인을 하고 싶었는데 못 했어, 보여주지도 않았고. 그런 것들이 있었고, 되지도 않은 사항들도 얘기하기 부끄러운 것도 많았고. 서로 자기 자식 먼저 찾게 해달라, 상황실 끝나고 왔는데 쫓아와 가지고 "내 아이, 여기부터 먼저 수색해라"부터 시작해서, 솔직하게 있는 건 있었다고 해야 되잖아. 대표 중에서도, 그렇게 하면 안 됐었거든. 근데 그런 얘기를 한 사람도 있어요, 자기 자식 격실 먼저 수색해라. 거꾸로 얘기하면 저는 우현 쪽에 수습하기 전에 유리창을 깬다라는 얘기 나왔을 때, 첫 방이 찬호거든 찬호가 거기 있을 거 같은 거. 깼을 때 유실되면 어떡할 거야. 창문을? 가서 달래서 안고 나와야 되는데 깰 수밖에 없다라고 얘기 나왔을 때는 엄청 불안했던 거야. 그래서 그때는 거기에 연락까지 했어요, 제가 "진짜 유실돼서는 안 된다". 뭐 이렇게 그런 것도 참 들춰내기 싫은 그런 것도 많죠. 어떻게 저럴 수 있나, 이런 식으로 다 저건데, 자기의 권리주장만 하고 싶어 하는 사람들이 당연히 있죠. 부모니까 그런 부분이 많았어요.

면담자   팽목항 상황실에서는 그날그날 브리핑을 받으신 거죠?

찬호 아빠   최상환이가 오면서부터.

면담자   그럼 제대로 언론에 보도가 되지 않고 있다는 것을 아셨을 거고, 체육관이나 팽목항 기자들에게 물어본다든지 싸운다든지 하신 적은 없었나요?

찬호 아빠   했죠. 기자들 휴대폰 많이 망가졌을 거고 카메라 많이 부서졌을 거라고 하잖아요. 딱 한 가지를 얘기를 드리면 기자들도 못 믿었죠. 내가 나름 만나서 그 상황을 공유하자고 했을 때 김병권, 김형기, 빛나라 아빠, 해화 아빠, 해화 아빠가 나한테 얘길 한 거 같아요. "심층취재, '그것이 알고 싶다', '그것이 알고 싶다'에서 가족들 인터뷰 요청이 들어왔다"라고 얘기를 하는 거예요. 그래서 해화 아빠가 나보고 "찬호 아빠가 이거 대응하면 되겠다" 이렇게 했던 거예요. 사실은 상황실에서 회의할 때 그 영상들을 보면 주로 말을 거의 제가 다 해요, 상황실에서. 왜? 빛나라 아빠 같은 경우에는 욱하는 성질이 있었지만, 말을 조리 있게 하거나 그렇지는 않았어(웃음). 그냥 말을 하고 싶은 게 있는데 그게 잘 이게 안 돼서 주로 말을 내가 많이 하는 편에 있었고, 두 번째 말을 그래도 조리 있게 한 게 이수하, 세 번째가 이용기. 따지거나 이런 거는 이용기가 잘했고 그랬던 거 같고, 그랬었어요. 그리고 아마 지금 현재로 내가 생각하면 그 당시에 우리 지금 예은이 아빠, 유경근 씨 같은 경우가 아마 나랑 쪼끔 미리 친했었으면 거기에서 외려 많이 좋지 않았겠냐 [싶어요].

면담자   그때 예은이 아빠는 어디 계셨나요?

찬호 아빠   거기 있었죠, 팽목항에. 팽목항에 있었는데 제가 실수 한 번 한 적 있어요. 내가 뭔 얘기를 하는데 뭘 질문을 해가지고 "너 나가" 이렇게 해가지고 화나고 한번 나가고 그다음부터 안 들어왔어요, 며칠 동안을. 근데 나는 그게 호근 씨가 사촌지간인 것도 그다음에 알은 거야. 나중에 호근이가 얘길 한 거야. 그래서 혹시 나를 불신했을 수도 있었을 거고, 나중에 알은 거죠. 나한테 "이거 하지 마라", 근데 저는 그게 용납이 안 되거든요. 바지선에 가 있는 사람들이 수습이든 현재 상황을 계속 톡으로 나한테 보냈어야 돼. 안 보내면 그게 용납이 안 되는 거[예요]. 첨 보는 사람인데도 "해서, 보내" 그러면 몇 시 몇 분에, 톡이 시간이 남으니까, "지금 뭐 하는 중" 그다음에 "잠수사 1조 투입" 그다음에 "2조 투입" 이렇게. 그다음에 "수습", "한 명 수습. 남자로 추정", "수습" 이런 식으로 계속 톡을, 밤새도록 잠을 안 잤어요, 거의. 그리고 잠깐 앉아서 졸다가 보고 나가고 이런 식으로, 아무튼 그랬던 부분이 있어서 주로 그런 부분이 있었다라고 하고.

그러면서 아마 해화 아빠가 얘기를 해서 "알았다". 근데 조건이 있었어요. 결론은, 안 했어요. 계속 그렇게 거짓이 나가고 있었는데, '그것이 알고 싶다'에서는 뭐였었나 하면 "진짜 있는 그대로 내보낼 수 있냐?" 기자들, 왜 기자들을 우리가 그냥 쫓아냈겠어요. 취재를 했는데 이상한 것만 나오고 제대로 된 현실이 안 나오니까, 이 새끼들 다 나쁜 놈, 정부 같은 편이다 이거지. 정부랑 짜고 정부가 언론을 장악했다. 보편적인 성인이나 어른이면 누구나 다 그렇게 피해 가족이 아니더라도 현장에 와서 보면 누구나 그렇게 판단할 수밖에 없는 거예요. 오죽했으면 실내화 사 오고 그랬겠냐고, 예? 그래서 '그것이 알고 싶다'는 정확하게 뭐라고 얘길 했나하면, "이게 그대로 나갈 수 있냐"라는 부분. 제가 해화 아빠한테 "우리 취재하고 다 좋은데, 그게 그대로 데스크에 나갈 수 있겠냐?" '그것이 알고 싶다'[에서] 그때 취재 하겠다고 가족 대표단이 있으니까 연락을 해서 온 거예요.

대한변협도 대표단을 통해서 "만나겠다" 이렇게 연락이 왔었던 거고. 나름 오면 그렇게 하니까, 오면 불러오니까 사람들을. 누가 왔는데, 누가 왔는데 하다못해 국회의원이 와도 "너 꺼져" 이렇게 하더라도, 인사차례로 오는 사람들도 그 정도였으니까. 근데 뭐라고 얘기했나 하면 "자기들이 취재는 정확하게 하는데 그게 그대로 방송이 되는지는 장담을 못 한다". 그거는 결론은 '보도국에서, 데스크에서 짤릴 수도 있다' 이 얘기를 한 거예요. "그럼 필요 없어. 꺼져" 이렇게 됐던 거죠. 그니까 전 따른 데는 관심 없었고, 적어도 그 당시에 '그것이 알고 싶다' 피디들 보면, 짤리고 자기들도 소송을 하니, 이런 거는 기본적으로 사회생활 하면서 들은 바가 있고, 심층취재고 아주 강력하게 정부든 뭐든 비판할 때는 하고 하니까 '저 정도는 해야 되겠다' 그랬었는데, 결론은 그 답변도 장담을 못 하니까, 그래서 안 했어요.

면담자   체육관 쪽 말씀을 들어보면 사찰이나, 프락치들이 많이

있었다고 들었는데, 팽목항에서도 같았나요? (찬호 아빠 : 팽목항에도 마
찬가지였죠) 그리고 아이들이 나올 때, 몸에 핸드폰이라든지 이런 것들
이 다 없다든지 하는 것도 그때 발견이 됐었나요?

찬호 아빠   글쎄, 그거는 제가 아는 대로 얘기하면, 나중에 알은 바
가 있고, 일단은 아이들 실제, 제가 상황실 바로 옆에 있었기 때문에 가
족들이 같이 가달라는 사람이 많았어요. 나중에 알았다 그랬잖아요, 아
한부모가정이 많은 것도 난 몰랐고. 〈비공개〉모 엄마 같은 경우에는
자기 전 남편이 왔는데 "막아달라", 그리고 "같이 가달라, 검안소에".
근데 나는 '내가 가족 대표니까 나한테 부탁하는 거구나'라고 생각을
해서, 집사람 있고 ○○이가 있고 동생이 있었지만, 많이 같이 가줬어
요. 하물며 호진이, 이용기, 호진이 나왔을 때도 호진이 아빠가 나보고
같이 가달라 그랬거든. 그랬고, 수빈이, 최대광 씨도 같이 가달라고 그
런 게 있었어. 그래서 내가 '나는 가족 대표니까 나한테 그러나 보다.
13인의 대표 중에 그래도 가장 상황실 옆에 있고, 좀 그래서 그랬구나'
싶었는데, 저도 찬호가 아닌 걸 아는데 보고 싶지 않죠.

근데 너무 많은 아이들을 본 거예요. 그게 제일 사실 싫었고 솔직한
얘기로 찬호가 아닌 걸 알면서, 그 아이들을 본다는 거 자체가 되게 싫
었어요. 나 스스로도 찬호를 기다리고 있는데, 찬호는 없고 따른 아이
들을 자꾸 계속 같이 봐준다는 게…. 다 희생되고 제대로 된 모습이 없
잖아. 근데 그걸 누가 보고 싶겠어요, 그랬었던 경험이 있고…. 왜 그랬
는지는 몰르지만 나중에 알게 된 거지. 그런 부분이 많아서 나중에, 나
중에 알게 된 거죠. 그래서 '아마 그런 것들이 많았었겠구나. 한부모가
정이 많고, 그랬었겠구나'라는 생각은 나중에 하게 됐어요. 정확하게

물어봤던 질문이 뭐였지, 근데 교수님이?

9

사찰, 정보 은폐

면담자   사찰을 하고 있는 사람들, 그리고 아이들이 나왔는데 핸드폰이 다 없다든지, 이런 식의 이야기들이 있었거든요.

찬호 아빠   많이 봤었고, 실제 아이들 저거 할 때 그게 있는 것도 있었어요. 누가 하나도 못 봤다 그러면 본인은 못 봤을 수는 있으나, 아이들 보면 일단은 여기에 기본적으로 닦고 해서 검안소에는 시신만 이렇게 있는 거거든요. 근데 거기에 같이 있었던 거는, 같이 있는 경우도 있었어요. 그게 휴대폰이라고는 이야기할 수는 없으나, 쉽게 말해서 가방을 얘가 이렇게, 뭐라 그러지, 요걸 하고 있었던 부분이 있고, 라이프자켓[재킷], 수습됐을 때는 라이프자켓을 입고 있었는데 라이프자켓을 벗긴 거 아니에요? 벗기고 검안소에는 애들이 와 있는 거거든요. 그래서 의혹 제기한 게 주아였나? 그 엄마가 나중에 나한테 한 얘기가 있어요. 분명히 사진 상에 이 라이프자켓에, 얘는 노트거든요. 그니까 뭐냐 하면 휴대폰이 작지 않고 노트면 크잖아요. 고 자국이 선명하게 있어요. 선내에서 찍었던 사진 그걸 보여주면서 저한테 와서 "분명히 얘가 나올 때 고 자국이", 휴대폰 자국이 선명해요, 나도 봤고. "근데 실제 수습을 할 때 휴대폰이 없었다" 이렇게 얘기한 거는 그 이후에 들은 적은 있었고, 암튼 그랬던 거 같아요.

그래서 아예 그런 의혹을 얘기했던 게 뭐였나 하면 실제 아이들이 왔을 때 주머니에 아무것도 없거나 그러지는 않았거든요. 그 정도로는 모르고, 휴대폰 같은 경우에는 거의 못 봤어요. 아이들 검안소에 있을 당시에 제가 봤을 때도, 많은 아이들을 봤다라고 했지만, 아이랑 같이 수습하면서 휴대폰을 같이 그 현장 자리에 놔둔 거는 못 봤기 때문에 휴대폰에 대한 거는…. 가방 같은 거는 봤어요. 보고, 따른 것도 있어요. 아무튼 있는 게 있었지만 휴대폰은 제 기억에도 한 번도 본 적이 없어요.

그러기 때문에 수습하면서 라이프자켓이나 같이 있었을 텐데 왜 유독 휴대폰 같은 경우는 없었을까? 고거에 대한 불신은 저도 아주 강하게 가지고 있죠. 왜? 주머니 속에 있었으면 그대로 나왔어야 되는데 휴대폰도 그러면 같이 인계가 됐어야 되는데 초기에 그러지 못하고 나중에 이의제기하고 이러면서 그때부터 휴대폰들이 며칠 지나고 나서 휴대폰이 나오면 휴대폰에 대한 부분도 가족들에게 절차 받아서 인계하고, 이런 행위가 일어나죠. 처음 한 3일간은, 3일이 아니라 3일, 4일, 4일 짼가가 많이 아이들 올라올 때였었거든요? 그럴 때도 제가, 제 기억에도 휴대폰을, 검안소 안에 아이들 시신과 같이 옆에 있는 휴대폰을 내가 본 적이 없어요. 그래서 휴대폰에 대한 부분은 가족들이나 누구나 그런 오해의 여지, 의심은 충분히 할 수 있고, 그건 진짜 의심이 될 만하고, 그걸 강하게 제가 나중에 올라왔을 때, 따른 아이가 찍은 사진에서 포렌식 하고 나서, 김인성 교수가 포렌식 하고 나온 사진을 확보해서, 이거 자기 딸인데 분명히 요때 찍었을 때 요기에 딱…. 그건 그다음에 그런 부분까지 나왔던 부분이에요.

면담자   아버님도 시신을 보았지만, 휴대폰을 같이 보지는 못하셨다는 거죠?

찬호 아빠   그렇죠, 시신 검안소에 뭐라 그럴까 요런 가방은 같이 있는 게 있었어요. 그걸 요렇게 덮어놨는데, 요렇게 하면 그게 있는 건 있었어요. 그거는 봤는데, 이 검안소라는 게 뭐냐 하면 그냥 이렇게 평평한 여기에, 이렇게 공간을 띄고 시신을 그대로, 아이들을 요렇게 놓은 거예요. 그래서 요렇게 돌면서 육안으로 다 아이들을 확인할 수 있고 그랬던 거거든요. 바닥에 이렇게 평상처럼 룸 만들어놓고, 그러고 나서 확인을 해야 되잖아요. 그니까 이렇게 덮여져 있으면 맨 처음에 가서 그걸 할 때는 준비가 다 끝나면 얼굴 부위는 이렇게 내려요. 그래서 먼저 확인을 하는 거야. 확인을 하고 맞다 그러면 더 이렇게 보고, 혹은 다른 다리든 뭐든 요렇게 다시 들어서 요렇게 걷어서 보고, 그런 거였기 때문에 가방은 제가 본 기억이 있고. 근데 아이들 시신과 만약에 휴대폰이었다면 고 옆에 이렇게 놔져 있는 거는 단 한 번도 본 적이 없어요. 가방은 본 적이 있어요, 이렇게 메고 있었던 부분. 이렇게 내리니까 가지고 있더라고. 옆에 이렇게 가방이 있는 거야. 고거는 본 적이 있어. 아무튼 가방이 있더라고. 요걸 걷으니까 요기에 고게 있었어요.

면담자   사찰이라든가 정보가 공개되지 않고 은폐되고 있다는 느낌을 받으신 적도 있으신지 궁금합니다.

찬호 아빠   그 느낌은 강하게 있는 게 뭐냐 하면, 첫 번째는 그냥 세안도 안 시키고 수습됐었기 때문에, 그 아이들을 수습됐었기 때문에, 고거는 가족들도 나중에 그런 부분에 있어서는 직접 수습되신 분은 포렌식을 요구해서 맡기고 우리가 했잖아요. 그랬듯이 처음에는 그게 안 돼 있었지, 세안을, 그걸 우리가 "아주 기본 예의도 안 돼 있다"라고 난리를 쳤었던 거고. 그리고 나서 기본적으로 수습이 되면 세안을 시켰어요. 바로 거기서 팽목항으로 저걸 한 게 아니라, 기본적으로 거기서 1차 세안을 시켜서, 시키고 나서 그 시신을 요렇게, 뭐라 그럴까, 요구했었던 부분 있잖아요. 그거를 1차 하고 2차 팽목항에 도착하면, 도착하면 거기에 간이 [안치실] 저게 있었어요, 준비가 돼서 거기에서 한 번 다시 확인하고, 이렇게 계속 나올 수 있으니까 한 번 더 그걸 하고 왔어요, 거기서. 그랬기 때문에….

면담자   바지선에서 보고를 받으면, 해경이 팽목항까지 와서 거기서 세안을 시키나요?

찬호 아빠   가만있어 보자, 그게 바지선에서 그걸 기본적으로 다 하지는 않았을 거구요. 그리고 수습이 되면 바로 이동이었기 때문에, 바지선에 가족이 있는데 가족 앞에서 그걸 하지를 않았어요. 그래서 3009함이든 그쪽으로 이송을 해서 기본적인 걸 하고 옮긴 거지, 바지선에서 세안이든 그걸 하거나 그러진 않았어요. 그러진 않았고 그쪽 3009함 쪽에서 기본적으로 해서 신체 특성, 특징이라든가, 기본적으로 3009함이죠, 거기가. 계속 저기 했던 게, 3009함이 가장 그 당시에는 거기에 저거 하고 있었던 거니까 고기서 하고, 특징이라든가 그거 먼저 다 체크를 하고, 그러고 나서 이미 이송을 할 때 상황실에서도 똑같은 내용을 게시를 해서 가족들이 보고 확인할 수 있게끔 그렇게 하고. 팽목항에 도착하면 기본적으로 다시 한 번 더 뭐라 그럴까, 이거 직업[적으로] 시신 수습하는 고거를 다시 놓고, 고기서 다시 한번 확인하고. 이송해서 이렇게 놨던 거예요, 그 절차로.

면담자　　　　팽목항에서 프락치로 의심되는 사람하고 싸우기도 하셨나요?

찬호 아빠　　　아, 엄청 많았죠. 그거는 매일 있는 거고, 그 싸움이야 매일 있는 거고. 그니까 오죽했으면 가족들 확인할라고 [명찰] 패용을 하고, 정복 입고 덤벼들면 그야 멱살잡이하고 밀고 때리고 해버리죠, 되도 않은 놈들. 그니까 정보관들 이런 애들은 다 사복 입는 거고. 그니까 쉽게 거기에서 해경차장이나 말 그대로, 기본적으로 그 밑에는 거의 정복을 안 입어요. 다 사복이라고 보시면 돼요. 정보관들은 다 사복, 일명 등산복 같은 그런 것? 그다음에 그냥 일반 복장들. 다 등산복을 입는 것도 아니고, 기본적으로 차장 밑에 국장, 과장, 경비과장, 계장 이런 애들은 기본, 등산복보다는 거의 그냥 일반 사복 같은 걸 더 많이 입고 있었죠. 많이 입고 있었고, 주로 밑에 있는 정보관들은 거의 등산복이나 요런 걸 많이 입었었던 거 같고. 심지어는 기자들도 가족 옆에 어떻게 해서 붙어서 내용 들을라고 그런 행위들을 했었고, 가장 나쁜 게 뭐냐 하면 잠수사들. 어마어마한 잠수사들이 오잖아요, 어마어마한 잠수사들. 그담에 119 구조대. 그게 그때 서울이었나? 그 배를 타고 내가 한번 나갔다 오거든요, 맨 첨에 아주 초기에 수색할 때. 근데 온갖 잠수사들이 와가지고 찾아와요, 가족 대표들. "쟤들 능력 안 되고 자기[가] 들어갈 수 있다" 이렇게 서로 권리주장 하고 기념사진 찍고. 〈비공개〉

아무튼 잠수사들이라고 해서 엄청 사실은 찾아왔어요, 자기들이 최고다, 자기들이 할 수 있다, 이렇게 해서. 〈비공개〉 다이빙 벨 같은 경우도 그랬고, 언론도 그랬고, 그다음에 하물며 제가 그래도 저거 했던 건 손석희, 그 민간 잠수사 다이빙 벨 보도한 거 가지고 기분 나빠 가지고 내가 실망을 했고, 걔 철수할 때도 지키라 그랬어요. "헬기 타고 가, 3009함으로. 이 새끼 나오면 안 돼. 다이빙 벨. 이 새끼 나오면 안 돼. 철수하지 말라 그래. 기다리라 그래. 그리고 타. 빨리 헬기 타고 가. 넘어가". 헬기 대고 그때 대표 누구 보냈어요, 제가. "지키고, 너 바지선 나오지 마, 너네". 바지선이, 다이빙 벨을 일단은 추종하던 가족들은 요쪽 바지선, 그담에 기존부터 계속 우리랑 연대했던 거는 요쪽 바지선. 얘들이 빠진다는 거야. "다 있으라 그래. 나오지 말고". 그런데 다 나와버렸어요, 이 새끼들. 헬기에다 배 대라 그래 갖고 나오고. 그담에 얘는 철수하지 말라 그랬는데 분명히, "철수를 이미 시작했다"라고 연락이 와요. 그래서 최성환 차장한테 얘기해서, 내가 가만히 생각하니까 "빨리 가라 가족들. 글로 가, 넘어가고. 이 새끼 어느 쪽으로 나오는지, 그냥 가면 안 돼. 팽목항으로 오라 그래. 그리고 오면 내리지 못하게 붙잡아". 그때 취재들 서로 난리가 났거든.

"김종인[이종인] 대표, 어디로, 목포로 들어갔는지 어디로 갔는지 빨리 파악해". 근데 팽목항으로 오기로 했다 그래요. "오면 다 막아. 막고, 직접 얘기 들을 거니까. 들어갈 거야" 그리고 혹시 이 새끼 (웃으며) 튈 수 있으니까 헬기 시켜서 보내요. 헬기 타고 가고, 아무튼 출발했대. 그리고 연락을 받아요. "팽목항으로 들어오겠다", "알았어". 그러면 우리 그때 가족 대표단 몇 명 있었고 "직접 만나서 얘기 들어볼 거니까, 다 막아. 언론도 다 막고. 배 대면 배 타고 직접 만날 거야, 김종인[이종인]". 그래서 그때 가족 대표 한 네 명 올라갔을 거예요. 김종인[이종인]이 도착하자마자, 그래서 얘기 듣고, 저거 할 거는 아니니까, 그 당시에 실제 "너 진짜 잘못된 거야. 그렇게 자신 있고 책임 있었으면 인마, 해

193
•
2회차

내야지. 왜 나와 지금. 어? 네 맘대로 하겠다고 떠벌리고 네 맘대로 포기하고 나오는 거야, 인마?" 이렇게까지 내가 싫은 소리 한마디 하고, 더 이상….

면담자   그때 뭐라고 그러던가요, 이종인 대표가?

찬호 아빠   "해경이 제대로 안 도와줬다", 맨 처음에.

면담자   그 다큐에서 나오는 거랑 똑같이?

찬호 아빠   그렇죠, 그대로 계속 그런 얘기해 대고 있고. '실제 그림 할 수 있냐 없냐'에 대한 답변도 못 하고, (한숨 쉬며) 그리고는 그냥 얘기하고는 그냥 그 배에서 내렸어요. 내리고 그다음부터는 우리 앞에 얼굴도 안 비쳤지. 집행부 앞에 얼굴 한번 비친 적 없어요, 걔는. 왜? 이미 그 당시에 얘기할 때 안 믿죠. 근데 그것을 어떻게든 해줄라고 한 부분에 대해서, 싫어하는 건 아니지만 그런 행위들, 그게 자기의 뭐라 그럴까 자기만의 PR[선전]밖에 안 되는 거 같고. 지금 뭐 하는 건지 나[는] 이해를 못 하겠는 거예요, 걔 횡설수설하는 게 되게 아무튼 기분 나쁘고. 갔는데 앉으시라고 해가지고 앉아서 얘기한 3, 40분 했는데 더 이상, 똑같은 얘기하고, 들을 내용도 없고. 솔직한 얘기로 "너 꺼져. 넌 인간도 아니고. 너 시키 앞으로 오지 마" 이런 정도 수준이었어요. 엄청 실망했고, 그거를 집중적으로 다뤘던 손석희가 열받는 거야. "전화해 봐. 얘 어딨나", 솔직한 표현으로 "올라왔어요, 이미, 서울로", "전화하라니까. 사과방송 하라 그래. 왜 그랬는지". 그래서 죄송하단 얘기를 들었대. 내가 직접 통화는 안 하고, 내가 바꾸라 그랬거든, 나 전화 달라고 그랬는데, 뭐 땜에 그랬는지 몰라도 전화 통화를 했는지는 모르겠는데 아무튼 미안하다고 그랬다 이거야. "왜 방송 그따구로 하냐. 그래서 지금 며칠 까먹는 거냐, 지금. 이 귀중한 시간에", 아무튼 저는 그랬었고.

10
반별 모임, 꽃빛공원 봉안 문제

면담자　첫 반별 모임이라든지 이런 건 어떻게 구성이 되게 된 거였나요?

찬호 아빠　반별 구성은 뭐였나 하면, 일단은 아이들 팽목에 있을 때는 13인의 대표가 있었다 그랬잖아요? 근데 문제는 우리 아이들이 신분증이든 뭐든 나오는데 가장 정확한 건 반이잖아. 그런 게 있었고 반대표로 구성된 거는 사실은 그 이후에 한 거예요. 가족대책위가 꾸려지고 여기 와서 (면담자 : 안산에 와서?) 안산에 와서 한 거고, 팽목항에서야 집결하고 할 때 몇 반 몇 반 그게 편했으니까, 그 정도 수준이라고 얘기해야 될 거 같구요. 그래서 우리 신분증 패용하거나 할 때 반별로 정리를 했으니까, 그렇게 반별로 나눠서 몇 반 몇 반 몇 반 이런 식으로 진행이 됐었던 거고. 그담에 뭘 취합하거나 뭘 할 때 "나는, 나, 누구, 7반에 찬호 아빠", 누군지 모르니까 얼굴은 알아도 고 정도의 정리 개념에 반 개념이 있었지, 반 대표를 거기서 만들고 그런 거는 없었어요.

면담자　반 모임도 없었나요?

찬호 아빠　반별로 친한 사람들이 있을 수는 있으나 [반 대표나 반별로 모이고 그런 거는 없었죠. 제가 올 때까지도 없었어요, 30일 동안.

면담자   명찰은 언제부터 달기 시작한 건가요?

찬호 아빠   글쎄, 고거는 정확하게 기억이 안 나요, 날짜로는 기억을 못 하고. 그때는 지금도 내가 얘기하면서 이 얘기도 하고 저 얘기도 하고 이런 게 하루 24시간이 아무튼 정신이 없었으니까. 너무나 많은 사항들이 있었고 매일 그렇게 찾아오는, 언론에서 와서 심층, 자기들이 정확하게 내보겠다는, 아까 '그것이 알고 싶다'부터 시작해서, 대한변협의 변호사들이 "가족들 만나고 싶다"부터 시작해서, 잠수사들 별도로 찾아오거나 자기가 어떠한 게 있다, 자기가 전문가다, 이 해양 쪽에는. 그래서 저거 배를 뭐 낚시줄로 끌어올리니 뭐니 되도 않은 놈, 별의별 놈들이 찾아오니까 정신이 하나도 없었어요.

검안소도 만들어야 되니까…. 근데 그게 뭐냐 하면 해야 될 일을 내가 기록을 한다는 거지. 적는 습관이 있고, 그 친구들이랑 상황실에서 회의하면서도 내가 주장하거나 하는 얘기는 정확하게 이미 다 체크를 해 놓고 얘기를 하는 거야, 회의 석상에서. 그런 식으로 해서 기억을 하다 보니까 정확한 날짜의 개념은 [기록을] 봐야 돼요. 자료에 보면 날짜에 어떠한 그런 것들이 나올 거 같고. 그 반 고걸 해서 패용해서 나눠준 것도 집사람이 계속 목에 걸고 있었던 거고, 나는 한 번도 걸어본 적은 없고. 대표라고 했으니까 누가 봐도 [명찰] 그걸 안 해도 저 사람은 유가족인 걸 알고 있었고 그랬었던 거 같아요. 날짜는 정확하게 기억을 못 해요.

면담자   13인의 위원분들은 하루에 세 번 회의에 모두 참가했나요?

찬호 아빠   아니요. 진도체육관에서 안 온 사람들도 있고, 진도도 상황 브리핑을 받기 때문에 13인의 대표가 매일 모여서 회의를 하거나 그런 경우는 없어요. 진도체육관은 그렇죠. 진도체육관에서 나름 대표라고 하는 사람들은 거기에서 상황 브리핑을 받는 거고, 팽목항은 팽목항대로 상황실이 있으니까 상황 브리핑을 받는 거고, 진도군 안에 범대본은 있고. 근데 그 내용이 듣는데 다르다 그래서, 한번은 그 체육관에 있는 대표들 만난다고 한 번 딱 간 적이 있고. 한 번은 범대본, 진도군청을 내가 한 번 들어갔다 온 적이 있다 그랬잖아요. 고 내용 땜에 그런 개념, 브리핑은 따로따로 다 하고 있었고. 범대본은 유가족들이 있는 게 아니라 범대본은 관계 주무 부처, 해수부 장관, 그래서 범정부 대책 수습 본부가 진도군청 안에 있었던 거고. 상황실이 이래 줬는 건, 진도체육관에서는 체육관에서 상황 브리핑을 하고 팽목항은 팽목항에서 했으니까, 매일 모여서 회의만 한 건 아니고. 내가 지금 얘기하는 거의 상황실의 회의 내용이나 이런 것들은 거의 팽목항 내에 있던 대표들이 거의 참여를 해서 이뤄졌던 거고. 다만 서해지방청장이 전화하거나 그랬을 때는 이용기도 있었어요. 그건 진도체육관에 상주를 하고 있다가 그날은 저녁때 넘어오고 왔다 갔다 하는 사람들도 있었기 때문에, 고 정도 그런 수준이었다. 13인의 대표 명단도 다 있어요, 그리고 업무 분장도 나름 있고.

〈비공개〉

면담자   13인 대표분들의 명단과 업무 분장에 대해 이야기해 주세요.

찬호 아빠   〈비공개〉 저 같은 경우는 가족들도 잘 모르죠. 뭐냐 하면 가족들이 맨 첨에는 대표로 추대하는 사람들도 있었고, 나중에 가족협의회가 꾸려진 다음에도, 장례 치른 날 저는 부위원장으로 선출이 됐다니까요, 이미 안산에서는 가족협의회가 꾸려져 있었고. 팽목항 내용을 하나는 더 얘기해야 될 거 같은데, 나중에 연계될 거 같아서. 찬호를 내가 늦게 찾았다 그랬잖아요? 늦게 찾았는데, 이미 여기 안산에서는 이게 집행부가 꾸려진 거예요, 가족대책위라고. 김병권이가 대표가 됐고, 위원장이 됐고, 김형기 해화 아빠가 수석부위원장이 됐고, 대변인은 지금 예은이 아빠, 유경근, 이런 식으로 쭉 꾸려져 있었어요, 다.

면담자 위원장님은 아이를 찾으시고 올라오신 거죠?

찬호 아빠 그렇죠, 다 올라온 거죠.

찬호 아빠 근데 딱 한 번 내가 화를 내고 저거 했었던 게 뭐였나 하면, 정부합동분향소 이름도 사실 빛나라 아빠, 김병권 씨는 저한테 문자를 줬어요. 다 찾고 올라갔는데 나만 못 찾고 있었거든요, 13인 대표 중에. 그랬는데 서로 저걸 하면서 뭐랬나 하면 여기 정부합동분향소를, [찬호를] 찾고 올라가서, "청해진", 맨 처음에 이름이 그렇게 나왔어요. 그래서 제가 김병권, 빛나라 아빠한테 얘기했던 거는, 통화까지 했죠. "말 같지도 않은 소리 하지 마라. 거기 해운사가 들어가면 안 된다. 이거는 정부합동분향소고, 뭐 세월호, 사고" 그래서 문자로 줘요. "절대 청해진이든 해운사 들어가면 안 된다. 이건 정부합동분향소고. 그담에, 세월호 사고" 이렇게 해서 [하라고]. 그 당시에 이미 거기는 가족대책위가 꾸려져 있고 저는 그냥 대책위의 임원도 아니고 그냥 찬호를 못 찾은 미수습 가족이었죠. 근데 문자로 그렇게 줬어요, 그런 연락을 해줬고.

근데 한 번 딱 내가 화를 내고 다 내려오고 이거 가만 안 놔둔다고 했던 게 뭐였나 하면, 하나 봉안당 얘기가 나온 거예요. 그 당시 수습도 못 하고 있는 상황에서 뭐였나 하면 '꽃빛공원에 2000평, 200평 규모의 3층 건물로 봉안당을 만든다' 이게 언론을 통해서 나오고, "이게 뭔 내용이야. 확인해" 그랬더니까, 안산시 공무원이 "가족대책위에서 안산시에다가 요구를 했다" 이렇게 나오는 거예요. 그래서 내가 "가족대책위 다 내려와" [해서] 그때 처음으로 "이 개새끼 소새끼들" 한 거예요. 한 번도 유가족한테 욕을 한 적은 없고 그리고 친했거든요. 빛나라 아빠든, 밑에 있을 때 처음 만났지만, 아이들 이런 피해 가족으로서 우리가 뭘 해야 될지에 대한 그런 대표들의 [공감대 같은] 저거는 있었거든요. 근데 갑자기 그런 얘기가 나오고 안산시에다 가족대책위에서 그런 걸 요청했다는 거야. 뭐야, 아직 수습도 안 됐고 이게 말 같은 소리를 해야지. 그래서 화를 엄청 냈어요, 그래서 아마 내려왔죠. 〈비공개〉

면담자   그때가 언제쯤인가요?

찬호 아빠   기사 나왔을 때가 있었을 테고, 그게 아마 참사 나고 2주 지나서였을 거예요. 한 보름 이상 지나고 난 다음에 버스 한 두 대로 가족들 데리고 내려왔을 거예요. 내려왔는데 따른 가족들은 나 볼 것도 없고 "집행부 너네만 와" 그래 가지고 한번 크게 그렇게 화를 내고, 그담에 안산시, 그 당시에 김상일 국장, 도원중 계장, 지금은 도원중 과장이고, 김상일 국장은 참사 그 이후에 2016년에 안산시 도시공사 본부장으로 있었던 사람이에요. 국장이니까 정년 하시고, 그분들한테 얘기해서 "안산시에다 정확하게 얘기해라. 이거 있을 수 없는 일이야. 이거 안 돼, 하면. 하기만 하면 나 가만 안 놔둔다, 너네". 그담에 가족대책위도 김병권 위원장이라 그러니까 "명심해라, 너네. 이거 만약에 만들면 나 진짜 가만 안 있는다. 올라가면 너네 다 내 손에 다 죽는다. 하지 마.

절대 안 돼" 이렇게 얘기했었던 거고. 근데 고 때 딱 그 안에서 들었던 사람은, 가족들은, 아까 얘기했던, 정확하게 성호 엄마도 다 들었나는 모르겠어요, 박성호 엄마 5반에. 고 사람들이 있었죠. 그리고 안산시 공무원, 김상일 경제 기획 국장, 그 당시에, 그 당시에 도원중 계장, 지금 도원중 계장은 과장으로 돼 있을 거고, 김상일 국장은 작년까지 안산 도시공사 본부장으로 있다가 지금은 뭐 하시는지 모르겠고, 그랬죠.

면담자   다른 대표분들은 어떻게 결정을 내렸고, 그런 설명은 안 하셨나요?

찬호 아빠   아, 그게 잘못됐다는 건 아니고. 가족대책위가 꾸려졌고, 가족대책위 내에서 임원들끼리 충분히 회의를 해서 결정됐던 사항이죠. 사항이었을 거 같아서 그게 잘못됐다라는 게 아니라, 내 주관은 그게 그럴 단계가 아니었고 그렇게 하면 안 되는 거였기 때문에 그만큼 화를 냈던 거고. 일단 찬호를 비롯해서 아직 수습 못 한 아이들이 그렇게 많은데, 가족 대표로서 약속했던 걸 이행을 안 하는 거예요. 첫 번째, 우리끼리 한 얘기 약속이 있었죠, 근데 그런 얘기는 굳이 하기는 그렇지만. "첫 번째, 아이들 다 수습하기 전까지는 안 올라간다, 안산으로. 두 번째, 아이들 같이 전부 다 모아서 합동 장례 치르겠다", 그게 맨 첨에 대표들 했을 때 얘기였어요, 적어도 우리끼리는. 근데 수습되고 나서 아파하고 힘들어하는 모습을 보니까 그건 아니잖아.

그러니까 가족 장례 치르는 부분은 "그건 아니다. 올라가라". 맨 처음에 빛나라 아빠도 안 올라간다 그랬어요. "나중에 찬호 찾고 다 같이 가겠다" 그랬지, 그 약속 지키겠다고. 근데 제가 가라 그랬어요. "가라. 아니다. 가족 장례 치르고, 나중에 나 찬호 찾고 데리고 올라가면 되지 않냐" 이랬었던 거예요. 맨 처음에는 안 그러기로 했어요. 나도 또한 마찬가지, 나도 또한 찬호 찾고 올라갈 때는 미안한 거예요. 근데 나만큼은 그 약속을 지켜야지 싶었어요. 근데 똑같애. 찬호 수습 하자마자, 찬호는 정확하게 어떻다는 걸 알거든요. 해경 정보관이 나한테 와요, 계장이. 그냥 있는데 와요, 전화한 것도 아니고 쫓아와서 찬호를 찾은 거 같다고. "그래? 그러면 빨리 애기 엄마한테 가서 알려줘" 왜? 내가 애 엄마한테 전달하기가 힘든 거야, 그 얘기를 딱 듣는 순간 담배 피고 있고. "집사람이 제일 기다릴 거니까 내 집사람한테 가서 알려줘" 그러고 나서 찬호 시신이 온 걸 알죠. 근데 ○○이도 안 데려가고, ○○이나 집사람한테도 안 데려가고, 나 혼자 가서 확인하거든.

면담자   찬호 어머니랑 ○○이도 계속 팽목에 있었나요?

찬호 아빠   그럼. 근데 미신적인 것도 있는데요, 그런 행위도 했어요. "집에 가서 문을 열어놓고 오면 온대더라" 그래서 한번 올라갔다 오라고 한 적도 있어요, 제가.

면담자   그럼 현관문을 열어놓고 오신 거예요?

찬호 아빠   문 열어놓고 하는데, 그래서 집사람이 안 가겠다 그래서 다른 사람 시켜서 그렇게까지도 했었고. 찬호 오면 따뜻하게 옷이래도 입혀야 되겠다 싶어서 내려가서 저기, 진도 시내 가서 옷도 사다가 놓고. 얘가 준비가 안 돼서 안 오나 싶어서 미신적인 거지만, 그것도 하고. 그다음에 회사 동료한테 전화해서 "비밀번호 몇 번이니까 가서 집 문 열어놔, 너" 그렇게도 시키고. 그리고 차도, 찬호 깨끗하게 태우고 가야지. 그래서 별의별 얘기들에 그 되도 않은 미속, 그런 거 있잖아요,

차도 깨끗해야 돼. 그러니까 가서 세차도 시켜오고, 안에까지. "가서 세차 싹 해서 갖다놔. 그래야 내일 찬호가 나올 거 같애" 이런 거 다 했죠, 저도 부몬데. 아무리 현실적인 사람이지만 그런 미속적인 거에 저 같으면 안 했겠어요? 그렇게 하면서도 그런 것도 다 했었지, 다 그럴 수밖에 없었겠다.

11
찬호 시신 수습 및 장례

면담자　　　아이들의 합동 장례식을 치러야 된다는 의견들이 있었는데, 왜 그건 안 되게 된 건가요?

찬호 아빠　　　그게 어쩔 수가 없었던 거 같아요(한숨). 내가 얘기하면, 그니까 아까 더 설명을 하면, 그래서 찬호를 확인하고 거기서 1시간 이상 아마 울었을 거예요. 그 해역 갔다가 둘째 날 집사람한테 거짓말하면서, 어렵겠다는 판단하고 그렇게 많이 한번 울고. 찬호 수습한 날 혼자서 거기서 울고 한 1시간 지나서 연락해요. 세수 다 하고 거울 보니까 얼굴 크게 표시 안 나는 거 같아서 집사람 보고 "찬호 맞다"고, ○○ 이한테도 연락하라고, "와서 봐" 그니까 30일 만이니까 이렇게 많이 부었을 거 아냐. 너무 깨끗하게 올라왔거든, 내가 봐도 얼굴만 부은 거야 [다친 데가] 하나도 없고, 표피층만 잠수사가 끌어올리면서 그런 거 같은데 살짝 저거 했고. 그래서 그것도 ○○이든 집사람이든 찬호 형이든 아무튼 봐야 되잖아요. 근데 얼굴만 이렇게 부어 있지 나머지 손 같은 것도, 손톱 하나 했을 때부터 너무 깨끗하니까.

다 보고 1시간 혼자서 그렇게 울고, 울은 거 다 저거, 세수를 몇 번했을 거예요. 그러고 나서 연락해서 "얼굴은 보지 마. 얼굴이 많이 부어 있으니까, 예쁜 모습만, 찬호 예쁜 모습만 기억하고, 나머지는 다 봐", 깨끗하니까 손이든 발이든. 그래서 얼굴만 요렇게 해서 머리까지, 머리카락까지 다 볼 수 있게끔 하고, 고렇게 얼굴만 요렇게 가리고 다 보고. 그다음에 준비해 놨던 옷은 입히기가 불안한 거야. 근데 왜 이 얘기를 하나 하면, 따른 가족들도 다 그랬을 거 같애. 맨 첨에 그런 얘기들을 했지만, 옷을 입히게 되면 혹시나 이게 해질까 봐, 봤는데 살이 불어 있잖아요. 손톱이 하나 없어지거나 이런 것도 없고 깨끗한데 해질 거 같은 거야 부어 있으니까, 옷도 팽팽하게 다 부어 있으니까. 그래서 옷을 벗기지 말라 그랬어요. 그리고 가리고 먼저 다 보여줬잖아요. "준비한 거 옷 가져와" 그래서 옷을 벗길 순 없고, 혹시라도 상처 날까 봐. 그래서 양말도 발 위에다 올리고 아래 옷도 위에다 덮고 위에 옷도 위에다 덮고, 요렇게 그냥 입히지는 못하고 덮어서 그대로 안치를 먼저 하고.

올라와서도 뭐라 그랬나 하면, 왜 5일장을 했나 하면, 전 5일장을 했어요. 한 이유는 딱 하나. 올라오자마자 한 게, 그러고 나서 지금까지 내가 물어본 적이 없다 그러잖아요. 제일 먼저 부탁한 게 고대병원 도착해서 "이 옷을 상처 안 나게 싹 잘라라, 전부 다. 하나도 표시 안 나게, 다, 훼손 안 되게, 옷은 다 짤라내도 된다. 싹 다 짤라서 해라, 쪼금이라도 훼손 안 되게. 그러고 나서 한지로 다 만다, 시신을. 하나하나 다". 이 한지라는 게 예전에 아버지한테 들은 게 있는 거예요. 그런 걸 들은 게 있어서 병원에, 고대병원 도착해서 집사람이 이거 다 뗀 다음에 물어봤죠. 지금 이렇게 살이 부풀어 있는 상태니까, 물을 다 머물고 있고 손톱이 어디 빠진 거는 없지만 다 이렇게 부풀어 있는 것처럼 보이니까, 이거를 장례지도사한테 물어봤어요. "예전에 그렇다 그러는데 요렇게 하면, 요 표피층 같은 게 다 붙냐?" 그랬더니까 그렇다는 거예요. "그러면, 시간이 걸려도 좋으니까 옷을 그렇게 하고 다 말아주셔라. 그리고 쪼끔이라도 살 표층이 떠 있는 게 다 붙게끔 해줘라". 그렇게 해서 한 하루 정도면 다 붙는다는 거예요. 그렇게 해서 장례를 5일장을 치르게 된 거예요, 사실은.

그 행위를 하고, 그 정도로 저거 했었으니까, 다른 부모들도 그러지 않았겠냐 싶은 거예요. 처음에 대표들이 같이하자 이런 얘기를 했지만 실제 아이들이 수습됐을 때는 서로 그런 거야. 근데 어떻게 방치하는 거잖아요, 자기 자식을. 마음은 그랬지만, 나도 그랬지만 '그 전에 사람들도 그럴 수가 없었겠구나' [싶더라고요]. 맨 처음에는 같이 가겠다고 얘길 했는데 그냥 올라가라고 했다 그랬잖아요? 서로에 대한 미안함, 자기 자식을 먼저 찾아와서 먼저 간다는 미안함 그런 게 있었을 거 같고, 친척이나 가족들 간에는 처참한 모습의 아이를 방치한다는 거는 부모로서 있을 수 없는 일이었었던 거 같고. 대신에 나중에 영결식 이런 거는 당연히 다 수습하고 같이 하는 거였으니까 그 약속은 이행됐었던 거 같고. 장례에 대한 부분은 가족장이 자연적으로, 가라 그랬어요. 안 간다 그랬었는데, 누구도 찾았을 때 먼저 가서 미안하다고 이야기하고.

나 같은 경우도 찬호 그렇게 해서 딱 안치하고 가장 먼저 간 데가, [진도]체육관을 갔어요. 팽목에 있는 가족들은 내가 찬호 수습한 걸 아니까 체육관에 가서 아직까지 못 찾은 가족들 만나고, 누구한테 집사람이 가지고 있던 것도 줬죠. 그니까 미신 같이, 쉽게 말하는 해경[이] 저

찬호 아빠 전명선

런 패용하는 그런 금속류가 있더라구요. 그걸 누군가가 줬어요, 누군가가. 그리고 누군가는 자기가 자기 아이 수습해 가면서 나한테 뭘 준 게 있고. 근데 집사람이 그걸 똑같이 중근이 엄마한테 주고, 현철이 아빠도 보고, 다. 그리고는 "먼저 가서라" 그렇게 얘기하고 와서, 다음 날 신원확인이 아무튼 절차는 거쳐야 되니까. 근데 찬호인 거 정확하게 다 알고 이미 끝난 상태에서, 그렇게 하고 올라왔었으니까. '가족 장례를 하더라도 영결 추도식 그런 거는 당연히 미수습자 수습 다 하고 같이 하는 게 맞다' 이런 거였어요. 가족 장례는 그래서 치러진 거 같아요, 누구나 그랬을 거다.

면담자   찬호를 만난 그날이 며칠이죠?

찬호 아빠   5월 14일이죠. 14일 날 찾아서 올라와서 18일 날 장례 했으니까.

면담자   찬호는 어디에 있나요?

찬호 아빠   서호추모공원 245호실, 그랬던 거 같애.

면담자   아버님도 수습 후엔 안산에서 활동하셨나요?

찬호 아빠   그렇죠, 찬호 발인이 5월 18일이에요. 5월 18일이다 보니까, 지금까지도 제일 미안한 게 찬호한테 제일 미안하고, 두 번째 미안한 거는 찬호 형이나 찬호 엄마한테 미안하죠. 5월 18일 날 발인을 하고, 5월 18일이 말 그대로 5·18 민주항쟁, 그러다 보니까. 찬호 생일은 7월 25일이에요. 제대로 찬호 발인 날 한 번도 추모공원을 가본 적이 없어요. 왜? 첫해는 장례 치르고 그때는 서울에 우리가 7월 14일 날 국회부터 시작해서 찬호 생일이었던 7월 25일 날은 행진을 하고 있었고, 다음 해부터 5월 18일은 5·18 민주항쟁, 광주 가서 같이 저거 하고 있었고, 그담에도 그렇고. 같이를 못 하고 고런 부분이 가장 미안하고…. 작년에는 한 번 갔다 왔어요, 하루 미루고. 그런 부분이 미안하고.

면담자　　5월 18일에는 한 번만 가셨나요?

찬호 아빠　　네, 시간이 안 되죠, 가족협의회 [일들이 있으니까].

면담자　　다른 날에는 가신 적이 없으신가요?

찬호 아빠　　다른 날은 가죠. 근데 찬호 기일이나 그럴 때는 못 가죠. 그 날짜에는 꼭 가족협의회 일정들이 있더라구요. 올해도 마찬가지예요, 7월 25일 날 찬호 생일인데 못 갔어요. 그 주 일요일 날 갔지요, 갔다 왔어요. 왜? 그때는 10시에 미팅이 있었고 2시에 2기 특조위 지원소위 회의가 있었고, 그다음에 선조위 전원 회의가 있어서 고거 끝나고 거기 들렀다가…. 항상 그래요, 세 건, 네 건 되니까 항상, 집회 아니더래도. 집회 그렇게 하고 났을 때도 일정이 없는 날은 없어요. 그래서 단 하루도 그렇게 제대로 격식 갖춰서 한번 해주지를 못한 게 그런 게 미안하지. 그리고 찬호는 5월 18일 날 그렇게 장례를 치르고, 영정 사진하고 위패를 분향소에다가 모시게 됐잖아요? 근데 그때까지도 내가 봤을 때는 정신 못 차리고 있더라…. 찬호 수습된 날 다섯 명의 아이가 수습됐을 거예요.

면담자　　누구누구가 같이 그날 나왔나요?

찬호 아빠　　그러니까 민정이, 큰 건우, 찬호도 나왔고 (침묵), 두 명이 더 있었는데 갑자기 기억이 안 나는데.

면담자 　　　 지금 목공소 활동하시는 민정이네인가요?

찬호 아빠 　　　 아니요. 9반에, 9반인가 민정이가 별도로 있어요, 가족 협의회 활동을 안 하세요, 작게 사업 하시고 그런 사람이 있는데. 찬호는 고대병원 1층, 민정이는 2층 그랬었고, 나머지는 아무튼 같이 수습이 됐어도 저게 일정이 다.

면담자 　　　 나머지 분들은 활동을 안 하시나요?

찬호 아빠 　　　 활동 아예 안 하시는 분도 있고, 그다음에 오래돼서 걔 이름을 안 부르다 보니까 (웃으며) 갑자기 지금 이름이, 아이들이 비슷한 이름이 너무 많다 보니까 갑자기 딱 그렇고. 그리고 그때 얘기를 지금, 그 얘기를 할라 그랬던 게 아니고 그때도 내가 화를, 화가 엄청 났었어요, 여기서 장례 치를 때. 고대병원에서 저거 하고 나서 수원, 수원으로 갔을 땐데 연화장에 갔을 때, 갑자기 도착을 했는데 그때도 마찬가지. 교육청에 담당이 있었고 안산시에 담당이 있어요, 각 가정 장례 치를 때. 근데 수원 연화장에 딱 도착을 했는데, 운구 차량에 갑자기 잘 저게, 자기가 "여기까지만 모신다"라고 하고 인사를 하고 간다는 거야. "뭔 소리예요?" 그랬더니까 자기들은 여기까지만 하는 거라 이거야. 말 그대로 화장을 하고 나면 버스로 옮긴다는 거예요. 그래서 "지금까지 그렇게 했냐?" 그랬더니까 그렇게 했대요. 그래서 우리 가족들이, 그니까 가족이 탑승한 버스, (웃으며) "야, 너 여기 담당 오라 그래, 교육청". 그니까 우리 형도 그렇고 우리 집안에 사람들은, 찬호 외할머니나 찬호 친할머니나 찬호가 저렇게 된 건 몰라요. 장례식장도 안 오고, 찬호는 유학 간 줄 아는 거야. 그니까 나머지 형제들은 다 와 있을 거 아니에요, 나머지. 그니까 친엄마, 아니 그니까 찬호 친할머니, 외할머니는 모르고. 오지도 않고 알리지도 않고 장례 치를 때까지도. 그 이후에도 안 알렸으니까.

면담자   지금도 모르세요?

찬호 아빠   모르시죠, 워낙 연세들이 있고 그러시니까. 그리고 아프셨으니까 안 알렸고. 근데 이제 가족들이 말리는 거야. "마지막 날 너 화내지 말라"고, 근데 제 성격은 그게 안 되거든요. 아닌 거는 저는 그 자리에서 절대 덮지를 못 해요. 이거는 예의가 아니거든요. 그래서 그때 교육청에 담당이 왔어요, 안산시 담당도 쫓아오고. 뭐 땜에 그러시냐고 [하길래] "너네 지금까지도 아직 이렇게 했냐? 어? 아직까지 장례가 다 치르지 않았는데, 시신을 운구하고 하던 운구차량이 지금 여기서 간다. 이게 뭔 얘기냐?" 그랬더니까 갑자기 난색을 표하는 거야. 거기서 사실은 엄청 뭐라 그랬어요, 화를 내지 말라 그랬는데.

면담자   왜 그렇게 하는 거죠?

찬호 아빠   그렇게 했다는 거야. "그렇게 해서 장례를 치르기로 한 적도 없고. 아직까지도 너네는 정신 못 차리고 있다. 이게 기본 진짜, 이게 돌아가신 분들, 그다음에 이게 기본적인 예우가 맞냐? 너 부모 장례 치르면 너 이런 식으로 하냐? 이 쓰레기 같은 새끼들아"부터 시작해서 거기 엄청 시끄러웠으니까요. 그리고 회사 동료들이 운구를 했어요. 가족들이 한 게 아니라 내가 다니던 회사, 엄청 많은 사람들이 와 있었을 거 아니에요. 근데 내가 화를 내니까, 많이 제재를 할라 그랬는데 이미 제가 하면 누구도 제재를 못 해요, 아닌 건 아닌 거거든. "지금, 찬호 말고도 있는데, 너네 진짜, 너 이 쉐키들 나 가만 안 놔둘 거야. 누구 맘대로 이따구로 해. 이게 진짜 예우가 맞고 이게 장례 절차가 맞아? 지금까지 다 이따구로 처리한 거야?" 이렇게까지 가니까 난색을 표하고.

지금 큰 건우, 가족[협의]회의 활동하는 큰 건우네도 제가 그렇게 난리를 쳤었거든요? 그러고 나서 운구차가 가다가 다시 돌아왔어요. 근데 그건 있을 수가 없는 거야, 그 정도로. 근데 그때까지도 최초의 수습 과정도 내가 "아비규환이었다", 그리고 제대로 세안도 안 시킨 채로 그대로 망자를 유가족과 언론 앞에서 그렇게 했었던 거고. 수습 하고 나서 가족 장례를 치름에도 불구하고 그건 어디에도 없는 거예요, 있을 수가 없는 거예요. 모르지, 아무튼 내 상식으로는, 내가 지금까지 집에서 제사를 지내거나 하는 그런 우리 조상을 모시는 개념에서는 있을 수 없는 거예요. 우리 부모님을 내가 모셔도 그건 말이 안 되는 거예요. 그리고 교육청, 안산시 공무원이고 배울 만큼 배운 사람들이, 교육을 주관하고 하는 사람들이 기본적인 예우가 안 돼 있는 거예요. 그래서 난리를 쳐서 결론은 그 대기했다가, 됐죠.

면담자　　　같이 들어와서 마무리하는 걸로?

찬호 아빠　　　그래서 그 부분도 내가 나중에 임원 회의 할 때 내가 한 번 얘기한 적 있어요. "정확하게 파악해야 한다" 그랬는데 대부분 사람들이 그렇게 한 거야. 대부분이 아니라 "그렇게 안 했어요" 하는 사람을 지금까지 못 들어봤는 거야. "왜? 나도 그랬는데. 화장하고 받아서, 버스로 이동해서, 뭐 서호추모공원이래든 효원이 됐든 갔는데", "왜 그

209
•
2회차

걸 가만히 있었냐. 엄마, 아빠가 돼가지고" 그냥 그렇게 얘기하고 말았는데 그때도 그렇게 했어요. 그래서 그거에 대한 부분도 나는 나중에는 정확하게, 그건 잘못한 거거든. 그리고 나쁘게 표현하면 진짜 절차와 과정에 대해서 장례비용도 있을 거란 말이야. 누가 그런 식으로 지시하고 누가 그런 식으로 했는지, 그러면 만약에 내가 아는 기준에, 찬호는 그렇게 예의를 갖춰서 끝까지 마저 모셨어요, 건우도 그랬고. 그담에 그날 누구도 있었는데 "다른 분들도 다 그렇게 하겠다"라고 내가 그 자리에서 답을 받았기 때문에, "찬호뿐만 아니라 찬호 친구들, 지금 오늘 장례 치른 사람들, 너네, 똑바로 해" 이런 식으로 [요구했었죠]. "지금 차 오고 있습니다" 얘기까지 들을 정도였으니까, 찬호 차는 이미 가지도 못하고, 그 얘기 나한테 인사하다가 그날 박살 난 거니까.

그것도 나중에는 정확하게 봐야 되고 그 비용에 대한 부분도 봐야 되겠다. 근데 그거는 유가족인, 당사자인, 피해자인 내가 할 거는 아니지만 적어도 그때까지도 그런 행위가 있었던 부분은 저는 지적 안 할 수가 없고. 나중에 누군가는 정부에서 장례비용, 그 장례비용 다 제외되는 거지. 정부가 무료로 대준 거는 아니거든요. 착각하고 있는 거지, 다 그잖아요? 우리가 배·보상 기준에 의해서 나중에 그 장례비용 다 포함된다는 거 알고 있으신 거잖아요. 그렇기 때문에 그런 부분도 정확하게 다 따져볼 필요는 있겠다, 정확하게 정리가 될라면.

그래서 얘기를 하나만 더 하고 넘어가야 될 거 같고, 고렇게 하면 될까요? (면담자 : 아, 네) 그게 그래서 5월 18일이었어요. 18일 날 정부 합동분향소에 찬호 영정 사진하고 위패를 안치할 때, 대기실에 있던 가족들이 많이 와 계셨죠. 그리고 기존에 있었던 친하고 나 알고 지냈던 가족분들, 그다음에 13인의 대표분들[이] 오늘 회의가 있으니까, 총회가 있다 이거예요. 5월 18일이 일요일이었나 그럼? 그때 모르겠지만 아무튼 총회가 있었어요, 토요일이었나 일요일이었나 모르겠지만. 그날 총회가 있다고 오라 그러더라구요. 가족들이 그렇게 함께해 줬기 때문에 내가 당연히 참여하는 건 맞겠다. 그리고 집에 영정 사진, 위패를 안치하고 집에 갔다가 바로 저녁때 와스타디움, 가족회의를 한다 그래서 그날 처음 나왔고, 그날 나온 자리에서 갑자기 부위원장으로, "가족들이 조직적으로 활동하고 해야 된다"이러면서 "일할 사람들이 더 있어야 된다" 그러는데 누군가가 "부위원장으로 찬호 아빠가 일을 해줬으면 좋겠다" 이렇게 그날 당일. (웃으며) 그날 저녁때 갔다가, 총회가 있다고 그래서 갔는데 그날 부위원장이 된 거예요. 그날 투표를 하고 부위원장[이 됐죠]. 그때 그날 총회 하는데 엄청 싸우더라고.

면담자   무엇 때문에 싸웠나요?

찬호 아빠   서로 의견 대립, "네가 뭔데 들어와? 너 가족 맞아?"부터 시작해서, 근데 원탁회의가 만들어졌었고, 총회가 끝나고 밤 11시 정도 돼서 그 사람들이 기다렸다가 원탁회의. 쉽게 말해서 박래군, 참여연대 이태호, 인권재단 '사람'의 소장이었던 박래군, 김혜진 상임, 인권운동가 누구지 미류 씨 이런 사람들이 대거 총회 끝날 때까지 기다리고 있었어요, 가족들 임원들 만난다고. 여기까지 할까요?

면담자   네, 오늘도 이미 많은 말씀 하셨어요. 그럼 오늘은 여기까지 하겠습니다. 긴 시간 여러 말씀 감사드립니다. 다음 3회 차 때 또 뵙도록 하겠습니다.

3회차

2018년 8월 16일

1
시작 인사말

면담자　　　본 구술증언은 4·16 사건에 대한 참여자들의 경험과 기억을 기록으로 남김으로써 이후 진상 규명 및 역사 기술에 기여하고자합니다. 지금부터 전명선 씨의 증언을 시작하겠습니다. 오늘은 2018년 8월 16일이며, 장소는 안산시 단원구 4·16기억저장소입니다. 면담자는이현정이며, 촬영자는 강재성입니다.

2
부위원장으로 가족대책위에 참여

면담자　　　안산에 올라오신 뒤 가족대책위가 결성되고 발족하는 과정부터 시작을 하려고 합니다. 2014년 5월 6일에 4·16 세월호 실종자,희생자, 생존자 가족대책위원회가 발족하였고 결성에 앞서 임시총회가있었는데요. 임시총회 내용과 상황, 그리고 초기 가족대책위원회의 발족 과정에 대한 논의 등을 기억나시는 대로 말씀해 주십시오.

찬호 아빠　　　임시총회가 있었고, 회의 내용, 그다음에 가족대책위가꾸려지면서 그 가족 대표의 역할 그리고 우리가 희생된 학생들의 부모였기 때문에 "총무가 있었고 간사가 있었고 각 반의 대표들로 구성되었다"라는 내용은 저는 팽목에서 페이퍼로 받아봤었어요, 받아봤었고 전화 통화도 있었구. 전화 통화도 있었고 "팽목항을 방문하겠다", 그런내용이[을] 전달을 받았죠. 그리고 아마 안산시를 통해서 "가족대책위에서 팽목항을 방문하겠다" 그다음에 "진도군청을 방문하겠다" 이런 스케줄이 있었고, 그다음에 그 내용 중에 김병권 전 대표랑은 소통을 자주 했었던 편이에요. 전화나 메시지 같은 것도 그렇고 그래서 방문하겠다는 얘길 들었고, 아마 그때 버스로 해서 내려왔었어요. 그때 이미 그렇게 "가족대책위가 꾸려졌다"라는 부분은 페이퍼로 전달받고, 꾸려진 이후에 팽목항에 가족들이 대거 참여를 했죠. 티셔츠도 요청을 한 걸로 알고 있고 버스도 안산시에 요청을 한 걸로 [알고] 있고. 그다음에 "티셔츠의 문구도 한 네 가지 정도로 하겠다" 이런 내용을 제가 전달받은 바가 있어요.

그런데 그걸 아마 안산시가 지원 안 해준 걸로, 나중에는 어떻게 처리가 됐는지 모르지만 초기[에]는 요청을 안산시가 아마 다 받아들여지지 않았다. 티셔츠 제작이라든가 버스라든가 이런 것도 아마 맨 처음에는 다 정확하게 되지 않았던 걸로 파악하고 있고, 그래서 아마 "가족들이 온다"란 얘기를 통해서 '아, 가족대책위가 꾸려졌구나', 대표와 수석부위원장, 나머지 총무와 간사, 총무가 아마 권오현 씨였고, 간사가 김창혼가, 이창혼가였어요. 이창호? 이창혼가 그랬었던 것 같고. 성이[이름이] 아마 창호 씨가 맞고, 각 반에 1반부터 대표들이 있었어요. 당시에 1반 대표가 아마 지금 현재까지, 현재 사무처장 하고 있는 [김종기] 사무처장이었고. 2반 대표, 3반 대표가 아마 지금 집행위원장인 예은이 아빠였고 이렇게 해서 "반 대표들로 해서 구성됐다"는 페이퍼는 제가 연락을 받고 본 적이 있다, 정도로 얘기하면 될 것 같아요.

면담자 　　위원장님은 팽목에 계셨을 때였죠? (찬호 아빠 : 네) 그럼 운영위원으로 참여하신 건 아니었겠네요. (찬호 아빠 : 아니었죠) 김병권 씨가 대책위원장으로 선임된 과정에 대해 아시는 바가 있으신가요?

찬호 아빠　　그니까 일단 가족들, 수습된 가족들이 모여서 임시총회를 해서 그 대책위와 대표가 구성된 걸로 알고 있고, 그 이전에 팽목에 있을 때 같이 활동을 하고 13인의 대표로 있었기 때문에 통화라든가 그런 내용들은 전달받을 수가 있었던 거다로 얘길 해야 될 것 같아요.

면담자　　임시총회를 할 때 김병권 씨 말고 다른 분들도 나왔나요? 구체적인 과정을 알려주시겠어요?

찬호 아빠　　그 과정에 대해서는 구체적으로 알지를 못하죠. (면담자 : 네. 네, 안산에 안 계셔서 직접 안 하셨으니까) 저는 팽목항에 있었고 "가족 임시총회를 한다"라는, 가족대책위 그 당시에는 "가족대책위가 구성을 할 거다"라는 내용 정도? 또한 거기서 대표를 해야 될 사람 몇 명, 사람들 이름도 언급은 들은 것 같은데요? 그거는 크게 중요한 것 같지는 않고, 그렇게 모여서 진행을 할 것이다에 대한 저거였었고. 내가 관심 있었던 거는 그런 부분이 아니라 아직 미수습자들이 있었고, 찬호도 내가 수습이 안 된 사태에서, 한 30명 가까이의 미수습자 가족들이 있었기 때문에, 그 당시만 해도 올 초만 해도 그렇게 많았어요, 미수습자 가족들이. 그렇기 때문에 고 부분하고 정부 상대로 수중 수색에 대한 부분, 그리고 5월 6일이, 5월 4일인가 6일이 아마 박근혜 전 대통령이 팽목항을 방문했었을 거예요. 그래서 그때 5월 아마 6일로 내가 기억을 하는 것 같은데, 회의랑 아무튼 그 연락을 받은 거랑, 박근혜가 온 거랑은 거의 같아요.

　　그래서 그쪽 내용은 내가 사실은 크게, 전화 연락은 받았지만 관심은 없었고, 딱 두 가지였죠. 미수습자들 수습에 대한 부분, 이게 신속하게 이루어져야 되는 부분 하나와 두 번째는 그 지금 봉안당 얘기 나왔던 부분, '그거는 어떻게든 다시 뒤집어야 된다, 그거 있을 수 없는 거다' 내가 강하게 화를 내고 했었다라고 했죠. 그 분향소 명칭까지도 김병권 대표하고는 문자로 주고받을 정도로 "분향소 이름도 그렇게 지으면 안 된다"라고 제가 밑에서 아마 김병권 전 대표한테 내 주장을 얘길하고 문자로까지 서로 의견을 주고받았던 내용이 있다. 그리고 봉안당 그거는 어떻게든 '그런 식으로 진행돼선 안 되겠다'라는 게 내 강한 주관이었고, 대책위가 이미 어떻게 꾸려졌든 간에 부모들 전체가 모여서 그런 대책위가 꾸려졌으면 저 같은 경우는 사실 거기에 속해 있던 임원이 아니었고 기존의 13인의 대표였기 때문에, 아마 서로의 그런 인간관계 혹은 현장에 있으면서 서로의 쌓았던 친분, 하고자 했던 내용 목적은 같았거든요, 참사를 겪은 부모로서. 그렇기 때문에 아마 개인적으로 저한테 연락을 해주지 않았던 건가 싶어요. 그리고 대책위에 대해서 그렇게 구성되는 부분에 대해서는 별도의 생각을 해보거나 그런 것도 없었고 사실 관심이 없었죠, 그 당시에는.

면담자   13인 대표 중에서 여전히 팽목항에 남아 계셨던 분은 위원장님 말고는 없었나요?

찬호 아빠   제가 제일 마지막까지 있었죠. 13인의 대표 중에 가장 마지막까지 있었어요. 없어요, 네. 아마 13인의 대표 중에 고 당시까지 남았었던 거는 저 혼자였을 거예요, 혼자였을 거고. 그래서 아마 나한테 연락을 하지 않았나, 김병권 전 대표가 그런 얘기들을 해주지 않았나 싶고. 여기에서는 그런 회의가 이루어지더라도 회의 과정이라든가

찬호 아빠 전명선

그런 내용은 전달받은 바가 없고, 회의를 하고 나서 짧게 내용이 정리된 부분을 페이퍼로 제가 볼 수 있도록 보내준 것 같아요. 그때 아마 한 2쪽, 3쪽짜리? 그니까 대책위의 구성원 페이퍼 하나, 그다음에 언론 브리핑용이라고 해야 될까, "가족대책위가 그렇게 구성이 돼서 어떤 활동을 한다"라는 내용의 2페이지짜리, 3페이지짜리로도 저한테 전달이 됐었던 것 같아요. 그렇게 기억하고 있고 그 페이퍼가 있을 거예요.

면담자   그러면 나중에 진상 규명과 관련해서 진상규명분과장을 맡으시잖아요. 그건 어떻게 해서 결합을 하시게 된 건가요?

찬호 아빠   그래서 이미 가족대책위는 꾸려져 있던 상태였었고, 찬호를 수습해서 찬호 발인이 5월 18일이에요, 5월 18일 날. 말 그대로 그날 가족총회가 있었고 찬호 발인을 하고 영정과 위패를 정부합동분향소에 모시고 났을 때 가족들이, 대거 집행부 임원들이 함께해 줬었기 때문에 있었고. 그래서 그날 저녁때 "총회가 있으니까 나와달라"고 얘기를 들었어요. 그래서 그날 와스타디움이죠, 와스타디움 총회 장소로 제가 처음 나가죠. 그게 5월 18일, 찬호 발인을 마치고 저녁때 나가서 기존에 집행부라고 했던 사람들하고 인사를 처음 그날 하고, 그 총회 하는 석상에서 총회가[를] 시작했을 때 많이 다툼이 있었어요. 그때까지도 서로의 가족들 간에 [다투었던] 내용들이야 워낙에 많은 사안들이었고. 그 문제는 대책위가 꾸려졌다고 하더라도 회원이라든가 대책위 구성원이라든가는 너무나 다양했기 때문에, 가장 다툼이 있었던 거는 관계, 가족관계에 대한 부분, 그런 걸로 가지고 회의에 참석할 수 있니 없니에 대한 부분. 그런 자격의 문제로 아마 전 집행부와 일부 부모님들의 그런 논쟁들이 있었어요, 논쟁들이 있었고.

두 번째는 일단 총회가 진행이 되면서, 진행되고 중간에 갑자기 "가족대책위가 제대로 활동을 하고 해야 된다" 이런 내용들이 오고 갔었고, 그 내용 중에 제대로 일 하고 할라면 인프라죠, 인력이죠. "인력 구조든 뭐든 그렇게 해서 가족대책위가 조직적으로 제대로 활동을 해나가야 되겠다" 이런 내용의 얘기를 누군가 발언을 했고. 그러면서 "그러면 일할 수 있는 사람들[로] 해서 더 뽑아야 된다. 부위원장 이렇게 추대를 하자" 이렇게 됐어요. 그러면서 "부위원장으로 추대를 하고 싶다"라고 해서, 집행부가 아니고, 그때 대책위가 아니라 총회에 참석했던 부모들 중에 그런 얘기를 했고. 그 얘기가 끝나자마자 누군가가 추대를 했어요. 누가 추대를 했는지는 모르겠고 "찬호 아빠, 전명선 씨를 추대한다, 부위원장으로". 그때는 대표, 부위원장에 대한 개념이 없었었죠.

그날 아무튼 부위원장으로 추대한[된] 사람들이 몇 명이 있었어요. 네다섯 명 나왔었던 것 같은데, 거기서 그 부위원장으로 됐죠. 부위원장으로 된 것도 아마 제가 봤을 때는 계속 팽목에 있어서 가족들이 내 얼굴을 알지를 모를 텐데, 수습 과정이라든가 팽목항, 팽목에 있을 때 13인의 대표, 그다음에 초기에 진도체육관에서 했던 그런 행위들, 그런 것들이 아마 부모들이[의] 머릿속에는 얼굴이 기억돼 있지 않았었나. 그래서 아마 압도적으로 부위원장에 당선이 된 것 같아요. 그날 부위원장이 됐었고, 그 부위원장으로 당선되고 "앞으로 어떠한 각오로 임해야 된다", 그런 얘기도 내가 한 것 같고, 그 자리에서.

면담자　　　부위원장에 당선되시고 어떤 이야기를 하셨나요?

찬호 아빠　　제 얘기는 정확하죠. 이미 미수습자들, 저[는 거기] 있었고, 언론이든 정부든 우리 편이 아닌 건 누가 봐도 당연하게 알 상황이었기 때문에, 찬호 발인하는 그날 당일도 말 그대로 제대로 예우도 못 갖추고 그런 모습을 봤잖아요. 그날 내가 총회에 참석한 날인데 그니까 말 그대로 운구 차량이 그냥 갑자기 가버린다라고 하고, 그건 있을 수가 없는 거거든. 지난 구술 때 얘길 했지만, 그런 걸 봤기 때문에 제 입장은 아마 정확했을 거예요. "이 참사에 대한 진상 규명, 우리 애들이 왜 죽었는지 정확하게 밝혀야 되고 그러기 위해서 가족협의회에서, 우리 가족대책위에서 부모로서 우리가 그 역할을 해나가야 된다", 그리고 법안 그런 얘기도 한 것 같아요. "이거 법 제정을 통해서라도 해야 된다", 그런 내용들이, 그런 항상 머릿속에 있던 [게] 그 발언 내용이었겠죠. 그런 내용으로 발언했었던 것 같아요.

면담자　　　5월 18일경에 이미 세월호 관련 법에 대한 이야기를 하신 건가요? (찬호 아빠 : 네) 이전부터 가족들 사이에서 '우리가 특별법이라든지 법을 만들어야 된다'라는 분위기가 있었습니까?

찬호 아빠　　　대책위 내에서는 모르겠고, 그런 얘기가 있었는지. 팽목에 있으면서 제가 했던 역할이 나름 있어요. 그리고 내가 해야 되겠다는 주관이 있었고. 〈비공개〉 그다음에 그 구조 수색을 위해서 전국에서 잠수사들이 오거나 또 민간 잠수 단체에서 와서 "자기들이 최고다, 들어가겠다"[라고 하지만] 잠수 방식도 제대로 설명 못 하는 그런 사람들[을] 대하면서 이미 아마 그런 결심들이 있었던 것 같아요. 그런 사람들을 봤을 때 속된 말로 믿지를 못하고 "더 이상 너 여기 오지 마" 이런 식으로 표현한 내용이라든가, 그다음에 수중 무슨 협회가 있어요, 해양수중협회 협회장. 이름도 아마 제가 지금 기억을 못 하는데 아마 페이퍼에는 다 적혀 있을 것 같은데, 그런 친구들도 생각하는 사고 자체가 내가 생각하는 사고랑은 달랐다. 나쁜 표현으로 얘기하면 진짜 이걸 사업 수단으로 생각하는 그런 쪽의 사람들이 더 많게 느껴졌다. 왜? 그 사람들 취지가 나쁘다라고 내가 그 당시에 평가하는 건 아주 잘못된 거지만, 피해당사자, 찬호 아빠로서 받아들이는 느낌은, 이미 언론이 그렇고, 정부의 브리핑 내용이든 정부의 거짓된 내용들, 그다음에 언론의 내용들, 잠수사들도 진짜 구조를 하겠다라고 말 그대로 서울에서까지 쫓아 내려와서, 실제 장비도 제대로 준비 안 돼 있고 장비도 없이 가서 그냥 일반…. 저는 스킨스쿠버 경험이 있어요, 그래서 기본적으로 저렇게 깊이까지는 해본 적 없지만, 기본적인 거는 저도 해본 경험이 있어서 이미 알죠. 〈비공개〉

본 취지는 그 사람들도 좋았다라고 하고 그때 여건상이 그럴 수밖에 없었다라고 하는 부분은 지금에 [와서] 생각하면 충분히 그럴 수도 있었다. 해경이든 정부에 대한 지원이라든가, 그런 부분이 없이 총대든 상태에서 본인들이 어느 정도의 현장에 대한 그런 부분이 서로 공유가 되지 않은 상태에서는, 지금 생각하면 그럴 수도 있었다였지만, 그 당시 제 눈에는 다 보여주기식이고 쉽게 돈벌이 대상, 일부 그렇게밖에 비쳐지지 않는 거예요, 그런 불신들이 상당히 많았고. 그래서 이걸 해결할라면 결론은 피해당사자인 우리가 할 수밖에 없다. 그리고 우리 편인 사람들이 있어야 되는데, 지난번에도 얘기했지만 그런 내용이 있는 거죠. 변협 회장이 "만나러 오겠다"라고 했다가 취소가 되고, 언론에서 심층취재로 다루는 그런 언론사를 통해서도 실제 데스크에서 방영이 될 수 있다, 없다는, "사실은 잘릴 수도 있다"라는 표현을 들었을 때, 이거는 의도적이고…. 그 다음에는 정권이죠, 국가에 대해서는 이건 진짜 지리한[지루한] 싸움이 될 것이다.

그리고 우리가 실제 얘기하는, 첫 우리가 도보 행진을 했었던 진도에서, 진도대교에서 가로막혔지만 그때의 공권력하고의 마찰, 국민을 그리고 피해당사자를 그렇게 공권력을 동원해서 막는다는 거는 상식적으로 있을 수가 없었죠. 그리고 그게 진짜 예전 과거를 돌이켜 봤을 때 뭐라 그럴까, 진짜 시위 현장[에서] 돌이 날아가고 화염병이 투척되고, 혹은 당연하게 각목이나 파이프나 이렇게 서로 격렬하게 붙지 않은 상황에서, 말 그대로 아무것도 가지고 있지 않은 피해 가족인 게[걸] 확실히 알고 있으면서도 공권력을 동원해서 막았을 때, 이미 그런 것을 통하면서 그런 결심을 하지 않았나 싶고. '우리가 그런 걸, 내용을 만들어서 부모가 우리가 노력하지 않으면은 어느 누구도 우리 애들이 왜 죽었는지 밝혀낼 수 없다.' 그렇다고 하면 저뿐만이 아니라 대부분 부모님들이 그런 생각하지 않았겠냐 싶어요. 그게 뭐냐면 법적으로 그런 권한이 부여돼야 되고, 가족대책위를[가] 꾸려진 것도 그런 법적인 권한을 부여받기 위해서 아마 우리 피해 가족 부모들이 저기 여기서 모여서 "대책위를 꾸리자"라고 아마 논의됐던 것 같아요.

3
2014년 5월 이후 팽목항에서의 경험

면담자   13인의 대표 중에서 혼자 팽목에 남으셨는데 진도체육관으로 가시진 않으셨나요?

찬호 아빠   저는 그러지 않았어요. 제가 저기 그냥 팽목항에만, 팽목항에 상황실이 있었고, 그다음에 아이들이 수습이 돼도 팽목항을 통해서 수습이 됐기 때문에 팽목항을 벗어난 적은 없어요.

면담자　네. 찬호를 만날 때까지 계속 팽목항에 계셨던 건가요? (찬호 아빠 : 그렇죠) 혼자 상황실을 지키셨나요?

찬호 아빠　그렇죠. 가족분들이 있는데, 쉽게 수중 수색을 할 수 있는 시간이 하루 종일 해봐야 네 번밖에 안 되는 거고, 시간도 상당히 유속이든 혹은 해양, 해저의 그런 기류에 따라서 시간이 워낙에 짧았어요. 짧고 그렇기 때문에 하루 종일 무기력한 시간을 보내는 거예요. 아예 잠수를 시작도 못 할 때도 있었으니까, 아무리 소조기고 정조 시간이라고 하더라도 잠수 자체를 못 하는 그런 시간이 하루가 진짜 한 달 같고 1년 같고 그땐 그랬죠, 다들 그랬을 테고. "불과 한 달도 안 됐는데"라고 표현할지 몰라도 그 하루 1시간, 그다음에 잠수부터 시작해서 수중 수색이 이루어지는 그 시간, 타임까지 기다리는 4시간 정도는 어마어마하게 긴 거예요. 사람이 무기력해지고 감정적으로 너무 힘들어지고 그렇기 때문에 그 당시에 있었던 부모님들이 뭐냐면 술에 의존을 많이 했어요, 가족들이. 나 혼자만 있었던 게 아니라 다른, 팽목에도 미수습자 가족들이 있었어요, 저 포함해서. 근데 저 같은 경우에는 그 상황실 옆에 컨테이너, 찬호 수습해서 올 때까지 혼자 거기 계속해서 있었어요. 필요하면 비용을, 거기서 영업을 할 수는 없는 거니까, 이미 상황실이 만들어졌고 거기에서 여객선 [운영]이라든가 이런 부분, 그런 부분들에 대해서는 있을 수 없는 부분이 있죠.

그 운영 자체가 정상적인 항해 운영 자체는 이미 어려운 상태였었고, 그 "팽목항을 열어달라"고 이제 조도 어민들이 와서 얘길 했었을 때도 저는 거부했어요. "열어줄 수 없다" 정확하게 얘길 했었던 부분이 있고, 대신에 그 어민들 피해에 대한 부분을 정부가 정확하게 지원을 하고 그 많은 구호 물품이 있었거든요. 그걸 아마 제가 직접 그 해수부 장관, 그 당시에, 고 때 범대본에 한번 가서 그 당시에 찬호 수습하기 얼마 전에 어민들의[이] 피켓이라든가 들고 "이제 팽목항을 열어달라" 이런 목소리가 나왔을 때 "불가하다" 그랬어요. "할 수 없다", 대신에 그 항로에 대한 부분을 응급환자든 그렇게 생길 수가 있고 동거차도, 서거차도, 조도 주민들이 피해를 입고 있다라고 하니까 그때 구호품이 어마어마하게 많았어요, 그냥 아주 쌓아져 있는 물량 정도. 제가 그때 는 가족들이랑 논의하거나 그런 말 없었고, 그냥 13인의 가족 대표라고 인정을 하고[받고] 있었기 때문에, 범대본도 그렇고 그 상황실 해경 차 장이든 이미 다 알고 있었기 때문에. 정부 관계자들이[에게] 제가 가서 그 얘길 하죠, "이 구호품은 그 말 그대로 우리가 나눠줄 수 있는 건 아 니고 정부에서 조도 어민들에게 나눠줘라. 다만 팽목항은 열 수 없다. 미수습자들 수습하기 이전까지는" 그런 얘기를 했었던 기억이 있고.

이 말이 옆으로 샜는데 대통령이 왔을 때도 저는 정확하게 기억해 요. 제가 얘기한 거는 딱 세 가지를 얘기했을 거예요. 그때도 가족들이 있었죠. 일단 가족들이 그 말 그대로 수습이 이루어지기 전까지는 대부 분 바다를 바라보거나 숙소에서 그냥 이미 너무나 체력적이든, 처져 있 었던 부분에 대해서 술에 의존을 많이 했고, 제가 술을 많이 못 먹게 했 어요. 그 가족들 중에 아마 나보다 나이가 어린 사람은 아마 없었던 것 같고, "수색이 시작되면 상황실을 지켜라" 그렇게까지, 안 오면 제가 쫓 아가죠. 그리고 필요에 따라서는 수중 수색에 대한 브리핑[을] 매일 하기로 했던 부분도 어떤 때는 제가 혼자서도 받은 적이 있어요. 혼자 앉아서라도 다 와서 브리핑하라 그래요, 정확하게 수중 수색에 대한 부분 [중] 오늘 한 일에 대해서, 그렇게 진행했던 부분이 있고.

그 당시에 마타도어 이런 게 상당히 많았어요. 제일 기억나는 게 뭐냐면 다들 가고 몇 명 안 남았을 때 제가 "구호 물품들을 조도 어민들에게 나눠줘라"를 얘기한 적이 있고, 박근혜가 왔을 때는 세 가지를 얘기했을 거예요. 첫 번째 언론, 아무튼 지금 정조 시간이 가장 좋을 당시, 그때가 아마 만조기가 다가올 때였어요. 5월 그 타임을 지나면 그게 10일인가 13일 정도밖에 아마 여유밖에 없었던 걸로 내가 기억하고, 박근혜가 왔을 때 일주일에서 열흘 내에 수중 수색이[을] 제대로 못 하면 장시간을 기다려야 되는, 그랬기 때문에 첫 번째 요청한 게 그때 날짜를 얘길 했을 거고 "그 기한 내에 진짜, 진짜 총력을 다해서 이 수습을 다 해야 된다"를 요청을 했고.

두 번째는 "사기 떨어뜨리지 말고 언론보도 통제해 달라". 잠수사들[이] 먹을 게 없고 이런 부분에 있어서 그런 부분들이 [언론에] 나가고 잠수사들의 안전, 위험, 안전사고도 있었으니까. 그런 부분들이 나가서 실제 더 이상 수중 수색은 격실이 붕괴되고 이런 위험 요소만 자꾸 언론에 나가면서 "추가 수중 수색은 잠수사들의 안전에도 위험하다" 이런 보도들이 나가고 있었기 때문에. 또한 "잠수사들이 진짜 컵라면 하나 먹고 잠수하고 있다" 그때 언론상에는 다 그 내용이었거든. 그러기 때문에 그 부분에 대해서 그런 언론통제 하고 잠수사들의, 잠수사들에게 "민간 잠수사들이 그런 위험에 처해 있으면 해군이나 해경들을 투입해라"고 내용 얘기를 했을 거예요.

그리고 세 번째는 "직접 방문해라, 여기 왔으면. 바지선에 올라와서 잠수사들 격려하고 가라" 그런 얘기를 했던 것 같고. 그리고 진도군을 통해서는 한창 마타도어가 나오고 언론이[에] 나왔을 때, 제 기억으로 50근인가 수육 그걸 들여보내 주라고 해요[했어요], "필요하면 돈을 주겠다" 이렇게 해서. 돈은 달라고 안 하더라고. 아마 진도군에서 돼지고기 수육, [잠수사들] 먹거리 얘기가 나오니까 50근을 가족들이 전달하는 걸로 해서 집어넣은 적이 있어요, 당시가 그랬었고. 왜 그러면 법안을 만들고 이런 질문을 했는데 다른 얘기들을 내가 많이 했거든요.

면담자   박근혜 대통령에게 요구한 세 가지는 이루어졌나요?

찬호 아빠   안 됐죠.

면담자   바지선에 올라가는 것도 안 했나요?

찬호 아빠   갔다는 왔어요.

면담자   언론통제와 철저한 수색은 이루어지지 않은 거죠?

찬호 아빠   그렇죠. 제대로 된 거는 하나도 없었고 다만 잠수사들 먹을거리가 없다고 해서 제가 공무원 소리 들었다 그랬잖아요. 구호품들이 어마어마하게 들어온 게 많고 국민들이 말 그대로 "거기 가서 햄버거를 직접 내가 구워서 주겠다" 그런 분도 계셨고, 별도로 무슨 뭐라 그러지 "이렇게 영양식 되는 걸 그런 걸 끓여서 이렇게 아예 통에다가 전달해 주겠다" 이런 사람들도 많이 와요. 언론에서 계속 그렇게 나가니까, "먹을 거 없고 잠수사들 안전에[이] 위험에 노출돼 있고" 이런 것만 나가고 "더 이상 격실 붕괴, 위험하기 때문에 수중 수색 이제는 어렵다"

이런 것들이 계속 나가고 있었기 때문에, 안전사고도 있었고 그런 부분들만 있었기 때문에 거기에 나 같은 경우도 집중할 수밖에 없었고. 몇 번 더 갔다 와요, 먹을 거 가지고도 가고, 먹을 거 [가지고] 가서 파악도 해보고, 심지어는 잠수사들이 아무튼 3009함 안에 대기 인력이 있고, 바지선 안에 그렇게 많은 대기 인력이 잠수사들이 있었던 게 아니기 때문에, 내가 삼계탕이었나? 제가 200갠가도 싣고 바지선을 직접 갔다 와요. 그런 행위들을 많이 했어요. 그니까 실제 많은 한 200명분의 삼계탕을 가지고 가면 그걸 거기서 내리는 게 아니라 일단 내려서 보트에 실어서 어디로? 3009함 안으로 해군하고 해경들이 옮기는 거죠, 바지선에 다 내려놓는 게 아니라. 그 정도로 먹을 것도 많이 가지고 들어가 보고 그랬어요. 일단은 나는 찬호를 찾아야 되고, 우리 찬호 친구들 아직까지 수습 안 된 미수습자들 빨리 수습을 해야 되니까. 그래서 그런 행위들을 했었던 거고, 진도군에도 잠수사들[이] 저렇게 못 먹는다고 자꾸 언론에 나오니까 필요하면 돈 내겠다 이거야, 낼 테니까 한 돼지고기 50근 수육 그렇게 [보내달라고] 하고. "잠수사들 뭐 먹고 싶은지 물어봐라" 그렇게 [했더니] 과일이 먹고 싶다는 연락을 제가 받았어요. 과일도 어마어마하게 준비해서 갖다주고 그랬어요.

그런 행위는 저뿐만이 아니라 누가 해도 그랬을 텐데, 진도체육관에 있는 가족들이야 그렇게 하기 어려웠을 거고, 저 같은 경우는 팽목항에 있으니까. 팽목항에 계속 있었고 계속 필요하면 "배 대, 나 들어갔다 올 거야" 그러면 해경이 아예 배를 대줬어요, 자유롭게 왔다 갔다 할 수 있을 정도까지의. 그리고 수색이 안 이루어지는 시간은 거의 찬호 엄마, 집사람을 데리고 주로 팽목 마을이나 저 서망 마을까지 무조건 걸어서 산책, 무조건 그렇게 많이 걸어 다닌 적이 있죠, 그 외의 시간은. 아까 질문한 내용에서 다른 얘기들로 쭉 왔던 내용은, 그러면 왜 맨 처음부터 법이든 그런 생각을 했느냐고 교수님께서 물어보셨는데, 그 당시에 그런 행위들을 했어요. 그런 행위들을 하고 그러다 보니까 아무튼 가족 대표, 나름 정부 관계자들, 상황실에 있던 사람들은 '아, 저 사람이 가족 대표야. 13인의 대표 중에 한 명이야' 그러다 보니까 명칭도 대표라고 부르고.

말 그대로 할 얘기가 있거나 찾아와도 찾아와요. 상황실 옆에 있으면 아예 숙소로 와요, 다른 언론도 마찬가지고. 근데 언론은 내가 대응을 안 하죠. 거의 대응을 안 해버리고 부모님들이나 자원봉사자들이나 그런 식으로 대응을 하다 보니까, 그 당시에 그 조언을 해주신 분들이 많죠. 되지도 않은 내용으로 찾아오는 사람들이야 한번 얘기해 보면 아니까 더 이상 못 오게 끊어버리고 그 외의 사람들은 내용을 많이 듣죠. 그 당시에 국회의원이 됐든 혹은 안산시[의회]에 의장이라든가 혹은 나름 변호사 같은 그런 분들에[이] 조언을 많이 했어요. 근데 그런 조언을, 대화를 하다가 내가 들을 거는 듣고 더 이상 이 사람이랑 대화할 필요가 없으면, 나 나름의 주관이죠, 쓸데없는 얘기들을 하는 것 같으면 그냥 보내고 그러면서 많은 얘기들을 듣게 되죠. 조언들 중에 결론은 내용이 맞거든.

현 상황의 정부의 행태나 그다음에 구조 현장의 행태나 혹은 언론 보도의 행태를 봤을 때는 이걸 해결할 수 있는 거는 피해당사자인 우리밖에 없다, 그다음에 우리 편은 없다. 그리고 이걸 만들라면 5·18 가족분들도 팽목을 방문하시거든요. 그런 피해를 입으셨던 전[에] 그런 경험이 있으셨던 단체들도 팽목항을 방문하거든. 그러면 그분들 얘기 듣고 그분들의 부족했던 거, 그분들 조언 "정부가 이렇게 사람들 죽여놓고 [진상 규명은] 안 해줄 거다" 그런 내용들이 사실은 다 조언인 거거든요. 그걸 할 수 있는 건 우리밖에 없고 현 정권에서는 당연히 어려울 것 같고, 저게 될 때까지 싸울라면 가족들이 싸울 수밖에 없고. 그다음에 가족대책위가 꾸려졌었다 그랬잖아요. 거기에 그런 것을 꾸려졌다라고 했을 때 내 개인 주관적으로는 '아, 참 바람직하고 잘됐다'로 생각을 했죠.

왜? 나야 아직 찬호를 수습 못 했지만, 이미 아이들의 수습이 끝나고 했으면은 진상 규명해야 될 거 아니에요, 왜 죽었는지도 밝혀내야 될 거고 그렇게 했던 놈들 제대로 책임지고 벌받게 해야 되고. 그렇기 때문에 아주 그거는 긍정적으로 저는 생각을 했어요. 가족대책위가 그렇게 꾸려지는 부분에도 긍정적으로 생각하고, 다만 그런 법적인 그런 내용을 해서 '우리가 진상 규명해야 되겠다' 이런 내용을 밝힌 부분은 30일간 있으면서 그런 행태들, 그다음에 그런 피해[자] 단체들의 말 그대로, 팽목항에 와서 어려웠지만 그렇게 한두 개씩 얘기해 주고 가시는 분들도, 대화를 하고자 얘기하시는 분들, 그리고 제가 가장 많이 얘기했던 사람이 그 당시 안산시의 경제기획국장[기획경제국장]이었던 김상열[김상일] 국장과 아마 대화는 가장 많이 하지 않았나, 그 사람 사고가 올발라요.

면담자   그 국장이 팽목항에 쭉 내려와 있었나요?

찬호 아빠   어, 팽목항에서 거의 상주하다시피 했었죠. 안산시 공무원들이 계속 교대를 했지만 김상열[김상일] 국장 같은 경우에는 자기가 본인이 거의 가족화됐죠. 나중에 트라우마 때문에 아마 치료도 받으시고 그랬던 걸로 알고 있어요, 지금은 잘 계신 것 같고.

면담자   어민들에 대한 구호품 전달과 관련해서 이주영 해수부 장관을 만나셨다는 이야기를 해주셨는데요.

찬호 아빠   범대본 회의에 참석해서 직접 전달했어요.

면담자   이주영 장관은 세월호 참사 당시에 유가족과 같이한 의인처럼 언론에 그려졌는데, 어떠셨나요?

찬호 아빠   세월호 장관? 수염 기르고, 그거는 이미 그렇게 얘기하는 자체가 저는 싫었고. 미수습자 가족들이든 그 당시만, 우리 아마 우리 가족들 중에서도 제가 그런 얘기하는 거 들었을 거예요, "가장 나쁜 놈이다. 어떻게 세월호 장관이란 [소리를] 듣고 있냐". 너무 무기력하거든. 정부의 장관 정도 되는 사람이 현장 수색이 저렇게 미비하고 못 이뤄지는데, 어떻게든 거기에 대한 부분을[역할을] 해야지 매일 미수습자 가족들 만나서 위로하겠다 그러고, 본인이 가족이야? 수염 기르고 있고 그 모습 자체가, 머리 기르고 있고 하는 모습 자체가 제 눈에는 나약함인 거예요. 제가 억울해서 못 운다 그랬잖아요. 눈물 흘리는 자체가 그 나약함이에요. 사람마다 틀릴 순 있지만 이미 그렇게 불리는 것 자체가 나로서는 되게 기분 나빴고. 첫 번째, 저 사람이 진짜 우리 편인가? 자기 역할을 진짜 최대한 하는가? 뻑하면 "[가족들] 챙겨야 된다"고 "가족들 같이 식사하자"라고 하고, 그거는 장관으로서 할 일이 아니었거든. 그런 거는 사실 내가 꼴이 보기 싫어요, 꼴도 보기 싫고. 그리고 "진짜 나쁜 놈이다. 저런 놈이" 그런 얘기를 제가 많이 했죠. 아마 그런 걸 가족들이 많이 들었을 거예요, 우리 가족들이. 그거는 진짜 마음에 안 들었어요. 하지만 그 범대본의 수장이었기 때문에 정부에다가 요청을 할라면 좋든 싫든 아무튼 책임자였기 때문에 그런 요청을 제가 했고, "그렇게 하겠다"라고까지 답변은 그 자리에서 들었던 것 같아요.

면담자　　　팽목에서 다양한 분들이 조언을 해주셨다고 하셨습니다. 안산시 국장이나 5·18 유가족들 외에 혹시 마음에 와닿는 조언을 하셨던 분이 있었나요?

찬호 아빠　　우리 한샘의 많은 얘기는 안 했지만 아마 부사장? 안홍국 부사장 정도. 그니까 성격을 알아서 그랬을 것 같고, "앞에 서지 말아달라, 너무 앞에". 그리고 그거를 통제한다고 제가 될 것도 아니고 "본인보다는 전체를 위해서 얘기를 해야 될 거다. 개인이" 그런 얘기를 해주니까, 아마 그거는 직장에서 한 20년 동안 보면서 제 성격에 대한 부분을 가장 잘 직장 상사로서 알고 있었었을 것 같고. 구매 팀장 같은 경우도 "딴 거는 다 좋은데 알아서 하시되 맨 앞에만 서지 말아주세요" 이런 거.

면담자　　　다칠까 봐 염려를 하셨던 건가요?

찬호 아빠　　그렇죠. 저는 한다면 해요, 제 성격상 지금까지는 그랬었고. 그리고 과거에 우리 나이대를 보면 제가 [세월호] 참사 이전에는 4·3이라든가 5·18이라든가 당연히 알죠. 서해 페리호라든가 [태안 사설] 해병대 캠프 [사건이]라든가 춘천 [인하대학교 동아리] 산사태 [사건] 이런 걸 언론으로 접하면 마음 아프죠, 당연히. 그런 희생된 사람들도 생각하고, 삼풍백화점 붕괴 [사건] 이런 부분이 있으면 적어도 제대로 된 사람

치고, 아무튼 사회생활도 하고 했었기 때문에 뭐라 그럴까요, 그걸 모른 척하진 않거든요. 내가 가서 어떠한 행위를 할, 직접적으로 도움을 드릴 순 없지만 우리 국민들도 다 그런 생각들은, 사고 자체가 불순하다라고는 생각은 안 해요. 다 그렇게 살지 않았을까. 다만 성금이라도 내고, 자기가 직접 같이는 못 하더라도 그분들을 위해서 뭔가라도 기여하길 바라는 마음에서 다 누구든 그렇게 했을 거다, 그 정도의 사람이었고.

그다음에 5·18 묘역 같은 경우도 참사 나기 이전에는 제가 두 번, 세 번밖에 안 가봤을 거예요. 실제 참사 이전까지 살면서도 민주화운동이라든가 생각들은 가지고 있었을 텐데, 솔직하게 내가 거기를 가본 거는, 많이 바뀌었죠, 많이 바뀌었지만 두 번에서 세 번 정도밖에 없었던 걸로 기억이 나요, 그 정도로. 하지만 대부분의 국민들 마음은 그렇지 않았겠냐라는 거였고, 아이들 교육 차원에서 청산 과정을 도와주고, 그게 나름 서로 베풀고 그렇게 산다는 거 자체가 어떻게 보면 그걸 안 하면 몰라도 해보고 나면 나름 이런 뿌듯함, 뭐라 그럴까, 내가 술 한잔 안 먹고 남을 위해서 그렇게 하는 부분, 그 사람들은 되게 고마워하거든요. 그런 걸 느끼면 누구나 다 그러지 않았을까 싶어요. 맨 처음에 시작은 제가 얘기했다시피 교육 차원에서 '우리 아이들 이렇게 하면 좋겠다, 나중이라도', 그런 거였죠. 누구나 그런 생각들은 다 하고 있지 않았겠냐, 다른 [사람들도].

〈비공개〉

진상규명 부위원장으로서의 활동

면담자 가족대책위가 꾸려지고 소위원회의 업무 분담 같은 건 어떻게 되었나요? 부위원장이 되신 다음에 진행하신 과정을 기억나는 대로 이야기를 해주시면 좋겠습니다.

찬호 아빠 그때 진상규명분과, 명칭은 그런 거는 아니었고. 그다음 날이었어요. 그 법에 대한 부분은 뭐였냐 하면, 하나 빠뜨렸는데, 그런 조언들도 있었지만 피해자들, 사실 변호사들, 변호사들 조언을 아까 내가 [언급] 안 한 것 같고. 변호사들 조언이 "당연히 이거는 그런 식으로 해서 국가 상대로 이렇게 싸우지 않고서는 해결할 수 없다", 변호사들[의] 당연히 조언이 있었다라고 하고. 거기서 진상 규명에 대한 부분은 초기에 구난령이라든가 그런 자료를 확보하거나 브리핑 내용[에서] 틀린 거라든가, 이런 내용을 가지고 지적하고 그 자료들을 수집을 해요. 계속 모아요. 가져오게 하고 그런 걸 아마 부모들이 밑에서 보신 분들이 보지 않았을까 생각이 되고.

면담자 팽목항에서 그런 자료들을 모으셨던 건가요?

찬호 아빠 네, 저는 그걸 하죠. 그리고 메모하고, "이거 이렇게 하기로 했는데 어떻게 됐어"를 꼭 얘길 하죠. 그리고 가족들 앞에서 브리핑을 할 때도 이거 이렇게 하기로 했고, 수중 수색 어떤 식으로 하기로 했고, 그다음에 잠수사 와서 어떤 방식으로 하기로 이렇게 잠수사 몇 명 몇 개 조, 이런 걸 브리핑을 가족들 있는 상태에서도 정부, 그러니까 해경에서 직접 할 때도 있었고, 해경이 하고 나면 질의하고 나서 "그거는 어떻게 해야 되는 거 아니냐" 이런 질의도 있었기 때문에 그랬었던 것 같고. 여기에서 18일 날 그렇게 되고, 19일이죠, 19일 날 바로 사무실로 가요. 나가죠. 나가면서부터 바로 어떤 내용의 얘기들이 나오냐 하면 '그렇게 할라면 우리가 중요한 게 뭔가', 나름 부모들이 생각하는 건 다 공통점이 있었다라고 봐요. 이거 진짜 우리 애들이 왜 죽었는지 진상 규명도 해야 될 거고, 두 번째 그런 자료들, 잠수사들부터 해서 그런 마타도어들, 언론 브리핑 잘못하고 인터뷰 잘못한 손석희도 "너 그렇게 하면 안 돼"로 나름 얘기할 정도였기 때문에 우리 주관은 정확했잖아요. 〈비공개〉

그런 걸 부모들이 봐서 아마 '진상 규명에 내가 관심이 많다' 생각했었을 테고, 그 당시에는 다 공통[으로], 진상 규명 그래서 해야 되고, 아직 미수습자 수습이 안 됐기 때문에 미수습자 수습도 해야 되고, 그러면 말 그대로 우리 일 알리고 그다음에 우리 장례 이런 부분도, 추모공원 이런 부분도 우리가 결론은 만들어야 되고. 그니까 이걸 "업무를 분장하자"라는 내용은 아마 그 전부터 나왔었던 것 같아요, 그 전에 어떠한 내용까지 나왔는지는 모르겠고. 그래서 19일 날 회의에 참석을 했을 때 무슨 얘기를 하냐 하면, "우리가 그런 일을 하자" 그래서 그것을 분과가 아니라 그러면 '진상규명' 부위원장. 그 당시는 진도, 그니까 지금은 선체인양분과라고 하지만 그 당시는 '진도'였어요, 그냥 이름이 진도. 미수습자 수습해야 되니까, 진도. 수습을 담당하는 그리구 대외협력도 없었어요, 그 당시는. 대외협력은 우리가 [국회] 농성 끝나고 나서 우리가 특별법 [제정 투쟁] 저걸 하면서 서명받고 서명지 모아서, 그때가 정확한 날짜는 기억이 안 나는데 그때 대외협력 이렇게, 소통. 그러면서 대외협력분과장이 생긴 거였고, 맨 처음에는 그렇게 해서.

면담자　　처음에는 진상규명하고 진도만 있었던 건가요?

찬호 아빠　　아니죠, '장례'[까지 있었죠]. 그면 장례 쪽은 "이거 앞으로 해야 되는데 누가 할 거냐" 그래서 그 당시에 장례 쪽은 제 기억에 "그러면 수석부위원장이었던 김형기 씨가 하는 게 어떻겠냐" 그랬고. 그리고 진도는 누군지는 모르겠고, 그 당시에. "미수습자[한테]도, 가족들이 가고, 로테이션이 돌든 계속 지켜야 된다" 이런 얘기들은 계속 있었던 거기 때문에, 그 전부터도. 수습하고 아이들 저거 하신[장례 치르신] 분들이 사실은 팽목하고 진도를 자주 와요, 우리 반 아이가 아직까지 수습이 안 돼 있으니까. 부모들이 같은 피해 가족이기 때문에 저기 안산에서 자주 와요. 자주, 자주 왔다 가거든요, 그게 자연적으로 이루어지고 있었고 같은 피해자로서. 저는 사실 그날 가서 "진상 규명 이거 해야 된다", 난 그거밖에.

면담자　　그때 회의에는 몇 분 정도 모여 회의 진행을 하셨나요? 또 얼마나 자주 하셨나요?

찬호 아빠　　거의 그 당시는 자주 했어요, 자주 했고. 그다음부터는, 맨 처음에는 월요일마다 뭐 이런 식으로 쭉 진행을 계속했어요, 계속, 지금까지도 마찬가지 그 개념이 계속 이어졌던 거고. 그때는 아무튼 위원장이 있고, 부위원장, 수석부위원장이 있었고, 그다음에 부위원장이 있었고, 그리고 나서 반 대표들이 다 모여서, 10개 반 대표가 다 해서 모여서 참석을 하면서 회의를 하게 되고.

그때 제가 관심 있었던 건 뭐였냐 하면 그 당시는 가족 대표가 아니었잖아요. 위원장이 아니었기 때문에 진상 규명에만 관심 있었어요. 다른 건 사실 관심이 없었어요. 다른 건 관심이 없고 이걸 하는데, 그동안에 만났던 잠수사들, 그다음에 밑에서 보고 왔던 자료들, 그리고 진짜 궁금한데 청해진 관계자들 만나야 되고. 저 새끼들, 빨리 시간 더 지나기 전에 제대로 만나야 되고 자료 모아야 되는데 우호적이지 않거든요. 잠수사들 계약서를 아직까지 내가 못 받았어요. 우리 피해 가족 당사자인 사람의 이모분가가 잠수부가 있어요. "그 당시에 해경하고 쓴 계약서 달라" 그래도 아직까지도 안 줘요. 그런데 본인들이 나중에 그거는 본인들의 업이기 때문에, 생업에, 그래서 더 이상 얘기 안 하는데 그건 쓸데없는 얘기 같고. 그 정도로 실제 그러거든요, 자기한테 불합리할 것 같으면 이 정권을 상대로 싸운다는 게, 부모들이 자식을 잃어서 억울하고 두려울 거 없고 다 그렇다라곤 하지만 저는 그렇다라고 안 보는 거예요.

실제 부닥치고 싸우면 옆으로 빠지거든요. 싸우다가 대화 안 되거나 싸우다가 본인 말이 잘못됐거나 이러면 뭐예요, 그냥 빠지거든. 그리고 그걸 가지고 누굴 공격하거든, 그 피해 가족들이 어떻게 보면 워낙에 분노하거나 이런 부분 때문에 그런 사고의 부분이 부족…. 나 또한 그랬을 거예요, 대화하다가 대화[가] 마음에 안 들면 그냥 안 할 정도였으면[정도였으니까]. 그렇기 때문에 그때 보면 어떻게 보면 뭐라고 해야 될까요, 일단 찬호를 수습을 했고 나는 찬호를 찾았어요. 근데 찬호가 왜 이렇게 죽었는지 뭐가 문젠지 찬호를 이렇게 죽게 만든 놈들이 누군지 우선순위를 보면 일단은 첫 번째는 청해진 놈들을 보고 싶었어요. 두 번째는 해경, 그 당시에 해경, 해군.

그다음에 세 번째는 내 앞에서 눈물을 보였던 두 명이 있어요, 쟤는 적어도 나중에 양심 증언 할 것 같은데 쟤는 어떻게든 만나서 내가 어떻게든 자료를 모아야 되겠는데 그런 친구들. 그리구 말 그대로 잠수사들. 최초에 투입된 언딘 잠수사들에 대한 증언이나 거기에서 부조리나 부적절한 그런 대응, 언론에 나가는 거 말고 실제에 있는 상황. 머릿속으로 아마 그 정도가 바로였을 것 같아요. 그러고 나서는 '이 증거들이 없어지기 전에 빨리 증거들을 모아야 되는데, 증거들을 모아야 되는데' 오로지 그거 딱 그렇게 해서 다른 거는 진짜 관심이 없었어요. '오로지 이거다' 딱 그랬는데, 거기에만 집중할 수 있었던 게 뭐냐 하면 진상 규명에 대한 부분이 딱 얘기가 나오고, 그 내가 찬호 발인하고 채 며칠이 안 되었어요.

말 그대로 우리 광석 씨도 날, 우리 김익한 교수가 언제 소개시켜 줬는지 정확히 날짜는 기억이 없는데 "그냥 편하게 데리고 쓰셔라". 저는 김익한 교수를 모르죠, 얼굴을 그날 첨 봤으니까, 광석 씨도 마찬가지고. 변호사들도 와요. "부위원장님" 이러고 오는데 나는 그 사람을 모르죠. 근데 나름 그 당시에 진상 규명을 하자라는 그런 개념에서, 이 반드시 밝혀야 된다는 개념에서 많은 변호사들이 있었지만 대한변협의 오영중 변호사가 진상규명국가단장[진상조사단장]이었어요. 그다음에 현재 박주민 의원, 박주민 변호사가 진상규명 부단장이야. 근데 그런 사람들이 내가 진상 규명 [부위원장]을 맡으니까 그 위원장이랑 얘길 안 하고, 말 그대로 대표가 아니라 저한테 와서 많은 얘기들을 하는 거고, 기자들이 오기 시작하는 거예요. 그래서 지난 구술 때도 잠깐 얘기했지만 오로지 나는 그거밖에 없었거든. 솔직한 표현으로 찬호를 일단 수습을 했잖아요. 아직도 미수습자들이 있어 수습해야 되는 게 당연히 맞지. 근데 문제는 빨리 자료들을 모으고 증거들을 모으고, 그게 가장 중요한 거예요.

언론 행태나 정부 행태나 해경의 거짓 브리핑 내용이나 이미 30일을 거기서 지켜보고 경험을 했잖아요, 현장에서 돈다발이 왔다 갔다 하고. 이 돈에 대한 얘기를 제가 지금 이렇게 구술을 저번에 했지만 누가 믿겠냐구요, 누가 믿겠어요. 당사자들인 우리 말고 누가 알겠냐구요, 언론에 보도가 나가지도 않았는데. 그런 거를 봤을 때는 기본적으로 이미 뭐라 그럴까, 나름의 주관들은 이미 정확하게 섰었다라고 보고, 오로지 미안한 얘기지만 거기에밖에 관심 없었어요, 증거 모으는 거에 나는.

면담자   그럼 증거를 모으기 위해서 가장 처음 만난 사람이 누구였나요?

찬호 아빠   저는 딱 그렇게 하고 나서 가족들 몇몇이랑 저랑 사이가 엄청 안 좋아지죠. 그니까 그 당시에 기자가 "가족협의회에, 가족대책위에 자기들이 그때 취재했던 자료 주겠다", 그럼 당연히 내가 "가져와라" 이렇게 했을 거 아니에요. 그런데 그걸 어떤 부모님이 아버님 "[자신]이 받는다"라고 한 거야. 그니까 기자가 "부위원장님 만나기로 해서 주기로 했다" 이렇게 했을 거 아니에요. 그러니까 이 사람은 기분 나쁜 거야. 두 번째, 이 휴대폰이 나오고 이런 부분이 있었잖아요? 찾고? 그다음에 이미 그것을 개인적으로 포렌식을 해서 복원한 사람도 있어요. 근데 그런 거에 대한 것도 내가 진상 규명을 맡았기 때문에 가족총회에서도 그런 얘기를 하거든요. "여러분들이 가지고 계신 자료나 그 당시의 영상이나 확보된 그다음에 그런 증언들이나 그런 녹취록이나 있으면 다 줘라". 근데 지금까지 저한테 준 사람은 세 명밖에 없어요, 그 많은 가족 중에. 기억을 하죠.

　　　　근데 그거는 왜 그럴까요?

　　　　그게 뭘까요? 못 믿는 거예요, 서로가. 그리고 그것을 거꾸로 같은 우리 임원이고 집행부였지만 언론에다 줘요. 언론에다 주니까 언론에서 거꾸로 전화가 오는 거야. 확인해 보니까 "누구한테 받았어요", 그러니까 부모한테 받은 거야, 직접. 그래서 언론에서 쓰기로 했다는 거야. 근데 그렇게 나가면 일부 가족들[이] 항의 전화를 엄청 하거든요. 뭐라고 하니까 누군가는 방패막이가 있어야 되는 거지. 쉽게 그랬던 것 같아요. 난 그 당시에 그게 이해가 안 가고 지금도 마찬가지예요. 그래서 뭐냐 하면, 이런 얘기가 어떨지 몰라도, "내가 이제 진상 규명을 맡기로 했으니까 변호사들도 있고 그러면 가족들, 함께해 줄 수 있는 가족들이 오셔라. 참석해 달라"라고 했을 때 엄청 많이 와요. 많이 오거든요, 엄마들 아빠들 진상 규명 활동하겠다고. 그래서 그 사람들 모아놓고 회의해요, 제가.

　　　　그때 참여하신 분들은 지금까지도 하시나요?

　　　　하고 계신 분들도 있는데, 계신 분들도 있죠. 근데 대부분의 사람들은 잠깐, 다음에 저기 자료 모이면 자료 가져가는 거지. USB, 저기 뭐야 외장하드를 많이 샀는데 지금까지 제가 샀던 외장하드는 표시가 나요. 그거 한 개밖에 없더라구, 많이 없어. 그리고 한번 보내고 나면 자료는 안 모여요. 외장하드든 USB, 녹취 이런 거는 가는데 자료가 쌓이는 건 없어. 그래서 그때….

면담자 수집이 아니라 거의 자료 배포의 역할을 하셨네요?

찬호 아빠 글쎄 그 참, 서로가 못 믿었던 것 같아요. 저도 그 얘기 많이 들었죠. 공무원 얘기 듣고, 정부 프락치니 그런 얘기까지 들었다고 했잖아요. 근데 맨 처음에 초기에는 아무튼, 난 솔직하게 얘기해서 우리 아이들 추모공원 이런 거, 미수습자 수습 당연히 해야 되죠. 그런데 오로지 저 빨리 자료 확보하는 거…. 어느 정도까지냐 하면, 여기서 가요, 저는 그 당시에 부위원장이었고, 팽목항에 가. 그리고 목포시청 들렀다가 와. 안산에 도착했는데 목포라고 자기가 거기에 들어갔었던 잠수사라고 전화가 와요. 그럼 목포까지 내려가. 내려가서 솔직한 얘기로 차 마시고 [했는데], 얘기가 없어. 할 얘기 있다매. 잠수사들, 다 쓸데없는 사람들 별의별 사람들이 다 있었으니까. 근데 다들 중요한 내용은 없어. "실제 잠수에 투입이 돼서 참여를 하셨어요?" 그러니까 자기는 "거기 갔다", "잠수를 한 번도 한 적은 없지만 아는 내용은 많다" 이거예요. "그럼 얘기를 해주세요" 그러면 내용이 별로 없어, 그럼 커피 먹이고…. 답답하대, 그럼 아이스크림 하나 먹이고, 그럼 별 내용 없어.

면담자 그 사람은 왜 만나신 거고, 반대로 그 사람은 아버님을 왜 만나고 싶어 했던 건가요?

찬호 아빠 자기가 할 말 있다니까, 온갖 사람들이 많았다니까요. 그 "세월호를 낚싯줄로 건져 올리겠다"는 사람까지 연락이 왔다니까요. 그런 사람들 (웃으며) 별의별 사람들이 다 있었으니까. 근데 나는 절실하니까 필요하면 그런 사람 있을 것 같으니까, 뭔가 모를 귀중한 증언이든 뭔가 있을 것 같으니까 가는 거예요. 그리고 아이스크림까지 먹였는데 말이 없어. 계약서, 내가 궁금한 걸 물어봐도 대답하는 건 하나도 없고, 실제 잠수도 안 한 것 같고. 그래도 그 친구들, 그 사람 동료들은 누군가는 아는 사람들이 거기에 있었을 수 있고, 그래서 절대 소홀하게 대하지는 않았어요. 나중이라도 그런 자료를 연락이 오거나 줄 저게 있을 것 같아서 커피 사드리고 밥 안 먹었다면 밥 사드리고, 그리고는 "나중에 연락주실 거 있으면 꼭 전화 주세요" 그리고 올라오죠.

면담자   증거자료 보전 신청이라든지 공공기관의 요청이라든지 이런 거는 언제부터 하기 시작하셨나요?

찬호 아빠   그러고 나서 바로, 바로 준비하죠. 단장, 부단장이 있었다 그랬잖아요? 그리고 지금 박주민 의원, 그 당시에 박주민 변호사 친구분들, 동료분들이 그 법무법인 '이공'이잖아요? 거기에 있어서 여섯 분인가 있었고. 박주민 그 당시 변호사도 증거에 대한 부분, 증거보전을 하는 부분 그런 거에 대해서 아주 귀중하게 생각하신 분들이죠. 그래서 그걸 우리 회의 때도 논의를 해요. 근데 책임 있게 누가 나서서 하겠단 사람은 없는 거야. 그래서 결론은 제가 부위원장이었기 때문에 박주민 의원이랑 증거보전 신청 다 해요, 준비랑. 그거 가지고 박주민 변호사한테 제가 뭐라 그런 적도 있어요. 똑바로 안 한다고. 늦다고. 너 지금 놀고 있냐고(웃음).

면담자   광석 씨는 어땠나요?

찬호 아빠   광석 씨는 역할을 많이 했었고요. 그래서 지금 기억에 보면 그래서 박주민 의원이 그 역할을 아주 가장 많이 하셨고, 오영중 단장보다는. 그래서 한 게 진도 브이티에스, 제주 브이티에스, 해경 웹하드 본청 영상 이런 거 증거보전 신청을 제 이름으로 다 해요. 〈비공개〉 그때 증거보전 신청을 다 해요. 지금 그런 증거보전 신청을 한 거는 다 제 개인 이름으로 다 한 거고. 그 당시에 나는 이미 가오를 했었죠. 찬호 잃었을 때 17일 날 찬호는 이미 살아 있을 확률은 없다. 그리고 그날 울었다 그랬잖아요. 그리고 찬호 찾았을 때 한 번 울고 지금까지 울어보지 못했다 그랬잖아요. 찬호 발인하는 날도 안 울었어요. 내 우리 친척 가족들이 있고 찬호 엄마가 있고 찬호 형이 있는데, 아빠가 찬호 장례 지내는데 눈물을 흘리고 하면 되겠어요? 딱 그렇게 두 번 울고 안 울었는데.

다 했지만 못 한 게 항만청 걸 못 했고…. 증거보전 신청[은] 박주민 의원이 고생 많이, 변호사가 고생 많이 했어요. 그 사람, 그게 늦으면 늦는다고 엄청 내가 뭐라고 잔소리 하고, 쫓아가 올라가서. 그 박주민 당시 변호사가 저한테 한 번 덤볐어요, 딱 한 번. "뭐라고? 이거 뭔데" 서류를 이만한 걸 탕 내려놓드라구. "여기 있잖아요, 하잖아요! 저 열심히 하고 있는데 뭐 어떡하라는 거예요", "이게 왜 여기 있냐"고, "사무실에! 빨리 접수를 해야 될 거 아니냐. 지금 이게 한 거냐" 그렇게까지 싸운 적이 있어요, 딱 한 번. 진짜 박주민 변호사도 그 당시에 매일 잠도 못 자고 밤에 매일 그거 한 거야. 그래서 서류를 이만큼 준비를 해놨는데 "아, 왜 아직도 안 되냐. 증거보전 신청했으면 내가야 되는데, 언제냐. 그 다 날아가면 어떡할 거냐, 자료" 이러고 딱 한 번, 한 번 엄청 내가 뭐라 그런 적이 있구. 내가 화가 난 게 화풀이가 된 거지. "증거보전 신청 다 했는데 왜 아직까지 결과가 없어. 어떻게 된 거야. 지금 뭐 하고 있냐" 그니까 박주민 그 당시 변호사 같은 경우도 밤에 잠 안 자고 여기 가족들하고 있다가 가서 매일 준비해서, 얼마나 힘들었겠어 잠도 못 자고. 매일 꾸벅꾸벅 졸고 하는 사람 갖다 놓고 내가 그렇게 화를 냈던 거죠, 그니까 한 번 그렇게.

면담자   항만청 자료하고 또 하나 신청 못 한 게 뭔가요?

찬호 아빠   그리고 하나는 수중 수색하면서 그 CCTV 올라왔잖아요. CCTV가 올라왔을 때 해경 본청에서 증거보전 절차를 진행하고 있었을 때, 그 연락이 와요. 고 전부터 얘기하면, 첫 번째는 진도 브이티에스 증거보전을 진행하고 있을 때 그날 48시간을, 48시간이 넘죠. 48시간 이상을 잠을 안 자고 계속 있을 때였는데, 여기에 전 사무처장 역할을 하고 있던 상호 아빠한테서 연락이 오죠. "인천에서 애들이 '영정과 위패 빼 간다' 그런다", 인천대책위에서 연락이 와요, 진도 브이티에스 있을 때. 증거보전 절차를 진행하고 있을 때 제가 제주까지 못 가요. 제주, 진도 브이티에스 그거는 이제 변호사들만 가요. 그래서 올라가게 되니까 그 변호사들한테 차편, 티켓 그거까지만 정보관한테, 해경 정보관한테 확인하고, 그 변호사님들한테 "나 올라간다, 가봐야 되겠다. '와야 된다' 그런다, 지금 위에 문제가 생겼다". 〈비공개〉 변호사를 두고 저혼자 택시 타고 올라오죠. 내 차, 차 끌고 갔다 차도 놔두고, 운전이 도저히 안 되니까, 거의 3일을 날밤을 새워서 체력도 떨어지고 운전도 안되는 거예요. 그래서 택시 타고 와서, 그때 아무튼 증거보전 신청은 다 그렇게 해놓고 못 했고. CCTV가 나왔을 때는 해경 본청 증거보전이 진행되고 있을 때 연락이 와요 "CCTV가 나왔다" 증거보전 정하면서 '그럼 어떡하냐, 〈비공개〉 그 당시에 저기 김병권 대표 위원장, 김병권 위원장하고 김형기 수석부위원장 명의로 증거보전 신청을. 그때 없었기 때문에 그것만 그쪽에서 진행하게.

면담자   증거보전 신청은 하셨군요. (찬호 아빠 : 했지) 직접 하지는 않으셨지만요.

찬호 아빠   내가 아쉬운 게 그거, 항만청 거는 나중에 국정감사 통해서 자료들은 다 받았지만, 영상들도 받고 했지만 그때 혹시나 초기에 했어야 했는데 그걸 못 한 게 아쉽고, 그렇게 해서 증거보전 신청 그렇게 진행을 했었고. 우리 광석 씨는 제가 참사 났을 때 회사를 가서 제가 노트북 두 개를 가져와요. 제 개인 노트북이 두 개가 있었는데 노트북을 광석 씨 주고, 어떤 선생님, 여자분, 선생님을 통해서 청해진 관계자가 만나자고 연락이 와요. "근데 여기 와서 만날 순 없다" 그래서 얘들이 뭔 얘길 하는지 들어보려고 광석 씨만 데리고 [시흥시] 물왕저수지, 저 외부 그쪽에서 만났으면 해서 "그럼 그래라" 해가지고 가서 만난 적도 있고. 그다음에 청해진 자료를 [그 관계자를] 통해서 빼라고 했던 적이 있었는데, 아마 그렇게 그때 광석 씨가 처음 그 모습을 내가 본 거지, 자료든 기록이든.

면담자   어떻게 자료를 획득하셨나요?

찬호 아빠   그쪽 관계자니까 "나중에 자기들이 할 수 있으면 해주겠다" 이런 정도의 답. 그다음에 정권이 바뀌지 않는 상태에서 쉽지 않고, 이미 자기들 정부에서 검찰에서 해서 다 압수하고 이럴 저거다, 이런 개념까지가 이미 간 상태였어요. 찬호를[찬호 수습이] 워낙에 내가 늦었잖아요, 30일 만에 수습을 하고 올라왔기 때문에, 찾아서 올라왔기 때문에. 그 정도로 만나고, 앞으로도 연락할 일 있으면 만나야 되겠다….
그다음에 그 유병언 재 뭐죠? 그쪽 대변인, 종교 집단 거 뭐야, 구원파?
그쪽에서도 연락이 오죠, 저 만나려고. 그래서 그 사람도 만나요, 구원
파의 일원인 사람도. 어디서 만나냐면 저기, 녹취는 다 있죠, 제가. 연
락이 와서 우리 주차장, 가족협의회 사무실 있던 분향소 주차장에서 차
에 타고 만나서 얘기 쭉 하구, "자료 같은 거 연관된 거 이런 거 해서 줄
수 있으면 줘라" 이런 것까지 다 하고 났는데 연락이 와요. 그쪽 대변인
이 직접 나보고 글로 와라 그랬는데, 말리죠. 박주민 의원도 "부위원장
님 가시면 안 됩니다. 부위원장님 가시면 거기 고립입니다", 그냥, 그냥
들어가는 순간 못 나오니까, 자기가 "알아보는 루트가 있다", 그게 아마
주××라인 해서, 박주민 의원이 "위원장님, 부위원장님 거기 가지 마
시고, 저는 제 나름대로 또 알아보겠다. 그쪽에는 가지 마셔라" [하더라
고요]. 그게 딱 그 정도 선에서 하고, "나중에 너네가 세월호 관련해서
할 내용이 있으면 줘" [하고 이야기를 해두었죠]. 그니까 그 어떠한 세월
호 관련돼서 나한테, 혹은 나중에 이 진상 규명을 하는 데 도움이 되겠
다 [싶으면], 근데 그 사람이 도움이 될지 안 될지 내가 판단할 수 없잖
아요, 그니까 연락이 오면 무조건 만나는 거예요, 다.

면담자   청해진 관계자들이나 구원파는 왜 아버님을 만나고 싶어
했을까요?

찬호 아빠   그때 내가 엄청나게 쑤시고 다녔죠.

면담자   요청에 대한 대응이었던 건가요?

찬호 아빠   저는 지금 생각하면 그때는 너무 절실하니까 어쩔 줄을

모르고, 그니까 절실하니까였고. 지금이야 알지만 뭐라 그럴까, 초기에는 진도를 그렇게 왔다 갔다 하면 한 달이면 한 얼마 썼을 것 같아요? 나중에 내가 알았지만 그렇게 가서 그 사람들 이렇게 밥 먹여주고 계속 그거 응대하고 이게 하면 장난이 아니죠, 장난이. 초기에 아마 거의 1.8억 [원] 다 털었으니까요. 그 정도로 그냥 필요하다 그러면 내 카드 주고, 외장하드 필요하면 그 당시 우리 예지 엄마가 진상규명분과 총무였어요, 9반의 예지 엄마가. 그럼 카드 줘요, 그럼 뭐 있나, 개인 카드 주고. 담에 우리 진상규명분과 부모로서 같이 활동한다고 했던 부모님들[이] 잠수사 만나러 간대, 동거차도 갔다 오고 서거차도 보내고 동거차도 보내고 제주도도 보내고, 같이 연결돼서 가면 변호사들이랑 같이 가고. 그거 아닌 이상에야 부모들 개인별로 움직이고. 그면 말 그대로 뱃값이든 밥값이든 먹고 영수증을 나한테 가져오더라고요. 그러면 다 지불했어요(웃음). 가져오면 제 개인 돈으로 줬고, 재판받으러 갈 때, 맨 처음에는 정부에서 지원하거나 안산시에서 지원 있었나요? 없었죠. 그면 재판, 광주 재판[에] 갔을, 많잖아요. 근데 나중에는 안산시가 알았어요. 우리 전 사무처장 상호 아빠가 얘길 했죠, 지원. 초창기에는 그런 지원에 대한 저게 없었어요, 이게 체계도 없었고. 가족대책위도 마찬가지. 그런 체계적인 게 없었기 때문에 그래서 초기에는 밥값도, 버스로 내려가긴, 재판 가는데 휴게소에서 밥을 먹었어요. 근데 계산 안 하니까 그게 나름 부위원장이라고 와요. 그럼 계산하라고 줘야지 어떡해. 아무튼 쉽게 그렇듯이.

면담자   초기에는 가족대책위에 사무처 같은 것이 마련되지 않았고 위원장님들이 해결하는 방식이었군요.

찬호 아빠　　모르겠어요. 저는 아무튼 해야 되는 일이면 자기가 해야지, 부모로서 하기로 했던 거는. 그니까 그게 우리가 아예 체계적이진 못했기 때문에, 그때는 나는 오로지 거기에만 이게 딱 집중이 됐었기 때문에 무조건 그렇게 연락이 오면 만나요. 만나고 아무튼 그래 거기에만 올인[all in]을 하죠, 맨 첨에는. 그게 가장 중요한 거니까 그거만 해야 된다, 거기에 그렇게 많은 집중을 하고, 별의별 사람들 연락 오면 만나고, 증거보전 신청도 바로. 제가 하면서 바로 했던 게 그거예요, 이 자료 같은 거 확보하고 그런 거. 그 역할을 가장 고생하면서 해주신 게 박주민 변호사, 모든 그것을 해서 증거보전 신청하고 한 게 박주민 변호사예요. 그니까 몇 달간 잠 못 자고 한 달 이상을 그렇게 같이하지 않았을까. 박주민 의원이 참 고생 많이 했고, 박주민 변호사가. 그 당시에 다른 변호사님들도 도와주신 분들 고생하셨다 싶고, 증거보전은 그런 식으로.

광석 씨 얘길 하면 해경 본청의 웹하드 영상은 누가 봐도 이거, 이 내가 전문가가 아니라도 이 초점을[이] 딱 잡힌, 그니까 B-511, 512 말 그대로 헬기든 123, 123P선, 그다음에 휴대폰 이렇게 영상, 그 영상들. 해경 본청에 모여 있는 영상 중에 딱 틀었는데 초점이 딱 잡혀져 있는 영상부터 탁 시작해서 나오는 게 있어요. 그거는 아무리 내 비전문가래도 '어, 저거는 그 앞에 편집되지 않았을까. 어떻게 딱 찍었는데 초점이 딱 잡혀서 그때부터 화면이 촥 나오냐' 누구든 의심할 수 있잖아요. 그렇듯이 아무튼 그런 자료든 증거보전 그런 거에 가장 집중을 했었고, 그걸 가장 많이 할라고 했었고. 그러고 나서 언론들 통해서도 지난 구술 때 얘기했지만 "구난령 확보하고 싶으니까 해주세요" 이런 요청이라든가, 내가 할 수 있는 게 있고 할 수 없는 게 있으니까, 차라리 기자한테 부탁을 대놓고 해요, "이런 것 좀 나 파악해서 갖다주세요" 이런 식으로.

5
자료 보전과 수집 활동

면담자   증거보전에 대해 언론 쪽도 문제가 심각했는데요. 그래도 언론 중에 증거보전이나 가족대책위에 호의적이고 용기 있게 지지해 줬던 기자나 언론사가 있나요?

찬호 아빠   나는 기자들은 별로 없는데, 아까 내[가 말한] 구난령 그거는 이지은 기자한테 얘길 했는데 결론은 안 됐고, 가장 기억에 남는 기자는 김정훈[이정훈] 기자라고 있어요. 짬밥이 그렇게 오래되지는 않은 것 같은데.

면담자   어디 기자인가요?

찬호 아빠   KBS. 그 목폰가 청준가 있을 거예요, 청주 KBS인가? 그 당시에 팽목항에 있을 당시에 찬호 수습하기 이전에 적어도 양심 있는 기자, 적어도 양심 있고 적어도 어른으로서 자기가 진짜 이건 아니다, 뭘 해야 되겠다, 이런 기본적으로 기자 신분과 도의적인 예가 있었던 분 아닌가 싶은데. 그래서 김정훈[이정훈] 기자가 기억이 나는데, 뭐 했냐 하면 이미 KBS는 방송 차량이 팽목항에 두 개가 아예 상주를 하죠. 큰 방송사 자체가 아예 상주를 하고 봉고 차들도 케이블 깔 정도였으니까. 근데 여기 가족대책위가, 내가 팽목에 있을 때 가족대책위가 어딜 가죠? KBS 항의 방문 가잖아요. 그게 딱 언론에 나오고 연락을 내가 받았을 거 아니에요. 근데 거기서 막는 걸 보니까 이건 있을 수 없는 거거든. 그때 저는 팽목항에 있으면서 뭘 했냐 하면 KBS [방송 차량에] 가요, 밤에, "야, 너네 빼, 다". 근데 이미 밤이니까 "너네 꺼져. 팽목항 너네 언론사, KBS" 나름 그땐 아무튼 그런 역할을 했어요. 아무튼 나는 이 위에서 그런 일이 있었고 내 눈에도 저렇게 가족들을, 피해 가족들을 대하는 언론사가 내 눈에도 이 내가 용납이 안 되는 거니까. 그때 기자가 자기도 권한이 없잖아요, 거기에서 상주해서 머무는 사람들이야 밤 늦은 시간에야 당직이나 약간 저거고. 책임 있는 건 결론은 목포 KBS 아니겠어요? 결재를 득하고 해야 되는 건, 승인에 대한 부분은. 필요 없고 안 빼면 다 오늘 그냥 다 박살 낸다 이거지. 그래서 진솔하게 자기들 지금 여 KBS, 서울에서 일어나는 상황인지 다 알았었기 때문에 그랬는진 몰라도 바로 연락을 해가지고 "죄송하다", 자기들[이] "바로 빼겠다" 근데 이거를 자기가 못 하잖아요.

케이블이든 그걸 전문가가, 전문 분야가 다 연결돼 있고 그런 거니까, "아침에 바로 빼겠다. 지금 그게 자기가 할 수 있는 게 아니고, 빼는 게 맞다" 그렇게 하고 아침에 와서 뺄 때 인사까지 하고 가더라구요, 죄송하다고. 언론으로서 자기가 이런 모습 보여서 죄송하고, 그때 그 일 있고 밑에서는 그 일 있어요, 제 혼자 갔어요. "너 빼. 안 빼면 이거 다 태워버린다"고 그래서, 그 기자, 적어도 양심 있지 않냐, 자기가 맨 처음에 기분 나빴지 않겠어요? 가서 욕하고 "너네 필요 없고", "이 새끼 저 새끼" 하면서 "다 빼, KBS 너네. 방송사 여기 왜 있어. 팽목항에 있는 거 자체가" 그니까 왜 그러시냐? "내 눈에 보기 싫으니까 빼라 이거야. 너네 지금 그 언론에서 이 피해 가족들[을] 저렇게 지금 상대하고 응대하고 저렇게 하는 게 맞냐, 너네? 이유 불문하고 빨리 꺼져, 보기 싫으니까" 그런 표현, 그 욕을 다 들어먹고도 자기 나름 생각했을 때 왜 그런지 이해는 하는 거니까, 그리고 결정권자가 아니지만 얼마나 겁났겠어요. 네? 그 사람이 얼마나 부당했겠어. 아무리 피해 가족이라고 와서 온갖 욕설에 협박에 그 당시는 그랬지 않았겠어요? 제가 정확하게 얘기는 기억할 수가 없지만 이미 나도 엄청난 화가 나 있는 상태였을 테니까.

면담자 젊은 기자들 같은 경우에 본부 측의 입장에 동의하지 않는 기자들도 있었나요?

찬호 아빠 네. 네, 많았죠, 그랬어요. 그니까 오죽하면 자기가 취재를 해도 그런 얘기를 했다 그랬잖아요. "데스크에서 잘릴 수도 있고 그 부분은 자기가 확답드릴 수 없다" 이런 기자들이 나름 솔직한 기자들 아니었나 싶죠. 그런 기자.

면담자 이름을 기억하시나요? 그리고 그 이후에도 연락을 하셨나요?

찬호 아빠 연락해서 그 이후에 만난 건 한 번 만났나 그럴 거고요. 그게 뭐였냐 하면 한 번 만난 것도, 제가 위원장으로 되고 나서 자기가 세월호 관련해서 무슨 기사를 하나 쓴 게 있는데 포상을 받았나 봐. "포상을 받아서 그 성금을 가족협의회에 주고 싶다"고, "드려야 되는 게 맞을 것 같다"고 한 번 왔어요. 만나서 가족협의회에 기증한다고 줬길래

251
·
3회차

"우리 잘 쓰겠다", 그렇게 해서 한 번 만났는데, 제[가] 특성이 있어요. 가끔가다 사람, 아이들 이름 기억이 안 날 때가 있는데 너무 많은 사람들. 이런 식으로 무의식중으로 툭툭 기억이 나요. 10몇 년 전 사람, 한 번 만난 사람 이름도 기억이 날 때가 있어요. 그니까 다른 건 몰라도 기억력은 제가 상당히 좋은 것 같아요.

면담자   그렇네요, 이지은 기자는 어디 소속 기자였나요?

찬호 아빠   JTBC. 근데 문제는 뭐냐 하면 내가 절실하고 내가 뭔가 바라는 게 있고, 딱 만나서 얘길 해서 이런 그런 기자들 내용은 수첩에 적혀 있진 않을 거예요, 제[가] 메모하는 습관이 있어도. 근데 내가 목표한 바가 있고 내가 뭣 땜에 저 사람을 만났던[지] 정확한 목적이 있는데 그걸 잊어버릴 수가 있나요? 한 번을 만났든 두 번을 만났든 안 잊어버리죠. 내가 절실해서 그 사람한테 내 요구 사항을 전달하고 그걸 내가 했어야 됐기 때문에 만난 사람들은 잊어버리질 않죠. 다만 그런 활동을 했고, 그러면서 얘길 드리고 싶은 건 뭐가 있었냐 하면, 그런 많은 마타도어나 유언비어나, 가족들 내부의 뭐라 그럴까, 이렇게 분열을 갈등을 난 외부에서, 지금에서 보면 외부에서 조장했다, 어떻게든 그렇게 갈등을 조장했다, 이런 생각이 지금은 들고. 그 당시는 그런 생각을 못 했어요.

또 하나가 뭐가 있냐 하면, 쉽게 아주 중요하게 그 당시에 생각했던 게 뭐냐 하면, 청해진도 그렇지만 그 초기의 언론들, 그다음에 바지선 이런 데 상주하면서 찍었던 독립 피디, 그다음에 우리 같은 경우도 나중에 바지선에 타서 계속 이걸 했다 그랬잖아요, 내용을. 근데 '그 당시에 있었던 독립 피디, 일명의 영상[감독]들, 초기 그거[자료] 싹 확보해야 된다. 그 당시에 가장 급하게 확보해야 되는 게 그거다', 그런 생각을 해서 그쪽 독립 피디들 한 여섯 명 자료를 다 확보하는 게 첫 번째 목표였어요. 증거보전 신청, 그다음에 잠수사들, 어민들, 언론이 아니라 수중 수색에 관여해서 얘기할 수 있는 그런 증언자들 찾고 그거 빨리 녹취 다 하는 거, 다 녹음해 놓는 거, 녹취하는 거, 잊어버리기 전에. 그다음에 두 번째는 청해진 저놈들한테 남아 있던 자료라든가 뺄 거 없을까, 혹시 뭐라 그래야 될까, 세월호에 대한 도면들을 확보해서 이미 해경을 통해서 받은 것도 있었지만, 그 당시에 이미 팽목항에서 상황실에서 그거 말고 말 그대로 [배를] 증설하면서 내용 사진, "내가 너 믿을 수 있게 사진이라도 한 장 내놔봐" 이렇게 해서 사진 한 세 컷도 받은 것도 있어요. "일단 내가 당신이랑 서로 신의 있게 신뢰할 수 있게끔 뭘 줘봐" 이런 식, 그 정도로 오로지 거기에만 [집중이] 돼 있었다 보니까 그런 게 있었고. 그다음에 그 얘기는, 그다음에 얘기해야 될 것 같은데요.

그다음에 독립 피디 영상들, 수단과 방법 가리지 않고 필요하면 불러서, 솔직한 표현으로, "가둬놓고 쥐어패서라도 다 뺏어 와", 가둬놓드래도. 그래서 가장 먼저 한 게 그 임유철 피디, 독립 피디 그분이 고생 많이 했어요. "자료 다 주겠다", "그래? 그러면 감사하고". 그 독립 피디 나름 역할을 하면서 한참 후에 최고 팀장 역할, 최고의 고참. 같은 그런 일들을 하시더라도 나름 뭐라 그럴까, 여기나 선후배의 관계가 있잖아요. 그래서 박봉남 피디, "박봉남 피디를 내가 만나고 싶다" 그래서 임유철 피디가 박봉남 피디를 계속 거기 상주해서 찍고 계셨잖아요? 모시고 왔더라구. 박봉남 피디도 "주겠다" 그렇게 해서 전부 다 임유철 피디를 통해서 초기의 그 영상들을 싹 확보해요.

[그런데] 못 한 사람이 있어요, 미수습자 가족들 옆에 계신 분, 나중에 있었던 자료는 아직까지 못 받았고. 그다음에 독립 피디로 잠깐 있다가 해외로 간 사람이 있어요, 그 사람은 연락이 안 돼서 아직까지도 못 받았고, 나중에 언젠가 국내에 들어오면 만나지 않겠냐 싶고. 그분이 해외에 나가서 지금 들어왔나 안 들어왔나도 내가 아직 파악이 안 된 분이 하나 있고, 그 정도로. 중요한 게 나름 내가 다 내 눈으로 못 보고 혹은 잊혀질 수 있는 거, 그런 거에 대한 게 절실했죠. 그니까 밤이든 낮이든 연락 오면 가는 거야. 가보면 뭐 별 내용도 없어. 그래도 가야 돼, 일단 얼굴 봐야 되고. 내가 못 가면 어민들 만나고 하는 건 우리 가족들 많이 갔어요. 특히 그 진상규명분과, 내가 맨 처음에 맡아서 진상규명 부위원장 하면서 그 우리 지성이 아버님, 지성이 아버님은 어민들 만나러 여러 번 갔다 왔고. 〈비공개〉

6
한부모가정, 일반인 희생자 유가족과의 소통

면담자   가족대책위에 참여할 수 있는 자격이 어떻게 되느냐 하는 논쟁의 결과는 어떻게 됐나요?

찬호 아빠   일단은 직계. 그다음에 확인이 되는 사안에서 삼촌이든 이모부든 친계, 직계 요렇게 해서 그 내용 정리가 되고. 부모가 있는 상태에서 만약에 총회에 참석을 하게 되면 투표권은 하나밖에 없는 거잖아요, 한 가정에. 그랬을 때 대리 참석은 정확하게 대리 참석으로 표시를 하면서, 쉽게 이모부 같은 경우에는 부모들이 계셨지만 실제 활동을 가족협의회에서 할 수는 없고[없는 경우], 가족대책위에서. 그래서 본인 스스로가 모든 회의체든 참석, 그다음에 활동에 있어서 "이모부인 누가 한다" 이렇게까지 정리가 되죠.

면담자   직계인 경우 이모부까지니까 외가 쪽이든 친가 쪽이든 참석하게 되는 건가요?

찬호 아빠   네, 확인이 정확하게 되고, 확인이. 그 당시는 가족도 아닌 사람들이 와서 권리주장 하고, 목사이거나 혹은 친가족이 아닌데 와서 "누구다" 이렇게 얘길 하고, 심지어는 MBC 기자였나? 그 기자 같은 경우에는 나중에 가족들한테 사과도 하고 했는데 가족이 아니면서 기자 신분을 숨기고 가족들이 모여 있는 대기실에서 몰래 취재 같은 거하다가 들킨 적도 있고, 그런 분들이 있었기 때문에 정확하게 피해당사자인 가족들. 그다음에 워낙에 마타도어라든가 언론에 대한 불신이 있었기 때문에 실제 확인만 가능하면 그죠, 초기에는 그런 부분 때문에 논쟁이 있었어요.

면담자   희생된 아이마다 한 표가 있는 건가요?

찬호 아빠   그렇죠. 총회 같은 거 할 때는 정확하게 그랬었고, 활동에 대해서는 자연적으로 맨 처음에는 신분에 대한 부분이 확인이 되고 나서는, 자연적으로 부모도 나오고 삼촌이든 이모부든 이렇게 이모든 와서 활동을 하게 되죠. 맨 처음에는 부모가 있는데 말 그대로 우리, 예를 들어서 말 그대로 부모가 있는데 자기가 이모부라든가 이모가 그걸 대신해서 모든 권리주장을 할 수 있는 건 아니잖아요, 아무리 우리가 같은 피해자라도. 그런 신원이 정확하게 파악되고 나서부터는 "어디까지 돼"의 기준이 아니라 정확하게, 그렇게 전개가 돼서 이모부든 이모든, 혹은 고모든 혹은 삼촌이든 다 참여가 되죠. 거부해서 참여를 못 하게 한 것도 아니고 실제 의사결정, 총회에서 임원을 선출하거나 법안이거나 어떠한 의사결정권은 피해 가정당 한 표밖에 없는 거죠, 한 명. 그니까 엄마, 아빠가 있어도 표는 한 표인 거예요, 그런 식으로.

면담자   이혼 가정도 있고 의견이 통합이 안 되는 경우도 있었을 텐데, 그건 어떻게 했나요?

찬호 아빠   그거는 두 가지로 정리를 했어요. '정리를 했다'라는 표현은 그렇고, 첫 번째, 이 뒤의 일인데 법안 얘기가 나오면서, 그 뒤의 일도 아니네요. 바로 그 당시에도 이미 법안 내용들이 많이 나오고, 여러 개의 법안들이 이미 국회에서 나오고 의원들이 발의를 하고 이런 식으로 바로 됐었기 때문에 '참석을 하자, 말자', 그런 내용이 이미 있었기 때문에, 우리가 국회 농성 들어가기 이전에 그런 내용들이 있었지. 그때 뭐였냐 하면 한부모가정들이[을] 파악하면서 많다라는 걸 알았어요, 제가 파악하기로는. 내가 일부러 파악한 건 아니고 그 당시에 부위원장이었던 유병화 씨, 유병화 씨가 심리생계 쪽을 맡고 있었기 때문에 그런 정부에서, 혹은 피해 지원에 대해서 각 가정들의 뭐라 그럴까, 그 접수 이런 처리를 하는 리스트를 보고 와서 알게 됐죠. 한부모가정이 이렇게 많다는 것도 알게 됐었고 그거와 반면에 한부모가정이시면서 이혼을 하셨더라도 두 분도 나오신 분들도 사실은 없잖아 있었죠. 자연스럽게 정리는 좀 됐던 것 같아요, 그 당시는. 자연스러운 정리가 되고 한부모가정, 한부모가족들끼리의 소모임이 있었던 걸로 기억을 하고. "그분들 의견이다"라고 하고 나한테는 왜 가져왔는지는 모르겠어.

아무튼 내용들을 정리해서 김병권 위원장이 뭐라 그럴까, 사람들 내용을, 인상이 그래서 그런가? 강하고 그래서 그런진 몰라도 잘 안 들어줬나? 잘은 모르겠지만 아무튼 위원장이 있는데 부위원장한테 이렇게 가져오는, 그 당시는 그런 걸 내가 배제할 수는 없고, 많이 있었어요. 그래서 한부모가정들의 그런 부모님들이 여러 분이 모여서 "자기들 입장은 어떻다"를 가져오신 분들이 있었고, 심지어는 누구 엄마 같은 경우는 본인 개인 자료까지 들고 와서 자기 억울하고, "이걸 왜 가져오셨어요?"라고 했을 때 자기가 도움받을 수 있는 방안을 물어보거나 "내가 여기에 나오지를 못하게 한다, 누구 아빠가. 나오지도 못하게 하는데 뭐, '눈에 띄면 가만 안 둔다'라고 해서 그렇지만 자기도 누구 엄마로서 사실 일이 이렇게 되는 부분은 자기도 마음 아프다. 나 그런 여자 아니었다" 이렇게 개별적으로, 전화번호를 어떻게 알았는지도 나는 모르겠어요. 아무튼 와. 내가 그래서 많이 알게 됐고, 전에 얘기한 것처럼 가족대책위의 저도 집행부였지만, 가족대책위가 진행하고 있는 사안에 대해서 만족을 못 하거나 미진하거나 그런 부분 때문에 몇몇 가족분들 끼리의 소란이 있어서 "당신 생각을 듣고 싶다" 이렇게 찾아오는 사람들. 또 생존 학생들, 생존 학생 학부모도 왜 그랬는지 모르겠어요. 근데 아무튼 그 당시는 나는 진상 규명[에] 집중을 사실은 했었고, 거기에만 저거 하고 싶었지만 그렇게 많이 왔었던 것 같아요.

면담자　　　처음에 가족대책위원회가 희생자, 실종자, 생존자를 명확히 밝히면서 가족대책위원회라고 했잖아요. (찬호 아빠 : 네) 그때 생존자를 대표하는 분들은 참석하셨는지, 그리고 참석하셨다면 어떤 분이었는지 궁금하네요. 그리고 실종자, 실종 학생과 일반인들을 포함해서 이분들의 입장을 대표하는 분도 참여하고 있었는지요?

찬호 아빠   바로 그렇게 돼요. 맨 처음에는 그렇지 않았었고 구성을 하는 거죠. 말 그대로 인천의 일반인들, 일반[인] 희생되신 분들의, 인천의 일반인대책위가 꾸려졌었고 영정과 위패를 그쪽에 모신 분들도 있었고, 여기 안산에 계신 분도 있었고. 근데 그분들도 나름대로의 내부적으로는 많은 의견의 차이들이 있었던 것 같아요. 그래서 그쪽에서 일반인들도 면담을 요청하거나 만나자고 하는 사람들이 있었고, 심지어는 화물 피해 기사, 아마 진상 규명 이쪽의 관련 때문에 자꾸 사람들을 통해서 수소문하고 사람들을 만날라고 그래서 그런지는 몰라도 그 화물 피해 기사들도 연락이 오고 그랬었죠. 화물 피해 기사들도 연락이 오고, 그 당시에는 모든 권한을 내가 위원장으로 가지고 있지 않을 때도 그렇게 화물 피해 기사, 일반, 일반인들도 화물 피해 기사의 의견이 갈라져 있었어요. 쉽게 서귀포시 화물 피해 기사분들과 제주시의 화물 피해 기사분들이 아마 이렇게 의견 대립으로, 이렇게 두 분류로 있었던 것 같고. 인천 일반인들도 본인들이 생각하는 이런 내용과 '이게 아니고 함께해야 된다', 이런 의견을 가지신 분들이 계셨던 것 같고. 생존 학생들 같은 경우도 사실은 그 이후에 결합이 되지만 사실상 변호사들이, 대한변협에서 지원하고 있는 변호사들이 별도로 이미 아이들하고 상주하고 하면서 가족협의회 있으니까 생존 학생 학부모들이 그래도 살은, 자기 자식이 살았다 보니까 가족대책위에 와서 실제적으로 목소리를 내질 않았죠. 하지만 이런저런 얘기들이, 일단은 들어오기 시작했고, 지금은 여기서 활동을 안 하지만 지금 생존 학생 부모님으로 가족협의회에 참여해서 활동은 안 하지만 당시에 부위원장이었을 때, 한 몇

분? 한 대여섯 분 모여서 날 불렀던 적이 있었던 것 같고, 한 두 분 정도가 찾아, 개인적으로 찾아온 적이 있었던 것 같고 그래요.

면담자   가족대책위는 희생 학생의 부모님들을 중심으로 만들어졌고, 일반인 피해자들은 인천에서 독립적으로 만들었던 건가요? (찬호 아빠 : 네, 있었던 거죠) 생존자 그룹은 주로 생존 학생들을 중심으로 한 모임이 안산에서 있었고요. (찬호 아빠 : 네) 화물 기사들은 제주에 계셨고요. (찬호 아빠 : 네) 이분들을 결집하려는 노력이 이 이후에 있었던 건가요?

찬호 아빠   네, 우리가 국회 [농성] 갔다 오고 나서부터 사실은 집중적으로 이루어졌었다, 이렇게 보고. 다른 우리 임원분들이나 가족분들 중에서 먼저 사전에 진행하셨던 분들이 있을 수도 있죠. 근데 저한테 접근하고 제가 했던 거는 정확하게, 부위원장일 때는 그렇게 개인들의, 각자의 입장들을 전달을 하고 만나자고 하는 사람들이 있었고, 쉽게 외부 쪽의 잠수사들도 있었고, 아무튼 그렇게 각자가 있었던 걸로 기억이 나구요. 그리고 실제적으로는 직접적으로 규합을 할라고 하고 합쳐져야 된다 한 거는 제가 위원장 되고 나서, 9월 이후에 사실은 엄청난 노력을 하죠. "너네 그렇게 해서 안 된다"라는 걸 하고, 실제 집행부에서 우리가 임원 회의를 하면서 아마 그런 자료가 있을 거예요.

자료가 다 있지만, 사실은 인천이 그렇게 얘기했을 때 그냥 대부분 반대했거든요, 일단은 다르다, 생각하는 자체가. 이렇게 해서 불신하는 사람들이 있었어요, 인천. 인천하고 많이 싸워요. 인천에서 목소리를 내는데, 우리는 진상 규명 얘기를 하는데 얘들은 그런 목소리가 안 나오는 것 같고. 미수습자 수습 때문에 우리 가족들은 아이들 장례를 가족장을 치르고라도 밑에 진도를 막 가고 그러는데, 걔들이 그런 집단적인 행동은 안 보이는 것 같고 그니까 서로 서운함이 있었겠죠, 나름의 의견 차이도 있었던 것 같고. 초기에는 아무튼 그랬고, 그랬는데 제가 부위원장일 때 왜 브이티에스, 증거보전 신청 하면서 전 사무처장이 그런 연락을 해서 제가 제주까지 안 가고 바로 올라왔다 그랬잖아요. 그때도 전 사무처장이 왜 나한테, 아니 그 위원장이 있는데 위원장이 분명히 얘기는 했을 것 같아요, 위원장한테 얘기를 했는데….

면담자 　　　"부위원장한테 얘기해라", 이렇게 얘기를 하셨나요?

찬호 아빠 　　그게 아니었을 것 같아요. 뭐냐면 "니들 맘대로 해라 그래. 니들 하고 싶은 대로" 이렇게 했을 수도 있고. 괘씸했겠죠, "우리끼리 간다" 이런 게 있었을 수도 있었을 테고. 그 정확한 내막은 모르겠어요. 내용은 파악이 안 되지만 아무튼 그것을 설득하고 함께하고, 이 사안을, 동력이 빠지는 거니까. 분향소에 영정 위패를 가져가 버리는 순간 힘이 빠지는 거잖아요, 분리되는 피해 가족들이. '그런 거는 막아야 되겠다' 싶었던 건데, 그 상호 아빠가 왜 내가 증거보전 신청해서 거기서 그걸 하고 있는 걸 알고 있으면서도 전화가 온 거예요. "와서 이거 막아야 된다. 내일 와서 이거 뺀다 그런다" 이렇게 연락이 온 거예요. 바로 왜 그런 저거를 했는진 모르지만 아무튼 찾아와서 얘기 묻고자, 내용을 듣고자 하는 사람들은 참 많았던 것 같고, 그런 시간을 할애를 많이 했었고요, 사실상.

면담자 　　　가서 누구를 만나셨나요?

찬호 아빠 　　거기 집행부, 그 당시의 위원장, 부위원장들 만났죠. 만

나서 그 당시에 인천대책위 위원장이, 말 그대로 장종열 씨가 위원장을 하고 있었고 지역별로 부위원장들이 해서 부위원장들이 배상수, 전태호, 그리고 한성식 등등 해서 있었어요. 그래서 일단은 "지금 그쪽에다 연락을 해놨다. 지금 전명선 부위원장이 진도에서 올라와서 너네 본다 그러니까 너네 기다려라" 그렇게 해서 밤에 갔어요. 진도에서 올라오고 저는 여길 왔는데, 아까 얘기했던, 당시에 같이 간 게 송희 삼촌, 오종주. 내가 운전이 너무 피곤하고 하니까 차 준비해 놓고 기다렸고 김유신 사무처장, 한 명 정도가 더 왔을 걸로 기억이 나는데. 아무튼 대화는 나 혼자 가서 하고, 나머지는 성격들이 격하니까 붙어버리고 맨 처음에 논쟁하죠. 그렇기 때문에 일단 "조용히 하고 다 빠져. 올라오지 않아도 된다" 정도로. 그리고 가서 얘기를 해서 설득을 하죠, "너네 지금 이러면 안 된다. 그러면 이러면 지금 피해 가족들끼리 힘 빠지는 거고. 너네 모시고 하는 거는 다 좋은데 왜 갑자기 거기 있는 걸 일로 빼겠다고 하냐. 거기도 있지만 여기도 너네 이미 있는 거 아니냐" 이런 얘기를 해요. 이미 그때 부위원장이었지만 뭐냐 하면 "이거 아니다. 제대로 진상 규명할라면 우리 합쳐져야 되고 그다음에 국회로 가자, 같이" 그때 이미 국회 가는 얘기가 어느 정도지만 계속 나오고 있었어요. 타깃 시점만 못 잡고 있었고 그랬었던 건데, "우리 국회 간다. 국회 가서 정확하게 우리 입장 얘기하고 저거 해야 될 거다" 국회 농성까지를 얘길 해요.

면담자   그렇게 될 것이라는 예감 같은 게 있으셨나요?

찬호 아빠   할라 그랬죠. 그거 공개적으로 임원 회의 때 얘긴 안 해요. 근데 "국회 가야 된다. 가서 우리가 뭐 특별법도 만들어야 된다. 특별법 서명해야 된다. 우리 가족들 피케팅도 해야 된다, 서명운동 받을라면", 우리가 어떻게 그런 많은 조언들과 이미 얘기를 했었다 그랬잖아요. 그리고 5월 18일 날 가족총회 끝나고, 박래군 소장이라든가 참여연대 이태호, 인권운동가 미류, 김혜진 위원장 같은 분들이 기다리고 있더라고. 그래서 부위원장으로 되고 나서 소개 끝나고 처음 한번 만났어요, 걔들을. 내가 엄청 뭐라 그랬어요. 얘기하는 게 기분 나쁜 게, 머리 허연 사람이 두 명이 앉아가지고, 박래군, 이태호죠. 근데 내 마음이 안 와닿는 거야. 그래서 "너네가 우리랑 해서 도와줄 수 있는 게 뭐고 뭘 할 건데" 이런 질문을 하는데 대답이 딱 부러지질 못해서 내가 뭐라고 화를 냈었던 것 같아요. 그렇듯이 이미 교류들이 있었기 때문에 "가야 된다", 가기로 했었죠.

그다음에 국정감사든 뭐든 어떻게든 진행이 돼본들, 쉽게 여야, 국회에서는 되도 않고 언론도 그렇고 그러니까, 피해 가족들이 직접 가서 우리의 목소리 얘기하고 국회의원들에게 주장하고, 이런 얘길 이미 사전에 정리는 됐어요, 가는 걸로. 그래서 그날 가면 안 되고, 이미 그때 증거보전 신청 할 때 우리가 국회 가기로 논의가 끝난 상태였어요. 그리고 그다음 주일 거예요, 제가 그날 증거보전 신청하고 온 날. 왜 그렇게 급하게 올라왔냐 하면, 하다가 걔들 그거 빼면 안 되거든, 힘 빠지는 거거든. 우리는 국회 가서 권리주장 하고 우리 피해자로서 주장을 할라고 하는데 얘들이 영정을 빼 가는 건 있을 수가 없는 거야. 지금 생각하면 말이 샜었던 것 같기도 하고. 그래서 인천의, 다들은 아니겠지만 몇몇은 자기들이 "영정을 빼자"라고 했던 것 같고, 그런 얘기가 나왔던 것 같고, 지금 생각하면. 근데 그 당시는 아무튼 그런 생각은 못 하고 "이거 있을 수 없다" 그래서 그냥 갔어요. 가서 답변받은 건 딱 하나 "알았다. 같이, 그게 맞는 것 같다"의 답변을 받고 그리고 "내일 영정 위패 안 빼는 걸로 하고 우리가 국회 올라갈 거니까 인천도 와라", 그 답변까지 받아요. 제가 확답받고 "그래, 고맙다" 그러고 건너오죠. 건너와서 국회를 가게 됐던 거고, 일반인, 인천도 국회에서 합류하게 된 거죠.

7
국회 농성과 특별법 관련 교섭

면담자　　　당시가 국회에서 국정조사 틀이 마련되고 있을 시점 같아요. (찬호 아빠 : 네) 국정조사 특위가 있었고, 2014년 7월 12일부터 특별법 제정 촉구 농성을 시작하시는데 기억나시는 상황이 있나요?

찬호 아빠　　　그 당시 기억은 정확하죠. 그 여당, 야당 나와서 가족들 모아놓고 얘기한 게. 맨 처음 우리가 농성까지는 결정을 하지는 않았어요. 근데 문제는 더 격렬화되는 거지, 고립에 대한 부분과 이 피해 가족을 대하는 거 자체가 더 심각하죠. 국회에 우리가 편하게 들어간 게 아니거든. 올라갈 때 내 기억에, 내가 처음으로 전화한 게 버스 타고 가면서, 사전에 몇몇 차들로 이미 갔던 사람들이 있어요, 연락이 오는데 "막는다" 이거야, 병력들[이] 국회에서. 그 얘길 이미 버스 타고 가면서 들었고, 가봤더니 버스에서 내리지도 못하게 하고 있고. 그래서 내 기억에 그게 아침 8시 반이었을 거예요. 8시 30분에 내가 누구한테 전화하냐 하면 김현 의원한테. 그 당시에, 새정치민주연합 김현 의원한테 전화해요. 김현 의원 연락처 몰랐죠. 김현 의원을 만난 적도 없죠. 전화한 이유는 딱 하나예요. 내 본[本]이 강원도라 그랬잖아요. 강원도 국회의원을 검색한 거지. 야당 의원 중에 김현 의원이 있어. 그래서 8시 반에 김현 의원한테 전화를 해요. 그게 김현 의원한테 고맙기도 하고 미안하기도 하고 그런 거죠. 결론은 나중에 그런 [대리기사 폭행 사건] 상황까지 발생이 되니까. 그래서 김현 의원한테 차로 도착하기 전에 전화했을 거예요. 이미 영등포[경찰]서[를] 지나서 전활 해서 "국회에 가족들 차가 이미 도착해 있었고 막혀 있다"라고 하고, "못 들어가고 차에서 못 내린다". 그래서 전화를 하면서 "국회, 야당 국회의원들 와서 어? 우리 가족들 들어갈 수 있게 해야 되는 거지, 왜 국회를 못 들어가게 막냐, 말 그대로 열린 국휜데. 어? 그래서 빨리 가족들 들어가게 해줘라" 그렇게 전화를 해요. 그리고 가서 도착하니까 아니나 달라 막혀 있고, 그날 처음 김현 의원을 만난 거죠. 내가 전화를 했지만 서로 얼굴은 모르는 거죠, "부위원장이 누구냐" 이렇게 해서 나중에 알게 돼요, "아, 제가 전화드렸다" 이렇게. 그때 그렇게 들어가는 것도 녹록지가 않았어요. 그렇기 때문에 이미 '어렵겠다, 현 정권에서' [싶었죠]. 그다음에 야당에서 힘이 없는 거야. 국회의원이 와서 소리소리 질러도 이 새끼들 끄떡도 안 하니까. 그리고 몸싸움 어마어마하게 하다가 결국 들어가게 되는 거거든.

면담자   국회에 들어가자는 결정은 어떻게, 그 전날 이루어졌나요?

찬호 아빠   이미 가족, 우리가 가족대책위에서 회의하면서 날짜도 다 정하고 가기로 하고 이미 버스 다 준비하고 다 했던 거죠.

면담자   국회에서 국정조사를 하는 것을 보면서 '안 될 것 같다'

라고 생각을 하게 되신 건가요?

찬호 아빠   조사를 하는 걸 본 게 아니라, 실제 그렇게 하고 있으니 우리가 직접, 우리가 요구하는 사항이든 내용이든 그게 없는 거야. 그 다음에 말 그대로 그 언론 나오는 것뿐만이 아니라 우리가 요구하고자, 우리가 주장하고자, 우리가 원하는 내용이 나와야 되는데 그런 내용 자체는 하나도 없으니까, '우리가 직접 가서 우리의 목적을 얘기해야 된다', 이런 개념이 맨 처음에는 더 강했어요. 시민사회 단체든 그렇게 조언해 주시는 분들, 영향[력] 있으신 분들이 많잖아요. 근데 그분들이 우릴 대신해서 목소리를 내주거나 그런 거는 있을 수가 없었거든요, 그 당시는. 그 당시 아주 훌륭하신 분들이 옆에 와도 가족들 앞에서 "당신들 이렇게 하면 안 돼" 이렇게 얘기한 사람이 없어요. 옆에서 이렇게 그냥, 가족들이 하고자 하는데 옆에서 함께해 주고 도와주고 이런 개념이었지, 그냥 "이렇게 하면 안 되고 이렇게 갑시다", 이렇게까지 우리 회의 테이블에 들어온 사람도 없고, 그렇게 회의 때 들어오지도 못할 정도로.

면담자   국회 농성은 가족협의회에서 이렇게는 안 되겠다고 해서 결정을 하셨고, (찬호 아빠 : 대책위) 가족대책위에서 결정을 하고, (찬호 아빠 : 네, 날짜와 시간까지) 날짜와 시간을 잡고 버스를 준비해서 12일에 들어가기로 하신 건가요?

찬호 아빠   네. 반 대표들 통해서 가족들 안내하고 가족들 인원 취합하고 버스 준비하고 그런 게 있었고, 그 전 얘기도 계속 반복되는 내용이지만 언론뿐만이 아니라 그 당시의 행패를 보면 그 믿을 수 없는 그런 것들. 그 법안도 이미 얘기를 하고 그 말 같지도 않은, 이미 우리가 국회 가기 전에 서청원이라든가, 서청원 의원이라든가, 박순자라든가, 이재오라든가, 도지사, 전 도지사 누구였어, (면담자 : 김문수요?) 김문수 라든가. 걔들 얘기하는 걸 들어보면, 나는 정치하는 사람도 아니고 무슨 전문가, 법조인도 아닌데 말이 안 되거든. 대화 자체가 안 돼, 걔들 이랑은. 말 그대로 예를 들어서 얘기하며는, 김문수가 나한테 뭐라는지 알아요? 그때 임원들이 없어서 아무튼 왔길래 내가 만났어요. 그때 누구야, 나한테 얘길 해서 만났는데, 가족들 힘들고, 차량 얘기가 나왔는데 뭐라 그랬냐 하면 "왜 힘들게 고생하시냐. 현대든 삼성이든 가서 가족들, 피해 가족들한테 차 한 대씩 달라 그래라" 이런 얘기를 나한테 하는 거야. 그러니 내가 꼭지가 안 돌겠어요? 그냥 "내 입에서 나쁜 얘기 나오기 전에 예? 지사님 그냥 가세요. 예? 더 이상 나랑 얘기할 거 없을 것 같으니까". 그리고 임원 중에 누군가 내 옆에 한 두세 명이 있었어요, 위원장이 없었고 수석부위원장도 없었기 때문에 내가 만났었던 것 같고. 누군가가 그니까 이미 나를 옆에서 같이 많이 본 사람은 알아요. 내가 얘기하다 이렇게 살짝 미소를 띠거나 그러면 진짜 열받는 거거든요. 화가 나면 저는 웃어요. 맨 처음엔 그니까 옆에서 계속 나를 지켜봤기 때문에 아무래도 험악하게 갈 것 같으니까 그냥 제재를 하죠. "얘기 그만하셔라, 이제" 그래서 가고. 그저 그런 모든 내용들을 보더라도 당연한 거잖아요. 되도 않는 법안, "가족들 보약 해주겠다. 보약이라도 해서 당장 줘야 된다" 이런 얘기를 하고 있질 않나. 찾아와서 한단 얘기가 고작 그랬기 때문에, 아무튼 그런 결의와 그런 내용들은 바로 그리고 그걸 꼭 언론을 통해서 우리가 내용을 전파 잘 받고, 그거를 해석을 하고, 법 해석을 하거나 하고 그런 것까지는 아니었어요. 그런 건 아니었지만 아무튼 와닿지 않는 거야. 우리가 요구 사항, 우리의 얘기 자체를 듣지를 않고 자기들이 결정을 하겠다는 거예요. 그런 게 더 강했었던 것 같고 그래서 가게 됐던 거지, 그래서 국회 들어가면서.

면담자   몇 명이 들어가셨나요?

찬호 아빠   많았죠, 그때 많이 참석했어요. 가족들 엄청나게 들어가고 나중에 계속 붙고 붙고, "가족들 거 막혀 있다" 이런 연락받고 버스 안 탔던 사람들이 올라오고 또 올라오고 이런 식으로 해서 상당히 많았죠. 인원까지 파악은 모르겠지만 그 숫자는 정확하게 제가, 많이 붙었고, 아무튼 들어가서 우리가 국회 의원회관에까지 안내를 받아서 아무튼 가죠, 가족들 앉아서. 그때 새정치민주연합의 간사가 지금 김현미 장관? 국토부 장관이었죠? 김현미 간사가 하고, 야당 국회의원들이 와서 가족들 만나고 해요. 그렇게 얘기하고 나름 여야, 자기들 내용을 [갖고] 와서 가족들 얘기를 하고 하는 순간 우리가 저절 한 거죠. 그 당시에 이완구 원내대표가 뭔 얘길 했냐면 가족들 모아놓고 "보약들 해주셔요". 아니 지금 이런 거 할 때가 아니라, "가족들 보약 해주신다" 그 얘기를 해, 모아놓고. 가족들 이미 난리가 나죠. 바로 그 정도 수준이었다니까, 수준 자체가. 말, 대화 자체가 수준이 그렇다 보니까 사실은 무슨 "자리 틀[고 앉]자"까지는 없었어요. 일단은 국회 들어갈 때는 사실 결정을 하고 갔던 건 아니에요.

면담자   "며칠 동안 하자" 이런 계획은 없으셨던 거네요.

찬호 아빠   아니, "우리 입장 정확하게 얘기하고, 될 때까지 아무튼 우리 물러나면 안 된다" 이 정도까지의 결의는 있었지.

면담자　　　119일까지 갈 거라고는 생각을 못 하셨군요.

찬호 아빠　　　갈 거라고는 생각 못 하고 사실 갔던 거죠. 근데 가서 여야 국회의원들 행태, 대응하는 거 보니까 갑갑한 거잖아요, 말도 안 되고. 변호사들 와서 법적인 얘기도 설명하고 가족들 몇몇 모여서 얘기도 하고 그러고 있을 때, 아무튼 여야, 그 여야 발표를 아마 간사인 그 김현미 의원이 얘길 했어요. 아무튼 얘길 했는데 와닿지가 않는 거예요. 딴 가족들도 마찬가지였을 것 같고, 와닿지도 않는 거였어요. 그러고 나서 다 빠지게 하고 우리가 얘길 하죠. 뭐라고 하냐면, 그날 아무튼 하룻밤은 지나고 그다음 날 바로 아무래도 이게 아니거든. 그래서 우리가 "다 나가라, 외부인들. 뭐 언론이고 뭐고 싹 나가고, 국회의원들까지 다 나가고, 가족들만 [남아라]". 그 당시에는 서로 불신하고 이런 게 가족들이 많았기 때문에 부모님들[이] 밖에 지켜요. "다 나가 [하고는] 가족들끼리 딱 해서 내용을 얘기하죠, "이거 우리 저거 될 때까지 나가지 말자". 그러고 나서 가족들끼리 얘기해서 자연스럽게…. 그 전에도 사실 이게 있었는데 뭐랄까, 증거보전이든 그런 얘기를 해요. "세월호 저거 보존을 해야 된다", 그거를 거기에서 논의한 게 아니라 외부 단체에서, 그때 누구였지? 신대명, 아니 신대명[심재명]은 명필름 대표고 신상철 [천안함 민군합동조사단 위원, 서프라이즈 진실의길 대표] 같은 친구가 "세월호 증거보전을 해야 된다" 이런 얘기를 하고, 그게 가족들에게도 전달이 되고 이런 내용까지도 있었을 때야.

　　그때가 이미 그때 아무튼 가족들, 우리가 그런 걸 해본 적이 없잖아요. 근데 시민사회 단체 하나도 없고 가족들만 있는 거거든. 우리끼리

"집행부, 잠깐 [반] 대표님들 나오세요" 해서 잠깐 얘길 하고, 가족들과 의자에 다 앉아 있잖아요, 우리 대회의실인가 거기 다 모여 있었기 때문에. 그러고 나서 얘길 하죠. "자연스럽게 흩어져서 국회 돌아다니다가 시간 딱 해서 왁 하고 어디에, 국회 본청 가서 다 주저앉는다. 자리는 여기가 아니다. 의원회관에 틀어박혀 있어선 안 된다" 이렇게 딱 한 거예요. 그리고 보나 마나 거기까지 뛰어가서 우리가 확 움직이면 바로 제압당하니까, 국회 안에서도 자발적으로 삼삼오오 아예 흩어져, 다 흩어졌다가 시간 돼서 거기에 본청 거기에 모이는 거야. 거기서 자리 잡는 거, 이걸 결의하게 되고, 그거 내용을 전파하죠, 바로 그렇게. "그렇게 해서 하자" 이렇게 해서 사실은 국회 본청 앞에 노숙 농성이 그렇게 돼서 시작이 돼요. 그리고 이미 이렇게 흩어져서 움직이기 시작하니까 엄마들, 아빠들 결심을 한 거기 때문에 어떻게 돼? 아무도 제재를 할 수가 없지. 나가서 사실은 그랬다가 자연스럽게 수습된 게 아니라 나가서 몇 명 흩어지자마자 바로 확 하고 올라가요, 그냥. 주로 계단으로 해서 쭉 하고 올라가서 막을 방법도 없이, 그렇게 해서 노숙 농성이 시작하게 되죠.

면담자   그 당시부터 반별로 조직적으로 움직이고 있었던 것 같아요.

찬호 아빠   네, 반 대표들 모여서 같이.

면담자   가족대책위 지도부의 지휘가 조직적으로 이루어졌던 시기였죠?

찬호 아빠   그럴 수밖에 없었죠. 서로 신뢰할 수도 없고 그랬었기 때문에 그렇게 쉽게 일명 집행부, 그러니까 임원들이라고 얘기하는 반 대표들하고의 회의체를 수시로 해버리니까, 수시로 "잠깐 모입시다". 국회 노숙 농성을 하면서도 마찬가지예요. "잠깐 모이세요" 그러면 쫙 모여요. "뭐 하자. 어떻게 하자, 어떻게 하자" 그렇게 얘기하면 딱 전파[하죠], 반 대표들[이].

면담자   반 대표는 각각 반별로 알아서 선출하는 거였습니까?

찬호 아빠   네, 반에서 해서 대표들이 모였던 거고 그렇게 해서 노숙 농성은 시작이 되고. 노숙 농성이 시작이 되면서 바로, 아무튼 여야 그 국회 법사위, 그리고 국회 가기 전에 뭐까지 있었냐 하면 저것까지 있었죠. 이미 법안에 대한 내용들 얘기가 나왔다 그랬잖아요, 그것까지 결정이 되고 간 거거든. 그래서 법안에 대한 부분은 어떻게? 많은 법안들이 나왔죠. 나왔지만 우리 가족협의회에서는, 민변에서도 법안이 만들어져서 여섯 개를 제가 봤어요. 국회 올라가기 전에 법안 여섯 개 정도를 제가 봤던 것 같고, 최종 대한변협, 대한변협의 변호사, 김희수 변호사가 발제를 하셨죠, 그리고 직접 참여를 하셨으니까. 그것을 보고 우리 이미 집행부에선 그 얘길 다 해요. "이 대한변협 걸 우리 법안으로 하자". 피해 가족이 요구하는 배·보상이 중요한 게 아니라 진상 규명에 [초점을] 맞춰서 그렇게 하기로 하고, 내용까지 정리를 하고, 국회 내에서는 그 법안에 대한 입법에 대한 여야 간에, 간사들 간에 회의들이 이미 진행이 되고 있었던 거고, 이미 그 부분도 다뤄지고 있었던 거고. 그 대한변협의 법안을 우리가 하고 그러면 그 법안에 대한 부분을 그러면 누가 할 거냐. 그 토론, 토론이라고 하나요?

그래서 우리 김병권 전 위원장이 그런 거 싫어했어, 위원장인데도.

수석부위원장도 그렇고 아무튼 생각하고 그런 걸 잘 안 할라고 했어. 사람들[과] 대화하거나 그런 것도 그렇고 그래서 그때도 내가 위원장은 아닌데 내가 하기로 했던 거예요, 이미. 근데 내가 법조인이 아니잖아요. 용어가 너무 어려워. 그래서 김희수 변호사님이 준 거, 대한변협 자료를 한 일주일 정도 제가 봐요. 보고 나서, 근데 피해 가족으로서 얘기할 수 있는 게 내가 법조인이 아니니까 없는 거야. 근데 거기에 그 내용 중에서도 내가 할 수 있는 내용은 진상 규명에 대한, 배·보상은 아예 더 축소하고 "배·보상을 아예 나 없어도 좋겠다, 다만 진상 규명을 위해서는 대한변협 이 법안도 부족하다" 이걸 내가 저기 변호사님[에게] 얘기를 해도, 법조인이 아니지만 피해 가족으로서 내가 느낀 자첸데, 그러면 김희수 변호사님 같은 분은 대부분 대개 훌륭하신 분이고, 나름 법조인들 내에서도 알아주시는 분인데, 내가 그런 식으로 법조인도 아닌 피해 가족으로서 얘기하면 기분 나쁠 수 있잖아요. 그래 사실은 변호사님한테 양해를 구해요. "사실 이거 이렇게 얘기해도 되겠냐", "하시고 싶은 대로 하세요" 그러더라고. 양해 구하고 "이것도 되게 약하다. 부족하다. 진짜 우리가 바라는 건 그거밖에 없다" 이렇게 제가 얘기를 했던 것 같아요.

그리고 그때 그걸 전했던 게 전해철 의원한테도 그런 얘길 하고, 박주민 의원한테 당연히 얘기했겠죠, 박주민 변호사. "법조인이 아니지만 나는 이거 가지고도 안 된다. 피해 가족으로서 내가 얘기할 수 있는 건 진상 규명이다. 오로지 이걸 할 수 있는 내용에 여기가 충족해야 되지, 군이 이거 배·보상 넣어야 되냐. 이거 다 빼버리자, 아예" 이렇게까지 얘길 하거든요. 그때 아마 녹화된 게 있으면 내가 그런 식으로 얘길

271
•
3회차

했을 거예요. 정리하고 사전에 양해도 구하고, 법조인도 아닌데 법도 모르면서 내가 막 가서 떠들어버리면 김희수 변호사 같은 경우에 기분 나쁠 수도 있잖아요, 법안을 발의한 입장에서. 그걸 가져가기로 받아들여 놓고 나서 "이것도 사실은 부족한 거다"라고 얘기하는 자체는 그건 문제가 있으니까. 논의가 안 됐나, 그럼? 그럼 가족들 동의 없이 대한변협에서 이게 피해 가족들이 낸 법안이 아니라, 요청한 법안이 아니라 그냥 [대한변협의 제안이라고] 이렇게 될 수가 있잖아요, 언론 통해서. 미리 양해를 그렇게 구하고, 그랬던 부분도 있어요.

면담자   전명선 위원장님이 교섭하는 역할을 많이 담당하셨다고 들었어요.

찬호 아빠   그걸 [김병권 위원장이] 싫어하더라니까. "위원장이니까 당연히 당신이 해야 된다"라고 저도 얘길 했죠.

면담자   국정조사 당시 국회에 들어가기 전에 만났던 사람이라든지, 어떤 이야기를 했는데 어떤 답변이 왔다든지 기억나시는 거 있으신가요?

찬호 아빠   어떤 답변이요?

면담자   국정조사와 관련한 협상 과정에서 여러 국회의원들을 만나서서 받은 답변 같은 거요.

찬호 아빠   찾아오는 국회의원들이 가족협의회로 몇 명 있었고, 대책위로. 그런 사람들이 있었고, 그쪽에 대해서 그 가장 법적인 해석, 그거를 소통하고 얘길 하고 소통했던 사람은 박종운 변호사예요.

면담자   아버님이나 가족 대표들이 직접 만나기보다 주로 변호사들을 통해서 하셨나요?

찬호 아빠   아뇨, 그 내용에서는 직접 우리 지역 국회의원들, 전해철 의원이든, 전해철 의원실 사무실[에] 앉아서 직접 얘기도 듣고 했죠, 거기 안에서 없었던 건 아니고. 그런 얘길 들었지만 법조인이 아니기 때문에 그리고 그게 와닿지가 않는다는 거예요, 첫 번째는. 그게 와닿지가 않아요, 그게 약하다 이거야 우리 입장에서는. '이렇게 해서 진짜 될 거냐'는, 눈에도 안 보이고, 말 그대로.

면담자   전해철 의원은 뭐라고 했었나요?

찬호 아빠   전해철 의원은 나름 그래도 최대한 노력을 했죠, 우리 내용이 들어가야 되니까 거기에. 지역 국회의원이기도 하지만 법사위 쪽의 의원이기도 하시고. 그리고 또한 누구지? 그 당시에 했던 변호사들의 선배이잖아요? 박주민 의원도 한참 밑의 후배인 거고, 법조계에서도. 그러다 보니까 전해철 의원실에서 그런 논의들을 많이 했죠, 진짜 많이. 그다음에 그 법에서, 국감에서 법안 내용으로 가지고 교섭단체, 쉽게 말해서 그걸 풀고 하는 부분에 있어서는 가장 고생한 게 사실 전해철 의원이죠. 어떻게 보면 국회의원 중에서는 우리를 대표해서 한 거라. 그리고 그거를 가족들에게 용어 자체를 이해할 수, 쉽게 설명하고 풀어서 같이 논의했던 거는 박주민 변호사나, 그다음에 실제 박주민 변호사도 그 당시에는 직접 그 안에를 들어가질 않고, 변호사도 같이 입회해서 들어가는 사람이 주로 논의하고 많이 해서 가족들에게 안내한 거는 박종운 변호사예요, 1기 특조위에 상임[위원]으로 있었죠. 네, 박

좋은 변호사 그랬었고, 그 당시에 그런 내용들은 서로 집행부 간에는 같이 모여서 들으니까 반 대표들까지 다 들을 수 있던 내용이었었고.

면담자   브리핑을 반 대표들까지 다 같이 계속 들었나요?

찬호 아빠   그렇죠. 집행부 몇 명, 의원회관실에 가서, 의원회관에 가서 이렇게 논의하고 하는 건 하고, 변호사들 통해서 우리 저 임원들 회의 때 뭐 이런 이런 내용들 설명들도 별도로 브리핑을 하고, 그 브리핑은 주로 박종운 변호사가 그 당시는 했었다구. 박종운 변호사가 하고, 반 대표들 다 모아서 얘기하고 그다음에 가족들 모아놓고 설명도 하고, 그다음에 반 대표들 의견들 들어서 우리가 내용이 정리가 돼야 가서 얘기를 하는 거고, 그렇게 움직였었던 건데. 저 같은 경우도 그때 당연히 위원장이니까, "김병권 위원장께서 들어가셔야 된다. 아니면 수석부위원장이 해야 된다" 그랬는데 "아, 싫다" 그러더라구. 자꾸 다 저한테 하라 그랬어요. 그니까 뭐랄까 부담감도 있을 수가 있었을 테고, 또한 왜 그랬는지는 모르겠어요.

근데 그 얘긴 안 하지만 아무튼 저게 간단하게, 김병권 전 위원장이 엄청 착해요. 내가 본 가족들이든 혹은 시민사회 단체든 외부에서 어떻게 비쳐졌을지는 모르겠는데 내가 봤던 김병권 전 위원장은 진짜, 진짜 착해. 착한 사람, 진짜 착해요. 그리고 때로는 아무튼 착했어, 착했다고 얘기해야 될 것 같애. 그리고 너무 착했던 것 같애, 그래서 외부적으로 이렇게 뭐라 그럴까 그냥 어떻게 보면, 그냥 비하해서 무식하니 혹은 우리 험상궂은 걸로 가지고 그냥 무력으로만 힘으로만 할라 그런다느니 이런 거는 진짜 잘못됐고[잘못된 평이고], 내가 봤던 김병권 위원장은 진짜 착했어요. 착하고 마음도 여리고 그랬던 부분이 있는데, 아무튼

274

모르겠어요, 저게 딱 하나야. "니가 말을 잘하니, 조리 있게 하시니까 부위원장께서 하세요. 나, 우리 못 할 것 같다"고 그렇게 얘길 했어요. 그래서 우리 법안 공청회도 가족 대표로 제가 나가게 됐던 거고, 아무튼 부위원장 중에 누구는 해야 되고, 누군가는 해야 되는데 수석부위원장도 자기는 "죽어도 못 하겠다" 그러고, 위원장도 "못 하겠다" 그러고, 그렇다고 엄마들 시킬 수 있는 것도 아니고, 그렇게 무책임할 수는 없고 그래서 하게 됐던 거죠.

면담자　　집행부 임원으로서 교섭을 하거나 대표 발언을 하는 주된 역할을 하셨는데, 국회 안에서 어떠한 교섭과 토론이 있었는지요? 그리고 그 당시 국회의원들의 모습에 대해서 기억나시는 게 있으면 말씀해 주세요.

찬호 아빠　　간단하게 많은 국회의원들이 있었고, 가족들이 단식을 하게 된 계기는 여러 가지 있었어요. 단식부터 시작해서 국회에 들어가면서, 사실 관도 가지고 갈라고 했었고 차에 실어놓기까지 했었죠, 관을 가지고 들어가지를 못했지만. 그니까 얘기할 수 없는 그런 절실함들, 그다음에 아이들, 말 그대로 도보 행진을 하거나 혹은 그 전에 뭐까지 얘기가 나오냐 하면, "우리 아이들 유골함까지 가지고 간다", 이런 많은 내용들이 있었지만. 그게 임원 회의 때 다 이뤄지고, 임원 회의 때 사실은 "관까지는 됐지만 그 유골함 정도까지는 아니다. 그것도 격하게 붙다 보면 떨어뜨리거나 깨질 수도 있고 그거는 아니다" 그런 절실한 내용들까지도 사실은 회의 석상에서 우리들끼리는 얘길 다 해요. 그러고 나서 국회에 들어가서 저거 교섭은 교섭이고, 말고 법안, 법안에 대한 싸움은 싸움이고 가족들이 진짜 우리의 절실함이라든가 그것을 저걸 할라면 "그냥 이렇게 자체로 농성 자체로 들어앉아서 있는 것 자체만으로는 안 된다. 다른 그 어떤 거도 있어야 된다"라고 해서 그 단식까지 나왔던 거죠. 그래서 회의를 했고, 단식을 하면서 단식도 두 군데로 나눠서, 국회와 광화문에서 하기로 했고. 광화문에서 일단 자리를 틀어야 되기 때문에 이미 들어가기도 광화문에서 단식하는 거 자체가, 가족들이 밀고 들어가는 거 자체가 어려웠었던 부분이 있어서, 그런 것도 구체적인 논의를 하고, 시민사회 단체에서 이미 결합해서 '자기네들이 책임 있게 그걸 하겠다'라는 내용까지 다 교류를 해요. 그래서 "일단 상징적이고 청와대에서 가장 가까운 데는 위원장이 직접 가서 하는 게 맞다", 위원장이 가고 그다음에 수석부위원장이 국회에서 하고. 나머지 임원들, 그다음에 가족들, 해서 명단을 사실은 뿌리거든요.

면담자　　　국회에 들어가신 다음인가요, 아니면 그 전인가요?

찬호 아빠　　들어가서, 국회에서 우리가 농성 시작하고 나서 단식하기로 한 것도 국회 본청, 정문으로 봤을 때는 우측 편에서 주로 그런 회의를 했어요. 우측 편에 가서 그런 회의를 했고 인원 명단까지 다 확보를 했었고 그렇게 해서 진행을 해요. 진행을 한 부분이 있었는데, 그때도 나도 단식할라 그랬지.

면담자　　　단식 지원자들을 모집을 한 건가요?

찬호 아빠　　네, 맨 처음에는 임원들 먼저 결정을 하고. 근데 서로 다 단식 하겠다 그랬지 단식을 안 하겠단 사람이 없었거든. 근데 누구든 할라면 그렇게 해야지 그랬는데, 아무튼 집행부에서 위원장부터 해서 누군가는 저거[일을] 해야 된다 그래서 결론은, "그럼 다 단식하면 어떡하냐"라고 해서 "그러면 부위원장이 일단 단식하지 말고 하겠다", 이렇게 된 거예요. 그래서 제가 단식을 먼저 안 하기로 하고 나머지는 당시 위원장들이 나왔고, 두 번째는 "추후에 가족들, 반별로 단식할 사람들 [나오면] 그러면 안내해서 모집한다"라고 해서 인원 취합이 됐고. "그럼 한 번에 20명, 30명이 될 게 아니라 끝까지 간다, 단식", 이런 식으로 나름 논의를 했고. 그래서 "1차 쓰러지면 거기 가서 한다. 쓰러질 때까지 버틸 때까지 버틴다"예요, 하다가 저거[하차] 하는 거 없이. 그렇게 해서 추가 단식 명단까지 확보하기로 하고 구성이 됐고, 그러고 나서 실제 저한테 온 게 유민이 아빠.

면담자   그때 따로 유민 아빠를 만나셨나요?

찬호 아빠   유민이 아빠가 저한테 왔죠, 그다음에 수빈이 이모부. 그다음에 처음 국회 농성장을 틀 때 광화문에 그 상황실장이었죠, 박용우 씨, 7반에 수빈이 이모부예요. 근데 그분이 그런 게 있었거든요. "책임지고 자기가 가서 하겠다"를 저한테 와서 얘기를 했고, 매일매일 내용들을 저한테 전화든 해서 연락을 해요. 연락을 해주고 광화문 상황실장을 자처했어요. 광화문 노숙 농성, 노숙 농성이 아니라 단식 그거 확실하게, 민주노총의 당시 한석호, 지금 한석호, "책임 있게 해서 한다. 자리 만든다". 그리고 유민이 아빠는 뭐였냐 하면 "가서 우리가 단식을 해본 사람이 아닌데, 가서 일주일 하고 버티고 이거 아니다. 할 거면 제대로 해야 된다"라는 거였고. 유민이 아빠는 개인적으로 와서 자기는 "걱정 안 해도 된다, 부위원장. 나는 그 경험도 있고 이미 그렇게 해서 지금 몸 관리도 하고 있고 걱정 안 하셔도 된다. 자기[는] 끝까지 그렇게 버틸 수 있다" 그런 얘기를 유민이 아빠가 사실은 개인적으로 와서 해요. [그렇게] 하고 인원을 짰죠. 그러면 광화문, 국회에 다섯 명씩만 들어가는 걸로 일단은 했어요.

정리를 하고, 광화문, 저게 광화문에 자리 잡을 때 천막 하나 피느라고 많은 실갱이[실랑이]가 있었고 싸웠는데 그날 아무튼 바로 결성을 하죠. 서울시에서 도와준 것도 있지만, 아무튼 그렇게 해서 단식은 시작되고, 단식에 참여하겠다는 다음 [인원] 명단들은 반 대표들 통해서 자의적으로 취합이 돼서 와요. 오고, 그렇게 해서 단식이 시작됐고, 국회의원들 단식도 자발적으로 이뤄졌었던 거고, 광화문도 마찬가지고. 그리고 광화문도 어느 정도까지였냐면, 피해당사자인 우리 목소리가 가장 중요하고 우리 가족들의 의지가 가장 중요하다는 거는 우리 가족들이 다 이미 공감을 하고 있었던 상황이었기 때문에, "가족 단식장의 외부, 국회의원이 될지언정 옆에 못 온다"가 기본 원칙이 있었어요, 나름 우리 스스로가 정했던. "아무리 국회의원이지만 가족 단식장에 와서 그 옆에서는 단식을 못 한다. 그 옆에 떨어져서 할 수 있어도". 명칭 자체도 가족 단식장이 된 거죠. 그래서 종교인들과 국회의원들은 그 옆에 별도의 공간을 만들어서 단식이 진행이 됐었던 거고.

면담자   나중에 참여하게 되죠.

찬호 아빠   나중에. 그래서 그때도 그렇듯이 나름 우리가 단식을 진행하면서도 그런 결기는 있었다, 그래서 며칠 하고 그만두고가 아니라. "다만 진짜 죽어서는 안 된다. 도저히 힘들고 도저히 안 될 것 같으면 포기해야 된다. 그리고 병원으로 간다", 문제는 "진짜 오기로 끝까지 [하다가] 거기서 죽으면 안 된다. 나중에 어떠한 결과든 내용이 나오면 그거는 서로 존중하고 따른다. 그리고 그 단식장에서 그래서 빠지게 되면 다음 자리는 그다음 하기로 했던 사람이 무조건 들어가서 한다", 이런 나름대로의 우리 기본적인 게 다 정해져 있었던 게 있었어요. 그래서 그렇게 해서 단식이 시작하게 됐던 거고, 지금 질문하신 내용도, 국회 같은 경우도 자발적으로 국회의원들이 뭔가 같이, 행동으로 같이 참여하는 개념에서 단식이든 뭐든 할 수 있는 게 있었고, 나름 가족들의 먹는 거라든가 본인들의 보좌관들이 가족 옆에 항상 상주하게 하거나, 그리고 야간에도 가족들 옆에서 집에 안 가고 그렇게 함께했던 국회의원들도 계세요, 함께. 그리고 본인이 의정활동을 해야 되면 자기들[이] 아예 보좌관을 빼서 고정으로 상주시켜 놓은 국회의원들이 여럿 계세요, 여러 명 그런 국회의원들이 계시고.

다만 법안 교섭단체에서 이뤄졌던 내용은 아쉽거나 그런 점이 많은데, 첫 번째는 우리가 법조인이 아니었다는 거. 그리고 8월 9일 2차 합의안이 나왔을 때는 진짜 실망했죠. 실망했고, 본래 그렇게 진행될 게 아니었는데 그 당시에 원내대표가 그렇게 받아들이는 걸로 발표를 하고 나서 난리가 났어요. 그때 박주민 변호사, 그다음에 우리 국회의원 했던, 그 당시 다 단식하고 있고 그럴 때였으니까, 우원식 전 원내대표, 그다음에 지역구 전 국회의원인 전해철 의원 같은 경우 난리가 났죠. 전화해서….

면담자　　그분들도 모르고 있었던 건가요?

찬호 아빠　　네, 그냥 언론을 통해서 바로 확 뿌려진 거예요. 발표 되자말자 전해철 의원, 우원식 의원 오고, 와서, 내가 납득이 안 되니까 가족들도 그렇고, 제가 엄청 싫은 소릴 해요. 그 정도 의욕이고 그 정도면 어? 괜히 가족들 앞에 와서 떠들 게 아니라 그냥 솔직한 표현으로 그 당시에 이렇게 얘기했을 거예요. "다, 새정치민주연합의 국회의원들이 '진짜 우리 가족들을 위하고 돕겠다'라고 하면 이렇게 그냥 물러날 게 아니라 다 대가리 깎고 여기에 다 주저앉아. 그런 의지 아니면 열받으니까 꺼져" 이런 식으로까지 얘기를 해서, 나중에 전해철 의원이 나한테 "부위원장까지 나한테 그렇게 얘기해서 나 진짜 서운하다. 자기는 진짜 노력을 했는데" 이런 얘기까지 하거든요. 그렇듯이 내용들이 우리가 동의하지 못하는 수준이어서 너무 실망을, 8월 9일 2차 합의안에 대한 부분은 한 게 많고, 그래서 가족들이 "기자회견에 대해 아예 받아들이지 않겠다"라고 아예 공식적으로 선언을 했던 거죠.

면담자   집행부, 임원분들도 아무 소식 전달 없이 언론보도로 사진 찍고 하셨던 건가요?

찬호 아빠   그렇죠. 당연히 그때 '여야 원내대표 간, 간사 간 합의해서 이뤄지지 못할 거다'라는 걸 [생각]했죠. '계속 진행 더 돼야 된다'라는 게 우리 생각이었고 "이 정도 수준을 우리가 받아들일 수 없다"라고 얘기한 거예요, 얘기하고 나온 거예요. 개인적으로야 아예 변호사들도 다 빠져, 빠지고 원내대표, [원내]수석부대표, 여야, 피해 가족 당사자로서는 저 혼자 들어가서 얘기한 적도 있어요. 새정치민주연합의 박영선 대표와 지금 전남지사죠, 김영록 수석부대표, 이완구 원내대표와 김재원 수석부대표, 저 이렇게 다섯 명이서만 별도로 공개적인 의견 조율하고 나서 들어가서 회의한 적도 있거든요. 근데도 그때까지도 절대 난용납이 안 됐었던 거라, 그게 합의로 이뤄질 줄은 몰랐었던 거죠.

면담자   그때 아버님께서는 수사권, 기소권에 대한 분명한 입장이 있으셨나요?

찬호 아빠   그건 있었죠. 그니까 '수사와 기소에 대한 부분은 그게 연계돼서 진행이 돼야 되지만 정확하게 진상 규명을 할 수 있다'라는 거였고, 첫 언론 인터뷰 공개적인 거는 내가 JTBC랑은 딱 그때 한 번, 그거 하고 나서 "이건 있을 수 없다. 우리가, 가족들이 요구하는 거는 수사권과 기소권을 언급을 하고 있어야 된다", 그다음에 두 번째 질문이 뭐였냐 하면 그러면 지금 새정치민주연합, 야당에서 만들었던 상설특검법을 만들었고 아직 한 번도 시행이 안 됐는데 그러면 피해 가족으로서 나한테 질문 내용이 뭐였냐 하면 "상설특검법에 대해서는 어떻게 생각하냐"가 나한테 손석희 앵커가 질문했던 내용이었고, 그거에 대한 부분도 "받아들일 수 없다"였죠. 그 이유는 딱 하나였어요, 뭐냐 하면 상설특검법이라고 하더라도 그게 말 그대로 여야가 추천을 하고, 더 확대해서 유가족, 피해 가족이 추천을 한들 그걸[그것의] 최종 임명권자는 대통령 아니에요?

그렇기 때문에 그 부분은 결과적으로 "우리가 추천을 한 사람이 될 수가 없을 뿐더러, 임명권자가 대통령이었기 때문에 상설특검법은 받아들일 수 없다"라는 거였거든요. 결과적으로 가장 내가 새정치민주연합의, 야당의 편을 드는 게 아니라 그 당시 논쟁 과정에서 집권 여당에서 계속 공격하고 딴지 걸고 법조인들 상대로 압박하고 했던 거는 딱 그거 하나예요. "너네가 상설특검법을 요구했던 거 아니냐, 야당일 때. 박영선 원내대표가 국회 법사위원장으로 있을 때 집권, 아니 야당으로서 처음으로 만든 게 상설특검법이고 그거에 대한 부분을 그러면 상설특검법을 만들어놓고 나서 한 번도 제대로 진행을, 진행한 사항이 없었는데 그래서 상설특검법으로 하자는데 왜 새정치민주연합에서 반대하냐. 너네가 하자고 해놓고. 법안을 만들어놓고", 계속 그렇게만 해서, 내가 법조인이 아니라서 그런 거 신경 쓸 필요는 없고, 그래서 상설특검법이 뭔지는 다 파악을 했죠. 파악을 하고 인터넷 확인하고, 그리고 누구든 물러설 때 내가 상설특검법에 대해서 인정할 수 없는 걸 얘길 해야 되기 때문에, 딱 내가 얘기했던 건 딱 그거 하나예요, 수사권과 기소권.

그래서 "수사와 기소가 어떻게, 자연스럽게 연계가 돼서 제대로 된 진상 규명이 돼야 되고, 그다음에 우리가 특사경[특별사법경찰]이라고 하죠, 특사경에 대한 부분과 특검[은] 요구했던 내용 중에 반드시 있어야 된다". 근데 특검은 넣어줬던 거거든. 그리고 상설특검법에 대한, 상설특검법도 반대하는 이유는 조금 전에 얘기한 거 딱 하나, 그 이유 때문이었어요. 근데 그때 가족 추천위원까지도 공개적으로는 얘기가 안 나왔지만 "그것도 가능하다"라고 사실은 여당에선 얘기를 했던 부분이 있죠, 새누리당에선. 그런 법안 싸움에서 아마 새정치민주연합에서 많이 부담스러워했을 거고. 쉽게 말해서 지금 그 당시에 수석부대표로 있었던 김영록 수석부대표 입장에서는 새정치민주연합의, 그래서 "특검을 진행할 수 있도록 해줬는데 '1기 특조위 때 그러면 특검은 제대로 진행했냐'로 표현하는 부분은 잘못된 거다"로 얘기하고 싶고, 근데 여건이 그렇지 못했다, 기한도 그렇고.

이렇게 나중에 지나서 얘기할 수 있었지만, 당시는 어떻게든 법안 싸움이다 보니까 더 이상 진전이 없고 하나씩 하나씩 만들어가면서, 그런 특사경이라든가 특검이라든가 그런 내용, 상설특검법에서 말 그대로 여야가 추천하는 두 명의 위원 중에 대통령이 임명하는 게 아니라, "그럼 가족이 추천해. 가족이 추천하면 가족이 추천한 인원도 포함시켜서 하겠다", 이 정도 수준까지였기 때문에 당연히 받아들일 수 없었던 부분이 있었다. 근데 그런 게 갑자기 언론을 통해서 확 나오고 나서 전해철 의원이든 우원식 그 당시 의원도 그때 알게 된 거야. 그때 쫓아 나온 거야, "이게 어떻게 된 거냐". 그랬는데 더 내가 화가 났던 건 뭐냐 하면, 그거를 새누리당에서는 정확하게 교묘하게 이미 작업을 다 했었던 거라고 생각이 되고, 그래서 가족[이] 동의하든 [말든] 그게 그 얘기가 나오자마자 일반인대책위에서 "그거 우리는 받아들일게"라고 얘길 해 버리거든. 그 전까지 그런 얘기가 없었거든, 그 당시까지는.

부위원장들하고도 인천 일반인대책위원이랑 나랑 얘기하는 과정에 그런 얘기 자체가 없었거든, 끝까지 함께 가는 거였는데. 하자말자 받아들이는 순간 '당했다, 이거. 당했고, 이거 [여당에서 미리] 작업 쳤고', 그리고 이미 법안 싸움 하면서도 나왔겠지만 우리 가족대책위랑 인천의 대책위에서 요구하는 사항들은 법적인 내용들이 당연히 다를 수밖에 없다. 왜, 그분들은 [희생자가] 부모님들이었고 대부분이, 우리는 자식이잖아요. 그렇기 때문에 가장 몇 가지의, 인천 일반인들이 요구하는 사항이 사실 있었어요. 그런 부분도 있었고, 그걸 다 내가 안 받아들이겠다고 한 것도 아니었었는데, 그니까 '새누리당에게 그대로 이용당한 것 같다'는 생각이 들고, 그런 부분이 너무 속상하고. 그게 나와서 엄청 우리가 입장 표명하고 난리를 치고, 박영선 원내대표를 만났을 때 비공식적으로 바로 들어가서 일단은 전해철 의원이랑 우원식 의원 왔을 때 그런 강한 부정과 "용납 못 한다. 그다음에 가족 입장[을] 빨리 발표해야 된다. 이거 기사[가] 언론에 그냥 나가고 있으니까 빨리 기자회견문 써. 그다음에 발표하고".

그러고 나서 원내대표 바로 만나러 갔을 때, 박영선 원내대표는[를] 한두 차례 울린 적이 있어요, 공식적으로 울은 거 말고 개인적으로. 근데 그 눈물이 내가 봤을 때는 아직도, 〈비공개〉 그 당시에는 힘없는 여당[야당], 아니 집권이 아니라 힘없는 제1야당으로서의 그런 부분들, 그다음에 억울하고 자존심, 뭐 이렇게 본인이 수긍하기 힘든 그런 눈물을 한두 차례 본 것 같아요. 그걸 가족들이 보거나 언론에 나가진 않았는데 그런 걸 보고 사실은….

면담자   박영선 원내대표가 그러한 결정을 하게 된 건 본인의 입장이었다기보다는 다른 의원들의 요구에 따른 압박 같은 게 있었나요?

찬호 아빠   저는 그렇게 보는 거예요. 그게 뭐냐 하면, 자세히는 내가 얘기할 수 없지만, 그 당시에 내 주관은 딱 두 가지였다 그랬잖아요. 제1야당으로서 본인들이 법안을 만들고 그걸 하라는 걸로 여당에서 공개적으로 계속 얘길 하니까, 테이블에서 앉아서. 그리고 가족들[은] 수사권이든 기소권이든 그런 부분에 대해서 아예 쟁점화 돼서 싸우기 시작해서 도저히 더 이상 진전 방안이 없고, 가족 추천위원들도 말은 나왔지만 그래 봐야 상설특검법이 나는 싫다라는 거였고, 동의할 수 없다라는 거고, 받아들일 수 없다는 거고. 그래서 제1야당으로서 선거까지는 얘기 안 하더라도 저는 그런 생각을 했어요, 상설특검법? 죽어도 내가 싫다는데 근데 야당이 만든 거잖아요. 야당이 만들고, 봤던 것도 법사위원장한테, 박영선 원내대표가 법사위원장일 때 만든 거예요, 야당이.

그걸로 집권 여당에서 공격을 해 들어오고, 그걸로 가지고 특별법 내용에 그걸 적용해서 들어오기 시작하니까, 회의 테이블에서 내용 자체가 법조인이 아닌 내가 봐도 진일보적인 내용들이 안 보이는 거야. 그 단계 내에서 합의가 이루어질라고 하고, '힘이 없다'라고 느낀 거지. '제1야당이 힘이 없구나', 여기서 계속 1년, 2년 싸워봤자 요 정도 수준인데, 여기서 특사경이든 혹은 수사, 기소권을 도저히 못 줘도 우리가 하나라도 뺏어야 된다, 일단은, 그리고 진행을 해야 된다, 내 주관적인 거는. 더 이상 이렇게 시간을 끌고 계속 이렇게 지나가는 거는 있을 수 없다. 그 기간 동안에 증거보전 신청도 했다라고 하고 다 했지만 카톡[카카오톡], 카카오 측의 기본적인 데이터 자료들[이] 다 소멸되는 거라든가, 또 애들이 철저하게 증거인멸 다 할 거고, 잠수사들부터 시작해서 어느 누구도 제대로 된 증언을 당시에 못 하고 있고.

그리고 이미 국회 있을 때, 제가 아까 얘기 안 한 행위 중에 내 스스로의 압박도 뭐가 있었냐 하면, 나는 진상 규명에 대해서 오로지 거기에만 아주 내 최대의 집중이 돼 있었던 부분이라, 말 그대로 아까 독립 피디라든가 그런 데, 이 가족대책위에 사무실이 있지만 외부 공간에 방을 얻어놓고 자료를 백업을 하고, 일주일에 한 번 그 자료를 가져와서 국회에서 농성장에서 내가 들여다보고 있었고, 그다음에 권영국 변호사가 얘기했던 민변에서 얘기했던 82가지 의혹, 세월호 진상 규명. 사실은 그 내용도 82가지로 나오기 전에 원본 내용, A4 용지로 이미 정리했던 거 권영국, 아니 맞죠, 권영국 변호사가 저한테 가져온 적이 있어요. 나는 당시는 지금 생각하면 왜 그랬을까 하는 의문은 들어, 왜 그랬는지는 모르겠어요. 위원장이 있었고 수석부위원장도 있었는데 왜 부

285

3회차

위원장인 나한테 그런 걸 가져왔는지는 모르겠지만 봤었어요, 다. 밤새도록 그런 자료를 읽고 그런 적이 있었고. 그런 걸 겪고, 그다음에 그런 걸 대하고 증거든 자료들이 없어지든 이런 거에 대한 강박관념도 나 같은 경우에는 있었죠. 이렇게 해서 1년, 2년 끌어서는 안 된다라는 것도 사실은 있었어요. 다만 그 법안은 절대 우리가 받아들일 수 없는 거였다, 그 당시는. 다만, 다만 그거는 너무 약하다, 우리 편이 아니다.

그리고 하나 얘기하면 그러고 나서 한 게 뭐냐 하면 엄청 가족들이 그 국회로 들어오기가 힘들었거든, 매일 틀어막으니까 이 새끼들이. 그래서 국회의원들, 국회의원이 직접 가서 가족들 차에 태우고 들어오고, 때로는 싸우고 들어오고, 때로는 담 넘어서 들어오고, 그거를 막 하고 나면 힘이 쪽 빠지는 거예요. 아니 12시 이후까지 항상 그러고 그렇게 맨 처음에는 싸움을 했어야 되니까. 그러고 나서 그게 다 끝나면 제가 했던 거는 그런 자료들, 여기서 일주일에 한 번씩은 나한테 가져오면 그거를 잠깐잠깐 쭉 봤어요, 그런 내용들을. 그다음에 독립 피디에서 어떠한 내용들 지금 정리해서 어떠한 자료들 와 있다, 기본적인 거.

그리고 가장 했던 게 뭐냐 하면, 그렇게 정리가 끝나면 몰래 가끔가다 택시 타고 광화문을 갔다 오거나, 그리고 어딜 갔냐 하면 내가 뉴스타파를 갔어요. 그렇게 해서 녹취록이 되게 많은 거야. 그럼 이걸 봐야 되는데 볼 방법이 없잖아. 어느새 그걸 다 듣고 있어요. 그래서 제가 국회 있고 채 얼마 안 돼서 단식 시작하자마자 얼마 안 돼서 단식 바로 시작했으니까, 우리가 뉴스타파를 몰래 갔다 와요, 김용진 대표를 만나요, 뉴스타파의, 거기 가서 김성수 기자를 만났고. 맨 처음에 거기를 가게 된 계기는 누구를 통해서? 임유철 피디를 통해서. 그래서 "이거 진상 규명해야 되는데 도와주셔라", 김용진 대표 만나서, 일면식이 없었죠. "가족협의회 부위원장 전명선이고 찬호 아빠 전명선이고, 대표님 도와주셔라. 이거 진상 규명해야 된다" 그니까 도와주겠다고, 자기들이 도와줄 수 있는 건 도와주겠다고 그래서, 딱 처음 부탁한 게 뭐냐 하면 "우리가 가지고 있는 녹취록 다 풀어줘라, 돈은 없다" (웃으며) 그걸 부탁을 해요.

그니까 어떻게 보면 우리 위원장 이런 사람들도 몰랐죠. 진상 규명에 관해서는 그걸 내가 누구하고 상의하거나 논의하거나 이러지를 않고, 그때 김용진 대표도 비공식적으로 택시 타고 가서 만나고 다시 국회로 와야 되니까는. 그래 갖고 김용진 대표를 통해서 도와주겠다고 해서, 우리가 기존에 어민들 만나고 미수습자 가족들이 인터뷰한 내용들 이렇게 녹취한 내용들을 사실은 뉴스타파에서 다 풀어줘요. 그리고 그걸 계기로 돼서 몇 차례, 요번에 인양할 때도 사실은 계약서를 작성을 하거든요. 선체에서 나와서 말 그대로 휴대폰 같은 거 나오는 것들[을] 디지털 포렌식을 해야 되는데 그거에 대한 권한, 협약서도 김용진 대표한테, 재원도 김용진 대표 뉴스타파가 대고, 그리고 "그거에 대한 모든 의사결정권이든 그거에 대한 그 독점권에 대한 부분은 가족협의회의 동의를 얻고 한다". '뉴스타파 돈을 쓰고 뉴스타파가 다 해도 그건 내 거야' 이런 식, 되지도 않는 논리와 그런 협약서까지도 체결을 하게 되거든요.

그래서 그런 걸 통해서 뉴스타파를 만나서 김용진 대표를 만나서 얘기하고 하면서도, 그니까 그런 게 시간이 지나면서 나 스스로도 전 정권에서 너무나 강박관념이 있었고 그런 게 많았던 거예요. 그니까 사실은 조바심도 있었고, 그다음에 법안은 너무 약하고, 집권 야당의 힘이, 집권이 아니라 제1야당의 힘이 집권 여당에 비해서 너무나 약하고, '이대로 그냥 계속 지속되는 거 아니냐' 그런 것도 사실은 없지 않아 많았어요, 저한테는 그게 가장 큰 압박. 그리고 사람들이 뭐라고 얘기하든 간에 새누리당이 당연히 우리 편은 아니죠. 그걸 알지만 만나야지, 여당 만나야지, 의원회관 가서 만나고, 김무성 대표도 만나고, 그래서 그 얘기가, (면담자 : 와주나요?) 나오죠, 우리 요구 사항 정확하게 전달하고 김무성 대표 만나고 나서 그 얘기가 나오잖아요.

집행위원장이 페이스북, 페이스북이 아니라 간담회 하면서 얘기했던 그 발언에, 청와대, 그 얘기 직접 해요. 자기들 "진짜 마음 아프고 도와주고 싶지만 이게 저 위에서 그렇지가 못 하다", 이걸 김무성이가 얘길 해요. 근데 가족들 모아놓고 제가 그런 얘기를 해요. "왜 집행부에서 김무성이 만나고 여당 위원들 만나냐"라고 얘기했을 때 제가 가족들 앞에서 뭐라고 얘기했냐 하면 "적어도 국회에서 우리 법안이든 뭐든, 여야 아무튼 그 회의체가 있고 그리고 피해 가족으로서 당연히 우리의 내용을 전달하고 우리의 요구 사항을 관철시킬라면 만나야 되는 거 아니냐. 만나서 얘길 해야 되는 거 아니냐, 그런 거다" 이런 얘기를 하고. 제 기억에 딱 하나 그걸 김무성이를 만나는 거에 대해서 가족들이 싫어하니까, 새누리당이니까. 김재원이를 만나고 이런 걸 싫어해요, 가족들이. 근데 그러면 아무도 안 만날 거냐? 내가 가족들 의견을 전달해야 되는데 여야 다 만나야지. 그래서 그거는 맨 처음에는, 그 맨 처음에는 반대하고 했지만 그렇게 동의를 얻어요.

그때 내가 아마 우리 가족들 아침에 전체 모아놓고 한 얘기가, 부위원장 생각, 김무성이에 대해서 물었을 때 내가 뭐라고 얘기하냐면 기억하는 게 "나는 적어도 김무성이 정도면 처세에 눈치만 보고 있을 그런 사람으로는, 내가 내 주관은 그렇게 보여지지 않는다. 저 사람은 전에 '당권에 도전하겠다'라고 이미 밝혔었고, 여러분도 다 아시지 않냐. 그런 사람이 지금 대통령 눈치만 보고, 대통령에 도전하겠다는, 당권이 아니라 말 그대로 '대통령에 도전하겠다'고 했던 사람인데, 그런 눈치만 보고 자기의 주관을 말 그대로 접고 대통령 지시만 따라서 움직일 사람으로 난 안 보여진다. 저 사람은 그만큼 욕심 있는 사람이다. 그렇기 때문에 그 사람 주관은 정확하게 피력될 수 있고 그 사람 만나서 우리 입장 정확하게 전달해야 되고, 그렇기 때문에 나 김무성이 만나고. 김무성이 그렇게 약한 사람으로 안 본다. 그리고 쉽게 전 정권의 하수인으로 안 본다", 그런 얘기를 가족들한테 해요. 싫어하는 사람도 있지 그런 얘기를 하니까. 아무튼 그런 것도 있었다라고 보고, 그래서 나름의 조바심과 강박관념, 진상 규명에 대한 자료들을 빨리 수집하고 해야 되는데 그게 없어지거나 다 은폐시켜서 없애버리거나 그런 거에 대한 부분이 가장 저거[우려] 했었고. 기존에 우리가 자료를 모아야 되는데 자료들이 안 모아지고 있으니까, 그리고 모았던 내용들이 날아가지 않게 잘 그걸 처리하는 방법, 근데 없거든. 이미 변호사들 몇천 명이 도와준다고 했는데, 내 옆에 변호사들이 별로 없는데, 도와주겠다는 변호사들. 그리고 녹취록 풀어야 되는데 누가 풀어.

면담자 뉴스타파는 누구를 통해서 가야겠다고 생각하셨나요?

찬호 아빠 나름대로의 제 주관. 그게 뭐냐 하면 국가정보원이라든가, 걔들은 심층적으로 파헤치고 하는 게 그 정권을 상대로 그런 걸 하잖아요. KBS, MBC, SBS, JTBC 그런 게 보이지가 않고, 나름 그래도 '그것이 알고 싶다' 심층취재 같은 경우는 내가 인터뷰까지 할라 그랬다가 "데스크에서 잘릴 수 있다" 그래서 "그럼 안 해" 이랬다 그랬잖아요. 그렇듯이 정권을 상대, 거대 권력을 상대로 저런 취재 내용이 잘못되더라도 나갈 수 있는 그런 사람이 나는 필요한 거예요. 그냥 그런 언론, 언론사가 어딨어요. 그다음에 가끔가다가 그냥 기본적인 사회생활을 하거나 직장생활을 하더라도, 일주일에 한 번, 기사를 못 보더라도, 업무상 협력 업체 사장들도 상대하고 해야 되다 보니까, 잡다한 거 이런 걸 내가 좋아하고, 매일매일 신문을 못 읽어도 제목은 한 번에 훑어도 다 훑어요. 시간 많아요. 사실 직장생활 하면서 구매 일이라는 게 내가 시간이 엄청 많이 남거든, 심심하거든 사실.

근데 그런 걸 통해서 보다가 '어, 뉴스타파?' 그 당시에 솔직한 표현으로 얘기하면 '야, 진짜 겁 없다. 야, 그리고 이게 실제일까? 실제면 이것도 다 심각한데?' 이런 거 신문에도 그런 거 성인, 어른으로서 가끔가다 자기들 보는 거에 대부분 방점들이 찍히잖아요. 얘를 봤으면 애들은 어떨까 나름의 주관. '이 언론사는 그렇지, 이 언론사는 응, 그렇지', 이런 거잖아요? 그냥 우리가 '조중동' 얘기한 거 아니잖아. KBS, MBC, SBS 그냥 얘기하는 거 아니잖아. 이렇듯이 그때 언론의 행태라든가 그런 걸로 봐서 약하고 그렇지만, 크게 저건 하지 않지만 그래도 피해 가족들, 우리의 목소리를 제대로 하고[담고] 도움을 줄 수 있는, 그냥 프리랜서들 말고, 그래도 나름 규모가 있는 게 내 눈엔 뉴스타판 거야.

면담자　　《한겨레》나 《경향신문》 같은 규모가 있는 곳은 고려를 안 하셨나요?

찬호 아빠   아니, 그니까 나는 진상 규명이었으니까. 《한겨레》야 감사하죠, 항상 《한겨레》[에] 감사하지, 우리 아이들 내용도 실어주고. 감사한데, 내가 본 거는 오로지 진상 규명에 팍 꽂혔던 것 같애. 그거를 진짜 분석하고 그거를 파헤치고, 《한겨레》는 그런 이미지가 내 머릿속에는 없었던 거야, 지금까지 살아오면서. 근데 뉴스타파는 그게 확 있는 거야. 그래서 임유철 피디는 그냥 프리랜서로 일했던 거고 뉴스타파 소속이 아니잖아요, 그런 사람들이 다. 그랬는데 박봉남 피디도 뉴스타파 소속이 아니었고, 아니잖아요? 근데 그때 국회 갔을 때 뭐가 있었냐 하면, 지금 우리 감독, 김지영 감독[〈그날, 바다〉 감독], 그니까 말이 자꾸 왔다 갔다 하는데 갑자기 떠오르고, 그게 뭐냐 하면 [제가] 진상규명 부위원장이었잖아요. 그런데 일본의 전문가들 만나서 이거 우리 항적도 이거 분석하고 그거에 대한 부분을 김지영 감독이 나름 분석을 하고, 일본을 갔다 와서 자료를 가져와요. 근데 국회까지 와서 만나는 게 아니라 박주민 그 당시 변호사하고 나, 둘이서 외부에서 카페에서 만나, 만나서 그 얘기를 보여주는 거야.

면담자   국회에서 농성하실 시기에요?

찬호 아빠   네, 농성 시기에. 그니까 가끔가다 택시 타고 광화문을 가거나, 택시 타고 잠깐 움직여서 어딜 가거나, 내 차는 있지만 차를 타고 움직이면 바로 표시가 나니까 많이 그렇게 했어요. 그래서 외부에 국회 앞에 어디 카페에 있다 김지영 감독이, 그 당시에 김지영 감독이 심층적으로 분석하고 일본 가서 전문가들 만나서 데이터를 [분석]해서 [하고 있다는] 그걸 모르고 있었지. 그런데 만나겠다고 해서 내 기억에 박주민 당시 변호사하고 나하고 단둘이서 가서 김지영 감독을 만나요.

그래서 이런 게 있는데 그 당시에 상황, 제가 뭐냐 하면 해류에 대한 부분은 내가 얘기를 해요. 뭐냐 하면 감독님이 지금 분석한 자료, 결론은 일본 가서 해서 오겠다고 하지만, 근데 요게 유선형[이라는] 말 그대로, 그런 형태라든가, 그다음에 항적도에 대한 부분이라든가, 급선회에 대한 부분이라든가, 그다음에 왜 그러면 얘가[엔진이] 꺼지고 이렇게 리본 형태 U 자를 그리면서 이렇게 위로 올라갔을까, 표류를 했을까에 대한 부분, 그건 해류거든.

근데 해류에 대한 부분을 가지고 김지영 감독한테 딱 하나를 얘기한 거가 있어요, "다시 한번 파악해 보서라". 그게 뭐냐 하면 인형, 그 사람 몸무게로 해서 우리 이 조류에 휩싸이고 해서 유실물이든 혹은 시신이 사실은 유실될 수 있는 부분을 파악하기 위해서, 그 나중에 수습하면서 한참 지나서 그걸 만들잖아요. 그래서 거기다가 떨어뜨려서 어디 쪽으로 가고 있는지를, 그걸 이름이 뭐였더라? 그 인형을 만들어서 유니캠이었나 그게 아무튼 그걸 했었잖아요? 모형 만들어서. 그때 보면 이 해류가 두 가지가 나오거든요. 근데 김지영 감독이 얘기했던 해류의 반대쪽에서 그런 것들이 유실물들이 나오는 게 있어서, 그 해군들 이거 하면서, 고 얘기만 해주거든. 특히 그런 식으로, 진상 규명에 대해서만 워낙에 저게 있다 보니까, 나름 그런 분들이 와요. 나름 '자기 생각이 어떻다'라는 것을 가지고 와서 나한테 얘기를 하니까 내가 알지. 김지영 감독을 내가 참사 나기 전에 내가 알은 적도 없고, 그걸 가지고 그런 걸 지금 분석하고 있다는 걸 듣기는 했어요. 들은, 누굴 통해서 듣기는 했었는데 그걸 분석한 자료는 그때 그 카페에서 딱 만나서 이런 부분이 있다를 얘기를 하고, 다시 나는 국회로 들어오고 이런 식이었다 보니까, 그리고 나서 뉴스타파도 그다음에 내가 갔을 거예요. 그런 식으로 그냥 나름의 내 스스로의 주관이 있었던 거죠.

그래서 이거를 진짜 해야 되면 '그러면 도움이 필요하겠다', 그래서 임유철 피디한테 "뉴스타파 아냐?" 그랬더니까 "안다" 그러는 거예요. "그래? 그럼 난[내가] 뉴스타파 대표 좀 만나게 해줘라. 국회에서", "알았어요, 언제 갈까요?", "빨리 연락해 봐라" 그래서 국회에서 임유철 피디, 그다음에 호근 씨, 유호근. 유호근 씨가 진상 규명 쪽 일을 했거든요, 여기 명단에도 없지만. 독립 피디의 자료를 외부에 방을 [구]해서 백업하고 하는 걸 그렇게 하고, 일주일에 한 번씩 내용을 나한테 와서 보고라고 해야 될까? 얘기를 해주고 내용들을 공유해 주고, 나는 국회에 계속 있으니까, 내려오지도 않고 국회에만 있으니까 그랬었어요. 그래서 딱 가죠. 가서 [뉴스타파 김용진] 대표 만날 때, 호근 씨는 아무 얘기도 안 하고, 아무튼 "가족협[의]회 부위원장이다"라고 소개하고 내가 바라는 거는 딱 얘기를 그 자리에서 그냥 직설적으로 해요, 성격상. 거기 가서 돌리고 할 필요 없잖아. 내가 필요해서 왔고 내가 하고 싶은 얘기가 뭐니까 그 얘기를 그 사람한테 하면 되는 거거든요. 그 사람 주관으로 자기가 결정하면 되는 거고. 근데 받아주시더라고요.

8
국가를 상대로 한 소송, 청운동 농성, 특별법 타결

면담자　　　　뉴스타파를 선정하고 자료를 넘겼던 것은 단독으로 진행하신 건가요?

찬호 아빠　　　그건 누가 논의하고 진행한 건 아니고, 자료를 이런 표현은 잘못됐지만, 나름의 내 발품이라고 생각했고, 나는 그걸 중요하게 여겼고 찬호와 찬호 친구들, 내 새끼가 왜 죽었는지 진상 규명을 하기 위해서 부모로서 당연히 해야 될 일이고, 그렇게 집행되고 그렇게 하는 부분은 어떠한 아까운 게 없었어요. 말 그대로 "필요한 게 있으면 그냥 사" 이런 식으로 '그거 받아 와' 이런 식, 강제할 수는 없지만. 아까 얘기했던 그런 갔다 오시겠다는 가족들이 갔다 오면 영수증 가져오면 그 당시는 난 당연한 거예요. 이 사람들이 내가 시켰고, 같은 피해 가족이지만, 갔다 왔으면 비용[은] 내가 당연히 줘야 되는 게 맞지, 그런 거였어요. 그래서 뱃값이든 기름값이든 끊어 오면 줬다니까. 실제 영수증 오면 그렇게 처리를 해줄 정도로 그랬었고. 증거보전 신청은 정확하거든요. 그 당시는 그런 생각을 하지 못했지만 냉정한 거라고 봐요, 저는. 국가를 상대로, 이 거대 권력을 상대로 개인이 민사소송이라는 거 '나는 죽을 때까지 이미 싸우겠다'라는 각오가 돼 있었기 때문에 전명선, 대상은 누구? 대한민국이에요, 대한민국 정부. 박근혜가 아니잖아요.

증거보전을 시작한 게 국가를 상대로 다 진행을 했었던 거니까, 내가 살아서 평생 이미 싸울 각오가 돼 있었던 거죠. 우리 가족들한테는 미안하지만 가족들의 동의를 얻은 건 아니고, 우리 집사람 당연히 나 인정해 줄 것 같고, 찬호 형인 우리 ○○이도 당연히 아버지가 그렇게 한다라고 하면 동의, 자기 동생이 죽었는데. 그리고 그걸 비굴하게 거대 권력과 맞서면 매장될 수도 있고 언제 죽을 수도 있고, 그런 불안감이야 왜 없었겠어요, 당연히 있죠. 어른이고 성인이고 과거 전례를 봐도 바보가 아닌 이상 진짜 나쁜 놈들이라는 걸 알고 권력의 힘이 어떤 거라는 걸 알 텐데, 그 정도로 생각을 판단 못 하는 바보는 아니잖아요. 근데 자식을 잃었기 때문에 이거는 평생 내가 안고 가야 될 거고 이미 그런 결심을 했기 때문에 독단적인 선택인 것보다, 해야 된다. 그리고 번외로 얘기해서, 소송 관련, 그건 자발적인 거라고 하지만 민사 같은 경우에야, 말 그대로 형사 같은 경우에는? 고소 고발 같은 경우에는 하루에 대여섯 건 정도 처리한 적 있어요.

마타도어 이런 거 '어묵', 네? 그런 걸 그럼 가족들이 개인적으로 고소 고발한 게 몇 건이나 있을까? 있으면 나와 보라 해요. 말들은 많이 했지만 실제 얘기들은 나오는데 가서 본인이 그러면 해야 되잖아. 신분증 내고 진술하고 접수를 해야 되잖아요. 말로만 하지 접수는 안 한다는 얘기죠. 그거는 본인이 상대해야 되는 거예요, 법적 책임[을] 져야 되는 거고. 그래서 제3자의 눈으로, 가정사, 지켜야 되는 가정이 있기 때문에 그런 표현이 맞는지는 모르겠지만, 그 당시에는 그런 거 나는 깊게 생각 안 했죠, 이미 결심을 했기 때문에. 끝까지 간다 내가, 내가 살아서 아무튼 찬호가 왜 그렇게 됐고 찬호를 죽인 놈들이 어떤 놈들인지는 [알아야 되겠다].

그니까 오로지 고거 하나만 있었기 때문에 다른 그런 게 없었죠. 나중에 지나고 보니까 어묵 고소 고발 건부터 시작해서 가족들이 대응을 안 하는 거야. 하다못해 경찰서 사이버수사 팀에서 전화가 와요. 초기에야 변호사들이 전문적으로 대응해 주겠다는 변호사가 있었지. 근데 피해당사자가 가서 저걸 해야 되잖아요, 접수를. 안 하는 거야 말로들만 하고, 그래서 한 번에 한 대여섯 건씩 처리한 적도 있어요. 그거는 그때 가서는, 그때는 이런 생각을 했었지. 바빠 죽겠는데, 그거 말로만

295
•
3회차

하지 말고 가서 했으면 좋겠는데 이 사람들이 왜 이러나? 그냥 그렇게만 생각했어요. 그리고 진상 규명 쪽이니까 당연히 내가 해야 된다. 근데 그런 고소 고발 건은 내 머릿속에 있지도 않았어요. 사실은 이런 마타도어, 유언비어, 이런 페이스북이나 혹은 SNS에 떠돌아다니는 그런 내용으로 그런 놈들을 상대해야지는 내 머릿속에는 없었었지. 하지만 피해 가족이고 우리 아이들을 모욕하고 하니까, 근데 [고소를] 안 하니까 할 수밖에 없었던 거고, 그랬던 것 같아요.

면담자　　부위원장일 때 진상 규명을 도맡아 하셨고, 김병권 위원장은 단식도 하시고 나름의 역할이 있었지만 막상 국회의원들하고 법제적인 문제를 대표로서 이야기를 하거나, 교섭을 하거나 하는 분이 없었다는 게 아쉽네요.

찬호 아빠　　아니요. 그거는 누구든 만약에 해야 되면 변호사들을 통해서 자문을 받든, 모르면 요즘은 인터넷 뒤지면 다 나오는데, 누구든 부모였으면 다 할 수 있었다라고 보여지고요. 그리고 절실했으니까, 누구든 만약에 하기 시작했으면 할 수 있었을 거다라고. 나름 그 당시에 가족대책위가 있었고, 조금 전 같은 경우에 누구랑 논의한 게 아니라 내가 그냥 가서 얘기를 한 거는, 사실은 그랬죠. 그게 뭐냐면 가족대책위를 무시하고 집행부에서 논의하고 그런 게 아니라, 그런 거는 비밀스럽게 해야 되는 거죠. 외부에 알려지게 되면 진행을 할 수 없는 거고, 그거에 대한 비용은 당연히 내가 다 대야 되는 거고. 그래서 임원 회의 때 가족대책위에 대한 우리의 의견 조율함에 있어 당연히 논의하고 해야 되는 거지만, 지금 얘기했던 진상 규명에 관련된 내용들은 그건 당연한 거야, 너무 급하고.

면담자   지금 생각하시기에 그 당시에는 현명한 판단을 했다고 보시는 거죠?

찬호 아빠   부족한 게 너무 많다 이거죠. 그렇게 했음에도 불구하고, '그 당시에 그냥 내가 그걸 안 했으면, 현재에도 내가 위원장이 아니었으면 외려 더 잘될 수가 있었겠다' 그런 얘기들 생각은 아직 변함이 없어요. 왜? 일할 사람은 일을 해야 되고 내가 위원장이기 때문에 다수의 가족들 의견을 받아서 해야 되기 때문에 못 하는 거지, 위원장이 아니었으면, 내 주관적으로 지금 후회 남고 하는 거 내 맘대로 할 수 있지 않았겠어요? 그런 아쉬움은 지금도 있는 거예요. 그래서 일단은 집행위원장님하고 "왜 그럼 그렇게 됐냐", 저도 지금 위원장….

면담자   유경근 씨는 당시에 무엇을 하셨나요? (찬호 아빠 : 대변인 역할을 했죠, 그 당시에) 특별법안에 핵심적인 수사권 문제 등이 빠져버리는 결과가 나왔는데요. 가족분들, 변호사 팀, 법무 팀이 꾸려진다든지 이런 게 당시에 없었나요?

찬호 아빠   자문해 주시는 분들은 계셨지만 그에 대한 의사결정권은 피해 가족대책위에 있었다로 얘기하는 게 정확한 것 같고요.

면담자   가족대책위 안에서 담당은 집행부인데, 위원장님과 수석부위원장님은 힘들어하시고요?

찬호 아빠   단식 다 들어가 버렸으니까. 쉽게 이런 얘기가 있었어요. 광화문은 김병권, 국회는 전명선. 그래서 "일에 대한 정리하고 그런 부분을 조직적으로 움직이는 거는 국회에 있는 전명선이 한다", 이런 것까지 정보관들 입에서 나왔었죠, 그 당시에는. 그리고 가족대책위 집행부에서 어떠한 내용이든 그렇게 논의를 했어요. 나중에 우리가 합의안을 11월에 어쩔 수 없이 [동의]하게 된 이유도, 법안이 두 개가 되어 버리잖아요. 첫 번째 진상 규명[4·16세월호참사진상규명및안전사회건설등을위한특별법], 두 번째 지원 추모[4·16세월호참사피해구제및지원등을위한특별법] 이렇게 나뉘어지는 이유도, 어쩔 수 없었던 거예요. 당시에는 더 놔두면, 해를 지나가면 결과적으로 다음 해에 법안 싸움을 처음부터 다시 시작하게 되면 없어질 것 같은 거예요. 변호사들도 그런 조언을 불안하게 하기 시작하는 거예요. 실제적으로 우리가 증거보전을 신청했는데, 가서 이게 아니다라고 얘기하고 하더라도 그런 의심, 정황이 있고, 진도 브이티[에스]에서 관제에 대한 부분도 증거보전을 신청을 해서 계속 봤기 때문에.

그다음에 그 대한민국의 그 브이티에스 구동 기기를 만드는 업체가 대한민국에 두 개밖에 없고, 그 업체 직원이 직접 상주하고 있었거든요, 그날도. 그래서 잠깐 그 사람 불러다가 별도로 얘기도 해보고 도움도 요청하고 많이 해보고 그랬는데, 결과적으로 말들이 잘 안 나오거든. 나중에 증거인멸 또 나오지만, 당시에는 어떠한 [질문을] 해도 "자신은 진짜 최선을 다했다" 이런 얘기만 해대고, 그 채널 동시에 다 한 번씩 들어보고 다 들어보고 그렇게 하는 걸 못 들었단 건, 들리는데 당사자로서는 이해를 할 수가 없는 거야, 얘들 논리는. 맞지를 않는 거야. "너네가 제대로 뭐야, 관제 실패 그냥 인정, 그리고 실제 그랬는데 왜 그걸 못 했냐", 그 대답만 해줬어도 차라리 더 이상 그런, "그럴 수도 있다" 이렇게 넘어갈 수도 있거나, 나중에 조사하면 되겠지, 이제는. 그 도메인 [워치]이라 그러죠? 그걸 지정을 해놨잖아, 몰랐지. 근데 거기

가서 증거보전 하다 보니까 그런 내용까지 파악이 되는 거야, 모르는 데, 그쪽 전문가도 아닌데. 그러면 도메인 워치[선박 주변에 장애물이 접근하면 경보음이 울리는 기능]를 수동으로 얘가 지정을 해놓은 거야, 관제에서. 그래 놓고 그다음 행위들이 안 이루어진 거잖아요. 그게 어떻게 납득이 되냐고. 그게 아예 그것부터 빠져 있었다라고 하면, 그래 바쁘거나 뭐 했거나 모르겠고, 아예 처음부터 놓치고 있었었네? 근데 보면 세월호가 쭈욱 오는 게 보이고, 속도까지 다 해서 쭈욱 오는 게 다 보이고. 그다음에 그 도메인 워치라 그러죠? 눌러서 설정을 하잖아. 그래 놓고도 그다음 행위에 대하여서는 "몰랐다" 하는 것은 일종의, 그니까 논리이지도 않고, 그 얘기를 들었을 때 '이 새끼들이 다 거짓말을 하는구나'야. 그냥 그 자리에 있으면 그런 게 너무 강하니까, 그랬었던 부분이 더…. 아무튼 그런 과정이든 내용이든 그런 것들이 워낙에 많았고, 국회에서도 말 그대로 아까 얘기했던 그런 내용들, 이런 여러 가지 사항들, 그런 부분이 다 작용하지 않았겠냐 싶고….

또한 법적으로 조언해 주는 변호사들도 "야, 이 정도까지가 한계인 거 아니냐?" 그다음에 "이렇게 했을 때 이게 끝까지 안 된다라고 하면 내년에 다시 법안 싸움 하면 언제까지 어떻게 될 거 같고", 뭐 얘기했지만 선거도 있고, 뭐라 그럴까 저게 없는 거야, 우리 동력은 빠지지 않는데 그런 부분이 있었고. 사실은 동력에 대한 부분이, 빠지는 부분이 생기기는 생기죠. 그 대리기사 [폭행 사건] 그거 있고 나서, 그것도 난 당한 거라고 보는데 100프로, 가족들이 순진해서 당한 거라고 난 봐요. 그걸 교묘하게 이용했다라고 보는 거고. 그런 게 있었듯이, 그런 과정에서, 나중에, 그 전에 일이지만 그거는, 더 이상 어쩔 수 없이 그런 합의안이 만족스럽지 못하였지만, 받아들일 수밖에 없었고. 그리고 어쩔 수 없이 그때 우리가 입장 낸 것도 기억에는 그래요. 더 이상 증거인멸이나 그런 거 할 수 없어서 일단은 "진상 규명에 대한 부분을 진행을 하고, 나머지 부분들을 우리가 대응하는 게 맞지 않겠냐"를 집행부 가족대책위에서 그런 논의를 하고, 그 정도가 받아들여지게 되고, 그러면서 내려와서 바로 거기서 결정을 한 게 아니고, 뭘 해요, "가족총회를 하겠다. 가족총회를 해서 대책위의 입장을 밝히겠다"고 하고, 국회에서 딱 사무처 총무들 남기고 전부 다 내려오죠. "[경기도]미술관에 모여서 총회 할 거야. 다 모여라" 이렇게 됐던 거예요.

그리고 내용 중에 자문들도, 변호사들의 자문도 있었고, 지금까지 우리의[가] 진행해 가고 있었던 그런 내용도 있었고, 그래서 그 정도 선에서 받아들여지게 됐던 거고. 청운동 농성은 국회와 광화문 [농성]이 [앞서] 있었잖아요. 그리고 광화문에 거점을 잡으면서 어떻게 돼? 청와대로 [가서] 계속 우리의 주장을 하고자 했었던 부분이고. 그래서 청운동 농성은 사실은 바로 "청운동에까지 자리를 틀자"가 대책위에서 논의됐던 건 아니에요, 사실. 논의됐던 건 아니고, 엄마들, 화나고 목소리 내고 피케팅하고 광화문에서 어디지? 그 청와대로 가다가, 계속 막히고 막히고 고립되다 보니까 가족들이 화도 나고 분노를 한 거고, 몇몇 가족들이 그 내용을 [이야기]한 거야 "우리 여기 주저앉자". 그게 7반 대표 수빈이 엄마, 성호 엄마 이런 분들이 있었어요. 그리고 이남석, 창현이네도 있었는지 모르겠지만, 그런 식으로 내용이 돼서 이미 거기에 가서 우리가 피케팅하고 이런 걸 계속하기로 했었는데, 거기서 농성을 하기로 사실 했던 건 아니에요.

그게 가족대책위에서 먼저 "농성을, 거기에다 거점 하나 더 마련한다"가 아니라 피케팅 개념으로 계속 항의, 그다음에 우리 입장 "계속한다 그거를", 그랬다가 확 이미 주저앉는 거야, 고립된 상태. 주저앉고 열받으니까, 엄마들 아빠들이 화가 나니까 더 이상 "여기서 머물러 간다", 그렇게 됐던 거예요. 급하게 회의를 다시 하게 된 거지. 회의를 해서, "오케이, 여기도". 그리고 사무처에서는 "국회, 광화문, 청운동까지 각각의 사무처, 우리 가족들, 피해 가족들을 배치해라. 그리고 지원해라. 사무처에서는 청운동에 당장 천막부터 시작해서 설치해라". 가서 엄마, 아빠들 가서 엄마들이 먼저 자리 꿰차고 앉은 다음에 그렇게 해서 전 사무처장이 우리[에게] 얘길 하죠. 그래서 사무처 직원들도 많았어요, 우리 피해 가족들끼리. 그래서 국회에 두 명, 그다음에 광화문에 아까 얘기했던 수빈이 이모부 포함해서, 그다음에 청운동에는 그 우리 서수원 씨, 동진이 아빠 이런 사람들 해서 가족들이 배치도 되고, 그 청운동 농성장은 그렇게 해서 시작이 돼요.

면담자   여야 합의로 특별법이 타결됐을 때 가족분들의 반응은 어땠나요?

찬호 아빠   8월? 타결됐을 때 우리는 이미 거부했잖아요. 거부하고 인천은 받아들이고 철수했고.

면담자   다른 가족분들이 집행부에 대해 불만을 말한다거나 그런 건 없었나요?

찬호 아빠   글쎄, 집행부에 그 당시에 불만을 표현한 거는 크게 없었고, 쉽게 말해서 우리도 몰랐으니까. 우리는 아침저녁으로 수시로 우리가 회의를 했다 그랬잖아요, 대책 회의를 임원들이. 브리핑도 하고 모여서 구호도 하고.

면담자   가족대책위의 임원진에 대한 불신 같은 게 국회 농성 때는 없었나요?

찬호 아빠   국회 내에서는 거의 결속이 됐어요. 국회 들어가서 그걸 [농성] 하기 시작하면서 나름 부모님들 중에 사무처 역할을 해야 되시는 분들은 말 그대로 가족들 손발이 돼서, 가족들이 필요한 사항이든 그런 것들, 그다음에 먹는 거부터 시작해서 잠자리부터 서로가 배려를 하고 서로가 챙기다 보니까, 외려 결집이 됐다, 농성을 통해서, 저는 그렇게 생각을 하고. 가끔가다 집행부에 대한 반대 이유는 딱 하나죠. 갑자기 국회에서 무슨 행사를 할 때 가서 싸움 붙여놓고 그냥 빠져버리고, 그러면 몇 명 쓰러지고, 울고불고 매달리고 하다가, 그런 것들이 발생이 되면 제가 뭐라 그랬어요. "'할람[하려면] 똑바로 하고 안 할 거면 하지 말아라. 그따구로 하지 말고" 이런 식으로 서로가 격해지니까. 그런 거에 대한 서로 논쟁이라든가 그런 저거는 있었어도, 그 가족대책위 내분에 대해서 집행부를 불신하고 그런 건 없었다. 다만 단식이 시작되면서 당사자인 가족들은 잘못될까 봐 그거에 대한 걱정이, 그니까 그건 걱정인 거지 불신이 아니라. 그런 걸로 항의를 표출하거나 "안 할 거면 다 하지 말아라. 단식 집어쳐라" 그런 거는 본인이 화가 나니까, 그거는 본인이 함께하는데 이게 너무나 처절하고 이러니까, 그게 불만이라고 얘기할 수는 없고, 그런 거만 있었지 외려 더 결집됐었다라고 보는 거죠.

면담자   7월 국회 농성 전에는 유가족들이 정치적으로 중립적인 태도를 지키다가 농성 돌입한 후엔 야당 의원들과 협의를 하거나 지지를 했습니다. 그 후에 진보 운동과 결합하게 되는데, 그런 결합은 현실적으로 어쩔 수 없다고 보신 건지, 집행부에서 판단을 하셨던 건지요?

찬호 아빠　　그건 다 공통이었을 것 같고요, 제가 나 스스로도 이미 주관이 정확하게 있었고. 우리가 정치인도 아니고, 말 그대로, 정치에 관여하지도 않았고, 피해당사자, 피해 가족이었기 때문에. 집권 여당에서는 이미 대화 자체가 안 되고 가족들을 만날라고 하지도 않고, 가족들이 거기에 국회에서 노숙 농성을 하고 들어가는 것조차도, 가족들 옆에 와서 말 그대로 가족들 곁에서 서로 같이 지지하고 같이 동참하고 하는 거는 야당 의원들이었기 때문에, 그때부터는 정확하게 대화 자체, 가족들과 밥을 함께해도 여당 의원들하고 밥 먹은 적이 없잖아요, 말 그대로. 가족들 내용을 듣지를 않으니까, 의견들을, 모든 가족들 요구 사항을 다 잘라버리니까, 그거는 있을 수 없는 거다, 법적으로 삼권분립까지 얘기하면서 되도 않는 논리, 아니 되도 않는 논리가 아니라 그냥 아예 다 부정을 해버리니까, 우리 요구 사항에 대해서는 무조건. 그리고 야당은 당연히 우리 목소리를 받아서 "그래, 이거 해야 된다. 진상 규명 해" 이렇게 얘기를 하기 때문에 그냥 야당, 쉽게 말해서 야당 국회의원들하고 같이 함께할 수밖에 없었던 거죠. 그리고 그 목소릴 내주니까 당연한 거고.

　말 그대로 시민사회 단체도 마찬가지. 보수 단체가 우리한테 와서 저걸 하냐? 안 하잖아요, 당연히 그런 거죠. 정봉주 의원이 내가 이름이 기억이 안 났어요. 맨 처음에 인사할 때 제가 뭐라고 이야기했는지 아세요? "나꼼수[나는 꼼수다]", 그게 무의식중에 툭 나온 거야. 그게 되게 무안하더라구, "나꼼수" 이러고 나니까. 이름이 갑자기 생각이 안 나니까, 국회 갔을 때 이런 식. 그니까 정치인들, 국회의원들, 지역구 국회의원 말고는 상대해서 대화하고 할 이유가 없었고, 특히 국회 내에서 만나고 이야기할 이유도 없었잖아요. 그리고 살아가면서 국가정책에 대해서 불신 불만은 있을 수 있죠, 자기들 주관에서. 그렇지만 그걸 대외적으로, 외부적으로 그냥 본인 스스로가 어떠한 단체 성향을 가지고 표출한 적은 없거든. 근데 우리가 피해 가족으로서 대책위가 꾸려지고 농성까지 하면서 언론이든 제대로 우리의 내용이 안 나가니까, 그때부터는 목소리를 내야 되고 그 목소리를 대변해 주고 그 목소리를 같이 내줄 수 있는 사람들이 누구? 국회에서는 야당 국회의원들, 시민사회 단체에서는 보수가 아닌 진보 이쪽의 시민사회 단체 사람들이 가장 가족 곁에 있으니까 당연히 그렇게 될 수밖에 없었고. 어떤 정치적인 그런 개념에서 대응, 대응하거나 했던 그런 건 아니었었다고 보고, 누구나 다 똑같았을 거다, 가족들.

면담자   지지해 주는 집단과 함께할 수밖에 없는 거였군요?

찬호 아빠   그렇지. 우리, 우리가 같은 목소리를 내고 같이 함께하는 사람들과 결합할 수밖에 없는 거죠, 그랬었던 것 같고. 그래서 시민사회 단체 모여서, 우리 가족들이 가서 "우리 특별법 제정하는데 같이 참여해 주세요. 세월호 진상 규명 할 수 있게 도와주세요"를 얘길 하는데, 말 그대로 보수 단체 가는 데 우리가 가서 "발언하게 해주세요" 하면 발언하게 해줘요? 안 됐잖아. 그니까 그런 데를 [가서] 우리 목소릴 자꾸 내야 되니까, 피케팅하고 서명받는다고 전국을 돌아다니고, 국회, 아니 국회 있으면서도 그걸 특별법 개정 내용이 오고, 우리가 이미 피케팅하고, 저기 여기 국회 올라가기 전에도 분향소 앞에서 이미 "우리 이거 특별법 개정 운동해야 된다"라고 하고 그거 받고 있었기 때문에. 그 반별로 이미 조직적으로, 아니 조직적이 아니라 반별로 가급적이면 "우리 어디 가서 어디 몇 반이 우리는 어디, 우리는 인천이" 이런 게 이미 우리가 자연적으로 되고 있었기 때문에, 그거는 누가 보더라도 자연, 뭐라 그럴까 자연[스러운 거죠], 그냥 피해 가족으로서. 그다음에 우리의 목소리를 내고 우리가 요구하는 바를 주장하고 우리 주장에 동조를 하고 동의해 주고 연대해 주는 그 사람들하고 자연적으로 그렇게 이루어질 수밖에 없었을 거다. 그게 그냥 자연스러운 흐름이었다. 어쨌든 정치적인, 그런 정치적인 판단은 아니었을 거다. 그거는 그냥 국민의 한 사람, 피해 가족으로서의 그냥 그렇게 생각이 돼요.

면담자   그 특별법을 박영선 원내대표가 받아들이고 "여야 다 똑같다"라는 분들도 계셨습니다. (찬호 아빠 : 그랬죠) 그때 집행부는 그래도 정치권과 함께해야 한다는 입장이셨나요, 아니면 정치권은 배제하고 시민들과 가야겠다는 입장이셨나요?

찬호 아빠   저는 그렇게 안 봤어요. 저는 가족들에게 어떠한, 다른 가족들이 그래서 그 당시를 저기 생각한다라고 하면, 집행부에 대한 불신이 있었을 수도 있고, 또한 그거를 나중에는 아무튼 제가 위원장 역할을 하고, 아무튼 우리 가족총회는 했지만 "받아들인다"고 선언하는 순간, 아주 강한 사람들은 "거부한다" 이런 사람들도 있었죠, 없었던 건 아니고. 그거는 난 당연하다라고 보는 거구요. 내가 봤을 때 내 주관은 정확했어요. 그래서 아까 얘기한 표현으로 "그 정도면 그냥 다 머리" 머리라고도 안 했을 거예요, 제가 화가 나서 "다 대가리 처밀고 여기 다 주저앉어" 이런 식으로. 제가[저에게] 전해철 의원하고 우원식 전 원내대표가 왔어요. 연락하고 내가 그냥 앉아 있었고 두 분이 오셨거든, 이미 언론 통해서 그런 얘기가 확 전파됐을 때, 8월 9일 날. "이게 뭐야" 이러고 있을 때 두 분이 오신 거예요. "이게 아니고, 확인해 봐야 되고" 이렇게 얘기했는데 이미 화가 나놓으니까 "필요 없으니까 꺼져" 이런 식이죠.

그래서 그렇게 내가 강하게, 격하게 얘기한 적도 있고 그랬지만 내 주관은 정확했어요. 국회잖아요, 우리가 진상 규명해야 되고, 우리가 일반 시민이, 우리가 그런 권한이 없잖아요. 근데 우리는 이미 '끝까지 죽을 때까지 간다'는 결심은 있었잖아요. 하지만 어떻게 "이거는 국회 내에서 국회의원들과 어떻게든 만들어내야 된다. 빌미를 만들어가야 된다". 1기 특조위 때 얘기를 제가 전에 구술할 때 그 내용 얘기한 적 있죠. "적어도 평생 내가 싸우고 갈 빌미를 만들어줘야 된다". 그래서 "중간보고서 정도까지는 1기 특조위 때 다 요구했다" 그랬잖아요. 적어도 그래서 "중간보고서만큼이라도 내줘라"고 한 이유는 그런 거예요. 그런 주관이 있었고, 나름 그 당시에도 제 주관은 정확했어요. 야당의 국회의원들이 너무 힘없고 너무 그렇게 해서 화는 나지만, 어떻게 해서든 이건 국회 내에서 만들어야 돼, 입법. 이 법을 만들어야지만 어떻게든 되고 그걸 통해서 어떠한 거래도 준비를 해놓고 평생 내가 싸워간다. 그런데 국회를 무시하고 시민사회 단체, 우리가 외부 길거리에 나가서 내가 싸워가지고는 찬호, 우리 아이들 죽은 거, 그거 분노하고 표출만 하는 거지.

그리고 말 그대로 그냥 죽기 살기로 그냥 전 정권, 대통령부터 시작해서 장관들[에게] 그냥 가서 죽기 살기로 그냥 일대일로 붙어갖고 말 그대로 그냥 한 명씩 붙잡고 맨투맨으로 서로 죽이고 같이 죽는 것밖에 없지, 해결할 방법이 없는 거지, 냉정하게. 그렇기 때문에 화도 나고 분노하고 힘없는 야당의 국회의원들 모습들에 실망하고, 우리 부모, 자식을 지키지도 못하고 자식을, 말 그대로 자식을 잃은 부모로서 자식을 지켜주지도 못한 부모가 농성을 하는 게 중요한 건 아니잖아요. 이 정부를 상대로 싸워보니까 너무 힘이 없는, 내 자식을 지켜주지도 못했는데 너무 억울하고 너무 힘이 없는 거거든. 그 스스로가 더 화가 나는 거지. 아주 아무, 지금까지 나 남한테 피해 안 주고 살아왔는데, 내 새끼 왜 죽었는지 밝혀야 되는데, 부모가 돼가지고 그 정도를 만드는 힘도 없는 거야, 할 수가 없는 거야 뭐를 할래도. 그니까 어떡해, 존재감이 없어 보이잖아, 너무 미안한 거지, 더. 그렇기 때문에 주관은 정확했어요.

어떻게 됐든 간에 "국회에서 평생 싸워야 될, 뭐라 그럴까 비벼야 될 언덕은 만들어놔야 된다". 전에도 그 얘기했지만, 저런 거였어요, 제 주관은. "어떻게든, 어떻게든 이거 만들어야 된다. 그래야지만 평생 이걸 계기로, 어떻게 하나라도 나오면 싸우고 할 수 있고, 이 빌미는 꼭 만들어야 된다. 여기서 그냥 내려가면 안 된다. 그리고 이게 만들어지기 전까지 노숙 농성 이미 접을 수 없다"예요. "다 길에서 죽더라도 더 이상은 이거 못 주워 담는다", 여기서 그냥 하면 안 된다는 것은 아까 얘기했던 강박관념도 있었고 사실 조급함도 없지 않아 있었어요. 되게 불안하고 조급함도 있었고, 한 번씩 부딪힐 때마다 가족들 다치고, 특히 엄마들 쓰러지고, 그런 거 보면서 결과적으로 단식하면서 쓰러져 나가고, 그런 걸 보니까 결과적으로 진짜 죽지 않고서는 안 되겠거든. 사실 그런 생각이 있었어요. 그게 나쁜 표현으로 "진짜 거기서 그냥 죽어라. 한두 명 죽자" 그런 생각도 사실 했었어요. '안 그래서는 안 되겠구나', 나쁜 마음도 먹었었지.

근데 결론은 다치고 억울해서 울다가 지치고 쓰러지고, 본인이 분노 조절 못 해서 술도 많이 먹고 망가진 모습 보이고, 사실 국회에서도 그런 게 많았잖아요. 인사불성 돼가지고 그런 걸 직접 보니까 나도 피해잔데 안 되겠는 거야 이거는, 이렇게 가서는. 그런 조급함도 많이 있었고 근데 그건 정확했어요. "다 필요 없고, 우리가 시민사회 단체들 후원, 거리에서 이제, 거리에서 국가 상대로 싸워서 해결할 수 있다? 그거는 나한테 총이나 주지 않는 한은 불가능한 거다", 우리 피해 가족들이 그런 얘기도 했어요, 농담 삼아. "뭐 화학 전공 이렇게 한 사람들 없어? 시민사회 단체 예전에 뭐야, 모 보좌관, 국회의원 보좌관 학생운동 하면서 너 저거 했었다매. 화염병 많이 만들어봤다매, 만들어 와봐" 이런 얘기 우리끼리 안 했겠어요? "안 되겠구나? 확 다 불살라 버리고 같이 다 죽자". 얘기하다가 열받으면 우리 집행부끼리 그런 얘기 안 하겠냐구요. "더 이상 안 되겠구나. 그냥 죽자" 이런 얘기 안 했겠냐구, 가족들 전체 있는 자리에서 얘기할 수는 없었지만. 보좌관들한테 "너 말로 떠들지 말고 화염병 좀 만들어 와" 그러면 "아유, 형님 그러지 마세요" 이런 식이었지. 쉽게 그런 거 있어요. 그렇기 때문에 그거는 화가 나는 거랑 분노와 해결하는 거는 별개였다라고 보고, 제 주관은 정확했어요. "어떻게든 싸울 그거는 만들어놔야 된다. 여기서 국회에서 그냥 안 저거 할 거면 같이 다 죽어야 된다" 그 정도로. 그런 결의는 있었던 것 같애, 내 주관은 정확하고.

9

교황 방한과 청운동 농성

면담자　　　2014년 8월 15일에 특별법 제정 촉구 범국민대회에 프란치스코 교황이 방문하고, 유민 아빠를 만나는 일이 있었죠. 기획을 어떻게 하시게 됐는지 이야기를 부탁드릴게요.

찬호 아빠　　　그 첫 얘기는, 교황 방문에 대한 부분은 사실 가족의 참여라든가 이런 부분은 우리 천주교의[천주교 신자인] 성호 엄마, 성호 엄마가 적극적으로 나서서 어느 정도 진행된 내용을 전달을 한 거예요. 교황이 오면 우리가 그렇게 요청을 하고 이미 광화문에서 그렇게 만난다라는 거는 실제적으로 초기에는 그 내용이 없었지만, 어디지 광준가요? 광주[대전]에 방문했을 때 가족들이 직접 교황을 뵙는 그런 얘기는 성호 엄마가 가족회의 때 와서 얘기를 했고, 세월호를 알리고 하는 방안에서는 가장 좋은 거니까. 처음 제가 전달받기로는 그렇게 성호 엄마를 통해서 알게 됐고. "천주교회 가족들[이] 다 만날 순 없으니까 그렇게 해서 자발적으로 그런 내용들이 천주교회에 있는 우리 피해 가족들 내부에서는 어느 정도 조율이 있었던 것 같다"라고 들었어요, 명단도 나중에는 다 받긴 받았지만. 그랬었고 실제 교황이 여기 국내에 온다라는 걸로 해서 적극적으로 하고 대응해야겠다라는 부분에 있어선 황필규 변호사가 적극적으로 나서서 한 부분이 많아요.

　그래서 제안을 한 부분들이, 다른 천주교 [조직]에서 했었던 부분들은 모르겠고, 제가 가족대책위에서 직접 받았던 내용들로는 "편지글을 교황에게 직접 전달한다". 그다음에 우리가 이미 국회에 있을 때 8월

15일 교황이 오기 전에 국회 내에서도 "그러면 우리가 직접 교황청을 가자. 가서 편지글을 써서 우리가 직접 우리의 내용을 교황께 알리고, 국내에 왔을 때, 교황이, 그런 세월호 참사에 대한 부분을 표현하게 해 줍시다"는 이미 전에 얘기가 있었어요, 국회에서도. 그래서 "편지글도 쓰고 그 내용도 정리하고 가족들이 거기서 몇몇씩 가자", 교황청 가는 부분까지 검토가 됐었던, 검토가 됐었었는데.

면담자　　　천주교 신자분들을 중심으로요?

찬호 아빠　　아니요, 그냥 가족. 그거는 우리가 대책위에서 우리가 논의할 때는 "대책위 자체에서 그럼 교황을 만나자. 그럼 우리가 직접 교황청을 가자" 그 논의까지 있었어요. 그 논의까지 있다가 워낙에 사안들이 많았고, 국내에 우리가 그 부분에서 "직접 가서 만나거나 하는 부분은 현실적으로 어려움도 있겠다" 그런 내용도 있었고. 그래서 글만, 피해 가족[들의] 내용을 담아서 편지글만 교황에게 먼저 전달하는 걸로 그 정도 수준으로 끝났었던 거라, 이미 내용들은 어느 정도 공유가 되고 있었다. 그리고 직접 광주[대전]에서 광주[대전]의 거기 일정에 가족들을, 직접 거기에서 교황을 만나는 부분은 직접적으로 아마, 성호 엄마가 누구랑 얘기를 했는지는 모르지만, 그렇게 해서 내용이 전달돼서 이미 어느 정도 돼 있었던 상태였다라고 하구요.

면담자　　　천주교 사제단을 통해서 이루어졌던 건가요?

찬호 아빠　　아뇨, "가족대책위의 가족들이 교황을 만나자"는 거는 사실은 황필규 변호사든 통해서 "교황이 온다. 그때 가족대책위든 만나자", 이거는 우리 대책위 차원에서는, 사실 국회 내에서도 그런 얘기가 있고, 주로 황필교 변호사 통해서 그런 내용들이 서로.

면담자   황필교 변호사는 그럼 어떻게 알게 됐던 거예요?

찬호 아빠   글쎄, 그걸 모르겠네. 어떻게 알게 됐는진 몰라도, 그래서 어떻게 하면 될까에 대해서 "편지글을, 혹은 우리가 직접 가서 만나자. 편지를 써서 가자. 근데 출국할 수 있겠냐. 세월호 유가족인 거 당연히 알고 이미 그럴 텐데" 그런 얘기까지도 했어요. 지금 생각하면 '그냥 가면 되지, 유치하게 전 정권에서 우리가 어디 가는 것까지 틀어막았겠냐', 근데 실제 그 당시에는 그렇게 느낄 수밖에 없었고. "어떤, 정권에서 어떠한 행위를 하든, 우리가 교황을 만나러 가는 부분은 철저하게 막아서 만나지도 못할 거다", 우리 스스로 그런 얘기도 하고. 대책위 측면에서는 그렇게 얘기가 됐었는데, 갑자기 거부할 순 없었죠. 그 집행부 쪽에서는 살짝 불신에 대한 얘기도 나왔어요. 일단 천주교 피해 가족들이 교황을 만나는 건 맞다. 근데 그것을, 그 당시에는 성호 엄마가 임원도 아니었었죠, 사실은 반 대표도 아니었고. 그랬던 상태에서 툭 던지니까, 근데 솔직한 표현으로 싫어하는 사람도 있었어. "그걸 왜 너네끼리만 결정하냐", 근데 피해 가족이지만 당연히 각자의 종교들이 있었고 그건 당연히 존중돼야 되는 게 맞다, 천주교가 만나는 게 그걸 우리가 논쟁은 안 했던 것 같애. 자연스럽게 해서 가족이 가서 교황을 만나고 하는 명단에 대한 이런 부분은 자연스럽게 아마 천주교 피해 가족들끼리, 아마 성호 엄마가 주체가 돼서 그 논의하고 그렇게 구성이 됐었던 것 같애요, 그 정도 수준.

면담자   천주교 신자분들이 논의하는 것은 종교적인 맥락에서 이

해가 되는데요. 대통령, 종교 지도자들도 이야기가 안 되니까 외부의 다른 지도자를 만나야 한다는 취지였나요? (찬호 아빠 : 네, 그렇죠) 그래서 일정이 갑자기 잡힌 거고요?

찬호 아빠　　교황은 이미 그 국내를 방문하는 일정이 언론에 다 공개가 됐었던 거기 때문에 당연히 다 알았고, 당연히 다 알고 있었고 이미. 그랬는데 실제 우리가 "교황청을 가자. 가서 실제 피해 가족인 우리가 교황을 만나서 얘기를 하자" 이런 것도 있었고. 실제 미국, 미국도 직접 가자, 우리가.

면담자　　미국 대통령을 만나자?

찬호 아빠　　"대통령도 만나고, 필요하면 그 당시에 군사훈련, 팽목항에 있던 그런 거에 대한 자료, 정보 제공 요청 이런 것도 직접 하자", 그냥 많은, 그러니까 보편적으로 우리가 절실하니까 자연스럽게 그냥 얘기할 수 있는 거. 저 사람들이 피해 가족인데 갑자기 "미국을 가서, 미국 국방부를 찾아가서 자료 제공 요청 하자" 그런 얘기를 하는 거는….

면담자　　잠수함 충돌설도 있고 그랬으니까요.

찬호 아빠　　응. 그런 것도 있었기 때문에, 그래서 "그런 이야기는 자연스럽게 우리가 할 수 있는 거다", 그거는 뛰어나서가 아니라 잘 안되고 있으니까 국내에서. 도대체 전 정권에서 우리의 목소리가 먹히지도 않고, 이게 언론을 통해서 제대로 세월호 참사에 대한 진상 규명이든 제대로 전파되는 것 같지도 않고, 오죽했으면 가족들이 지역 간담회든 뭐든 그렇게 쫓아다녔겠어요. 만들고, 행진을, 계속 행진하고 그렇듯이, 그런 내용까지도 사실은 있었어요. 그리고 교황이 방문하는 부분은 이미 알고 있었던 내용이니까, 그런 내용이, 우리끼리는 그런 얘기를 했었는데, 성호 엄마랑 천주교의 [연결은] 어떻게 알았는진 모르지만, 그렇게 해서 사실은 광주[대전] 거기에서 만나거든요. 실제 그 내용은 성호 엄마가 주체가 돼서 된 걸로 알고, 자세한 내용은 제가 몰라요, 모르고. "그렇게 해서 그렇게 광주[대전]에서 만나기로 했다" 이 정도로 전파를 받아요. 그리고 나중에 교황의 일정 방문 스케줄 그런 거는 그 이후에, 당시에 서로 공유하기 시작된 거고 그 전까지는 그런 게 없었고, "아무튼 방문한다".

그리고 우리가 단식 그걸 하고 있었고 끝까지 버티고 했었던 게 사실 유민 아빠거든. 그래서 "광화문에 온다"라고 하니 그때는 우리가 적극적으로 요청하고, 시민사회 단체, 그다음에 한국 정, 아니 한국 천주교 주교들과 이런 요청을 한 거에 중재는 사실은 그 역할은 황필규 변호사가 많이 했어요. 황필규 변호사를 통해서 가서 만나고, 주교도 가서 만나서 미리 일정도 조율하고, 가족들이 그러면 교황이 오는데 가족들이 그냥 교황이 저거 할 수 없으니 그 섹터, 구획 같은 경우도 어디에 가족들은 [있어야 하고], 그다음에 참석할 때도 미리 저게 있어야 되니까, 입찰에 대한 부분도 조율하고, 그러면 가족은 먼저 해서 어디에 들어가서 어떻게 자리 잡고 이런 걸 다 조율을 하죠. 그때 황필규 변호사가 그 역할을 많이 해주셨고, 일단은 가장 그 당시에 처절하게 끝까지 단식에 대해서 그렇게 버텼던 유민 아빠를 적어도 교황이 그 앞에 지나갈 때 세월호 가족들을 만나고 저거까지는 요청을 했고, 아예.

그리고 [교황이] 직접 오다가 중간에 서서 세월호 가족들을 만나게 됐고, 그런 부분이 사실은 도와줬던 시민사회 단체, 천주교, 국내에 있는 주교들이 그만큼 같이 함께해 주고, 가족, 세월호 이 피해 가족들, 가족대책위의 입장을 교황께 직접 전달할라고 했고, 가족들 만나는 부분도 "광주[대전]에선 이미 만나는 일정이 잡히고 하니까 그것도 하지만, 광화문에서 그 행사도 분명히 있어야 된다" 그래서 쭉 가다가 멈춰선 거예요. 그리고 그것도 우리가 가족대책위니까 위원장이 있고 부위원장이 있고 이런 개념이 아니라, 실제 처절하게 단식하고 했던 우리 같은 피해 가족인 부모들이에요, 그러니까 "유민 아빠, 그게 맞다", 이렇게 잘했던 것 같아요. 그러면서 교황 만나서 고거까지, '세월호를 이슈[화]시키고, 우리가 뭐라 그럴까, 농성하고 이러면서 비인간적인 처사, 그다음에 말 그대로 비인권적인 그런 행위를 당했던 그런 부분들을 알려야 되겠다'라는 게 강하게 있었죠, 그리고 이슈[화]될 수 있었다. 그런 개념에서 적극적으로 가족들이 "교황을 만나게 해달라" 그런 식으로 했던 것 같아요. 그 정도로, 아마.

면담자   아까 청운동 농성에 대해 잠깐 말씀하시다가 중단됐는데요. 8월 22일부터 청운동 주민센터에서의 농성 시작, 그러니까 어떻게 해서 광화문과 국회와 청운동으로 농성이 나뉘게 됐는지요?

찬호 아빠   네. 본래 우리가 단식을 시작하면서 광화문의 거점은 말 그대로 청와대가 앞에 보이고 국회는 [건물 안에] 고립돼 있으니까, 일반 시민들이 나중에야 자발적으로 들어와서 가족들하고 만날 수 있었지만, 대거로 들어오거나 이런 거에 어떠한 집단행위는 사실은 철저하게 막혀 있는 상태였기 때문에 "광장이 맞다". 그리고 정부를 상대로 목소리를 주장하[거]나 국민의 목소리를 내는 데는, 상징성이 있잖아요, 광화문광장이. 지금까지 과거사를 보더라도 항상 정부 측에서 얘기하면,

집회 혹은 시위 이런 얘기를 하지만, 아무튼 집회 시위를 할 수 있고, 그것도 광화문이 청와대가 보이고 진짜 국민들이 다 한 공간에 모이고 그런 상징적인 공간이었기 때문에, 거점은 딱 두 개였어요, 광화문광장과 국회. "국회에서는 아무튼 법이 만들어지고 우리가 요구하는 사항들을 만들어내고 우리 뜻을 관철시킬라면 국회를 포기할 순 없다. 그리고 국민들하고 세월호를 제대로 알리고 아예 국가 상대, 청와대를 상대로 우리의 주장을 얘기하고 우리가 결집하고 우리의 힘을 하고[합하고] 동력을 모을라면 광화문은 절대 상징적인 공간이어서 포기할 수 없다", 그래서 "두 군데서 하자", 단식도 그렇게 두 군데서 나누어서 하기로 한 거고.

그다음에 국회보다는 어떻게 보면 광화문을 더 상징성 있게 본 거예요. 그래서 "가족대책위 위원장이, 김병권 위원장이 그래서 어디? 광화문으로 직접 나간다", 그런 개념이 있었던 거죠. 그렇게 해서 두 개만 거점을[으로] 하기로 했었던 거예요. 그래서 가족들도 두 군데로 나누어지는 거죠. 그랬다가 지지부진, 정부도 그렇고 국회 내용도 그렇고 외부적인 언론을 통해서도 그렇고 진행이 지지부진하다 보니까, 우리가 가족들이 가만히 있으면 할 수 있는 게 정해져 있잖아요. 그 농성장을 지키는 것만 가지고는 부족한 거예요. 국회도 그래서 "때 되면 식사하고 때 되면 단식하는 사람은 단식하고 밥 먹을 사람은 먹으라" 이거예요. 단식하는 사람들 말고 먹을 사람들은 먹고, 그다음에 가만히 이거 하루 종일 앉아 있는 거는 있을 수 없다는 거죠.

면담자   간담회에 가시는 분들은 따로 또 가시고 그랬었죠?

찬호 아빠   그렇죠. 간담회 짜고 간담회 가고 피케팅하고, 아무리 뜨

거위도 몇 명 몇 조 해서 로테이션으로 국회는 삥 둘러서 피케팅 몇 시까지 로테이션으로. 광화문도 마찬가지. 거기 가서 상주하고 그냥 앉아 있는 게 아니라 지지해 주고, 단식하는 가족들과 함께해 주고 서명이 됐든 피케팅이 됐든 우리가 할 수 있는 건 해야 되는 거죠. 그런데도 정부에서는 어떠한, 대통령의 입장도 안 나오고 하니까, 우리가 주장하고 진실을 밝혀야 되고 그거에 대한 책임 있는 답변을 받아야 될 건 수장인 대통령이니까, 국가 통수권자인 대통령이기 때문에 계속 그쪽으로 항의를 가죠. 일반 시민들은 자유롭게 다니지만 가족들은 두 명, 세 명만 모여서 다녀도 차단하고 그럴 당시니까, 못 가게 했으니까. 청운동까지 올라가는 것도 제재했었어요. 그냥 걸어가는 거는 돼, 피케팅 [피켓] 들고 가는 거는 제재. 이 정도까지 그 당시에는 심했기 때문에 할 수 있는 게, 가족들이 같이 단식하시는 분들하고 같이 동조, 자리 지킴 하면서 할 수 있는 게 피케팅. 그리고 항의를, 자꾸 우리 목소리를 들으라고 청와대 쪽으로, 일명 '진격'이죠. 조금이라도 가까운 데 가서 하고자 하는 노력이 계속 있었고, 하다못해 단식 하면서도 계속 유민 아빠도 나중에 그런 것도 있었고 했었죠.

그래서 청운동은, 본래 두 곳이었다가 이렇게 피케팅하고 하는데 너무나 제지를 하는 거야, 공권력을 동원해서 피해 가족들을. 그러다 보니까 분노하게 될 수밖에 없고, 그리고 간 게 청운동까지 가서 더 이상 들어갈 수 없는 데가 어디예요? 청운동 사무소 앞에 거기서 완전히 차단해 버리니까. 중국인 여행객들도 들어갈 수 있고 일반 시민들도 들어가는데 세월호 유가족들은 안 되는 거야. 그리고 집회 시위? 말 그대로 피케팅 같은 것도 혼자 들어가면 돼. 근데 맨 처음에는 그거조차도 용납이 안 돼, 그냥 다 막았으니까, 유가족들[은] 무조건 막았으니까. 피케팅[피켓] 한 개 들고 들어가는 것도 유가족들은 무조건 막았기 때문에, 그래서 거기에서 엄마들, 맨 처음엔 그래서 논의된 게 아니고 거기까지 (웃으며) 거기에도 거점으로 아예 확보, 이게 된 게 아니라 몇몇 분들이 갔다가 그런 대우를 받고, 강제로 해산시킬라고 하면서 붙어버리죠, 한번. 공권력이 강제로 빼낼라고 하니까, 더 이상, 맨 처음엔 엄마들만, 아빠들도 없고 엄마들만 가서 갔다가 그런 처사를 당하고 그게 알려지게 된 거잖아요. 그러면서 몇몇 엄마들 넘어지고 이런 행위 되고, 강제로 저거 다 하고 다치고 실신해서 쓰러지고, 거기에 분노하게 됐던 거예요.

그래서 거기서 물러나면 안 되잖아요, 거기까지 갔으니까. 그러면서 엄마들이 그냥 주저앉아 버린 거야. 사실은 거기가, 못 들어오게 우리를 막으니까 거기까지 들어갔다 그냥 나오면 안 되잖아요. 완전히 에워싸고 있었는데, 그래서 아무 준비 없이 들어가게 됐던 거예요. 그래서 거기에 딱 [자리를] 틀게 되고, 맨 처음에는 그날 처음 밤에 내가 가 봤더니 너무 처량해. 한잠도 안 잤는데, 천막이 있었던 것도 아니고, 그리고 더 오기가 생기고 더 분노하고, 피해 가족들끼리는 더 결집이 되는 거예요. 그날 비가 왔어요. 근데 비닐을 이렇게 찢어서 덮고 누워 있는 모습을 보니까 나 스스로도…. 대부분 '아주 절제해야 된다. 이미 화를 내고 흥분하고 내가 분노하기 시작하면 감정 조절이 안 되면 지는 거다, 이건' [하면서 억제하는데], 그럼에도 쳐다보는 거 자체가 너무나 내가 보기 저거 했을 정도였으니까.

그래서 밤에 있다가 그날 하룻밤 보고 그다음 날 하루 있다가 저는 다시 들어와요. 아무래도 국회에 있어야 되니까, 이런 거. 그러면서 아예 들어와서 바로 사무처에서 시민사회 단체 있었죠, 4·16 우리 시민사회 단체 같이하면서, 거기다 아예 "그거 튼다. 그리고 가족협의회 사무처도 국회와 광화문, 그다음에 거기 청운동까지 같이 인원들 배치하고, 식당이든 빨리 저거 하고, 일단 천막부터 해서 그 비[를] 피할 수 있게 그 농성장 빨리 설치하고 만든다", 이렇게 해서 바로 거기까지 거점으로 해서 세 군데를 하게 됐던 거죠. 그러면서 가족들은 많이 힘들긴 힘들었었지만, 나름 먼저 결정하고서 진행했었던 부분은 아니지만, '그거에 대한 의미도 상당히 있었다'라고 생각이 돼요. 그러면서 가급적이면 고 앞에서 뭐라 그럴까, (면담자 : 청와대 앞에서) 아직 의미도 있었고, 그 앞에서 지원도, 청운동 주민들도 실제 거기에서 많이 아파하시고 함께해 주시고, 시민들이 찾아오는 거거든요, 광화문도 찾아오고 청운동도 찾아오고 국회도 찾아오고.

이게 결론은 세월호에 대한 부분은 우리가 일부러 간담회도 쫓아다닐 정돈데, '찾아오는 국민들이 그렇게 여러 군데로 펼쳐져 있으니까 자유롭고 잘됐다'라는 생각을 했고, 인원은 분산돼 있고, 가족들이 각 반별로 인원을 짜서 누구는 청운동, 누구는 국회, 누구는 광화문 이렇게 나눠져 가야 되는 부분은 있었지만, 나름 그런 부분에 있어서는 우리의 반 대표들과 각 반의 가족들, 그래서 몇 반은 오늘 광화문, 몇 반은 국회, 몇 반은 청운동 이런 식으로 자율적으로도 잘 그렇게 조합이 돼서 그렇게 유지하고 지킬 수 있었다. 그러면서 어떻게 보면 많은 시민들하고, 국민들하고 접할 수 있었고, 그러면서부터 본격적으로 참여연대가 거기 [사무실이] 있다 보니까 회의실도 참여연대를 쓰거나 이런 식으로 하면서, 외려 외부에 있는 사람들이 국회에 있을 때보다도, 국회에서도, 광화문에서는 광화문대로, 청운동에선 청운동대로 많은 시민사회 단체 사람들이 결집, 결합할 수 있었고, 거기서 많은 내용들이 이루어질 수 있었고, 그다음에 앞으로 가는 그런 계획 방향이든 그런 게 이렇게 논의가 잘됐었던 것 같고. 그담에 그 상징성 있었다. 왜? 우리가 거기 청운동 들어갔을 때 강하게, 광화문에 있을 때보다 더 압박해 들어오거나 아예 에워싸거나, 청와대 입장에서는 중국 관광객들 다니는데 얼마나 부담스러웠겠냐. 외려 며칠 딱 해보고 나서는, 한 2, 3일 지난 다음에는 '잘했다' 하는 생각을 바로 했었어요. 맨 처음에는 가족들이 너무 힘들까 봐, 동력 빠질까 봐 걱정했는데, 그 반대의 결과를 나타낸 거라고 봐야 되겠죠. 그렇게 돼서 청운동 [농성]하게 됐죠.

면담자   청운동을 말씀하시니까 떠오르는 게 있는데요. 그 전에 5월에 청와대에서 박 대통령이 유가족들을 초대한 일이 있었죠?

찬호 아빠   그거는 나오기 전에, 찬호 수습하기 전에 그 전의 얘기였죠. 그래서 그 내용은 내가 자세히 [몰라요].

면담자   이후로는 대통령과의 만남이 없었던 거죠?

찬호 아빠   그렇죠. 그래서 가족 서명 전달이나 그런 거 할 때만 딱 세 번 들어갔다 왔어요, 저는. 청와대 안에 들어간 것도 아니고 말 그대로 그것만, 그 수령하는 거기가 있잖아요? 종로 거기가 그 이름이 뭐였드라? 아무튼 부처가 있는데, 거기만 세 번 갔다 온 게 다죠.

10
대리기사 폭행 사건 발생

면담자   2014년 9월 17일에 대리기사 폭행 사건이 발생합니다. 이로 인해 새정치민주연합 김현 전 의원, 한상철 가족협의회 대외협력분과 부위원장, 김병권 위원장, 김형기 전 수석부위원장, 이용기 전 장례지원분과 간사 등이 형사 송환을 당하는 일이 있고 1기 집행부가 사퇴했잖아요. 거기에 대해 이야기해 주시면 감사하겠습니다.

찬호 아빠   근데 내가 그때 현장에 없었기 때문에, 그때도 국회[에] 다 같이 있었어요. 저녁때까지 같이 국회 있다가, 저녁때 내가 우리 [경기도]미술관에서 회의가 있어, 미팅이 있었어요, 보기로 했던 사람. 그래서 맨 처음에는 다 같이 내려오기로 했었던 건데, 일단은 본래 김현 의원을 만나는 저거는 아니었고, 김현 의원하고 식사 자리가 미리 약속되거나 잡혀 있지는 않았어요. 그리고 다른, 새누리당 쪽의 누굴 만나는 게 있었었을 거예요. 잠깐 봐야 될 부분이 있고, 아마 의원회관에서 있었을 것 같고, 김현 의원하고의 약속이 있는 거는 몰랐어요. 당연히 나는 몰랐었고, 그래서 아무튼 그 일이 있어서 먼저 내려온다라고 내려갔고, 다만 그런 걸 했죠. "술 먹지 말고 내려와라. 빨리 내려와라" 이런 식으로 같이 얘기하고, 끝나고 당시에 지금 얘기했던, 아마 지일성 씨[진상규명분과 간사]도 있었던 걸로 나는 기억을 하고 있는데. 그럼 지일성 씨는 그러면 식사만 하고 먼저 나왔던가, 일정이 있어서 그랬을 수 있고. 그래서 김병권 전 위원장, 그다음에 김형기 수석부위원장, 그다음에 이용기, 한상철, 그리고 지일성 정도까지가 있지 않았을까, 그랬었을 거예요. 그 정도로 하고 내려왔었는데, 내려오고 나서 제가 연락받은 거는 몇 시쯤 됐을까, 아무튼 밤은 밤인데 여기 와서야 연락을 받았어요.

면담자　　　　경기도미술관에서 약속이 있었기 때문에 아버님은 같이 안 가신 건가요?

찬호 아빠　　　그런 거 솔직하게 얘기해서는, 걔가 새누리당이었기 때문에 만날 필요가 없다 했어요. "정신 차려라. 뭣 하러 만나냐, 쓸데없이. 그냥 내려가자"라고 저는 얘길 했어요, 같이 모여 있는 자리에서. 그 국회 본청 정면을 봤을 때 좌측에 모여 앉아서 얘길 했거든요. 그 "만나서 의미 없다", 쉽게 말해서.

면담자　　　　어디서 만나기로 했었는지 혹시 들으셨나요?

찬호 아빠　　　의원회관에 다 있으니까. 국회의원들 만나보는데, 그때 나한테 얘기했던 게 아마 새누리당 의원이라서, "걔 만날 필요 없다. 뭣 하러 만나냐. 만나봤자 내용도 없는데", 저는 그런 식으로 얘기를 했었던 것 같고. 김현 의원하고 약속은 내가 아니었던 걸로 알아요. 그래서 "그냥 일단 그러면 만나보고, 여러분들끼리 만나보고 와라. 나 먼저 내려간다" 이러고 왔었던 거고, 그게 김현 의원하고의 약속은 나는 아니다라고 보고. 그 사람을 만나고 나서 김현 의원이랑 식사를 했는지는 모르겠지만, 김현 의원께서는 보좌관들까지 해서 아예 계속 국회에 있었어요, 우리 본청에 아예 상주하다시피, 의원도 마찬가지고. 그랬던 분위기 때문에 몇몇 저 국회의원분들이 있어요, 계속 함께했던. 그렇기 때문에 항시 가족들하고 같이 있다고 봤으니까, 김현 의원은. 근데 그날 식사를 하거나, 그게 아니라도 가족들이 식사를 안 했으면 보좌관 시켜서라도 밥을 가져와서 가족들 먹이고. 그것도 그 어디지? 사서 와 서래도, 본청 거기 농성장에서 못 먹었던 사람들 이렇게 먹게 하고 그 랬었던 거거든요. 아무튼 그래서 나는 일정 때문에 내려왔던 거고, 그 리고 연락을 바로 받고 당시에….

면담자   갔을 때가 밤인가요?

찬호 아빠   밤이죠. 그 연락을, 처음 나한테 연락한 거는 사실은 보 좌관이 연락을 했어요, [김현] 의원님 보좌관이. 워낙에 친하게 지냈기 때문에 저한테 공개적인 석상이나 그런 자리에서는 "부위원장님", 그 러지만 개인적으로 할 때는 "형님"이라 불러요. 아직도 그래요, 아직도 거기 있었던 보좌관들은 "형님" 그러는데, 전화가 온 거예요, 그 일 있 다고. 통화하고, 의원님하고 이렇게 저렇게 돼서 당장 영등포서로 가야 되고 이렇게 내가 전화를 받아요. "많이 다쳤냐" 그랬더니 다쳤다는 거 야, 사람들도. 그래서 그러면 아무튼 빨리 치료부터 해야 되는 게 정상 이잖아요. 딱 그리고 전화 끊고 났는데 여기저기서 연락이 오는 거야. '심각하구나' 그때 이미 느꼈어요, '이거는 당했다', 당했다고, 사실은 김현 의원도 아마 저한테도 서운함이 있을 거고, 그 당시는 전 집행부 에서 그런 사안이 있었고 거기에 참석을 안 한 게 나랑 유경근 그 당시 의 대변인이죠? 대변인 정도였고, 다 그렇게 휩싸이게 된 거니까. 그래 서 아무튼 '이거는 당한 것 같다', 그런 생각은 사실 딱 들었죠.

   근데 문제는 가족들이 거기 있으면 안 된다는 거예요, 서울에. 그래 서 바로 밤에, "일단은 바로 안산으로 내려온다". 어디로? 그니까 "빨리 확인해 봐라" 그랬는데 "일단은 한도병원 쪽으로 빨리 저거 하는 게 어떻겠냐" 그래서 "알았다" 그러고 제가 새벽에 아침에 [안산] 한도병원을 가요. 가서 만나, 김병권 전 위원장, 그다음에 누구 있었지, 김형기 수석부위원장 둘이 같은 병실에 입원해 있었고. 그래서 갔었죠, 어떻게 된 일인 건지. 그게 그다음 날인가? 아무튼 연락받고 그날 맞아요, 그날 그다음 날 바로 한도병원으로 와, 밤에 늦게 몇 시에 이송됐는지는 모르지만. 한도병원이라는 걸 누가 얘길 해주고, 내가 거길 가서 만났는데, 이빨도 그렇게 돼 있고 사실 대화도 잘 안되고, 이미 바깥에 언론 있고, 그래서 언론 다 빼고, 그렇게까지 하죠. 언론들 못 들어오게 하고, 일단 조용히 만나서 일단 얘기 정도만 듣고, 그리고 빨리 치료하는 그런 부분 정도까지만. 그 당시는 그게 상황이 그렇게 크게 확대될 줄은 몰랐죠, 저도. 나도 몰랐고, 일단은 이빨 여기, 김형기 수석부위원장 같은 경우에는 이빨이 없고 여기 터져 있고 이러니까. 다른 사람은 괜찮은데, 김형기 수석부위원장은 입술이 터졌, 찢어져서 터져 있고, 피도 있고.

면담자   그때 누구한테 맞았다고 했나요?

찬호 아빠   모르죠, 그건 누구한테 맞았는지. 그런 얘길 하는데 대화가 안 됐어요, 그때는. 그리고 "밖에 언론들 있는데 언론통제 해라, 정확하게 통제하고", 내가 들어갈 때부터 아마 있었으니까. 그렇게 해서 "일단 치료만 잘 저거 하고 해라" [했죠]. 그날은 그 정도까지였을 거예요. 그리고 왔는데, 내가 전화든 뭐든 하여튼 정신이 없을 정도였었고, 내 기억에 김병권 전 위원장이 그 전화 통화를 했나 나랑? 아무튼 그래서 내가 급하게 다시 가요, 한 번. 아마 "집엘 갔다 와야 된다" 그랬을 거야. 그래서 그러면 밖에는 계속 기자들이 진을 치고 있으니까, 지하 주차장에다 차 세워놓고 그냥 이렇게 잠깐 엘리베이터 태우고 내가 집에도 잠깐 갔다 온 적이 있어요, 김병권 전 위원장은. 그렇게 해서 크게, 뭐 조사받고, 아무튼 보니깐 얻어맞았고 그래서, 맨 처음에 그때까지도 한 이틀까지도 그렇게, '그냥 뭐 조사받고 이러면 자연적으로 끝날 거다' [생각했어요]. 이랬는데 이틀째 되니까, 사실은 그렇게만 생각했는데, 그날 밤에 연락받고 그다음 날 얼굴 이렇게 다친 거 보고 그때까지만 해도 그렇게까지 생각 안 하고, '언론들은 당연히 관심 있으니까 왔겠지' 그랬는데, 이미 이틀째 저녁때 되니까, 그다음 날 저녁때 되니까 언론 기사가 그냥 일파만파인 거야. 일파만파고 이게 엄청나게 확대되는 것 같고.

또 김현 의원이, 그때 [국회] 안행위[안전행정위원회]인가 그랬을 거예요, 그 소속 위원회가, 그랬을 것 같애요. 그래서 이미 갑자기 '국회의원 갑질' 이런 기사까지 나오고, 조사를 받아야 되는데 김현 의원이 바로 '왜 그러면 지구대로 안 가고 영등포서로 갔을까'부터 온갖 추측 이런 기사들이 나오는 거야. 그러니까 내가 나름 인터넷을 통해서 이게 도대체 어떻게까지 되는지 아무리 볼라 그래도, 너무 확대되어 버리는 거예요. 갑질 얘기까지 나오고 안행위 이런 얘기까지, 김현 의원이 그때 안행위였죠? 내 기억은 그런데. 왜 그러면 이미 거기에서 지구대가 아니라 왜 갑자기 영등포경찰서로 가고, 그런 게 쏟아져 나오기 시작하는데 심각한 거야. 그래 나는 어쩔 수 없이, 아무튼 국회는 가야 되잖아요, 국회로 가요. 국회에 가서 어떤 내용들을, 그때 언론 인터뷰를 하고 그럴 때는 아니었지만, 그거 대응하는 부분 "잘 대응하자" 맨 처음에는 그렇게까지 정리가 됐어요. 근데 하루가 지나고 이틀이 지나고 3일이 지나면, 그게 의원하고, 국회의원하고 세월호 유가족들 갑질, 이런 식으로 나오기 시작하면서, 하루가 지나니까 더 커지고, 이튿날이 되니까 더 커지고, 3일째 되고 4일째 정돈가? 3일쩬가 그랬을 거예요. 그래서 조사받는데, 조사받으러 의원님이 맨 처음에 안 갔거든. 안 갔어요, 그게 3일, 4일 지나서 아마 갔을 거야. 언론에서 워낙 시끄럽고 이래서 그 다음에 갔을 거야, 내 기억에.

그래서 나는 보좌관한테 그런 얘기하죠. "내[가 보기에] 이렇게 대응할 거 아니다, 이거. 빨리 가서 조사받아. 야, 의원님 왜 안 간대? 가야 되는 거 아냐?" 저는 그런 내 주관을 얘기하거든요. 그리고 김병권 전 위원장한테 통활 해요, 같이 모였었으니까 그분들은. "야, 이거 가족협의회 측면에서 저 기자회견 하거나 해야 된다. 이거에 대한 정확하게" 그랬는데 변호사들도 "야, 이거 어떻게 하는 게 맞다"라고 조언을 해주거나 이야기해 줄 수 있는 사람도 없고, 그다음에 법률대리인으로 이미 그쪽에서 변호를 담당하고 있었던 김병권, 우리 가족들, 대리기사 폭행 그 사건에 휘말린 우리 가족들을 변호해 주는 변호사들하고 논의를 해 봐도 "가족대책위에서 그렇게 내가 입장을 내고 하는 게, 기자회견 하고 하는 게 외려 역효과 날 수 있다" 이런 걸 나한테 전달을 받아요[해요].

그래서 "이거 가만있으면 안 될 것 같은데 어떻게 할까?"까지 내가 김병권 위원장한테 물어봐요. 근데 김병권 위원장 같은 경우에는 나름 또 가족들하고 변호사들도 뒤에서 하고 "가족들이 그렇게 대응하는 게 외려 안 좋을 것 같다". 그 결론을 듣고 제가 우리 임원들, 제가 저번에 유경근 대변인, 그다음에 또 있었겠죠, 가족[대책위] 집행부 반 대표들, 그래서 "가족협의회에서 입장 내는 건 아니다" 그랬는데, 워낙에 이틀,

3일, 4일 워낙에 점점점점 불어나기 시작하니까, 이미 반 대표들이 이미 [생각을 돌리기 시작]하는 거지. 가족대책위에서는 맨 처음에는 '이건 당한 거다'라는 거는 강하죠. 근데 "왜 그랬을까, 왜 폭행까지", 그게 뭐냐 하면 영상이 확 유포되면서, 같이 싸우는 게 나오면서 설마 했는데 그게 한 3일쨌가 바로 그냥 확 터졌을 거예요. 그러면서 우리 가족들도 "이건 잘못한 거야"로 되기 시작한 거야, 실제 술 먹고 싸웠잖아. 한편에서는 당한 것 같은데 100프로, 비일비재하게 이런 술 먹고 감정 격해서 다툼이 있을 수도 있잖아요. 그게 세월호 유가족이라서 이렇게 이슈화 될 거냐 이거야, 이게. 맨 처음엔 그랬어요. 근데 워낙에 언론이든 뭐든 저걸 해버리니까, 그리고 영상이 딱 유포가 되니까, 무조건 우리는 다 가족 편이었죠, 피해 가족들은. 그랬다가 실제 그 영상이 유포가 되면서부터 가족들은 "야, 이거 심각하다"로 얘길 했고, 그러면 "이거 어떻게 책임질 거냐" 항의를 하죠. 한 3일째 지나서 그런 목소리[가] 바로 나와요.

면담자   가족대책위 집행부에 항의를 하는군요.

찬호 아빠   네. 도대체 (한숨 쉬며) 제 기억에 그래서, 저도 집행부였으니까. 그때 대변인은 전 집행부.

면담자   유경근 대변인하고는 따로 상의하셨나요?

찬호 아빠   계속 만나고 같이 있으니까 얘길 하죠. "어떻게 대응할까, 어떻게 대응할까" 그런 거. 나름 저야 그래도 큰 틀에서 생각하거나 하는 거에서 지금까지 의견이 완전히 다르거나 그런 적은 없어요. 그리고 어떠한 사안이 하나 있으면 요거 하나 가지고 얘기하는 게 아니라,

찬호 아빠 전명선

요거 가지고 요렇게 됐을 때 그다음에는 어떻게 할까 정도의 그래도 나름 얘기를, 이런 표현하면 좀 그렇지만, 그래도 얘기까지 해주실 분은 그 당시에는 제가 그래도 이렇게 보면, 그 당시에는 가장 현명하다고 판단하고 있는 사람 중에 그래도 대화할 수 있는 게 집행위원장이에요. 그리고 넓게 본다, 바로 요게 앞에 거만 얘기하지 않고. 그런 부분이 있었기 때문에, 나름 서로 논의 안 하고 그런 건 아니고. 근데 정확하잖아요, 집행위원장도 단식을 했었고 그리고 대변인 역할을 하고 있었기 때문에, 세부적인 논의 자체를 하는 게 아니라 우리 집행부, 그니까 반 대표들하고 같이 회의 석상에서 서로 논의하고 그 정도였다라고 보고. 세부적으로 마음[속]의 개인 얘기를 주고받고 그 정도 단계 가지고 그 당시는 아니었었다, 그때까지도. 같은 다 부모였고 임원, 집행부로서의 임원 정도 그 정도였고, 그런 거 있어요.

그리고 아까 얘기했지만 광화문에서도 개별적으로, 내가 위원장은 아니었었지만 저한테 이렇게 개별적으로 매일 뭐 "제가 어떤 내용이 있는 걸 수시로 보고하겠다" 이렇게까지 가족들이 얘길 해주시니까 편안했지. 나름은, 다른 거에 집중할 수 있었고, 그 정도 수준이었기 때문에…. 그러고 나서 반 대표들부터 해서 가족들[로부터] 이미 항의가 있죠. "잘못한 거다. 집행부, 이거 어떻게 수습할 거냐"부터 나오고, 그쪽에 통화해 봐도 변호사들도 정확하게 어떻게 조언을 정확하게 해서 "이거는 어떻게 대응을 하는 게 맞다"고 딱 부러지게 할 수 있는 것도 아니고, 이미 이거는 영상도 유포되고 했기 때문에 법적으로 대응할 수밖에 없다, 그렇게 해서 딱 저게 되고. 그러면 이거를 지금 어떻게 빨리 저거[처리]할 건지에 대한 부분은 우리가 임원 회의를 해요. 딱 모여서 결정한 게 뭐냐면, 반 대표들 다 있었고 한 게 "전 집행부[가] 책임져야 된다".

면담자　그거는 연루된 집행부도 같이 회의하신 건가요?

찬호 아빠　그분들은 병원에 있었지. 병원에 있고 이미 가족들이 3일째부터 싫은 얘기를 했기 때문에.

면담자　나머지 분들도 이해를 하셨군요.

찬호 아빠　네, 그렇게 됐던 거예요. 그리고 저 같은 경우도 더 이상 얘기를 할 수 없는 거지, 유경근 대변인도 마찬가지 전 집행부니까. 그래서 어떻게 됐냐 하면 일단 매듭을 맺는 회의를 딱 해요, 어떻게 할 건지를. 딱 했는데 "전 집행부가 다 책임져야 된다, 이 사안에 대해서는, 이런 부분에 있어서는", 그래서 그렇게 하기로 하죠. 그래서 전 집행부, 아무튼 저도 부위원장이었고 유경근 집행위원장님도 그 당시에 대변인이었기 때문에, 집행부가 위원장, 부위원장들이 다 내려놓는 걸로. "알았다, 그렇게 하겠다" 전원 사퇴. 그렇게 해서 공식적으로 아예 발표해 버리죠, 공식적으로 책임 있게 전원 사퇴. 그러고 나서 우리 가족들이, 조직은 아닌데 어디에서 그런 힘이 있었는지는 모르겠지만, 우리 희생 아이들이 학생이고 반으로 구성돼 있었잖아요. 그니까 각 반 대표들이 있었다 그랬잖아요, 애들처럼 똑같이, 우리 자식들처럼. 그래서 나름 모든 논의가 반 대표를 통해서 반의 의견들이 이게 취합이 되는 거예요. 그렇기 때문에 그러면 전 집행부는 전원 사퇴하는 걸로 하고, 책임 있게, 그다음에 그것을 일명 지금으로 따지면 선관위 같은 거죠, 선대위 혹은 선관위, 어떻게 보면, 그래서 반 대표들끼리 논의를 하는 거예요. 그래서 각 반에서 빨리, 다시 그러면 집행부를 빨리 다시 꾸리고, 우리가.

면담자   집행부를 다시 꾸리는 이야기가 바로 나오는군요.

찬호 아빠   네, 바로 회의 석상에서. 그렇게 하고 거기까지, 거기까지는 공식적으로 내가 얘기할 수 있는 거고, 부위원장으로서 그랬고, 그다음부터는 개입을 하면 안 되니까. 그렇게 하기로 결정을[이] 딱 된 거예요. 그렇게 하고 전 집행부는 다 사퇴, 그리구 회의 석상에는 제가 참여도 안 하죠. 그래서 반 대표들끼리 회의를 하고 그다음에 사무처까지 해서 회의들을 하고, 사무처도 사무처장은 자동적이었던 거니까, 사무처장도 아무튼 집행부니까. 그렇게 해서 나머지 반 대표들하고 회의를 해서 각 반에서 후보자들 추리고 이렇게 진행을 했었던 것 같아요. 그러고 나서 바로, 대리기사 폭행 사고가 있고 [나서] 날짜가 며칠인지 모르지만, 이미 재판이고 저기 다 하기도 전에 바로 그 가족총회가 바로 진행이 되죠. 그리고 각 반에서 후보자들 추천하고 이런 게 있는데, 그게 어떻게 보면 선관위 개념으로 반 대표들이 주체가 돼가지고 진행을 했던 거고, 그냥 나는 7반의 찬호 아빠인 거예요.

근데 그 반 모임에 안 갔어요. 전 집행부였고 책임지기로 했으면 가서 입이 열 개라도 할 말이 없죠, 내가. 그래서 안 갔는데 아무튼 7반 모였으니까 한번 오라는 거예요. 내 안 간다 그랬죠. "아, 집사람이 있는데 거길 왜 가냐. 됐다, 안 간다" 그랬었는데 7반에서는 아무튼 그 "찬호 아빠가 맡아서 하는 게 맞는 것 같다"라고 이렇게 했단 거예요. 전 집행부에서 사퇴를 했는데, 나머지 사람들이 "하는 게 맞다"라고 했는데, 아무튼 어떻게 돼서 그랬는진 몰라도 아무튼 그렇게 됐어요. 난

내 의사와 아무 상관없이 전 집행부였기 때문에 하면 안 되지. 근데 후보[가] 돼 있었던 거더라고요, 후보로. 그리고 긴급하게 [가족]총회가 열린 거잖아요.

면담자   유경근 대변인도 다시 올라왔나요?

찬호 아빠   유경근 대변인도 올라온 거예요, 후보로. 그다음에 전 사무처장 같은 경우도 그대로 올라온 거예요, 김유신 [씨가]. 이 사람들이 그래도 부모들이 봤을 때는 일을 했던 사람들이고.

면담자   폭행 시비에 휘말린 사람은 아니니까요?

찬호 아빠   아니니까. "전원 사퇴를 했더래도 일할 사람들은 해야 된다"라는 그런 여론이 있었는지는 몰라도, 그대로 다 됐고 다른 후보들도 있었죠, 사실은. 여럿 있었던 것 같은데, 근데 아무튼 그렇게 돼서, 일단은 그걸[운영위원장] 할 생각은 없었어요. 그랬는데 아무튼 언론이 너무나 많은 관심을 가지고 있었고, 그 당시에, 가족협의회가 완전히 해체가 되니부터 시작해서 완전히 동력을 잃니 그런 많은 내용들이 있었기 때문에, 뭐라 그럴까, 어떻게든 이걸 추슬러야 되는 부분은 가족들이 다 같은 생각을 하고 있었던 것 같고. 그래서 제 기억에 아무튼 강제적으로 된 거죠, 그런 식으로 해서. (웃으며) 위원장, 그래서 정확하게 운영위원장, 집행위원장, 진상규명분과장, 인양분과[장] 이런 거는 나중 일이고, 그때 대리기사 폭행 사건 때는 그래서 바로 위원장, 집행부 선거를 바로 하게 되는 거죠, 그때.

면담자   후보가 총 몇 명이나 나왔었나요?

찬호 아빠	운영위원장은….
면담자	분과가 나뉘기 전에 운영위원장을 뽑은 선거였나요?
찬호 아빠	아뇨, 운영위원장하고 사무처도 있었고 다 있었죠. 부위

아뇨, 운영위원장하고 사무처도 있었고 다 있었죠. 부위원장도 있고 후보들이 쭉 있었기 때문에, "이 사람은 이쪽에, 나는 사무처장 할 거야"로, 성호 엄마가 그 당시에 내 기억에 아마 사무처장 후보로 나오고, 동혁이 엄마도, 아무튼 많았어요, 각 직위별로 쭉. 그런데 운영위원장 후보가 아마, 저는 관심도 없었고, 한 사람당 한 표잖아요. 그래서 찬호 엄마만 가면 되는 거라서 나는 거기에 대해서 크게 이거에 대한 부분, 그니까 전 집행부, 사실은 전 집행부의 김병권 전 위원장이랑 김형기 수석부위원장, 지금은 어떤 생각할지 모르지만, 나름대로 기자회견도 할라 했고 나름 그런 것도 있었어요. 이건 당한 거거든. 그냥 하루에 전국적으로 보면 사실 술 먹었다라고 하면 그런 게[폭행 사건이] 한두 건이 있는 것도 아닌데, 너무 과하게 가는 거고, 몰고 가는 거거든 언론이. 한두 군데도 아니고 그게 갑자기 영상까지 그냥 유포되고 이럴 정도는, 그거는 말이 안 되는 거잖아요. 그게 기자가 영상을 확보했다는 거는 이미 다 퍼 나르기 시작했다는 거고, 그거 영상 자체, CCTV 영상 자체를 경찰이 아무튼 신고를 했으면 거기서 저걸 해야 되는 게 정상적인 거고, 이미 조사하고 조사 제대로 안 받은 상태에서 언론에 바로 그다음 날 다 나간다는 거는 다 줬다는 거거든. 안 믿을 수 없고, 새누리당과 정권과 언론을 제가. 그냥 당한 거예요, 내가 볼 때는. 그냥 '이거 진짜 엮었구나. 진짜 당한 거다'라고 생각했어요]. 그게 김현 의원까지 당한 거예요, 그냥. 난 '당한 거다'라고 봐. 근데 가족들까지 그러니까 마음 아픈 거죠. 그리고 오로지 한 가지 가족 동력 빠질까 봐, 국

민들 떨어져 나갈까 봐, 그거에 대한 불안감은 있었고 그랬었는데, 아무튼 그렇게 위원장, 운영위원장이라 이거야. 위원장으로 추대를 했다 이거지.

면담자　　운영위원장 후보는 누가 있었나요?

찬호 아빠　　글쎄. 나중에 두 명이, 나름 반 대표들이 어떻게 어떤 식으로 그걸 했는진 제가 모르겠어요, 참석을 안 했으니까. 근데 운영위원장 최종 후보가 둘이었던 걸로 알고 있어요. 나하고 집행위원장, 현재. 그랬던 것 같고, 누가 추천한 사람들 있는데 나름 거기서 정리가 됐었던 것 같아요. 그건 아마 그 당시의 반 대표들이 정확하게 잘 알 수 있을 것 같고. 김종기 사무처장이나 그런 사람이 정확하게 그 내용은 더 잘 알 것 같고, 저야 관여를 안 하고 참석을 안 했으니까. 근데 그랬었던 걸로 기억이 나고. 집행위원장은 자기가 위원장을 안 하겠다는 거야.

면담자　　집행위원장을 안 하시겠다고요?

찬호 아빠　　아니, 그 당시에 운영위원장 후보가 이미 그렇게 됐는데도 자기가 안 하겠다고 한 거예요, 나도 별로 하고 싶지 않았고. 그랬는데 너무나 언론이든 뭐든 저게 많았기 때문에 일단은 그래서…. 집사람도 사실은 반대했어요. 국회에서 많은 내용들이 내가 있었다 그랬잖아요, 지난 구술 때 잠깐 언급한 것처럼. 집사람도 그런 거에 제가 오르내리고 해서 안 하는 거를 바랐어요. 동의를 안 했고 집사람도 동의를 안 했어요. 근데 너무나 외부에서 보는 시선들이라든가 그런 게 있었기 때문에, 뭐 언론도 진 치고 있을 정도로 외부에서 아예. 그래서 '야, 여기서 내가 위원장 후보 포기한다, 안 한다라고 해서 나가서 공석이 되고 이러면 더 심각하다, 진짜' 그래서 마지못하게 한 거예요. 마지못해서 하게 돼서, 제가 그때 되고 나서 얘기했던 게 딱 저걸 거예요. 그리고 후보가 누가 있었는지, 아무튼 그렇게 돼서, 제가 맨 처음에 사실은 하고 싶지도 않았고, 내가 진짜 하고 싶은 거는 아까 얘기했듯이 있었잖아요? 진상 규명 그쪽을 해야 되는 게 맞고, 그랬는데 언론이나 외부 시선들, 워낙에 주목을 받고 있었기 때문에 일단은 그냥 받아들이고, 일단 위원장 소감을 뭐라고 얘기하냐면, 아직도 안 잊죠, 영상이 다 있을 테고.

일단은 "올해 안에 제대로 된 가족대책위를 꾸릴 수 있도록 하겠다". 임시로 만든 걸로, 전 집행부였기 때문에, 근데 전 집행부였기 때문에 그런 얘기는 하지 않고, 아무튼 그때가 9월이었기 때문에 "올해 안에 제대로 된 우리 가족대책위가 꾸려질 수 있도록 노력하고, 남은 3개월 동안 준비하겠다" 이렇게 얘기를 제가 했을 거예요. 그러고 나서 준비한 게 사실은 이 비영리 사단법인, 제대로 된 세월호 가족대책위가 아니라 '4·16 세월호참사 진상규명 및 안전사회 건설을 위한 피해자 가족협의회'로 해서 사단법인 등록을 하고 법인으로 해서 정확하게 우리가 법적 권한을 갖고, 조직은 세부 조직을 어떻게 나누고 자문은 어떻게 두고, 이런 게 그다음 해에 [해야] 하는데, 총회가 사실은 제가 "3개월 동안 준비하겠다"라고 했는데, 워낙에 저 위에서 매일 이렇게 해야 되는 우리 사안들이 많아서 그 회의가 늦었지.

그래서 [다음 해] 1월 15일인가 아마? 총회를? 임시총회를 1월 15일 날, 그니까 12월 달 돼서 12월 말에 내가 하는 게 목표였는데, 약속을 내가 못 지키고 그거를 넘기고, 그다음에 한 게 1월 달에. 그래서 제대로 하자라고 하고 후보들 나오라고 하라 그랬는데, 그때 유경근 집행위원장하고 나하고는 운영위원장, 집행위원장[을] 서로 안 할라고 했었던 거죠. 맨 처음에 그래서 꾸려지고 그렇게 해서 "일단 하겠다", 일단 운영하고 제대로 된 가족대책위를 제가 3개월이란 표현도 한 것 같애. 그 영상을 보면 알겠지만, "제대로 제가, 그러면 제대로 된 그런 가족대책위를 꾸릴 수 있도록 하겠다"라고 얘길 하고, 이미 그런 결심을 했죠. 그런 결심을 하고 이건 당장 수습하는 게 더 중요한 거기 때문에 그런 결심을 하고, 일단 거기서 "안 해" 이렇게 하면 언론이고 뭐고 일파만파 될 것 같아서 그냥 내 의도[가] 아니게 수긍을 할 수밖에 없었던 것 같아요. 근데 그걸 그때 "안 한다"라고 [말하는 게], 나는 왜 그런지 모르겠지만 안 되는 거야, 가족들이 와서 붙어서 반 대표들부터 시작해서. 집사람도 안 했으면 했어요. 워낙에 그리고 나도 하고 싶은 생각이 없는데, 가족들이 너무 많이 와서 붙었어요, 맡아달라고. 그런 부분이 있었던 거지.

면담자　　　　1기 집행부가 물러나고 2기 집행부 구성 과정은 이제 잘 들은 것 같고요.

찬호 아빠　　　자세히 몰라요. 그 반 대표들 통해서 알아야 돼.

면담자　　　　말씀을 많이 해주셨는데, 그래도 아직 좀 불분명한 게, 김병권 위원장이 어떻게 해서 누구를 만났고, 김현 의원은 어떻게 하다가 식사를 하게 된 것이고, 대리기사 폭행 사건은 어떻게 하다가 일어난 것이고 하는 이야기에 대해 김병권 위원장은 뭐라고 말씀을 하시던가요?

찬호 아빠   음, 얘기 다 들어보면 간단명료해요. 언론에 나와 있는 그대로, 언론에 나와 있는 그대로고. 사실은 식사 자리에서 술을 먹게 됐었고, 술 먹는 게 급하게 먹다 보니까, 주량이 세지가 않아요, 김병권 위원장[이].

면담자   새누리당 의원을 만나서요?

찬호 아빠   아니 아니, 새누리당 의원의 얘긴 아예 없고. 그냥 "김현 의원이랑 저녁을 먹으러 갔었다"라고 하고, 김현 의원이랑 사전에 약속 돼 있었던 게 아니라, 그 계속 국회에 있으니까 "저녁 안 먹었으니까 저녁 먹으러 가자"라는 자리에서, "저녁 식사를 하러 갔다가 그게 저녁 식사 자리에서 술을 같이하게 됐다", 그리고 "술 먹고, 술을 급하게 먹은 건 맞다". 김병권 전 위원장 같은 경우에는 내가 봐도 술 안 좋아해요, 주량이 센 것도 아니고. 같이 술을 한두 번 먹어본 경험은 있잖아요, 제가 위원장 하기 전에는 술을 아예 입에 안 댄 거는 아니니까. 그렇게 많이 먹는 편은 아니었어요. 아무튼 그랬었고, 술이[을] 좋아하지도 않아요, 술을. 국회 우리 노숙 농성 할 때라든가 어디 식사 자리를 가든가 술을 그렇게 먹는 사람이 아니고, 술을 안 좋아하는 걸로 알고 있고 담배도 안 피우고. 그 부기만 얼굴이 엄청 붓지 진짜 착하고 여린 사람이에요. 그리고 술을 좋아하거나 담배도 안 피울 정도로, 술도 좋아하지 않아요. 술 먹고 그렇게 실수할 정도는 아니다. 다른 사람들[은] 술 먹고 실수할 수는 있지만, 김병권 전 위원장은 내가 봤을 때는 그날 아침에 만났을 때도 정신이 없다 정도였지 자기가 그렇게 술을 먹고 실수할 정도는 아니었었던 것 같고. 다만 뭔 얘기가 있었냐 하면, 그 아무튼 술 먹고 이제 가야 되니까 대리기사를 부르고.

면담자　　　누구 차로 그때 가셨던 건가요?

찬호 아빠　　아니. 우리 가족들이랑 상관없이, 김현 의원.

면담자　　　김현 의원이 가셔야 되니까요?

찬호 아빠　　김현 의원님을[이] 대리기사를 일단은 불렀는데, 명함 때문에 시비가 됐다 그래요, 명함. 그니까 김현 의원이 아마 명함을 드린 것 같은데, 제가 아는 바로는, 그랬는데 그쪽에서 대리기사가 대리기사 같지 않더라, 시비를 걸더라는 거예요, 뭐라 그러고. 아무튼 시비가 조금씩 있었대, 대리기사하고. "누구랑 그랬대?"니까 우리 김현 의원이랑 직접적으로 확 붙어서 시비가 있는 게 아니라, "안 간다" 그랬는지 뭔지 그래서 대리기사가 아무튼 명함은 줬는데 가지고 가더라 이거야. 그래서 그 명함을 그냥 달라 그랬대, "그럼 명함 다시 줘라" 이렇게 됐는데, 그걸 가족들이 붙어버린 거지, 임원들. 그래서 시비가 붙었다 그래요.

면담자　　　명함과 관련해서 시비 붙은 사람은 보좌관이었나요?

찬호 아빠　　아니, 아니. 대리기사를 불렀으니까 대리기사가 왔을 거 아니야. 근데 늦게 도착했나 봐요, 아무튼.

면담자　　　근데 그 명함을 준 사람은 누구예요?

찬호 아빠　　김현 의원을 알아보고, 김현 의원을 얘기하니까 김현 의원이, 아 국회의원 같은 경우는 명함 당연히 주잖아요. 명함을 주고, 무슨 내용인지는 정확하게 모르지만, 아무튼 "대리기사가 늦게 왔니" 뭐라고 아무튼 얘기가 있었고, 이 친구가 "안 간다" 그랬는지 뭔지 그냥 뒤돌아서니까, "명함을 다시 달라 그랬다"라고 해. 그 정도까지, 그 정도 얘기를 하더라고요. 그래서 "그러면 왜 싸웠냐"라고 했을 때는, 일단 그놈들이 먼저 시비 걸었다 이거예요. 가족들이 맨 처음에 시비를 붙고 했던 거는, 영상에도 나중에 확인해서 알겠지만, 김병권 위원장은 정확히 맨 처음에 싸움을 했던 건 아니에요. 그리고 실제 거기서 시시비비를 붙고 얘기를 했던 거는 이용기 씨지. 이용기 씨라고 얘길 하고, 정확하게. 그리고 이용기 씨도 걔들하고 싸우자고 덤비거나 그런 건 아니고, 서로 붙은 것도 아니고, 일단 말싸움. 근데 반대쪽 언론에는 그렇게 나왔죠, "국회의원이 갑질했다"고 이렇게. 그리고 "자기는 가만있는데 이미 저거 했다"고 이런 표현이 나오잖아요. 근데 그런 게 아니라 맨 처음에 김현 의원은 그 영상에도 그런 게 없잖아요, 결론은. 기본적으로 나중에 저게 나왔어요. 근데 그게 뭐냐 하면 그렇게 해서 얘길 한 것도 김현 의원이 한 것도 아니고, 김현 의원이, 가족들이 일단 잠깐 얘기를 했나 봐, 이용기 씨가. 그 얘길 했었고, 그때까지도 김병권 전 위원장은 뭔 일 있는지 몰랐었다는 거야. 그랬다가 확 붙고, 시비가 붙어서 이미 확 싸움이 되니까, 사람은 같은 저거면 당연하지, 우리 피해 가족들이니까. 그런 식으로 순식간에 그렇게 되고, 정확한 내용은….

면담자   주변 사람들은 어디서 갑자기 나타난 사람들인 거예요?

찬호 아빠   그거는 모르겠어요, 정확하게. 그런 얘기는 없고, 그 정도 얘기 정도만, 나도 정확하게 어떻게 된 건진 모르고. 둘이서 내가 병원 가서 얘기할 때는 편하게 얘기하니까, 내가 그래서 "왜 그랬냐, 내가 '술 먹지 말라'고 그냥 내려오라니까", 맨 처음엔 그렇게 얘기했죠. "많이 다쳤냐" 확인해 보니까 괜찮은 것 같고, 김형기 수석부위원장은 입술도 찢어지고 이빨이 이미 나가서 안 보이고 이러니까 심각한 것 같고. 그럼에도 불구하고 그 당시는 내가 그랬죠. "언론 차단하고 언론 인터뷰하지 말고, 밖에 언론들 있으니까. 그리고 내가 '술 먹지 말라' 그랬지. 뭐냐, 이게 지금" 아무리 나이가 나보다 형이래도 말이야 그렇게 서로 편안하게. 그리고 "아무튼 언론 대응하지 말고", 그 정도. 그리고 "왜 그런 거야"라고 얘기했을 때는 지금 내가 얘기한 그 정도 수준. "나도 정확하게 모르겠고, 그랬어. 야, 이게 도대체, 먼저 덤비고 걔들이 그랬어. 그래서 싸울 수밖에 없었다"는 거야. 그 내용이 우리, 내가 들은 바로는 그건 거야. 그니까 유가족들이 먼저 시비를 걸어서 폭행을 하고 한 것도 아니고, 김현 의원이 국회의원이라고 갑질하고 그거 명함 뺏고 대리기사들한테 하대하거나 그렇게 한 것도 없고. 근데 갑자기 시비도, 김병권 전 위원장 얘기는, 그니까 내가 들었을 땐 완전히 당한 거지, 나중까지 다 보면. 내가 봐도 그렇게까지 동영상이 나가고 한 것 자체도 너무 심각했었고.

그런데 '이건 당한 거다'라는 생각을 했었지만, 다른 사람들이 어떻게 생각할지 몰라도, 그 팽목항에서부터 그때 대리기사 폭행 사건이 있기 전까지 내가 봤던 김병권 전 위원장은 적어도 그런 사람은 아니에요. 술 먹고 안하무인, 그런 사람도 아니고, 진짜 착하고 여린 사람이었다니까, 술 좋아하는 사람도 아니었고. 그리고 누구한테 시비 걸 사람도 아니에요. 애들 위해서 가족협의회 위원장으로서 진짜 진상 규명하겠다는 그거와, 그다음에 본인이 아무튼 가족 대표를, 위원장을 맡고 있고 그래서 단식 농성하고 그랬던 사람이야. 그냥 그 있는 그대로였던 거야, 있는 그대로. 술을 좋아하는 것도 아니고 담배를 피우는 것도, 아니고 뭐라 그럴까 이렇게 과격하게 어디 집회 현장에서 싸우고 말고 한 것도 없잖아요? 언론에 나온 것도 없을 정도로 그렇게 나쁜 사람이 아니야, 누가 봤을 때 그렇게 과격한 사람이 아니야. 과격하게 행동하고 그런 사람이 아니거든, 내가 봐왔던. 그리고 같은 피해 가족이라서가 아니라, 내가 봤던 개념으로는 다른 사람들은 모르겠지만, 적어도 김병권 전 위원장 같은 경우는 나는 믿음이 가는 사람이었고, 그 사람 얘기를 내가 믿어줄 수 있는 거고. 그 정도로 편안하게 얘길 했고, 질책도 하고, 일단은 다친 거에 대해서 빨리 치료도 해야 되고, "다친 거 없냐" 물어본 게 인지상정인, 당연한 거고 그런 거는.

근데 나한테 얘기해 준 거는 그 정도 수준이었어요. 그리고 그거에 대해서 나는 충분히 공감이 가요. 나중에 조사 결과 나와서도 알지만, 그 전에 그날 김병권 전 위원장을 만나서 김병권 전 위원장이 나한테 얘기해 줬던 거를 듣고는 딱 그건 '우리가 당한 거다'라는 거는 당연히 아는 거지, 이건 당한 거다. 그리고 시비도 김병권 전 위원장은 "자기도 왜 그런지도 정확하게 모른다" 이거야, 나와보니까. 시비도 "걔들이 먼저 걸었다"는 거예요. 그래서 같이 치고받던 거야, 영상에도 나오지만. 그런 건 아주 그 '계획적으로 나는 사실은 당했다' 싶은 게 내 입장이에요. 그리고 그걸 다른 사람들한테, 김형기 수석부위원장 같은 경우에는 입을 다쳐서 같은 병실에는 있었지만, 여기 한도병원에. 그 내용은 사실 김병권 전 위원장한테서만 다 들은 거고, 김형기 수석부위원장은 내가 개인적으로 다시 물어보거나 하진 않았어요.

그래서 내가 들었던 바로는 그 정도가 정확하고, 내가 봤던 김병권 전 위원장을 봤을 때는 김병권 전 위원장 말이 정확하게 믿을 수 있겠다. 다음에 시간이 지난 다음에 보고 판결도 다 재판 결과도 나왔지만,

사실상 이거는 진짜 그냥 일반적인 사안은 아니었고, 아주 어떻게 보면 세월호 피해 가족 당사자들을 공권력을 동원해서, 언론을 동원해서 사실은 아예 와해시키거나 그런 좀…. 그분들이, 그분들 명예훼손 애들, 김병권 자체에 대한 이름이야 우리가 무슨 아이들의 엄마, 아빠였지 무슨 명예가 있겠어요. 하지만 '빛나라한테는, 부모로서 아이한테는 명예스럽지 못하다', 그런 생각이 들죠. '당했다', 쉽게 말해서 그런 생각은 들어.

면담자   형사소송 이후에 새롭게 알려진 사실들이 있나요? 대리기사 말고 주변에 있던 사람들은 왜 거기 있었는지 등이요?

찬호 아빠   근데 그게 말 그대로 이미 다 밝혀진 대로, 실제적으로 쌍방, 말 그대로 실제 폭행 영상이든 그게 있었고 이미 다쳤다라고 하고, 서로 형사 고소 고발을 했기 때문에 법적 판단 기준은 그럴 수밖에 없었다. 그런데 실제적으로 당시에 실제 아쉬움이라고 하면, 실제 처음부터 그걸 목격했던 당시나, 다음에 대리기사로 해서 실제 자기가 "그런 피해를 입었다"라고 주장하는 사람이 사실 양심선언을 하거나, 아님 맨 처음부터 그걸 목격한 사람이 있을 텐데 그런 사람들[의] 증언이 나는 왜 없는지도 모르겠고, 실제 싸우는 과정부터만 CCTV에 나오니까. 그 외의 내용은 내가 당사자가 아니니까 확인하기는 어렵고, 아직 현재까지도 못 봤어요. 그 전의 CCTV 영상이라든가 그런 걸 보고 싶지도 않았고, 그리고 일단 '다른 사람들은 못 믿어도 난 그래도 김병권 전 위원장은 그럴 사람이 아니다'라는 걸 믿고 있었기 때문에.

        김현 의원하고도 그 정도로 유대 관계가 내가 있었던 건 아니기 때문에, 적어도 그렇게까지 언론에서 갑자기 이틀날 확 확대되는 걸 보면서 '당했다'. 나중에 판결이[을] 봐도 그거는 말 그대로 똑같은 내용이죠. 똑같은 내용이고, 세월호 피해자였기 때문에, 유가족이었기 때문에 그랬었다. 그 외에도 있죠. 여기 안산에서 있었던 폭행 사고도 마찬가지. 그렇게 보면 그냥 자연적으로 쌍방 혹은 피해자들끼리 합의할 수 있는 사항이야. 그리고 어른들이기 때문에 충분히 잘못한 거는 인정하고, 잘못 안 한 부분은 똑같으니까 100프로 과실이 어딨겠어요. 100프로 과실이 있을 수도 있지, 있을 수도 있지만 사실은 이미 화면에서 뭐든 같이 치고받고 했다라는 거는, 그냥 일방적으로 누가 폭행을 한 것도 아니고, 그런 걸 봐서는 100프로 누구 과실이라고 이야기할 수는 없는 거예요. 근데 초기 진술도 다 틀리고, 그거를 증언해 주거나 해주는 사람도 정확하게 조사 결과 내용이 나온 것도 없고. 〈비공개〉

세월호 유가족이라고 전 정권에서는 외려, 내가 볼 때는 교묘하게 그런 이용을 당한 거다. 그리고 전 집행부도, 저는 그래요, 아직도 변함없이, 철저하게 본의든 타의든 어떻게 거기에 휩싸였던 과실은 있다. 어떤 부분도 그런 빌미를 제공하지 않았으면 되는데 그런 빌미를 제공하고, "그 자리에 있었던 게 잘못됐다" 이렇게 얘기하는 건 잘못됐지만, 적어도 현명하게 그런 시시비비가 있을 때가 있었으면 사실 그 자리를 최대한, 모멸감을 느끼더라도 참아야 되는 게 맞다, 전체 가족들을 위한 거라면. 그래서 그런 부분은 아쉬움이 남는다. 하지만 전 집행부 대리기사 폭행 사건에 연루됐던 가족들이 잘못했다라곤 저는 보지 않아요, 철저하게 이용당한 거고.

그다음에 본인들이야 부모니까 감내할 수 있겠다. 다만 그게 빛나라 아빠로서, 해화 아빠로서에 대한 아이들에 대한 명예 부분은 부모로서 얼마나 마음이 아프겠나. 아이들의 명예 자체는 사실은, "나는 해화 아빠인데", "나는 빛나라 아빠인데", 당시까지 진짜 열심히 했던 사람이거든, 전 집행부로서. 진짜 단식 농성하고 진짜 싸울 때 싸우고 도보 행진하고 노숙 농성해 가면서 그렇게 했었는데, 그런 의도, 나는 기획된 거라고 보고. 그런 걸로 인해서 그 사람들이 한순간에 피해 가족이면서 유가족인데, 자식을 잃었는데, 그걸 지지해 주는 사람들한테도 손가락질당하게 만드는, 언론을 통해서 계획적으로, 저 부분이 진짜 저런 게 진짜 비인간적인 거 아닌가. 그리고 아무리 대리기사 폭행 사건이라고 하더라도, 담당 서에서 암튼 형사 고발이 이루어진 거고, 그럼 정확하게 그게 법정에서 다투고, 피해당사자들 간에 서로 합의를 할 수 있는 시간이든 그런 기회가 정확하게 마련이 돼야 되는 게 검찰에서 해야 될 일인데, 그걸 그렇게 이슈화시켜 가지고 결론은 골을 만들고, 그다음에 사실 피해 가족 자체를 매장시키는 거거든, 그거는. 그래서 저거는 아주 계획되고 진짜 마음 아픈 일이다.

면담자 　　　그렇죠. 1기 집행부가 그때 사퇴하고, 그 시비에 말려들게 됐던 분들 중에 그 이후에 다시 복귀하신 분은 안 계신가요?

찬호 아빠 　　　한 분 복귀한 적이 있어요. 있다가 또 그만뒀는데. 내가 다른 사람들이 어떻다라고는 감히 얘기를 할 수가 없어요. 그렇지만 딱 한 명은, 김병권 전 위원장은 내가 그렇게 짧은 기간, 팽목항 첫날부터 만나서 대리기사 폭행 사건이 있는 그날까지 같이 옆에서 계속, 어떻게 보면 전 집행부로서 혹은 빛나라 아빠로서, 찬호 아빠로서 활동했던 사람으로 보면, 다른 사람은 내가 뭐라고 얘기 안 하겠어요. 김형기 수석 부위원장이든 이용기 씨나 한상철 씨나 얘기 안 하겠어요. 정확하게 내가 그 사람을 대변해서 책임질 수 있을 정도의 친밀함은 없었다라고 보고. 김병권 전 위원장 정도는, 내가 사람 보는 눈이 틀리지 않았다라고 하면, 지금까지 내가 살아오면서, 지금까지 내가 살아오면서 사람들을 상대하거나 그랬던 걸로 보면, 참 선한 사람이었다. 저럴 사람이 아니었는데 그냥 언론에 기획한 그런 계획에 의해서 사실은 당해서 자식도 잃고 마음[에] 상처 입었다, 그렇게만 얘기하고 싶은 거고요.

그 이후에 사실은 되게 불신하죠. 다시 집행부가 꾸려졌잖아요. 그리고 제가 위원장을 맡았고, 오죠. 단체로 쳐들어오고 난리 나죠. 나한테 서운하다 이거지. "어떻게 가족들이 그래도 나를, 우리들을 보호 안 해주고 당신까지 나를 버릴 수 있냐" 그래서 항의로[항의하러] 와요, 저한테. 말 그대로 김병권 전 위원장, 전 집행부, 그러니까 김형기 수석부위원장, 그다음에 우리 최대광 씨, 이용기 씨 해가지고 오죠. 집행위원회 사무실로 오면은 제가 다 만나죠. 싸울까 봐 남들[은] 걱정을 하는데 저는 왜, 그런 걱정이 안 돼요. 왜? 그만큼 다른 사람들은 모른다라고 하지만, 김병권, 그리고 최대광 씨는 내가 지금까지 살아오면서 경험한 걸로, 사람을 상대한 바로는 두 명에 대한 신뢰는 저는 있어요. 남들이 그 사람들을 어떻게 욕을 하더라도, 최대광 씨를 진짜 저 사람, 최대광 씨하고 김병권 전 위원장 둘은, 완전히 진짜 속된 말로 "깡패 같애, 조폭 아니야? 그리고 너무 과격해" 이런 표현을 할진 몰라도, 어느 누구보다 나한테는 진짜 가족과 같고 친근한 사람이었어. 최대광 씨는 내가 "대광이 형"이라고 부르죠. 아무튼 고향 선배이기도 하고 사람들은 잘 모르지만. 그다음에 참사가 나서 본 거예요, 그날 처음 만난 거예요, 4월 16일 날 2014년. 그다음에 빛나라 아빠도 마찬가지고. 그렇지만 그 밑에서 13인의 대표를 하고, 대리기사 폭행 사건 있기 전까지 내가 봤던 사람들은, 적어도 그 두 사람은 내 앞에서는 한결같았다. 그렇게 믿죠.

〈비공개〉

11

세월호 3법 통과 및 국회 농성 철수

면담자　'세월호 3법'이라고 여겨지는 세월호 특별법, 정부조직법, 유병언법[범죄수익은닉규제처벌법]이 국회 본회의를 통과합니다. 여야 합의안은 유가족의 참여 보장을 인정하고 존중을 표시하기도 하였고, 그러면서 2014년 11월 8일에 국회 농성장에서 철수하게 되는데요. 이 당시의 상황을 말씀해 주시면 좋겠어요. 유병언의 죽음이라든가 관련된 문제에 대해서도요.

찬호 아빠　그때 언론을 통해서 유병언 일가에 대한 부분, 그리고 유병언의 시신이 발견되거나, 종교 집단하고의 그런 관계설들, 이런 부분에 있어서 가족들이 사실 특히 엄마나 이런 분들은 마음 아파했죠. 그래서 온갖 유언비어들이 있었고, 그다음에 종교 집단에 대한 내용들이 [나]오면서 사실은 그들이 이상한 종교 단체인 것처럼 언론의 내용들도 있었기 때문에, 법안 얘기를 하면서 유병언 얘기를 하게 되면 아마 종교 집단에 대한 부분, 그래서 일부러 우리 아이들을 수장했을 수도 있다, 그런 많은 마타도어들이 있었기 때문에 되게 마음 아팠고, 내 개인적으로는. 그래서 유병언에 대한 부분은 뭐라 그럴까, 크게 집중을 안 했다고 할까요? 저게 중요한 건 아니다. 어떻게 됐든 간에 자식들이

344
•
찬호 아빠 전명선

든 뭐든 아무튼 다 있으면 어떻게든 나중에 진행될 부분에 있어서, 가정 중에 하난 우리 법안에 대한 부분이었었고.

12월 달에 법안 자체로 사실상 최고 마지막 내용들이 가족 참여권에 대한 부분이었었고, 가족 참여에 대한 협약을 여, 여당과 야당과 각자 체결하거든요. 근데 그걸 독단적으로 진행한 건 아니었었고, 11월 달에 결론은 법안을 받아들이게 된 계기는, 최종 여야 간의 협상 과정과, 가족협의[회], 대책위 차원에서 여당 의원들, 혹은 야당 의원들과의 협약서가 있었어요. 근데 말 그대로 협약을 체결을 했었는데, 그 주된 내용에 끝까지 우리 수사권이라든가 기소권이라든가, 그다음에 상설특검법도 거부를 했고, 그러면 다만 조사권에 대한 부분 그거 하나만 인정된 거밖에 없었던 거고, 가족 참여권이라고 하는 것은 가족들 추천위원들, 그다음에 "가족들이 동의하지 않는 자는 여당, 집권당에서도 가족들과 논의하고 가족들 동의를 얻고 추천하겠다", 이런 부분이 포함[된] 내용이 됐었던 거예요.

그런데 당연히 제1야당하곤 편했었고, 마지막 그 새누리당하고는 그런 내용조차도 하나도 안 받아들여 주고 있던 상황에서, 사실 그 역할을 했던 거는 그 당시에 [새누리당 원내]수석부대표였던 김재원 수석이었죠. 저를 비롯한 우리 법률 자문을 하고 있었던 박주민 변호사와 그리고 우리 분과장들, 당시에 한 네다섯 명이 같이 참여를 했었던 걸로 알고, 국회 본청에서 수석부대표실에, 김재원 수석실에 가서 그 워딩[wording]을 다 타이핑을 합니다. 당연히 안 해줄 줄 알았거든요, 우리 요구 사항대로 사실. 저는 지금까지 새누리당에서 우리가 요구한 사항을 어떤 것도 안 받은, 그거는 우리가 받아들일 수 없다는 내용이었어서, 워딩 자체를 그 자리에서 만들었습니다, "이거는 이렇게 해주서라, 가족 참여는 이렇게 해줘라". 근데 워딩을 김재원 수석부대표가 다 칩니다, 그 자리에서. "그럼 이렇게 해주면 되냐?" 이렇게 해주면 고걸 처요. 치고 그걸 들고 가서 바로 이완구 원내대표 있는 데 가서 그 자리에서 바로 "자, 해줬으니까 사인하자", 이렇게 된 거예요.

면담자   어떤 내용을 말씀하셨나요? 그때 위원장님이 직접 가서 하셨나요?

찬호 아빠   그렇죠. 그걸 협약하면서 사인을 직접 하고 우리 저기에 분과장들도 있었고 같이 갔었는데, 내용은 그거예요. 가족 참여, 그다음에 가족들이, 가족들의 참여권 보장이라든가, 한 세 가지 주된 내용이 있었던 것 같은데, 정확하게 내가 지금 워딩은 기억이 안 나고, 그런 거였어요. 그니까 "가족들이 동의하지 않는 사람들은 가족들의 동의를 구하고 추천한다. 가족들이 반대하는 사람들은 추천하지 않는다", 다음에 야당은 아주 편했고 가족들 입장을 다 들어주니까. 비공개 내용이 었지만, "그래, 야당이 추천할 위원도 당신들이 다 해, 가족들에게 다 줄게, 권한", 그렇게까지 얘기가 다 되었으니 쉽게 위원 구성에 있어서도 "너네가 다 해. 가족들이 원하는 사람들로 다 해. 우리가 그렇게 해줄게" 이 정도였고. 새누리당 같은 경우에는 "위원들, 가족들 동의를 얻고, 가족들이 반대하는 사람은 안 하겠다" 이런 개념, 그리고 "가족 참여 보장" 이렇게 해서 세 가지 내용이 있었던 것 같아요.

면담자   특조위 위원 임명 과정에서 그렇게 하겠다는 거였나요?

찬호 아빠   네, 가족들 참여 보장이라든지 그런 부분이 있었고. 그 협약서는 가족협의[회]에 있을 테니까 보시면 되는데, 그게 워낙에 [오래된] 2014년도 12월 달이라서 워딩 내용은 기억이 안 나요. 정확하게 지금 내 머릿속에는 없는데, 고거는 협약을 하고 [이완구 새누리당] 원내대표가 사인하고 제가 사인하고, 가족협의회. 그다음에 새정치민주연합, 그때도 박영선 원내대표가 사실은 그 사건으로 물러나죠. 물러나고 원내대표가, 국회사무처장[국회사무총장] 하고 하시다가 지금 퇴역하셨을 텐데, 갑자기 생각이 안 나지? 국회사무처장 했었는데, 정세균 국회의장 할 때. 갑자기 생각이 안 나네? (면담자 : 우윤근?) 우윤근 원내대표가, 우윤근 원내대표와 제가 협약서 사인을 해서 제1야당 협약 체결 된 게 있고, 새누리당은 말 그대로 이완구 원내대표와 제가 그렇게 해서 협약을 잘 해요.

면담자   왜 새누리당에서 아무런 문제 제기 없이 받아들였다고 생각하시나요?

찬호 아빠   사실 '[유가족들의 투쟁] 동력이 다 끝나고 정리가 됐다'라고 판단을 했겠지요. "그거 해봤자 실제 제대로 조사도 안 될 거고 더 이상 나올 거 없어, 다 정리했어" 이런 판단까지 하지 않았겠어요, 11월 달 돼서? 쉽게 말해서 가족들[의] 어떠한 의견도 안 들어주고, 법안 싸움을 해가지고 7월부터 시작해서 말 그대로 11월 달까지 끌어왔던 거고, 그때 노숙 농성을 했던 가족들이 국회로 [와서] 본청에서 이미 하고 있고, 광화문과 시민사회[세력]들은 점점 국민들은 더 결합되고 이미 결속되고 있었고, 청운동까지 해서, 그걸 모르고 있진 않았을 테고. 그리고 애들 이렇게 안 받아줘서[는] 끝까지 끝날 것 같진 않은데, 법적으로 해본들 정권에서 "너네가 하겠냐" 쉽게 자신만만했었던 거고. 실제 [가족] 참여권이란 의미 없는 거예요. 가족들, 야당과 법조인들, 법률 자문해 주시는 분들도 법적으로 이게 한계가 있는 거죠.

아무리 입법부에서 저 법안을 "특별법으로 만든다"라고 하더라도 이미 한계가 있는 부분을 인정을 안 할 수가 없고, 또한 추천위원에 대한 부분도 죽어도 양보 안 하겠다고 [하다가], "가족 추천 받아줄게, 가족들 동의 구할게. 가족들 참여 보장할게", 죽어도 안 된다고 그랬던 걸 갑자기 그렇게 다 해서 허락을 하고, 워딩 자체를 다시 협약서를 썼던 걸, 저걸[그 당시 자료를] 보면 되겠지만, 그냥 그 자리에서 얘기를 했는데, 워딩 타이핑을 누가 했냐면 김재원 수석부대표가 직접 본인이 해요. "그럼 이렇게 수정하면 되겠어요? 요구 사항이 또 뭐예요? 이거예요?" 그 전까지는 죽어도 안 된다고 했던 것들을 그날 그대로 다 들어주고 "갑시다" 그러고는 바로 이완구 원내대표실로 간다니깐요. 그렇기 때문에 우리 법률 자문해 줬던 분들, 박주민 변호사 같은 경우도, 그 당시에 우리[와] 함께 참여했던 분과장들도 그냥 "어? 이걸 안 받아줬던 걸 [왜] 다 받아주지?" 이렇게 되었는데, 그 자리에서 협약이 체결된 거예요, 써준 거야. 그래서 사진까지 찍고 그렇게 됐던, 날짜가 정확하게 기억을 못 하는데, 그렇게 하고 나서 법안을 받아들이게 된 거죠.

그리고 가족협의회 입장에서는 뭐가 있었냐 하면, 계속 그런 법률적인 설명은 법조인이 아니기 때문에 주로 설명들을 박주민 변호사가 임원들이든 가족들에게 설명들을 그 당시에 많이 했죠. 박주민 변호사도 있었지만, 국회 본청 내에서 쉽게 법안 싸움에서 쟁점을 내고 법안적으로 다퉜던 부분은, 대한변협에서 법안을 맡은 김희수 변호사님이 해서 발제하고 하신 거지만, 국회 내에서 실제 논의하고 진행하고 그런 법률적인, 법률대리인으로서 활동을 했는 건 박종운 변호사였다. 가족들에게 설명하고도 한 것도 박종운 변호사가 거의 했어요. 그렇다고 지역구 전해철 의원이 법조인 출신이 아니지는 않지만 실제 대한변협 차원에서 국회의원이었고 지역구, 그다음에 대한변협의 법률대리에 가족협의회에 대리인으로서 참석했던 박종운 변호사가 사실상 국회의원이 설명하는 것보다는 맞으니까, 그렇게 어느 정도 내용이 그런 교감이 있었던 상태에서 그럼 이 정도면 어떻게 할까라는 부분에 있어서 가족들이 이 정도면 받아들이자라는 부분. 이 정도까지, 적어도 이 정도까지는 우리가 참여권이라든가 혹은 더 이상, 방법 과정도 있었다 그랬죠.

계속 이 상태로 진행해서 결국 안 되면 어떠한 것도 안 되고, 내년 돼서 처음부터 싸울 수 있지만, 결론은 여야 합의에서 이게 법안이 만들어지기 이전에는 어떻게 할 수 있는 방법이 없다라는 것이었죠, 철저하게 배제하니까. 그래서 부당하기는 했지만 그 정도 조건이[을] 받아들이면, 우리는 그 정도도 안 받아들여졌기 때문에, 그러면 받아들이는 걸로 하자가 우리 가족 내부에서는 이미 집행부에 의해서 어느 정도 공유가 있었고. 그래서 근데 야당하고는 체결을 했죠. 근데 새누리당이 갑자기 그렇게 나올 줄은 몰랐지. 그래서 체결하게 되었고, 체결이 끝나고 나서 그걸 받아들이게 됐던 거예요. 그러고 나서 사실 "그건 너무 약하다. 받아들이지 말자" 이런 의견들도 되게 많았는데 이미 집행부 내에서는 법률 자문단들의 설명도 이미 들었었고 이미 여러 가지 내용 중에 '이 정도까지는 우리가 해야 되는구나, 이 정도까지는 양보하지 말고 이 정도에까지는 주장하자'를 큰 대목으로 아마 한 세 개로 기억하고 있는데, 그 내용을 협약서에 그날 얘기를 했는데 그 워딩대로 그

대로 그냥 다 담아버린 거예요.

그래서 받아들이게 됐고 (면담자 : 그다음에 국회 철수를?) 그리고, 아니 바로 국회 철수를 한다는 약속을 바로 한 게 아니라, 그렇게 했을 때 기본 약속을 한 게 있죠. 그리고 철수도 하게 되면 일자를 정하고, 어떻게 한다? 같이 손잡고 여야. 새누리당이 나한테 요구했던 건 딱 하나예요, 김재원 저 수석부대표가. 언론에다가 사진은 찍히고 싶은 거지. "같이 손잡고 국회 싹 청소하고 그거 한 번만 해주세요", 그래서 내가 알았다고 했어요. "알았다. 청소해 주는 건 맞고 알겠습니다" 그랬는데 그 약속을 내가 못 지키죠. 왜? 안 하고 싶은 생각은 없었어 사실은. 진짜 거기 청소하시는 분들, 국회 그분들한테는 진짜 죄송했거든. 그래서 어느 정도 아마 농성장을 와서 아마 교수님도 보시거나 시민들도 보셨겠지만, 담배 피고 이쪽에서 버리는 게 있더라도 엄마, 아빠들이 청소 같이 정리하고 했었어요. 청소하시는 분들 거 치우시는 분은 남자분 한 분이고, 우리 어머니 같은 분들이 와서 청소하는 거는 실제 너무 안됐으니까, 우리들이 자발적으로 했던 부분이 있었기 때문에 "청소는 싹 미싱 하우스[`물청소'를 뜻하는 군대 용어] 개념으로 하자". 당연히 그렇게 청소해야 된다를 약속을 김재원 수석부대표랑 했어요. 하고 아무튼 그 협약서를 저거를 하고 우리는 가족회의를 해야 되니까 받아들이고 [경기도]미술관으로 다 내려오죠. 내려와서 총회를 했고 임시총회가 아니라 가족회의 개념으로 회의를 했고, 그래서 그걸 받아들이는.

면담자   어떤 내용이었나요?

찬호 아빠   이 법안, 이 법안의 내용을 변호사들도 같이 와서 가족들에게 설명하고, "이 법안을 그래서 받아들이기로 한다" 최종 결론을 낸 거죠. 그 날짜도 그 가족총회라고는 언론에는 나와 있을 거예요. 그래서 그때 광화문, 말 그대로, 그리고 우리 국회에 지키는 사람 없이 다 내려와요. 그리고 우리 조언을 해주셨던 법률대리인들도 아, 대리인이라고 할 수는 없고 법률 자문을 해주셨던 변호사들도 와서, 실제 이 내용, 이 지금 특별법안 이걸 우리가 받아들일 건지 말 건지를 거기서 논의해서 결정하는 게 아니라 사실 내려오거든요.

밑에 와서 우리가 가족총회를 하고, 그러고 나서 다수의 의견이 "받아들이는 걸로 하자", 더 이상 안 되면 나머지 아무것도 진행 못 하고 증거는 점점 없어질 수 있고, 아마 그렇게 자문도 했었어요. 그래서 "우리가 요구하는 우리가 충족하는 법안은 아니지만 어떻게든 시작은 해야 된다 이거, 계속 이렇게 시간을 보내서는 안 된다" 그래서 그렇게 가족들하고 총회를 했었고, 그래서 그걸 받아들이기로 이미 결정을 한 거죠. 그리고 그 내용으로 기자회견에서 가족협의회 입장은 이미 발표를 하고, 받아들이기로 하고, 새누리당에서는 그렇게 해서 빠질 때 그 날짜도 우리가 정해서 하기로 했었던 거예요. 그리고 "청소도 해주겠다" 하는 거는 김재원 수석부대표랑 내가 약속을 했던 부분이에요. 근데 못 지킨 이유는 우리들이 사안들이 사안인 만큼 너무나 일들이 많았어요.

근데 두 개가 있었죠. 그 첫 번째는 뭐였었냐 하면, 일들이 많았다. 다른 간담회든 아무튼 일정들이 많았었던 부분이 하나가 있었고, 또 한 가지는 뭐가 있었냐 하면 얘들이 "그것을 한군데에 모아놓거나 하는 행위를 하지 말라" 그랬는데 그렇게 해버린 거예요. 그래서 그걸 국회 우리 저 누구야 사무처, 우리 그 전 사무처장 상호 아빠한테 연락받고 그 다음에 그쪽에서 연락이 온 거는 뭐냐면, "일부 가족들 물품을 정리한 게 거 한쪽에 모여져 있다"는 거야. "그거 누가 했냐", 나름 그쪽에서는 정리해 주겠다고 걔들이 한 건데 [우리는] 그게 기분 나쁜 거지, 손댔다는 자체에. "안 해 그러면", 나중에 알아서 가서 사무처에 가서 차 끌고 가서 다 때려치우든 오든 말든 알아서 하고 "청소? 안 해". 왜 우리 가족들 물건에, 속된 말로 "어떤 새끼들이 마음대로 허락 없이 손을 대. 손대지 말라 그랬지 내가" 이렇게 됐던 거예요. 사실은 청소 싹 하고 나올라 그랬어요. 청소 해주고, 근데 그 행위 자체가 싫었던 거야. 그래서 나도 감정에, "손대지 말라" 그랬었거든.

면담자   철수하는 걸로 결정은 하셨고, 청소도 하려고 했는데….

찬호 아빠   네, 맞습니다. 그래서 그때는 가족들이 일단은 회의를 해서 일단은 철수를 하는 게 [걸로] 다 정했고 날짜만 정하고 하기로 했는데, 그래서 손대지 말고, 그대로 사실은 모여서 있었던[모아놓는] 건 맞았는데, 제가 제 눈으로 직접 올라가서 확인한 건 아니지만 그렇게 연락이 왔죠. 누군가가 이미, 나쁜 의도는 아니었다는 건 지금은 생각이 돼, 아무래도 여기 널부러져 있고 가족들[은] 회의 한다고 다 내려가 있고 사람도 없고 바람 불고 하니까 나름 정리하겠다고 해놓은 거라고도 보여져요. 근데 아무튼 우리가 농성하던 우리의 물품, 물건에 손댔다는 것 자체가 나한테는 더 싫은 거지. 그리고 나서, 이미 우리는 결정을 했잖아요, 국회를[에서] 철수하기로 했기 때문에 싫은 거야, 청소하기도 싫고 우리 물건에 손대는 자체가 그게 더 먼저 강하게 와닿으니까, "그냥 가서 뚜드려 싣고 사무처에서 알아서 처리하세요" [한 거죠].

면담자   유가족들이 철수하기로 했다고 공식 기자회견을 같이하

섰던 것 같은데 맞나요?

찬호 아빠   철수하기로 한 거는 이미 입장을 가족협의회에, 기자회견이 아니라 입장은 정확하게 우리가 다 밝히죠. 국회에서 나올 때도 그냥 명분이 없잖아요. 함께했던 사람들이 있는데 우리가 그냥 쫓겨나듯이 나오는 건 있을 수 없고, 그래서 법안도 받아들여[져]야 하는데 우리가 요구했던 것들 하나도 받아들일 수 없으니까[받아들여지지 않으니까] 최소한에 우리가 요구했던 그 협약, 그게 됐기 때문에 그냥 그 법안을[이] 통과할 수 있었던 거예요. 안 그랬으면 우리 가족들 동의가 안 됐겠지. 그리고 새누리당에서 그 협약서가 없었다라고 했으면 우리 집행부는 끝까지 싸웠을 거죠. 더 이상, "그 정도의 조건, 최소한의 조건이 안 되면 우리 안 돼" 이거를 우리가 요구를 해놓고, 그냥 우리가 진 것처럼 다 그냥 포기할 수는 없는 거거든요. 기본적인 그게 되어 있었기 때문에 받을 수 있었고, 두 번째는 가족들 입장을 정확하게 그렇게 해서 그 당시에는 많은 언론이 관심을 가지고 있었기 때문에, 아무 내용 없이 쑥 빠져나오고 이런 거는 있을 수가 없었어요. 그렇기 때문에 가족협의회 입장은 정확하게 항상 그런 식으로 기자회견을 통하든, 가족협의회 입장문을 통하든, 가급적이면 기자회견을 해서 직접적으로 했었고, 그 이후부터 아마 16년 이후는 그냥 기자회견 안 하고 어떠한 사항에 있어서는 가족협의회 입장문만 언론에다 뿌리거나 그런 적이 있지, 그때까지는 정확하게 그렇게 우리가 논의를 하고 결과를 표명하고 나왔으니까, 당연히 그 행위들은 있었죠.

12
가족대책위원회의 출범과 분과 활동

면담자　　제가 앞부분에서 빠뜨린 것이 있는데, 2기 집행부 때부터 가족대책위가 가족협의회로 이름을 바꾸게 되었죠?

찬호 아빠　　그걸 제안이라고 얘기한 게, 15년. 우리가 말 그대로 1월 15일 날인가 아마 그때 하지 않았나 싶어요, 기억으로는. 근데 그때 정확하게 명칭을 비영리 사단법인으로 하고 '4·16 세월호참사 진상규명 및 안전사회 건설을 위한 피해자 가족협의회', 정확하게 가족대책위가 아니라. 그래서 9월 달에 제가 위원장이 되고 3개월 내에 해서 제대로 된 가족대책위를 꾸리겠다고 해서, 이미 우리 그 집행부에서 많은 논의가 있었겠죠, 우리 임원 회의를 통해서. 그러면서 실제 제안을 하게 되는 거예요. 그래서 그걸 비영리 사단법인으로 하기로 했으니까, 그래서 경기도를 통해서 할라 그랬고, 그게 안 돼서 해수부, 해수부에서도 안 돼서 결론은 서울시로 해서 비영리 사단법인으로 등록하게 됐던 거구요. 그때 제안이 있었던 거죠.

면담자　　2014년에는 명칭이 가족대책위였던 거죠?

찬호 아빠　　네, 가족대책위. 주된 언론으로 나가거나 그랬을 때는 정확하게 가족대책위였고, 그다음 총회를 내가 아마 12월 말에 했어야 되는데 워낙에 일들도 많고 바빴어요. 그리고 준비를 다 못 했어요. 그리고 시민사회 단체까지 포함된 워크숍 하는 그런 것도 제대로 정하지를 못했고. 그래서 1월 달이었을 거예요, 첫 회의가. 그 날짜가 아마 1월 15일? 그때쯤에 우리가 말 그대로, 제대로 법인에 대한 언급을 하고 제안을 하고 그때 정상적으로 지금 현재의 명칭인, 그리고 법인 등록까지는 한 1년 넘게 시간이 걸리게 된 거고. 제안은 그렇게 했던 거죠.

면담자   1기 집행부가 사퇴를 하고 다음에 2015년 1월까지 기간 동안, 사퇴한 나머지 사람들의 자리는 새롭게 충원을 하셨나요? 아니면 비워두고 새해를 맞으신 건가요?

찬호 아빠   아니, 있었죠. 이미 전 집행부가 다 나왔었기 때문에, 저만 한 게 아니라 사무처장도 다시 뽑히게 됐었던 거고, 그렇게 됐던 거고. 우리가 진상 규명, 그 특별법 서명 전달하면서 대협에 대한, 대외협력에 대한 부분도 있고, 심리생계지원분과에 대한 부분도 있었기 때문에 그때 다 그런 식으로 후보들이 들어오고 진행을 했었죠. 공석이 아니라, 위원장만 9월 달에 한 게 아니라 나머지 공석인 집행부들도 다 그때 [뽑았죠].

면담자   그때 집행부에 참여하셨던 분들이 2015년 1월 총회 이후에도 같이 계속 가셨나요?

찬호 아빠   그대로 연속해서 하신 분이 있죠. 쉽게 누가 그렇게 했을까?

면담자   심리생계지원분과장으로 재욱 엄마, 홍영미 씨도 계속하시는 거죠? 추모사업 하시던 김미현 씨는요?

찬호 아빠   네, [재욱 엄마는] 계속하고 있었고. 김미현 씨도 맨 처음에는 김미현 씨가 추모분과장이 아니었어요, 그때는. 그때는 아마 추모분과장이 내 기억에는 내가 9월 달에 할 때는 최성용 씨 아니었나 싶고, 3반에 윤민이 아빠, 그랬었던 것 같고. 그러고 아니다, 유민 아빠. 그때는 추모 쪽 일을 유민이 아빠가 한다고 그랬어요. 추모가 유민이 아빠였고, 최성용 씨도 하겠다고 했지만 유민 아빠가 됐었던 것 같고, 내 기억에 9월 달에는. 그건 우리 조직도 회의 내용 보면 다 나와 있겠지만, 그렇게 됐었구요. 맨 처음에 유민 아빠, 그다음에 최성용 씨, 그러고 나서 누구지? 김미현 씨, 이렇게 됐던 거예요. 분과장들이 공석이 되면 분과장들은 그냥 그 임의대로 선정할 수 있는 게 아니라 총회를 해서 해야 되고, 집행부는. 반 대표들이야 그럴 이유는 없지만, 그랬었기 때문에 그래서 공석이 되면 공석이 되는 대로 갖다가 임시총회를, 그 이후에도 임시총회를 소집한 적도 있어요. 그때 그 공석인 부분은 추대를 해서 뽑고 그랬었죠.

면담자   선체인양분과장은요?

찬호 아빠   맨 처음에 선체인양분과장도 초기에 9월 달에 했을 때는, 맡아서 했을 때는 선체인양분과가 아니라 없었고, 그 이후에 그다음 제대로 우리가 4·16세월호참사[가족협의회] 그게 생기고 나서 그렇게 된 거고, 그 전에 맨 처음에는 진도분과, 미수습자 가족들, 그게 진도가, 그때는 진도였으니까 진도 쪽을 미수습자 가족들을 지원하고 할 동안은 그게 이름을[이] 진도분과였어요. 진도분과였고, 초기에 진도분과장을 했었던 사람은 누구였냐 하면은 6반의, 갑자기 생각이 안 나지[동영 아빠 김재만]. 그러고 나서 저걸 회의를 하고 나서 저 사람이 생기거든요. 그게 우리 저기에 다 있을 텐데, 진도분과 부위원장인데, 이름이 갑자기 기억이 안 나네. 전화번호는 진도분과 부위원장으로 저한테 돼 있는데. 6반에 (면담자 : 진도분과 부위원장이요?) 네, 맨 처음에 진도

분과였어요, 이름이 있어요.

면담자　　　대외협력분과 부위원장이 동혁 어머니, 경주 어머니가 심리치료지원분과, 윤민이 아버지 최성용 씨가 장례지원분과, 동영이 아버지 김재만 씨가 진도지원분과, 그리고 수현이 아버지가 진상분과, 그리고 예은 아버님이 대변인 이렇게 됐고.

찬호 아빠　　　거기에는 안 나왔죠. 사무처장도 그대로.

면담자　　　분과에 새로운 멤버를 영입하시는 과정에 대해 설명을 부탁드립니다.

찬호 아빠　　　개인 혼자의 생각은 아니었었고, 저희 집행부 분들이 회의를 많이 했었고, 그걸 딱 꾸리게 된 게, 사실은 정확한 과정 내용들은 우리가 국회라든가 청운동이라든가 그다음에 광화문에 있으면서, 실제 시민들을 대하고 각 반별로 움직이고, 너무나, 사항들, 간담회, 그다음에 서명, 모든 상황들이 있는데 너무나 많은 일들을 해야 되다 보니까, 실제 가장 필요한 거는 어떻게 보면 우리가 회사라든가 제대로 된 조직이 아니라 피해 단체임에도 불구하고, 필요한 거예요. 해야 될 업무들이 너무 많아서, 구체적으로 그런 내용들이 진행되면서, 대외협력도 없다가 이미 우리가 국회 농성 들어가서 "대외협력이랑, 대외 개념의 부위원장도 필요하다" 이런 식으로 생겼던 거구요.

　　　그러면서 실제 집행부를 그만두고[1기 집행부가 물러나고] 반 대표들이 선관위를 꾸린 거죠. 그래서 다시 2기 집행부의 투표를 했어야 되니까, 총회를 진행을 했어야 되기 때문에 반 대표들끼리 논의를 하신 거고, 그 전에 집행부에서 이미 각 부위원장들의 개념, 지금 현재로 얘기하면 각 분과에 대한 개념은 이미 계속 논의가 되어왔던 거기 때문에, 그런 부분에 대해서 집행부의 임원이 필요하다는 거는 공감대가 이미 다 이루어졌고. 그러고 나서 실제적으로 이때 9월 달에 그 일이[대리기사 폭행 사건] 있고 나서 사실은 전 집행부가 다 물러난 상태에서, 이 분과 개념도 자연적으로 집행부가 구성이 될라 그러면 전 집행부가 모두 전원 사퇴를 했기 때문에 반 대표를 제외한 집행부는 다시 꾸려야 될 필요가 있는 거기 때문에, 위원장부터 시작해서 부위원장들, 분과장들 개념으로 해서 그 역할을 정확하게 나열이 됐었다. 그 전부터 그건 공유가 돼 있었던 거구, 그래서 후보자 [추천]에서도 장례지원부터 시작해서, 진상규명부터 시작해서 심리생계지원분과 그다음에 진도분과, 미수습자들이 있었기 때문에 그렇게 해서 집행부[를], 쉽게 집행부 개념을 꾸려야 되는 거죠, 반 대표 개념이 아니라. 그렇기 때문에 당연히 그것은 총회를 통해서 가족들 앞에서 인준을 받아야 되는 부분이 있어서, 그렇게 당연히 후보자들 추천까지도, 뭐라고 해야 될까, 그 투표장에 [서] 나는 진상규명분과 쪽으로 가족들이 추대를 하고, 각 반에서 추대를 한 사람들끼리 있었고, 그중에서 자연스럽게 그렇게 했던 것 같아요.

면담자   투표를 하셨나요?

찬호 아빠   그렇죠, 뭐든지. 그래서 진행을 했고, 그렇게 진행이 되면서, 그때까지는 분과 개념이 선체인양분과 이런 게 없었고, 그래서 임시로, 한시적으로의 개념으로 저는 위원장이 됐을 때 그렇게 표현을 했었던 거고. 그러고 나서 그다음 해에 1월 15일로 기억하는 총회에서는 그게 정확하게 지금 현재의 명칭이[인] 사단법인, 그래서 비영리 사단법인으로 등록을 하는 것을 제안을 하죠. 제안을 하는데, 그런 부분도 임원 회의를 통해서 이미 그런 내용들이 오고 갔고, 정관에 대한 부분도 그래서 최대한 수차례 법률 변호사들의 법률 지원을 받아서 많은 내용들을 임원 회의를 통해서 고쳐요. "이 정도로 만들자"라는 게 어느 정도 정리가 된 상태에서 총회에서 그런 정관을 통과를 시키고, 각 임원 선출에 대한 부분, 임기에 대한 부분, 그런 거도 구체화되고. 그때 서로의 의견들을 다 들었을 때, 제 주관은 사실은 제가 조직도를 그렸을 때는 회사 개념이었어요. 제가 직장에 종사하던 회사 개념의, 그리고 권한도 회사 개념, 그다음에 지금 현재까지 운영되고 있는 반 대표의 개념은 반 대표가 아닌 (면담자 : 생산 팀 개념 같은 건가요?) 생산 팀이 아니라 노조 개념으로 본 거죠.

그게 뭐냐 하면, 집행부가 있고 운영위원회가 있어야 되고, 모든 권한은 피해당사자 한 명 한 명 각 개인에 있기 때문에, 피해당사[자]들에게 있기 때문에, 그 역할을 대변해서 회의 안건으로 올리고 논의해서 의결 구조로 가져가야 되면, 그게 민주노총이든 한국노총이든 그런 대의원 개념, 대의원 개념의 내용이 정리가 되고, 그게 논의된 것은 각 반에 속해 있는 그 사람들의 의견이 전부 취합된 거고, 그 내용이 우리 집행부 내의, 그다음에 우리 확대운영, 운영위원회에서 먼저 논의가 되고, 그게 의사 최종의 결정 권한은 어디서? 총회에서 있다 아까 전에. 그래서 제가 구성했던 거는 정확하게 그 당시에 제가 워낙에 일들이 많고 시간이 없었어요. 그래서 내가 생각했었던 개념은 회사체 개념, 직제는 회사 개념이었고, 소통의 개념은 노조에 대한 생각으로 접근하는 게 가장 맞겠다. 그래서 대의원 개념으로 하면 모든 의견들이 다 수렴이 되고 그걸 가지고 집행함에 있어서 수월하겠다가 제 생각이었던 거죠.

그래서 제가 회사는 이미 그만뒀었지만, 회사에다가 "야, 회사 조직도 가져와"라고 해가지고 나름 거기서 수정을 하죠. 회사 기본 조직도는 이건 아니고, 말 그대로 부위원장들 개념, 그걸 분과 개념으로 그리고, 운영위원회, 쉽게 말해서 전체의 가족들 의견을 다 수렴할 수 있는 거는 대의원 개념인데, 1반 대표, 2반 대표, 3반 대표, 생존자 대표, 희생 교사 대표, 화물 피해 기사 대표, 일반인 대표가 있기 때문에 이 개념이 다 있어야지만 어떠한 의사결정을 하더라도 문제가 없겠다, 고게 제 주된 주관이었고. 그다음에 우리 가장 현명하게 판단하신 부분이 우리 집행위원장님, 현재 집행위원장님은 나름 회사를, 작은 회사지만 경영을 하셨고, 그렇기 때문에 집행위원장님이 생각하시는 의견은 개념은 같다라고 봐요. 그러니까 집행부가 있어야 되고, 각 가족들의 의견들을 수렴을 해야 하니까 그건 그냥 반 대표의 개념의 운영위원 개념, 큰 틀에서 서로 생각은 다르지 않았다고라고 보고. 고런 개념이었는데 그것을 아마 우리가 임원 회의들을 하면서 정관에 대한 수정 부분, 그다음에 우리 조직도에 대한 부분은 임원들끼리의 자연적으로 그런 회의체를 통해서 진행을 하면서, 이미 다 공감대가 형성이 됐고, 그거에 대해서 반대하거나 부정하는 사람이 단 한 명도 없었다라고 생각이 돼요.

그래서 이걸 조직으로 구성할 때 바로 현재 분과 개념, 그 부위원장들의 개념이 각 파트별로 정리가 되고 반의 대표들, 생존[자], 그다음에 화물 피해 기사, 화물 피해 기사가 들어오는데도 사실 많은, 저 제주도를 한 세 번인가 갔다 왔어요, 그런 식으로 사실은 있었죠. 국회에서 우리가 빠져나오고, 그다음에 1월 15일 날 총회 하기 이전까지 제주도를 두 번인가 세 번을 가요. 그래서 그 당시까지는 [가족협의회에는] 화물 피해 기사들이 없었거든요. 그 사람들을 설득하기 위해서 한 기본 사무처에서 사무처장과 몇 명 사람들이 한두 번 움직였고, 어느 정도 정리된 상태에서 제가 위원장 자격으로 제주도의 협회 실장을 직접 만나고, 화물 피해 기사, 제주시와 서귀포시의 화물 피해 기사들 모아서 한 번 "앞으로 우리 가족협의회는 그렇게 갈 거다. 함께하자. 따라와라, 참여해라" 이런 걸 최종 한 번 설득하고, 최종 설득은 딱 한 번 하러 가요, "내 생각은 이렇다. 함께하자". 그러고 나서 자기들끼리 논의한 다음에, 맨 처음에는 다들 올 것 같은데 안 그렇더라구요, 그리고 일부가 들어오게 됐던 거고. 그런 과정이 자연적으로 그래서 화물 피해 기사가 됐고, 생존 학생 대표들도 아예 같이 합류시켰고. 그다음에 3개월 후에 과정들이 다 이루어진 거죠. 일반인도 들어와, 일반인도 일반인 대표로서 그리고 이사회를 구성함에 있어도 소외되는 계층이 있어서는 안 된다.

근데 그런 논의를 할 때 제가 고민을 했던 거는 그런 부분이었었죠, 이게 인원에 대한 부분. 말 그대로 화물 피해 기사가 5명밖에 없고, 일반 생존 학생들이 20명밖에 없고, 희생 학생들은 250명이야. 근데 5명인 사람도 1명의 대표가 있어야 되고 학생들 기준으로 250명이면 250 대 5 대의 배분이 맞다라는 게 제일 고민이었어요. 내 주관적으로 이게 형평성이 있나, 그리고 나중에 각자 목소리를 냈을 때 규합이 가능할까? 그러면 솔직한 얘기로 5명이면 정확하게 5명, 생존 학생은 만약에 20명이면 20명, 그리고 희생 학생은 250명 그러면 5 대 20 대 250[의]로 해서 정확하게, 희생 교사[가], 가족협의회에 참여하겠다고 한 게 열 분이면 열 분. 그걸 정확한 비율로 해서 반 대표 개념, 혹은 대의원 개념의 그런 고민이 있었던 것 같아요. 그걸 '반 대표로 그냥 가는 게 맞나'의 고민이 저는 상당히 있었고, 고거에 대한 형평성 때문에 대의원 개념으로 접근하는 게 맞겠다는 고민을 했었는데, 그 고민을 그렇게 깊게 할 필요가 없더라구요. 같은 피해당사자다 보니까, 그래 일반이니까 일반 대표 1명, 일반이면 5명이, 5명이 안 되고 3명밖에 안 돼도 당연히 대표로 일반인의 권리를 주장할 수 있는 사람이 있어야 되고, 화물 피해 기사도 마찬가지고. 그게 다 피해 가족이었으니까 동의가 가능했던 것 같아요.

그걸 기준을 놓고 진짜 그걸 합리적으로 접근을 했다라고 하면, 내가 너무 저거 하게 생각했는지 몰라도 그런 고민이 내가 상당히 있었어요. 나중에 문제가 될 수 있고, 혹여나 서로 입장 차가 틀려서 생존 학생의 대표들, 생존 학생 부모님들이 요구하는 사항이나 화물 피해 기사들이 요구하는 사항이나, 이게 같은 한 표로서 똑같이 적용이 되게 되면 문제가 심각할 수도 있다, 이런 고민도 사실 안 한 건 아니에요. 그랬다가 결론은 뭐라 그럴까 가족들이 착했지, 같은 피해자였기 때문에 그런 서로의 권리주장보다는 대의적으로 같이 가는 게 맞다라고 다 동의해 주신 것 같아서 그래 나중에 더 문제될 거는 없겠다. 맨 처음엔 그런 고민도 했어요. 그 개념에서 아까 대의원 개념으로 얘기했던 거고, 비율에 대해서. 그런 부분이 있었어요. 그래서 자연적으로 공유가 다 이미 됐었고 이사의 등록, 만약에 정관을 짜면 이사회도 있어야 되고, 그럼 이사, 이사 등록 같은 경우도 형평성 있게 해야 될 거 아니냐에 대한 부분 똑같은 개념.

그럼 기본적으로 집행부의 사람들만 들어오는 게 아니라 일반 화물 피해 기사라든가 일반인이라든가 생존 학생 부모도 당연히 이사로 참여해야 권한이 있는 거잖아요. 그런데 그런 부분에 있어서 서로 권리주장을 안 하더라구요. 그래서 크게 문제없이 자연적으로 공감대가 형성되고, 서로 권리주장 하는, 그런 비율이라든가 그런 게 없이 자연적으로 그렇게 공감대가 형성이 돼서 진행이 됐다. 고거는 순조로웠다고 봐요.

면담자   세월호 특별법 투쟁 과정에서 일반인 같은 경우에는 일찍 법안을 수용한다든지, 생존 학생 부모님과는 입장이 갈라선다든지 이런 일들이 있었는데요. 유가족 입장에선 섭섭하셨을 텐데 그럼에도 불구하고 모두 함께해야 한다고 생각하신 이유는 뭔가요?

찬호 아빠   저는 저거 했죠. 제 주관은, 지금도 그 생각은 저는 변함이 없어요. 우리가 피해 가족이고 이 세월호 참사로 인해서 희생당한 피해자 가족들이거든요. 이제는 돌이킬 수 없는 부분도 있어요. 하지만 아직까지도 제 생각에는 변함이 없다. 이거는 인천도 좋고, 혹은 본인들의 권리주장을 할 게 아니라 큰 틀에서 합쳐서 가야 되는 게 맞다, 저는 지금도 그거에 대한 [생각에] 변함은 없어요. 그런데 지금은 이미 4년이 흘러서가 아니라, 돌이킬 수 없는 게 있죠. 인천의 가족들이 8월 9일 2차 합의안을 받아들일 당시에 이미 그거는, 같은 피해자인 거는 부정은 안 해요. 이미 그 순간 "영정을 빼고 별도로 저걸 하겠다"라고 했고, 요번에 4주기 영결 추도식 때도 제가 마지막으로 얘기한 게 있어요. "너네는 이미 영결식을 진행을 했고, 그중에 영결식을 진행을 안 한 가족들 중에 해외에 계신 분 있고, 실제 진행하실 분은 일곱 분밖에 안 되는데, 여기 와서 하는 게 맞다. 그런데 그게 우리가 인원이 많고 학생들이라서 따르[라]는 게 아니라, 마지막으로 내가 얘기하는데 너네는 이미 영결 추도식을 했기 때문에 권리주장을 하면 안 된다. 그냥 피해 가족으로서 참석을 해라. 그다음에 영결 추도식은 안산에서 진행할 수밖에 없다" 그 입장을 저는 인천대책위원장한테 전달을 했고, "내일까지 나한테, 아니면 너네끼리 소통하고 이번 주까지, 토요일까지 나한테 답변을 줘라" 그게 최종 마지막이었어요.

면담자   그래도 따로 했지 않나요?

찬호 아빠   그런데 따로 했기 때문에 〈비공개〉 요번에 그 위원장, 부위원장들이 요번에 지난달엔가, 이번 달인가 저한테 한번 왔었어요. 왔는데 제가 지적을 했어요. 그래서 쉽게 얘기하면 이미 그런 시간이 지나서가 아니라 "앞으로 세월호 참사 피해자로서 함께할 수 있는 거는 함께하면 된다. 아직도 그거에는 변함이 없다. 하지만 따로 할 수 있는 거는 따로 갈 수밖에 없다. 그게 지금 봉안시설이라든가 그런 부분은 미안한데 돌이킬 수 없다". 〈비공개〉 그래서 여기 봉안시설에는 어떻게 우리 희생 아이들과 함께했던 교사들만 들어갈 수 있다. 일반인들이 그건 함께할 수 없는 거예요. 〈비공개〉

그래서 함께할 수 없는 건 어쩔 수 없더라도, 앞으로 이 세월호 참사가 [사회로부터] 은혜를 입었던 부분에 있어서는 함께하고 베풀어가야 되는 거 아닌가. 그다음에 사회에 그만큼 우리가 국민들에게 기여를 받았으면 우리가 남은 동안은 기여를 해야 한다고 보는 입장에서는 변함이 없어요. 정확하게, 함께할 수 있는 것과 함께할 수 없는 것을 정확하게 구분하되 아직까지도 열려 있다. 그리고 끝까지 함께했으면 좋겠고 그런 결정력을 가지고 그런 집단으로 딱 결의 있게 갔으면 좋겠다. 더 이상 져서는 안 된다고 보고 나름 노력은 많이 했어요. 인천도 몇몇 가정들이 있어요, 일반인들하고 안 하고 자기들이 여기서 같이하겠다고 했던 분들, 화물 피해 기사들. 그다음에 생존 학생 부모들도 정확하게 두 부류였어요. 지금 현재 가족협의회에 속해 있던 가족들이 있었고, 생존 학생 부모들이 있었고, 그거와 입장이 다른 그 사람들도 만났어요. 심지어는 생존 학생들 총회, 그 생존 학생 부모님들 총회 석상에 저를 한번 초대한 적이 있어요. 그 당시에 생존 학생 대표 역할을 했던 건 장동원 팀장이었고, 내가 그 총회를 간 적이 있어요, 단원고에서 진행하는 총회. 그래서 가족협의회 위원장으로서 앞으로 우리가 할 건 뭐고 내가 바라는 건 뭐고 그래서 "여러분들이 함께했으면 좋겠다, 나는 앞으로 이렇게 끌고 나갈 것이다"를 얘기를 한 적이 있고.

면담자   일찍이었겠네요. 2014년 5월, 6월 이쯤인가요?

찬호 아빠   아니요, 그 [2015년 1월 총회] 전에. 그러니까 국회 [농성] 끝나고 나서. 나서, 내가 1월 총회 되기 전까지 나름 생각하고 있었던 거는 이런 비영리 사단법인의 개념, 이렇게 하기 전까지의 국회에 있을 때는 많이 못 했고, 그리고 국회에서 철수하고 이러고 나서, 제주도도 갔다 오고, 화물 피해 기사도 만나고, 인천도 가서 인천 일반인도 만나고, 생존 학생 부모들은 "총회에 가족협의회 위원장이 직접 참여해 줬으면 좋겠다" 요청을 하더라고요. 그래서 요청을 해서 장동원 팀장님이 "위원장님이 가지고 있는 생각을 자기들도 여러 가지 의견들이 있으니까 직접 총회 석상에서 위원장님이 얘기해 줬으면 좋겠다" 그래서 그렇게 한 적도 있어요. 그리고 별도로 면담 요청, 현재 우리 가족협의회에 소속되어 있는 장동원 팀장을 비롯한 우리 생존 학부모들 외에 반대쪽 생각을 가지고 있는 부모들이 한 대여섯 명 모여서 그 "한번 만나자. 얘기 좀 하자" 이렇게 요청이 온 적도 있고 그래서 가서 만난 적도 있고. 만나서 그분들이 날 설득할 수 있거나 혹은 그게 합리적이라고 내가 판단이 됐으면 받아들이는 부분은 받아들이고, "이거는 불가하다. 있을 수 없다", 그런 거는 그 자리에서 냉정하게 거절하고 "난 그렇게 할 수 없다. 내 생각은 그게 아니고 그게 아니다, 잘못됐다", 질타해도 나는 그건 내가 아니다라는 건 아니다. 〈비공개〉

개별적으로 면담 요구하거나, 전 집행부에 대한 생각들 아까 얘기했던 것처럼 그런 질문을 직접적으로 하거나, 계획이나 구상이나 "앞으로 어떻게 끌어가야 된다고 생각하냐. 장기적으로 몇 년까지 바라보냐" 이런 질문들, 워낙에 많았고 면담 요청도 많았고. 하지만 나름 그런 1월, 우리가 그거를 임시총회라고 하는데, 비영리 사단법인 임시총회를 하고, 거기 사단법인 등록이 사실은 경기도에서 될 줄 알았는데 안 됐거든. 그리고 해수부까지 갔는데 해수부도 안 되고, 그렇게까지 지연될 줄은 몰랐어요. 그걸 만드는 데까지는 엄청난 어려움이 있었다, 가족들의 공도 있었다, 마타도어도 많았고. 결론은 각 반 당직 때 가서 설명을 다 해요. "내가 그 사단법인 만들고 거기에서 나중에 내 이권을 주장하고자 하는 게 아니라, 법적인 권리의 우리가 여건을 갖추고 법적으로 우리의 권한을 부여받고 하려면 법인을 만들어야 된다. 그래야 권한이 생기고, 그래서 나는 비영리 사단법인이라고 하지 않냐. 영리를 추구하는 게 아니라. 내가 뭐 돈 벌자고 하냐. 무슨 명예가 있고" 그런데 그게 안 되더라구요. "그냥 가족대책위로 있으면 되지, 왜 사단법인을,

법인을 만들려고 하냐" 이런 거에 반대가 엄청 많았고, 그게 가족들 반 대표들이 설득이 안 되고 그래서, 각 반 대표들이 요구하면, 10개 반을 다 돈 적이 있어요, 제가.

근데 반 대표가 있다가 "우리 반은 됐다" 그러면 안 가고, 그다음에 내 얘기가 듣기 싫으면 변호사들이 가서 얘기하고, 반 대표가 얘기하고. 그런 식으로 과정이, 지리한 과정들은 사실 많았어요, 그때 그런 마타도어도 많았고. "봐라, 결론은? 비영리 사단법인이라고 하고, 당신이 대표하고, 그리고 나중에는 재단 만들어서 너 재단 이사장 하려고 하고. 다 그런 목적이 있는 거 아니냐" 이런 외부의 마타도어가 나로서는 제일 힘들었던 부분이죠. 그런데 그래서 비영리법인이다, 그다음에 비영리법인을 만들려고 하는 부분은, 변호사들은 "내 얘기가 믿기 싫으면 변호사들한테 자문받아 보셔라. 실제 가족대책위, 그냥 임의단체래도 법적인 권한이 어느 정도 주어진다. 그러면 이왕이면 전 정권을 보지 않았냐. 이걸 상대하려면 제대로 된 우리가 법적인 권한이 부여가 돼야지만 우리 권리주장을 할 수 있고, 쉽게 말해서 저렇게 쟤들을 상대를 [로] 우리가 뭐든 싸우게 될 수 있는 거 아니냐. 그러니 영리의 목적은 안 하겠다. 비영리 사단법인이다"를 한 8개월 한 거 같아요. 그리고 그런 마타도어가 계속 돌았어요. 제 기억엔 6월, 6월에는 내가 "알았어. 더 이상 내가 얘기 안 할게"라고 얘기한 게 뭐였냐면, 재단. 그때 사람들이 물어보니까. 나는 지금 특별법에도 있지만 앞으로 생명안전공원, 당시에 "추모공원이 만들어지면 법적으로 5년 정도 지원을 한다"라고 되어 있었잖아요, 법에 정확하게 명기가 되어 있듯이.

근데, 그 부분에 있어서도 "나중에 그런 재단이 만들어져야 된다.

그러면 우리가 재단을 만들자 하는 건 아니다", 그런데 임원 회의 때 이미 얘기를 해요. "아니 지금, 사단법인 만드는 거 가지고도 가족들 이렇게 말들이 많은데, 왜 위원장[이] 자꾸 그 재단까지 이야기하냐", "아, 나한테 물어보니까 얘기하는 거 아니냐", "앞으로 위원장은 관여 안 했으면 좋겠다, 재단에" 이걸 임원 회의 때 임원들이, 반 대표들이 나한테 얘기를 해요. 그래서 "알았다. 앞으로", 2015년도에 이미 6월로 기억하고 있는데, 그러면 "나랑 집행위원장이죠. 위원들은 앞으로 관여 안 하겠다. 재단에 대해서" 그렇게 됐던 거예요. 그때 사실 저는 재단에 대한 재원도 욕심이 있었죠. 사회복지공동[모금회] 모금액 남아 있었으니까, 400억. 그런 생각을 사실 안 한 건 아니었어요. 그런 부분이 있었고, 나름 그래도 큰 틀에서는 피해 가족들이 다 같이 가야 되는 게 맞다. 지금에서는 같이 갈 수 없는 부분도 많고 그때 한 3, 4개월 동안은 인천 일반인들도 만나고, 일반인들 중에서 그쪽에서도 잘 활동 안 하고 우리 쪽으로도 안 들어오시고 이런 가족들 만나서 설득도 하고. 화물 기사 피해 기사들도 제주, 서귀포 서로 의견 다르고 그래서, 거기도 우리 사무처장하고 몇 명들이 갔는데도 대화가 안 되고 그래서, "아 그럼 위원장 직접 와서 한번 얘기 들어보자" 그쪽에서 요청했다 그래서, 실제 세 번을 제가 갔다 오긴 갔다 왔는데, 나중에는 우리한테 같이 소속해 준 사람들 제대로 지원하라고, 협치[정책]실장 제주도, 제주시에 협치실장이라고 그러던가요? 보통은 협치실장이 있더라구요. 황필규 변호사 선배인가 그렇게 될 거예요, 제가 알기론. 그래서 "그 사람들 우리랑 함께하기로 했으니까 이 사람들 지원 제대로 해라".

면담자   화물 기사 지원하는 거 말씀하시는 건가요?

찬호 아빠   지원하는 것 때문에 간 거고, 사실 화물 피해 기사들한테 가족협의회의 입장을 피력하고 함께하자를 설득하러 간 건 딱 한 번 그렇게 한 적이 있고. 일반, 아니 우리 생존 학부모들[에게]도 "가족협의회 [와] 함께 가자" 해서 노력을 3개월 했죠, 3개월도 채 못 한 거네. 한 두 달 한 거 같아요, 나름.

면담자   가족협의회 내에서는 "희생 학생 부모끼리만 가자"는 주장도 있었을 텐데, (찬호 아빠 : 그런 거 많았어요) 그런 반대들도 있었을 텐데요?

찬호 아빠   그렇죠, 첫 번째 "왜 끌려다니려고 하냐", 두 번째 "우유부단하다", 그다음에 "우리 회의체에서 결정했던 그대로만 가면 되지, 왜 자꾸 같이 가자고 하냐". 근데 당시까지만 해도 변호사님들, 특히 가족협의회에 있던 박주민 변호사나 황필규 변호사 같은 경우도 "대의적으로 큰 힘을 얻으려면 같이 가는 게 맞다" 이런 식으로 계속 임원들한테 얘길 해요, 나뿐만이 아니라, 그건 내 생각도 그랬고. 그래서 때로는 제 행동이 맘에 안 드는 가족들도 있죠. 그게 대표적인 게 그런 거죠. 첫 번째 "왜 지금 저게 저런 사람들 우리랑 왜, 자기들 욕심만 내는 쟤들 자꾸 만날라고 하냐. 거 안 되면 그 새끼들 따로 가라 그래" 쉽게 말해서 "아니 걔네들이랑 신경 안 써. 그럼 지들끼리 하라 그래". 근데 그때 그 노력 자체를 저 또한 안 해버리면 나중에 그건 후회될 일인 거는 맞고 최소한 노력은 해봐야지. 그때는 시간이 있었고, 나름 그렇게 다시 구성하기로 했으면 내가 나름 생각했던 내 주관을, 그리고 중간에서 아무리 임원들이 얘기한다고 내 생각이 그게 아닌데, 다수의 의견을 따른다는 게 그건 당연한 거죠. 하지만, 내가 해보지도 않고 그걸 포기할 그럴 저건 아니죠.

면담자　　"우리끼리 가자"는 게 다수였나요?

찬호 아빠　　그런 부분이 많았어요. "인천하고는 따로 가자"였었고 나머지 부분들에서는 반대 안 했어요. 생존 학생들도 마찬가지, 다. 인천이 2차 합의안 받아들이면서 그렇게 됐고, 영정 위패 빼면서 그렇게 됐고, 그럼에도 불구하고 몇몇 [분]들은 우리와 함께한다는 부분들은 인정. 그렇기 때문에 불평불만을 표현하면서 외부로 비쳐지는 거는 그랬던 거 같아요. "왜 할 일이 많은데 왜 자꾸 저렇게 안 하겠다는 놈들도 설득하려고 그러냐"라는 부분이 있었고, 좋게 표현하면. 두 번째는 "왜 중심 못 잡고 우유부단하냐. 왜 안 하겠다는 놈들 자꾸 저렇게 쓸데없는 이야기 하냐. 이거 너무 우리 전 위원장 우유부단한 거 아니냐" 그렇게 비판했을 거 같고. 세 번째는 "저 사람 생각이 뭘까, 진짜? 그 우리 희생자, 우리 아이들 것만 그냥 가지고 가도 될 텐데 왜 자꾸 저럴까? 쟤 좀" 희생 아버지가 맞는 거는 확실한 거지만, 알았지만 "도대체 뭔가 저 사람이 나중에 무슨 욕심이 있을까, 야심이. 왜 사단법인 만들고, 결론은 재단 만들고, 그거 뭐 해먹을라고 하느냐", 이런 유언비어가, 내 그런 행동들 때문에 그런 얘기들이 나오지 않았을까 싶어요.

13
특조위 위원 추천에 대해

면담자　　2014년 12월 6일에 세월호 특별조사위원회 구성과 관련해서 유가족 추천위원으로 상임위원 이석태 변호사, 비상임위원으로 이호중 서강대 교수와 장완익 변호사를 선출했습니다. 그때 추천 인사를 둘러싸고 가족대책위 내부에서 어떠한 논의들이 있었는지와 고려한 사항에 대해 이야기해 주시면 좋겠습니다.

찬호 아빠   많은 추천위원들이 있었죠. 그 야당 쪽에서 추천 인사들이 있었고, 시민사회 단체에서, 우리 가족들이 사실 모르니까, 그게 많이 있었고. 삼고초려라고 표현해야 될지 모르지만 우리 엄마들이 가서 머리 조아리고 아빠들이 가서 머리 조아리고. 특히 우리 엄마들이 가서, 아예 사무실 가서 진 치고, "도와주세요".

면담자   어떤 분을 그렇게 해서 모시고 왔나요?

찬호 아빠   맨 처음에도 얘기했듯이 김희수 변호사 사무실에 가서 3일 정도 그렇게 했던 거 같아요. 최종 김희수 변호사를 제가 뵀을 때, 그런 게 있더라구요. 김희수 변호사를 제가 직접 뵙고, 엄마들이랑, 엄마들은 계속 그렇게 대기하고 있고, 거기서 복도에 주저앉아 있는 거지, "맡아주셔라". 근데 개인적인 얘기까지 다 하는 거예요. [여러] 어려움[에 대해서]. 사실 그렇게 진짜 본인의 지금까지 삶 자체가, 피해자들, 본인의 이익을 위해서 활동하지 않은 그런 변호사들은 다 사람이 가난하더라구요. 추천하는 변호사들은 잘사는 사람이 하나도 없어, 어떡해. 그렇게 살아왔으니까 이런 인지도 있겠구나 싶었고. 근데 지금까지 본인이 못 하고 가정에 대해 앞으로 책임져야 될 내용도 있고, 그랬을 때 더 이상 거기서 "[그런 건] 모르겠고 도와주셔라"라는 건 너무 힘들겠더라구요. 그래서 김희수 변호사도 있었고 그 외에도 많은 변호

사들이 있어요. 〈비공개〉

감히 얘기드리지만, 가족[이] 추천하는 사람이 당장 위원장은 돼야 되고, 나머지 야당 추천위원도 가족들이 다 동의해야 하고, "그거 다 내 놔"였으니까. 그래서 박종운 변호사부터, 아니 박종운 위원, 최일숙 위원, 김진 위원, 김서중 위원, 이호준 위원, 권영빈 위원, 그다음에 이석태 위원장, 전부 다가 가족들이 다 그렇게 모시고 싶었던 사람들이다. 근데 그중에 추천을 누가 할까에 대한 부분을 가지고 야당 추천 몫이 있고, 가족 추천 몫이 있었으니까 그랬지, 사실은 그분들에 대한 약력이라든가, 그분들이 활동을 하고 그분들이 어떤 일을 했었고, 그분들이 지금까지 변호사로서 법조인으로서 어떤 걸 했었고, 교수로서 어떻게 했던 그런 내용들은 다 공유를 했었다. 그리고 그런 게 다 동의가 됐으니까 가족들이, 우리가 전문가도 아니고 그런 걸 잘 모르니까 그런 추천은 외부로, 외려 국회에서 "우리 모르니까 훌륭하신 분들 소개해 주시고, 진짜 이거 진상 규명할 수 있는 그런 의지 있는 분들 해주시고" 이런 요청을 많이 했죠. 그런 시민사회 단체에서도 나름 그렇게 해서, 우리뿐만이 아니라 민변 변호사님들 쫓아다니면서 "이거 해주셔야 되는 거 아니냐" 서로 맡아달라고 하고, 삼고초려로 우리 피해 가족들 유가족들만 했던 게 아니라, 함께하고 있던 시민사회 단체 분들 혹은 국회 내에서도 우리를 도와주고자 했던 국회의원들도 스스럼없이 사람을 추천하고, 그 많은 사람 중에 나름 진짜 모시고 싶은 분들도 어쩔 수 없이 모시지 못한 분들도 있었지만, 그렇게 해서 모시게 됐다라고 얘기해야 될 거 같아요, 꼭 가족 추천 몫이 아니라 전체[가 다].

면담자　　　여당 추천위원도 가족들의 동의를 받고 진행하기로 했잖아요. 그것은 어떻게 하셨나요?

찬호 아빠 　　여당 추천위원에 대한 부분, 우리는 모르잖아요. 그래서 명단이 나오면 변호사들 혹은 시민사회 단체에서 약력부터해서 우리도 조회하고 들어가서 다 들여다봤어요. 그런데도 우리가 반대한다고 되냐고. 그리고 이미 예견됐던 일이에요. 조대환이 부위원장, (면담자 : 새누리당과 협약을 했지만?) 했지만, 고영주, 차기완, 황전원, 석동현, 조대환 부위원장[이] 그만두니까, 누구야 이헌. 그때 조대환이 그만둘 때 이미 예견된 거죠. 고영주? 〈비공개〉 그 내용들을 우리가 다 봤어. 동의가 되겠냐고. 근데 문제는 봐, 추천하고 계속 이런 놈들 계속 올릴 거야. 그리고 결론은 위원회 구성 못 하게 할 거야. 그러니까 속이 터지고, 우리가 법조인이 아니지만 그걸 모르지는 않잖아요, 일반 상식적인 개념으로 다 아는데. 끝까지 이 새끼들 이렇게 할 거야.

면담자 　　어쨌든 기한을 미룰 수가 없네요?

찬호 아빠 　　미룰 수도 없고 표 대결하면 이기잖아. 그래 본들 부위원장, 차기완, 고영주, 황전원, 석동현 이렇게 다섯 명이잖아. 표로 하면 7 대 5 우리가 100프로 이기잖아요. 나머지는 다 동의됐어. 여당 너희들이 그렇게 저거 하더라도, 이미 이석태 위원장님 모셨고, 이호중 교수님 모셨고, 김서중 교수님 모셨고, 최일숙 위원님 모셨고, 김진 변호사님 모셨고, 다 우리 편이야. 너네 놈들끼리 똘똘 여당 추천위원들 너네 새끼들 한번 해봐라. 그래 봤자 결론은 전원회의에서 표 대결하면 우리가 이긴다. 이석태 위원장님을 뵙고 "맡아주세요" 하고 부탁했을 때 제 기억은 이래요. 참여연대 앞쪽에 청원동 사무소 밑에 순대국집이었을 거예요. 거길 갔어요. 그날 처음 뵀어요. 그 전에 뵙고 거리에서 뵈거나 집회 현장에서 뵈거나 방문해서 뵈거나 있었지만, 제가 직접 인사를 드린 거는 처음이죠. 참여연대 대표임을 알고 있었고. 그런데 이미 이태호, 그 당시에 이태호 사무처장이었죠, 이태호. 그때 참사 났을 때가 사무처장, 이태호 차장? 참여연대 그랬죠? "도와주셔라. 그리고 그런, 힘들겠지만 맡아주셔야 될 거 아니냐. 현실에 안주하지 말고".

김희수 변호사님도 몇 차례 와서 삼고초려해도 안 되고, 누구도 안되고. 그렇다고 그 사람들이 안 돼서 이석태 위원장님을 모신 거는 아니지만, 그런 분 중에 이미 할 사람 안 할 사람 이미 정확하게, "나는 할수 없다"고 처음부터 끝까지 거부하시는 분들이 있었기 때문에, 이미우리가 모셔야 할 분들은. 이렇게 큰 사안을 "모든 것을 포기하고 내가해줄게. 내 가족 생계라든가 내가 지금까지 진행했던 것 다 내려놓고여기에 올인할게"를 결정할 수 있는 분들은 그렇게 쉽지는 않죠. 우리야 내 자식이니까 그럴 수 있는데 제3자로서, 그런데 그렇게 훌륭하신분들이 많더라고요. 그런데 이미 시기적으로 우리도 추천을 해야 하고, 그런데 다들 안 된다고 하면 안 되잖아요. 그런데 감사한 게 이석태 위원장은, 이석태 변호사는, 이석태 위원장님이라고 해야겠네요. 이석태위원장님은 그때 뵙고 식사하러 갔어요, 바로. 가서 순댓국집이었는데제가 밥맛이 있었겠어요? 빨리해야 되고, 힘들지만 이거 도와줘야 되는데 답을 들어야지. 답을 안 들었는데, 내가 아마 반도 못 먹었을 거예요. 근데 도와주시라고 했는데 그 자리에서 이야기하시는 거예요. "본인이 그런 능력이 안 된다", 그런 부분만 이야기하시지 제가 느끼기로는 그날 그때 그 자리에서 도와주시겠다는 그런 게 느껴졌어요. 나름

374

찬호 아빠 전명선

"해줄게"라는 답변도 못 받았고, "안 할게"라는 답변도 못 받았고. "내 능력으로 그렇게 할 수 없다" 이런 본인을 낮추어서 표현하시지만, 이석태 위원장의 눈빛을 봤을 때는 그래, 우리가 이석태 위원장의 약력을 안 본 거는 아니죠. 우리가 모르니까 그걸 다 보고 있었다니까요, 수십 명들을. 훌륭한 분이 많아요.

그런데 나름대로 자리에서 털고 일어날 때는 마음이 편했어. 곧바로 답을 받았고, 이석태 위원장님이 맡아주시기로. 사실 맨 처음에 만났을 때는 답을 안 들으니까 지금 이야기하면 밥맛도 없었던 거 같아. 한 절반이나 먹고 왔을까 그랬던 거 같아요. 그렇게 해서 말이 우리 가족 추천이지, 위원이라고 그 지칭이 되지만, 그 외에 우리 가족 추천위원이 됐든, 야당 추천위원이 됐든, 우리가 얼마나 관심이 많았겠어요. 그 한 명 한 명에 대한 그분들의 이력을 보자는 개념이 아니라, 너무나 관심이 많았죠, 저뿐만 아니라 모든 분들이. 그리고 그렇게 추천한 분들은 누가 보더라도 훌륭하신 분들이었고, 진짜 그렇게 해주셨죠, 새누리당 추천위원들만 빼고. 그 행태를 보세요, 1기 특조위원들. 더 이상 이야기 안 해도 되잖아. 오죽했으면 내가 이름 하나도, 조대환 부위원장 했던 거부터 시작해서, 1기 특조위 강제해산 하려고 했던 놈들이니까. 어떻게 돼, "이거 고소 고발을 해야 된다. 첫 번째 박근혜, 두 번째 [대통령 비서실장] 이병기, 세 번째 누구야 현 정책수석이었나, 그다음에 정무수석 현기환, 현정태, 현정택이었나? 아무튼 그 둘. 아, 현기환[이 맞다]. 그리고 나서 김영석 해수부 장관, 윤학배 차장[차관], 연영진 해경 정책실장[해양정책실장]. 그다음 순서가 누구겠어요, 이헌, 고영주, 차기환, 황전원, 석동현 12명, 철저하게 벌받아야 할 놈들이 아직도 저렇게

375

3회차

버젓이 있는데, 이거 고소해야 되는데 진짜 이렇게, 그런 명단이 내 머릿속에, 그러니까 생존자 이름까지도 그대로 다 기억이 나고 있는데, 어떻게 잊겠어요. 그런데 그런 위인들이야, 말 그대로 새누리당일 때 당연한 거고, 그다음 놈을 추천한들 그런 놈들일 거고, 뻔한 거니까, 안 그러겠어요?

면담자   수적으로 우세하다는 판단이 있으셨죠? (찬호 아빠 : 있었죠) 하지만 실제로는 (찬호 아빠 : 개판된 거죠) 그렇죠. 그때는 그 정도로 나쁘게 할 것이라는 생각은 못 하셨던 건가요?

찬호 아빠   적어도 나는 될 줄 알았어요. 적어도 우리가 수사, 기소권이 없었고 대부분, 특검은 근데 할 수가 있었거든요. 그런데 적어도 어느 정도 준비되고, 특검에서 불러내서 하다 보면 어떠한 우리가 조사권을 가지고 있었기 때문에, 어느 정도는 증거들 인멸하려는 거는, 어느 정도 실체는 잡아놓을 수 있겠다는 게 내 주관이었고. 그다음에 표[의] 힘으로라도 어떻게 눌러버리고 진행해 나가야 한다는 부분도, 각자가 판단하는 기준은 달랐을 수 있을 거 같아요. 그런데 저는 모든 분들의, 만약 대한변협에서 추천했어, 우리랑 같이 함께하던 만약에 박종운 변호사를 추천했는데 내가 못 믿을 게 뭐 있어. 박종운 변호사가 새누리당 편들겠어요? 표 그거로 하면 몇 대 몇으로 나와야 되는데 안 나왔어. 그러면 우리 편이라고 했던 사람 중에 하나면, 우리 가족들이 가만히 있겠냐고. 〈비공개〉

그렇기 때문에 자신 있었던 거예요. 적어도 너희가 아무리 그렇게 방해하고 해도, 지금까지 은폐 못 하고 어느 정도 남아 있거나 증언이든 양심선언이든 나오기 시작하면, 기틀은 마련될 것이다. 그리고 아주 너희가 아무리 훼방 놔봤자 어느 정도는 될 것이다. 그래서 증거인멸이든 다 없애기 전에 어느 정도 우리가 조사권, 자료만 확보하고 조사만 하더라도 목적한 바가 어느 정도는 되겠다고 생각했죠. 대통령 시행령으로 저렇게 돼서 그냥 강제 종료될 줄은 어떻게 알았겠어. 나중에, 말 그대로 누구야, 1기 특조위 조사관들이 소송 제기했잖아요. 결론은 승소했죠. 뭐였냐 하면, 제 기억으로 간단하게 두 가지로 해석을 했는데, 판결문이 워낙 기니까. 내가 받아들인 건 딱 그거예요, 그대로 주장하고자 했던 거. 첫 번째 2015년 1월 1일부터 [특조위 활동 기간을] 기산한다는 부분에 있어서, 판결도 그렇게 한 거 아니에요. 위원들의, 위원들을 선임을 했고, "그건 위원들의 임기일 뿐이다"라고 해석하는 것이 맞다. 그리고 말 그대로 "제대로 인력과 재원이 제대로 준비돼서 진행했던 날짜를 기산하는 게, 해석하는 게 맞다", 특별법상. 그래서 1기 특조위 활동 기한은 언제? "8월 5일로 종료 시안을 보는 게 맞다"로 판결을 그렇게 한 거 아니에요? 결론은 승소한 건가요? 그렇게 된 거잖아요.

근데 그걸 알면 뭐 하나고. 당연히 그게 아니다는 것을 알지만, 전 정권이었기 때문에, 근데 국회에서 만든 그런 법안을 한시적인 독립적인 그런, 한시적인 법적 기구 자체를 정부에서 대통령이 임명하고, 그렇게 해서 부숴버릴 줄은 그것까지는 생각 못 했죠, 솔직한 의미로. 그렇게 안하무인이고 그렇게 국민을 모독하고, 국회 그다음에 본인들이 해서, 국회 입법부를 통해서 국회 내에서 만든 특별법 자체를 그렇게 무력하게 해석하고 없애려고 한다는 것 자체가, 그렇게까지 갈 줄은, 현 사회에서 그 정도까지는 아닐 거라고 생각한 거지. 그런데 한참 후퇴된 그런 행태를 전 정권에서 했던 거예요, 그때 그런 생각까지는 못

했지 적어도. 그리고 조사 자료 확보해서 어느 정도 되면 특검에서 실제 내용 나온 거 가지고는 한 명, 한 명씩 진행할 수 있겠다, 저는 사실 그렇게 생각했었어요. 어떻게 됐던, 각자의 판단은 틀려도. 그리고 자신 있었지. 왜? "여당, 너희는 순 그런 놈들만 추천할 거야. 그래도 이긴다, 이긴다" 그랬는데, 그렇게 강제 종료될 거는 예측도 못 했어요. 너무 그런 이야기 하다 보면 나도 모르게 좀 열받죠, 그때 생각하면.

면담자　　　특조위 준비단이 만들어지면서 여러 방해 공작들이 있었죠. 예산 문제, "세금 도둑" 발언, 돈과 관련된 이슈들이 나오고 2015년에 1주기 전후로 난리가 났죠?

찬호 아빠　　　그렇죠. 그 이후가 1주기 이후가 심각하게 되는 거죠.

면담자　　　특조위 조사 활동에 대한 무력화 시도에 대해서 가족대책위 내부에서의 생각이나 분위기는 어땠나요?

찬호 아빠　　　그 새끼들은, 여당은 당연히 그럴 거라고 알았고. 15년도에 그래서 1월 1일부터 말 그대로 기산은 했지만, 위원들을 모시고 정확하게 구성된 게 8월, 8월 정도로 내가 기억하고 있는데, 8월 정도에 공무원 채용하고 다 되고, 그러면 그때 기산되는 게 맞죠. 그랬었고 실제, "세금 도둑"이든 되지도 않고, 이런 이야기 축소하려고 하는 이런 이야기는 여당 추천위원들이 하는 이야기는 늘상 걔들이야 그런 놈들이니까, 거기에 대해서는 저는 그때까지는 크게 신경 안 썼어요. "너희 그래, 떠들어라. 너희가 아무리 떠들어도 너네 아무것도 안 돼. 너는 책임지고 아무튼 세월호 진상 관련된 놈들은 싹 벌받아야 하고 처벌해야 해". 거기에 대해서 이미 우리가 목적 했던 바가 정확하게 [있었기 때문에], 걔들이 그렇게 떠드는 게, 언론에서 그렇게 [보도]되고 하는 게 속은 상했지, 속은 상하지요. 그런 기사가 나가고 그거에 따른 일베든 혹은 보수 단체든 혹은 밖에 나서지는 않지만 "돈을 얼마 받았네, 배·보상이 얼마네" 언론에서도 뿌리고 그런 이야기들 할 때는 속상하지. 속상한 데, 그것을 우리가 그대로 맞받아쳐서 아무리 이야기해 본들, 그 당시 우리가 도보 행진이든 저 팽목까지 완주하고, 그 많은 거리[를]. 그다음 에 법안 싸움이던 국회 농성, 청운동 농성, 노숙 농성에 삭발에 아무튼 이미 그렇게 하고 있었으니까. 그런데도 일베들 우리 단식 농성할 때 와서 음식 시켜 먹고 하던 짓거리나, 되지도 않는 마타도어 형성해서 아이들 모욕시키거나 그런 걸, 그런 놈들이니까. 그런데 거기 자체에 우리가 감정적으로 휘말려서 굳이, 그때는 그렇게까지도, 속은 상하지 만 "이거는 법적으로 대해야 한다. 법적으로".

면담자   그런 거에 속은 상하더라도 참자는 거였나요?

찬호 아빠   아니요, 대응했죠. 가족협의회 측면에서 정한 게 뭐냐면 "그런 고소, 고발. 법적으로 대응한다" 가족협의회[의] 정확한 입장은 "그놈들, 다 책임 지운다". 그리고 "그런 거 있으면 다 고소, 고발해서, 한 건, 한 건 다 대응한다" 이미 정했거든요, 가족협의회에서는. "가급 적이면 변호사가 직접 대응해 줬으면 좋겠다", 그렇게 했고, 그러한 건 들 일일이 그런 마타도어에 대한 부분은 대응했어요. [경찰청] 사이버수 사 팀에다가 실제 우리가 응대를 하고 아니, 접수를 하고, 그렇게 해서 법적으로 계속했었죠. 그리고 "본보기로 절대 용서 안 한다". 그래서 어묵 사건 때 [그 일베 아이] 엄마는 몇 달간 나한테 찾아왔어요. "부모로 서의 마음은 이해되지만 자식 교육 잘못시킨 거 그렇게 나한테 이야기하지 마라. 성인이다, 당신 아들. 어른인데 왜 엄마가 와서 나한테 와서 비냐. 더 이상 그런 거 필요 없고, 먹을 거 싸 들고 온 거 다 필요 없고, 가져가고, 절대 그거에 대한 증언? 성인이다. 그거에 대한 책임은 정확하게 지면 되는 거다" 그리고 나중에, "나중에 이 벌은 그대로 받고. 나한테 혹여나, 자식이 그러지 못하고 자폐 무슨 이런 게 있고 그런 거 나한테 필요는 없고, 나중에 이 벌은 성인으로서 직접 받고, 그러고 나서 나중에 사회생활이라면서 나한테 도움받을 일 있으면 도움 요청해라".

그 친구가 ××인가 그랬어요, 이름이. ××이 엄마였던 거 같은데, 그러면 "내가 개인적으로 가족협의회 위원장이 아니라, 도와줄 수 있는 건 [개인적으로] 도와줄게. 근데 용서? 안 돼. 벌받아. 어른이 됐으면 자기 행동에 대해서 책임을 져야지. 엄마가 대신 져줄 거야? 왜 엄마가 와서 무릎 꿇고 빌고 하냐. 그럴 거면 오지 마요. 그리고 할 말 있으면, 자식이면 당신이 나한테 해야지. 엄마 있는 데서". 그리고 다른 부모도 왔죠. 거의 할머니 같은 분이 오시고, 아버지도 왔는데, "아버지가 왜 나한테 이야기하냐. 너 말할지 모르냐" 이거야, "네가 이야기해. 이야기 다 했어? 너 용서 안 돼" 이런 거였어요, 저는. "더 이상 찾아오지 마. 아무리 찾아온들 용서 안 돼". 가족협의회 집행부, 가족협의회 임원 회의 석상에서 그런 거에 대응 방침은 정확하게 서 있었기 때문에, 찾아오면 만나줘요. 만나주고 정확하게 그렇게 이야기한다니까, 책임져야지.

면담자   희생 학생에 대한 모독, 유언비어에는 고소, 고발을 다 진행하셨던 건가요?

찬호 아빠   그렇죠. 했고, 그게 안 되는 게 있으면 제가 직접 가서 한 것도 있고. 그리고 나서 하루에 대여섯 건도 처리한 것도 있고. 대부분 그 어묵, 그렇게 해서 실형 두 건 해서, 나머지는 벌금형으로, 확인해 보니까 대부분 벌금형.

면담자   총 몇 건 정도 됐어요?

찬호 아빠   많아요. 기억도 안 나고 엄청 바빴기 때문에. 딱 기억나는 거는 평택에서 해서 올라와서 그게 전주였나 전주 쪽으로 한방에 다섯 건 처리한 거, 그다음에 제 기억에 어묵 사건 처리한 거. 그건 내가 끝까지 대응했던 거. 그다음에 단원고, 단원고에서 했었던 부분도 있어요, 그거 두 건. "단원고에서 할 거 아니야. 가족협의회에서 할 거야. 단원고 학교 빠져. 교감선생님 빠져", 그리고 직접 한 거 있고, 그 정도. 나머지 사항들은 그런 거는 비일비재하니까 알아서, 가족들이 알아서 하든.

면담자   개인적으로 하신 것도 있는 거죠?

찬호 아빠   네. 내 주관적으로 이거는 용납 안 돼, 그런 거는 대응하는 거죠. 그런 건들이 있었어. 그런데 전체적인 공감대는 가족협의회 입장은 정확했어요. 이거는 그냥 거기 가서 "이 새끼, 저 새끼" 하고 멱살 잡고 대응할 게 아니라, "정확하게 끝까지 법적으로 책임 지운다"라는 공감대가 있었기 때문에. 그다음에 "새누리당 추천위원들이나 걔들 발상이야 그렇고 그런 놈들이기 때문에 그럴 것이다", 그런 공감대는 있었죠.

14
가족대책위 업무 분장

면담자　　　2014년 9월부터 새롭게 시작된 가족대책위에서 유경근 집행위원장하고 김유신 사무처장하고 긴밀하게 업무 분장이라든지 연락이라든지 의논이라든지 있었을 수 있는데, 어떻게 협력하고 업무 분장을 하셨나요?

찬호 아빠　　　글쎄, 집행위원장 생각은 어떨지 몰라도 제 생각은 정확해요. 저희가 집행위원회가 있고 운영위원회가 있는데, 대표 권한은 운영위원장에게 있는 것이고, 그리고 쉽게 말해서 분과장들과 반 대표들하고 나눠서도 안 되고, 그래서 사실상 집행위원회와 운영위원회가 나눠져 있었지만, 실제적으로 확대운영위원회의, 맨 처음부터 모든 회의는 같이 진행했어요, 한 번에. 그게 맞아요, 그게 맞더라고. 맨 처음부터 계속 그렇게 되어왔었기 때문에 각자의 의견 차이 같은 게 있을 수 없었고. 그다음에 집행위원장님께서 현명하세요. 그러니까 서로의 장단점이 있었던 거 같아요. 둘이서 의견 대립을 하거나 그런 적은 지금까지 한 번도 없었던 거 같고, 조금 진행해 나가면서의 차이는 있을 수 있었겠지. "이거 이렇게 해야 한다"라든가, 그런데 "이렇게 하는 게 맞지만, 방법을 이렇게 하는 게 맞겠다, 이렇게 하겠다" 이런 차이는 있을 수 있지만, 대외적으로 한 번도 서로의 의견 대립이 집행위원장과 있었던 부분은 없어요. 그런 거로 가지고 언쟁을 하거나 서로 갈등을 겪거나 서로 의견이 달라서 당연히 그런 게 없었기 때문에 있을 수는 없었고.

다만, 집행위원장께서는 뭐라고 해야 될까, 저는 참사부터 SNS던

페이스북이던 그런 걸 안 했다고 했고. 집행위원장님은 집행위원장님 대로 대변인 역을 충분히 해야 되고 그래서 그런 페이스북이든 이런 게 많았었고. 다만 심도 있게 논의하고 그런 부분은 우리가 거의 없었다, 실제로 사무처장하고도 그런 게 없었다. 외려 사무처장하고 나하고는 많이 싸웠죠, 김유신 사무처장하고 외려 더. 그게 왜냐면 서로를 위하다 보니까 싸우는 거예요. 서로 문제가 있어서 갈등이 있어서 싸우는 게 아니라 잘되기 위해서 그런 부분이 있는 거고, 사무처장하고 그런 게 있었고.

그리고 집행위원장하고는 그런 갈등은 없었지만 전체가 확대운영 회의를 통해서 진행됐었고, 임원 회의에서 내가 공개적으로 이야기하지 못할 거, 그러면 "분과장들 잠깐 모이시오" 그다음에 "여러분들 생각은 어떻소?" 어떤 생각을 하고 있는지 내가 듣고 싶다 그럴 때만, 그럴 때만 별도로 "분과장들 오늘 저녁때 봅시다", 이런 식, "오늘 시간 안 되면 나머지 보고, 나머지는, 내일 그러면 당신은 봅시다, 분과장님은". 그리고 "이러한 사항에 대해서 솔직하게 이야기해 봐", 회의를 진행하면 원론적인 이야기밖에 잘 안 하잖아요. 실제적인 이야기를 난 듣고 싶은 거거든요. 근데 4년 동안 오면서 그거 몇 차례 없었어요, 실제 그런 거는 몇 차례 없었고.

집행위원장하고는 소통 방법이 이런 게 있었던 거 같아요. 맨 처음에는 같이 그렇게 많은 회의를 자꾸 하려고 했지만, 크게 그렇게 갈등하거나 그런 게 없으니까, 다만 가끔가다가 한 번씩 단둘이서 이야기한 거는 있어요. "이러한 사항들 있고, 내 생각은 이런데 어떻게 생각하세요. 집행위원장님 생각은 어때요? 단원고 이미 저렇게 됐고, [4·16]기억교실 있는데 이런 사업을 하기 위해서 아무튼 저거 안 될 거고, 아무튼 그런 과정이 있어야 할 텐데 그렇게 해서 진행해 나가야 할 거 같은데, 내 생각은 이런데 집행위원장 생각은 어때요?" 그런 이야기를 몇 차례 한 이유는 두 가지. 첫 번째는 어떻게 보면 이런 생각하면 어떨지 몰라도, 위원장이라는 자리는 솔직하게 외롭죠. 나약함을 표현해서도 안 되고, 그다음에 분과장들 만약에 다섯 분 중의 한 명 분과장이 반대 이야기를 하더라도 "다수결이니까, 이렇게 하기로 했으니까 따라, 무조건" 이렇게만 위원장의 입장에서 끝낼 수 있는 건 아니거든요. 당신이 그렇게 이야기를 했지만, 이렇게 다시 불러서 이야기를 해야 되거든요. 대부분 이렇게 이야기하고 "그건 당신이 인정해야 돼" 그게 수긍될 때까지 이야기를 해야 되거든요. 가시적으로 수긍을 하더라도 그게 그러한 부분이 사실 참 그런 거고. 내 생각과 다른 거, 이거는 절대 이렇게 하면 안 되는데 어쩔 수 없이 해야 하는 거 같은 경우, 그때는 진짜 속상하죠. 그리고 진짜 그런 고민을 할 때는 힘들거든요.

마타도어든 그렇게 내가 가족들에게 공격당하고 있거나 이럴 때는 진짜 힘든데, 그걸 내색을 하면 안 되잖아요. 표현을 해도 안 되고. 그러면 가족 전체의 힘이 빠져 보이게 되는 거고, 내가 그걸로 침울해하거나 내가 의기소침해하거나 이런 거는 안 되는 거거든요, 있을 수 없는 거거든요. 그런 내색도 하지 말아야 되고, 또한 전체를 아울러야 하고, 한 명 한 명 다 소중하고 각자 의견은 다를 수 있지만 그걸로 갈등할 때. 그런데 그것을 실제로 멀리 보면서 이야기할 수 있는 사람이 집행위원장님이었기 때문에, 집행위원장님만 페이스북을 하잖아요, 나는 안 하지만. 그래서 혹시나 내가 생각하고 있거나 내가 진행해 나가면서

찬호 아빠 전명선

시민사회 단체, 전교조[전국교직원노동조합]라든가 혹은 우리가 정치적
으로는 중립이었지만 선거에 개입하거나. 그다음에 전교조, 시민사회
단체, 참여연대든 인권 어디 지역의 단체들하고의 갈등, 그리고 우리를
도와준다고 하지만 가족협의회를 혹은 누군가를 공격하거나 이렇게 비
쳐질 때. 저걸 어떻게 단도리 쳐야 될까, '우리 도와주겠다고 외부에서
는 와서 지금까지 계속 자원봉사도 하고 우리랑 하는데 내가 볼 때는
쟤는 빨리 쳐내야 될 놈이야' 그럴 때. 그게 외부적으로 알려지면 안 되
고, 그게 개인 주관적으로 피력되면 안 되고, 공격 대상은 정해져 있거
든요, 운영위원장, 집행위원장. 끊임없이 흔들려고 하죠.

　이렇게 건드려봐도 안 되면 집행위원장, 집행위원장 건드려봐도 안
되면 나, 나 건드려봐도 안 되면 사무처장, 이런 식으로 계속 이렇게 4년
동안, 지금도 마찬가지고. 그렇기 때문에 그런 부분. 그래서 서로가 실
수하지 말자는 부분, 큰 방면에서 그런 부분. 쉽게 말해서 가족협의회
에서 '어떠한 사안을 판단하면서 문제점이 있고 우리가 이것을 어떻게
해결해 나갈까'의 논의보다는, 실제 이런 부분에서 어떻게 생각하느냐
의 의견 조율. 그리고 "내 생각이 이렇고 집행위원장님 생각은 어떠시
냐" 그런 내용, 정확하게. 그래서 가끔가다가 불러서 단둘이서 그런 이
야기를 오래 하죠. 그리고 각자가 찬호 아빠로서 운영위원장으로서, 예
은이 아빠로서 집행위원장으로서의 혹은 분과장들은 누구 아빠의 분과
장들로서 자기 역할에 자기 아이들 이름 걸고 최대한 열심히 하면 되는
거예요. 내가 위원장이니까 지시하고 이런 게 아니라, 각자의 역할에서
최선을 다하면 되는 거지. 그리고 그런 권한이 있는 것도 아니고 사실.
그리고 권한에 대한 부분을 논의할 것도 아니고, 각자가 실수하지 말자

는 개념이죠. 그런 측면에서 가끔가다가 집행위원장하고는 그래도 가장 그런 이야기를 많이 했다. 현재까지도 가끔 집행위원장님께서 회의를 잘 참여를 안 해요, 확대운영회의 할 때는. 회의 내용을 보고는 하지만.

면담자　　참여를 잘 안 하세요?

찬호 아빠　　바쁘죠, 집행위원장도. 솔직하게 자주 참여를 안 해, 회사일도 있고.

면담자　　이름을 걸어두고 참여 안 하시는 회의가 많은 것 같아요.

찬호 아빠　　그러니까 그런 거는 잘못됐어. 잘못됐는데, 아무튼 나름 바쁘시잖아요, 회사도 아예 손 떼고 있을 순 없고. 근데 내가 못 하는 거, 내가 건강도 안 좋고 그러다 보니까 서울 쪽 이런 데 특별하지 않으면 제가 안 가요. 또 국민대책위원회 같은 경우에 그럴 때는 아예 대놓고, 그다음에 종합보고서 같은 경우도 일단 위원장이니까 이름 올려놓고 "난 요건 회의만 참석할게요. 다음부터는 집행위원장님, 진상분과장님, 인양분과장님, 사무처장님 대응하세요. 공식적으로". 그렇기 때문에 위원장으로서 내가 해야 하지만, 건강의 문제라든가 이동에 대한 부분, 집행위원장님이 고생 많이 하시죠. 그러니까 서울 일이든 광화문이든, 혹은 때로는 어쩔 수 없이 가야 되는 목포 일정 말고, 어쩔 수 없이 가야 되면, 집행위원장님이 서울 갔다가 KTX 타고 목포 갔다가 그런 역할은 미안해요. 제가 아무튼 건강관리를 못 해서, 그런 부분 때문에 저는 나름 집행위원장[님이] 워낙에 바쁘고 힘드셨던 부분이 있거든. 그런 부분은 집행위원장한테 미안하기도 하죠, 개인적으로.

〈비공개〉

면담자   오늘도 정말 긴 시간 말씀을 나눴어요. 오늘은 여기까지 하려고 합니다. 감사드리고요, 다음 4회차에서 또 뵈어야 할 것 같습니다.

찬호 아빠   네, 그렇게 하겠습니다. 감사합니다.

4회차

2018년 8월 18일

1
시작 인사말

면담자　　　본 구술증언은 4·16 사건에 대한 참여자들의 경험과 기억을 기록으로 남김으로써 이후 진상 규명 및 역사 기술에 기여하고자 합니다. 지금부터 전명선 씨의 증언을 시작하겠습니다. 오늘은 2018년 8월 18일이며, 장소는 안산시 단원구 4·16기억저장소입니다. 면담자는 이현정이며, 촬영자는 강재성입니다.

2
도보 행진과 4·16가족협의회 출범

면담자　　　위원장님, 지난번에는 2015년 초까지 진행을 했습니다. 오늘은 2015년 주요 타임라인을 좇아가면서, 위원장으로서 어떠한 일을 진행하셨고, 어떤 결정을 하셨는지 중심으로 듣겠습니다. 먼저 2014년 이야기에서 제가 한 가지 빠뜨린 것이 있어서, 그것부터 여쭤보도록 하겠습니다. 2014년에 가족들이 전국적으로 간담회를 다니는 움직임이 있었어요. 가족들이 현장에서 직접 목격했던 경험담을 알리고, "언론보도라든지 국가에서 이야기하는 것이 사실은 거짓이다"라는 것들을 이제 직접 발로 뛰어서 알려야겠다는 생각을 하셨는데요. 혹시 위원장님도 간담회에 참여하신 적이 있나요?

찬호 아빠　　　간담회 참여는… 4년 동안, 그해가 아니라, 4년 동안 공식적으로 한… 두 번 정도. 그다음에 특별법 서명운동 같은 경우도, 실제 제가 서명을 받은 것은 그것도 한 2회 정도. 정확하게 인천문학경기장 한 번, 그다음에 뭐 오랜 시간은 아니지만 서울에서 아마 한 번 정도, 한 2시간. 사실은 그렇게밖에 없었구요. 간담회 같은 경우에는 할 시간도 없었을뿐더러, 또 특히 간담회 같은 경우는 각 반별로 집중적으로 움직이게 됐었고. 그리고 무엇보다 이미 15년 되면서, 기본적인 게 있어요, 내 주관이. 그게 뭐였나 하면 개인 찬호 아빠도 아니고, 어떻게 보면 가족 전체 입장이다 보니까, 가급적으로 '개인 주관을 얘기하는 부분은 바람직하지 않다'라는 그런 나름대로의 원칙이 있었기 때문에, 간담회 요청은 많이 왔죠. 근데 '간담회는 주로 분과장님들, 또 혹은 반 대표님들 그리고 각 반에 속해 있는, 반으로 구성된, 각 지역의 연대 관계를 맺은 고런 개념으로 진행하는 게 맞다'라고 생각하고. 사실 그럴 시간이 없었어요, 간담회를 다닌다거나 할 시간조차도.

면담자 네, 알겠습니다. 그럼 이제 2015년 주요 타임라인을 따라서 질문을 드리겠습니다. 먼저 1월 26일부터 2월 14일까지 19박 20일 간 안산에서 팽목항까지 도보 행진이 있었어요. 그것은 어떻게 기획되었던 것인지, 그 당시의 상황을 기억나는 대로 좀 말씀해 주시면 좋겠습니다.

찬호 아빠 네, 일단 참사 나고 미수습 가족들이 있는 상태에서 수중 수색이 중단이 됐었던 부분이 있었고. 그다음에 그 수중 수색도, 사실은 정부 발표나 혹은 전문가들의 발표 내용들을 우리가 받아들일 수는 없었어요, 가족협의회 입장에서는. 그게 뭐냐 하면, "수중 수색 동절기가 어렵다"라고 했을 때, 이미 가족협의회 측면에서는 국회 여야 원내대표들, 그리고 또 범대본에 가서 직접 저희가 브리핑을 하거든요, 동

392

절기 수색 방안에 대한 부분. 그 부분에 있어서는 우리 명지대 기록학과 김익한 교수님께서 도움을 주셨고, 그다음에 서울대 이공학과에 계신 교수님들의 자문을 좀 받을 수 있었구요. 그다음에 그 자료 준비를 한 건 사실 김익한 교수님이 도와주신 거죠. 그리고 전문 업체인 살코[코살, 코리아 샐비지]에서 도움을 주셔서, 실제 대표이사와 그 당시에 영업 이사, 그다음에 김익한 교수님 이렇게 서울 아마⋯ 참여연대에서 만났었나? 고 주변에서 한 번 미팅을 하고 바로 준비가 됐었던 사항이 있어요. 그래서 이론적으로 충분히 가능하고, 또 그 해양, 그니까 해저 내에서 어떠한 작업이 이루어짐에 있어서도 동절기에 대한, 조류 그다음에 온도 이런 부분에 있어서도 사실 잠수사들의 증언부터 시작해서 내용들은 충분히 만들어져 있었다. 그리고 그⋯ 수색 방안이 우리가 '동절기 수색 방안'이라고 명칭이 됐었고, 잭업 바지선[jack-up barge] 개념이었어요.

그러니까 원통을 내려서, 잠수사들이 원통을 통해서 이제 내려가서 수중 수색[하는 거였죠]. 근데 결론은 그게 범대본에서 최종 받아들이지 않았을 때에, 좀 문제들이 있었거든요. 첫 번째는 그것을 증언해 주기로 했던 [한국]잠수협회에서 그날 참석을 안 해요. 그날 당일 날 도착을 안 해서 제가 연락까지 했지만 전화도 안 받고, 근데 "하시겠다"고 했던 분들이. 그다음에 해심원 자문위원들 중에서도 "절대 그게 안 된다", 그다음에 순전히 안 되는, 또 잠수사들도 마찬가지. 그니까 긍정적인 자료를 준비해서 증언을 하기로 했던 사람들[은] 제대로 못 했고, 참석도 안 했고, 또한 정부, 해수부라든가 범대본 내에서 브리핑을 할 때 쉽게 말해서 면박까지 주거든요. 그래서 살코[코살, 코리아 샐비지] 대표이사가 제대로 설명을 못 해. 그래서 하도 좀 이제 화가 나서, 중간에 제가 가서 마저 설명을 다 해요. "대표님, 들어오시라"고 하고 제가 가서 아무튼 다 설명을 하는데, 그 당시는 그런 게 받아들이지 않았어요.

그리고 '충분히 가능했다'라고 우리는 믿었고. 그런 전문가들, 또 교수님들의 그런 자료에 대한 데이터도 정확하게 확보를 했고, 그리고 뭐 힘없는 야당이라고 하지만, 여야에다가 제출까지 하고, 이주영 장관, 해수부 장관한테까지 이미 자료가 제출이 됐으니까 범대본에서 쓰고 설명을 할 수 있었었다. 근데 교묘하게 다 반대를 했죠. 반대를 하는 바람에 또 브리핑하는, 그 설명하는 대표에 대한 부분에 뭐라 그럴까, 면박이라 그러죠, 핀잔. 그리고 아주 집요하게 다 부정하는 거죠, 이론적으로, 모든 사람들이. 그래서 중단됐었기 때문에, 그게 가장 컸었다. 미수습자 수습을 다 못 한 부분. 그리고 수습을 못 하게 되면, 정부가 그랬잖아요. "수습을 해달라"고 할 때는 인양을 준비했었던 거고, 이제 수중 수색이 종료돼서 미수습자 수습할라면 인양밖에 없는데, 그런 목소리가 전 정권에서는 제대로 전달이 안 됐고.

그래서 정확하게 도보 행진에 대한 부분은, 또 추웠었거든요 그때가. 겨울이고, 실제 이미 정부 간담회든 피케팅이든 지칠 대로, 그다음에 뭐 풍찬노숙, 지칠 대로 지쳐 있는 가족들이 국회에서부터 꾸준하게, 청운동 그다음에 지역 간담회, 피케팅, 서명운동, 단 하루도 집에서 편안하게 잠을 자거나 했던 가족은 단 한 명도 없었을 것이고. 그런 지친 내에서도 그 의지가, 그런 결의는 워낙에 강했다. 그리고 그런 제안은 우리 확대운영회를 통해서 제안이 나왔고, 그 제안에 따라서 당연히, 그 당시는 사무처에서 철저하게 많은 준비를 했고, 무엇보다 4·16연대[4

월16일의약속국민연대]의 힘이 컸었다. 그래서 4·16연대와 4·16가족협의회의 사무처 직원들이 모든 동선이라든가, 그다음에 팽목항에 도보 행진뿐만 아니라, 가면서 세월호를 알리는, 그냥 행진만 하는 게 중요한 게 아니라 각 지역에 시민사회 단체들과 결합하면서, 그다음에 간담회까지 진행을 하면서 가기로 했었던 부분이라, 회의 석상에서 단 한 명의 반대 없이 전원, 뭐 그렇게 해서 바로 진행하게 됐었던 거죠.

면담자   도보 행진을 하면서 예상보다 많은 시민들의 지지가 있었잖아요. (찬호 아빠 : 네, 많았죠) 위원장으로서 그때의 경험이 '4·16 가족들이 계속 투쟁해 나가야 된다'는 결심을 굳히는 데 영향을 미쳤다고 생각하시는지요?

찬호 아빠   아니 그… 가족들, 특히 엄마들, 그 눈물, 그다음에 그런 결의 찬 모습, 아빠들. 그런 걸 보면 당연히 힘을 받죠. 일단은 우리가 목표했던 게 있고 목적이 있었기 때문에 그걸 하기 위해서는 어떠한 내부의 분열이라든가, 의견이 다를 수는 있고 가는 방향이 다소 다를 수는 있는, 다른 의견들은 나올 수 있으나 근본적으로 우리의 행위에 대해서, 그다음에 목적에 대해서는 뭐 다른 내용이 나올 게 없었으니까. 뭐라 그럴까, 단합, 결집, 그런 거를 봤을 때는 힘을 받죠. 힘을 받고….

면담자   도보 행진을 하는 동안 옆에서 지지를 해주거나 걷기에 동참하는 시민들의 모습은 어느 정도로 예상하고 계셨나요?

찬호 아빠   쫌 부족했던 지역도 있고…. 사실은 목표가 있죠. 저는 우리 4·16연대, 특히 박래군 소장이나 우리 배서영 사무처장은 저한테, 아직까지도 제가 잔소리를 많이 하고, 그 두 분한테는 화를 많이 내요,

다른 분들한텐 절대 그러지를 않고. 근데, 항상 부족하죠. 제 성에 안 찼다. '어떤 집회에 있어도 성에 차는 거는 없었다'예요. (면담자 : 항상 부족하다고 느끼셨군요?) 네, '항상 부족하다'고 저는 느꼈고. 예를 들어서 서울 집회에서 목표가 3만, 5만, 그럼 그 인원이 돼야 되는 거예요. 그 인원보다 많으면 많았지 적으면 안 되는데, 사실은 그때 팽목항 도보 행진 전까지도, 사실은 우리가 광화문광장이라든가 집회를 진행함에 있어서 초기에는 그렇게 10만 명[이] 모이지가 않거든.

그래서 '야, 이거 더 많이 알려야 되겠다' 가족들이 '어, 우리가 더 움직일 수밖에 없겠다' 이런… '기대치보다 좋았다'라고는 저는 생각을 안 하고요. 다만, '기대치보다 좋았다'라고 생각할 때는 처음 출발할 때. 그리고 각 지역마다 좀 차이는 있어요, 인구수도 있으니까 그렇겠지만. 중간중간에서 결합되면서 인원수가 늘어나고, 또 혹은 간담회든, 어떻게 보면 자원봉사 개념, 한의사라든가 [대한]의사협회, 그다음에 지역에서 뭐 이런 안마부터 시작해서 음식을 만드는 자영업자들의 그런 모임, 엄마들의 모임, 그런 분들이 하나하나 가져오는 작은 성의들, 사실은 그거에 대한 부분은 감동… 받았죠. 그니까 문제는 뭐냐 하면, 옆에서 당장 많은 사람들이 확 모여서 출발하고, 가면서 많은 인원들이 붙어줬으면 하는 게 욕심이고, 그거는 우리 가족협의회, 제 욕심이었던 거고. 그래서 그렇게까지 확 부풀어지지 않는다, 맨 처음에는.

그래서 사실은 '뭔가 더 방법들을 짜야 된다', 사무처도 그렇고, 지역 시민사회, 특히 4·16연대에서는 미리 홍보되고, 미리 사람들이 결집되고, 거기에서 그냥 숙소에서 쉬는 게 아니라 어떠한 내용이 또 있어야 된다. 그 지역에 맞게끔 그런 프로그램, 간담회 내용들이 항상 있어

찬호 아빠 전명선

야 된다. 그래서 맨 처음에 "간담회 하는 거는 좀 무리 아니냐? 행진까지 하고, 도보 행진을 하고" 그랬지만 다 그렇게 하거든요, 내려가면서. 시작해 보니까 그 내용이 더 좋은 거야, 그 작은 정성들 모이는 게. 고런 부분이었어요. 그래서… 내가 욕심이 너무 많았던 거죠. 그래서 맨 마지막에 좋았고, 맨 처음에 좋았고, 중간중간 또 그런 모습들 보면서 좀 좋은 점이 있었고. 근데 처음부터 끝까지 제가 함께 걷지를 못 해서, 고건 이제 엄마들, 특히, 아빠들한테 미안한 부분이 있고.

면담자　　　　도보 행진 하기 전 날인, 1월 25일에 4·16가족협의회 창립총회를 했죠. 근데 그날… 우리 위원장님이 하셨던 말씀, 그리고 그 당시의 분위기에 대해서 잠깐 말씀해 주시죠.

찬호 아빠　　　도보 행진에 대한 부분은 그 전에 이미 회의가 되고 가족들에게 안내가 됐고, 각 반 대표님들 통해서 인원 취합까지 다 됐어요. 그래서 중간중간 합류 말고 완주하는 사람 개념으로 해서 이미 명단이 다 취합이 됐던 상태니까, 그랬고. 그… 임시총회에서는 지난 구술 때 잠깐 언급했던 것처럼, 말 그대로 계획들이 있었죠. 그리고 사실상 제가 다시 그걸 하겠다는 부분은, 사실 할 생각은 없었어요, 위원장은. 그래서 제대로 된 법적 권한을 가질 수 있고, 이 국가, 정부를 상대로 그런 단체를 구성, 제대로 해야 되겠다…라는 거였었고. 아무튼 그런데 또… 아무튼 추대가 되게 된 거죠. 추대가 되게 됐었었는데. 그때 사실 운영위원장을 맡고 싶은 생각은 없었어요, 그때도 마찬가지. 그래서 그때 아마 한 얘기는 정확히 정해져 있었을 거예요. 지금 오래돼서 기억은 안 나지만, 저는 말이 많잖아요.

　　근데 그때 위원장이 됐을 때도 관심들이 있었을 테고, 그때는 초반이었고, 말 그대로 또. 그리고 우리가 요구했던 제대로 된 법안은 일단은 만들어졌기 때문에 그걸 통한 진상 규명이라든가 그리고 미수습자 가족들의 수습이라든가, 그다음에 말 그대로 이미 '봉안당'이라고 얘기해서 작은 공간에 추모공원 조성하고 이런 거는 반대를 했었던 부분. 그리고 이미 단원고에 대한 갈등에 대한 부분, 이런 것들이 많았기 때문에, 아마 그 당시에 회의록에 있겠지만, 그 얘기 했을 거예요. 첫 번째는 진상 규명 얘기를 했을 거고, "1기 특조위를 통해서 제대로 된 진상 규명을 밝힐 때까지 가족들이 활동해야 된다"는 내용을 가장 처음에 얘기했을 거고. 두 번째야 뭐 당연히 "미수습자 가족분들의 수습과 선체 인양 반드시 해야 된다. 그래서 미수습자 가족들 수습해야 된다". 그다음에 세 번째는 우리 추모 시설, 우리 아이들 올 수 있는 그런 추모 시설, 뭐 그런 내용의, 기본적인 내용들을 얘기했을 거고, 진상 규명과 책임자 처벌. 그리고 우리가 그 당시에 임시총회를 했을 때, 그래서 정확한 명칭 자체가 '비영리 사단법인 [4·16]세월호참사 진상규명 및 안전사회 건설을 위한 피해자 가족협의회'거든요.

면담자　　　그 명칭이 공식 명칭이 된 거죠?

찬호 아빠　　네, 그 명칭으로 가게 됐는데 그 명칭에 맞게 진상 규명과 책임자 처벌에 대한 고 내용으로 제가 아마, 취임사라고 해야 될까요? 미리 준비한 건 없었지만, 아마 그렇게 딱 얘기했을 거 같아요.

면담자　　　'가족대책위'라는 이름이었다가 이렇게 긴 이름을 가진 '가족협의회'로 명칭을 바꾸게 된 건 어디에서 결정이 된 건가요?

찬호 아빠　　그것도 회의 내역…에, 저희 임원 회의 때 최종 내용을 정리를 하고, 정관 같은 부분도 수차례 논의를 거쳐서 진행하게 됐고, 조직도 마찬가지[로] 수차례 회의를 통해서 결정하게 됐었던 거.

3
특별법 무력화에 대한 가족들의 투쟁

면담자　　그리고 3월 27일에 해수부에서 세월호특별법 시행령안이 나옵니다. 사실 이 시행령안을 보면 조사 대상이 되는 사람이 오히려 조사위원으로 참여하는 문제가 있었죠. 그리고 4월 1일에는 해수부에서 배·보상 관련된 안을 발표하고, 4월 2일과 4일 두 차례에 걸쳐 가족들이 삭발을 하십니다. 그 후에 아이들 영정 사진을 들고 1박 2일 광화문 도보 행진을 했죠. 그때 당시의 상황을 좀 말씀해 주시죠.

찬호 아빠　　그때도 마찬가지였죠. 일단은… 가족 추천으로 인해서 위원들이 구성된 부분과, 우리는 그걸 이제 정부시행령이라고 얘기를 하면서, 실제 그런 시행령이 나왔을 때, 그다음에 우리가 말 그대로 저희 가족협의회에 법률 자문을 해주고 계셨던 변호사님들, 그리고 또한 진상 규명을 염원하면서 4·16연대가 결성이 돼 있었고 거기는 많은, 훌륭하신 분들이 많거든요. 그래서 어떠한 내용을 가지고, 그니까 특조위와 같이 제대로 된 이런 조율을 하는 게 아니라, 이미 그 내용이 나오면 4·16연대 측면에서, 혹은 변호사들 같이, 연대에도 포함이 돼 있고 또 우리 법률 자문을 해주는 변호사님도 각자가 내용들을 정리를 합니다. 이런 부분에 모순, 그다음에 잘못된 부분 그것을 정확하게 짚고, 이제 진상 규명을 하기 위해서 이런 부분은 어떻게 바꿔줘야 되고, "이 상태

대로 하면 제대로 우리가 요구했던 내용이 아니다"라는 걸[부분을] 일단
은 어떻게든 고쳐야 되기 때문에, 고런 부분은 바로 4·16연대 측면에서
도 내용이 나오고, 가족협의회 측면에서도 나오고, 이제 그런 부분이
있었… 항상 있었고, 현재까지도. 어떠한 성명이 되든, 그때도 바로 가
족들 협의회 입장으로 기자회견문이 그날 바로 작성이 됐을 거예요, 바
로. 밤새도록 내용들을 서로 주고받으면서, 뭐 이런 텔레그램 방을 통
해서.

그다음에 그런 사안이 있을 때마다 긴급히 모이죠. 밤 몇 시가 됐든
모여서 그런 내용들이 정리가 되고, 그런 또 법률 전문가들의 조언과
그다음에 시민사회 단체, 각 역할을 하고 계신 분들 의견을 다 모아서
기자회견 이런 거에 대응하면서, 그 장소에서 긴급회의를 하고, 뭐 삭
발이라든가 그다음에, "약하다", 영정 사진뿐만이 아니라, 항상 나왔지
만 영정 사진 외의 것도 나오는 거거든요. 그리고 영정 사진 외에 뭐
"유골함을 들고 가자" 별의별 내용들이 회의 석상에서는 다 나오는데,
유골함까지도 그때도 항상 나왔던 얘기예요. 그래서 유골함까지는 안
하기로 하고, "영정 사진도 기본적인 예의는 갖춰야 된다". 그래서 이
미 도보 행진 하기로 회의 석상에서 결정이 된 상태에서, 그러면 영정
사진을 들고 가는 부분도 예의를 갖춰서 해야 되기 때문에 바로, 그러
면 장례지도사, 교수님이죠, 정부합동분향소를 운영하고 있는 장례지
원단 장례지도사 교수님을 통해서 최소한의 예우에 대한 부분을 파악
하게 하고, 그러고 나서 필요한 도구는 가족협의회 사무처에서 안산시
를 통해서 "바로 하기로 했으니까, 준비해" 이렇게. 그래서 어떻게 보
면, 모든 일들이 회의에서 결정이 되면 좀 일사분란하게, 회사는 아니

었지만, 같은 부모님들의 의견들이 다 통일됐었기 때문에 그렇게 조직적으로 움직여서 바로바로 준비가 되고 진행이 됐었다.

면담자　그때 영정 사진을 들고 도보 행진을 한다든지, 삭발식을 하는 것에 유가족 부모님 중에서 반대하신 분은 없으셨나요?

찬호 아빠　반대 의견도 있습니다. 정확하게 반대하시는 분들도 있는데, 아무튼 다수의 의견을 따를 수밖에 없고, 강제할 수는 없죠. 그래서 모든 우리 회의 때 서로 존중합니다. 존중을 하고, 의견에 대해선. 하지만 다수의 의견을 따라야 되고. 다만, 그건 강제할 수 없어요. 그래서 분향소 내에서 영정 사진과 위패를 빼거나 이런 부분에서 강제할 수는 없는 부분이기 때문에, 그것을 안 하시는 분들도 자발적으로. 자발적인 참여인 거지 "가족협의회가 하기로 했으니까 다 해야 된다" 그런 개념은, 그런 식으로 논의를 하거나 회의를 하지는 않기 때문에, 자발적으로. 그냥 다수의 의견이 그렇게 정해졌으면 하는 것이고. 다만 가족협의회 측면에서, 같은 피해 가족이지만 가족이었기 때문에 아주 마음 아픈 일이죠. 근데 어떠한 행위에 있어서 강제하지는… 않죠. 현재도 마찬가집니다.

면담자　삭발식 때 참 많은 분들이 머리카락을 자르셨어요. 그때 운영위원장님도 인터뷰를 하셨는데요.

찬호 아빠　인터뷰를 잘 안 했는데, 그래요?

면담자　그때 기분이 어떠시던가요? (찬호 아빠 : 글쎄 그때……) 그때 마음가짐은 어떠셨나요?

찬호 아빠   그때 마음가짐 이런 거는, 결의죠. '뭐든 해야 된다' 그리고 이미 단식을 했기 때문에. 우리 회의 내용에서, 말 그대로 전 정권은 진짜 무지막지했었기 때문에. "그냥 보여주기식 정도로는 안 된다"에요. 근데 이미 단식을 했었던 경험이 있고. 그리고 우리가 주장하는 내용들이 잘 안 받아들여지고 있고, 또 변화되는 모습들이 안 보이고 있고 그런 상황이었었기 때문에, 결의라고 해야 되겠죠. 그리고 "더 쎄야 된다. 이거보다 더 강력해야 된다. 더 처절해야 된다". 그래서 몸이 어떻고 이런 부분을 얘기하는 부분, 뭐 건강 이런 거를 서로 저거 하는 거는 서로 미안한 얘기였을 거 같아요. 서로 "건강을 챙기자"는 부분은 그냥 형식적인 [이야기고], 그다음에 질기게 싸우고 질기게 버텨야지만 가능한 부분이었기 때문에 그런 건 다 결의였다고 생각이 되고, 그걸 임하는 뭐 삭발이 됐든 도보 행진이 됐든 혹은 거기에 참여하는 가족 혹은 시민 사회 단체 모두의 사람들이, 하루하루가 지나고 그다음에 집회를 하거나 그다음에 또 어떠한 행위가 있거나 그다음에 지역 간담회를 가거나, 내용 자체가 점점 더 절실하고 점점 더 호소력 있게 아마 전달되고, 또 참여하시는 분들도 그랬, 점점 더 그렇게 쌓여져 가지 않았었겠냐. 어떻게 보면 그러죠, 처음에는 엄마, 아빠였는데, 어떻게 보면은 투사. '어떻게든 이걸 꼭 해야 된다'라는 결의, 눈빛을 봐도, 아마 그러지 않았었겠냐. 그니까 쪼금 더 강력하고 처절하고, 절실하고, 호소력 있게, 그리고 그 마음가짐조차도, 그 행동조차도 아마 다들 그랬을 거 같아요.

면담자   그 당시 정부에서 시행령안 입법 예고를 하고, 해수부 배·보상지원단에서 문자를 보내기도 했잖아요? 그 상황에 대해 조금이라도 예측하셨나요?

찬호 아빠 못 했죠, 솔직하게, 설마…. 저희 쪽에 법조인들도, 자문위원들도 있고, 또 국회 내에서 실제… 특별법이 만들어진 것이었었는데, 거기 시행령조차를 정부가 개입하고 그걸 우리는 쉽게 박근혜 뭐… 정부시행령이라고 아예, 우리는 지칭을 하기 시작했었던 거기 때문에. 그래서 그런…거를 예상을 했었으면 우리가 그렇게 했겠어요? 절대 그 정도까지일지는 몰랐죠. 전 정권이 무지막지한 정권인 건 알았지만, 적어도 국회를 통해서 만들어진, 한시적인 독립적인 법적 기구임을 만들어놓고 나서, 정부에서 그렇게까지 개입하거나 그렇게까지 흔들 줄은 몰랐었다. 그건 이제 솔직하게 예상을 못 했었구요.

면담자 자문을 해주신 법조인들조차도 예상하지 못했었나요?

찬호 아빠 그렇죠. 그러니까 바로… 저희가 가족들과, 그런 삭발이든 도보 행진이든 그리고 4·16연대, 똑같은 목소리를 내면서 바로 뭐 했냐 하면, 기자회견 하고 그다음에 시행령 폐지 서명운동 하고. 전국으로 빨리 그걸 알려야 되고, 언론을 통해서는 잘 안되니까. 그래서 특별법 제정 서명에서 (웃으며) 바로 시행령 폐지 서명, 뭐 이런 식으로, 그니까 그게 며칠 거쳐서 되는 게 아니라 바로 그 사안을 가지고 누구든 예측 못 하고, 누구든 무지막지하고, 누구든 납득·인정할 수 없는 그런 부분이었으니까, 동시다발적으로 그렇게 다 진행될 수 있지 않았었나 싶어요.

면담자 그리고 이제 4월 6일 날 세종시 해수부 항의 방문을 갑니다. 그때 위원장님도 가셨나요?

찬호 아빠 해수부 저기 우리가 항의 방문한 거는 딱 하나죠. 배·보상, 말 그대로, 되지도 않은, 아… 진짜 국민들에게 그래 놓고 언론을 통해서, 정부가 사실상 그렇게 발표할 이유도 없었고, 또한 그런 내용이 저희하고 공유된 부분도 없었고, 실제 현실적으로, 저희는 이미 그때부터 배·보상에 대한 개념은 없었잖아요. 이미 비영리 사단법인, 그리고 또한 진상 규명, 안전 사회 건설, 이미 목소리가 정확하게 나오고 있고 이미 행동이든 뭐든 진행되고 있는 상황에서, 그 언론은 이 피해 가족들에게 힘 빼기. 그리고 또 그런 마타도어를 형성해서, 돈을 더 요구하거나, 그다음에 특조위를 통해서도 더 이상 진상 규명이 아니라 세금 도둑 발언까지 나올 정도였었기 때문에, 너무나 분노할 수밖에 없었죠. 그래서 정확하게 해수부 장관 면담을 위해서 갔었던 거예요. 그리고 이미 연락을 했었고, 해수부 장관 면담을. 그리고 나서 세종시를 내려가게 됐던 거예요, 바로. 항의 방문이었죠. 그리고 항의 방문이 목적이 아니라 해수부 장관 면담이었어요. 그랬는데 도착하자마자 이미 막혀 있었죠. 그리고 불법이라고 얘길 했지만, 이미 병력이 정문 막고 있었고, 그다음에 인도에도 병력이 대기하고 있었고, 차를 가지고 내릴 수 있는 공간은 참 어이없게 도로. 인도에도 이미 병력이 배치되어 있으니까 가족들이 내릴 수 있는 거는 인도밖에 없어요. 차도밖에, 아 인도가 아니라 차도. 근데 그게 불법이야.

근데 이제 그러고 나서… 저는 도착을 한 10분, 20분 늦게 했을 거예요, 10분, 20분. 사실 도보 행진 할 때도 주사 맞고 걷고, 건강상태가 그렇게 좋지는 않았어요. 단 내색은… 가족들 앞에서 내색을 하면 약해 보이니까 내색을 할 수는 없었지만. 그래서 그때부터 좀 건강은 안 좋았어요, 장시간 걷거나 그럴 수는 없었기 때문에. 이미 도착했는데 그렇게 엉켜 있었고, 그렇다고 늦게 도착한 게 아니라 한 10분 정도 늦게 들어갔을 거예요. 왜, 잠깐 스트레칭을 좀 하고 (웃으며) 차에서 내려서 들어갔었으니까. 근데 한 10분 정도 있는데 이미 그렇게 대치 상황이 었고, 그 화장실 사용…하는 부분까지도 통제를 하고 있는 거죠. 그리고 세종시가 본래 국민들에게 전달됐던 메시지가 뭐였죠? "열린 청사. 하늘 정원, 하늘 공원. 시민 누구나, 국민 누구나". 본래 그랬었거든요. 또 세월호 유가족이니까 안 되는 거야. 이미 뭐 집단 가서 시위를 하고 집회를 할 계획도 있었던 것도 아니고, 정확하게 해수부에다가 연락을 하고 해수부 장관 면담 요청이었거든요.

그런데 일단 화장실 사용하는 것부터 통제를 해버린 거예요. 안산에서 장시간 갔으니까 아빠들이야 쪼금 더 참거나 할 수 있죠. 근데 엄마들은, 여성들은 어렵잖아. 근데 그걸 통제를 하는 거야, 화장실 사용하는 걸. 그러다 보니까 이미, 바로 순식간에 격해졌고, 뭐 담을 넘거나, 그냥 뭐 확 이렇게 붙게 됐었던 거죠. 그때도 참 어이없었던 거다. 불법을 자행하게 유도하고 불법을 자행하게 만든 것도, 그다음에 피해 가족, 국민들 보호해야 될 경찰이 공권력을 동원해서 인도, 정문을 막고 화장실 사용도 못 하게 하고, 결론은 차도에 내리게 하고 불법을 자행하게 만들고, 그게 불법집회 혹은 불법시위라고. 시위를 하러 간 거는 정확하게 아니었다, 항의 방문이었는데. 그렇게 좀 격해져서, 가족들이 말 그대로, 많은 가족들이 다치고 또 실제 연행됐죠. 연행되고 그래서 세종시 경찰서장이랑 제가 합의까지 해요, 그 자리에서, 현장에서. 그래서 가족들 연행됐던 13명을 전부 다 일단 풀어주기로, 현장에서. 더이상 없던 일로 그렇게 약속을 했고. 그런데 결론은 나중에 "조사를 받아야 된다"는 거예요, 이미 연행했고 기록이 돼 있기 때문에. "그러면, 너네가 안산에 와서 하는 걸로. 조사받으러 우리 내려갈 수 없다, 세종 시까지" 그래서 안산에서 조사받았던 거고. 그리고 약속했던 대로 아무튼 조사만 받고, 기본 조사 받고 다 풀어줬어요. 다만 두 명, 가족협의회 위원장, 저는 폭행. (면담자 : 폭행?) 네, 1년 반 [동안] 재판받았어요.

면담자   그 당시 전경하고 붙었었던 것이 폭행으로?

찬호 아빠   네. 저는 폭행, 안상기 씨도 폭행, 이렇게 돼서 두 명이서 한 1년 반 재판받았던 거 같아요. 결론은? 1년 반 재판받아도 똑같잖아요. 담당 검사… 재판받고, 또 담당 검사 바뀌고, 또 처음 내용 가지고 또 얘기하고, 또 (웃으며) 결론은 그렇게 해서… 선고유예 받았어요. 근데 그 재판을 1년 반을 끌고 가는 거야. 그리고 저는 우리 담당 그 변호사가 계셨는데, 절대 집회 현장에서 그래서 "인정하지 말라" 그랬어요. 근데 저는… 재판부에서 [재판]받고, 듣고 싶은 얘기가 있었어요. 내가 우리 가족들을 강제적으로 막 연행하고, 엄마들 막 들어서 차에 밀어서 실어버리고, 아빠들 차 밑에 드러눕고 해봤자 차 밀고 들어와서, 결론은 연행하고 이랬던 부분이기 때문에 저도 화가 났죠. 그래서 얘길 하는데 안 들으니까, 그리고 너무나 또 집요하게 앞에서 막는 친구들이 있어요. 그 아주 멸시하는 눈빛, 그런 걸 보면 용서가 안 되죠.

제가 원래 폭력적이지는 않은데, 한 대 딱 때렸는데, 얼마나 기다리고 있었겠어요. 그래서 절대 '시위 현장에서 서로 밀고 당기고 그런 과정에서 했다'라고 변호사가 얘기하라 그랬는데, 첫 재판에서 제가 그렇게 안 해요. 폭행 사실을 그냥 인정합니다. 저는 인정 바로 하고, "다만 듣고 싶은 얘기가 있다" 그랬어요. "적어도 해수부 장관 면담 요청을 하고 그것 때문에 갔는데 막은 이유는 모르겠다. 두 번째, 누구 지시로 막았는지 이 재판을 통해서 나는 알고 싶다". 법을 아예 모르지는 않지만, 폭행 때문에 내가 연루가 됐던 거지만, 나는 일단 그거는 인정. 근데 왜 그렇게 할 수밖에 없었는지에 대한 거는, "첫 번째 해수부 장관 면담을 하기로 약속을 하고 갔었는데 왜 막았냐? 두 번째 '열린 청사'라고 하면서 왜 공권력을 동원해서 가족들을 막았으며, 왜 그 공권력을 통해서 경찰에서 얘기하는 불법… 그 불법을 자행하게 한 게, 왜 인도를 장악하고 차도에 불법을 자행하게끔 유도한 건 그럼 누구냐. 그 지시는 누구냐"만 나는 알고 싶다. 폭행한 건 인정.

근데 결론은…. (면담자 : 그 답을 들으셨나요?) 안 나오죠. 그냥 선고유예(웃음). 근데 그 재판을 1년 반 동안 갔어요. 1년 반 갈 때도 몇 가지 상황이 있어요. 화나잖아요. 갈 때마다 검사 바뀌어 있고. 아, 내가 인정을 했으면, 그러면… 폭행죄를 본인이, 내가 인정을 하는데 길게 끌 게 뭐 있어요. 내가 때린 거 인정. 근데 1년 반을 끌고 가는 거야, 지독하게. 그리고 우리 변호사한테도 "그거 부정하지 말라" 그랬어요, 제가. "위원장님 절대 그 폭행, 그냥 그렇게 인정하면 안 됩니다. 그럴 수밖에 없었다…", "필요 없고, 내가 때린 거 맞고, 영상 다 있고, 때렸어. 그거는 그냥 인정". 그런데도 1년 반을 끌고 계속 가는 걸 보고, 또 어떤 때는 일부러 안 가봤어요. 일부러 안 가본 게 아니라, 제가 참여 안 해도 되는 부분도 있으니까.

그리고 꼭 참여해야 되는 부분 때문에 가다가 뭐 이제 길이 밀린[막힌] 적이 있어서 제가 1시간, 1, 2시간 그렇게 지연돼서 도착했었을 거예요, 그런데도 기다리고 있더라고. 연락을 했거든요, "길이 밀려서[막혀

세] 늦으니까 변호사 그냥 진행해도 된다" 그랬는데, 재판부에다 얘길 했더니 "기다리겠다" 뭐 이런 식. 그니까 더 얄미운 거야. 폭행 사실을 내가 인정하고, 그냥 아무튼 뭐든 뭐 벌금이든 형을 집행하면 되는 거예요. 난 그러기를 바랬거든, 솔직하게 얘기하면. 왜? 모든 세월호가 이슈화되고, 내가 희생돼서 모든 이슈화가 크게 되기를 바랬던 거예요. 그래서 아예 "구속, 이렇게 때려줬으면 좋겠다"라고 난 변호사한테 얘기해요. "그래서 더 이상 변호하지 말아라", 의도적으로 때렸다는 거예요, 나는. "걔가 막고 가족들 연행하길래 때렸다. 놓으라 그랬는데 안 놓고 막고 있길래". 계속 반대 심문을 했어도 전 똑같이 대답했을 거예요. "때리고 나서도 또 막았으면 또 때렸을 거다"라고 저는 대답했을 거예요.

근데 그렇게 한 대 때리고 나서 바로 풀어주고, 세종시 경찰서장이랑 바로 그렇게 합의했다니까요, 가족들 연행했던 거 다 풀어주고 없던 걸로 하기로. 그래 놓고 자기들은 "이미 연행을 했던 기록이 있기 때문에 조사는 해야 된다"는 거야. 대신 피해자 가족이니까 자기들이 안산시에 와서 조사하겠다? 뭐 말 같지도 않은 얘기, 그런 게 분노했었고. 그다음에 폭행 사실 인정하면서까지 해서 빨리 그거를 좀 크게. 그거도 국민의 안전을 책임지는 공권력 상태의 경찰을 때린 거잖아요. 정확하게 "때렸다"라고 얘기를 하는데 재판부가 왜 그렇게 시간을 끌어, 우리 변호인들도 변론도 더 이상 안 하는데. "하지 말라" 그랬거든요. 그래서 초범이니까, 제가 착하게 살았어요. 그래서 초범인데 "그래도 좀 쎄게 때려줬으면 좋겠다" 변호사한테도 저는 그렇게 얘기했으니까. 그렇게까지는 안 나와요, 근데. 뭐 뭐 징역 몇 년 형 이렇게 때려주길 바란 거지, 외려 확 이슈 되게.

근데 아무튼 1년 반을 그렇게 끌고 가서 화도 났었고, '세월호 유가족이니까 그렇겠구나'라는 부분도 있었고. 그래서 일부러 한 두 차례 행위를 더 한 게 있어요. 이 법원을 상대로는, 이미 기분 나쁘고 화가 나 있고, 아무튼 '우리 편'이라는 생각이 안 드는 거예요. 법원을 그렇게 생각하면 내가 피해당사자로서 인식 자체가 잘못됐을 수는 있어도, 그 행위 자체, 재판을 진행하는 자체를, 피해 사실을 다 인정하고 영상까지 확보했는데 그렇게까지 끌고 가는 걸 보면 인정할 수가 없는 거예요. 못 믿겠는 거야, 제가. 의도된 거지. 힘 빼는 것도 아니고 계속 불러고 말이야.

면담자   위원장님의 생각은 이해가 되는데, 그래도 다른 가족분들은 위원장님이 이런 문제에 연루되는 것을 걱정하시지 않았나요? (찬호 아빠 : 걱정하죠. 못 하게 하죠) 그렇죠. 불안해하거나, '그러지 말고 그냥 변호사가 하라는 대로 해라'라고 하시는 분들도 있지 않았을까요?

찬호 아빠   아, 그렇죠. 그리고 사실 그런 무슨 현장에 가게 되면 아빠들 특히, 엄마들도 마찬가지고 그렇게… 아무튼 앞에 있다가 잡히고 하면 위원장이라서 빼거나 그런 행위들을 많이 해요. 주변에 항상 아빠들이 서서 격해지면, 아무튼 다칠까 봐, 또 엄마들도 사실은 보호를 많이 해주죠. 이제 그런 게 있었지만 그때는 이미 [법원의] 그런 행태 자체가 맘에 안 들었었고. 그다음에 그거는 진짜 불합리했었던 거고. 제가 그렇게 이성을 잃을 정도까지는 아닌데, 이성을 잃지는 않았어요. 적어도 경찰서대로 합의까지 하고 했었고. 이미 장관 면담 요청하고 내려갔던 건데도 그렇게 동원해서 막고, 누가 시켜서 막았는지조차도 답변 하나 못 하는 재판부의 그 내용에…, 그건 말이 안 되는 거잖아요. 적어도 최후의 보루라고 하는… 재판정에서까지도 그렇게 끌고 가는 거에[걸] 봐서, 딱 한 가지 행위를 더 해요. 뭘 하냐 하면… 너무나 얄밉잖아. 대전에서 재판, 대전지법에서 받았는데, 한번은 차를 일부러 앞에다가 그냥 막아놓고 가요. 변호사가 "차 빨리 옮겨 대라"고 그러는데도 말 안 듣거든요. 왜? 뭔진 모르겠고 이 법정에 시비를 걸고 싶은 거야. 시끄럽게 하고 들어가고 싶은 거야, 혼자지만. (면담자 : 공무 방해를 하고 싶어 하신 거 같은데(웃음)) 아니 한 번 딱 그렇게 했어요. 뭐냐 하면, 그날 또 기분 나쁜 거야. 왜? "주차장 공사한다"라고 해서 홀수, 짝수 제한 있으니까, 그걸 내가 어기면 안 되죠. 몰랐으니까, 서울에서 가니까, 안내를 받은 적도 없고. 주차장 공사를 해서 홀수, 짝수 운행을 하더라구요. 근데 뭐 노약자라든가 임산부, 뭐 이런 분들은 들어갈 수가 있죠. 근데 내 앞에 차가 쭉 있었는데, 홀수 차가 들어가는 걸 눈으로 확인을 한 거예요.

면담자   짝수 차만 들어가야 되는 날인데?

찬호 아빠   제가 홀수니까, 짝수 차만 들어가야 되는데 홀수 차가 이제 들어가는 걸 봤어. 나는 이제 앞에 그거는 못 보고 그냥 쭉 들어갔지. 그랬더니까 "주차를 못 한다"는 거예요. "아, 저 앞에 차는 뭐예요?" 그러니까, 홀수 짝수를 못 봤기 때문에 물어본 건데, 뭐 "임산부는 가능"하대, 이렇게 얘길 하는 거야. "어, 바로 내 앞에 들어갔는데? 남자가 내리고 있는데, 뭔 임산부야. 임산부가 아닌데 지금 뭔 얘기 하는 거냐?" 그랬더니까, 거기 직원일 거 아니에요. "너네 스스로가 안 지키는 거 아니야. 쟤 누구냐?"고 시비를 붙었더니, 변호사님이 저 기다리다가 보고 또 쫓아온 거예요, "하지 말라"고. "아니 왜 하지 마냐" [하고 주차 관리하는 사람한테] "너 얘기해 봐. 임산부야? 남자, 여자도 너 구분 못

하냐? 여기 직원이지, 저 친구? 너네부터가 지키지를 않는 걸" 그랬더
니까, 워낙에 시끄럽게 하니까 교체해서 도망가고 없더라구요. (웃으
며) 교체해 버린 거야. 그 정도로, 믿지를 못하고 그런 분노들이 [법원
에] 가면 나더라구요, 어쩔 수 없이. 그런 부분이, 그게 근데 내 감정 자
체가 주체 못 해서 화를 내는 게 아니라, 그런 불법 행위를 재판부라고
하고, 그것도 대전지법 내에서 차량에 대한 부분까지도, 눈앞에 "임산
부"라고 얘기하고 남자가 내리고 있는데, 직원이라고 얘기해도 나는 모
르고, 그냥 하면 되지. 열받아서 차 돌려서 고 앞에다 그냥 대고 재판
받으러 가요. 견인 한대. "견인하라" 그랬죠. 견인은 안 했더라구요. 나
쁜 행동이죠. 그러고 나서 변호사님[한테] 딱 한마디 했어요. [변호사님
이] "옮겨 대시죠" [해서] "싫다" 그랬어요.

면담자   그 변호사님은 한 분이 쭉 하셨나요? (찬호 아빠 : 두 분)
아, 두 분이요. 어떻게 소개받으셨나요?

찬호 아빠   뭐 어떻게 소개받은 게 아니구요. 그런 사안이 생기면
(면담자 : 아, 가족협의회에서 해주는?) 민… 그다음에 우리 민변, 그다음
에 또 4·16연대, 또 우리 가족협의회 내에서도 법률 자문을 해주고 계
셨던 변호사님이 계시잖아요. 그니까 그런 사안이 있으면 현장에서 바
로 대응합니다. 그리고 집회 현장에는 항상 변호사님들이 계셨고, 어떠
한 행위를 하거나, 혹은 면담을 하거나 혹은 뭐 어떠한 내용들이 있더
라도 가족협의회 개별적인 사항 아닌 이상에 집단이면, 항상 변호사님
들이 그 당시에도 항상 같이 참석을 했었어요.

면담자   네. 1주기를 앞두고 시행령안 입법예고와 배·보상 문제

가 대두되면서 참사 1주기 공식 추모행사가 취소되죠. 그리고 참사 1주기 범국민대회가 되고, 시행령 폐기를 요구하는 광화문 연좌 농성으로 진행됩니다. 사실, 입법예고와 배·보상 문제가 아니었다면 가족들의 분노가 이렇게까지 극에 달하지 않았을지도 모르는데, 그 당시 1주기 행사를 준비하시는 과정은 어떠셨나요?

찬호 아빠 　　그… 피해당사자임에도 불구하고 그런 정부 부처의 안일한 대응과 그런 마타도어, 그다음에 돈. 돈… 그 아이들 목숨을 배·보상 금액으로, 돈으로 치부하면서 그런 행태들. 그래서 뭐, 뭐라고 얘기해야 될까, 아무튼 이… 전 정권에 대한 불신과… 분노, 그래서 더더욱 더 진상 규명과 책임자 처벌에 대한 간절함은 더했었다. 그리고 또한 우리가 총회를 하고 비영리 사단법인을 등록하게 된 이유는 '법적 권한을 제대로 부여받고 대응하겠다'라는 개념이었었는데, 경기도에서 안 됐고, 그래서 어쩔 수 없이 주무 부처가 해수부라고 해서 해수부를 갔었는데 해수부도 안 됐었던 거거든요. 아무튼 세월호…는 안 되는 거야. 사실은 제가 우리 사무처에 [같이 가달라 해서], 내가 장거리 운전이 안 됐으니까, 이미 그때부터, 그래서 해수부를 또 갔다 왔었어요, 법인 등록 건 때문에도. 근데 안 되는 이유를 정확하게 얘기를 못 하는 거야. 주무관, 사무관이 얘기를 못 하고, 주무관이 얘기할라 그러면 사무관이 면박 주고 얘기 못 하게 하고.

　　그래서 거기서는 또 안하무인 되게 하는 거예요. 소리 지르고 싸우다가 그냥 오지. 그걸 봤기 때문에, 전 정권, 정부, 쉽게 정부에 대한 불신은 이미 극에 달하고 있었다. 시행령뿐만이 아니라 해수부에, 그 아이들의 목숨을 배·보상, 돈으로 치부해서 나가는 부분이나, 또 하여간 시행령 나오기 이전에 세금 도둑 발언부터 시작해서, 집요하게 방해하는 내용들이나, 뭐 이런 거 약속 자체를 이미 이행을 안 하는 그런 부분이나, 그런 부분을 우리가 이미 계속 경험을 했었기 때문에, 말 그대로 어느 하나 받아들여진 게 없었어요. 그래서 말 그대로 일… 기억식, 추모식이 제대로 예를 갖춰서 해야 되는 게 맞죠. 그거는 우리를, 살아남은 자, 그다음에 우리 부모들을 위해서 하는 게 아니잖아요. 우리 희생된 우리 아이들을 위해서 진짜 예의 있게… 그리워하고 추모하는 게 맞지.

면담자   원래 계획했던 안과 달라진 점은 무엇인가요?

찬호 아빠   원래는 그래서 예의 있게, 그거는 당연히, 1주년 추모식은 하되, 나머지 뭐 연좌 농성이든 국회에서 시행령 폐기부터 해서 우리가 계속 싸울 거는 싸우면 되는 것이고, 말 그대로 이 1주기 추모식이라는 거는, 저희가 아니고 희생된 우리 아이들이잖아요. 그러면 당연히… 종교를 떠나서, 아직도 그래도 국내는 유교사상이 좀 깊지 않을까요? 종교를 떠나서도 그럴 때가 되면 추모하잖아요, 그리워하고, 그날만큼은. 근데 그것도 제대로 안 된다, 이게, 문제는. 그래서 결론은 이제 가족들이 하고, 쉽게 말해서 야당 인사들만 하게 되고, 정부 인사, 정부, 그다음에 여당 새누리당…은 아예 그런 형식적이고 눈 가리기식, 국민에게 보여주기식, 그다음에 가증스러운 거짓 눈물, 또 거기에서 추모하는 그런 영상만 찍어서 국민들에게 호도될 거 뻔하고. 근데 그런 본마음이 없는 사람들이 진짜 추모를 할 수 있는 그런 자격이 있느냐… 에 대한 부분에서 가족들은 당연히 인정할 수 없고. 아무튼 이걸 진행하는데, 아무튼 준비를 하죠, 준비를 하고. 우리 회의를 통해서 "집권 여당, 새누리당, 정부, 할 수 없다" 말 그대로, 박근혜가 대통령이더래도, 뭐라 그러죠… "근조화환 이런 것도 있을 수 없다"예요. 이미 그건 정해져 있었던 사항입니다. 그래서… 어느 누구도, 국민과, 가족과 함께해 주시는 국민분들과 또 함께 가족들과 진상 규명을 염원했던 야당…만 참여하게 된 거죠. 그래서 정부 인사들, 집권 여당이나 새누리당 정부 관계자들은 사실 분향소를 와도 조문을 못 하게 가족들이, 가족들이 막습니다, 부모님들. 다 돌려보내지고.

면담자　　시행령안이나 배·보상 관련 문제들이 없었다면, 1주기 추모행사에 정부 관계자나 대통령 등이 방문하고 아이들을 추모하는 것을 용인할 계획이셨나요?

찬호 아빠　　본래… 저기 해야죠. 근데 이미… 정부 시행령이라든가 혹은 해수부, 뭐… 아무튼 우리가 진행하고 있던 모든 내용에 있어서 이미 불신과, 신뢰의 도는 이미 넘었기 때문에, 그건 기정사실이었다. 다만 좀 미안한 부분도 없지 않아 있어요, 내 개인적으로는. 나머지는 뭐 강제로 다 쫓아내고 했지만, 말 그대로 배·보상이든 이런 언론, 그리고 또한, 그때 1주년 때가 이완구 총리였나요? 그 들어와서 막고 돌려보내거든요. 근데 그 사진 한 장 때문에 제가 6개월간 "종북" 소리 듣거든요, "아무리 피해자 가족이라고 하더라도 어떻게 총리한테 뒷짐 지고 인사를 받을 수 있냐". 교묘하게 고 컷만 올린 거죠. 그래서 내가 심지어는 김재원… 나중에는 정무수석이죠? 청와대에 가서. 내가 "내려달라" 그랬어요, "사진 좀 제발". 별의별 전화가 [다] 오는 거야. "아무리 가족이고 마음 아픈데, 너무 저거 한 거 아니냐. 어떻게 한 나라의 총리한테, 유가족이라고 하지만" 하여튼 그 정도까지였기 때문에, 그때는 언론도 마찬가지고, 이제 그런 부분이 많았었고.

찬호 아빠 전명선

다만 개인적으로는 남경필 지사, 남경필 지사 같은 경우도 당연히 새누리당이었죠. 하지만 미술관이라든가, 경기도 내에, 집권당 차원에서는 반대했죠. 하지만 아이들 추모 공간을 만들어서 분향을 할 수 있게 하거나, 또 항상 도지사로서 일정을 보기 전에 항상 먼저 예를 갖추고 들어가고, 갈 때도 예를 갖추고, 그런 행위 자체는 진짜 본마음이죠. 근데 그 당시 그 미술관이나 분향소 운영이나… 사실 도지사로서는 우리가 하는 어떤 행위에, 또 공식적으로 세월호 관련해서는 언론지상을 통해서 나쁜 말을 한 적이나 비하하거나 혹은 '가족들이 너무나 많은 요구를 한다' 이런 거 자체를 비친 적이 없는 사람이에요, 경기도지사로서. 근데 새누리당 차원에서는 그렇지가 않았잖아. 세월호면 어떻게든 틀어막고 했던 게 나중에 시간이 지나서 점점 나오지만, 그런 행위 자체가 하나도 없었지만, 경기도지사 남경필 지사는 그 앞에서 끝까지 "분향만 하고 가게 해달라"고 얘기를 했던 거 같아요. 그런데 그것도 제가 "안 된다" 그랬어요.

고 부분은 지금 와서 얘기하지만 적어도 남경필 지사 정도는 본연의 마음이 있었다. (면담자 : 후회하시나요?) 후회는 안 하지만, 그거는 그럴 수밖에 없어요. 나는 가족협의회 위원장이기 때문에, 남경필 지사, 당연히 새누리당 소속이고 그렇기 때문에 집권 여당, 또 경기도지사, 할 수 없어요. 분향은 할 수 없지만 개인, 인간적으로 그 사람의 본모습은 그냥 보여지기식, 보여주기 위해서 사실은 분향을 하러 온 것은 아니었다. 그런데 딱 통틀어서 정부 인사 중에 얘기하라면 그 사람…은 할 자격이 있었다, 지금 와서 얘기하면. 남경필 지사 정도였으면 적어도 1주년이기 때문에 희생된 우리 아이들, 또 경기도의 단원고의 애들 학생들, 또 일반 세월호에 탑승했다 희생되신 분들을 위해서 적어도 어른으로서 도의적으로 그런 예우를 갖추고 온 사람은 맞았지만, 그래서 개인적으로 쪼금 미안함은 있었어요. 하지만 그때 몇 번을 나한테 "분향만 하고 가겠다"라고 했지만 제가 끝까지 "안 된다" 그랬어요. (면담자 : 안산 시장은 어땠나요?) 아, 시장 같은 경우에는⋯ 그래도 야당이잖아요. 시장을, 야당은 다 했다니까.

면담자   당으로 구분하신 거예요?

찬호 아빠   우리 편을 들어주시는 분들, 안 들어주시는 분들. 그리고 이 얘기는 좀 하기는 그렇지만⋯ 초기에 그렇게 나쁘지는 않았지, 시장님이. 뭐 중간에 서로 갈등도 있고는 했지만, 그랬기 때문에 그랬고. 그 [경기도]지사, 그다음에 만약에 정부 인사 [중]에서 왔으면 한 명 정도는 내 개인적으로 꼭 들여보내고 싶은 사람이 있었죠. 적어도 내 기준에서는. 이미 정부에서 떠났지만, 뭐 문해남 실장 정도, 전 해수부 실장. 근데 그 친구야, 문해남 실장이야 이미⋯ (면담자 : 왔었나요?) 모르겠어요, 왔는지 안 왔는지는 모르겠지만, 왔어도 들어오지도 못했을 거고. 모르겠지만, 적어도 내 주관으로 봤을 때는 대부분 다 영전해서 가는데, 그 사람은 참사 나고 정리되자마자 그만둬 버리거든요, 그해가 끝나기도 전에.

면담자   찬호를 늦게 만나셨기 때문에 아마 직접 만나시거나 하셨는지는 모르겠는데, 사실 참사 났을 때는 김문수 지사였잖아요?

찬호 아빠   아, 김문수 지사 왔었다니까요. 지난 구술 때 내가 얘기했잖아요. 그래서 "더 이상 얘기하지 말아라. 그 뭐 힘들게 그렇게 하지 말고" 그때가 뭐였냐 하면 우리…….

면담자   그때가 1주기 땐가요?

찬호 아빠   아니, 1주기 전. 차량… 왜 저번에 구술할 때, 차량 그 얘기 한, 뭐 그런 인사들이랑 뭔 대화가 되겠어요, 그랬었고.

면담자   참사 나고 얼마 있다가 바로 남경필 지사가 됐죠. (찬호 아빠: 네, 바로) 남경필 지사의 참사 이후 행보가 나쁘지 않았다, 그래서 일단 가족들과의 관계는 나쁘진 않았던 거네요.

찬호 아빠   제가 남경필 지사를 뭐 어떻게 두둔하고자 이런 개념은 아니에요. 저는 뭐 정치하는 사람도 아니고 하지만….

면담자   기본적인 예의는 있는 정도였다.

찬호 아빠   기본적으로 그게 뭐냐 하면, 사실 그 국회의원들이 오면 와서 욕 많이 먹고 가거든요, 팽목항 와서. 맨 처음에는 와서 진짜 보여주기식이었잖아, 여당, 야당 다 떠나서. 그리고 특히 안철수 전 대표, 그다음에 공동대표였던, 김한길 공동대표죠? 뭐 시끄러워서 봤더니까 뒤돌아서서 가고 있어, 욕 한 번 했다고. 그것도 참사 나고 며칠 지나서, 아침 일찍 기자들 쭈욱 몰고 와서 사진 찍고 갈라는 거야, 아니면 수색 요구할라고 뭐 [애를 쓰다든지], 제대로 뭐 [해야 할 거 아녀], 응? 근데 적어도 정치하는 인사가, 나는 그 현장에 있었던 건 아니고 상황실 옆에 있다가 뭐가 시끄러워, 그래서 "뭐 여기 왜 왔어?" 뭐 이런 소리가 막 들려, 고함치는 소리가. 그래서 딱 나가 봤더니까 뒤로 돌아갖고 둘이서 가고 있더라고, 기자들 뒤에 쫓아가고. 누군가 봤더니까 김한길

전 대표, 안철수 전 대표, 두 공동대표, 그 가고 있더라고.

적어도 내 기준에서 저렇게 기본 배포[도] 없고, 자기가 진짜 미수습자들이 있고, 수습을 바라고, 세월호 참사에 대한 아픔이 있으면 유가족들한테 그런 욕 한 번 먹더라도 정치인이면 그 자리에서 "늦게 와서 죄송합니다" 무릎 꿇고 "빨리 수습되기 바랍니다" 하고 가야지. 유가족들 욕 한 번 한다고 뒤로 돌아서 가는 사람들이 어딨어, 지금 와서 얘기지만. 그런 인사들보다는 적어도 백 번 낫다. 누가? 남경필 지사나, 그다음에 진짜 자기도 너무나 할 수 있는 게, "구조도 못 하고 못 해줘서 너무나 죄스럽고 너무나 저거 하다"라고 서서 눈물 흘리고 그렇게. 적어도 해수부의 실장 정도의 역할 정도에 되는 권위를 가지고 직위를 가지고 있었던 문해남 실장 같은 정도는….

면담자   문해남인가요? (찬호 아빠 : 네, 문해남 실장이었고) 지금 그분은 뭐 하시나요?

찬호 아빠   모르죠, 그때 바로 그해 그만뒀어요. 사직서 딱 내고 그만뒀는데, 그 팽목항, 말 그대로 거기서 우리 아이들 수습되는데 하루종일 거기 서서, 지나갈 때 보면 항상 거기 서서, 그렇게 예의 갖추고 서서 울고 서 있는 모습이 나는 기억나요. 그리고 그 얘기를 계속할라 그랬던 게 아니라, 그 남경필 지사[가] 팽목항에 왔을 때도 그때는 국회 의원실, 저 누구였지? 지금… 둘이서 같이 나타났었는데, 남경필 지사하고 조병국 의원. 둘이서 좀 친한가 봐요, 뭐 언론에서도 자주 같이 보이더만. 두 분…은 그래도 팽목항에서, 두 분이 그렇게 막 와서 만날라고 하고 가족들 대화할라고 했었던 걸로 기억하고 있고, 그래서 몇 차례 만난 적은 있고, 본 적은 있고. 아무튼 남경필 지사 얘기를 너무 길게 했는데, 그리고 그 사람 얘기를 계속할라 그랬던 게 아니라, 실제 진짜, 안세경 정도라면 가능했겠다, 정부 인사지만. 국조실 단장이었던 안세경 단장 정도.

면담자   이재명 시장은 어땠나요? 그 당시에 왔었나요?

찬호 아빠   글쎄… 기억은 잘 안 나는데요, 오지 않았겠어요, 적어도? 안 왔으면 잘못된 거지. 한번 확인해 봐야 되겠는데? (면담자 : 이번에 선거하실 때도) 그때 저는, 아니 그때 1주기 때 정신없었어요, 저는. 밀어내도 옆으로 밀고 들어와서 "어떻게든 분향하겠다"고 해서 와서 버티지, 그래서 쫓아내고 나면 또 반대쪽으로 밀고 와서 "분향하겠다"고, 아주 그래서 저는 정신이 없었어요. 그래서 실제 야당… 의원들, 당연히 이재명 지금 현 [경기도]지사도 당연히 오셨으리라고 믿고, 야당 거의 대부분 국회의원들 참여를 하셨죠.

면담자   네. 그날 안산에서 분향한 다음에 광화문으로 올라가신 거죠? (찬호 아빠 : 그렇죠. 예) 그날 광화문에서 굉장히 큰 집회가 열렸죠. (찬호 아빠 : 뭐 절실했으니까) 국민들도 많이 나왔었구요.

찬호 아빠   근데 "컸다"라고 하지만, 아마 그 정도…규모, 그때 몇만 이었는지는 모르겠지만, 적어도 그 정도 돼야 된다. 그때도 저는 아마… (면담자 : 좀 아쉽다?) 저는 항상 아쉬워요. 그게 뭐였나 하면, 그 표현은 조금 잘못됐을 거 같은데, 그냥 그…, (면담자 : 당연히 마음은) 버릇처럼.

면담자   그렇죠, 항상 더 많은 사람이 오길 바라죠.

찬호 아빠   나는 버릇처럼 항상 얘기한 게 있어요. 근데 4·16연대의 어떠한 뭐 상임위원이든, 운영위원 되시는 분들이든 혹은 사무처에서 실제 활동해 주고 계시는 우리 활동가분들이든, 어느 누구한테도 잔소리는 안 해요, 어느 누구도. 다만 4·16연대 박래군 그 당시의 공동대표, 박래군 소장, 공동대표, 그다음에 4·16연대의 사무처장인 배서영 사무처장…한테는 내가 하고 싶은 얘기를 다 하죠, 화도 내고. 항상, 최소한 내가 항상 얘기하는 거는 기본이, 아마 나중에 박래군 소장이든 배서영 사무처장이든 만날 일이 있겠지만, 기본이, 내 입에서 나온 거는 "오늘 무슨 저거 집회합니다" 그러면 기본 5만. "말로만 하지 말고 모아놓고 얘기해, 너네" 그래요. "이렇게 해가지고 저게 모여지겠어?" 그게 뭐냐 하면, 예전에 내가 철들고 봤었던 광우병이라든가 뭐, 워낙에 군중들이 많지 않고는 이 새끼들이 끄떡도 안 하니까, 전 정권이. 이렇게 2만, 3만 모여 해서 되겠냐 이거지. 좀 다 와라 이거야. 한번 제대로 붙어보자, 이제. (면담자 : 5000만이 다 모여서? (웃음))

아, 5000만까지는 아니더래도, 제가 항상 얘기한 거는 "여기 꽉 채우자", 그리고 "가기로 했으면 가자. 담을 넘기로 했으면 넘어야 되고, 뭐 말로만 하지 말고. 저 산에서 내려올라면 내려오고, 이쪽으로 갈 거면 이쪽으로 가고. 그냥 뭐 에워싸든, 말로만 하지 말고 와라. 그리고 하자" 뭐 이런 거였죠. 그때는 제…,

면담자   평생 투쟁해 오신 분들한테서 '더 강하게 끝까지 해야 된다'라는 마음이 들 정도였다는 거네요.

찬호 아빠   네, 저는 약해 보였고, 뭐 그분들을 뭐 진짜… (면담자 : 폄하하는 건 아니지만) 네, 그런 건 아니지만 항상 여담처럼, 농담처럼 우리 이태호 차장이라든가, 아니 이태호 위원장이라든가 그다음에 적어도 박래군 지금 대표라든가, 좀 이렇게, 뭐 한석호 상임이사 뭐 이렇게 친근하게 지냈던 분들, 다른 분들은 빼고, 그런 분들한테는 농담처럼 항상 그 당시부터 해서 쭉 한 3년간 했던 얘기가 있어요. "인권운동을 30년을 하고, 노동운동을 30년 동안 투쟁하고 싸웠으면 뭐 하나? 요 따구로 싸우니까 이렇게밖에 안 된 거지"를 얘기했으니까, 그분들이… 내가 폄하해서 얘기한 거는 아니고, 그 정도로 나는 절실하고 더 많은 요구를 했던 거고. 그분들도 내가 그만큼 절실하고 분노하고 이러니까 그렇게 받아들이지 않았겠어요? 그렇게 한 3년 동안 얘기했었던 거, 뭐 그런 개념으로.

면담자　　　이해가 되는 면이 있어요. 어떻게 보면 가족들이 하고자 하는 방향이나 의지를 그분들 나름대로는 적당한 수준에서 조정을 한다고 보이는 면도 있었을 것 같아요.

찬호 아빠　　　가장… 아니 알죠. 일단 제가 그랬던 것은… 뭐 다치고 죽고 하는 거는, 내 자식을 잃었는데 내가 죽고 말고 하는 게 겁날 게 뭐 있어요. 근데 그분들이 걱정했던 거는… 이 "쉽게, 짧게 보고 싸울 거는 아니지 않냐?"는 얘기는, 조언은 항상 저한테 해주셨고. 저도 그렇게 짧게 본 건 아니에요. 죽어도 이 정권 한 두 번 바뀔 때까지 우리가 국민들에게 잘, 제대로 알리고, 흩어지지 않고 힘이래도 모아서…. 결론은, 이 정권부터 바꿔놔야지만 세월호 진상 규명을 할 수 있다. 뭐 이런 거를 모르진 않았기 때문에, 그런 생각을 하고 있었기 때문에, 가족 대부분, 임원들도 그렇고 '이게 뭐 단기간에 몇 년 동안에 해결된다'라고 생각했던 사람은 그 당시 없어요. '될 때까지 싸운다. 우리 아이들 왜 이랬는지 이거 꼭 밝혀낸다' 그런 각오였기 때문에, 그런 결의들.

그다음에 이미 그때부터 시작해서, 초기부터 해서, 집에 와서 제대로 잠을 자는 것도 아니고, 풍찬노숙에 먹는 걸 제대로 먹는 것도 아니고, 건강 옆에서 보니까 이미 망가지는 거 보이고… 그랬으니까, "질기게 제대로 싸우고 할라면 건강 제대로 지키고 해야 되지 않겠냐?" 그분들이 봤을 때는 그런 게 있었겠죠. 그래서 그분들 생각이 잘못됐었던 거 같지는 않고, 가족을 너무, 가족 건강과 그런 부분을 그분들은 동시에 헤아리면서 일단은… '대정부 투쟁을 하더라도 가족들이 버티고 있고, 당신들 건강이 해쳐지면 안 되고, 더 이상은' 뭐 그런 게 있었을 거고. 저는… 뭐 '죽으면 어떠냐? 이왕에 죽더라도 제대로 싸우다가 죽어야지' 뭐 이런 거의 차이가 아니었나. 서로서로 위하고 서로 배려하는 차원에서의 차이점이라고 해야 되겠죠.

면담자 지금 말씀하신 것처럼 위원장님이나 어머님, 아버님들 같은 경우는 죽음이 두렵지 않은 마음으로 활동에 매진하셨지만, 어떻게 보면 4·16연대에 계셨던 활동가분들은 유가족들과는 입장이 좀 다를 수밖에 없거든요. 그런 면에서 좀 답답한 면도 있으셨을 것 같아요.

찬호 아빠 네, 있었어요. 그다음에, 그 후의 일이지만 진짜 내가 화를 한 번 집회 현장에서 낸 적이 있고, 딱 한 번, 집회 현장에서. (면담자 : 그게 언젠가요?) 어… 그게, 우리가 민중총궐기, 11월 달 하고 나서, 그다음에 2차, 한 번 집회 현장이었을 거예요. 민중총궐기 때 대대적으로 한 번 하고 나서 이제 안국역에서 막혔을 땐데, 그때…….

면담자 캡사이신 쏘고 이랬을 때 말씀이시죠? (찬호 아빠 : 물대포) 네.

찬호 아빠 　　그때. 그때는… 내가 진짜 열받았죠. 그때는 내가 기억
나는데 인권운동가 미류 씨나, 박진 위원장이나, 우리 박래군 대표나
그런 분들이 말렸어요. 근데 그때는 내가 화가 많이 났어요, 진짜, 진
짜. 뭐 경찰뿐만이 아니라, 거기 서 있는 단체들… 행동 자체가 맘에 안
들었으니까. 그래서 가족들 바로 "앞으로!" 이렇게 하고, 장동원 팀장
물대포 맞고 쓰러지고 했던 게 그날이에요. 그때는 내가 진짜 화가 많
이 났어요. 우리를 도와주고 함께해 줬지만, 시민사회 단체한테 내가
화를 많이 내고 했었던 적이 딱 한 번. 아, 이러면 안 되는데. 본래는 내
가 "그 사람 말고는 화낸 적이 없다"고 쪼금 전에 얘기했는데, 고 때 집
회 현장에서 딱 한 번 화가 난 적이 있어요. "이거는 아니다" 뭐 이렇게.
그건 쓸데없이 너무 많이 나갔던 거….

면담자 　　사실 어떻게 보면 가족분들 입장에서는 답답한 점이 많
았을 수 있어요. 그런데도 계속 연대를 해왔던 이유는 무엇인가요?

찬호 아빠 　　그 이유는 쪼금 있다가 얘기하면 안 될까요? 잠깐 좀 쉬
었다 얘기해야 될 거 같아요.

면담자 　　알겠습니다. 네.

(잠시 중단)

면담자 　　1주기 공식 추모 행사에 대한 이야기를 잠시 했는데요.
1주기 추모 행사에서 특별히 중점을 두었던 부분이 무엇이었나요?

찬호 아빠 　　1주기 추모했을 때 중점은, 추모 행사라고 하는 거는 말
그대로 추모식이니까… 제 주관은 그렇죠. 뜻대로, 추모. 그냥 기억하
고, 그리워하고, 그리고 지켜주지 못한 부모로서, 그다음에 세월호 참

사에 대한 진상 규명도 안 되고 또 미수습자 가족들도 있었고, 그리고 이미 1년이 지났던 거기 때문에 그냥 추억하고 그리워하고, 그리고 애도하고, 그런 예를 희생자분들한테 부모로서 다하는 것. 뭐 그거 자체였죠, 따른 저거는 없고. 그리고 또 하나는 말 그대로 그렇게까지 진행이 못 된 사항에 있어서 부모로서, 또 어른으로서, 실제 우리 가족협의회만 얘기한다라고 하면 제 입장은 부모로서 힘이 없고 약한 존재. 지켜주지도 못했고, 그거에 대해서 왜 그렇게 됐는지 밝혀내지도 못하고, 정부를 상대로 어떠한 것도 지금 우리가 만들어내지 못하고 있는 부분에 대한 미안함, 그리고 나약함. 그리고 뭐 존재감이라고 해야 될까요? 부모로서의 그 힘없는 모습, 그런 자체에, 자기 자신에 대한, 내 스스로에 대한 반성, 그다음에 분노. 그리고 그렇게 힘없는… 힘이 없었다 보니까 미안함과 분노, 뭐 그런 거였죠. 그게 가장 강했던 거 같아요.

그리고 그 추모식을 통해서 말 그대로 다시 한번 그런 결의를 다지고, 또한 아이들 모습을 보면서 그런 결의를 다지고, 또 좀 흐트러지거나 또 힘들거나 또 나약하고 의기소침했던 그런 부분에 대한 부분을 또 다잡을 수 있고, 뭐 충분히 그랬었던 거 같아요. 그건 제 개인적인 거고. 그리고 분향소를 제가 잘 안 들어가요. 가장 힘들 때, 진짜 힘들 때, 어쩔 수 없이 공식적인 행사 외에는 잘 안 들어가거든. 가보면 너무 힘드니까. 그런데 실제 그런 거를 통해서 다시, 뭐라 그럴까, 좀 나약함이나 이런 부분은 한번 들어갔다 오면 다시 딱 마음을 다잡게 되고. 스스로 포기할라고 하거나 주저앉을라고 하거나 그런 나약함 자체의 모습을 다시 반성하게 되고, 나오게 되죠. 뭐 그랬던 거 같아요.

〈비공개〉

찬호 아빠 전명선

4
4·16연대 발족과 가협의 재원 문제

면담자   네, 알겠습니다. 다음 이야기로 넘어가죠. 6월 28일에 4·16연대가 공식적으로 발족되는데요, 그와 관련해 당시 가족협의회와의 논의 사항, 그리고 발족 이후 4·16연대와 가족협의회와의 관계 등에 대해 위원장님이 느끼셨던 것들을 말씀해 주시죠.

찬호 아빠   저는 그분들이 초기에, 5월 18일 날 내가 처음 만났었고, 2014년. 찬호 발인한 날이기 때문에 잊을 수도 없고, 그날 총회에서 부위원장이 됐기 때문에도 그렇고. (면담자 : 누구를 만나셨나요?) 그때 내 기억에 여러 명이 왔었어요. 근데 정확하게 머리, 두 분은 허여니까, 확실히 기억나죠. 지금 박래군 대표와 우리 그 누구야, 이태호 처장. 그리고 미류 씨, 그다음에 김혜진 상임, 뭐 요런 사람. 그 외에도 몇 명 있었는데, 그때는 그 사람들이 뭐라고 나한테, 왜 그때 처음 만났을 때 얘기했냐면, "원탁회의…가 만들어졌었다. 그래서 우리 모임은 그 원탁회의로 해서 세월호 참사에 대한 부분을 같이 앞으로 활동하고, 이렇게 시민사회 단체가 이렇게 결합해서 하기로 한다"라는 게 원탁회의였고, 그다음부터 이제 정확하게 출범은 그렇게 하지만 지금 현재 4·16연대가 계속 국회라든가 아예 같이 있죠. 국회, 광화문, 청운동 어딜 가더래도, 도보 행진부터. 그랬다가 정식 발족을 4·16연대가 그렇게 했던 거고. 그랬던 거다…라고 보구요.

관계에 있어서는… 정확했던 거 같아요. 그 단체에서는 많은, 안전에 대한 전문가, 또 각 단체에서 활동하고 있던 인권운동가들, 환경부터 시작해서 그런 활동가들이 이미 있었고, 또 민주노총이라든가 다양한 그런 단체들의, 나름 전문성 있는 그런 단체들이었기 때문에, 기본적인 대전제는 일단 가족…협의회에서 진행하고 있는 사항이라든가 그런 부분, 가족협의회의, 피해 가족들로서 가족협의회의 의견들을 최대한 존중. 최대한 존중이 아니라 그것을, 일단 기본적인 전제는 '가족들 요구 사항을 따라서 함께 결집해서 함께 행동한다'가 기본적인 거였어요. 그래서 가족들이 원하지 않는 거는 하지 않고, 가족들 의견을 최대한 존중해서 하는 게 기본적이었고, 대신에 가족들이 모르고 있는 그런 전문적인 분야라든가 그런 조언이든, 또 그다음에 뭐라 그럴까 이런 인력, 피해당사자들 외에 시민사회 단체, 각 지역의, 또 지역 풀뿌리 조직까지도 같이 이 세월호를 알리고 홍보하고, 뭐 이런 부분에 있어서 어떻게 보면 전국적인 조직을 결성할 수 있게끔 하신 분들이 그분이다. 그분들이고, 가족들이 피해 가족 당사자였기 때문에 그렇게 부족한 부분들을 챙길 수 없고, 확대할 수 없는 그런 부분들의 조언과 그 역할을 해주셨던 분들이 4·16연대. 대전제는 가족들의 동의하에, 가족들이 원하는 것을 존중해서, 그렇게 부족한 부분은 또 조언해 주면서, 이렇게 했던 관계였었던 거 같구요.

면담자　　　4·16연대도 여러 단체의 연대 조직이기 때문에 그 안에서도 다양한 의견이 있겠지만, 가족협의회 운영위원장의 입장에서 4·16연대와 의견차를 보인 사안이 있다면 몇 가지 얘기해 주시면 좋겠습니다.

찬호 아빠　　　그런 거죠. 아까 전에 그런 이유에 대한 부분은, 저는 누가 보더라도 가족협의회 위원장으로서 가장 소중한 거는 가족이에요.

우리 피해 가족 당사자들이죠. 시민사회 단체 분들, 도와주시는 분들도 당연히 필요하고 함께 연대해야 하지만, 가장 중시될 수 있는 거는 가족, 피해당사자인 우리 가족들이었다. 근데 그… 의견 차이보다는 당사자다 보니까 요구 사항은 나는 너무 크죠. 해야 될 것도 많고 그다음에 바라는 바도 많고. 실제 집회를 하거나 뭘 하거나 해보면 공권력에 부닥치고 결론은 그 자리에서 주저앉고. 광화문에서, 혹은 집회하고 행진 진행하면서 막혀서 결론은 최대한 거기서 주저앉고, 하루 정도 버티다가 결론은 시민들은 흩어지고, 그 자리에 남는 거는 피해 가족인 당사자들일 수밖에. 또 다 흩어졌다라는 건 아니지만, 함께 계속 참여하고 거기에 다시 모이고 그런 걸 하지만, 대대적인 집회라든가 그런 걸 하면 본래 24시간 안에 다 정리가 됐었던 거기 때문에, 그런 부분들. '그럴 수밖에 없겠다'라는 생각은 하지만, 그런 걸 한 번씩 부딪칠 때마다 사실은 제가 가장 걱정했던 거는 분열이에요, 분열.

청운동까지도 못 가고 말 그대로 북측 광장에서 막히거나, 혹은 광화문 현판 앞에서 고립돼서 막혀 있거나, 그럴 때마다 실제… 나약한 거거든. '우리 스스로의 힘이 이거밖에 안 되는구나', 그럼 우리 힘이 약했으니까 우리 스스로에게 그걸 해야 되는데, 그거는 우리가 청와대로 돌격하기로 했는데, 청와대까지 가기로 했는데 못 가고 가로막히는 자체가 인정하기 싫은 거죠. 패배감, 그다음에 좌절감, 우리 힘이 이거밖에 안 되나…. 그리고 막혀서 몇 시간 동안 그렇게 대치되고 있다 보면 시민들은 자연스럽게 빠져서 이제 없어지기 시작하고, 그 많은 인원들이. 근데 그게 고스란히 안게 되는 것은, 제가 생각할 때는 이 피해당사자인 가족들이었다. 그리고 그 가족 내부에도 진짜 몇 명 안 남고 가족들만 남았을 때 "우리 힘으로 가자. 우리래도, 우리끼리래도" 근데 사실 많은 그런 공권력, 몇 겹으로 첩첩이 에워싸고, 차벽이든 수십 겹의 그걸 우리 힘으로 사실 뚫고 나갈 수는 없었던 거는 뭐 부정할 수 없죠. 근데 그 자체가 싫은 거야, 그런 좌절감 자체가.

그러고 나면 그 분노가, 거기에서 더 이상 우리의 목표를 실현하지 못하고 중간에서 멈출 수밖에 없는 그것을 가족들은, 나 스스로도 그렇고 인정을 못 하는 거예요. 그렇게 되면 대상을 찾는 거지. 공권력을 상대로 아무리 울부짖고 방패를 차고 밀고, 싸움을 하면서 밀고 들어가 봤자 한정은 돼 있고, 더 이상 뚫리지 않으면 내부에 갈등이 생기는 거죠. "왜 이거밖에 안 돼? 왜 우리가 돌아가야 돼?" 더 이상 그 자리에서 인정하지 못하는 가족들은 안 돌아가겠다고 하는 거죠. 항상 그래요. 한번 집회를 할 때마다 집행부에 대한 공격, 불신, "이거밖에 안 되나?" 근데 그게 집행부의, 나는 가족협의회 내부의 그런 불신보다는 제가 쪼금 전에 얘기한 것처럼 '우리 스스로의 힘이 지금 이거밖에 안 되냐? 저 공권력을 상대로 이 벽을, 이 차벽을 못 넘냐, 우리의 힘으로?' 그런 좌절감. 나약함은 아니지만, 힘없는 그런 모습 자체가 스스로가 인정하기 싫은 분노로 다시 나오고, 그 분노 표출이, 도와줬던 시민들에게 가는 게 아니라 가족 내부에서 쪼금 더 앞에 서서 못 싸운 가족들이나, 혹은 집행부, 뭐 제가 되겠죠, 위원장의 결정, "위원장의 결정을 따를 수 없다". 결론은 그걸 할 때마다 가족이 항상 다치고, 몇 명씩 항상 다치고, 몇 명씩 항상 연행되고. 그리고 그 다친 부모와 그런 분들 때문에 결론은, 동력 자체는 어떻게, 조금 축소되고 또 그런 좌절감. '여기가 한곈가', 못 넘는 그런 분노에 대한 좌절감에, 스스로의 패배감에 그게 집행부든 가족 내부의 분열로. "누구는 다치고 누구는 연행되고 누구는 저렇게까지 됐는데, 뒤에서 뭐 했어? 엄마들은 저렇게까지 끌려가고 저렇게 처절하게 싸우는데 아빠들은 뒤에서 뭐 해? 그리고 우리만이래도 끝까지 남아야지 왜 위원장이 '여기서 이제 그만 철수, 광화문으로' 왜 위원장이 그렇게 결정을 하냐?" 이런 부분에 대한 항의. 그런 게 위원장으로서는 가장 힘들었죠.

나 또한 마찬가지[로] 그런 패배감 그런 걸 당연히 느끼고, 물러나고 싶지 않죠. 죽더라도 거기서 죽고, 밀더라도 더 밀고 싶은데, 문제는 이미 뒤를 돌아보면, 그렇게 하고 있다가 뒤를 돌아보면 완전 고립돼 있고. 두 번째는 피해 가족을 공격하지는 않거든. 무전기상으로 다 들리잖아. 우리 가족들과 섞여 있는, 특히 "대학생들 먼저 연행해". 그래서 어떻게 보면 그럴 때가 제일 힘들었어요. 그래서 가족들…을 광화문광장 같은 경우에서, 아니 그 광화문 현판에서 빠져나올 때도 워낙에 그때, 1차 때도 그랬지만, 맨 처음에, 쪼금 전에 그… 범국민대회 하고 나서, 그때도 사실은 제가 [대열을] 돌리거든요.

면담자   그때 대열을 돌리게 된 건 위원장으로서 전략상의 판단이라고 할까요, 아니면 유가족의 한 사람으로서의 좌절감 때문인가요?

찬호 아빠   그렇게 판단을 할 수밖에 없게 만드는 거 자체에 대한, 그니까 가족 내부에 그런, 우리의 힘이 이 정도밖에 안 된다는 그런 나약함이 집행부, 혹은 가족 내부의 서로에 대한 분열 갈등, 그게 가장 걱정됐고. 두 번째는 그 시민사회 단체, 그렇게 조직하고 했는데 힘이 그 정도밖에 안 된, 안 되는 부분에 있어서의 위원장으로서는 뭐라 그럴까, 서운함. 때로는 처절하게 해보지도 않고 뒤에 사람들 빠져나가는 모습을 보면, 위에 올라가 보면 다 보이거든요, 그게. 대치된 상태에서 흩어져 나가는 게 보여요, 2시간, 3시간 지나면. 그때는 저도 사람인데, "4·16연대? 야, 얼마나 해봤다고?" 그런 분노도 사실은 생기죠. 대신 존중은 되죠. 아까 얘기했듯이, 그분들은 더 이상 여기서 해봤자 가족들 다치고, 가족들이 다쳐나가서 실려 나가니까, 그다음에 또 자식 같은 대학생들… 교묘하게 대학생들, 시민사회 단체만 연행해요, 가족들보다, 먼저 손대면. 그런데 "가족협의회의 모든 의견을 존중한다"라고 했잖아요. 항상 그런 집회 현장에서 보면 소통 방이 있어요. 현재 상황이 어떻고, 어떻고, 어떻고 되면, 결론은 "최종 결정은 가족협의회 위원장이 하라" 이거죠. 그럴 때는 속상하죠.

그런데 가족협의회 내용을 존중하기 때문에, 그 사람들이 잘못됐다는 게 아니라 내가 "모르겠고 여기 끝까지 있을 거야. 됐어. 너네 없어도 돼. 여기 있어" 그러면 그 사람들도 안 흩어져요. 함께했던 4·16연대는 그대로 남겠죠. 하지만 그때 집회 참여했던 대학생들이라든가, 그렇게 다치고 연행되고 구속되고 하는 부분에 있어서는 사실 마음 아프거든. 근데 톡방[카카오톡방] 내에서 이미, 완전히 고립되고 완전히 더 이상 밀고 들어오거나 싸우는 거 없이 구호만 외치고 주저앉아 있는 상태에서 1시간, 2시간, 3시간이 지난 다음엔, 결과적으로 그때는 최종 결정을 해야 되잖아요. 그때는 참 힘들죠. 내 스스로는 만족 못 하고, 내 스스로도 그때는 미운 거야. '너네가 이렇게 밀고 들어오기로 했으면 밀고 해서 더 싸워야지. 왜 벌써부터 흩어지냐'에 대한 불만도 있는 거고. 근데 그게 4·16연대 회원이나, 참여했던 국민들에 대한 서운함은 아니죠. 어떻게 보면 나 스스로에 대한 나약함, 내 능력이 이거밖에 안 되고 여기서 내가 어떡해. 끝까지 버텨? 아니면 여기서 아예 자리를 틀어? 아니면 두 군데로 나눠? 아니면 모르겠고 한 번 더 붙어? 근데 바로 뒤돌아 온 적은 없어요.

그때 바로 뒤돌아 오게 되면 가족들의 그런 뭐라 그럴까, 실망감은 이미 어떠리라는 거는 예상하기 때문에, 굳이 이건 아니고 우리 가족들밖에 없고 힘이 없더라도 어떻게, 한두 번씩 항상 더 하고 오죠. 왜? 그 자리에서 돌리게 되거나 그 자리에서 말 그대로 포기를 하게 되면, 가족들 자체의 실망감은 뭐 이미, 이미 그 눈빛을 봐도 그건… 다들 너무나 좀… 이 공권력에 대해서 우리의 한계라고 할까요. 그 한계를 알지만은 인정하기 싫은 거. 더 이상 더 못 들어가는 걸 알고, 앞에 붙어봐야 말 그대로 캡사이신이나 혹은 가족들 연행이나 몇 명 더 되고, 혹은 밀었다 다쳐도 우리 가족들 한두 명 더 다치는 한이 있더라도 그 자리에서 돌리지는 못하죠. 그래서 한두 번은 무조건 간다. "가", "모여, 어떻게 할까요?", "가!" 그럼 가요. 10미터도 못 가지. 그래도 가야 돼. 그리고 가보면 또 막혀 있어. 근데 거기서 절대 안 돌리죠. 한 번 더 가야 돼, 기본적으로. 그래서 예전에 이 가족들이, 가족들끼리만 또 몇백 미터를 밀고 간 적도 있어요, '설마 얘들이 그 정도까지 할까'. 그때는 뭐 차벽 밑으로 기어 나가서 도로로래[라]도 밀고 나가니까.

그래서 그런 게 저거 했었고, [4·16]연대하고의 관계는 그랬다 하지만 그분들도 존중되지만 개인적으로 위원장으로 봤을 때는 그런 최종 결정을 할 때에, 우리 힘이 이거밖에 안 됐을 때의 실망감은, 나도 사람인지라, 그때는 내가 이미 패배감 때문에 인정하기 싫은 거고. 두 번째 함께 도와줬던 사람들 더 이상 다치게 하거나, 그다음에 여기에 가족들 더 다치어서 나가는 부분은 아니다…라는 부분. 그리고 뒤에 동력이 붙어 있으면 절대 포기를 안 하죠. 근데 그게 오랜 시간 가봐야 3시간, 4시간이면 흩어져 나가는 모습이 보이기 때문에 최종 그 결정을 그런 톡방에서, 집행부에서 말 그대로 조직을 짜잖아요. 4·16연대 누구, 누구, 누구, 그다음에 뭐 민주노총에도 있고 그다음에 가족협의회 누구, 누구, 누구 뭐 이렇게 해서, 이 소통 방을 딱 항상 만들어서 운영을 하는데, 최종 마지막에 그런 결정을 할 때는… 힘들죠. 힘들고, 맘 아프고. 뭐 그런 부분이 이유였다라고 해야 될 거 같아요. 관계에서 좀 실망감과 서운함, 그다음에 의견 조율에 대한 부분에 있어서도. 뭐 그렇게 하면 우리 욕심…만 내가 얘기한 거 같고, 4·16연대도.

면담자　　　충분히 이해가 됩니다. 유가족의 문제를 4·16연대가 지지해 주고 함께하는 것에 대해 고마운 마음도 있고 힘이 되지만, 그럼에도 결국 당사자의 마음은 아닌 부분들이 느껴지기도 하셨던 것이고, 강한 공권력을 뚫고 나갈 수 없는 절망감에 직면할 때 위원장으로서 어려운 결정을 해야만 하는 괴로움도 있는 거네요. 그런데 후회되는 결정도 있으신가요?

찬호 아빠　　　후회되는 거 사실 엄청 많죠. 근데, 그렇게 할 수밖에 없었던 거, 그 책임을 질 수밖에 없고. 우리 임원들이 욕 얻어먹는 거보다는 그냥 위원장으로서 혼자서 책임져야 되는 부분이 당연하다, 뭐 그런 것도 사실 없지 않아 많죠. 근데 가족협의회 전체를 생각한다라고 하면 우리 분과장들이나 반 대표들이 욕먹어서는 안 되고, 모든 욕이 한 명이 먹는 게 맞다. 그래서 제가 그 탄핵, "날 탄핵하라"고, "탄핵서를 쓰라"고 한 적도 있어요. 나중에 학교 얘기 또 물어보나요? (면담자 : 네,

432

찬호 아빠 전명선

그럼요) 네, 그럼 그때 얘기할게요.

면담자   2015년이 되면 가족협의회가 진짜 투쟁적으로 집회를 하게 되고 위원장으로서 지휘를 해오셨는데, 위원장의 입장이 아닌 찬호 아빠의 입장에서 본다면 다른 방식으로 참여하셨을 수도 있나요?

찬호 아빠   더 싸우면 더 싸웠지… 그러지는 (면담자 : 더 과격하게?) 했을 수도 있겠죠. 내 성격상은 그랬을 거고. 그래서 후회되는 게 많아요. 가족협의회는, 지금도 전 그래요. 지금은 이제 좀 어떨지 모르겠는데, 국면이 바뀌어서. 그때까지, 15년도에, 본래 14년도 제대로 된, 우리가 가족협의회 조직을 만들어놓고 나면 되겠다. 그리고 어떻게 보면… 저는 그 위원장을 하고 싶지 않았다 그랬잖아요. 진상분과, 뭐 그런 걸 하고 싶다 그랬는데, 그런 것만 오로지 보고 싶고. 그래서 아빠가 노력해서 내가 준비했던 내용들이나, 했던 그런 증거자료를 확보하거나 했던 부분을 그냥 "아빠로서 노력했다" 찬호 방에다가, 책상에다가. 그게 뭐 내가 죽기 전에라도 계속할 거니까. 그렇게 정도만 살아가면 되겠다라는 거였었거든요, 사실은. 근데 어떻게 하다가 이제 위원장을 또 맡다 보니까, 15년도에 맡자마자 제일 힘들었던 거는 솔직하게 재원이었어요, 2015년도. 집회를 하든, 어디 뭐 재판을 가든, 또 가족협의회 뭐 활동을 하든, 또 사무처도 있고 실제 활동하는 실무관, 도와주시는 분들도 계시지만 실무관들도 있고, 그리고 말 그대로 가족협의회에서 자료를 모으고… 그 재원이 있어야 되는데.

15년도에 가장… 동시다발적으로 했던 건, 15년도까지만 제가 그렇게 하거든요. 첫 번째가 제일, 위원장으로서… 일하는 거는 당연히 하는 건데, 깝깝한 거죠, 돈이 없으니까, 재원이. 그래서 개인적으로는,

위원장으로서 개인 스스로는 재원 확보하는 거. 그래서 가족들이 집회든 시위든 간담회든, 그게 조직적으로 움직일 수 있게 해야 되는 게 당연한 거니까. 그래서 처음에 가장… 협의회 전체적인 일 말고, 위원장으로서는 재원…이 없으니까, 막막하니까, 재원에 대한 부분이 고민이 가장 컸었고. 두 번째는 말 그대로, 나머지는 이제 회의에 다수의 의견들이, 주관된 의견들이 가족협의회 위원장의 입장이 될 수밖에 없는 거고, 전 다수의 의견을, 아무튼. 그렇다고 그게 9 대 1, 아니면 10 대 0 딱 이렇게 되면 좋은데 그렇지가 않거든요. 애매하게 6 대 4, 7 대 3 이럴 때는 아주 그… 격렬해지거든요. 그럴 때 중재를 하고, 그거에 대한 내용을… 논리적이지 못하면 또 안 되다 보니까, 그런… 필요 외에, 내 생각도 아닌데 필요 외의 그런 논리와 그걸 또 합리화시키려고 많은 사람들을 만나고 대응해 주고. 또 낮에는 낮대로, 밤에는 밤대로, 또 시민 사회 단체 사람들 내용도 들어서 만나서 얘기 들어줘야 되고. 또 특히 가장 중요한 게 가족 내부, 내부의 그런 뭐 7 대 3이 됐든 6 대 4가 됐든, 그럴 때는 그 4에 대한 부분, 뭐 7 대 3이면 3에 대한 부분에 강렬한 그런 항의들이 있죠. 밤에는 그런 거 다 대응을 해야 되고, 그게 사실은 힘들고 좀 그랬던 부분이다.

세 번째는 내 주관과 상관없이 위원장이니까 이렇게 할 수밖에 없고 내 맘대로 할 수 없는 게, 그런 답답함. '이거는 아닌데, 난 당장 이걸 먼저 해야 되겠는데' 근데 그걸 할 수 있는 시간이 없는 거죠, 이걸 해야 되다 보니까. 고런 거에 대한 부분이 세 번째. 네 번째는 찬호, 그다음에 애기 엄마, 그다음에 찬호 형, 우리 ○○이. 그리고 우리 가족, 인척, 친척들, 쉽게 다 지칭해서, 한테 미안한 거죠. 위원장이다 보니까

찬호 아빠 전명선

개인 일은 절대 돌볼 수도 없고, 찬호 생일이든 발인 날도 제대로 챙겨준 적이 없어요(웃음). 매일 이거 하고 그러니까 자연적으로 그런 부분에 있어서는 저게… 뭐 아무튼, 그런 거로 인해서 개인적인 우리 가정, 가족…들에게 미안함. 뭐 위원장으로서 사실 딱 그랬던 거 같애.

면담자   사실 일반 국민들은 가협 운영에 있어 재원이 부족했다는 걸 이해하기 힘들 수 있어요. 왜냐면 워낙 언론보도에서 돈과 관련된 얘기가 많이 나왔고, 국민 성금이나 각종 지원으로 재정이 넉넉할 거라고 생각할 수 있거든요. 운영위원장이 되고 나서 재원을 확보하려 했던 노력과 운영 방식 등에 대해서도 얘기를 좀 해주셔야 할 것 같습니다.

찬호 아빠   당연한 거죠. 기본적으로 우리가 이제 회원을, 아니 "회비를 얼마를 낼까"를 이미 우리 회의 동안에 많이 논의를 했을 거 아니에요. 이미 정관도 만들고, 회원의 규정이라든가 그다음에 의무라든가 또 권한이라든가, 그리고 그 의무에 따라서 말 그대로 회원의 자격도 부여가 되는 거기 때문에, 그 회비가 최종 6만 원으로 결정됐을 때는 막막한 거죠. 근데 그거는 따라, 위원장으로서는 따를 수밖에 없고, 회의 석상에서 결정이 됐으니까. (면담자 : 그건 언제 결정됐나요?) 그 회의 때 우리가 정관 [정]하면서 이미 바로 다 했죠. (면담자 : 정관은 언제 결정된 거죠?) 그 정관은 아마… 2014년, 우리가 그 국회에서 나오면서 그때부터 바로 준비를 해요.

그리고 문제는, 그 전부터 해요. 문제는 뭐냐 하면, 대리기사 폭행 사건이 있은 다음에 제가 가족들에게 사실은 한시적으로 맡으라고 했던 건, "3개월 안에 제대로 된 조직을 만든다"라고, 전에 구술할 때 애기했던 내 주관은 있었고, 그러면서 조직 개념도 회사 조직도에 플러스 전체 의견들을 포함시킬라면 뭐라 그럴까 대의원 개념의 의견을 하면 되겠다, 그러니까 반 대표들. 근데 거기에서 고민이 이제 인원 숫자, 그니까 1반은 30명인데, 그다음에 2반은 몇 명이고, 그다음에 일반인은 진짜 3명밖에 안 되는데 대표권이 하나, 한 표가 있고, 1반만 해도 몇십 명인데. 그거는 '이게 진짜 이게 논리 있고, 이걸 합리적이지도 못하고 이것을 이 사람들이 받아들여 줄까?' 그런 고민들이 있었는데 흔쾌히 받아주더라, 그런 부분에는 갈등이 없었다 그랬잖아요. 뭐 그렇듯이, 이미 초기부터 어떤 식으로 만들 거에 대한 고민, 그다음에 그 정관에 대한 부분은 변호사, 황필규 변호사가 많은 도움을 주셨죠. 너, 너무 쫌 꼼꼼하게 했어. 이게 좀 단순하게 했어야지 편한데 이게 너무 쫌 그랬었고. 그래서 좀 그렇게 하지 말고 바꿀라고 그랬는데 끝까지 고집을 피[우]더라고.

저는 진짜 단순하게 축소하고 싶었어요, 개인적으로는. 왜? 그대로 운영을 하고, 또 아무튼 서류를 내야, 준비해야 되고, 또 감사를 받고 이렇게 할라면 너무나 힘들어지거든. 그리고 뭐 회사생활이든, 안 해봤으면 모르고, 근데 너무나 그런, 아무튼 그래도 전체… 힘들어도 모든 사람들의 의견이 취합되고 불평불만이 없게끔 해야 되는 게 원칙이니까. 다… 아무튼 그러니까 임원 회의 때 그렇게 결정된 거 아니겠어요. 그러니까 이미 그 전부터 그런 부분들은 정관이든, 정관도 최종 확정되기 전에는 수차례.

면담자   네, 그건 임원 회의에서 계속 검토하고요?

찬호 아빠   네, 임원 회의 때도 하고 가족회의 때도 그래서 또 저기

찬호 아빠 전명선

가족, 그런 식으로 그런 절차를 거치고. 또 반 대표들을 통해서 각 반에서 의견 수렴해서 또 임원 회의 때 수정하고 또 의견 줄 거 있으면 수정…. 그니까 뭐 한두 번 회의해서 딱 끝내는 게 아니기 때문에,

면담자   네, 그래서 언제 결정이 됐나요?

찬호 아빠   준비를 하고… 하여튼 간에 결론은 임시총회 때 그때 확정한 거죠. 총회에서 정관도 확정하고 임원 선출도 다 하고 그렇게 된 거죠. 그랬을 때 실제 6만 원이었기 때문에, (면담자 : 6만 원이라고 명시돼 있나요?) 우리 회비는 일단, 회비를 정한 걸 6만 원으로 정했기 때문에, 5월….

면담자   정관에 "6만 원으로 한다"고 명시를 하신 건가요?

찬호 아빠   정관에 6만 원이었나? 아무튼 회비는 6만 원으로 저희가 의결한 게 있어요. 정관에도 회비에 대한 부분이 있고, 정관 자체에 6만 원이 아예 우리가 기록을 했는지 모르겠지만… 그렇게 한 거 같은데? 네, 그런 거 같애. 그래서… 회비는 아예 몇 차례 걸쳐서 10만 원 하자, 몇만 원 하자, 이렇게 나와서… 아무튼 최종 6만 원으로 했었고. 그 6만 원일 때, 딱 정해져 있잖아요. 그래서 고 때에 대한… (면담자 : 회원 수는 몇 명이었나요?) 회원이… 맨 처음에…, 그 당시에 처음 했을 때 200 좀 넘었을 거구요. 200… 기억이 안 나요. 근데 아무튼 200명이 넘었어요. 넘었고, 그다음 총회를 했을 때 196가정? 지금 현재 196가정인가 그럴 거예요. 초기에는 200 뭐 아무튼 2, 30 이렇게 됐던 거 같아요, 그 표가. 아, 226가정인가 그랬었던 거 같은데.

면담자   사단법인 가족협의회가 많아야 1200~1300만 원의 예산

을 가지고 여러 행사와 집회들을 진행해야 하는 상황이잖아요? 재원 부족에 대해서 운영위원장님은 (찬호 아빠 : 저는 이제 회비 사용할 때……) 어떻게 돌파를 하려 하셨는지요?

찬호 아빠   아니, 그게 아니라… 단체 대표면, 운영위원장이면, 말 그대로 그 단체를 운영해야 되는 거면, 기본적으로 가장, 가장 처음에 생각하는 게 일단은 조직이 있기 때문에, 회원이 있고 조직이 있기 때문에 단체가 만들어진 거고, 가장 처음에 위원장으로서 해야 될 거는 재무제표죠. 그리고 내 임기가 2년이면 적어도 위원장이 2년 동안에 자기가 기획을 하든 어떻게 됐든 간에 대표로서는 2년 동안, 내 임기가 2년이면, 운영위원장 임기가 2년이었기 때문에 2년 동안 유지할 수 있는 재원을 확보하거나 아니면 그 기획안을 만들어서 임원들을 설득하고 회비를 올리거나, 당연히 운영위원장의 몫인 거죠. 그거는 가족들이 가서 "나 이제 돈 없으니까, 위원장 뽑았으니까 당신들이 우리가 월 [운영]할라면 한 5000 필요한데 1000만 원밖에 없으니까 회비를 10만 원 더 내야 돼요" 이런 논리가 있을 수가 없고, 당연히 대표라고 하면 재무제표죠, 운영에 대한. 그리고 임기가 2년이면 2년 동안 충분히 운영할 수 있는 재무제표가 확보가 돼야 되는 거죠. 그건 기본이죠, 어느 단체나.

면담자   그렇죠. 근데 그게 불가능한 재원인 거잖아요.

찬호 아빠   회의할 때부터 안 된다고 생각해서 답답했죠.

면담자   네. 그래서 어떻게 해결을 하셨나요?

찬호 아빠   "돈 만들어올 데 찾아봐".

면담자	임원 회의에서 그런 논의들이 됐던 건가요?

찬호 아빠　아니요, 아니 임원 회의 때는 제가 얘기 안 하고. 그거는 워낙에 우리가 할 사항들이 많았고, 말 그대로 위원장이라고 하면서 '우리 돈 없으니까 여러분들 돈 만들 방법 찾아요' 이거는 회의 석상에서 할 얘기도 아니구요. 그러면 운영위원장을 하지 말아야지, 그런 얘기 할 정도의 수준이라면. 그긴 말이 안 되는 거고, 그건 용납이 안 되는 거고. 그래서 일단 외부적으로. (면담자 : 직접 뛰신 건가요?) 그렇죠. "어디 좀 파악해 봐" 요거는 이제 몇몇 변호사들, 그다음에 또 4·16연대도 "야, 이거 힘든데 어떻게 하면 될까?" 근데 초기에는 4·16연대도 돈이 없었잖아요. 그래서 그 당시에 변호사. 박주민 의원, 황필규 변호사, 이제 측근이라고 하면, 뭐 그런 분들…한테 좀 얘기를 하고. 그리고 사실은 내가 아는 개인적인, 사회생활 하면서 알았던 외부적인 인사들 "사실 이런 부분 좀 필요한데 뭐 방안 없겠냐?" 뭐 이런 정도로, 개별적으로 이렇게 슥 던져놓고…. "거기에서는 그런 단체가 그렇게 있고, 거기에 돈이 어느 정도 있다 그런다" 그러면 가는 거지. 그러면 돈 만들어 올 때까지 가는 거지. "그래? 자리 한번 만들어줘" 그러고는 가는 거지. 가서 설득해서 뺏어오는 거지, 저는 될 때까지. "좋은 취지에 돈을 쓴다라고 하면 우리한테 쓰는 게 맞다"라는 걸 가서 논리를 펴야죠.

면담자	회원분들은 이러한 상황을 알고 계신가요?

찬호 아빠　지금은 좀 알겠죠, 그 당시에 그런 얘기를 내가 한 적도 없고. 이제 사무처에서 보면 우리가 협약받아 오고 하면… 이제는, 지금 이제 임원들은, 다는 모를 거예요, 아직도. 그런 걸 내가 회의 석상

에서 공식적으로 얘길 해서 '아, 전체 한 어느 정도 금액을 위원장이 가져왔다' 정도는 임원 정도는 알 거예요. 근데 초기에는 그런 얘기… 16년도까지도 단 한 번도 그런 얘기는 하지를 않았어요.

면담자　　　회원들 중에서는 6만 원도 부담되는 분들도 사실 있을 수 있잖아요?

찬호 아빠　　　내 상식적으로 그런 거는 인정이 안 돼요. 미안한데 다수가 의견해서 결정을 했으면, 그거는 집안의 가장으로서, 누구의, 한 아이의 엄마, 아빠로서, 그다음에 우리가 어떠한 목적 사업을 하기로 했기 때문에 그 목적에 달성될 때까지 하기로 했으면, 그 "6만 원이 개인적으로 어렵다" 이런 얘기는 더 이상 하면 안 되는 거죠. 그건 부모인 당사자가 해결해야 될 일이고. 제 논리는, 그래서 이제 싫은 얘기도 많이 들었었는데, 애들이 있었어도 마찬가지, 그런 돈을 써야 되는 거예요, 애를 위해서. 예를 들어서 생존 학생 아이들이 졸업할 때, 저는 100프로 다 할 줄 알았어요. 회의 석상에서 결정, "애들 졸업식 때 선물이라도 하나 해주자" 그런 의견이 올라와서 "어, 그렇게 합시다. 금액 얼마로 하면 될까요?" 해서 "한 50만 원" 이렇게 했어. 강제적으로 걸을 수 있는 건 아니잖아요, 자발적으로 [해야지]. 나는… 임원 아닌 사람들도 다 낼 줄 알았어. 적어도 성인이래면, 만약에 찬호가 살아 있었으면 양복 뭐 아무튼, 뭐 계절이 있으니까 기본적으로 한두 개, 구두 사줘야 되고. 정장에, 기본적인 구두에 기본적인, 이제 뭐 학생이면 가방에, 기본적으로 이제 성인이 됐으면 뭐 시계… 기본적인 거는 있어야 되잖아요. 성인이 되면 다 그렇게 해주는 거 아닌가, 부모들이. 근데 내 자식은 죽었지만 내 아이의 친구들이었기 때문에, 졸업식이잖아요. 그래서, 아무튼 그때 50만 원인가 하길래, 난 다 낼 줄 알았는데, 또 그렇지는 않더라구.

면담자　　　그럼 위원장님 생각에 가협에서 우리 아이들을 위한 투쟁과 여러 사업을 하는데, 아이가 만약 살아 있었다면 6만 원만 들었겠느냐?

찬호 아빠　　　응, 그건 내가 말을 잘못한 거 같고요. 그 논리가 아니라, '자식이 있었으면 그렇게 당연히 써야 되는 돈이다'라고 해서 비교해서 얘기한 게 아니라, 부모니까 당연히 그렇게 해야 되는데, 생존 학생들 선물 얘기로 해서 제가 말이 좀 그렇게 비쳐진 거 같은데, 그건 이제 예를 들어서 생존 학생들 그런 일이 있었다라는 거고. 우리 아이들은 희생돼서 없잖아요. 근데 그 희생된 아이를 위해서 하기로 한 거잖아요. 그래서 그 목적, 우리 아이들이 왜 죽었는지 부모로서 가족협의회에서, 그렇게 해서 법인이 만들어지고 회비는 6만 원씩 하기로 했고 그랬으면, 그렇게 의결이 되고 하기로 한 거잖아요, 그리고 회원이 된 거고. 그러면 본인이 부모로서… 하루에 세 끼 먹어야 되는데 두 끼를 먹든가, 그것도 안 되면 한 끼를 먹든가, 아니면 이틀에 한 끼를 먹는 한이 있어도 아이들의 희생, 그다음에 아이들을 위해서 하기로 했던 회비가 6만 원이면, 수단과 방법 가리지 말고, 그거는 논의할 필요도 없다. 그거는 부모가 걱정하고 당사자들이 아무리 힘들어도 그거는 해야 된다는 거죠. 내가 그런 좀 주관이 있어서, 고건 잘못됐을 수도 있어. 힘든 가정이 있을 수는 있지.

면담자　　　그런데 참사 후에 직장에 복귀를 안 하시거나 몇 년 동안 아무런 수입이 없으신 분들도 있잖아요?

찬호 아빠   있어도, 그럼 하루 가서, 어디 가서 일용직을 갔다 오더라도 내야 되는 거예요, 그거는, 자식을 위해서 하는 일이기 때문에. 그니까 고거는 내 주관이 좀 잘못될 수도 있는데, 저는 아무튼 그런 거는 확실해요. 그거는 있을 수 없는 일이에요. 하기로 한 건 해야 되고, 그거는 본인 스스로가 하는 게 아니라 약속이거든. 희생된 우리 아이들, 자기 자식하고의 약속이고 이 우리 단체에 대한 기본적인…, 의무가 있으면. 어른이잖아요 그건 지켜야 되는 거야, 아무리 힘들어도.

면담자   그럼 위원장님은 일단 운영위원장이 가협의 재원을 책임지고 마련하고, 예결산 관련한 운영에 대한 책임을 지는 것 역시 당연하다고 보시는 건가요?

찬호 아빠   당연하죠. 대표가 그럴 능력이 안 되면 자기는 더 이상 운영을 못 하고, 그 자리에서 얘기를 해야지. '내 능력이 안 돼서 안 된다'라는 부분. 돈이 부족하면 '돈이 부족하다' 아니면 '그걸 해주면 내가 운영할 수 있다'. 근데, 이 아이들이 희생되고 어마어마한 조직에 최대한 노력도 안 하고 성의도 안 갖추고 만약에, 제가 뭐 능력이 탁월하다는 게 아니라, 근데 그 정도를 운영을 못 하면서 운영위원장 하겠다는 거는 우리 아이들한테도 피해를 주는 거고, 우리 아이들한테도 명예도 그렇고, 또 그렇게 약한 모습으로 그걸 운영위원장을 '어, 가족들이 뽑아줬으니까 내가 운영위원장 할게'는 있을 수 없는 거지, 그거는. 전체 우리가 사안이, 아이들 희생된 아이들이고, 또 가족협의회 가족들이, 뭐 친척들까지 하면 어마어마한 인원인데, 그렇게 나약하고 무책임하게, 자리라고 하면 그렇지만, 그거는 난 잘못됐다고 봐요. 그거는… 다 어른이잖아요. 다 어른이고 그러기 때문에 그런 부분에 있어서, 부족함이 있어서 그걸 보완해 줄 수 있는 방법을 정확하게 풀어서 얘기하든가. "내가 이런 부분은 나는 약해요. 이거 도와주세요. 이거 해결해 주면 내가 할게", 그 자리에서 얘기 안 하고 그냥 받아들였으면, 해야지. 할 때까지 해야지. 그리고 중간에 당장 "힘들어" 이렇게 얘기하는 거는, 해보지도 않고 그건 있을 수 없는 거지.

면담자   지금 가협 회원이 초기에 226명이라고 말씀하셨는데,

찬호 아빠   네, 그게 투표 때 그랬던 거 같애(웃음).

면담자   근데 우리가 희생 학생들의 명수를 생각해 보면 부모와 조부모 포함해서 유가족이 700여 명이 넘거든요.

찬호 아빠   아, 그 개념이 아니에요. 희생, 각 가정에 한 명. 그러니까 엄마, 아빠가 들어와 있더라도 (면담자 : 아, 한 명으로 치는 건가요?) 네. 우리가 희생 학생이 250명이니까… 그 당시에 한 30가정 빠지고 다 돼 있었죠. 인원 취합할 때는 다 있었는데, 제가 지금 표현해서 얘기하는 기준은 임시총회, 총회 때 투표. (면담자 : 투표 권한을 가진?) 네. 투표 권한이, 투표 행사 했던 사람… 기억이 내가 226푠가 그랬거든요, 기억하는 게. 그래서 그 사람들이 회원인 거다. 그리고 그때부터 아예, 리스트는 있지만 회비를 단 한 번도 안 내고 회원 가입서를 안 쓰신 분들이 이미 있다는 거는 부정하면 안 되는 거죠. 그랬던 거예요.

면담자   그러면 회원비는 한 가구당 한 분이 내는 셈이 되는 거겠네요?

찬호 아빠　　　그렇죠, 피해자 기준으로. 그니까 엄마, 아빠 삼촌, 활동하는 분들이 많더라도, 10명이라도 6만 원만 내는 거예요, 희생자 기준으로. 철저하게 고렇게 돼 있어요.

5
박래군 상임운영위원 구속과 안국역 충돌

면담자　　　알겠습니다. 7월 14일에 경찰이 참사 1주기 범국민대회를 주도한 혐의로 4·16연대 박래군, 김혜진 위원에게 사전 구속영장을 신청하고, 박래군 위원은 11월 2일까지 구속됩니다. 이렇게 급박해지는 상황에 대해서 위원장님께서는 당시 어떤 생각을 하고 계셨나요?

찬호 아빠　　　박래군 대표하고 김혜진 대표하고, 상임하고, 그 재판에 넘겨질 때 제가 증인으로 참석을 하거든요. 증인으로 갔었고, 당연히 종로서로 이미 연행됐을 때 면회도 갔었고. 근데, 이미 잘못된 게 있었어요, 언론에 나왔던 게. 그게 뭐였었나 하면 그때 내 기억에, 7월 14일 날 우리가 그때도 행진해 가지고, 제가 7월 14일 날 그렇게 해서 박래군을 그… 시청광장이라고 얘기하면서 일단 그 고소·고발, 걔들이 하거든요. 근데 그 자료는 정확하게 잘못됐다. 그걸 왜 내가 장담하나 하면, 내가 7월 14일 날 시청이 아니라 서울역 광장에서 발언을 하거든요, 도보 행진에서. 행진에서 발언을 하고, 그때 박래군이가 거기 있었거든, 박래군 대표가. 근데, 동시, 쉽게 시청광장과 서울역광장이 동시에, 이미 카메라에서 했던 그 영상까지 다 있어요. 근데 검찰 측에서는 뭐라고 하냐 하면 "박래군이가 거기에서 그런 발언을 하고 했었다"라는 내용인데 그거는 결론은 거짓으로 밝혀져요. 그니까 박래군은 거기 없었어, 시청에. 근데 검찰 측에서는 걔들은 "거기 박래군이가 그렇게 이미 선동하고 저걸 했었다"라고 얘길 했었고, 박래군은 나랑 서울역에 있었어요. 서울역 광장에서 내가 발언을 하고 있었기 때문에, 사회를 김덕진[천주교인권위원회 사무국장]이가 봤고. 아, 이렇게 막 반말하면 안 되죠, 김덕진 사무처장이 봤었고.

그랬기 때문에 정확하게 기억을 하는데, 그쪽 검찰에서 얘기했을 때는 그러는 거야. 그런 얘기를 했었고, 그래서 내가 재판 때 증인으로, 박래군 대표가 얘기를 해서 증인으로 참석을 해요. 그래서 고런 부분 잘못된 부분들도 있었고, 이미 그렇게 해서, 엮어서 일단은 힘을 뺄라 고 한다. 그게 뭐냐 하면, 내가 옆에 있었고, 내가 재판에 증인으로 갔 었잖아요. 근데 재판에 증인으로 나가기 이전에 이미, 그렇게 경찰에서 옭아맬라고 할 때 박래군은 거기 없었다는 걸 나는 알잖아. 나랑 같이 있었고, 아무튼 그 내가 기억을 하니까, 그래서 증언을 요청을 했었던 걸로 알고. 그리고, 그랬기 때문에 그때 인제 그런 생각을 하게 되죠. 어떻게든 왜, 가족들하고 함께하고 우리 주위에 있는 사람들, 그니까 피해 가족들만, 우리만. 이미 청운동에서도 느꼈었고, 광화문에서도 느 꼈었고, 국회 농성에서부터 철저하게 느낀 거죠. 국회, 광화문, 청운동, 말 그대로, 우리 해수부, 그다음에 여기 광장에서 우리가 집회를 하거 나 했을 때, 이미 계속 느껴왔던 거지. 어떻게? 가족들을 터치 안 하고 가족들 옆에 애들 다 어떻게든 연행하고 어떻게든 처벌할라고 하고, 그 걸 행태를 계속 보고 왔었던 거고. 실제 거기에서 4·16연대가 만들어지 고 구조적으로, '나름 그래도 가장 목소리 내고 영향력 있는 박래군, 김

445
•
4회차

혜진, 둘 먼저 처리해야 되겠다'라는 생각을 했을 것이다. 그런 생각을 나는 더 하게 된 거죠, 바로.

　그다음에 면회 갔을 때 더 절실하게…. 종로서를 갔는데, 박래군 대표가 종로서에 연행됐을 때 바로 가요, 또. 갔더니 면회실이 뭐 인제 다른 사람들이 하고 있고[있었고 거기에] "없[었]다" 그러는데, 아무튼 그 "조사받고 있는 데 들어가서 그럼 보고 가서라" 이렇게 좀 허락을 해줘요, 가족 대표라서, 가족협의회 위원장이라서 그랬는지 몰라도. 그래 가서, 뭐 했겠어요. 그 조사 받고 있는 과정에, 고 잠깐 거기서 면회를 한 거예요. 제가 가장 먼저 한 행위가 뭔지 아십니까? "어이구, 왜 여기 와 있어? 죄도 없는 사람들을 여기다 갖다 막 끌어다 놓고 뭣이, 경찰들 이래도 되는 거야?" 두 번째, 담배를 한 대 펴요, 그 자리에서. 네, 제가 기억이 나는 게, 담배 한 대 피[우]라고 그랬더니까 수사 조사관, 조사관이 아니라 수사관, 고 위에 뭐 과장인가 거기 또 앉아 있더라구. 이렇게 보는 거예요. 당연히 수사관은 "아, 여기서 담배 태우시면 안 된다"라고 하죠. 근데 나는 그걸 몰라서 그랬을까? 박래군 대표한테 미안한 거야.

　그리고 거기에서 그 조사 받는다고 앉아 있는 거기를 잠깐 얼굴이라도 보고 가겠다고 면회를 들어간 거잖아. 그 얼마나 미안해. 건방진 놈은, 나 땜에 도움은 안 됐겠지만, 적어도 그 불만은 토로하고 싶어서 그랬던 거예요. 그리고 한마디 더 했어요. 영화 제목이 갑자기 생각이 안 나네. 그러고 나서, 피[우]면 안 된다 그러길래 제가 뭐가[라] 그랬나 하면 "뭔 소리 하고 있어, 뭐 영화", 그때 제가 제목까지 얘기한 거 같아요. "영화 보고 하면 조사받고 하면서 한 대씩 피고 하더만. 그냥 피워. 여기서", "아, 여기서 피지 말고 잠깐 나가서 피고 오세요". 그게, 안하무인, 무식하고 내가 몰라서가 아니라 박래군 대표에 대한 미안함이야. 같이 만났으니까 담배라도 한 대 펴야 되는데, 그 안에서 담배 피면 안 되는 걸 왜 모르냐구. (면담자 : 그래서 피우셨어요?) 그래서 데리고 나와서, 아니면 데리고 나오지를 못하니까, 그래서 복도에 잠깐 나와서 담배 한 대를 피웠어요. 그런 기억도 갑자기 나네.

면담자   그 당시 박래군 대표는 어떤 모습이었나요?

찬호 아빠   무덤[덤]하죠, 무덤[덤]하고. 제가 왜 그렇게 얘기했는지, 그게 본인한테 도움이 안 된다는 건 알잖아요. '여기서 담배 피면 안 되지'가 아니라, "뭔 소리야, 펴. 뭐 영화 뭐 보니까 한 대 피고 하더만" 그럴 때 박래군 대표가 그 담배를 받았어요. 근데 거기서 내가 불을 붙여줬으면 박래군 대표한테 사실 이로울 건 없잖아. 근데 나는 내 미안함으로, 거기서 그냥 얼굴만 보고 가는 게 아니라 둘이서 담배라도 한 대 피고 헤어지고 싶어서, 그렇게 하고 결론은 담배 한 대 피고 헤어졌어요.

면담자   박래군 대표가 다른 이야기는 안 하시던가요?

찬호 아빠   뭐 다른 얘기 뭐, 얼굴 봤으면 됐지 굳이 할 거 있어요? "이거 제대로 해야 되는데" 서로 걱정하는 얘기밖에 더 있겠어요? 아무튼 뭐, "나야, 이 기회에 편안하게 쉬지" 항상 하는 얘기잖아요, 박래군 대표. "난 좀 쉬면 되고, 잘됐어. 밖에 나가서 매일 시달리고 힘든 거보다 좀 쉬면 되지, 뭐" 이런 항상, 농담 비슷한 그런 얘기. 뭐 제가 또 그 얘길 한들, 진짜 마음이 있어서 서로가 그런 얘기 하겠어요? 서로 걱정하고, "진짜 잘돼야 되는데" 서로 그런 얘기 하는 거죠.

면담자   아, 제가 한 가지 빼먹었네요. 박래군 대표에게 구속영장이 신청되기 전인 5월 1일에 시행령 폐기를 위한 1박 2일 철야 농성을 하고 안국역에서 경찰과 충돌을 했죠. 이날 시위가 좀 컸었는데, 5월 1일 집회에 대해서는 어떻게 기억하시나요?

찬호 아빠　　그때 내가 화가 났었고, 그때는 가족협의회에서는 좀 조직적으로 움직이고자 했어요. 그래서… 몇 번을 시도해도 안 되니까, 청운동까지도….

면담자　　그니까 아까 4·16연대의 태도에 대해서 쪼끔 화가 나셨던 건 11월 이야기죠? (찬호 아빠 : 아니 아니) 이때도?

찬호 아빠　　그건 5월 1일 얘기예요, 안국역. 그게 뭐였나 하면, 그때 제 기억에 가족협의회에서, 여기서 회의를 하고, 우리가 청와대로 가기로 하거든요. 그래서 그때 아마 발언이, 시청광장에서 발언이 저로 돼 있었어요. 일부러 그렇게 한 거예요. 저는 거기 가고자 할 생각도 없었고 거기 가지도 않았어요, 시청광장. 정보관들이 이미 다 모든 정보들을 퍼 나르듯이, 그게 5월 1일인가요? 5월 1일, 5월, (면담자 : 2일 이렇게 하죠) 5월 1일, 2일인가요? 5월 달에 두 번을 크게 한번 부딪치는데, 그럼 5월 1일, 2일 그때가 맞을 거예요. 뭐였나 하면 그때 회의를 하고, 우리가 비공개적으로 어떻게 하냐 하면, 청와대… 청와대 앞에 철문 있잖아요, "거기에 그냥 매달린다". 그런데 어떻게? 그래서 조직을 짭니다, 아빠들만. "믿을 수 있는 사람, 100프로 연행되고, 100프로 법적 책임져야 되고, 그거 감내할 수 있는 사람. 그다음에 뛰지 못하고 이런 사람 빼고, 아빠들 한 10명만 조직한다". 그렇게 해서 조직을 해요.
　　그리고 그거는 "반 대표들이 외부로 알리지도 말고, 당신이 믿고 책임질 수 있는 사람 한 명씩만 끌고 와서 그렇게 한다". 그리고 차도, 아침에 분향소에서 출발하면 몇 명 간다고 얘들이 다 날리잖아요. 그래서 별도로, 출발도 분향소에서 하는 게 아니라, 별도로 다 출발하고, 다 흩어졌다가 고잔, 저기가 고잔역이지, "고잔역 뒤에서 모여서 별도의 표시 안 나는 차량 하나 준비하고 그거 타고 바로". 그때 뭐 다 그쪽으로 모이니까, 차량 가기로 했으니까. "출발한 다음에 우리는 별도로 고렇게 해서 간다. 어디로? 바로 청와대로 간다. 그리고 죽기 살기로 몇 미터, 20에서 30미터만 뛰면 되니까 내려서, 가서 철문 무조건 붙잡고 매달린다"를 했었어요, 그래서 더 정확하게 기억을 하고. 그래서 세부적으로 짰던 게 뭐냐 하면, 가족협의회 내에서는 그렇게 인원을 조직하고 그래서 시청광장 발언은 전명선 그냥 놔두고, 발언은 실제 집행위원장이 하는 걸로 하고. 집행위원장이 거기 가족들하고 전체 주도로 해서 가고, 나는 고 조직했던 그 사람들 데리고, 아무튼 위원장이니까, 가족협의회, 그리고 또 상징적이니까. 그래서 청와대로 간다. 이렇게 해서 별도로 출발을 해요. 출발했는데 그것도 못 해요, [외부로] 새서.

그래서 (웃으며) 딱 내려서, 내릴라고 봤더니, 그래서 교회 버슨가 작은 그런 거 하나 준비해서 가서 '절대 모를 거다'라고 생각을 하고, 일부러 그 길도 아니고 저 삼청동 그 뒤쪽으로 돌아서 가거든요. 돌아서 가기 전에 담배 한 대 핀다고 어디 길 옆에 어디 가서 한번, 마을 같은데, 그것도 들어가서 화장실 한번 들르고 담배 한 대 피고 다 차 타고, "그대로 가서 딱 서면 그냥 뛰어가서 다 철문[에] 매달리는 거야, 이유 없이" 이렇게 다 약속하고 가거든, 아빠들. 그랬는데…, (면담자 : 어디서 막혔나요?) 그… 안국역 지나서 또 하나 청운, 청와대 가는 거기를 딱 봤는데 거 중간이 가장 낮거든요. 대고 뛰기는 가장 짧으니까, 차 대고. 그랬는데 처음에 딱 갔는데 "병력이 없다". 그게 뭐냐 하면, 아침 6시, 8시까지 계속 체크했어요. 가족들 한 명이 여기 청와대 근교에서 차 타고 휘익 가면서 "아, 여기 병력 배치 없다. 뭐 이쪽에는 병력 어느 정도 있다" 그걸 계속 체크했거든요. (면담자 : 고잔역에서 몇 시 출발하신 거예요?) 우리가… 몇 시 출발일까? 정확한 시간은 기억이 안 나고, 아무튼 가족들 모여서 시청광장 출발해서, 출발하고 나서 한 1시간 정도 있다가 출발해요.

왜, 가족들 그 시청광장에 다 합류하고 거기서 집회 시작하고 해. 할 때쯤에 이제 방심하고 [할 때] 그때 들어간다고 아침부터 그쪽에서 박용우 실장, 수빈이 이모부가 이미 돌고 내용 파악하고 한 번 하고 계속 파악을 시키죠. 그랬는데 첫 진입 할라고 하는데 딱 보니까, 어씨 차에 병력이 꽉 차 있는 거예요. 양쪽으로 그냥, 지그재그로(웃음). 도로가 꽉 막혀 있는 거야. 그래서 그다음, 한 군데 또 있잖아요, 청운동으로 들어가기 전에. 딱 거기를 갔는데(웃음) 거기는 정보관들이, "야 이거 틀렸다, 이미 샜다", 딱 보니까 정보관들이 보고 웃고 있는 거야. '너 여기 올 줄 알았다'는 표정이지. 그래서, 내려서, 다 내려서 그냥 현판 앞으로 가요. 막지도 않아. 현판 앞에 가고, "그럼 우린 현판에 있을게" 이런 연락을 해주죠, "현판으로 와". 그래서 그때 짰던 거예요. 일단은 나눴어요, 조직도 정확하게. "하나는 광화문 정원, 하나는 저쪽에 저 청운 동사무소 있는 쪽 그쪽 골목, 그쪽으로 해서 들어오고. 이제 나머지, 흩트리는 거는 이제 일반 시민들 해서 혹 가는 거는 아예 그 안국역. 그쪽으로 해서 그쪽에다 병력 다 집중시키고, 이쪽으로 그냥 확 밀고 들어와서 아무튼 요번에는 한번 힘 있게 가자" 이걸 약속을 다 하거든요.

그 전날 밤에 그 회의 끝나고 내가 내려오거든, 새벽에 밤 12시, 1시 넘어서, 민주노총 사무실에서. "이번에는 진짜 하자" 그래서 이렇게, 이렇게, 이렇게. 그다음에 한두 군데 더 있어요, 대학생들은 어디 [이렇게] 다 짰단 말이에요. 근데 결론은 나는 철문에 못 붙었지 (웃으며) 우리는, 아예. 그리고 광화문에 있었는데, 아니 현판 밑에 있는데, 아니 싸그리, 그 뭐 차도 다니고 통제도 안 되고 그랬는데, 싸그리 저 안국역에 가서 막혀서 안국역에서만 저러고 있는 거예요, 청운동 쪽에 차들도 통제도 안 되고 차들도 다니고 있는데. 그래서 그때 이제 화가 난 거예요. 기다리다 기다리다, '뭐 붙고, 아무튼 저렇게 진 빼고, 그쪽에서 싹 집중시켜 놓고 밀고 오겠지. 기다리자', 1시간 기다렸는데 지루하잖아요. 그래서 이제 우리끼리도 심심하니까 이제 시비 걸어야지, 계속. "청와대 분수대 간다"고. 당연히 막죠, 뭐 한 10명 되는데 그거 뭐. 근데 아무튼 그러면, "위원장만 가셔라. 한 명씩만 갔다 오는데 위원장 갔다 오셔라, 그러면" 정보관이 아무튼 그렇게 해서, 나 혼자 가요. 갔다 왔더니깐 아빠들도 이제 답답하지. 몇 명은 이미 가고 한 6, 7명 남았던 걸로 기억이 나는데 안 오니까 그쪽으로 그냥 가는 거야, 다시. 그때까지도 안 막혀 있고.

근데 이제… 집행위원장이 연락이 온 거예요. "그 뭐 왜 그쪽에 다 있냐?" 완전히 싸여가지고 지금 빠져나가지도 못하고 그런다는 거예요. "이쪽에 올 데 다 열려 있는데 지금 뭐 하는 거냐?" 그니까 집행위원장도 이미 열이 난 거야, 완전히 뭐 뺑 둘러싸여서 그러니까. [그래서] 연락받고 [안국동 쪽으로] 갔어요. 갔는데 이쪽에는 차들이 다니고, 내가 그냥 (웃으며) 안국역, 그니까 현판에서 그냥 도로로 걸어가거든. 그 일본대사관 있는 데까지도 차가 있고, 거기서 막아놓고 이제 전경들 뒤에서, 더 열받는 거는, 물대포고 다 준비해 놓고, 차벽 해놓고 뒤에 애들 앉아서 이거 도시락 까먹고 있는 거야, 도로에 앉아서 걔들이. 그걸 보고 들어가는데 얼마나 열받어. 그때그때 딱 들어가 가지고… 보니까 거기 뭐 대치하고 그냥 있는데, 대치나 마나 차벽이 워낙에 [빽빽]하고 통로 요만한 거 하나 있는데, 그 통로로 내가 다시 들어갔다니까요. "나 갈래, 일로[이리로]" 그니까 위원장이니까, 얼굴은 아니까 전경들이 "열어드려" 이래 가지고 열었는데, 뭐 겹겹이 있으니까. 뒤에 놈은 앉아서 다 도시락 까먹고 앉아 있고, 이 새끼들. 들어가서 보니까, 뭐 밀고 하는 것도 없고 싸우는 것도 없고 이미 차벽에 뽕 둘러싸여 있어서. 그때 이제 화가 나는 거야, "너네 지금 뭐 하는 거냐?" 그랬더니까 누구지, 우리 미류 씨, 또 여성분이니까 아무래도, 처음 그때 내가 쫌 실망을 했어요. "이쪽으로 오기로 해놓고 시바 다 열려 있는데 왜 한 새끼도 안 와. 그따구로 할 거면…" (면담자 : 왜 그렇게 된 건가요?) 모르겠어요. 정확한 내막은 모르겠지만, 그때 내가 진짜 화가 엄청 났었고.

그쪽으로 오기로 했던, 민주노총이 거기 다 있는 거야. "왜 민주노총이 여기 있어". 그리고 이제 그때 열받았던 거야. "그럼 어떡해?", "뭐 어떡해. 싸워야지, 시발. 가족들 앞으로. 밀어 그냥!" 막 이렇게 하면서, "내가 시발 저 뒤로 들어오는데 열 안……". 그래서 가족들 앞에서 하면서, 맨 처음에는 물대포 없었죠. 저 들어가고, 이제 집행위원장, 그다음에 가족들이 이제 화가 난 거야. "시민들 빠지고 가족들 앞에. 밀어" 밀 수 있나. 차벽이래서 차벽 밀어봤자 밀리지도 않을 거고, 쪼그만 통

찬호 아빠 전명선

로 있는 데만 밀고 싸우다가 결론은 물대포 쏘고, 장동원 팀장 쓰러지고, 물대포 맞고. 그렇게 싸우고 결론은 한 새벽 2, 3시 돼서 얘들이 밀고 내려오잖아요. 가족들은 또 안 건드려, 시민들만 연행하니까. 가족들이 앞에 막고 있으면, 가족들이 뚫리면 가족들은 잡지도 않아. 가족들은 놔두고 가는 거야, 그냥. 설사 가족들이 잡아도… "유가족들 손대지 마" 지들끼리 그러고 밀고 가니까. 그러고는 도로에서 옆으로 다 밀어내 버리잖아. 그때 내가 화가 났었어요, 딱 한 번. 근데, 왜 그렇게 조직적이지 못했나…. 그니까 계획은 그렇게 조직적으로 세우고, 그때 또 한 번 실망을 하죠. 나는 청와대 철문에 무조건 붙었어야지. 근데 뭐 뛸 수도 없고 (웃으며) 아예 꽉 차 있었으니까, 개들이. 아무튼 그랬었던 기억이 나요.

6
선체인양 발표 후 동거차도 인양 감시

면담자　네. 그리고 안국역 캡사이신 물대포 직전에, 정부에서는 세월호 인양 발표를 하죠, 실제 인양될 때까지는 또 엄청나게 오랜 시간이 걸리지만. 8월 중순부터 우리가 준비를 시작하고, 9월에는 동거차도 감시단 활동을 시작합니다. 공식적으로 알려진 바에 따르면 8월 19일부터 중국 상하이샐비지에서 인양을 맡았는데요. 인양업체 선정과 인양 시기 등에 대한 가족협의회 내부의 입장과 논의는 어떻게 진행되었나요?

찬호 아빠　그 전에 이미 해수부, 뭐 서울에서, 그 당시에 이미 연영진 실장이죠, 단장, 이철조 부단장, 그다음에 해수부 공무원들 해서 가족협의회 임원들하고 몇 차례 만난 적이 있고. 그다음에 인양업체의 선정에 대한 부분 가지고도 우리 분과장님들, 또는 [4·16]연대, 뭐 아마 또 이렇게 몇 분들, 또 국회의원 이렇게 좀 소개해 줘서 많은 내용들, 자료들 서로 공유하면서 검토하고. 그때부터 이미, 그 전부터 이미 [인양] 발표 그렇게 하고 업체 선정되기 전에 사실은 우리가 얘기를 하잖아요, 가족협의회 입장은. 그리고 연영진이가 발표한 대로라면 가장, 그때도 그랬거든. 우리 가족들 만나서, 아주… 첫 번째, 돈이 아니고 뭐다? 기술, 기술력으로. 근데 결론은 기술력도 개판이었다는 게 증명됐고, 결론은 돈도 가장 제대로 되게 제시했던, 그 방법으로 방법도 나중에 바꿨고, 그다음에 비용도 가장 비싸게 더 들였고. 왜? 유실 방지, 추가 인양 비용 해서 결론은 850억이 아니라 260억인가 추가[로] 잡고, 또 유실 방지 해서, 결론은 1000억 이상 집행한 거잖아요.

기간은 기간대로 1년 반 이상 더 그냥 허송세월 보내고, 그다음에 인양 방식도 결론은 제안했던 자기들의 방식이 아니라 방식도 바뀌고. 그래서 초기에… 우리 분과장님들, 그다음에 고런 조언해 주고 이러면서, 실제 발표하기 이전에 해수부 그 담당자들하고의 가족들, 임원들하고의 미팅도 여러 차례 있었고 그랬는데, 사실상 불신했죠 그때부터. 불신하고, 그래서 기자회견, 가족협의회 4·16연대 뭐 이렇게 해서 입장해서, 기자회견, "진짜 인양은 어떻게 해야 된다"부터 시작해서, 기술적인 방법 이거 검증, 이런 요청도 많이 했었고. 근데 결론은 뭐 지들 하고 싶은 대로 그냥 그것대로 했던 거죠. 그리고 동거차도는, 그때 그렇게 했기 때문에 믿을 수가 없잖아요. 그리고 첫 번째, 자료에 대한 부분, 그다음에 "어떠한 행태를 할지를 모르기 때문에 우리가 감시해야 된다", 그거는 가족협의회 입장이, 뭐 회의를 하자마자 바로 그냥 그런 거는 반대할 임원이나 유가족들은 없었기 때문에, 그때 우리 분과장님들, 특히 선체인양분과장을 위주로 해서, 또 반 대표님들 고생들 많이 하셨죠.

그때부터 이미 그걸 장소를 정하기로 하고, 바로… 시작되자마자 그 동거차도 감시단이라고 우리는 일단 지칭을 하고. 그다음에 지시로, 실제 뭔 일이 있는지 가서 봐야 되는데 [동거차도 산] 위에서 [유가족들이] 들여다보고 있으니까, 애들이 [바지선 방향을] 돌리잖아, 또. 그 행위를 바로 하거든. 그니까 우리가 쳐다보고 있으니까, 자기들이 우리가 제대로 볼 수 없게끔 잭업 바지선 자체를 돌려서 작업을 하다 보니까, "배가 필요하다" 그렇게 해서 진실호[라는 배]까지 [구입해서] 마련하게 된 거죠.

면담자   인양업체 선정 및 그런 인양 시기 이런 거에 대한 어떤 내부에서의 입장 차이나 이런 것은 없었나요?

찬호 아빠   가족협의회 입장은… 주장한 바가 있었죠. 근데 그게 우리….

면담자   내부 안에서의 어떤 차이가 있지는 않고 동일한 입장이 었던 건가요?

찬호 아빠   그죠, 우리가 아주 전문가적이지는 못했기 때문에, 인양 분과와 진상분과, 그 당시에는 이제, 그때도 장훈 진상분과[장이]죠, 진 상분과장이라든가 인양분과장이라든가 그다음에 집행위원장님이라든 가 기존의 집행부, 또 회의 석상에 반 대표들도 직접 참여해서, 면담할 때 만나거나 할 때 같이 참여를 하고. 그다음에 그 업체, '그 업체가 어떤 업체다'라는 기본적인 그런 데이터 자료들, 그런 페이퍼들은 또 준비를 여기저기서 이렇게 막 모아서 해주시기 때문에, 실제 보고 그리고 나름대로 했을 때 사실은 상하이샐비지는 우리는 이미 "아니다"라고 결정을 했던 거죠. 그게 우리가 전문가적인 기질이 있어서가 아니라, 교수님들이든, 또 그 사례들을 보면서, 그래서 "이 업체가 돼야 된다"라는 우리의 결정은 나름대로 있었지만, 그게 어디였더라? 그 업체…가 있었는데[네덜란드 인양업체 스미트], 결론은 뭐 정부에서 저렇게 해버리고.

아무튼 뭐 근데 비용이 가장 싼 업체를 주장한 걸 보니까 이건 못 믿겠는 거지. 그런데도 그냥 안하무인이었던 거잖아. 그렇게 발표가 됐기 때문에…, 우리가 나름 전문가적이 아니라, 그런 조언을 받고 해서 가족협의회 입장은 이미 이 상하이샐비지는 아니었고, 그래서 사실 해수부에 그런 입장, 그다음에 그런 의견, 만났을 때 그런 얘기까지도 전달했음에도 불구하고 다 묵살당하고, "믿어달라. 믿어달라. 기술적인 부분을 가장 우선으로, 다른 건 아니다. 기술적인 부분, 인양업체를 선정하는 기준에서 기술적인 부분이다" 연영진이 계속 그 얘기만 하고 결론은 상하이샐비지로 해버린 거죠. 그때, 그 전부터 우리는 이미 정부를 못 믿고 있었고, 그런 많은 전문가들, 그런 또 이런 업체의 관계자들이 제안해 주신 것도 사실은 상하이샐비지는 순서에 들어가 있지 않았어요. 그렇기 때문에 우리가 기자회견도 하고, 그런 우려스러움 때문에 말 그대로, 기자회견 몇 번을 한 거 같은데, 입장문도 내고. 그리고 실제 해수부 관계자 면담도 서울에 직접 쫓아올라가서 만나서 하고 그랬었어요.

찬호 아빠 전명선

면담자   네. 2015년 9월 1일부터 가족협의회에서는 동거차도에 머물면서 인양 작업을 감시하기로 결정을 했는데요. 결정하게 되기까지의 과정, 동거차도 천막 설치, 또 배를 구입하게 된 과정에 대해서 말씀 부탁드립니다.

찬호 아빠   동거차도는 일단 인양이 결정되고, 전 정권에 대해서 그런 우리가 불신을 가지고 있었고, 또한 미수습자 수습, 그다음에 "완전하고 온전한 인양을 위해서는 지켜보고 모니터링해야 된다"라는 거에 의견은 뭐 전체 의견이었다, 그래서 회의에서 바로 그렇게 결정이 됐고. 동거차도의 감시 같은 경우도, 이미 세월호 참사 났을 때 최초 KBS가 케이블을 통해서 동거차도 위에서 일단 영상 화면들이 나오고 있어서, 이미 가장 인근 가까운 현장 위치를 육안상 모니터링할 수 있는 공간이 동거차도이었었던 거죠. 그래서 바로 그렇게 결정이 났었고. 그리고 초기에 각 분과장님들 위주로 해서, 또한 반 대표님들 통해서 로테이션, 자리 지킴…까지도 한 번 회의에서 다 그렇게 결정이 다 납니다, 전부 다 동의를 해주셨고. 또한 나중에 이제, 맨 처음에는 미약했으나, 나중에 천막 같은 경우도 직접 자원봉사 개념으로 해서 기증해 주시고 이러면서 제대로 갖춰지게 됐었다…라고 얘기를 드려야 될 거 같고. 그 과정에서 그… 우리가 배를 직접 구매해야 되는 부분은, 근본적인 계기는 맨 처음에는 덕원호라고, 덕원호, 우리가 1주기 때도 그렇고 가끔 무슨 일이 있을 때든 좀 우호적으로 배를 우리가 할애해서 사용할 수 있는 그런 배들이 있었죠.

면담자   근데 그게 어민 소유 배인 건가요?

457
·
4회차

찬호 아빠　　　네, 개인 소유죠. 개인 소유였고… (면담자 : 어떤 선장님 소유인가요?) 덕원호라는 배의, 직접적인 (웃으며) 그 배를 가지고 있는 선장인 거죠, 개인.

면담자　　　저희가 잘 알고 있는 선장님은 아니시군요.

찬호 아빠　　　네. 큰 배를 가지고 있거나 그런 선단을 운영하거나 그런 배, 선주의 개념보다도 배 하나의 선주인 거죠, 선장. 그런 어업에 종사하시는 분이라고 봐야 될 거 같고. 그 1주기 때도, 가족들이 전부 다 참여를 할 때도, 우리가 요청했을 때 정부에서는 받아들여지지 않았었던 부분이 있었어요. 아까 그런 얘길 안 했지만, 1주기 얘기하면서. 우리가 해역을 직접 갔다 오는데, 그때 당시도 해수부에서 배편을 다 마련해 달라고 했을 때 사실상 준비가 잘 안됐었죠. 그래서 직접적으로 가족협의회에서 준비를 하라고 했을 때도, 실제 큰 페리호 같은 거 하나를 예약을 했어요. 근데 결과는 그것도 '해수부나 해경의 압박 때문에 포기를 했다'라고 나는 생각이 되고. 그래서 전 사무처장이었던 상호 아빠 김유신 사무처장을 통해서 배를 사실은 계약을 했었죠. 그랬다가… 얼마 안 남겨놓고 그게 취소가 돼요. "자기가 이제 운행할 수, 운항할 수 없다" 이렇게. 뚜렷한 내용, 이유도 없이 뭐 아무튼 그런 게 좀 발생이 된 부분이 있어서, 공식적으로 해수부에다가, 해경과 해수부에 우리가 요청을 한 부분이 있어서 아무튼 1주기 때도 갔다 오고 그랬어요.

　　　그래서 해역을 나갈 일이 많았고, 그때부터 실제 유일무이하게, 어떻게 보면 덕원호 같은 경우에는 나름, 해역도 적극적으로 이미 계속 다녔던 그런 선장이셨고 그리고 침몰 해역에 기상이 좀 안 좋을 때도

458

찬호 아빠 전명선

실제 안전상, 그런 경력이 있으신 거 같아요. 그래서 자연적으로 덕원호가 그렇게 참여하게 됐었고, 가족협의회도 그래서 덕원호에 많은 뭐라 그럴까요 '의존을 하고 활용을 할 수 있었다'라고 얘기를 드려야 될 거 같구요. 근본적으로 우리가 직접 배를 사야 된다는 부분은, 덕원호를 한 번 우리가 임대해서 그때 사용할 때 하루에 한 60만 원 해요. 그런데 실제 동거차도에 우리가 있으면서 실제적으로 뭐라 그럴까, 그 바지선 방향을 틀어서 가족들이 제대로 모니터링하고 감시하는 자체에 대한 해경과 정부 부처, 해수부에서는 이미, 해수부에서는 뭘 좀 이미 제대로 모니터링 못 하게, 감시 못 하게끔 그런 행위가 이미 있었기 때문에, 가족협의회 위원회에서 사실은 정확하게 결정이 내려지기까지는 한참의 시간이 걸려요. 그래서 실제 그런 비용이 있으니까, 하루에 몇 번이든 수시로 사실은 해역을 나갈 수밖에 없고, 그 해역 내에는, 사실은 말 그대로 해역이지만, 폴리스 라인 정도의… 인양 [작업하는 해역] 내에서는 접근 금지 명령. 반경 1킬론가가 2킬론가 이렇게 해서 정해요. 그래서 "일반 어업선이라든가 인양 과정에는 접근할 수 없다"라는 그런 내용이 있어 가지고.

실제 거기서 그렇게 떨어져서 2킬로 떨어져 있고, 1킬로 밖에서 촬영한다는 거는 동거차도에서 땡겨서 촬영하는 거나 별다른 차이가 없고, 방향을 틀었다라고 하면 제대로 감시 못 하고 어떠한 게 밑에서 올렸어도 육안으로 확인할 수 없었기 때문에 수시로 나갈 필요가 있었다라는 그런 부분에 있어서 임원들의, 우리 분과장님들과 동거차도에 초기에 감시를 나가셨던 부모님들 다수의 의견이 이미 그렇게 정해지죠. (면담자 : 올라가서 감시를 하자는 쪽으로?) 네, 네. 그래서 동거차도에서 감시도 필요하지만, 저렇게 방해를 하고 있으니 실제 배의 필요성, 그리고 한 번 일회용[일회 사용] 할 때 그렇게 60만 원씩 한다라고 하면, 그거는 미리 또 예약해야 되고, 또 수시로 필요에 의해서 낮이 됐든 밤이 됐든 어떠한 행위가 일어나고 어떠한 게 모니터링하고 있다가 발견되면 직접 나가야 되는데, 그런 시급성에 대한 부분, 긴급성에 대한 부분. 그래서 "실제적인 배가 필요, 있어야 되겠다"라는 부분에 의견들이 나와요.

그리고 또 위원장 입장에서는 재원 부분도 고려 안 할 수 없고, 수시로 그래야 되고 또 안전성이라든가, 또 우리가 아예 임대해서라면, 한 번 나갔다 올 때 60만 원이라면 어마어마한 비용이거든요. 그래서 "차라리 가족협의회에서 배를 구입하는 게 맞겠다"라는 부분. 그런데 그… 워낙에 시급했기 때문에, 그 당시에 전 사무처장인 김유신 전 사무처장과 몇몇 가족들, 주로 아마 7반 위주의, 전 사무처장도 7반이었고 그러기 때문에, 몇몇 가족들의 돈을 모아서 이미 배를 먼저 구입을 해요, 전 사무처장이. 김유신 사무처장이 배를 구입을 했는데, 해서 일단 그렇게 활용을 이미 시작을 했어요. 하고, 전체적으로 이제 확대운영회의를 통해서 그걸 이제 매입을 해야 되는 게 맞았기 때문에 그런 절차는 기본적으로 거쳐야 됐기 때문에.

면담자   어떤 한 사안을 결정할 때는 확대운영위에서 투표로 결정하나요?

찬호 아빠   그렇죠. 정확하게 운영위에서 논의가 되고, 결정을 해야 되는 거죠. 개인적으로 할 수 있는 부분이 있고 개인적으로 할 수 없는 부분이 있는데, 가족협의회에서 동거차도에 감시를 하고 가족협의회 이름으로 우리가 운영을 하기로 했고, 또한 재원에 대한 부분이라든가 물품에 대한 부분도 정확하게 자산은 가족협의회 자산으로 될 수밖에 없고. 또 자의적이든 타의적이든, 혹은 본인이 생각해서 본인이 필요로 인해서 시급성과 뭐 이런, 그 당시에는 이제 시급성이겠죠, 당장. 그런 부분에서 전 사무처장이 일단은 몇몇 가족들과 배를 구입을 했다라고 하더라도, 그걸 활용하고 운용함으로써 가족협의회 입장에서는 당연히 그것을 가족협의회에서 매입을 해주는 게 맞고. 가족협의회에서 법적으로, 혹은 안전도 문제가 되기 때문에 보험도 정확하게 들고, 그렇게 운영하는 게 맞죠. 자산 등록도 정확하게 가족협의회로 하고, 보험 처리부터 시작해서 "당연히 그렇게 해야 된다"라는 게 기본이었는데….

시급성 때문에 아무튼 제가… 전 사무처장을 통해서 내용은 들었지만, 긴급하게 전 사무처장이 내려가서 배를 구입을 해요, 미리. 그래서 몇몇 가족들이 돈을 모아서 바로 구입을 했었던 거고, 진실호를. 그러고 나서 이제 운영을 하면서 확대운영회의를 통해서 배에 대한 권한이라든가 소유권, 그다음에 보험을 들고 직접 운행하기 위해서 가족협의회 자산 등록까지도 논의를 확운위[확대운영위원회]에서 하죠. 근데 그걸 몇 차례 회의를 하는데 사실상 좀 반대 의견들이 많았었던 거예요. "굳이 꼭 배를 그렇게 구입을 해야 되느냐?"라는 부분과, 두 번째는 비용이 만만치 않으니까 선체 구입이. 사실 "하루에 임대를 해서, 그때그때 필요해서 대여를 해서 임대해서 우리가 사용을 하더라도 맞지 않겠냐"는 이런 의견들. 그 배의 필요성을 부정하자는 게 아니라, 의견에 대한 부분. 임대해서 사용하거나 혹은 "그 배를 굳이 안전 이런 거까지 저거 하면서 우리가 구입해서 운행할 필요가 있겠냐"의 의견들이 [있어

세], 몇 차례 회의를 했는데 결정이 안 나는 거예요.

근데 그… (면담자 : 표결이 비등비등하게 나오는 건가요?) 네. 그리고 문제는… 가족협의회 자산으로 가지고 등록하고 그렇기 때문에, 그냥 딱 표결해서 5 대 5, 6 대 4, 7 대 3 이렇게 해서 결정할 수 있는 부분은 아니었었던 거고. 어떠한 의사결정에 따라서, 사실은 그게 그냥 표결로 할 수 있는 부분이 있고, 그거는 표 대결로 할 수 있는 부분은 아니었죠. 뭐 제 판단이 잘못됐을 수도 있으나 그런 의견 자체가, 필요성은 느끼지만 재원에 대한 부분이었기 때문에 위원장으로서는 "'그것을 그러면 표결로 하겠다"로 진행하는 부분은 부적절하다'라고 제 스스로가 느꼈던 거예요. 이미 그런데 뭐 개인적으로 몇몇 가족들이 개인의 자산을 투입을 해서 그걸 매입했다는 걸 알고, 실제 '우리 아이들의 진상 규명, 세월호 인양에 대한 모니터링용으로 할애되고 있으면, 당연히 그건 가족협의회가 자산으로 등록시키고 매입해 주는 게 맞겠다' 싶은 게 제 주관적인 거고.

그래서 최종 결정을 못 해서 그냥, 확대운영회의 때 마지막에는 제가 "그 권한을 그냥 위원장한테 위임하셔라, 여러분들이. 그럼 가족협의회 재원을 안 들이고 제가 별도의 재원을 마련해서 매입해서 가족협의회 자산으로 등록하겠다. 그거는 인정하겠냐?"라고 했을 때 임원들이 동의를 해줘요. 그래서 "그 진실호에 대한 부분은 가족협의회 재원을 집행을 안 하고, 별도로 운영위원장에게 권한을 위임하면 제가 별도의, 그 배에 대한 부분은 지금 얘기한 것처럼 가족협의회 자산 말고 별도의 자산을 확보해서 매입을 해서 가족협의회 자산으로 등록하고 운영할 수 있도록 하겠다"에 대한, 권한에 대한 부분은 확대운영회에서 임원들이 그렇게 동의를 해주셔서 뱃값을 가서 구해 오죠. 그러고 나서 그 뱃값을 전 사무처장한테 지불하고 아예 가족협의회 자산으로 등록하고, 보험이든 뭐든 가족협의회에서 다, 그렇게 하면서 운행을 하게 됐던 거죠. 맨 처음에는… 훌륭하신 분들이죠, 같은 부모인데. 일단 현장에 가서 그런 사항을 보고 정확하게 모니터링해야 되고, 그리고 또한 그 배의 필요성, 시급성에 대한 부분은 현장에서 가셨던 분들이 스스로 판단하고, 전 사무처장이었던 김유신 사무처장과 몇몇 가족분들이 본인들의 재원을 들여서 먼저 선구입해서 운영을 했었던 거다…라고 얘기를 하면 될 거 같아요.

면담자   그래서 뱃값은 어떻게 구해 오셨나요?

찬호 아빠   뱃값 같은 경우에는 그… 조계종 갔어요. 조계종 가서….

면담자   조계종을 특별히 선택하신 이유가 있었나요?

찬호 아빠   아… 몇몇 사람들한테는 이미 돈을 그 전에 좀 받아온 데가 있어서, 그 '바보의 나눔' 재단에서는 우리 초기 진술, 변호사님들 여섯 분 모여서 초기 기초 진술 확보하느라고 재원을, 이미 도움을 한 번 받아서, 6000, 6000 해서 한 1억 2000을 받아 쓴 적이 있었고. 또 '나눔코리아' 측은, 4·16연대가 워낙에 맨 처음에는 조직이 됐어도 이게 뭐 후원이든 재원이 없었기 때문에 거기도 어려웠었고, 또한 여기 기억저장소도 사실은 어려웠었던 부분이 있고, 또 가족협의회도 어려웠었고. 그래서 또 한 두세 군데에 도움을 요청해서 이미 받았던 부분이 있어요. 그리고 사실은 금액이 한 1억 이상 되다 보니까, 한 1억 2000[만 원].

면담자   그 배가 1억 2000 정도 되나요? (찬호 아빠 : 예) 중고 배인 거죠?

찬호 아빠   중고 배를 샀지만 실제 속도라든가 안전성 이런 걸 위해서는 모터 이런 것도 아주, 마력 수 좋은 걸로 새 걸로 두 개를 설치하고, 그러다 보니까 비용이 그만큼 들어간 거예요. 본래 모터값이죠. 모터만 새 걸로 두 개를 교체하는데 모터값만 7000에서 8000 들었을 거예요. 중고 배는 싸요. 싼데, 이제 모터값이죠. 기존의 노후된 모터를 없애버리고 아예 안전, 그다음에 속도, 그다음에 운항을 해야 되니까 결론은 쉽게 자동차로 얘기하면 내비게이션 같은 것도 장착하고. 그러다 보니까 전체 비용은 그 정도 들었어요, 1억 2000. 쉽게 모터값, 새 걸로 교체하고, 두 개 다 교체를 했었던 걸로 제가 기억, 기억을 하는 게 아니라 전 사무처장을 통해서 그렇게 보고를 받았고, 그래서 뱃값을 1억 2000 정도에 처리를….

그래서 이미 계속 갔던 데 말고, 그래서 조계종…에 자승 총무원장을 찾아뵙고 세월호 참사 진상 규명을 하는 그런 기본적인 내용이… 계속 함께해 주셨기 때문에, 또 조계종도 관심을 가지고 계셨기 때문에. 그리고 그런 활동을 하면서 인양을 하는 데 실제적으로 우리가 현장에서, 동거차도에서 직접 인양이 마무리될 때까지 광화문뿐만이 아니라 동거차도 앞 팽목항, 그다음에 안산에 정부합동분향소 "이곳을 다 가족들이 지키면서 앞으로 활동을 해나가는 데 도움을 주셨으면 좋겠다" 정도만 얘기만 하구요, 자승 총무원장한테 배 얘기는 안 했죠. 내가 배 산다고 자승 총무원장한테 돈 달라고 얘기할 수는 없잖아요, 공식적으로 그런 자리에서. 그 정도만 하고 나와서 다 처리한 거죠. 실제 뱃값 필요하니까 뱃값 주고, 이제 "진상 규명 활동하는데 각 거점들이 있고 이렇게 활동하고 하는데 재원 같은 거 지원했으면 좋겠다", 그래서 나머지 그거[는] '아름다운 동행'[조계종에서 운영하는 사회복지 재단] 계좌의 걸 다 받아 오죠. 그건 다음에 받아 오고, 일단 급한 건 뱃값이었기 때문에 그렇게 해서 처리를 합니다.

면담자   그래서 조계종에서 그 지원을 해주는 감사의 표시로 위원장님이 구입한 배의 어딘가에 이름을 써주시거나 그러셨나요?

찬호 아빠   저는 그런 거는 없어요. 그냥 뺏어올 줄만 알죠. 대신에, 정확하게 그걸 가져왔다는 부분은, 뺏어온다는 표현을 했는데, 때로는 좀 얘기하기 부끄러운 그런 것도 있죠. 보편적인 사람이 생각했을 때는 '칼만 안 들었지, 강도네?' 진상 규명하겠다고 하는 거는 좋은데 그냥 강탈해 가는 느낌을 받으면 안 되잖아요. 저는 그냥… 좋게, 그분들은 좋은 일을 하신 거고 저희는 그런 걸 통해서 좋은, 진짜 그 용도로 활용을 잘했다, 뭐 이렇게 정리하는 게 맞는 거 같구요. 사실은 법적으로 좀 잘못되게 처리되는 부분도 없지 않아 있죠. 그 기준을 그대로… 그렇다고 위법을 저지른 건 아니고, 이 정도까지 얘기하면 얘기를 해야 될 거 같은데. 이렇게 얘기하면 또 이상하잖아요. 또 누가 봤을 때는 위법하다고 할 수도 있고.

예를 들어서 그런 거죠. 가족협의회가 비영리 사단법인으로 등록할 때까지 경기도에서 불허하고, 해수부에서도 불허했기 때문에 서울시까지 해서 사단법인 인가를 받을 때까지, 등록을 할 때까지에는 많은 시간이 소요가 됐었고, 당연히 그러다 보니까 그 당시에, 15년도에 기부금 단체 등록이라든가 할 수도 없고 법인이 제대로, 법인 등록도 안 돼있었던 상황이었죠, 15년도는. 그런 상황에서, 기부금 단체 등록이 안 된 상태에서 어디 재단이든 어디 기업체든 쉽게 그 돈을 줬다는 거에 대한 소명. (면담자 : 법적으로 하기가 힘들죠) 어려운 부분은, 마음은 있어도 어려운 부분은 있었을 거 같아요, 그게 현실적이었던 거고. 그랬기 때문에 예를 들어서, 제가 했던 거는 "솔직하게 얘기하겠다", 우리 가족협의회가 활동하고 있는 내용들을 정확하게 설명을 드리고 "그런 부분에 있어서 소중하게 쓰여질 그런 재원들에 대한 후원을 해주셨으면 좋겠다. 다만 아직도 우리가 이 정권을, 정부를 상대로 이 기부금 단체 등록이든 아직 법인을 진행 중이고, 법인 인가도 안 나 있는 상태인 거는 맞다", 그러니까 이제 난색을 표하죠.

기부금 단체 등록이 안 돼 있으면 법적으로 본인들이 주고 나서 소득공제든 뭐든 그런 부분에 대한, 또 재단 회원에 대한 부분을 정확하게 또 안내해야 될 필요성도 재단에서는 있기 때문에, 그냥 "어, 그 사람들[이] 줬다" 이렇게 종이 하나로는 어렵잖아요. 두 번째, 그 사람들이 지향하고 있었던 목적 사업이 있었기 때문에, 기본적으로 1년 사업 했던 예산을 그대로 다 달라고 했을 때, 주고 나면 그다음에 예산을 운영하거나 할 수 있는 방법은, 기부금 단체 등록이라도 됐으면 법적으로 그거에 대한 소득공제를 받고 그거에 대한 예비비로 다시 내년도 사업을 진행할 수 있을 텐데, 현실적으로 불가능한 거였었는데…. 길게 설명 안 하고 짧게 얘기하면, "그 돈을 주시면 10프로든 20프로든 30프로든 얘기하시면 가족협의회가 그 재단에 다시 후원을 하겠다. 그럼 그거 가지고 사업하면 되지 않냐?" 아주 나쁜 표현이지만 그렇게 하고까지 해서 받아 왔어요. 절실하면[절실하다 보니], 편법은 아니었었고, 그렇게 해서 실제로 후원약정서를 작성을 하고, 항상, 근거는 남겨야 되기 때

문에. 그런 큰 금액에 대한 부분은 후원약정서를 작성을 했어요. '바보
의 나눔 재단' 이런 데서는 안 했고. 그것도 뭐 작은 금액은 아니죠,
6000, 6000, 1억 2000이면 작은 금액은 아니었지만. 그래서, 그렇게 또
문제 되는 데에는, 혹시나 논란 여지가 될 수 있는 데는 정확하게 약정
서에 '기부', 그러니까 후원하는 정확한 목적과 금액과 내용을 명기해
서 체결을 해서 증서와 함께 돈을 받아 왔었죠.

7

사단법인 결성, 재판 결과에 대한 생각

면담자   사단법인을 만들 때 경기도와 해수부에서 승인하지 않
고, 결국 서울시까지 가게 됐던 이유는 무엇이었나요?

찬호 아빠   세월호니까. 지금까지 그랬잖아요. 세월호니까 외국인
들도 다 청와대 분수대까지 자유롭게 다닐 수 있는데 세월호 유가족이
니까 안 되는 거고, 세종시 시민들이든 누구든 당연히 화장실 사용하
고, 옥상 정원에 올라갔다 올 수 있는데 세월호 유가족이니까 안 되는
거죠.

면담자   그쪽에서 나름대로 뭔가 공식적인 답변을 말할 거 아니
에요?

찬호 아빠   논리적이지도 못하고 합리적이지도 못하죠. 사실 단체
라는 건 2인 이상, 말 그대로 그러면 당연히 그 주무 부처가 어디인지,
범죄 사실이나 기존의, 뭐라 그럴까 단체 구성에 대한 조건만 갖춰진다

라고 하면 대한민국 국민이기 때문에 거절할 수 있는 이유가 없죠. 그 다음에 단체 등록이 안 되면 정확하게 제시를 해야 되고, 왜 안 되는지에 대한 예시를 해주고, 다음 주무 부처를 얘기를 해야 되죠. 경기도가 안 되고 주무 부처인 해수부가 안 되면, 그러면 안전이라고 하면 어디? 행안부라 하든가. 근데 말 그대로 '비영리 사단법인 4·16 세월호참사 진상규명 및 안전사회 건설을 위한 피해자 가족협의회', 그다음에 목적 사업 내용 중에 진상 규명이 있으니까 그것은 말 그대로 해수가 자기들 게 아니다라고 하면 안전사회, 그러면 행안부, 그다음에 진상 규명, 그렇다면, 아니 자기들 게 아니면 '그럼 법무부로 가세요'라고까지 해야 되는데…. 그다음에 해수부 거면 해수부 걸로 이렇게 해서, 사실 법인 등록을 주무 부처 여러 개로 나눠서도 사실은 할 수 있어요, 법적으로는 문제될 건 없는데. 그 정확한 내용들[에 대한] 제시가 합리적이지도 못하고, 없었죠. (면담자 : 계속 안 된다?) 그렇죠. 간단한 이유는, 주무 부처 사무관이든 주무관이 대답을 못 해요.

그 비영리 사단법인에 대해서 경기도에서 안 돼서 해수부까지, 제가 세종시까지 직접 갔었는데, 담당 사무관 주무관, 주무관이 무슨 얘길 할라 그래도, 사실 아까 면박을 주는 표현으로 얘기했지만, 사무관도 정확한 대답을 못 하는 거예요. 안 되는 이유를 정확하게 얘기하고, "그러면 해수부에서 안 되면 내가 어딜 가면 되냐? 그러면 이게 주무 부처가 아닌 뭐 총리, 그러면 국무총리? 총리실에서 이걸 관여하냐, 대한민국 정부에서? 부처가 어디냐, 그러면? 안내를 해줘야 될 거 아니야, 나한테" 이렇게까지 얘길 하거든요. 그런데 그렇게까지 고함 고함 지르고 얘길 하고 30분, 1시간을 기다려도 묵묵부답, 입 다물고 함구하고 있는 거야. "그냥 저한테 욕하세요. 화풀이하고 가세요" 이런 식이지. 그니까 정확한 논리나 합리적인 답변이나 혹은 다른 부처를, 다른 주무 부처를 안내하거나 그런 행위 자체도 없고 그래서…. 간단하게 얘기하면, 왜 안 됐냐구요, 교수님? 세월호니까 안 되는 거예요, 세월호 유가족이기 때문에(웃음). 그게 아주 가장 정확한 대답인 거 같아요. 그래서 최종 이제 박원순 시장님이 손을 내밀어… 우리가 내미는 손을 그냥 흔쾌히 잡아주시고, 그래서 시간이 오래 걸린 거죠.

면담자   2015년 9월 23일에 가협이 진상 규명 및 책임자 처벌을 요구하며 정부와 청해진해운을 상대로 손해배상 청구소송을 제기합니다. 이 소송을 결정하기까지 가족협의회 내에서는 어떠한 논의를 하셨으며, 정부 청해진해운을 상대로 결정하게 된 맥락은 어떤 건가요?

찬호 아빠   이미 지난해에 해수부, 정확하게 얘기하면 해수부 발표. 해수부가 본인들의 권한 밖에 있는 국민 성금의 배분율까지도 운운해 가면서, 이미 뭐 수십억 배·보상을 받는 것처럼, 피해 가족들이, 그런 언론을 통해서 오도를 하고, 또 보수 단체들을 통해서 많은 그 내용을 가지고 "자식들 목숨값" 운운까지 받게 하면서 많은 마타도어[흑색선전]들이 형성되게 됐었던 부분이고. 그게 용납할 수 없었죠. 두 번째는, 주무 부처인 해수부를 통해서, 최근 청와대 캐비넷[닛] 문건 비서실장 지시 사항, 그 당시 이병기 비서실장 지시 사항, 최근에 그런, 작년에 10월인가요? 아 9월에 캐비넷 문건 발견되고 10월부터 대대적으로 언론에 알려졌었던 거 같은데, 거기에도 그런 내용이 있었지만, 사실 누가, 국민들은 캐비넷 문건 나오기 전에 그런 걸 이해를 했겠어요. 하지만 우리 가족들은 이미 알고 있었죠. 주무 부처인 해수부에서 그런 [내용을]

언론[에] 발표하거나 또한, 그 배·보상법… 법에 의거하더라도 정확하게, 아무리 문외, 법에 대해 문외한이라고 하더라도, 이미 가족협의회에서는 거부를 한 부분이 있어요. 강제할 순 없지만, 배·보상 신청에 대한 부분은 가족협의회에서 어떻게 결정해서 그냥 "가족협의회 입장이 이렇다" 임원들 회의에서 그냥 결정하고 밀어붙일 사항은 아니죠. 각자의 의견이 존중돼야 하고, 그 내용이 존중되지 못하는 상태에서 가족협의회가 뭐 이게… 진행·운영되거나 그럴 수 있는 부분은 아니었었고.

다만 하나 더 얘기하면 이미 가족협의회에 공식적으로 안내가 왔었고, 그 전에 그 과정 또한 이미 계속. 그리고 배·보상 신청 접수를 받기 위해서 주무 부처 해수부에서 사실 안산에 파견, 공무원들까지 파견해서 중소기업 연수원에다가 자리까지 확보하고, 가족협의회에서 가서 "그거 우리가 요구 안 한다, 반대한다"라고까지 얘기했음에도, 그 사무실을 차려서 그 사무실 집기를 우리가 다 빼놓고 오거든요. 그리고 "만약에 중소기업에서 앞으로 더 해수부에다 이거 빌려주면 우리 또 와서 이거 다 들어낼 거다"라고까지 얘길 해요, 사실은 중소기업 연수원에는 개인적으로 제가 이런 부분에 있어서 미안하다고까지 표명을 했지만. 근데 아무튼 "임대해 주지 말아라. 빌려주지 말아라" 그다음에 "안산시 협조하지 말아라"까지 얘기했는데 그 당시에 우리 말 잘 듣지를 않았잖아요, 전 정권 때.

그러니까 일반 가족들이야, 일반인들이야 뭐 그렇다고 해서 우리가 크게 제재할 수 있는 방법은 없고. 이거 가족들 다수의, 어쩔 수 없이 본인 의사에 따라서, 가정 여건에 따라서 신청하는 거를 강제하지는 않지만, "하셔라" 이거야. 근데 그걸 인위적으로 와서 강제적으로 설득하

찬호 아빠 전명선

고 그 행위 자체는 우리가 이미 "싫다"라고 표명했음에도 불구하고 생존 학생들… 부모들 또 저걸 하고, 또 가족들 뭐 안내하고. 그다음에 기한이 만료됐는데, 저 접수 기한이, 또 기한까지 연장시켜서 또 상주시키고. 계속 그런 행위를 하잖아요. 이게 그때는 사실 저 개인적으로는 되게, 중소기업 연수원 가서 들어내 버리고 "앞으로 더 이상 이런 식으로 대응하지 말라"고 항의 같은 건 했지만, 거기에 이제… 흔들리는 가족이라고 저는 생각 안 하고, 마음이, 근데 그런 마타도어 때문에 가슴 아파하는 우리 부모님들이나, 또한 나 스스로도, 찬호가 죽었는데…, 내 자식이 죽었는데, 아니 그걸 돈에 치부하고 그러니까 너무나… 그건 모멸감이죠, 모멸감. 그리고 악의적으로 희생자들 명예까지 실추시키고, 유가족들을 그렇게 이기주의적인 집단, 자식들 목숨값으로 돈을 어떻게든 더 받아내고자 하는 그런 이기적인 집단으로까지, 그런 부도덕한 그런 부모의 자질로 몰아가는 그런 마타도어들 보면서, 그냥 워낙에 분노하기 시작했었고, 인정할 수 없었고.

그리고 적극적으로 대응하지 않은 이유도, 임원 회의 때 얘길 했어요. 왜? "이것을 가지고 우리가 돈 얘기로 갔다가 계속 우리가 차라리 정확하게 공식적으로 기자회견 하고 입장을 표명하고 이런 부분은 바람직하지 않다. 왜? 더 확산될 뿐이다"를 임원 회의에서 사실 결정을 해요. 다만, 그래서 소송, 그 소송에 대한 얘기도 그 전부터 계속했었죠, 계속. 그리고 변호사들 통해서 많은, 또 우리 총회를 통해서, 가족 회의를 통해서 설명, 이런 걸 진행을 했었어요. 그런데 워낙에 저렇게 집요하게 오고, 실제… 음… 이 얘기는 글쎄, 어떻게 들릴지는 모르겠지만, 한부모가정들, 일반인들. (면담자 : 돈이 필요하신 분들) 한부모가

정인데 말 그대로 그 편부모가정 같은 경우에, 마타도어죠. 먼저 신청 안 하면… 근데 법률 자문을 해주는 변호사들도 확답을 해줄 수 있는 건 아니죠. 근데, 둘 중에 한 명이 신청을 먼저 해버리면 그 배분에 대한 부분은 우리 가족협의회에서 결정할 수 있는 것도 아니고 그 가족 당사자가, 당사자들끼리 결정할 수밖에 없는 건데, 그것을 우리 변호인단에서 할 수 있는 것도 아니고, 그거는 국가에 배·보상 신청을 하는 거기 때문에. 우리 법률 자문, 변호인단이 가서 법적으로 다툼을 하는 게 아니기 때문에 그런 교묘한, 편부모 가장을 공격, 집중적으로 공략하고, 그다음에 일반인들을 공략하고.

그게 사실은 작년도 캐비넷 문건에 나오잖아요. "가족협의회의 집행부에서 국가 상대 배·보상을 신청 안 하고 소송을 할려고 하는 내용들이 있는데, 주무 부처에서는 정확하게 편부모가정, 그다음에 일반인들은 외려 배·보상을 신청해서 받을라고 하는 사람들이 있으니까 적극적으로 대응해서 배·보상 신청할 수 있도록 해라" 이걸 비서실장이 지시 내린 게 캐비넷 문건에서 나왔잖아요. 그렇듯이 그때는 그 돈에 대해서 그렇게 치부되고 많이 얘기 나오는 자체가, 그런 마타도어 자체를 봤을 때 너무나 마음 아팠고 또한 그렇게 "가족사, 가족 내에 아픔이 있는 것을, 이미 자식을 잃어서 아픈 그런 피해 유가족을 상대로 그런 또 가정사를 들춰서까지라도 집요하게 공격하고 했던 그 정부는 진짜 비판받아 마땅하다" 그런 얘기들이 많았죠.

그렇기 때문에 더더욱 이 국가 상대, 이 돈이 중요한 게 아니라 이거 해야 된다. 그리고 변호사들 법률 자문을 했을 때도, 그 당시에 그 위로금이 5000이었어요. 위로금 5000은 당연히 못 받는 것. 그다음에 "정부를 상대로 국가 소송 제기해서 나중에 나머지 그 배·보상 신청을 안 했을 때 그걸 못 받을 수도 있다". 변호사들도 "그럴 수도 있다"고 한 거죠, 정권이 바뀌기 전에는, 누구도 장담할 수 없으니까. 우리 변호… 법률대리인들도 사실상 결론은 "싸워서 이길 겁니다" 이렇게 얘기한 사람은 없어요, 가족회의 때도. "기본적으로 5000은 이미 포기한 거고, 나머지에 대한 부분도 못 받을 수도 있다" 그렇게 설명을 한 거예요, 가족들한테. 그때 나는, 가족들이 많이 흔들릴 줄 알고 사실 걱정을 했어요.

'최소한 100가정 넘어야 된다', 최소한. 그 최소한이라는 게 뭐였냐하면 '가족협의회 구성원 있으니까 최소한 50퍼센트 이상은 확보돼야된다. 뭐 10가정이 됐든 다 필요 없고 나 혼자래도 아무튼 나는 할 건데, 적어도 우리 피해 가족들 절반 이상, 50퍼센트 이상은 나는 소송에참여했으면 좋겠다'는 그런 절실함은 가지고 있었어요. 그래도 아무튼 100가정은 넘겼죠. 그래서 그런 거를… 소송에 참여했던 부분은 간단하게 정리하면, 사실상 돈이 중요한 게 아니라 진상 규명과 그다음에 국가 상대로 정확하게 판례에 남기고, 잘잘못에 대한 부분 정확하게 따질 필요가 있었기 때문에, 그런 마타도어를 빼고, 돈을 보고 한 게 아니라 진짜 오로지 자식을 보고, 국가 상대 민사소송을 제기했다.

그리고, "그럼 그 사람들만 그러면 그렇게 자식을 위해서 그렇게 했던 거냐?"라고 얘기하면 잘못된 거고, 그 아픔과 그 가정사까지, 어쩔수 없는 편부모가정들, 그다음에 또 돌봐야 될 가정이 있는 거예요. 근데 그런 사람들은 어쩔 수 없이 자식을 잃었지만 또 지켜야 될 가족이있는 거거든. 근데 그게 소송을 참여 안 했다고 '그 사람들은 그러면, 뭐야, 돈 바라봤냐?' 이렇게 보는 시각도 절대 잘못된 거다. 그것도 아주 잘못된 거고, 단, 그런 걸 교묘하게, 아픔을 유가족들 상대로 들춰낼라고 했던 정부의 잘못을 먼저 얘기해야 되고, 그런 가정사까지 들춰서 배·보상을, 소송을 참여 못 하고 배·보상을 신청할 수밖에 없었던 가족분들. 그분들을 생각하면, 얼마나 소송에 참여하는 가족들보다 더 마음 아팠겠냐. 현실적으로 소송을 참여 못 하고 배·보상 신청한 가족들은 오죽했겠냐. 뭐 그런 생각도 들어요.

면담자　　　제가 이거 한 가지 궁금해서 여쭤보는 건데, 그러면 이혼 가정 같은 경우에 부모가 서로 연락을 안 할 수 있잖아요. 그러면 부모가 각각 따로 신청할 수도 있는 상황이었나요?

찬호 아빠　　　그… 사실은 뭐 연락이 안 돼도 신청할 수 있는 상황이죠. (면담자 : 생물학적 부모라면?) 그렇죠. 법적으로 그렇게 돼 있기 때문에 당연히 그럴 수 있었던 거고. 글쎄 그… 이렇게 표현하는 게 어떨지는 모르겠지만…, 그 돈에 대해서, 그렇게 돈으로 치부되는 그런 부분에 있어서 하나를 더 얘기하면, 그 얘기를 해야 될 거 같아요. 쉽게, 우리 가족협의회에, 적어도 우리 4·16 세월호 참사 가족협의회의 임원들, 부모님들의 생각이 그 당시에 어떠했냐. 사실은 배·보상 신청과 아무튼 뭐 별개의 내용이지만, 국민 성금을 예를 들면 될 거 같아요. 국민 성금에 대한 배분에 대한 부분은, 사회복지공동모금회에서 정한 거죠. 나머지 단체는 그 기준을 따르겠다라고 돼 있던 거죠, 그 기준에 준해서 지급하기로. 그래서 그걸 가족협의회든 누구든 정부 기관에서 사실 관여할 사항은 아니다. 근데 발표할 때부터 해수부가 국민 성금은 얼마고 이런 얘기를, 자기들 권한도 아닌 부분 얘기했던 부분, 뭐 그런 얘기는 할 필요도 없이.

찬호 아빠 전명선

그래서 국민 성금에 대해서, 이 돈에 대해서 얘기를 한다라고 하면, 그 당시에 사회복지공동모금회에서 가족협의회 임원들 면담 요청을 했고, 사회복지공동모금회에서 설명이 있었어요. 근데 정확하게 그 자리에서 생존 학생들에 대한 배분은 없었다, 희생자 기준으로. 근데 그 회의 테이블 자리에서 저는 뭐라고 얘기했냐면 "4·16가족협의회에는 일반인 희생자, 희생 학생, 생존 학생, 화물 피해 기사, 일반인 희생자, 또한 희생 교사가 다 포함돼 있다. 그런데 그 결정이야 사회복지공동모금회의 가지고 있는 권한과 결정에 대해서 가족협의회에서 뭐라고 할 부분은 아니지만, 저는 희생자들에 대한 부분만 배분을 했다는 부분은 좀 동의하기 어려웠고, 생존 학생들은 왜 빠뜨렸냐. 생존 학생들도 지금 많이 힘들어하고 트라우마 겪고 있고 이런데, 그 아픔을 겪고 살아가는데, 평생. 사회복지공동모금회에서 생존 학생들도 포함시켜 줬으면 좋겠다. 제 생각은 그렇다"라고 얘기를 했고, 그날 회의 테이블에 앉아 있던 임원들 전체가 "동의한다", 그렇게 해서 사실 사회복지공동모금회에서 생존 학생들에 대한 부분도 우리 가족협의회의 얘기를 듣고 배분을 다시 하게 되거든요. 그래서 아마 생존 학생들 근데, 5000만 원인가 이렇게 배분이 됐을 거예요.

돈으로 치부한다라고 하면, 가족협의회에 사회복지공동모금회가 와서 설명했을 때 저는 정확하게 그렇게 얘기했고, 그 회의 테이블에 있던 우리 임원들 전체, 가족협의회 임원들도 그 자리에서 한 치의 거리낌없이 "당연하다" 이렇게 동의를 한 거예요. 근데 그 지금 이제, 배·보상 신청에 대해서 얘길 하다가, 예를 들어서 돈에 하도 치부됐다 그러니까, 가족들 마음은 그랬었다고. 생존 학생들이 거기 사회복지공동모금회에서 배분도 빠져 있었던 부분도 우리는 그렇게 얘기할 정도가 됐었다. 그래서 돈으로 치부됐던 게 너무나 치욕스럽고 그랬다는 얘기를 좀 강조하고 싶어서 고 예를 다시 설명을 드린 거고. 그래서 생존 학생들이 빠져 있다가 사실 사회복지공동모금회에서 포함됐던 부분이 있다로 얘기를 드려야 될 거 같고.

교수님이 질문하셨던 것 중에 그 생물학적, 그니까 말 그대로 그것을 가족협의회가 관여하거나, 혹은 변호사들이 개입해서 뭐 할 수 있는 부분은 아니죠. 왜? 생부와 생모가 맞으니까, 생물학적으로. 그러면 법적으로 사실상 권한은 그분들한테 있는 거잖아. 그니까 어떻게 보면 그런 아픔, 자녀를, 말 그대로 양육에 기여도 그런 거 모르겠고, 그런 걸 우리가 얘기할 필요는 없겠지만, 실제적으로 신청하는 부모와, 부모들 내에서는 각 가정사에 그런 어려움이 있었고, 그거에 나름대로 또 이혼을 하거나 할 수밖에 없는 아픔이 있었을 텐데, 그런 부분에 있어서 그 당시에 그게 중요했던 사항은 아니었잖아요. 금액이 정해지고, 그거는 각 가정에서 알아서 할 수 있게끔 하면 되는 건데, 그것을 미수습자 가족들은 수습이 안 됐기 때문에 대통령령으로 어떻게, 2년간 연기가 되죠, 실제적으로. 아주 너무 교묘했다….

형제자매들 소송에 참여 못 했던, 그 당시에, 좀 덧붙이면, 그게 마음 아픈 거야. 이해가 돼, 내 스스로는. 왜, 생존을 했고 그다음에 아이들 희생 후에 동생들은 앞으로 사회생활을 해야 돼. '쟤는 세월호 유가족이었어. 쟤 언니, 오빠는 세월호로 희생당했어' 그다음에 그 당시의 많은 마타도어들. "세월호기 때문에 많은 혜택을 받아" 대학 특례. 별의별 내용들. 앞으로 언니, 오빠, 형제를 잃은 그 동생들이 앞으로 사회

생활을 해나가야 되는데, 소송했었었더래도 그런 부분은 사실은 참 어떻게 해야 될지 고민스러웠던 부분도 있어요, 나름 제 고민은, 말은 못하는 고민. 근데 부모들이 다 한결같이 저와 같은 마음 아니었을까, 부모기 때문에. 왜, 그렇게 사회 나가서 그런 특례라든가 그런 손가락질, 그다음에 세월호에 대한 지칭이 아니라 떳떳한 사회 구성원으로 자기 힘으로 되길 바라는 게 부모 마음이고. 2차 피해, 세월호 유가족이니 뭐니 해서 그 정신적인 트라우마 겪고 형제자매를 잃고 아파하는 그 아이들에게 또 "너는 세월호 가족이지" 뭐 이런, 2차에 대한 피해를 없게 하기 위해서도, 사실상 그 어린아이들, 부모였기 때문에 소송에 참여 못 한 그때 그 마음은 그러지 않았을까, 그런 거예요.

근데 그게 법적으로 몇 년, 3년 아니에요. 대통령이 저거 해서 이미 발표했죠. 미수습자를 제외하고는 3년이야. 그러면 이미 '우리가 소송을 참여했어도, 그다음의 마타도어들은 결정적으로 가족들이 이기적인 집단으로 내몰려는 그런 기획이 있었다'라고 나는 보여지는 거고. 부모로서, 돈이 중요한 게 아니었기 때문에, 형제자매들이 억울하고 진상 규명하고 해야 하지만, 국가[를] 상대[로] 내 언니고 내 오빠였으니까 이름을 달고 싶었겠지만, 소송에 참여 못 한 가족들도 있을 것이다, 형제자매들도. 근데 저는 개인적으로 '아주 어리고 갓난애기든 다 들어가야 된다' 막 이런 마음이 절실했어요. 근데 그것은 저 생각과 모든 부모들이 같았을 것이다. 근데 그것을, 서로가 아프니까, '너무 아프고, 자식을 잃었는데 그 잃었던 자식, 그 아이의 동생까지도 2차 피해를 겪거나 제대로 이 사회에 적응 못 하면, 그 트라우마를 겪고 이러면 어떨까, 2차 피해를 입으면 어떨까, 그건 다 부모 몫이지 않을까', 부모들 맘은 다 그랬을 거 같아요.

면담자　　　2015년에 처음 소송에 참여한 가구는 모두 몇 가구나 되나요? 이후에 참여 가구 수가 조금 변동이 되죠?

찬호 아빠　　　변동이 되고, 병합을 제 기억으로 네 번이 됐었구요. 최초의 신청한 게 116가구, 전명선 외 361명으로 제가 기억하고 있고. 나중에 최종 병합이 네 번이, 세 번이 더 되죠. 그 아까 기한이, 3년 가는 기한이 있기 때문에 맨 처음에 소송도 안 하고 배·보상 신청도 안 했던 분들이 그렇게 해서 병합이 되는 부분이 있었었고. 최종, 최종적으로는… 어… 소 취하하신 분들이 중간에 또 있고 뭐 그러다 보니까, 또 병합되신 분들도 있지만 최종, 전명… 저 외에 354명인가 요렇게 돼요. 외려 또 인원은 조금 줄은 거 같아요. 병합은 더 됐었지만 중간에 이 소 취하는 그런 가정들이 좀 있었어요. 그리고…, (면담자 : 추가하실 거 있으신가요?) 아니요, 없어요. 근데 숫자가 지금 그게 맞는지 모르겠네. 나중에 고건 파악을, 정확하게 내가 다시 해야 될 거예요, 몇 가구 그거는. 다시 제가 얘기해 드릴게요.

면담자　　　대법원이 김한식 청해진해운 대표를 10월 29일에 유죄 확정 선고를 하였구요. 11월 12일에 대법 판결에서 이준석 선장이 무기징역을 받게 되고 나머지 선원 14명이 1년 6개월에서 약 12년 정도의 판결을 받게 되죠. 이러한 대법원 판결에 대해서 어떻게 느끼셨는지요?

찬호 아빠　　　그때 저희 가족협의회가 이미 광주 지부에서 판결받고 바로 기자회견을 했을 거예요, 가족협의회 입장문을 밝혔고. 이준석 선장 사형에 대한 부분은 당연한 거예요. 근데 나머지 형량들이 너무나 적었어요. 그래서 우리 가족들은 사실상 만족할 수가 없었다. 뭐 이미 기자회견에서도, 사실 그… 아무튼 그 재판 결과에 우리가 만족하지 못함이 있었구요, 이준석 선장 한 명을 가지고 얘기하는 게 아니라 나머지 선원들에 대한 부분, 그런 부분들이… 해서 너무나 많이 아쉬웠고. 청해진… 선원 재판 외에, 우리가 소송 자체는 국가와 청해진해운사였기 때문에, 문제는 고 선원들의 재판 결과보다도, 이미 김경일 정장 재판…을 통해서 우린 자신이 있었어요, 사실은. 그 청해진해운이 중요한 게 아니었죠. 뭐 사람마다 다소 다를 수는 있지만 저는 청해진 관심 없어요. 이미 대한민국 국가를 상대로 하는 거지, 청해진…. 아무튼 청해진도 당연히 법적 심판을 받고, 결론은 구상권을 청구했기 때문에 그거는 나는 청해진보다도, 청해진은 당연히 문제가 되면은 걔들은 다 벌받고. 아무튼 '구상권에 의한 모든 거는 정부가 그렇게 하면 되겠다'라고 생각해서 청해진보다는 주 저것은 정부였죠, 대한민국.

해경, 해수부, 아무튼 그 관제 실패든, 어떻게 보면 뭐…부터 시작해서 항만청. 그리고 청해진해운도 나쁘지만, 그거를 불법 증·개축을 인허가 내주고 한 것도 결론은 정부거든요. 그래서 저는, 제 주관적으로는 정부에 대한 부분이었고, 이 민사소송 하고 이준석 선장의 재판 판결을 받고 가족, 부모님들과 함께 광주 주변에서 기자회견도 하고 입장을 밝혔지만, 이준석 한 명에 대한 부분이 아니라 선원에 대한 양형에 대해서는 사실상 우리가 좀 되게 불만족스러웠고 만족할 수 없었다. 그리고 이미 김경일 재판을 우리가 또 진행을 지켜봤기 때문에, 이 민사소송에 대해서 이미 어느 정도 인정되는 부분이 있었어요.

재판이 같이 쭉 이미 진행되면서 우리는 증언을 확보했고, 지난 구술 때 제가 한 얘기가 있죠, 김경일. 요번 민사재판의 결과를 보면서 "형사재판의 김경일 정장, 형사재판보다도 못한 판결이다", 저는 그렇게 지난 구술 때 얘기한 거 같은데, 근데 문제는 진상 규명이고 또 위원장 일이 아니기 때문에, 그래서 가족협의회 내에서 재판을 가서 보거나, 혹은 우리가 모았던 자료라든가 내용들 그런 것들을 관심 있게 봤던 사람들이면, 아주 무지막지한 전 정권이었지만 '이거는 끝까지 싸우면 우리가 이긴다'에 확신은 있었어요. '이미 우리는 이겼다', '너 이미 거짓말 한 거 들통 났고, 국정감사 통해서 너… 거짓, 뭐 아무튼 밝혀졌던, 뭐 이런 부분들이 드러나는 게 있고. 아무튼 좀 자신 있었다'. 그렇기 때문에 글쎄… 청해진과 그 재판에 대한 부분은, 자식을 잃은 부모로서, 가족협의회 입장에서 그니까 위원장으로서는, 이준석 한 명을 얘기할 게 아니라 재판 자체의 형량, 나머지 선원들에 대한 부분은 인정할 수 없었다.

두 번째, 청해진 관계자들, 또 예전 과거사처럼 몇몇 그렇게 해서 벌금형, 그다음에 대표적으로 뭐 벌금형과 몇 명만 이렇게 처벌하는 그 부분에…, 쉽게 나쁜 놈들, '당연히 그럴 것이다'라는 생각. 적어도 근데 법원이니까 최종 이렇게까지 나오면 안 되겠다 싶었는데, 아무튼 되게 불만족스러웠어요. 청해진해운에 대한 부분, 선장에 대한 부분, 이준석이는 당연한 거고, 뭐 사형을 해도 당연한 거고, 나머지 선원들에 대한 부분, 그다음에 청해진해운의 임원들에 대한 부분, 인정할 수가 없었죠. 너무나, 너무나 부족했다.

찬호 아빠 전명선

특조위 관련 기억들

면담자　11월 19일 특조위의 청와대 조사를 저지하기 위해 해수부가 작성한 지침 문건이 공개되면서, 여기에 이제 여당 추천위원 총사퇴 등이 언급되어 있었다고 알려졌습니다. (찬호 아빠 : (한숨)) 그때 해수부 지침 문건의 존재 여부를 사전에 짐작하셨는지, 문건 공개 이후 가족협의회 내부에서의 반응과 논의는 어떠하였는지요? 그리고 2016년 들어서 가협과 4·16연대는 김영석 전 해수부 장관과 이헌 전 특조위 부위원장을 특조위 활동 방해로 고발하게 되죠. 당시 상황들을 기억나시는 대로 말씀해 주시면 좋겠습니다.

찬호 아빠　이미 그… 여당 추천위원회에 대한 부분, 그리고 이헌이 들어오기 전에 이미 조대환이 그만둘 때부터, 조대환 부위원장이 그만두고 이헌 부위원장이 오기 전부터, 그때부터 그리고 또한 그… 전원위원회든 가족 참여, 가족들이 참여해서 실제 참관하고, 또 가끔가다 이석태 위원장이 가족협의회 발언권도 주고 했을 당시를 보면, 그 여당 추천위원들의 작태라든가 해수부 공무원들의 작태는 국민들은 이해 못할 수 있지만 4·16가족협의회 부모님들은 다 알고 있었다, 그놈들의 작태, 행태를. 그럼에도 불구하고 계속 가서 우리가 방청 요청하고 항의하고 할 수밖에 없었던 부분은, 그렇게라도 안 하면 아예 아무것도 안될 거 같으니까. 이제 고 정도로 얘길 하면서, 그 당시가 이미 진상규명 분과장을 통해서 그런 많은 내용들이 나와요.
　그 많은 내용들이 나온다는 게 뭐냐 하면, 그런 사항들을 구체적으로 알았느냐에 대한 질문을 한 거지만, '왜, 그럴 것이다'에 대한 우리 나름대로의 판단이 있고, 준비를 해야 된다. 그래서 조사 신청을 하는데 우리가 진상규명분과 자료실, 이 백보드 판에다가 빼곡히 쓸 정도로, 그다음에 가족 임원 회의를 통하고 전체 가족 밴드를 통해서 "이 부분에 대해서는 정확하게 조사해야 된다. 그래서 여러분들, 우리 가족분들이 바라는, 조사해야 되는, 의구심을 가졌던, 조사해야 되는 대상, 조사 항목에 대한 부분은 기한도 그냥 무기한, 계속 진행되니까, 특조위는. 그래서, 와서 작성하시라. 그래서 가족협의회에서, 특조위가 하는 거는 당연히 하고 우리가 요청한 진상 규명에 대한 조사신청서를 작성을 해서 1기 특조위에다가 제출할 것이다"를 안내를 해요, 이미 그 전부터. 왜 그랬겠어요. 우리가 법조인이 아니고 피해 가족인데 왜 가족협의회 내부에서는 임원 회의를 통해서 그런 얘기를 하고, 진상규명분과를 통해서, 또 임원 회의를 통해서, 전체 밴드를 통해서 가족들에게 안내하고 "여러분들이 가졌던 의문점, 여러분들이 지켜봤던 그런 내용, 이런 부분은 정확하게 조사해서 이 특조위에서 진상 규명해야 된다"라는 내용을, 조사신청서를 가족들이 직접 작성해서 특조위에다 제시하겠다. 그거는 이미 진상 규명에 대한 절실함이 참사 때부터 이미 몸에 배고, 그만큼 가족협의회에서는 절실했다, 부모님들이.

그래서 그렇게 한 이유가 뭐겠어요. 전 정권, 말 그대로, 그다음에 여당 추천위원이든, 또한 우리가 추천한 위원이지만 1기 특조위에 위원들도 계시지만, 그래도 진상 규명에 대한 그런 열정이든 그 절박함은 그분들보다 우리가 더 절실했다고 난 봐요. 그분들이 못났다가 아니고, 그분들이 부족했다가 아니라, 더 훌륭하실 수는 있지만 그래도 놓칠 수 있을까 봐, 그래서 가족들이 작성한 것만도 80몇 건을, 진상분과장 내용 정리한 게 제가 확인하면서 있었었는데, 아니 더 됐을 거예요. 몇 건한 번 보고, 몇 건 한 번 보고 이래서 숫자는, 수치는 내가 모르겠지만 그래서 그 내용을 가지고 특조위에 가서 또 병합하고, "이 내용, 이 내용 해서 병합, 이거 병합하기로 했다, 이거 내용 이렇게 하기로 했다" 이미 그때부터 논의가 됐었고, 실제적으로 이헌이 기자회견 하고 이런 부분은 그때 우리도 그랬죠, 이미. 그런 의심을 하고, 새누리당이라든 가, 하도 해수부 공무원들 상대로 그러는 부분, 그다음에 특조위 내부 에서 누구야, 걔 이름이 뭐야, 현… 해수부 과장 그 파견 공무원 있죠, 아무튼 있었어요. 그런 언사라든가 행동, 어떻게 보면 가족들 편이었다 고 볼 수 없죠. 그냥 두드러지니까. 대놓고 안하무인, 그러지 않았어요?

그러다 보니까… 최근에, 그것도 작년에 캐비넷 문건에서 그 내용 도 또 똑같이 나오죠. 그리고 조금 전에 교수님이 질문하신 왜[에 대해 서] 우리 내용들을 정리한 부분이 있는 거 같아요. 그게 뭐였나 하면, 제 기억이 맞다라고 하면 캐비넷 문건 통해서 다 나오죠. 실제 조직적 으로 비서실장도 지시하고 실제 그렇게 조직적으로 움직였고. 그게 나 왔죠, 현재는. 근데 그 당시의 개념으로 얘기해야 된다라고 하는 거니 까, 지금 중요한 거니까, 그때 우리는 그러한 마음들을 이미 가지고 있 었고, 가족 자체가 조사신청서를 직접 작성할 정도였다, 전문가도 아니 지만, 피해당사자로서. 믿지 못해서가 아니라 그만큼 절박했고, 1기 특 조위에서 그만큼 진상 규명에 대한 부분이 해야 될 게 많았다. 근데 솔 직하게 얘기해서 그… 청와대 박근혜 7시간은 맨 처음에 규합할 때 '넣 어, 말아'에 대한 집행부의 고민은 있었어요. (면담자 : 고민하신 이유는 뭔가요?) 정확하게 하나였죠. 이걸 맨 처음부터 바로 넣어? 그럼 바로 부딪칠 텐데.

면담자   그럼 그 문제가 정부와 부딪치게 되는 핵심적인 사안이라는 거는 처음부터 알고 계셨나요?

찬호 아빠   그렇죠. 우리끼리 논의한 적이 있어요. 아마 이것을 어떻게 하면 좋겠냐는 것은, 뭐 저뿐만 아니라 집행위원장님이든 분과장님들은 계셨던 걸로 알고 있는데, 저한테 직접적으로, 그걸 별도로 와서 얘기했던 거는 진상분과장이에요. "위원장님, 이거 같은 경우에 현시점에서 1기 특조위 위원들과 얘기를 해봐도 실제 시작도 못 하고, 시작을 해야 하는데, 이걸 앞에다 놓고 바로 하면 바로 워낙에 좀 저거 되지 않겠냐"라는 부분이 좀 고민은 있었어요. 근데 최종 결정한 것은, "간다. 이런들 저런들 호의적이겠냐". 근데 만약에 기한을, 좀 텀[기간]을 두고 갈 것인지에 대한 부분에 고민은 좀 있었다. 고민, "고민이 있었다" 정도로 제가 얘기하는 게 정확할 거 같고, 그… 시점에 대한 부분을. 당연히 그걸 봐주자는 건 아니고 조사는 하는데, 문제는 요거는 조금 뒤에 시기적으로 조금 미뤄서 나중에 가는, 뭐 이런 부분. 한 방부터 이게 바로 가면… 대통령을 아예 겨냥해서 "대통령 조사해야 된다"라고 딱 가는 순간, 그냥 아예 깨부수자고 나올 거 뻔한…. 뭐 이런 것까지도 우리끼리 얘기할 정도였으니까요.

그 정도로, 우리 가족들이 봤던, 전 정권이라고 표현하는 게 맞고, 그 전 정권의 새… 집권 여당인 새누리당에서 추천한 위원들 자질이야 뻔하잖아요. 그랬기 때문에 그랬었다. 그런데 그런 시기적인 고민은 쪼끔 있었지만, 최종 "그냥 가자"로 밀어붙였다. 그리고 그것을 가족협의회 내에서 사실은 대통령 7시간도 언급은 했었지만 맨 처음에 넣지는 않았다. 내 기억에 그것을 강력하게 "넣어야 된다"라고 했던 것은, 그 당시에 집행부 임원은 [아니었지만], 임원이었다가 진상분과장에서 그만두신 수현이 아빠를 통해서 또 거론이 됐다. 그래서 특조위에서도 저한테 연락이 왔어요. 그리고 우리 진상분과장도 나한테 얘길 했고.

그래서 정확하게 그 측면에서 생각을 하는데, 나름 그래서, 잘됐다 잘못됐다가 아니라, 봐주고 말고의 차이가 아니라, 그래서 이거에 대한… 시기, 접수, 그니까 신청. 그 전원회의에서 의결해야 되니까, 요거에 대한, 시한에 대한 부분은 가족협의회 집행부 내에서, 집행부 전체 의견, 확대운영위원회에서, 우리가 확운위에서 [논의]했던 내용은 아니었어요. 모든 회의는, 우리 확대운영회의는 영상으로 남기기 때문에 확운위가 아니고, 특조위에서도 연락을 받고 그다음에 집행부, 그다음에 정확하게는 진상분과장, 장훈 분과장이 나한테 그 얘기를 했고, 그다음에 특조위 통해서 이제 "수현이 아빠 박종대 씨가 그거에 대한 부분을 피력을 하고 있다, 별도로" 그거는 특조위에서 내가 연락을 받았고. 그리고 현재 가족협의회 입장에서 시간 조율에 대한 부분도 고민하고 있었던 사항이라, 이미 거기서 대두가 되고 있는데 가족협의회에서 그냥 틀어막는 부분이 내 주관으로 생각해도 '맞는 거 같지 않다'. 그래서 진상분과장한테 "가자. 그냥 가라" 이렇게 했던 거 같아요. 그래서 시기적인 부분만 좀 고민이 있었다.

면담자   가족들 입장에서 그 7시간에 대해 가장 확실히 조사를 하고 싶으셨던 부분이 어떤 건가요?

찬호 아빠   지금 나오는 거랑 똑같죠. 일단 초기에 그런 언론을 통해서 이미 기존에 다 접했던 그런 거짓, 언론도 믿을 수 없는, 그다음에 해경의 브리핑이라든가, 그다음에 구조, 또 초동 대응, 그다음에 상황 본부 운영, 그다음에 서해지방청장의 행위, 그다음에 왔던 해경청장의 행위, 그리고 범대본 본부장이라고 해서, 최종 맡고 있는 이주영 장관이라고 해서 일명 세워… 그 무능력한 모습. 그리고 보여주기 위해서 대통령이라고 박근혜 내려와서 사진 찍고, 영상 만들었다가 "영상 나가면 안 돼"까지 했을 정도였으니까. 그럼 뭐가 있었겠어요. 그 정도로 이미, 기존의 골든타임의 부재, 그다음에 4월 16일 세월호 참사 당시, 4월 16일에 대한민국 국가는 없었다. 이미 거리에서 수도 없이 특조위 만들어지기 전에 그런 얘기를 했듯이, 가족들은 이미 처음부터 와닿았던 거예요. 피해 가족으로서, 가족을 보호해야 될, 그다음에 피해자를 보호해야 될, 공권력을 도모해서 아무것도 없는 피해 가족 자체, 그때는 시민사회 단체도 결합 안 된 피해 가족을 진도체육관 앞에서부터 막는 행위부터, 적어도 대통령의 나라, 대통령이라고 하면, 한 나라의 수장이라고 하면 그런 피해당사자들 있으면 우리가 '너 만나러 갈게'가 아니라 '니가 내려와서 만나야지', 진정한 대통령이라면. 근데 공권력을 통해서 진도체육관에서 막아, 진도대교에서 막아? 그 말이 안 되는 거죠. 그리고 진짜 그랬으면 팽목항[에] 왔어야지.

면담자   그러면 지금 되돌아보실 때, 가협 임원진뿐 아니라 가협에 있는 회원들이 '이건 박근혜 정권을 우리가 무너뜨려야만 가능하다'라는 생각을 갖게 되신 건가요? 처음부터 그런 입장이었던 [건] 아니잖아요.

찬호 아빠   저는, 내 주관은 정확해요. 그게 뭐냐 하면 처음에 그런 언론 대응이나 그거. 일단, 두 번째는 해경이든, 아니 뭐 해수부 얘기하면 안 되고, 해경의 대응, 초동. 두 번째, 16일 날 그렇게 했던 거짓 내용, 진도체육관에서. 결론은 제가 마이크, 무대 올라가서 마이크 뺏고 발로 밟고 "행정선 대라. 현장 나간다" 했다 그랬잖아요. 두 번째 날 다 가서 "배 없다" 그러고 현장 가봤더니까 조명탄 계속 터뜨리고 뭐… 항공기 다섯 대, 일곱 대, 그다음에 선박 250몇 척, 군함, 이게 다 거짓이었단 걸 눈으로 확인하고. 그다음 날도 그 "배가 없다, 다 수색 중이다" 그래서 가서 멱살잡이 하고, 진짜 상황실 들어가서, 밀고 들어가서 "나 나갔다 들어와야 되니까 배 대". 17일, 16일 날 가족 대표, 13인의 대표[가] 이미 그래서 팽목항에 있을 때 워낙에 강하게 들어와서 밤이고 뭐고 계속 저걸 해대니까, 17일 날 "나간다" 그랬을 때, 최성환이 오기 전이에요, 배 댔다니까. 가봤더니까 해수부 배가 있는 거야, 서망항에, 그때부터.

정확한 확신은, 내 주관적으로 정확하게 그게 섰던 이유는, 제가 위원장 되기 이전이죠. 진상규명분과장 하면서, 말 그대로 증거보전 신청했을 때, 증거보전 진행이 됐을 때. 첫 번째, 진도 브이티에스. 다 들려. 영상으로 세월호 내려오는 거 화면에 다 보여. 그 전까지는 그게 어떻게 작동되는 원린지는 몰랐어요. 근데 관제의 실패에 대한, 관제 센터에서 센터장이라는 놈이, 아 이거 또 말이 험하게 나가네요. 그 법 집행을, 증거보전 절차를 진행하고 있을 때, 다 있었지. 그래서 물어봤을 때, 이 표시, 도메인 워치, 그것은 누가 하느냐. 자동으로 되느냐? 아니, 관제 센터에서 수작업으로 설정을 한 거예요. 그걸 "바빠서 못 봤다?", 바빠서 못 볼 수 있는데 무전 교신 내용, 목소리 다 들어와. 다 들려. 뭐가 안 들려. 근무 태만이든 혹은 자리를 비웠든 뭔가 있는 거예요.

그 면은 딱 한마디로 얘기하면 돼. 본질 인정해서 도메인 워치 자체의 설정에 대한 부분을 관제 센터에서 했다라고 하면, 그다음에 일어난 저런 행위들이든 혹은 신호든 이게 제대로 전파 못 된 거는 관제센터의 부실이었고, 센터장이면 그 자리에서 이미 "이것은 진도 브이티에스에서 정확하게 잘못한 부분이 있습니다"로 그 자리에서 얘기했으면 저도 그러지까진 않았어요. 근데, 교신 하나씩 들으면 다 들려. 여러 개 틀어 놓고, 부정확하면 다시 채널 해서 교신하면 돼. 동시에 다 틀어서 막 혼전되게 들리게끔 하고, 막 자기들이 열정을 다해서 다 하고…. 아, 참사가 나고 거기서 증거보전 신청하는데, 그 행위 자체가 녹음기까지 놓고 녹취까지 하면서, 채널 듣고, 더 듣고 싶은 건 다시 틀어서 듣고 할 정도로, 위치까지 다 나오고, 옆에 속도까지 다 나오고 다 하는데…. 그때부터, 해경, 증거보전 신청 때, 전 구술 때 내가 이미 헬기 영상, 그다음에 123정장의 영상, 그 당시에 현장 저기에 출동했던 휴대폰 영상, 증거보전 신청을 했던 거니까, 전체를.

근데 실제 보다 보니까 아예 딱 틀었을 때 초점이 딱 잡혀 있는 화면이 보이더라니까. 그때부터…. 저는 증거보전 신청하면서, '해경이든 이 정부든 정확하게 우리가 믿을 거 하나 없고, 어떻게든 빨리 이런 증거 모으고 해서 이거 진상 규명해야 된다. 우리 편 없고 정부는, 어떻게든 세월호 유가족들은, 어떻게, 대한민국 국민 아니고 없어졌으면 하는 존재로, 그런 대상으로밖에 보지 않는 게, 대한민국 국민으로 보지 않는다, 대한민국 정부가' 이런 거는 이미 그때부터 있었죠.

면담자　　　　네. 그니까 박근혜 정권을 바꾼다고 해서 말단 직원까지

찬호 아빠 전명선

바뀌는 건 아니잖아요. 그럼에도 다른 정권으로 바꾸면 가능할 거라고 당시에 생각을 하셨던 건가요?

찬호 아빠   아니, 저는, 지난 구술에도 이렇게 얘기했어요. '당장 그렇게 급하게 될 거'라고는 생각 안 했어요. 왜, 저는 적어도 두 정권, 우리가 진짜 간담회 데리고, 세월호에 대한 조사 자료 모으고 세월호에 대한 기록에 대한 중요성, 그래서 어떻게든 저 기록은 뺏기면 안 되는 거고, 우리가 모아놓고 하다 보면, 최소한 우리 가족들이 노력해서 세월호에 대한 부분 알리고, 잘못된 이 정권에 대한 부당한 대우든 이 대응이든, 이런 부분이 제대로 알게 되고, 우리가 진짜 노력해서 정권을 바꿔야 된다. 우리가 노력해서라도, 제대로 알려서라도. 한 방에 바꿀 수 있다고는 생각 못 했죠. 그래서 지난 구술 때 이렇게 얘기했어요. "두 번 정도만 하면 되겠다" 한 두 번 정도 노력해서, 최소한 10년이면 진짜 뒤지게 노력해서 정권 바꿔놓고, 그러고 나서요. 이렇게 짧게 정권 바꾸리라고는 생각[을] 사실은 못 했던 거죠. 저는 그랬어요. 그래서 지난 구술 때도 한 두 회 정도, 그렇게 죽을 때까지 좀 노력을 해야 된다. 그래서 한 10년, 죽어라 이 세월호에 대한 부분 자료들 모으고 제대로, 시민들하고 제대로 알리고, 이래서 이 정권에 대한 정권교체를 이루어내게 되고, 그러고 나서 제대로 모았던 자료로 다시 또 할 수 있을 것이다. 이런 생각을 했던 거죠.

면담자   네, 알겠습니다. 이제 특조위 청문회 이야기를 좀 나누려고 하는데요. 2015년 12월 14일부터 16일까지 사흘간 서울 YMCA 대강당에서 세월호 참사 특별조사위원회 1차 청문회가 있었습니다. 청문회 개최에 앞서 가족협의회에서는 어떠한 준비와 논의를 했는지, 그리고 청문회 참관 당시 가족협의회와 가족분들의 반응은 어땠는지 기억나시는 대로 말씀해 주세요.

찬호 아빠   제가 준비한 거는, 원고 준비. 청문회가 바로 처음 있을 때니까, 가족협의회, 청문회에 바라는, 그다음에 "국민들에게 전달하고 가족협의회 입장을 발언할 수 있는 시간을 주겠다"라고 연락을 받고, 저는 원고 준비했어요.

면담자   당시 청문회에 대해서 기대를 하고 계셨나요?

찬호 아빠   아, 기대 있었죠. 아니, 좀 얘기를 짧게 해볼라고 했는데 안 되네. 저보고 뭐 했냐 그래서 "원고 준비했어요"는 당연히 그래서 원고를 준비하는, 국민들과 그다음에 특조위에 바라는 부분, 그다음에, (면담자 : 어떤 내용이었나요?) 뭐 뻔한 거 아니겠어요? 제가 짧게는 안 하고 아마 한 장 반에서 두 장 됐을 거 같은데, "제대로 진상 규명해야 된다. 이 청문회를 통해서 진짜 제대로 된 진상이 낱낱이 밝혀져야 된다", 그리고 또한, 또 관심 있었던 것은 "이 청문회 나오면 이제는 적어도 양심선언하고, 희생자들 위해서 그런 양심선언해야 된다. 거기에 나오는 증인들은 제대로 그렇게 임해야 된다. 이제는 진짜 양심적으로 해야 된다. 희생자들의, 제대로 명복, 이제 그 사람들이 편안하게 눈을 감기 위해서라도 그렇게 너네가 해줘야 된다. 그리고 세월호 참사에 대한 이런, 지금 진행되고 있는 사안들을 국민들이 좀 제대로 알아줬으면 좋겠다", 뭐 그런 내용으로 정리는 됐을 거 같구요. 워딩은 다 기억은 안 나고, 아마. 항상 그런 식으로 써요.

면담자   지금 위원장님이 양심선언이라는 말씀을 하셨는데, 누구의 양심선언이 사실 제일 기다려지세요?

찬호 아빠   어, 저는 있어요. 개인적으로 항상 얘기하는데, 그 당시의 해군 김판수 소장. 왜, 모든 지휘권을 해'경'에서 가지고 있었기 때문에. 하지만, 대통령이 오든 그 함장에서는, 해경에서는 말 그대로 해경 총장이 저걸 했다라고 하더라도, 항상 해군은 소장이었죠, 김판수 소장. 그리고 더더욱이 임기가 얼마 안 남았던, 고 밑에 대령 이름이 갑자기 생각 안 나네, 해군 대령 있어요. 적어도 그런 사람들은 제3자로서의 양심선언. 두 번째, 해경, 혹은 그 당시에 그만두신 분, 해수부든 정부 관계자 중의 누군가가 "이제는 나는 양심선언 한다"라고 해주길 바랬던 부분이 있구요. 근데 지금 이렇게 김판수 소장이나 해군대령을 얘기했던 부분은, 여러 사람들한테 얘기했던 부분이 있구요. 그다음에 실제적으로 기대치는, 청문회 때 뭐 하셨냐 그래서 그렇게 원고 준비했구요. 또 하나의 기대치는 그런 양심선언해 주기를 바랬고.

그다음에 가장 내가 관심 있었던 것은 잠수사들이었어요, 잠수사들 증언. 그래서 가족, 우리 협의회와 함께 연대해서 하는 김관홍 잠수사들이랑 뭐 해수부 가서 같이 기자회견도 내가 참여해 주고 해봤지만, 그런 부분이 아니라 실제 청문회 석상에서, 대충 내용에 이미 교류가 있었기 때문에 알고 있지만, 실제 고 당시에 그 잠수사들 말고 쉽게, 청해진해운사, 언딘의 편에서 주장하고 얘기했던 잠수사들의 반대되는 증언들이 확 나와주길 난 바랬어요. 그래서 그때 청문회 때 뭐 하셨냐 그랬는데, 사실은 그래서 메시지를 전달할 기회를 줬으니까 메시지 작성했구요. 두 번째는, 그런 양심선언이 있기를 기대했고. 그 전의 내용들에 대해서 진행되는 부분은 이미 진상규명분과장과 특조위를 통해서 이미 다 확보하고 임원들은 다 보고 있었다. 1차 뭐, 시간 타임부터 해서 다 알고, 내용부터 다 이미 어느 정도 알고 있었지만, 고런 거 하고 있었고.

제일 관심 있었던 거는 그래서 고거 준비. 그다음에 두 번째는 "그날 간 날 그럼 뭐 했냐?" 제가 관심 있었던 거는 잠수사들이에요. 양심고백이 아니라, 잠수사들의 증언에 나는 기대가 좀 컸다. 그리고 그 외에 부처라든가 해경, 해수부라든가 정부 기관의 공무원들이라든가 이런 사람들에 바라는 거는 양심선언. 그다음에, 잠수사들이든 혹은 그만뒀던 사람들의, 지금까지 한 번도 가족들에게 듣지 못했던 그런, 어떻게 보면 완전히 그… 언론에서 나오지 않았던 그런 진짜 내용이 확 나와주기를 바란 그런 부분이 있고. 그래서 잠수사들… 오셨잖아요. 제가 "점심 같이 먹자" 그랬어요, "내가 점심 산다"고. 사실 청문회 내용들은 미리 다 봤기 때문에, 자료들은, 그래서 그때 가서 1차 청문회 때 제가 한 것은… 메시지 작성과 두 번째, 진상분과장한테까지 얘기해서 "잠수사들 오늘 오시냐? 오시면 그분들하고 나 점심 먹는다. 다른 데 약속 못 잡게 해. 그리고 가족들 다 빠져. 그분들하고 나하고만 가서 점심 먹는다", 그런 거에.

면담자   1차 청문회 이후의 느낌은 어떠셨어요?

찬호 아빠   (한숨 쉬며) 항상 그런 거 같아요. 만족 못 하죠. 지금도 만족 못 하고, 무슨 질문이 있어도, 무슨 내용이 있어도 지금까지 해오면서 뭐든 만족을 못 해.

면담자   그날의 성과는 뭐라고 생각하시나요?

찬호 아빠　　　성과는… '아예 없지는 않았다'라고 봐요. 그게 뭐냐 하면, 이미 기존의 국정감사라든가, 이제 국회 내에서, 그런 내용에서의, 어떻게 보면… 뭐라 그럴까, 그런 내용은 어떻게 보면 좀 더 권위 있을 수 있고, 뭐 이런 부분이 있을 거 같, 권위 있거나 그런 신빙성이라든가 그런 게 있어 보이기는 하지만, 저는 이 특조위에 대한 기대는 완전히 조금 다른 부분이 있었죠. 그 [국정감사] 때는 너무나 뻔한 질문, 야당이 이렇게 해서 공격해서 질의하면 여당이 받아서 보호하고 이런 식으로만 계속되니까 그런 무료함, 그런 시간 끝내기, 그리고 답변 제대로 안 하고 버티다가 시간 되면 종료[되어] 넘어가고. 그런데 사실 제 개인적으로 이렇게 얘기하면 좀 내가 너무 속 좁은 놈으로까지 비쳐질지 모르는데, 이미 청문회 석상에서 강하게 질의하고 강하게 얘기하고, 시간이 오버됐는데도 위원장이[에게] 시간을 더 할애를 받아서라도 질문 못 한 건 더 하고, 가족들이 막 끓고 있던 그런… 화풀이까지 하는 개념으로 느껴지는 거야.

'왜 그게 생각 안 나? 그게 말이 돼요? 왜 얘기 못 해요? 왜 그랬어요? 그런 근거가 있었어요?' 국회에서는 그런 질문을 볼 수가 없었는데… 그때는 좀 속이 시원하지(웃음). 특히 우리 이호중 교수님. 어떻게 보면…, 솔직하게 어떻게 보면 큰 그 특조위 내의 전체적인, 그다음에 국민들이 다 지켜보고 있던 개념으로 하면, 약간 자중이 필요하지 않았냐, 대의적으로 크게 해서 전체적으로 끌어갈라면, 그런 부분도 있었지만, 피해 가족으로서는 속이 시원한 거야, 그냥 확 마 때려 붓는 게. 거기다가 차라리 "그래, 욕도 한번 해줘" 이런 거. 그래, 욕은 하기 어려우니까 저 같은 경우 뭐 했어요. 김선혜 상임이었나요? 누구였지, 이름이? 지원소위원장. 김선혜가⋯지원소 있을 때가(웃음). 어, 그때 내가 그랬어요. "그거 왜 나한테 물어보냐? 그거 지금 가족들한테 물을 거냐?" 막 이렇게 화까지 낸 적도 있고. 그 정도로 만족 못 했어요.

그때 소위원장이 누구였죠, 여성분이? 김선혜 맞아요? (면담자 : 네, 김선혜 교수 맞아요) 아이 씨. 제가 이렇게 무의식중에 이렇게 기억을 해요. 근데 김선혜가 지금⋯ 그랬는데, 그 내용 중에 내가 이제 열받은 거예요. 방청석에서 그 앉지도 못하고 이제 허리 때문에 계속 서서 기대서, 이제 꼭지가 돌은 거죠. "지금 이거 뭐 하자는 거야?" 이렇게까지 방청석에서 얘기를. 그렇게 하면 안 되는데, 나도 참아야 되는데, 오죽 답답하고 열받았으면. 그랬더니 저를 붙잡고 나가더라구요. 나가는데 이미 다 들렸을 거예요. 그래서 막 "죄송하다"고 그러는데, "그거 지금 가족들한테 물어볼 거야? 지금 뭐 하자는 거야?", "그럴 수도 있죠, 지금 뭐 여기 뭐" 엄청 막 불만을 내가 토로한 거야. 그러니까 질문이, 교수님 질문한 내용이, 뭐든 만족하지 못한다는 게 오죽했으면. 청문회 석상에서 내가 바라는 거는 이런 부분이 있었지만, 가장 그런 양심선언이라든가, 그다음에 이 잠수사들, 그 전까지 아예 밀착하게[긴밀하게] 우리랑 저걸[교류] 안 했기 때문에, 그 전에 초기에 들어갔던 잠수사들의 증언 이런 게 나는 많이 필요했거든요. 그래서 "잠수사들하고 그래, 식사 같이 하면서 도와달라 해야 되겠다".

면담자　　　　잠수사들한테 어떤 증언을 특별히 듣고 싶으셨나요?

찬호 아빠　　　그⋯ 초기에 저는⋯, (면담자 : 잠수사를 엄청나게 투입했다는 것에 대한 증언?) 아니 그런 거 말고. 솔직하게, 아이들 두 명씩 막 끼고 올라오는 것도 봤었거든요. 유실, 유실. 네, "죄송한데, 그 당시에 그렇게 열악했고, 그렇게밖에 할 수 없었고, 그래서 사실 유실도 있을 수 있었다" 이런 부분. 그거는 그 사람들이 탓할 게 아니거든. 두 번째, 잠수 방식에 대한 부분. 아직까지도 정확하게 안 나왔는데 "그때 왜 그 귀중한 골든타임 시간과 왜 그 소중한 소조기 시점 때 왜 잠수사들, 그러면 양심적으로 나이트룩스 방식 얘기를 왜 안 했냐, 지금 너네 얘기하면서. 그때는 왜 가족들이든 그런 거 안 했냐?" 근데 내가 그 얘기도 그날 안 해요. 그 얘기도 내가 하지는 않아요. 나는 그런 거. 그래서, 후카방식 외에 나이트룩스 방식은 잠수사들의 안전이 위협되고 이래서 해경이 "어렵다"라고 이미 상황실에서 얘기하고 브리핑한 내용들이 있잖아요. '그거에 대한 정확한 반박을 해줘'라고 하고 싶었어. 그런 얘기들이 나오기를 바란 거예요.

왜, 내가 근데 그 얘기를 하면 그 사람들은 내 앞에서 한 걸음 물러날 수밖에 없어요. 이 사람들도 트라우마 겪고, 되게 미안해하거든, 그 사람들이. 자기들이 그 당시에 최고라고 했던 사람들인데, 왜 '그런 얘기들, 청문회 석상에서 해줘' 이거 내[가] 하고 싶었어요. 근데 점심 먹으면서 돌려서 슬쩍, 직설적으로 [못한 이유는] 왜, 튀어 나갈까 봐, 솔직한 얘기로. 근데, '앞으로 너네는 우리랑 같이 가야 돼, 진상 규명할 때' 나는 그런 기대가 있었거든. 그래서 내가 할 수 있는 건, 김관홍 잠수사 청문회 석상에서 저기 증언, 다 하고 했지만, 실제 못 했던, 그 당시에 잠수사들 '우리 이랬어요' 이거보다도, '이럴 수도 있었다'. 그다음에 왜 '그 잠수 방식은 자기들 의중이 아니었다'. 이미 일주일 이상, 아니 일주일이 아니지 한 보름 이상 지난 다음에, 말 그대로 더 이상 수중수색, 격벽이 일주일 후에부터 무너지기 시작하고 이랬을 때, 안전 얘기했을 때 그 당시에 언딘 잠수사들이 한 얘기가 있잖아요.

그래서 브리핑에서 내가 참 마음 아프면서도 덮지 못했던 그게 있어요. "위험하고 그럼 민간 잠수사들 들어가지 말고, 해경, 해군 너네가 들어가라, 해경 들어가라". 위험하대. "아니 그니까 빠지라니까, 잠수사들" 내가 바지선에 가서 그런 얘기도 한 적이 있어요. "해경 들어가라고, 해경. 너넨 군인 아니냐, 인마. 명령하면 따라야 되는 거잖아. 잠수사들은, 좋아, 위험하면 너 못 들어가는 건 강제할 순 없지만, 군인은 명령하면 들어가는 거 아냐? 당신이 해경차장, 당신이 해경청장 아냐? 집어 느[넣]으라니까, 해경들? 명령을 내려, 그럼 들어가게 돼 있어. 뭐가 위험해. 전쟁 나도 이딴 식으로 할 거야?"까지 바지선에서 싸운 적, 말이 또 옆으로 샜는데, 그런 개념. 그러기 때문에, 그런 것들 바랐어요. 그리고 아직까지도 듣고 싶은데, 사실은 직접적으로 물어보진 못했어요, 지금 현재까지도. 하지만 어느 정도 시간이 지나면 꼭 물어볼 거다. 왜? 지금은, 그럼 지금까지도 안 그랬냐. 대충은 들었어요.

하지만, 그리고 나서 이제 김관홍 잠수사님 그런 아픔도 있고, 이미 그때 슬쩍은 던졌지만, 우리 공우영 이사든, 얘기를 못 하시더라고. 내 취줃[의중]은 알았을 거야. '내가 바라는 부분이 어느 정도 전달은 됐겠다'라고 봤고, 나름 전부 다 결합되고, 그 당시에 이미, '공우영 이사 같은 경우도 이미 재판, 안전사고 때문에 그 재판에 대한 부분이 있어서 말할 자격이 없다. 실제 그 청문회 석상에서 나와서 공우영 잠수사가 얘기하는 부분도 바람직하지 않다', 저는 그렇게 판단을 하고 있었고. 그리고 이런 얘기를 왜 지금 와서 드리냐 하면, 다소 다를 수 있지만, 그 사고로 인해서 돌아가신, 희생되신 분, 잠수사 가족분들, 당연히 저

분향 갔다 왔죠. 그리고 개인적으로 진상규명분과장을, 내가 부위원장을 하고 있을 때 그 형이 나한테 온 적도 있어요. 그 형한테 내가 요청한 것도 있었고.

그런데 4년이 지났어. 몇몇 잠수사들한테 내가 얘기했던 게 아직까지 정리는 안 됐어요. 근데 그 부분은 '진상 규명을 해야 되는데 지금 당장 필요하다. 왜 내가 기다리냐의 개념은 아니다'. 근데 그것은 언젠가는, 누가 맞는지 서로 상반되니까, 내용이, 근데 그게 재판부에 가더라도 똑같으니까, 어떻게 결정을 할 수 있는 부분은 아니잖아요. 근데 실제적으로, 뭐 양심선언 개념이 아니라, 실제 누가 그랬고, 누가 그랬고, 누가 그랬고 자기들끼리 논쟁을 하고 다투는 한이 있더라도 그 결과는 만들어져야 된다. 그래서, 뭐 아무튼 그래요. 그래서 난 그때 1차 청문회 때는 잠수사들, 잠수사들하고의 관계, 그다음에 잠수사들하고 함께할 수 없음에 대한 내 미안함, 위원장으로서. 내가 거부했거든. "가족협의회 회원으로 들어오겠다"고 했는데, 거부, "안 돼". "4·16세월호참사 가족협의회의 회원을, 잠수사들도 들어오게 하기 위해서 내가 가족협의회 정관을 바꿀 수 없고, 우리 4·16가족협의회는 피해… 당사자 단체로 구성하기로 했었기 때문에 잠수사들은 미안한데 연대해 가는 게 맞아". 장훈 분과장을 통해서 나한테 요청이 왔을 때 내가 거부해 버렸거든. "그거 있을 수 없어, 미안한데. 내가 위원장으로 있는 한은 절대 불가능한 거야", 그런 미안함도 있었고, 또 이렇게 바라는 부분도 있었기 때문에 "잠수사들하고 요번에 얼굴 인사 내가 다 하고, 같이 점심 한 끼 먹고 앞으로 유대 관계 잘 갖고 함께 연대해 나가야 되겠다", 1차 청문회 때는 고 정도.

면담자　　　그러면 지금 말씀하신 것 중에…, 미수습자 중에 사실은 유실된 가능성도 있다고 보시는 건가요?

찬호 아빠　　　있죠. 나는 유실에 대한 부분은 제가 얘기하는 거는 부적합하다라고 보고. 얘기하는 게 뭐였나 하면, 찬호가 F4, 그니까 우현 첫 번째 객실이야, 다인실, 다인실 말고 첫 번째 우현. 그래서 배가 가라앉을 때 이렇게 좌현으로 내려앉았기 때문에, 처음 해경 쪽에서, 가족 대표를 맡고 있었기 때문에 나한테 "우현 쪽에 [수색]했는데", 이미 브리핑하기 전에 이미, "유리를 통해서 세 명이 확인이 된다, 있는 게, 돌아가신 분들. 그 유리를 깨… 아직 안 깼다. 깨야 되냐 말아야 되냐"를 사실 팽목에 있을 때 제가 듣거든요. 근데 우현으로 누워 있는데 유리를 통해서, 유리를 깨고 진입도 안 했는데 외부에서 보이는 거야. 그걸 들어요. 찬호가 거기거든, 찬호 방이 F4. 근데 가족… 이미 그 당시에, 대표라고는 했지만, 찬호…거든. 난 그날 현장을 나갈라 그랬거든요. 근데 맨 처음에 "안 된다" 그랬죠, 내가, "안 돼". 뭘 못 미더워했냐면, 참 진짜… 못 믿겠는 거야. 해경도 못 믿겠고, 구조하는 그거 잠수사들 가이드라인도 제대로 설치 못 해갖고 대롱대롱 매달려서 미끌어지는 거 보니까…, 가서 그거 옆에서, 뭐 파도도 세게 안 치는데 매달렸다가 옆으로 미끌어져 떨어지고 하는 그 행태를 내가 안 봤으면 모르는데 보니까…, 뭐 진짜… 못 믿겠는 거야.

　　그거 깼다가, (면담자 : 흘러가 버리면 어떡해) 그게 불안했거든요. 근데, 찬호 가방 이런 건 하나도 안 나왔어요. 처음에는 사실은, 그런 부분이 너무나 못 믿겠는 거야. '안전 펜스라도 치고 하면 깨' 하고 싶은 거야. "안 돼". '찬호가 거기 있어'는 내가 그 자리에서 얘기 못 하잖아요. '여기가 찬호 방인데'는 얘기를 못 하지만, "안 돼"야. 준비 안 된 상태에서 다 하고 가이드라인이고 뭐고 완전 안전장치 확보 안 된 상태에서 깨버리면… "안 돼". 두 번째, 그 안에 말 그대로 공기 주입 막 별별 얘기 다 나오잖아요. "살아 있거나, 말 그대로 있는데, 깼을 때 공기[가] 한 번에 빠지거나 그런 거에 대한 보증 다 가능해?" 이렇게 얘기밖에 못 하는 거죠. '거기가 찬호가 있고, 찬호 유실돼' 이 얘기를 하면 다른 가족들은 어떻게 되는 거야. 대표라고 가서 내가 거기서 그렇게 얘기하고 있으면 따른 가족들은 어떻게 되냐고. '내 자식은 몇 번 방에 있었는데' 이렇게 될 거 아니야. 그래서 차마 그 얘기는 못했지만, 안전에 대한 부분이 되게 불안했었고, 지금에 와서 이제 얘기를 하니까 이렇게 얘기를 하는 거구요. 그리고 찬호는 가방이든 뭐든 하나도 안 나왔다니까. 신발 한 짝 나왔어요. '그때 제대로 그렇게 준비 안 되고 깼기 때문에, 그다음에 그 가방 같은 거 다 유실됐다'고 난 보는 거예요.

면담자 그러면 그때 위원장님은 유리를 깨지 말라고 했지만 결국엔 깬 건가요?

찬호 아빠 나중에는 동의하죠. 맨 처음에는 불안한 거야. 첫날도 갔다 왔지, 둘째 날도 갔다 왔지, 계속 그러고 셋째 날에도 몇 번을 갔다 왔는데, 실제적으로 자연적으로 떠오른 아이들만 수습…했던 거고, 실제적으로 내려가서 봤더니까 "우현 첫 번째 격실, 다인실 말고 첫 번째 객실에 세 명이 보입니다" 그런데 다이버가 확인만 하고 올라오는 거죠. 그때는 미치겠는 거야. 누구한테도 얘기 안 했던 거지만, 집사람한테도 얘기 안 했죠, 지금까지. 그래서 그러한, 어떻게 보면 고생하신 분들이고 하지만, 그 당시 상황상, 현장을 처음부터 있었고 그렇게 대응한 부분에 있어서는, 제가 봤을 때는 그런 부분이 많았고.

1차 청문회 내용에서 지금 길어지는 건데요. 1차 청문회 때는 간단하게 그런 부분들. 그래서 양심적인 선언을 할 수 있는 정부 관계자들, 혹은 잠수사들이 말 그대로 기본, 우리랑 이미 유대, 연대를 하고 유대관계를 가지면서 기본적인 내용들, 내가 알지 못하는 그런 내용이 탁 나와주길 바란 거죠. 그게 나올 수 있는 거는 잠수사들 중에 나올 수 있고, 그다음에 정부 관료 중에 나올 수 있다라고 하면, 누구다? 양심선언. 그 외에 내용은 청문회 내용도 대충 우리가 뭐 조사 신청했고 내용들 이미 가족협의… 다 봤죠, 기본적인 것은. 특조위 가서도 보고, 뭐 분과장을 통해서도 내용 파악하고 자료들을 다 봤기 때문에, 그때는 가장… 그 첫 번째 청문회 할 때, 잠수사들하고…, 뭐 그런 기억이 나요. 만족은 당연히 못 하고, 항상. 다만 그렇게 속 시원함은 있었더라. 국회에서 하는 국정감사, 뭐 이런 것보다 뭐 그런 후련함은 쫌 없지 않아 있었지만, 결과적으로 만족하기는 어려웠다.

면담자   이제 2016년입니다. 2016년 3월 11일에 사건조사 신청접수를 마감할 때 가족협의회가 239건의 조사 신청을 냈고 그중에 조사 결정을 176건을 하기로 했는데요, 그걸 어떻게 정하셨나요?

찬호 아빠   그… 1차, 2차 뭐 이런 식으로 계속 접수는 모았었던 거예요. 이미 그, (면담자 : 각 가족들한테요?) 그렇죠. 아까 얘기했던 대로 이미 특조위가… 조사 개시가 시작되고, 말 그대로 청문회 진행하기 이전부터 이미 가족들은, 특조위에서 말 그대로 특권 조사, 그다음에 우리 가족협의회든 혹은 조사원을 통해서든 혹은 누굴 통해서든 조사에 대한 부분을 요청을 할 수가 있는 부분이라서. 가족협의회에서는 운영위원회를 통하고 또 혹은 이미 전체 가족들 밴드를 통해서, 그다음에 각 단위 대표님들을 통해서, 그다음에 진상규명분과, 그니까 자료실, 진상규명분과를 통해서 실무관을 배치가 돼 있었고. 그리고 그런 사건 조사 신청을 하실, 이거에 대한 의혹이라든가 이런 조사에 대한 부분을 신청하실 가족분들은 [신청할 수 있도록] 계속 열어놨었던 거예요. 와서 직접 작성하시고, 그것을 한 번에 1차에 해서 그냥 올린 게 아니라 계속 모았던 거예요.

면담자　　　그중에 어떤 선별 기준이라든지 이런 건 없었나요?

찬호 아빠　　　있었죠. 일단은 가족들이 요구하는 내용들은 다, 실무관들 통해서 다 정리를 하죠. 그리고 나서 그 내용, 취합된 내용을 이제 특조위에서 또 내고, 거기서 이제 병합되는 부분은 이제 분과장이 정확하게, 진상규명분과장 그다음에 가족들 뭐 임원들[이] 같이 이렇게 참여를 하지만, 가족들 중에서 같은 사항을 다른 시각으로 얘기하는 부분이 있거든요. "어떠한 주제가 있어서 요 부분에 그때 이러했는데, 이때 이런 일이 있었는데 이거 조사해야 돼" 그랬는데 다른 부모는 "어, 그때 그 일이 있었고 그 일 중에서 이런 일이 있었는데, 이런 일과 이런 일이 있었어. 근데 왜 그랬는지 그걸 조사해야 돼", "이 일과 이 일도 있었지만, 그때 사실은 그 계기가 뭐가 있었는데 이걸 조사해 줘", 많은 내용들이 있을 수 있거든요, 한 가지 사항인데. 그래서 그런 부분은 병합, 합쳐버리거나, 이런 행위는 어떻게, 모든 내용은 그대로 모은 상태에서 병합할 수 있는 건 병합하고, 또 그거에 대한 내용이 같은 내용이면. 뭐 이제 그런 행위들이 계속 이루어지죠, 같이 논의해 가면서.

면담자　　　　그때 위원장님이 정리된 내용을 보셨을 것 같은데, 전반적으로 가족들이 가장 조사를 바라는 항목은 어떤 거였나요?

찬호 아빠　　　제가 다 기억은 못 하구요, 저는 대충 훑어보는 개념이고. 그 당시에 그 자료에 대한 부분은 진상규명분과장이, 가족협의회는 아무래도 이런 각 파트가 나눠져 있기 때문에…, 진상규명분과장이 가장 세부적으로 알 수 있을 거 같고. 저는 사안 사안에 대해서 쭉쭉 읽기는 읽어요, 다. 안 보는 자료는 없는데, 다 봤었는데. 그니까 맨 처음에 몇 건, 그다음에 또 한 번 또 모아진 거 보고, 그다음에 "어떠어떠한 내용은 병합하기로 했다"라는 걸 진상분과장이 또 얘기를 해주는 경우도 있고. 그래서 많은 사항들 중에 뭐 대부분 제가 봤던 시각에서는, 일단 고 구조 실패에 대한 부분, 그다음에 구조 인력에 대한 부분, 그다음에 배치, 수중 수색에 대한 부분, 그다음에 초기 대응에 대한 부분들, 그리고 언론에 나왔던 브리핑 내용과 현장에 있었던 상황들, 그리고 뭐 대부분 다 그랬던 거 같아요. 그다음에 가족들 일단 막았던 거, 공권력에 대한 부분들, 그 지시에 대한 그런 부분들도 있었고. 그다음에 이… 그다음에 또 엄마들이 많이 쓴 내용 중에 뭐가 있었냐 하면, 유언비어에 대한 부분들, 그런 내용들조차도 들어 있었고. 아주 어마어마한 내용들이었는데, 아주 세밀하게 그런 것들이 다 있었던 거 같아요.

　　　그다음에 "언론, KBS, MBC, 일명 조중동에 대한, 그런 언론기사에 대한 부분도 이거 조사해야 된다"부터 시작해서, 언론사에 대한 부분, 그다음에 브리핑에 대한 세부적인 내용까지. 그다음에 말 그대로, 시신 수습에 대한 부분에 있어서 휴대폰 뭐 이런 부분까지도 세밀하게…. 그니까 아주 어마어마하게 많았던 거 같아요. 내용들이 뭐, 뭐가 가장 많

찬호 아빠 전명선

왔냐에 대한 부분은, 일단 참사 구조[와] 구난 수색에 대한 부분에 대한 게 가장 많았던 거 같아요, 제 기억에. 그리고 의외로 언론에 대한 부분도 많았었다. 그다음에 무엇보다 컨트롤타워에 대한 부분, 큰 틀에서는. 그래서 박근혜, 청와대…에 대한 그 컨트롤타워의 부재에 대한 부분이 가장 좀 심도 있게 그래도 접근을 하고 있었다…로 비쳐져요.

<h1 style="text-align:center">9</h1>
<h2 style="text-align:center">단원고 기억교실 존치 문제로 인한 갈등</h2>

면담자　　　네. 저희가 청문회는 이 정도로 마무리를 하구요. 2016년 5월 9일에 단원고 기억교실 이전 보존 및 복원에 대한 협약식과 동시에 학생들의 제적처리 문제가 드러납니다. 당시 단원고 교실의 보존 방식에 대한 논의가 이루어지면서 일부 재학생 학부모와의 충돌, 기록 훼손, 유가족 폭행 피해 등이 발생하기도 하는데요, 단원고 교실 문제와 관련해 기억나시는 거 있으면 말씀해 주시기 바랍니다.

찬호 아빠　　　단원고는… 5월 9일 협약식 이전에, 이미 2015년도에 이미 그… 많은 사항들이 있어서 이미 집중적으로 재학생 학부모와 그다음에 단원고 측과 이미 갈등 구조에 이미 들어가 있었다. 그래서 2015년도에 말 그대로, 우리는 "단원고에 교실 자체는 그대로 유지해야 된다"라는 거였고, 큰 틀에서는 유네스코 등재까지도 막 언급이 됐었죠. (면담자 : 그게 2015년 11월경이었죠) 네. 그랬었던 상황에서 실제 협약은 5월 9일 날 이루어지게 됐지만, 그 전에 재학생, 단원고와 그런 것들이 있으면서 사실은 더 이상 어떠한 중재도 할 수 없을 지경까지 이르렀죠.

다만, 가족협의⋯ 저 경기도교육청과 단원고 측에서는 제안을 못 했지만 가족협의회에서 제안했던 부분은, 쉽게⋯[말하자면] 재원을 들여서 교실을 증축하는 부분을 제안을 했어요, 60억. 그래서 그것을 만들게 된 계기는 뭐였나 하면 일단은 우리는 거기에 있어야 되고, 학교 측은, 학부모 측과 학교 운영회와 학부모 운영회와 단원고 측에서는 얘기했던 게 아이들의 공간, 그다음에 신입생들 다시 받아야 되고 그러면서 이제 교실, 그다음에 학교 수업 정상화⋯에 요구였어요, 큰 측면에서는. 그러다 보니까 가족협의회 측면에서는 얘기한 게 "그러면 교실을 증축을 하자, 짓자"라고 얘길 했던 거고.

그때 제 기억에 11월인가 승효상 건축가, 승효상 건축가를 누군가가 소개를 해줬어요. 소개를 해준 분은 사실상⋯ 박원순 시장도 저한테 그런 얘길 했었고, 그런 분들. 또한 제종길 시장도 마찬가지. 승효상 건축가랑 아무튼 좀 친분이 있더라구요. 아무튼, 저 친분이 아니라 알고 지내면서 동일하게 그런 분들의 도움을 받을 수 있겠다고 해서, 승효상 건축가랑은 저랑 이렇게 소통은 하고 있는 단계였었어요. 그래서 급하게 이제 가족협의회에서는 임원 회의를 당연히 했죠. 임원 회의를 통해서 교실 존치 여부는 "[정]해야 된다" 결정이 났고, 그래서 공간에 대한 부분을 가지고 학교 측이나 학부모 운영위원회, 학교 운영위원회에서 계속 그렇게 압박을 해오니까, 가족협의회에서 "증축을 해서 제안을 하자. 그래서 교실을 그만큼 만들면 된다" 그렇게 해서 직접 그려요. 도면까지 그리고 해서 제안을 하게 돼요. 그때 도움을 주셨던 분은 승효상 건축가. 그리고 이미 그 전부터 그랬던 거니까, 뭐 청문회도 있었고 많은 사항들이 계속 뭐 어마어마한 일들이 많이 있었기 때문에, 어떻게 보면 그때 단원고 측의 그 부분은 가족협의회 입장에서는 집행위원장, 그다음에 그 당시에 감사로 있었던 이수하 씨, 7반에 준우 아빠, 이준우 아빠 이수하 씨가 사실은 진행하기로 했었던 부분이 있었어요.

그러면서 그… 승효상 건축가한테 제가 전화 연락은 했고, 근데 전화를 했더니까 중국에 계시더라구. 중국 뭐 출장 나가, 뭐 중국에 일이 있어서 중국에 계시다 그래서 현재 사안들을 좀 얘기를, 설명을 드리고 "좀 이게 급하게 됐다. 좀 도와주셨으면 좋겠다"라고 하고, 기존에 있는 내용들은 제가 집행위원장한테 승효상 건축가 이메일 주소 알려주고 "빨리 보내라. 지금 중국에 있다라고 하니까". 본래 그때는 집행위원장하고 이수하 씨가 하기로 했던 부분이니까, 이제 거기까지. 그래서 아무튼 승효상 건축가의 도움과, 아마 김익한 교수님도 좀 조언을 해주신 거 같아요. 그렇게 해서 만들었죠, 가족안을. 새로 증축하는 비용, 기한, 아니 기간까지. "이렇게 건축을 했을 때 예상 금액은 얼마고, 비용은 얼마고, 기한은 언제, 어느 정도다" 그렇게 해서 제안을 했는데 결론은 거부당하죠. 받아들이지를 않는 거예요.

면담자　　　그 당시 단원고 교실을 존치하고 투쟁하기로 가족총회에서 결정하게 되잖아요?

찬호 아빠　　　그건 나중에. 그게 안 됐을 때 그렇게 되는 거고, 맨 처음에는 가족안을 그렇게 해서 "다시 증축을 한다, 옆에다가", 그렇게 해서 제안을 했었던 부분이 있어요.

면담자　　　그 제안은 경기도교육청에 하신 건가요?

찬호 아빠　　　교육청도 당연히, 경기도교육청, 안산교육지원청, 단원고, 전체 다 하죠, 그리고 학부모 운영위원회까지도.

면담자   근데 그게 받아들여지지 않는 거죠?

찬호 아빠   네. 그리고 그게 뭐 있을 수 없는 부분으로까지, 아예. 단원고 재학생 부모들이 강력하게 반대를 하고, 학교 운영위원장을 맡고 있었던 게 장기인가 이름이 그렇죠. 장기 운영위원장, 뭐 아예 거부하고, 이런 단계에서 더 이상 대화가 안 돼. 만나서 대화를 해야 되는데, 두 차롄가 있었죠. 집행위원장하고 이수하 씨가 갔을 거야. 가서 한 번 그 회의를 했는데, 학부모 상대로 300 대 1로 공격당하는 식으로 뭐 아예 더 이상 재학생 부모들이랑 대화가 안 될 정도였었기 때문에…. 교육청 장학관이 중재를 하거나 교육청에서 나와서 중재할 수 있는 여건 정도도 안 됐어요. 그 정도로 이미, 완전히 "무조건 빼야 된다"라는 것과, 우리는 "유지해야 된다"라는 것과. 쉽게 그니까 더 이상 대화를 할 수 있는 게 없는 거예요. 그리고 우리가 제출했던 안도, 이미 제출했는데 "그러면 증축하자, 더", 근데 "그것도 현실적으로 어렵고 시기적으로 안 된다"라는 거였지. 왜, 신입생을 받아야 되니까. 그래서 "미리 했으면 되지 않았냐"까지 얘기해 본들 다 지난 일이고, 뭐 그렇게까지 이제 극과 극으로 가서 완전히 정반대 의견이다 보니까 더 이상 안 됐었던 거죠.

그래서 이미 11월부터 사실은 여러 군데에서 얘기들이 나오고, 어떻게든 중재를 하자라는 측면에서 나왔던 게 뭐냐 하면, 한국종교인평화회의에서 주재를 이제 김광준 신부님이 하셨고, 그래서 한국종교인평화회의에서 중재를 해서 실제 협의체가 만들어지는 거죠. 그래서 그 협의체에서는 실제적으로 이 기억교실, 단원고 이 교실에 대한 부분을

506

찬호 아빠 전명선

가지고 더 이상 대화가 안 되니까 그러면 중재를 하자. 그러면 단원고, 우리 가족협의회, 그다음에 재학생 학부모 대표, 그다음에 경기도교육청, 안산교육지원청, 그리고 그 한국종교인평화회의도 들어와 있고 4·16연대도 들어와 있고, 그렇게 해서 진행하게 된 거죠.

그래서 실제적으로 그런 어떠한 사항을 하더라도 경기도가 있어야 되고, 안산시가 있어야 되고. 그래서 회의 석상에서는 안산…시야 뭐 지원 공무원이 있으니까 직접적으로 회의에서 논의를 안 하지만, 안산시와 경기도, 경기도의회, 이렇게 돼서 일곱 개…로 구성이 되죠. 그래서 그 협의체가, 2차 회의까지 진행이 돼요. 2차 회의 때까지는 유경근 집행위원장하고, 가족협의회에서는 이미 그거에 대한 부분은 단원고 쪽 교실에 대한 부분은 유경근 집행위원장하고 임원 회의 때 결정을 한 거기 때문에, 확대운영위원회 때 그 당시에 감사를 맡고 있던 이수하 씨가 하는 걸로 그렇게 했는데, 2차 회의까지 집행위원장이 참여를 해요. 〈비공개〉

면담자   근데 원래 있던 건물에 보존이 안 되고 다른 곳으로. (찬호 아빠 : 그렇죠) 가족안도 있고 여러 의견이 있었을 텐데 왜 보존이 안 된 거죠?

찬호 아빠   아니 재학생 학부모들 무조건 반대. 단원고 측도 반대. 학교 운영위원회의 반대.

면담자   그니까 그 이유는 무엇이었던 건가요?

찬호 아빠   "수업을 할 수 없다"라는 거예요. "저 공간에서 아이들에게 그 수업이 제대로 안 된다라고 한다"가 학부모, 학교 운영회의 입장이었고, 단원고의 입장이었죠.

면담자   원래 있는 공간 때문에 공부가 안 된다는 건가요?

찬호 아빠   그래서 그걸 아예 그러면 막으라고까지 했어요, 저희가. "애들이 출입을 못 하게끔 아예 계단 통로를 막고, 새로 증축해서 그렇게 하면 되지 않겠냐?"까지 했는데도 안 된 거야. 그래서 어느 정도까지냐 하면, 2차 회의 때 나온 게 뭐냐 하면, 가족안을 내서 증축은 안 된다 그랬잖아요. 그래서 요기에서 외부에 [진입할 수 있는 통로] 요걸 만들고 여기에서 이동해서 그 교실에 들어갈 수 있게 그 제안까지 우리가 만들어서 했다니까요, 증축도 하지만, 그것까지. 그런데도, (면담자 : 출입구를 다른 곳에 만들겠다는 거죠?) 네. 우리가 제안을 그렇게 했었어요. 근데 이미 재학생 부모하고는 "그런 공간에서 아이들이 제대로 된 교육, 그런 공간이 아니다. 그런 공간에서 진짜 이 수업을 한다라는 부분은 있을 수 없다"라는 내용이 있었고, 사실상, 많은 사람들이 알겠지만 단원고 자체를 아예 이전한다는 얘기까지 나왔어요.

그래서 저는 3차 합의안 때 사실상 어쩔 수 없이 받아들일 수밖에 없었다. 왜, 기억교실이 존재하면 뭐 해요, 단원고가 없어지는데. 단원고 내에다 추모공원이든 뭐든 다 만들고 단원고 자체를 다른 데다 이전해서 학교를, 고등학교를 다시 짓겠다는 얘기까지 나와요, 교육청에서. 그게 찌라시[지라시]가 아니라 실제 그런 내용이 나와요. 그럼 단원고가 없이 교실 존치가… 무슨 의미가 있어요. 사실 저는 그렇게 생각을 했었고, 이미 2차 내용까지 이미 한국 종교인 평화 회의에서 진행이 됐었던 부분이잖아요. 근데 그걸 다시 처음부터, "내가 가족협의회 위원장이니까 처음부터 다시, 다 뒤집어. 안 돼" 이렇게 할 수는 없었던 거예요. 그리고 실제 그거는 저는 반대했었던 거고, 맨 처음부터. 근데 돌이킬 수 없는 상황이 됐었고….

면담자　　　다시 한번 확인하겠습니다. 단원고 교실 존치를 하겠다는 안은 가족분들 중에 의견이 나온 건가요? (찬호 아빠 : 임원 회의를 통해서) 임원회의에서의 결정은 단원고와의 대립이 생기고 나서 이뤄진 거예요?

찬호 아빠　　　아니, 교실 존치에 대한 부분은, [이전부터] 있었어요. (면담자 : 처음부터 있었나요?) 그렇죠. 우리가 교실을 빼겠다는 의견은 없었다니까.

면담자　　　단원고 측에서 "그것을 빼라"고 했나요?

찬호 아빠　　　그리고… 단원고와 학교 운영위원회, 학부모 운영위원회가 사실 12월 이전에 이미 그런 논의를 하면서, 논의가 있었는데 이제 극과 극이 됐었던 상황이에요. 그러고 나서 김익한 교수 붙고, '별의 노래' 붙고, 뭐 이제 밴드 방, 쉽게 말해서 엄마들이 알게 됐던 거예요. 그렇게 됐었던 사항이라구요, 이미. 거기까지 벌어진 상태에서. 그래서 내가 김익한 교수님한테도 뭐라고 한 얘기가 있어요. "뭐가 우선이냐? 응? 교수님, 단원고에서 내가 뭐라 그랬어요. 왜 일을 이딴 식으로 하냐?" 그다음에 하다못해 고영인 지역위원장이 "아유, 위원장님 하지 마세요" 정도까지 말릴 정도였어요. 그게 왜 내가 화가 났나 하면, 저는 '어떻게 됐든 간에 그대로 유지해야 된다'라는 게 내 입장이었어요. '절대 맨 처음에, 증축을 했어도 거기에서 한 발짝 물러나는 순간 돌이킬 수 없다'예요. 그래서 통로 막고, 이 기안까지 다시 그리게 된 거예요.

건축에 도움을 주신 분은 승효상 건축가, 중국에 있을 때 내가 직접까지 통화까지 했다고. 그리고 집행위원장한테 메일 넣어서 "이 자료들 빨리 보내고 몇 개 교실이 필요하고 그 건물을 짓는 데 기한은 얼마고 예산은 얼마고 빨리 만들어서 내세요".

면담자　　　그런데 논의가 이미 다른 방향으로 진행되고 있었다는 거죠?

찬호 아빠　　　근데 그 얘기가 잘못됐다는 게 아니라, 그런 과정이 있었을 때는 사실은 확 붙어 있지는 않았지. 근데 그 논쟁까지 갈 때는 가족협의회와 단원고와 학교 운영회와 학부모 운영회와 경기도교육청과 안산교육지원청과 부닥쳐서 이미 한참 싸운 다음이고, 극과 극과 대립을 하고 있는 단계에서, 문제는… '좀 더 논의가 될 수 있었다' 나는. 내 주관이지만. 그리고 이제 교수님한테 "왜 뭐가 우선인데 왜 교수님까지 이렇게 하냐?" 그렇게 좀 얘길 했던 부분은, 지금 정확하게 뭔 내용이냐 하면, 뭔 내용이냐 하면 유네스코 얘기를 하는 거예요. 교실 존치를 해놓고 유네스코 얘기를 해야지, 유네스코 얘기를 하는데, 유네스코 등재되면 제대로 애들이, 학교 정상적인 수업에 대한 분위기를 학교 운영위원회 재학생 부모들이 반대를 하고 있어서, 아니 출입을 막고 아예 더 환경을 좋게 만들고로 설득을 하고 있는데 갑자기 유네스코 얘기를 하니까 재학생 부모 쪽에서는 확 돌아버린 거예요. "이거 안 돼. 애들 봐라" 이렇게 됐던 거예요.

그래서 김익한 교수님한테 내가 뭐라고 한 게 뭐냐면 "교실 존치가 먼저 되고 나야 유네스코 얘기를 할 거고. 유네스코 등재도 이미 6개월, 6월까진데 이미 시기적으로 이미 늦었지 않냐, 올해는. 존치부터 해놓고 나서 유네스코 얘기를 해야지, 왜 엄마들한테 유네스코 얘기를 먼저 헛바람을 넣어가지고 그게 학교 학부모 운영위원회까지 다 소문이 나게 만들어버리냐? 진짜 현명하지 못했다"라고 내가 항의를 한 거예요. 요 얘기는 좀 빼야 되겠다. 김익한 교수님 까는 거니까(웃음). 근데 실제 있었던 거니까. 실제 그랬었던 거예요. 실제 집행위원장한테 해서 "승효상 건축가한테 전화해라". 승효상 건축가는 내가 전화했고, "어디 계시냐?", "중국에 있다". "그래도 나 도움 필요하니까 집행위원장이 해서 메일로 빨리 주세요. 그래서 받으세요" 해서 "기안하고 예산하고 빨리하세요", "최대한 공사 시한 단축하면 몇 개월, 6개월 가능하다"까지 갔었던 거예요. '더 단축할 수도 있겠다. 그러면 신입생 입학할 때 받을 수 있겠다'까지 만들었었다니까요.

근데 문제는 확 아예, 재학생 학부모들, 학교 운영회가 확 돌아선 거는 사실은 유네스코예요. 근데 그거는 좋은 취지였잖아. 그래서 내가 저 우리 엄마들한테까지도 막 화를 내는 거예요. "좀 멀리 보고, 생각하고. 맞다, 내가 그걸 왜 반대하냐? 근데 뭐가 우선이냐, 우선이" 그때 내가 너무 억울하던 거야, 학교 측의 입장에서는. 그래서 탄핵서까지 내가 쓰라 그런다니까요. 회의록, 회의 내용을 보면 "학교 교실 절대 빼면 안 된다"라고 얘기했던 거는 사실 나야. 근데 부모들은, 위원장이 다 합의·협약하고 위원장이 다 뺀 걸로 아는 거야. 그러니 얼마나 내가 열받아. 뒤집어 엎어버리고 싶지. 행사도 하지 못하게 했던 사람이에요.

아이들 유품은 이빨로 끊어서 테이프 자국 퍽퍽 해서 포장해 놓으면서, 8000만 원 들여서 그 행사를 하냐 이거야. "아이들 유품 다루고 포장하는 거는 3000만 원도 안 되게 예산 잡고, 운동장에서 행사하는 건 8000만 원으로 기획, 어떤 미친 새끼가 이거 잡냐. 미친놈들, 그날 행사하지 마"라고까지 내가 단원고에 와서 막 난리 치고, 그때 김종천이도 있었죠. 우리 집행부 임원들 대부분 다 있었어요. "절대 내가 용납 안 되니까 하지 마. 행사 안 해" 그랬는데 임원들이 날 설득해요. "하기로 했는데 지금 안 하면 어떡합니까? 한 번 눈감아 주세요" 이렇게 됐던 거예요. 저 카페에서까지 난리 쳤었거든. 그리고 행사하고 나니까 엄마들 있다가 "이게 말 같은 행사를 하냐?" 뭐 이렇게까지 갔던 거야. 근데 그거는 그냥 내 혼자서 욕먹는 게 가장 그 당시는 현명했다고 판단을 한 거예요. 그래서 "모든 책임은 내가 진다" 이렇게 됐었던 거고.

김익한 교수님한테 얘기했고, 엄마들한테 "왜 이렇게 생각이 짧냐?"라고 막 하니까 엄마들도 기분 나쁘죠. 그 이유는 딱 하나였어요, 내가 얘기했던 건. 유네스코 얘기 한 거예요. 그럼 장기 운영위원장이랑 내가 얘기 안 했겠어요. 학부모 대표들 다 반대하는데 그중에 한 명은 나한테 우호적인 사람은 없었을까, 내 편은. 나도 안산에서 20년 이상을 살고, 그렇게 나쁘게 행동하면서 살은 사람이 아닌데. 설득해 나가는 단계였었는데, 그거 뻥 터지면서 그냥 돌이킬 수 없게 됐던 거예요, 유네스코. 교실 존치가 돼야 유네스코 등재라도 할 거고, 교실 존치에 대한 지금 논의를 하고 있는데 유네스코 등재 얘기를 하니까 그게 재학생, 그다음에 학교 운영위원회에 들어가니까 당연히 "유네스코 등재된 상태 내에서 학교 교육이 정상대로 되겠냐"부터 해서 "봐, 이렇게 되지 않냐"로 확 불붙어 버렸던 거고, 그쪽에서는.

내가 이제 주장했던 거는, 교수님이든 엄마들이 말이 잘못했다는 게 아니라, 어 좋죠, 유네스코 등재. 근데 유네스코 등재를 할라면, 그 당시에 내가 그냥 안 알아본 것도 아니에요. 이미 유네스코 등재 할라고 했던 게 그때 두 건인가 뭔가 있었고, 이미 접수된 게, 대한민국 내에서는 있었었던 거고. 그리고 실제 기한상으로 안 되는 거야, 우리는 준비해서, 시기적으로. 그랬으면 그거는 존치에 대한 부분만 집중하고 유네스코 등재는 존치하고 난 다음에 얘기해야 될 사항을, 그래도 김익한 교수님을 난 엄청 좋은….

면담자　　김익한 교수님은 왜 유네스코 등재 얘기를 그때 하신 건가요?

찬호 아빠　　아니 그걸, 그니까 김익한 교수님이 안 했을 수도 있는데 엄마들 중에 "'별의 노래'인가 누가 그렇게 돼서 소문이 났다"고 나한테 얘길 해서 괜히 그날 김익한 교수님 있다가 나한테 한소리 들은 거에요, 처음으로.

면담자　　유네스코 등재를 하면은 어떤 점에서 좋은 건가요?

찬호 아빠　　그건 모르겠고. 그 당시는, 그건 모르겠고 "유네스코 등재를 해야 된다. 이 단원고 기억교실. 단원고의 이 교실은 존치하고, 이 자체를 그대로 유네스코에 등재해야 된다"가 내가 알기로는, '별의 노래'는 저는 안 들어가 있어요. 7반 밴드에도, 7반 톡방에도 저는 안 들어가 있어요. 왜, 거기에 내가 들어가 있으면 그 사람들이 반에서 자율적으로 나누는 의견에 위원장이 딱 들어가 있으면… 그렇잖아요. 나는 중립적이어야 되고. 그래서 어느 톡방에도 저는 안 들어가 있어요. 뭐 '별의 노래'인지 모르겠고, 거기도 안 들어가 있는데, 그때 그 얘기를 하는 거야. 그래서 '아차' 싶은 거야. 그리고 저는 개인적으로 광석 씨를 나한테 이렇게 소개시켜 주고 편안하게 좀 빨리 정리할 수 있게끔 도움을 주신 분이 김익한 교수님이니까 아주 존경스럽거든요. 근데, 딱 한 번, 지금까지 이 4년 동안에 딱 한 번 내가 단원고에서 그때, 그 건으로 내가 김익한 교수님한테 뭐라고 질타를 한번 하죠. "뭐가 우선이냐? 왜 현명하신 교수님까지도 왜 이런 식으로 대응하냐? 그 부분은 교수님 생각이 잘못된 거 같다"로 하니까 이제 사람들이 워낙 많으니까 "이제 그만하셔라" 이렇게 돼서, 말았던 부분이 있다.

면담자   그럼 그 당시에 이재정 교육감이나 안산시의 입장들은 어땠나요?

찬호 아빠   그냥 대부분 중립적인 입장. 단원고 학교 학부모 위원회는 이미 다 정확하게 반대. (면담자 : 단원고 안에서 결정해라?) 그렇죠. 그거는 어떻게 할 수 없고. 교육청 입장에서도 이재정 교육감을 우리 가족들이 많이 욕하고 했었는데, 교육… 경기도교육감으로서, 당연히 수장으로서 책임을 져야 되죠. 근데 제가 봤을 때 누구를 편들고 두둔하자는 게 아니라 그 상황 자체를 딱 생각했을 때는, 저도 워낙에 분노했고. 그다음에 문제는 돌이킬 수 없게끔 만들어버린 거야. 왜, 1차, 2차 한국종교인평화회의를 통해서 1, 2차 이미 협의체가 진행이 됐고, 협의체 회의록이 있고, 또 학교 운영위원회와 학부모 대표와 가족협의회 대표들 간에 회의한 내용이 있는데 부정할 수가 없는 거예요. 그걸 지금 이 자리에서 까기는 그렇고, 이미 돌이킬 수 없는 상황. (면담자 : 이미 이전하기로?) 그게 안 됐을 때는 학교 옆에다 바로 그렇게 증축하는 걸로. 그리고 또한….

면담자	그때 참석했던 사람이 누군가요?

찬호 아빠   유경근 집행위원장하고 이수하. 임원들은 알죠, 가족들은 모르죠.

면담자	그때 기억저장소의 김종천 국장도 참여를 했나요?

찬호 아빠   했다가 빠졌죠. 근데 실제 협의체든 그런 회의 내용에 직접적으로 듣지는 못하고, 발언을 할 수 있는 권한이라든가 그런 부분은 어느 정도 제한이 있었었기 때문에 직접적으로 관여는 못 했던 걸로 알고 있고. 그러고 나서 또 한 가지 부담은 뭐였나 하면, 아까 얘기했던 "단원고? 그러면 아예 학교를 다시 하나 짓자, 단원고 이전" 그리고 "기억교실 그냥 남겨놓고, 단원고 그냥 다 남겨놓고, 거기도 추모공원 또 만들고" 이 얘기가 나와버린 거예요. 그게 뭐였나 하면, 추모부지, 예상 부지. 꽃빛공원, 원고잔공원, 단원고 뒷산, 그게 근거가 없던 내용이 아니었던 거예요. 그 단원고는 이전시키고, 학교가 없어지고 나서 우리 아이들 사용했던 교실만 덩그러니 남겨놓고. 그 당시는 그 세 가지가 나한테는 돌이킬 수 없는 큰 압박이었죠. 그리고 결정을 이제 해야 될 부분이 있고. 그래서 1차 2차…, 그니까 4·16연대에서는 박래군 대표가 참석을 했고, 대표로, 협의체, 그다음 한국종교인평화회는 김광준 신부님이 참석을 했고, 그다음에 천주교 거기 총무… 또 계세요, 그분이 참석을 했었던 부분이 있어, 계시죠. 그랬더니까, 증인들은 있죠. 근데 "저, 덮어라. 모든 거는 한 명이 책임지는 게 맞다"예요. 과정이 어떻게 됐든 간에, 돌이킬 수 없다면.

면담자	그때 가족분들이 위원장님을 엄청 욕했나요?

찬호 아빠   어, 그때 저는 이 가족들뿐만이 아니라… 이거는, 이게 진짜 가족협의회가 대리기사 폭행 사건보다도 더 심각하다, 이거는. 완전 쪼개질… 저거다. 완전히 이게, 지역 내에서 이렇게 돼버리면, 안산 내에서 이렇게 돼버리고 그게 또 같은 자식을 잃은 학부모, 그다음에 재학생 학부모들하고의 싸움으로 해서 그냥 이렇게 저거 되는 거는…, 저는 아주 심각하게 받아들였어요.

면담자   그리고 그때 제 기억으로는 안산에서 세월호를 지지하셨던 분들이 교실 존치에 대해 일찍부터 반대 표명을 하시지 않나요? (찬호 아빠 : 아니죠, 아닙니다) 아닌가요?

찬호 아빠   그러니까 이게… 참 답답한 게 뭐냐 하면, 김종천 국장은 저한테 그날 엄청 혼나죠, 5월 9일 날. 그다음에 그 당시, 그날 이낙연현 총리, 전 전남지사님도 오셨고, 같이 점심을 먹었을 텐데 제종길 시장하고, 밥을 먹고 딱 나오는데 [안산] 4·16안전시민연대가 그 협약서에 대한 부분, 그다음에 단원고, 그니까 "단원고 교실 존치에 대한 협약에 대한 부분에 항의 서한을 전달한다"고 고 앞에서 기자회견을 한 거예요. 그리고 그 기자회견에 항의 서한 전달자가 누군지 아세요, 전달 대상자가? 가족협의회 위원장이라는 거예요. 그때 옆에 장동원 팀장, 진상분과장, 그다음에 우리 사무처에 몇몇 사람들이 있었을 거예요. 내가 뭐라 그랬나 하면 처음으로 김종천 국장한테 욕을 했어요. "[안산]4·16연대 이 새끼들 너네 지금 뭐 하자는 거야, 지금? 기자회견 하고 이걸 지금 나한테 전달하자고 온 거야? 너네 뭐 하자는 거야, 지금". 그랬더니 위성태 집행위원장이 와서 딱 막아요. 자기도 기자회견 내용을 정확하게 모르고 어젯밤에 급하게 해가지고 작성된 거고. 〈비공개〉

그때는 내가 다 반말해요, 김종천이한테. "너 지금 뭐 하자는 거야? 너 이거 내가 그냥 묵과할 수 없어. 이 싸가지 없는 새끼들이, 진짜" 이렇게까지 욕을 해요. 처음으로 욕을 해요, 자료실 앞에서. "항의 서한을 너네가 감히, 가족협의회 위원장한테 전달한다고? 이게 4·16연대의 생각이야? 안산시민연대? 마이금 대표 생각이야?" 위성태 위원장은 바로 "미안하다" 그러죠, "죄송하다"고. 이게 자기도, "자기가 쓴 것도 아니고, 자기도 급하게 하다 보니까 시민사회 단체 연명도 밤에 해서 급하게 연명했고, 내용도 자기가 기자회견 하는 석상 와서 딱 보니까 이건 아닌가 싶어서, 자기도 기자회견장에 앞에 있다가 나왔다"는 거야, 그냥 '이[게] 심각하다'. 그런데 김종천 국장은 순진하게, 아무튼 가족들 편이니까 이게 도와주는 건 줄 알고 그걸 그냥 들고 "항의 서한 전달하겠다"고 이런 식으로 나한테 쫓아온 거여, 얘기를 할라고. 그랬다가… 뭐 내용도 모르고 나한테 욕만 허벌나게 먹었던 거고.

그래 놓고 나서 어떻게 했었나 하면, 내가 얘기해요. 4·16연대 배서영, 그다음에 4·16연대… 모든 내용은, 지시는 4·16연대는 배서영 사무처장. 미안한데 4·16연대의 공동대표이기 때문에 4·16연대 사무처장도 내 사무처장이나 마찬가진 거예요. 그래 모든 일은 가급적이면 뭐 이런 입장문을 쓰거나 초안을 잡거나 "이런 사항이 있어, 이거 빨리 내용 확인해 봐, 이거 정리해 봐" 이거는 우리 사무처보다는 사실은, 내가 배서영 사무처장이 많이 도와줘요. 많이 시켜요 편안하게, 빠르니까. 근데 그때 다 내려와 있었죠. "이거 아무튼… 짚고 넘어갈 거야. 어떤 새끼 대가리에서 나왔는지… 절대 용서 안 한다". 그다음에 4·16연대, 안산시민연대가 아니라 4·16연대 배서영 사무처장, 그다음에 우리 분과장들, 사무처장까지 포함해서 "이거 그냥 나 안 넘어갈 거니까, 누가 한 건지 잡아와. 절대 용서 안 한다, 내가. 그리고 '위원장님 참으세요' 소리도 내 앞에서 하지 마. 잡아 와. 조사해서 가져와" 그렇게 지시까지 내린다니까요.

그리고 그날 이제 협약이 있었던 거야. 협약을 하고, 어쩔 수 없이 그래서 그 협약까지 하고 나서, 그… 협의체는 정확하게 경기도, 경기도의회, 안산교육지원청, 그다음에 안산시, 4·16가족협의회, 그다음에 단원고. 그다음에 협약서의 내용에 4·16연대도 참여는 했지만 협약 기관으로 들어가지는 않죠. 그래서 일곱 개 기관이었지만 협약서에 서명은 여섯 개… 기관으로 하는 걸로, 그렇게 했었죠. 그래서 그 협약을 하고 바로 그날 제적에 대한 부분이 확 이제 화두가 되는 거야. 어떤 부모님이 뭘, 학교 측에 뭘 발급받으라고 갔는데 제적처리 돼 있는 걸 그때, 그 전에는 우리도 몰랐던 거예요. 가족협의회 숨기고자 한 것도 없고, 가족협의회 날아온 적도 없고, 어떠한 내용도 연락받은 게 없었어요. 그런데… 제적에 대한 부분이 얘기가 나와서, 그날 협약하고 갑자기 확 한 거예요. 그니까 제적 때문에 안 거예요, "제적처리 돼 있다" 이런 얘기를. 우리는 명예졸업을 할 수도 없다, 그게 지금까지의 입장이었고, 제적처리 돼 있는 거는 몰랐었던 거야.

면담자   그렇죠. 그때 어떤 아버지가 "우연히 거기 있는 분들한테 물어봤다가 알게 됐다"고 하던데요.

찬호 아빠   아니 누가 뭘 띠러[떼러] 갔다가, 아버지가 아니라 엄마였을 거예요, 제가 알기론. 엄마였는데 띠러 갔다가 "그런 내용이 있다"라고 전달됐고, 전달된 게 이제 전달되니까 가족들이 확 몰려갔던 거고. 갈 때 당시도 저는 저… 자료실에 있었어요. 뭐냐 하면, 분과장님들이 이미 내가 아침 그만큼 화가 나 있으니까, 협약을 내가 하고 싶어서 한 게 아니었거든. 어쩔 수 없이 그래도 해야 되는 거니까, 존중돼야 되고. 그리고 단원고는 지켜야 되고, 학교 자체를 새로 증축하거나 만들어지는 거는 있을 수도 없고. 이미 그리고 학교 옆에, 앞에다가 "그 옆에다가 그대로 기억교실을 복원하겠다"고 심의, 2차 내용에 이렇게 해서 증축이 안 됐을 때 안으로, 그러면 "기억교실을 복원사업으로 해서 학교 앞에 원고잔공원, 단원고 측면 옆에다가 그렇게 만들겠다"라고 돼 있는 거예요, 이미, 2차 때, 회의록에.

이제 그게 안 됐을 때 이렇게까지로 이제 진행이 되고 있었던 거지. 그런데 이제 제적 문제가 나와서, 이미 워낙에 내가 화를 내고 있었던 상황이고 이래서, 분과장들 특히 우리 추모분과장도 그렇고 진상분과장도 그렇고 인양분과장도 그렇고 "위원장님 오시지 말라, 단원고. 저희가 갔다 올게요" 그리고 가거든. 근데 "오지 말라" 그래 놓고 채 뭐 30분, 1시간도 안 됐을 거예요. "위원장님 오셔야지 해결될 거 같습니다"야, 나보고 "오지 말라" 그래 놓고. 그래 가봤더니까, 뭐 이미 교무실에는 술 먹고 와서 뒤집어엎는 사람 있고, 뭐냐고 물어봐도 딱 부러지게 대답하는 분과장이 하나가 없는 거야. 그래 분과장들한테 욕해요. 저도 화나면 욕을 하거든요. "진짜 이 씨발놈들이 뭐 하자는 거야, 진짜. 장난하냐, 다 지금?" 뭐 이렇게까지 막 화를 내요. "도대체 뭐 땜에 그러는데?", "아니, 애들이 뭐 제적이 돼 있다 그러구요". "그럼 그걸", 그 분과장들이 여러 명 있으니까, "알고 있었냐?" 모르고 있었대. "이게 말이 되냐. 그럼 그걸 나는 아냐, 인마? 뭔 내용인지 파악하고 그것부터 파악을 해야지, 이 새끼야. 가족들끼리 싸우고 있냐고 여기서. 오지 말라매" [하고] 화를 막 내거든요.

　그리고는 교무실을 가요. "됐고" 뭐 이런 식으로, 화나면 이제 사람이 그러잖아요. 그리고 들어가서 인양분과장이 있었고, 몇몇 부모들이랑 딱 들어가서 확인해 봤더니까 제적이 처리가 돼 있는 거야. 그래서 "이게 어떻게 된 거냐?" 뭐 학교장 입 다물고 있고, 그다음에 교감도 입 다물고 있고, 뭐 그렇게 돼 있는 거지. "일단 알았고, 다 나가" 그러고는 현 상황, 이제 본 거예요. "찬호 거, 봐봐. 그다음에 지금 이 기록들 어떻게 정리돼 있어?" 그래서 담임선생님들 기록까지 막 하다 보니까 이제 열어 보여주는 거예요. 제적처리 돼 있는 거랑 그다음에 담임선생님들이 가지고 있던 아이들, 정리하고 있던 고 내용까지도 사실 다운돼 있는 거예요, 엑셀 파일로. 그걸 이제 확인하고 나왔어요. 근데 뭐 일파만파지. 소문이 이 "제적처리 된 걸 이미 가족협의회는 알고 있었다"는 둥, "그걸 묵인하고 지금, 그래서 빨리 단원고에 대해서 교실을 빼고 뭐… 뭐라 그러지, 협약서를 위원장이 체결했다"는 둥. 그리고 사실 그때 집행위원장은 유럽 가 있었거든, 또. 근데 그게 온갖 그런 막 얘기들이 집행부로 공격이 되는데, 실제 빼기로 했던 그런 걸 분과장들이 툭 까놓고 얘기하면, 그 당시에는 영상들이 엄청 많거든요. 단 한 명도 "우리가 회의 때 그렇게 했잖아요"로 얘기하는 사람이 없어요. 〈비공개〉

　그래서 제가 이제 충격을 받았던 거는 뭐였나 하면 가족들에 대한 배신감이든 그런 건 아니에요. 나 스스로가 능력이 부족한 거야. 그건 내가 인정을 해야 돼. 왜? 그러나 하면 그 사항을, 제적처리 된 걸 누가 뭐 얘기를 안 하니까 알 수는 없었지. 그리고 내가 제적처리를 하라고

520

찬호 아빠 전명선

한 적도 없었지만, 적어도 가족협의회 위원장이었으면 그런 거까지, 좀 능력이 탁월했으면 돌보아야 되는 것도 맞지요. 못 본 거는 내 잘못이 맞아, 내 권한은 아니지만. 모르고 있었던 부분은, 단원고에 대해서 좀 소홀했던 부분이지. 아이들, 이미 1년이 지났는데도 그걸 내가 확인 안 했다는 부분은, 소홀한 부분은 있었다는 걸 인정하고 받아들이는 게 맞겠다.

그다음에, 그 당시에 그 엄마들, 아빠들 분노하고, 또 1기 집행부까지 와서 현 집행부들을 공격하는데 어, 현 집행부 임원들 중에 몇몇은 거기에 합류를 해버리는 거야. 활동 안 하시는 분들이 그런 거는 상관이 없는데 그런 모습을 딱 보니까 '이거 지역이고, 같은 학부모 간에, 학교 내에서의 싸움으로 비쳐지고 싸움으로 이게 확대되면 이건 심각하다. 이건 수습하기 어렵다. 정부랑 싸우는 거랑 틀리다'고 저는 생각했어요. 그랬으니까, 화가 나니까 제가 존경하는, 존경하고 그리고 우리를 도와주고 했고 항상 감사하게 생각하는 김익한 교수님한테도 내가 그런 얘길 하죠. "뭐가 우선이냐? 교수님 정도 되시는 분이 왜 앞뒤 구분 못 하고 먼저 이런 식으로 얘길 해서, 엄마들 헛바람 넣게 만드냐? 조용히 해서 진행시켜 놓고 나서 그건 나중 일이지". 그건 내 넋두리죠. 하도 나도 화가 나니까. 쉽게 그렇듯이, 그 당시 상황은 내가 너무나 실망했어요. 〈비공개〉

그래서 강당으로 내가 다 모이라 그러거든요. 이거 뭐 아수라장도 아니고, 대화를 해도 대화도 안 되고. 나도 화가 나니까, 근데 기자들이 너무 많으니까 강당으로 다 내려가서 모이라고 했어요, 강당으로, "강당으로 다 들어가라, 밖에서 저거 하지 말고". 그리고 강당으로 가거든요, 사실은. 근데 그때 강당으로 가면서 뒤에서 막 욕한 거야. "어떻게 된 거야" 막 하고 엄청 시끄러울 거 아니에요. 그니까 "전명선이 저 새끼가 그랬어. 찬호 아빠라는 게 그랬지 누가 그랬겠어" 뭐 온갖, 다 그러면서 쫓아 내려오는 거야. 그때는 나 진짜 뒤집어엎고 쥐어박고 싶었죠. 근데 강당 가서 얘길 해요, 얘길 하고. "이거 이렇게 됐던 거 아니냐. 이렇게 이렇게 하기로 여러분들 의결한 거 아니냐. 근데 그 내용 자체가 지금 이렇게 나온다고 해서 그걸 다시 부정하냐. 위원장 개인이 결정한 거냐. 얘기해라. 우리끼리만 있으니까. 기자들도 없고". 거기서 한 30분 얘기해요, 강당에 다 모아놓고. "이 자리에서 얘기해라. 정확하게 보고, 나. 뒤에서 얘기하지 말고. 욕할 사람 있으면 욕해라". 〈비공개〉

　그래서 더 이상 싸움은 거기서 딱 정리가 돼요. 그러면서 결심한 게 있죠. 그리고 딱 나왔는데, 기자분이 와요. 내가 더 비참했던 게 뭐냐 하면, 그래도 당연히 그럴 수 있죠. 그리고 적어도 단체를 운영하고 있으면 내가 잘했든 잘못했든, 가족협의회 분과장이 잘못했든, 아니면 가족협의회 전체적인 의결이 잘못됐든 그게, 그런 문제점이 발생된 거는 위원장의 능력이 부족한 거예요. 리더십이 부족했거나 혹은 운영 자체에 문제가 있었거나, 혹은 그걸 의견 종합하면서 그렇게 시끄럽지 않게 그 자리에서 딱 규합하고 정리하는 것도 능력인 건데 부족함이 있었던 거지. 많은 언론들 앞에서 이미 시끄러워졌으니까, 그걸 다 제압을 못 한 거는 그걸 일단 부정하면 안 되죠. 일단 그것부터, 그걸 내가 부정하기 시작하면 화가 나. 화가 나면 나도, 이미 분과장들한테 욕하기 시작했으니까, "도대체 뭐 하는 새끼들이냐". 분과장들 중에 나보다 나이

어린놈이, 사람이 누가 있어요.

근데 진짜, 우리 집사람만 알죠. 제가 화가 나면 진짜 무서워요. 근데 그 당시에 화가 났고, 그리고 딱 진짜 모멸감을 느끼고 내가 못 참았던 게 뭐냐 하면, 기자가 와요. 기자들이 엄청 많았거든. 그래서 조용히 담배를 필라고 딱 내려가서 이제 담배를 딱 피고 있는데, 운동장 저 뒤로 내려가서. 기자가 와요, "위원장님, 잠깐 얘기 좀 해도 돼요?" 그러는 거야. 그래서 "아 그냥 오세, 네, 얘기하세요" 그랬죠. 근데 뭐라 그러는지 아세요? "위원장님, 저희 지금 처음부터 다 지켜보고 있었구요. 우리 기자들 기사 안 쓰기로 했습니다. 위원장님 걱정하지 마세요". 근데 그 기자분들은 다 봤잖아. 회의하는 거 다 찍고, 얘기하고 하는 거다 보고, 처음부터 싸우고 제적이 어쩌고저쩌고 시끄러울 때부터 이미, 그때 뭐가 있었나 하면 저기 있었잖아요, 협약식. 그날이었기 때문에, 기자들이 이상하게 많더라고. 내가 갔을 때 이미 기자들이 되게 많은 거야. 근데 그 얘기가 사실은 나는, 그 사람들은 내 편에 들어서 얘기해 주는 거는 내가 알겠는데, 하… 진짜 그게 뭐라 그럴까 모욕감 같은 거, 이거. 쉽게 자존심 상하는 거 같은 이런 거 있잖아요.

근데 개인적으로 사실, 그 이해를 못 하진 않아, 내 머리로. 얘들이 실제 지켜봤고, 가족들이 갑자기 학교를 욕하는 게 아니고 교육감을 욕하는 게 아니라 가족협의회 위원장을 다 욕을 하고 있으니까. "이 새끼 저 새끼" 하고 "유럽에 가 있는 집행위원장 그 새끼도 데리고 와" 이런 식으로 하고, 가족들이 대부분이 목소리가 그렇게 나오니까. 그리고 회의한 걸 가지고 이제 브리핑을 하고 언론 자료 뿌리라고까지 하고, 브리핑하는 걸 옆에서 다 듣고 가족들 앞에 있는 데서 다 얘길 했잖아요.

그때는 가만히 있다가 뒤에서 이제 딴 얘기 하는 거야, 누군가가 얘기하면. 그래서 기자가 아무튼 와서, 그런 얘기를 하더라고.

면담자 당시 가족분들이 그렇게 분노했던 이유를 맥락적으로 보면, 위원장님에 대한 기대가 있기 때문이지 않을까 싶은데요. 투표할 때는 다들 반별로 찬성을 하긴 했지만 위원장님이 그동안 이끌어오셨던 것에 대한 기대로, 위원장님이 교실 존치를 정말 원하면 더 설득할 수 있지 않았겠냐는 기대가 있지 않았을까요? 그렇기 때문에 결과에 대한 아쉬움이 위원장님 개인에게 집중된 게 아닐까요?

찬호 아빠 그럴 수도 있다라고 보는데, 그거는 그 당시에 내가 얘기할 수가 없었어요. 내가 거기서 있는 대로 얘기를 해버리게 되면 그게 더 내 부족함이고…. 〈비공개〉 그거 해결하는 데 시간이 되게 걸려요, 제적처리. 한 달도 안 걸려요, 그 '되게'라는 게. 제적처리 하는 부분, 명예졸업 학적부 신설하면 되고, 그거를… 한 달도 안 걸려요. 그게 뭐였나 하면, 그때 이미 그… 단원고 안에서 농성하면서 이미 그렇게 하기로 하거든, 돌리기로, 이재정 교육감이랑. 이재정 교육감 단원고로 불러서 그거 협의하거든요. 그래서 "우리는 명예졸업…해야 되고, 그러면 명예졸업 학적부 신설해. 우리는 동의 못 하고 제적처리 다시 원[상]복[구]해. 이거 하는 데 시간 얼마 걸리겠어?", "길어도 한 달이면 됩니다. 단원고 저기 선생님들하고, 그다음에 그 교육청에 사람들, 그다음에 전산 [처리]할 수 있는 사람들 동원해서 다 수기로 다 정리하고 다 하고 다 하면, 한 한 달이면 됩니다"를 답을 받았고, 이미 그건 우리가 농성하면서.

두 번째는 경기도교육청에서 그러면, 명예졸업 학적부 신설에 대한 부분을 교육부에다 올리고 하면, 지금 당장은 안 되지만, 제적처리 한 부분을 지금 그렇게 해서 다시 복귀시켜 놓고, 내년도 이제 신입생 졸업에 대한 부분은 그렇게 해서 다시 또 제적처리 없이 일단 명예졸업으로, '명예 몇 학년' 이렇게 만드는 걸로. 이미 농성장에서 이렇게 다 하고. 그래서 고렇게 해놓으면 제적처리 되는 일은 없고, 대신에 그거는 법으로 교육부에서 해서, 명예졸업 학적부를 신설해야 되니까, "올해가 될지[모르겠지만], 어떻게든 그렇게 하겠습니다"의 답을 받거든요. 그래서 "다 하는 데 한 달이면 된다" 그랬어요. 그거 학적부, 제적처리 한 거 다시 돌려놓는 게 한 달 안에 끝나는 걸로.

그래서 고 때 딱 하고 발표를, 이제 위원장을 내려놓을라고 얘기를 하고, 임원들한테 얘기를 하죠. 반 대표들 빼고. 근데 그냥 물러나면 또 문제가 되니까, 그래서 이제 분과장들 몇몇 얘기를 하고, 진짜 진심 있게 "이제는 내가 내려놓을 때가 됐다". 그리고, 그때도 그런 얘기하죠. "가족협의회는 운영위원장이 필요한 게 아니라 일할 사람이 진짜 필요한 거예요. 그리고, 아무튼 이 학교 부분은 다 그렇게 정리가 됐으니 운영위원장직을 내려놓는 게 맞겠다"라고 했는데, 그 당시에 그렇게 되면 분과장들이고 뭐고 "자기들도 다 그만두겠다. 같이 그만두겠다" 그래서, 결론은 지금까지 온 거야 (웃으며) 지금까지. 진짜 무책임한 거지. 그렇게 됐던 거예요.

면담자   어려운 말씀 해주셨는데 하나만 간단히 여쭤볼게요. 그 당시, 이재정 교육감의 태도에 대해서는 예상을 하셨나요?

찬호 아빠   아뇨. 저는 조금만 질기게 하면 될 수 있을 거라고…. 나는 지금도 장담을 하거든요. 그렇게 외부에서 보는 그런 거, 단 하나가,

내가 이제 실망한 건 딱 하나예요. "가족들이 계속 그렇게 주장을 한다라고 하면 단원고를 다 내주겠다".

면담자　　이재정 교육감이 그렇게 말했나요?

찬호 아빠　　네. 나는 실망했어요, 그거. 학생들이 없는 단원고가 뭐 필요해요. 학교를 다시 짓겠다고 했다니까요, 없던 얘기가 아니라.

면담자　　"내주겠다"는 게 단원고는 이전하고 현 부지의 단원고를 준다는 말이군요?

찬호 아빠　　네. 그거는 내가 실망했죠. 아까 얘기했던 하나, 둘, 셋. 세 번째 그게 나한테 엄청난 압박. 첫 번째, 두 번째는 가족들끼리의 싸움일 수도 있고, 어떻게 보면. '그거는 나 무식하고 나 모르니까 모르겠고, 처음부터 다시. 나 협의체, 1차 협의체 나 참석한 적 없어. 2차 협의체까지 했다매? 이 회의록, 나 본 적 없어. 처음부터 다시 할 거야'. 또 막무가내로 내가 그럴 수는 있었죠. 근데 그게 제대로 활동 못 하고 제대로 된 정리 안 된 사람이었으면 어떨지는 모르겠어. 근데 적어도 한국종교인평화회의에서 중재를 했고, 협의체가 구성이 됐고, 그 협의체 내에서 이미 논의가 됐고, 회의가 진행이 됐고, 재학생 학부모 대표들도 참석을 했었던 거였고, 말 그대로 학교 운영위원장도 참여를 했고, 그 회의 석상에, 그리고 4·16연대도 참석했고. 종교인들과 교육청과 교육지원청과 가족협의회가 공식적인 협약을 하고, 협의회를 구성하고 했던 회의록을 '없애라' 정도까지는 할 수 없을 정도였고.

적어도 "그 내용까지 존중한다"라고 했는데. 왜, 그래도 우리 가족협의회 운영위원회에서 결정하고, 집행위원장과 감사였던 이수하 씨가 하기로 했었던 내용이니까 당연히 존중돼야 되는 건 맞죠. 그래서 여기까지는 존중하고 딱 들여다봤더니 그렇게 돼 있었다. 다만, 집행위원장도 노력 많이 했다. 그때 그 승효상 건축가, 통화는 내가 하고, 메일을 직접 전달하고 했던 거는 아마 제가 집행위원장한테 그렇게 시켰기 때문에, 그걸 기획안 해서 새로 증축하고 하는 부분은 집행위원장이 고생해서 한 거죠, 안 한 건 아니지. 고생을 했는데, 마지막 고런 부분에 있어서는 좀 아쉬움이 있었고. 내가 더 이상 그… 억울하고 하지만 그냥, 내가 그냥 "전체, 가족협의회를 위해서는 어쩔 수 없다"라고 한 거는, 그 제적에 대한 부분. 〈비공개〉

면담자   그때가 가족분들한테 참 힘든 시기였다는 게, 정말 몇 년에 걸친 싸움을 하는데 이겨본 적이 없는 거예요. 그리고 이 교실에 이르기까지 실패하는 싸움들이 축적되고. 아마도 제가 예상컨대, 위원장님은 4·16연대도 생각해야 되고, 가족들도 생각해야 하기 때문에 더 강하게 밀어붙이지 못하는 답답한 부분이 있으셨잖아요. 그래서 가족들이 볼 때는 위원장이 더 과격하지 않아서 섭섭할 수 있는 거죠.

찬호 아빠   그럴 수 있죠, 당연히 그렇고.

면담자   그게 그렇게 이해가 되는 거죠.

찬호 아빠   네, 당연한 거예요. 그게 "당연하다"라고 한 게 뭐냐 하면, 그래서 집회 현장에서는 가족들끼리 남아도 그냥 철수를 한 적이 없어요, 제가. 한 번이든 두 번이든 우리끼리라도 가야 돼. 모든 집회 현장에서 '철수' 이거는 있을 수가 없었어요. 시민들이 다 빠져도. 왜, 이미 알거든. 가족들을 계속 상대를 해봤기 때문에 그냥 철수하면 안

527

되거든. 우리끼리라도 캡사이신 한 번 더 먹고, 사실 엄마들, 아빠들 한 명 더 다치고 한 명 더 연행되는 일이 있어도, 다 빠져도, "가. 단 5미터도 못 가고 1미터도 앞으로 못 나가더래도, 가. 못 가? 그럼 주저앉아가지고 1시간, 2시간이라도 더 버티다 나와". 근데 이 단원고의 사안은 그게 아니었었거든요. 차라리 정부를 상대로 싸우는 거면 그렇게 한다니까. 이거는 우리들끼리의 싸움이 돼버린 거예요. 학교장도 빠지고, 교육감도 빠지고. 맨 처음에는 학교로, 학교장을 불러다놓고 학교장을 공격하는 것처럼 단 몇 분, 1시간 2시간 하더니 그다음에 그 화살이 어디로, 가족협의회 집행부로 날아온 거지, 바로 다, 저녁때 딱 되자마자. 그게 불과 2, 3시간 만에 그렇게 바뀌는 거예요. 그때는 학교장을 욕하는 사람도 없고, 제적처리 한 학교를, 학교장을 욕하는 사람도 없고. 가족협의회가 제적처리를 안 했는데 가족협의회 집행부를 욕을 했잖아요. 그때 영상들을 보시면 정확하다니까요. 그렇게 돼 있었거든. 정부를 상대로 하면 그렇게 싸우겠어, "야, 한 번 더 밀어, 가족들" 그러는데 이거는 가족들 대 가족들의 싸움이었거든요. 그래서 그럴 수가 없었던 거예요. 그리고 내 개인적으로는 엄청 싸우고 싶었지.

면담자   학교를 밀어버리고 싶으셨다는 분도 있더라고요.

찬호 아빠   저는… 뭐 그런 사람이 있었다라고 하면, 저는 솔직하게 얘기하지만… 제일 싫어하는 거예요. 왜 못 밀었어, 말로만? "순범이 엄마 차 밑에 들어 있는데 위원장님이 정리해 주셔야 될 거예요" 또 전화 온 거야, (웃으며) 학교 앞에 고 담배 피고 있는데, 등나무 밑에 내려가서. 교육감 왔는데 차 못 빼게 거기에 누워 있대. "그걸 왜 빼? 놔둬", "아 위원장님, 그래도 그러지 말고, 위원장님 가셔야지만…", "거 차 밑에서 죽겠다매. 죽게 놔두라니까, 이 사람들아. 죽기로 했으면 인마, 죽든가. 차 밑에 들어갔다가 쪽팔리게 왜 기어나와, 거기서. 안 기어나오기로 했으면 1시간이든 2시간이든 3시간이든, 차가 못 가게 거기 있어야지. 그걸 왜 빼냐, 인마" 그랬다니까요. 실제 순범이 엄마 그때 누워 있었어요. 나한테 전화가 왔으니까 "위원장님 직접 와서 좀 정리해 주시지 않으면 안 되겠다"고 전화가 왔어요. 그게 집행부야, 임원들이.

그런 이치에 안 맞는 게 어디 있어요. 그런 거를 내가 제일 싫어한다니까요. 항상 그래요. "내 쟤 죽여버릴 거야. 내가 진짜 다음에는 화염병 만들어서 올 거야" 그럼 저는 뭐라 그러는지 아세요? "말만 그러지 말고 꼭 만들어 와서 얘기해", "에이, 말이 그렇다는 거지", "저 새끼는 내가, 청문회 때 찔러 죽여. 진짜 요번에도 나오면 내가 찔러 죽여버릴 거야, 칼 가지고 가서" [그러면] 저는 딱 한마디 해요, "그렇게 해". 저는, 제 성격은 그래요. 그래서 임원들이 농담을 해도, 그런 건에 대해서는, 그래서 싫어하는 것도 많아요. 그래서 실없는 얘기들 아빠들끼리 모여서 괜히 영웅심리에서 얘기하는 거. 처절하게 싸울 때는 사실 엄마들이 싸우고, 싸움 시비 걸 때는 아빠들 싸우고 실제 싸울 때 보면 뒤에 다 빠져 있고, 그런 것도 많았거든. 그다음에 나 스스로도. 이 몸이 제대로 내가 좀 힘도 썼으면 그냥 팍 칠 텐데, 이거 뭐 서 있는 것도 힘드니⋯. 그게 또 내 스스로는 안타깝고. 그게 있는 거예요. 〈비공개〉

그렇게 결의 있게, 그렇게 처절하게 싸웠냐? '부족했다'예요. 평가할 때, 저는 그래요. 모든 집회 현장에서 우리가 처절했냐? 나 할만 했거든, 솔직한 얘기로. 우리 승묵이 엄마처럼 갈비뼈에 금이 가서 숨을 제대로 못 쉬고, 내가 옆에 있었으니까, 그 정도라면 몰라. 캡사이신 또 많이 먹으면 먹어볼 만해요. 목에 넘어갔을 때는 속도 화끈거리지 않아, 눈에 들어가고 이랬을 때야 그렇지. 잘못해서 먹어봤는데, 뭐 아무 저거도 없더라고. 먹으면 아무 느낌 없어요, 다음에 한번 드셔보시면, 괜찮죠? 먹어보니까 속이 다 뒤집어지더라 그러는데, 나도 많이 삼켜봤는데. 아무튼 괜찮더만. 항상 부족했다. 항상 그런 후회들이 남는다. 그리고, 시민들도 그렇게 해줬지만 그런 부분은 많이 잘못된 게 있었고, 가족들도 실제 반성할 게 많고. 실제 그런 것도 있었어요.

면담자　　오늘도 정말 긴 시간 많은 증언을 남겨주셨습니다. 이 정도로 4회차 구술은 마무리해야 할 듯해요. 남은 이야기는 다시 5회차에서 듣는 거로 하겠습니다.

찬호 아빠　　네, 수고 많으셨습니다.

5회차

2018년 8월 23일

1
시작 인사말

면담자 　　본 구술증언은 4·16 사건에 대한 참여자들의 경험과 기억을 기록으로 남김으로써 이후 진상 규명 및 역사 기술에 기여하고자 합니다. 지금부터 전명선 씨의 증언을 시작하겠습니다. 오늘은 2018년 8월 23일이며, 장소는 안산시 단원구 4·16기억저장소입니다. 면담자는 이현정이며, 촬영자는 강재성입니다.

2
탄핵 국면 당시 가협 활동의 초점

면담자 　　지난번에는 2016년 여름, 단원고 기억교실 보존과 관련된 이야기를 나눴습니다. 오늘은 2016년 하반기부터 여쭤보겠습니다. 10월부터 최순실 게이트와 관련해 민변에서 발표가 있었고, 11월 1일에는 4·16가족협의회와 4·16연대가 헌정 파탄을 규탄하는 시국선언 기자회견을 가졌습니다. 당시 시국선언 준비 과정 등과 관련해서 기억나시는 점을 말씀해 주시기 바랍니다.

찬호 아빠 　　시국선언에서, 일단 국정…농단 그게 언론에 알려지면서, 사실은 그런, 뭐라고 해야 될까요, 가족협의회의 임원들보다는 외려 외부 시민사회 단체, 4·16연대를 주축으로 된[한], 그런 분들의 많은 내용들을 우리가 먼저, 사실은 자료를 확보하는 데는 국회라든가 그런 부분들의 내용들이 더 충실하게 모여졌었던 거 같고. 제안서 같은 경우도, 사실은 연대 측면에서 제안서가, 4·16연대 측면에서 작성이 됐고, 거기에 같이 참여하는 단체들이, 많은 단체들이 오기 시작했었던 거죠. 그래서 기본적인 자료라든가 그런 것을 확보하고, 그것을 대응하기 위해서는 국회와 4·16연대, 그리고 4·16연대의 그런 긴급성에 대한 부분들은 [가족협의회] 상임운영위원회나 운영위원회를 거치지 않고, 다른 때도 그랬지만, 내용들이 바로 우리가 함께하고 있는 운영위원이든 상임위원 방에 올라와서 자연적으로 내용들이 취합이 되고, 그렇게 해서 시국선언에 가족협의회도 함께 참여하는 것으로 해서 준비를 했고. 시국선언에 대한 내용을, 의견들은 톡방에서 다 모으는 것으로 하고, 제기억에 아마 그것을 발제하고 내용을 정리하신 분은 아마, 참여연대 이태호 위원장이 아마 최종 정리를 했었던 거 같아요. 민주노총에서는 박병호 실장 같은 분이 주축으로 해서 내용이 또 취합이 되고, 나머지 시민사회 단체에서 각자 연대해서 함께 시국선언에 참여하는 그런 부분에서 동의라든가 협조라든가 이런 부분은 4·16연대 사무처를 통해서 진행이 됐었어요.

면담자　　그 당시에 박근혜 대통령의 7시간과 관련해 논란이 많았는데요. 가족협의회 입장에서는 그 7시간이 왜 중요하다고 생각을 하셨습니까?

찬호 아빠　　이미 1기 특조위 때를 [활동을] 시작하면서 여당 추천위원들의 행태라든가, 파견 공무원들, 그리고 말 그대로 집권 여당 새누리당에서 직접적으로 기자회견 혹은 언론을 통해서 입장문을 내는 그런 내용들로 인해서, 가족협의회 피해 가족들은 당연히 그런 내용들을 아마 이미, 거짓에 대한, 그런 부분에 대한 또 의혹, 또 이 박근혜 7시간에 대한 부분. 그것은 어떻게 보면 한 나라의 수장으로서 또 이 컨트롤타워의 부재, 그냥 단편적으로 이미 15년도를 지나면서, 1기 특조위가 강제해산 되면서 저희 가족들과 4·16연대에서는 "4월 16일에 국가는 없었다"라는 게 주된 저거였었죠, 아예. 그리고 박근혜 대통령의 행적, 그리고 언론을 통해서 이미 나왔던 횡설수설하던 그런 부분들부터 시작해서, 최초 가장 많이 공개됐던 게 저거로 기억하는데. "아이들이 구명조끼를 입고 있는데 그렇게 발견하기 힘듭니까?"라는 그 말도 안 되는, [그날 오후] 5시에 나와서 그 얘기를 하는.

그때부터 이미 저희는, 4·16연대도 그랬고 1기 특조위에서도 그랬고, 기존 내용들로 해서 "그게 팩트다. 그 실제는 거의 다 밝혀져야 된다"라는 게 저거였었고. 사실은 '박근혜가 뭘 했을까'에 [대한] 많은 내용들이 있었지만, 4·16연대라든가 가족협의회에서는 "정확하게, 그 7시간의 행적, 정확하게 밝혀야 된다"라는 것은, 그게 팩트라고 하면서 많은 추측성에 대한 내용들. 그 최초 보고 시점부터 시작해서, 또 뭐 "굿을 했니"부터 시작해서 우리 박래군 대표 발언 내용에 "그러면 뭐 했냐. 마약을 했나"부터, 그다음에 언론을 통해서 새누리당 위원들이 했던 얘기. "그러면 여성이기 때문에, 대통령이, 말 그대로 무슨 동영상까지 나오길 바라냐"는부터 그런 내용들이 워낙에 많았었기 때문에, 그것을 철저히 숨기려고 한다. 그리고 핵심은 대통령 7시간의 행적. 그게 뭐냐면, 박근혜 대통령 한 명이 아니라 국가 재난, 골든타임 시기에 진짜 국가의 재난 시스템, 그담에 컨트롤타워가 제대로 가동됐었냐에 대한 주된 내용이었었는데, 그게 오로지 박근혜한테로 가. 언론에 많은 내용들이 그런 식으로 전파되다 보니까, 대통령 모욕감, 뭐 그런 거로 이렇

535
·
5회차

게 외려 힘 빼기 위해서 그렇게 했었던 거 아니냐.

그래서 가족협의회, 4·16연대는 진짜 대통령의 7시간 행적. 그것은 이미 1기 특조위 때부터 계속 거론됐던 거로, 그게 팩트라고 봤던 거고. 그게 또 이제 그… 뭐라 그러지, 국정농단의 최순실 게이트, 최순실이 나오기 시작하면서, 문고리 3인방 얘기가 나오면서 많은 내용들이 나왔기 때문에, 당연히 오로지 가장 중요한 것은 그 행적. 대통령의 7시간을 정확하게 진상 규명해야 되는 부분이 반드시 필요할 것이다. 그것은 아마, 저희뿐만 아니라 국민들도 이미 그 당시는 그런 생각을 하지 않았을까 싶어요.

면담자　　　그러면 최근 들어서 여러 이야기들이 나오고 있고, 문건이라든지 이런 것들이 언론을 통해서도 나오고 있는데요. 진행되고 있는 과정에 대해서는 어떻게 생각하시는지요? 가족협의회 입장에서 아쉬운 부분은 무엇이라고 보십니까?

찬호 아빠　　　이미 우리가 2015년도, 아까 얘기를 하나 덧붙이면, 2015년도에 진상 규명 방해 조사 대상자를 저희가 정리를 해서 고발을 하는 건이 2015년에 있었어요, 2016년 되기 전에 이미. 거기에 가장 첫 번째가 박근혜였고, 두 번째가 비서실장, 그렇게 쭉 내려와서 새누리당 여당 추천위[원] 했던, 1기 특조위…의 새누리당 추천위원들까지 포함했던 내용들이 있다라고 얘길 드리고. 지금 나오는 문건들은, 그 당시에 예상은 당연히, 이렇게까지 집요하게 나왔을까, 기무사 문건, 그때는 그 정도는 우리가 정확하게, 이렇게까지 개입했을까는 몰랐지만, 실제 가족들과 4·16연대는 이미 우리가 많은 집회를 통해서 이미 알고 있었죠. 그리고 심지어는 가족 체포령, 집행부 인원 명단까지 해서 몇 명 있었어요. 그런 내용까지도 사실 정보관이 알려주거든요. 그래서 "오늘은 광화문에 와서 있지 마라. 북측 광화문 현판 앞에 들어오지 마셔라", 뭐 이렇게까지 하다가 고게 채 일주일이 안 가요. 일주일이 안 가고 나서 유가족[을] 직접 체포하는 부분은 없어지는 걸로 내용이 나왔는데, 이미 그런 내용들이 다 15년도 내용들이었었거든요.

그렇기 때문에 저희는 최근 문건이 아니더라도 이미 얼마나 가족들을 사찰하고 했던 부분은 철저하게 경험했고, 그다음에 그 시위 현장에서 그런, 뭐라 그럴까요 그런 감시보다도, 사찰보다도 더 심한 모욕감, 수치심, 인권유린이라고 아예 해야 되겠죠. 우리 엄마들 화장실도 제대로 못 가게, 그런 행위들이 아마 있었기 때문에 가족들은 다 알고 있었다. 또 4·16연대도 다 알고 있었고, 아마 그런 공통적인 생각들은 다 하고 있었다라고 생각을 해야 될 거 같아요. 아마 다 생각을 하고 있었고, 최근 문건 이전에 가족들 사찰했다가 걸렸던 행위, 그래서 단원경찰서장이 직접 가족협의회 와서 사과를 했던 부분, 뭐 예를 든다라고 하면. 이미 그 전에 그런 사찰 행위를 가족들은 경험을 했고, 이미 휴게소에서 발각이 됐고, 그때 일단 경찰에[이라는] 신분을 숨겼다가 발각이 돼서 이미 가족협의회 와서 사과를 했던 부분도 있고.

그리고 우리 가족들이 만약에 집회 현장을 가더라도, 전에 구술할 때 [이야기했듯이] "가보니까 이미 어떻게 알고 다 대기하고 있더라" 이런 부분. 전화[기]를 놓고 가도, 위치추적을 어떻게 하는지 몰라도, 뭐 그 정도까지였기 때문에 이미 사찰에 대한 부분[은] 당연히 우리도 느끼고 있었고. 그다음에 언론도 하나를 예를 들으라고 하면 MBC죠. 유가족을, 가족을, 친척을 사칭해서 분향소 내에 가족대기실 안에 깊숙이

537

5회차

개입해 있다가 또 가족들한테 걸리죠, 여기자가. 그래서 MBC[에] 직접, 그 당시에 보도본부장이 내려와서 직접 사과하고 그날 일이 끝났을 거예요. 그렇듯이 가족들 곁에서 함께했던, 우리 피해 가족 외에 함께 연대했던, 적어도 4·16연대에 계시는 분들까지도 그런 사찰에 대한 부분, 최근에 이런 문건이 발견되기 이전에도 충분히 그런 공감대가 있었고, 또 실제 체포령 내려졌던 그런 내용까지 들어보면 이미 다 그런 사항은 공유되고, 언론에 나오기 전부터 이미 그런 부분은 공유하고 있었다… 로 얘기해야 될 거 같아요.

면담자   네. 탄핵 정국을 마주하면서 가족협의회 활동의 주된 초점과 방향이 아무래도 좀 바뀔 수밖에 없었을 거 같은데요. 이러한 상황에서 활동 방향 등이 어떻게 바뀌고, 어떤 논의가 진행됐나요?

찬호 아빠   저희 가족들은 사실 그 당시에 힘을 받았죠. "너네가 아무리 거짓을, 말 그대로 진실을 은폐하고 축소하고 지우려고 해도 결론은 이렇게 나오는 내용들이 있다". 그리고 항상 광장에서 "거짓은 침몰하지 않는다", (면담자 : "진실은 침몰하지 않는다") "진실은 침몰하지 않는다. 어둠은 빛을 이길 수 없다" 그다음에 촛불 국민들이, 연인원이 한 1700만의 그런 확 힘을 받게 되는데, 국정농단 사건이 나오고 나서, 쉽게 [말하자면] 박근혜, 최순실의 국정농단이었죠. 그리고 그 내용 중에 우리가 어떠한 집회 현장에 가서도 많은 동력들이, 사실은 어느 정도는 좀 이 정권이 바뀌기 이전에는, 1기 특조위가 강제해산 되고 나서는 의기소침했던 부분이 있어요. 동력을 많이 못 받고, 더 알려야 되고 그래야 된다. 그런 방안에 대한 고민들만 가족협의회와 4·16연대는 깊게 했었던 부분이 있었는데, 사실 그 사안이 딱 벌어지면서 다시 [4·16 사건이] 재조명되고 많은 국민들이 이제 더 알게 되고. 그러면서 그 앞에는 항상, 탄핵 국면 앞에는…, 저는 가족들한테 그래요, "맨 앞에는 항상 4·16가족협의회가 있었다". 뭐 4·16연대에 계신 분들이 들으면 (웃으며) 서운할지 모르는데, 그런 내용을 우리 가족들에게 수차례 얘기하거든요.

그게 뭐냐 하면 이미 너무나 지치고 동력이 빠졌는데, 말 그대로 우리가 패스트트랙 신속처리법안으로 1기 특조위가 강제해산 되고 330일을 기다려야지만 본회의에 상정된다. 그 전에 요게 터져버린 거거든요. 그래서 1년 동안 우리가 그러면 가족협의회의 이런 동력이라든가 세월호에 대한 알림, 그다음에 세월호에 대해서 국민들이, 국민들에게서 잊혀지고 있는 이런 것을 어떻게 해야 되는 게, 결론은 신속처리법안으로 법을 빨리 다시 만들어서 세월호 진상 규명이 연계될 수 있게 하는 거. '그 공백 기간 330일을 어떻게 우리가 그럼 활동해야 될까'에 대한 고민으로. 그러면 이 연계선상에서, 진상 규명에 대한 활동은 계속 지속되어야 한다고 하는 그런 생각에서, 재원을 들여서 국민조사위원회를 만들죠. 그 활동을 하면서도 사실상 이 세월호 알리기에 대한 힘은 그렇게 크게 확장되는 모습은 사실은 보이지가 않았는데, 그때 바로 그런 사안이 터진 거예요.

그래서 "항상, 어떠한 일 앞에서 가족들이 항상 가장 앞에 있었고, 그리고 또한 이 공권력에 의해서 처절하게 [짓밟혀도] 버티고 가장 끝까지 남아 있었던 것도 저는 4·16가족협의회 우리 가족들이었다"로 항상 가족들에게 많은 얘기를 했어요. 그러면서 덧붙이고자 하면, "많은 국민들, 남녀노소 연령에 상관없이 추운 겨울에 그렇게 함께 결집되고 그런 모습이 있었지만, 저는 그 앞에는 항상 가족이 있었다. 그리고 그렇게까지 확대된 부분에 있어서는 가족들의 노력이, 그다음에 가족들의 그 처절한 진상 규명에 대한 염원, 그리고 그것을 말뿐만이 아니라 행동으로 옮겼던 그런 분들이 너무나 있었기 때문에, 그 앞에는 가족들이 있었다. 그래서 천만 특별법 제정 운동, 그리고 또한 세월호 리본 나눔, 그것이 결론은 작은 리본 나눔부터 시작해서 그게 천만의 촛불로 이루어진 것이다"로, 수차례 제가 우리 가족들에게 독려를 했었던 거 같아요.

그때는 이미 체력적으로 많이 지치거나 아프신 분들도 많았기 때문에, 항상 그랬었고. 다만, 탄핵에 앞서서는 저희가 회의를 하면서, 사실 회의까지 했었죠. "정국은 그래서 어떻게 간다, 항상 가장 앞에 서서 어떻게? 진상 규명될 때까지 이 동력을 끌어모으고, 이 박근혜, 최순실의 국정농단에 반드시 이 세월호는", 그때 많은 내용들이 있었죠, 언론에, "반드시 그 핵심은 이 세월호였다"라는 부분으로 인해서 가족들이 많은 힘을 받아요. 4·16연대도 그렇고, 촛불 국민도 마찬가지였다고 하고. 그리고 "그 감사한 표현은 한 가지로 정리하자"가 가족협의회 [회의] 내용이었어요. 그래서 탄핵안이 가결되게 되면, 국회에서, 저희가 뭘 준비했었나 하면 "촛불 국민 만세"를 사실 우리 운영회의를 통해서 그렇게 하기로 했어요. 제가 "촛불 국민 만세" 그러면, 원래 그게 못 하게끔 제재를 하잖아요. 또 국회 본회의 방청석에서 그런 행위를 하면 안되지만 "적어도 이것은, 그 당시에는 또 우리 가족만의 힘이 아니었다. 촛불 국민에 대한 감사의 표현을 해야 되겠다"라고 해서 그 탄핵소추안이 의결되던 그날 가족들이 참여를 해서 "촛불 국민 만세"를 외치고, 가족들이 아마 세 번을 외치고 나와서, 뭐라고 그럴까요, 진실 정의의 장

찬호 아빠 전명선

미꽃, 그거 준비돼 있던 걸로 가지고 우리가 아마 기자회견 하고 같이 함께했었던 거 같아요.

면담자   박근혜 대통령의 탄핵소추안이 가결된 2016년 12월 9일, 국회 방청석에 있었던 가족분들의 모습이 언론보도가 되었는데 많은 분들이 울고 계셨죠. 어떻게 보면 그동안 끊임없이 계속되는 절망으로 동력이 떨어지다가 다시 불붙게 되는 계기, 긴 투쟁 중 첫 번째 승리라고도 할 수 있습니다. 그날 위원장으로서의 감회는 어떠셨나요?

찬호 아빠   어… 뭐라고 얘기해야 될까요. 가족들 많이 울고 부둥켜하고, 서로 격려하고 그랬던 기억들이 있는데, 그 자리에서 제가 표현하는 거는 "항상 그런 앞에 가족들이 있었다", 함께해 주신 국민들한테는 죄송하지만. 하지만 그 탄핵소추안에 가족협의회, 우리가 요구했던 내용은 정확하게 들어 있었거든요. 그게 박근혜 7시간이죠. 그게 들어 있었고 나머지, 국정농단에 대한, 전 국민을 대상으로 그렇게 박근혜 정권에서 했던 부분은 전 국민들의 지탄을 받아야 될 부분이 당연하겠죠. 하지만 우리 내용이 정확하게 있었기 때문에 그 자리에서 국민들에게 감사한 마음은 그렇게 전했다. "촛불 국민 만세"로 가족협의회에서는 뜻을 전한 거다라고 얘길 하면, 딱 정리하면 될 거 같은데.

면담자   그럼 개인적으로, 찬호 아빠로서의 마음은 어떠셨나요?

찬호 아빠   저는… 그… 될 거 같은, 좀 힘들었지만, 그날도 사실은 한 세 번을 나와서 담배를 피우고 다시 본회의[장]에 들어갈 정도로 그렇게 좀 건강상태가, 오래 앉아 있거나 그건 힘들었어요. 그러면서 제재, 제재를 통해서 가족들이 가지고 들어가지 못했던, 우리 아이들의 얼굴이 있었던, 도보 행진에 사용했던 이런 망토라든가 문구라든가 이런 걸 엄마들이 품속에 다 담고 가거든요. 근데 사실은 그런 거 자체가 뭉클하죠. 아무리 감정이 좀 메말라 있고 그렇다 그래도, 감정이 메말라 있는 게 아니라 숨기는 거잖아요. 일부러 표출 안 하고 저 스스로도 숨길려고, 표시 안 나게 할라고 노력하는 거지, 얼마나 뭉클했겠어요. 그런데 그냥 좋지만은 않았죠. '이제 하나가 해서, 다시 세월호 진상 규명에 대해서 우리가 이제 다시 한번 힘을 받을 수 있는 부분이 생기겠구나', 그리고 최소한, 우리 가족들 내부에서도 그런 얘기했다 그랬잖아요. 최소한 이게, 이 정권이 바뀌기 이전에 1기 특조위[가] 강제해산되는 모습을 보면서 '이게 가능할까? 적어도 한 10년은 싸워서 정권부터 바꿔놔야 제대로 진상 규명[을] 그때부터 할 수 있지 않을까?' 그런 두려움이 있었죠, 내색은 안 하지만.

면담자   그날도 탄핵소추안이 가결될지 불안하셨나요?

찬호 아빠   아, 초조했어요. 불안하고, 만약에 진짜 이거 정도도 안 된다라고 하면 우리는 거기서 나와서 어디로 간다? 내려올 생각[은] 없었어요. 여기서 또 물러나면 안 된다는 거. 말 그대로 강제해산된 그런, 이 정부의 거대 권력을 상대를 해봤고, 두 번째, 우리가 진상 규명을 하기 위해서 그러면 어떻게, 이 국회의 힘을 빌리지 않고 진상 규명에 대한 법안이 상정되지 않는 한 또 활동을 할 수가 없다 보니까, 고민해서 [준비한 게] 세 개의 법안이었거든요. 신속처리법안 자체가 최초에 준비했던 건 세 개였어요. 그랬다가 하나를 이제 냈었던 부분이 있고, 또 국민조사위원회를 만들고, 그러면 330[일], 1년을 기다려야 되는 그런 시점에서, 지리한 싸움이거든요, 이거는 그때부터는.

그러면 뭐라 그럴까, 예전에 다니면서 초기에 특별법 서명을 받던, 그다음에 단식을 하고 혹은 도보 행진을 하고 그랬을 때의 차이랑은 또 틀려요. 건강은 악화돼서 내 몸 스스로도 안 좋지만, 문제는 어떻게, 요게 됨으로 인해서… 말 그대로 고거 자체가 우리에게는 어떠한 시금석, 그니까 기초가 만들어져서 그 힘이 우리한테로 확 부여받는다란 그런 느낌의 뭉클함. 근데 그 외의 것은 사실은 이렇게 되더라도, 좀 더 댕겨[당게]질 수는 없을까, 어떻게 할 수는 없을까에 대한, 그런 한편으로는 뭉클하고, 그니까 그날은 너무 좋았어요, 아무튼 너무 좋았는데, 또 한편으로 딱 나와서 국민들 보고, 막 기뻐하고 울고 그냥 막 이러는 모습을 보면서는, 그렇다고 된 거는 하나도 없는데…, 약속을 지키지 못한 게 너무 많잖아요. 저는 적어놓거든요. 해마다, 1년에 한 번씩 총회 할 때, 1, 2, 3, 4, 5, 6, 뭘 해야 될지를 적어놨는데, 없던 게 하나 들어온 거뿐이지, 사실은 된 거는 하나도 없잖아요. 그런데 뭉클하고 좋았다는 것은, 딱 하나. 거의 축제 분위기였거든요. 그날만큼은 가족들이 다 웃고, 울고 그러는데, 저도 뭉클은 했어요, 뭉클은 했는데 한편으로는 '이 힘받았을 때 이걸 더 땡길 수는 없을까' 근데 방법이 없으니까.

그다음에 두 번째는 말 그대로, 그러면 이게 아무튼 소추안이 의결은 됐다고 하더라도 헌재가[헌법재판소 탄핵심판이] 남아 있던 상황이잖아요. 거기에서 어떻게, 여기에서 그냥 내려갈까 말까에 대한 고민도 사실은 했었어요. 되면 내려오고 안 되면 안 내려오는 거였는데, 그래서 사실 국회 앞에서 그냥 내려오게 되거든요, 가족들이 버스 타고. 근데 막 그냥 좋아라만 하는 국민들. 그다음에 공권력도 더 이상 터치를 안 하죠. 뭐라 그러지, 방어에 [대한] 개념이 사실은 쪼끔 누그러지죠,

이미 그 상황까지 되니까. 근데 그 모습을 보면서 한편으로는, 다시 가고 싶었어요, 광화문으로 다시. 광화문으로 가고, 헌재까지 가서 우리가 지켜볼 것이다. 어떠한 내용? 국민들 전체의 인권을 유린한 박근혜에 대한 부분[의] 심판은 국민들이 하면 될 것이고, 탄핵소추안에 우리 의견을 넣은 건 있었거든요. 이거는 꼭 들어가야 된다고 해서, 사실은 여야 협상 과정에서 빠질 뻔했었죠. 박근혜 7시간, 세월호에 관련된 부분. 결론은 나중에, 아 이게 너무 빠른가, 이 얘기가? 근데 고 부분까지도 정확하게, 국민들 목소리 외에 우리 4·16가족협의회의 목소리는 내고 싶었다.

그리고 탄핵소추안이 가결되고 났을 때, 국회 앞이든 광화문이든, 그 많은 국민들은 어느 누구 하나 부정하지 않았다. 왜, 이 국정농단 사태의 가장 앞에서 지금까지 처절하게 진실을 외치고 그런 활동을 했던 이 세월호 참사 가족협의회, 피해 가족들에 대한 부분이 가장 우선적으로 지지돼야 되고, 일단은 축하받아야 될 그런 부분은 다 공유를 하고 있었던 거 같애.

면담자 　　사실 그즈음 가족협의회 회원 중에서도 떨어져 나가는 분들도 생기고 힘이 좀 빠지고 있던 상황이었잖아요. 탄핵 국면이 되면서 기존에 참여하지 않던 분들도 참여하는 등의 변화가 있었나요?

찬호 아빠 　　아, 있었죠. 그리고 활동을 안 했다기보다는… 4·16가족협의회 우리 가족들을 봤을 때, 피해 가족들을 봤을 때 제가 고마운 것은 뭐냐 하면, 아무튼 지켜야 될 가족들은 있는 거예요, 가정이 있고. 직장생활을 하시는 분들, 또 사회 복귀하신 분들, 말 그대로 그런 분들도 그런 자리에 어떠한 사안이 생기면 집중해서 모이시거든요. 한동안 이제 1기 특조위가 강제 종료됐을 때야 아무래도 쪼금, 이렇게 싸웠는데 좀 무기력감 이런 걸 당연히, 저 스스로도 느꼈었고. 아마 좀 그런 부분이 있었는데, 그 당시는 항상 그렇게 참여하시는 분들이 있고, 또 한 직장생활을 하더라도 그런 큰 중대한 사안이 있을 때는 월차라 그러죠, 월 휴[가]. 회사에다 얘길 하고 아예 회사를 안 가는 한이 있더라도 거기에 참여를 하시거든요. 그래서 고 계기로 인해서 사실은 [서울로] 올라갈 때, 100명 내외 이러다가 인원이 많이 늘어나죠, 실제.

그리고 본인들이 자식들에 대한, 지켜주지 못했던 미안함, 그다음에 일단은 전 정권에 대한, 그런 국정농단부터 시작해서 국민들의 인권 유린에 대한, 인간의 존엄성을 말살하고 했던 그런 사항들이 나오기 시작하는 거기 때문에, 그 앞에 당연히 처절하게 싸웠던 촛불 국민들, 말 그대로 함께해 줬던 국민들이 가장 앞에서 위로해 주고, 축하해 주고, 격려해 주고. 그 가족들 당사자로서 앞에 서서 그런 많은 그런 내용들을 받았을 때는 '아, 아마 자식을 지켜주지 못한 미안함과, 그리고 부모로서 아이들에게, 희생된 아이들에게 했던 약속들을 이행하는 그런 모습들을 거리에서 직접 엄마, 아빠가 실천하고 있다' 뭐 그런 자부심 같은 것도 그때는 많이 느꼈을 거 같아요. 그래서 많은 인원들이 사실은 또 참여하게 됩니다.

3
기억교실 이전 문제와 이재정 교육감 지지 이유

면담자   네. 그럼 탄핵 국면 직전으로 돌아가 보면, 2016년에 안산교육지원청에 임시로 복원됐던 4·16기억교실이 개장을 하게 되죠. 개장한 11월 21일 그날 위원장님이 오셨죠?

찬호 아빠   기억교실… 네, 당연히 있었을 거고, 고걸 만드는, 그렇게 기억교실을 임시 이전해서, 이전하는 데에는 크게, 제 기억에 어려운 게 세 가지였어요. 첫 번째는 일단은 그냥 창고형으로 갖다 놓거나 뭐 이렇게, 그런 방안. 또 두 번째는 제대로 구현을 해서 이 세월호에 대한 알림과, 기억교실을 방문하고 함께해 주셨던 그런 장에 대한 활용과 교육이 함께, 세월호에 대한 "4·16 이전과 이후의 교육체계는 바뀌어야 된다"라고 하면서 [찾아]왔던 그런 학생들, 또 국민들의[에게] 그 장이 할여되게 하고 계속 유지가 돼야 되는 부분이 가장 큰 문제였죠. 근데 뭐… 한국종교인평화회의 중재로 어쩔 수 없이 그렇게 이미 결정이, 협약을 하고 난 상태에서 구현에 대한 부분이 두 번째 고민이었었고. 세 번째는, '나중에 진짜 이게 될 수 있을까'에 대한 고민. 현 상황으로서 어쩔 수 없어 옮기기는 하지만 실제 현실적으로는 제대로, '우리가 가족들이 요구하고 있는 대로 저걸 구현할 수 없겠다'는 생각은 했었어요.

면담자   기억교실이 이미 단원고 밖으로 나왔기 때문에요?

찬호 아빠   밖으로 나왔을 때도 그랬고, 협약식의 금액도 그랬고. 말이 안 되는 내용들이거든요.

면담자   복원하기에는 터무니없이 적은 금액이었다는 거죠?

찬호 아빠   복원이나 마나 건물을 제대로 짓는 비용도 안 될 뿐더러, 그게 사실은 기억교실 복원이 아니라 같이 '민주시민교육원 건립 및 기억교실 복원'이었었거든요. 그러면 말 그대로 돈 90억 가지고, 우리가 바보가 아니잖아요. 그리고 이미 성인이고, 본인들이 이미 다 알 텐데, 불가능하다. 그리고 또한 이미 결정된 거기 때문에 위원장으로서는 할 수밖에 없는데, 그런 거에 대한 앞으로 지리한 또 진행해야 될 싸움, 뭐 그런 게 있었죠. 그래서 어쩔 수 없이 [단원고에서] 나가지만 가족들이, 그렇게 막 끝까지 반대하는 그런 가족들도 생기고, 가족협의회의 전체적인 결정을 임원 회의를 통해서 하고 이미 협약까지 다 했음에도 불구하고, 그런 모습을 보면서, 그 세 가지였어요. 그래서 절대 그 당시 기한을 더 연장시켜서라도 안 뺄라고 했었는데, 첫 번째 경기도교육청에서 얘기했던 제대로 된, 일단 공간 활용에 대한 부분에 대해서, 첫 번째 가져왔던 도면, 되지도 않고. 두 번째 가지고 왔던 도면도 안 되고. 심지어는 제가 회사, 그만뒀었던 회사의 그런 파트에 있는 분까지 가서 다 검토시켰거든요, 단원고에 있으면서, 시설적으로 진짜 불가능한지, 구조적으로.

위에가 너무나 높고 비어 있는 공간이라, 뭐 잘라서 빔을 설치하고 가벽을 설치하고, 이게 그런 내용이었는데. 진짜 그 사람들은 잘못됐었다. 그 당시 그걸 진행하고자 했던 경기도교육청 관계자는, 진짜 남의 일이었죠. 단원고 측과 학부모, 재학생, 부모들과 4·16가족협의회 피해가족들하고의 마찰을 어떻게라도 빨리빨리 수습하고자, 모면하고자 그런 부분이었다…라는 부분에 대한, 부분을 지적을 해야 될 거 같고. 또한 거기 협력기관에 있었던 경기도교육청이나 경기도의회나 경기도나 안산시나 안산교육지원청이라든가, 저 또한 마찬가지. 그렇게, '저 금액이고 저 협약 내용이라면 될 것인가'에 대한 자신은 어느 누구도 할 수는 없었죠. 돌이켜 보면 그런 장들에 대한, 뭐라 그럴까 어떻게든 좀 빨리, 또 똑같겠을 거 같아요. 현실적으론 어려울 거 같은데 일단은 빨리 봉합할라고 빨리, 어떻게 수습하는 데 주목적을 가지고 있지 않았을까. 좀 더 신중하지 못했었던 그런 부분, 그리고 '야, 이걸 앞으로 어떻게 해결할까'에 대한 부분. 속이 시원한 게 아니라, 깝깝한 거죠.

근데 다만 구현에 대한 부분은 도면을 그려 와서, 적어도 우리가 요구했던 방식과, 학교에 대한 교실 구현에 대한 부분은 바로 실행이 됐고, 그다음에 안전, 뭐 이런 부분도 문제 안 되게끔 해서 최대한 실현할 수 있게끔 제안대로 도면이 다 그려졌고. 그거에 따라서 부족했던 재원도 긴급하게 다 마련이 됐고. 그리고 앞으로 이게 싸움을 해나가면서 결론은 어떻게, "예산 확보해야 된다. 예산 확보 제대로 하고, 부처 확인해야 된다" 이런 거에 대한, 뭐라 그럴까 이 압박은 상당히 많았죠. 말은 못 해도.

면담자   네. 이게 현재까지도 진행되고 있는 사안이라 이어서 질문을 드리려고 하는데요. 기억교실이 본관으로 잠시 이전됐다가 신축 건물로 들어가기로 했고, 그 과정에서 가족협의회가 공식적으로 이재정 교육감을 지지하는 입장도 발표하게 됩니다. 이 과정에 대해서 말씀해 주시고요. 신축 건물로 이전하는 데에 있어 위원장님이 갖고 계신 우려나 아쉬운 점이 있다면 함께 말씀해 주시겠어요?

찬호 아빠   그… 그때 그렇게 교실을 빼고, 사실은 현재까지 그게 진행됐던 사항이죠, 꾸준하게. 뭐였나 하면, 이미 단원고 옆에 원고잔공원과, 단원고 옆에다가 기억교실을, '민주시민교육원과 기억교실을 복원하겠다'라고 이미 협약을 했을 때 부지까지 나와 있었던 부분이거든요. 부지는 이미 그 당시에 협약하기 이전에도 다 알았었던 사항이고, 그게 여섯 필지로 나눠져 있었어요. 안산시 소유도 있고, 국토부 소유도 있고 다 이렇게 되는 거거든요. 그러면 안산시만 얘기를 한다라고 하더라도, 토건과 있고 녹지과 있고 또 도로교통[과], 여섯 개 부서예요, 말 그대로. 그래서 상당히 이게 어려울 것이다. 그렇게 녹록하진 않을 거다. 또한 지역 주민들이, 또 학부모들, 재학생 부모들이 무조건 극구 반대하고 있는데, 이미 연명 판 돌리고 반대 서명 하고 있었거든요. 교실 빼고 민주시민교육원 건립하고, 이거 하기로 했을 때 이미 자기들은 "반대한다"라고 하고, 말 그대로 서명받고 돌아다닐 때였는데. 그리고 마타도어까지 형성하고, 그게 "기억교실과 민주시민교육[원]이 결론은 뭐다, 냄새난다"고까지 얘길 했어요. 화장장으로까지 확대해서 그런 마타도어들이 만들어졌었던 거 같고, 그래서 반대, 왜 연명[으로 서명]을 하는지는 모르겠지만 아무튼 극구 반대. 뭐 이런 게 있었기 때문에, 사실은 지금은 속이 시원한데요. 2017년도까지도 엄청 저는 압박이 있었죠.

지금에 와서 얘기지만 뭐냐 하면, 기억교실을 이렇게 해서 민주시민교육원 건립과 기억교실 복원을 하기로 하고 나서, 사실은⋯ 이재정 교육감을 왜 지지하기로 했냐에 대한 부분에 있어서는⋯ 이게 안 됐어요. 지역 주민들 민원 때문에, 안산시에서 사실은 위원회에서 의결만 해주면 나머지는 또 사업이 진행되게끔 하면 되는데, 위원장이 부시장이[인데] 당연히, 안산 부시장이 위원장이 되는데 심의도 못 이뤘어요, 위원회도. 이유는 단 하나. 지역 주민들이 반대하고, 지역 주민들이 반대하는 부분을 해결할 수 있는 방안이 없기 때문에. 그리고 나서 근 1년 동안을 반대하는 거예요. 그 회의는 거의 한 100회 이상 하지 않았겠어요, 수차례 하지 않았겠어요? 그런데 2017년도 오면서 현실적으로 이게 불가능해지기 시작하거든요. 그리고 요 타임을 놓치면 결론은 어떻게 해야 돼? 요번에 선거가 있었지만 이미 그때 협약을 했던 도지사, 의장, 싹 시장까지 다 바뀌고 나면 그 책임을 누가 질 거예요. 그래서 너무 간절했었고, 그 회의를 계속 진행을 했었어요, 경기도교육청과. 근데 더 이상 답이 없는 거야. 안산시도 답이 없고. 좀 무기력했죠.

면담자   그 회의에 위원장님도 직접 들어가셨나요?

찬호 아빠   계속. 그니까 기억교실을 한국종교인평화회의에서 중재했을 때 2차 회의까지는 제가 담당이 아니었었고, 두 분이, 전에 하기로 했던 분들이 물러나면서 그때부턴 제가 했었던 거고. 마지막에 같이, 그래서 기억교실 관련해서는 우리 기억저장소 소장님, 가족협의회 위원장인 저, 이렇게 해서 두 명이 담당이 돼서 계속 진행을 해왔었는데, 너무나 그게 지리한 회의였었다. 그리고 현실적으로 안산시에서는 이미 거의 뭐 불가능한 상태까지 갔었고, 경기도교육청 입장에서도 불가능한 상태까지 갔었던 거죠. 그래서 우리 확대운영위원회에서 그런 얘기를 해요. 더 이상 답이 안 나오잖아요. 그래서, 이 기억교실, 민주시민교육원과 기억교실 복원 관련해서는 임원들이, 1년 동안 진행해도 안 되니까, "그냥 위원장한테 위임해라" 제가 그렇게 얘길 해요. 그게 뭐냐 하면, 1년을 이 협상을 해봤지만 어렵거든. 그리고 이미 2017년도에 결정을 못 내게 되면 이거는 다 물 건너가는 거지. 시장 선거 하고, 도지사 바뀌고 이러는 순간 다 물 건너가는 거죠, 또 교육감 바뀌고 이러는 순간. 그래서 마지막으로 비공개회의를 좀 해요. 사실은 기억저장소 소장님하고 저하고가 담당이라고 했었는데, 맨 마지막으로 이제 임원 회의 통해서 기억교실 복원 관련해서는, 임원들이 더 이상 진전이 없으니까 "그냥 위임해 줘라, 나한테". 왜 그런 얘기를 했나 하면, 제가 그 전에 6개월 동안 했던 회의가 있어요. 국회든, 국회의원이든 혹은 여기저기 부처든 이렇게 좀 만나고 쪼끔 도움도 요청해 보고 하면서, 결과적인 답은 "불가해"였어요, "현실적으로 이건 어렵다".

면담자　　안산 시민들의 반대 때문에요?

찬호 아빠　　반대 때문이 아니라 재원도 그렇고 실제 반대 때문에도 그렇고, 부지 확보도 안 돼 있는 상태에서 당장 17년 안에, 또 내년 6월 지방선거 하기 전에 [결론] 낼 수 있는 부분은 아니거든. 그러기 때문에 고걸 최종 마지막 결정 할 때는 사실 한 달 걸려요. 그래서 6개월간 뭘 준비했었나 하면, 우리 사무처, 제가 장동원 팀장께 "안산시에, 말 그대로 또, 공공기관 건물들 [중] 시내권에 있는 거 다 파악해 와라". 그리고 저는 사실 욕심난 게, 단원경찰서[를] 뺏고 싶었어요. 그게 안 되면 고 시청 밑에 보건소, 보건소가 이쪽으로 이전을 하니까. 그래서 다 파악을 했는데.

면담자　　특별히 단원경찰서가 마음에 드신 이유가 있나요?

찬호 아빠　　보건소는 햇볕이 잘 안 들어와요. 그다음에 경찰서는 하루 24시간, 아니 저기 주간에는 항상 햇볕이 잘 들어 있는 공간이고. 이유는 딱 그거 하나예요, 단순하게. 그다음에 두 번째는 장소가 없기 때문에, 그러면 공공건물을 강제적으로 뺏을 수밖에 없다. 안 그러면 우리 애들 위해서 이거 한 거 못 하고, 내가 또 어떻게든, 또 그렇게까지 방치하거나 무기력하게 이렇게 있을 수는 없고. 사실 이게 위원장을 하면[서] 좀 외로웠던 거 같구요. 이… 계속 압박, 어떠한 내용을 보더라도 그게 해결되기 전까지는 수첩에 적어서, 수첩이 세 권이 돼도 해결이 안 됐으면 못 집어넣을 정도로 항상 그런 압박감이 있었는데. 그래서 아무튼 그런 회의가 있었다. 그래서 한 6개월, 최종 6개월이라고 했지만 한 3개월 정도, 그래서 사무처장, 누구 팀장[에게] 다 파악하라고 했고, 그 파악된 건물들을 가지고 아무리 봐도 답이 없어요.

근데 한 군데가 있더라구요. 공공기관 건물이지만, 안산시든 크게 제재를 못 하게끔 하면서 교육청, 교육부, 말 그대로 경기도교육청에서 힘을 실을 수 있는 공간이 어디냐. 말 그대로, '안산교육지원청, 저거, 저거밖에 없겠다' 그런 생각을 했어요. 그니까 어떻게 보면 제가 남들한테 뺏어오는 거 참 잘하는 거 같은데, 그래서 그 얘기가 외부로 나가면 심각하죠. 안산 전체 학생들의 교육을 총괄하던 상징적인 공간이거든요, 안산교육지원청이라는 부분은. 그게 만약에 결정되거나 예산을 확보하기 이전에 외부로 알려지게 되면, 재학생 부모들[이] 가뜩이나 여기 공원에다 만드는 것도 반대하고 있는데 말이 되겠어요? 그래서 임원들 의견을, 임원들에게 외려, 저도 찬호와 찬호 친구들을 위해서 그렇게 뭐 나쁘게 하지는 않을 거고. 근데 그게 임원들을 통해서 외부로 나가게 되면, 말이, 도움은 안 될 거 같아서 "그냥 위임해 줘라" 그러고 얘길 한 거예요, 그런 결심이 있었기 때문에. 도저히 이제는 안 되거든.

그러고 나서 마지막, 이재정 교육감이랑 한 두 번 독대합니다. 이재정 교육감님이, 그래서 저도 개인적으로 부탁을 했다, 솔직한 얘기로. 일흔넷인가 그렇게 됐을 거예요. 그래서 "적어도 민주시민교육원, 기억교실 복원에 대한 부분은 매듭은, 약속은 이행하셔야 될 거 아니냐. 이미 경기도의회 의장 바뀌었고, 내년도 경기도지사 또 어떻게 될지 모르지만 분명 바뀔 거고. 안산 시장이든 이 기관장들 다 바뀌고 나면… 그래도 지금까지 교육감께서 가지고 계셨던 '4·16 참사 이전과 이후의 교육체계는 바뀌어야 된다'라고 그렇게 주장하셨고, 또 교육적인 그런 가치관, 철학을 가지고 계셨다면 그 신의는 지켜라. 아무리 힘들고 어렵더라도 교육감 한 번 더 해주셔라", 그런 얘기를 사실은 해요. 근데 그때까지도 교육감 나오겠단 얘기를 사실은 안 했어요. 맨 마지막 이걸로 우리가 단일화도 못 하고 그래서 많은 저걸 받았지만. 그래서 그런 부탁을 했고, 그리고 사실상 최종 결정을 하게 됩니다. 결정을 하게 되고, 그래도 못 믿겠는 거예요.

어디, "그럼 안산교육지원청을, [여기]에다가 만들겠다. 거기다 민주시민교육원을 만들고 지금 별관 그 자리에다 신축해서 짓자"를 교육감님하고 둘이서 얘기하고 언론이든 어디든 유포를 안 합니다. 하다못해 심지어 제가 임원들한테까지도 얘기를 안 해요. 왜, 제대로 만들겠다고 했고, 좋은 자리에다 한다고 했고, 그거에 대한 부분은 위임을, 위원장한테 임원들이 위임을 했기 때문에 아무한테도 얘길 안 하죠. 그리고 이재정 교육감께서 발표하는 날, 화요일이었고 그날 10시에 기자회견을, 이재정 교육감이 발표하고 우리도 화요일 날 임원 회의가 있잖아요. 그날 10시에 임원 회의 때 제가 발표합니다, 그렇게. 그니까 철저하게 비밀에 부쳐졌던 거죠. 그렇게 해서 뺏게 됐었기 때문에 이재정 교육감님하고의 그런 약속이 있었고, "교육감을 한 번 더 해서 이건 매듭을 반드시 지어줘라"에 대한 부분의 내용이 있었다. 그리고 그 전에

"재원이든 뭐든 제대로 만들었음 좋겠다" 이런 얘기도 많이 있었기 때문에, 최종, 그러면 교육감님께서 건강이든 뭐든 좀 고민하시다가 아무튼 요번에 됐었던 거다. 그래서 이재정과 있었던, 먼저 요청을 했어요. 비공개, 단둘이서 회의할 때 그런 얘기가 있었고. 아, 비서실장은 있었네.

그렇게까지 해서 얘기를 했었고. 그래서 가족협의회 입장에서 만약에 진보 교육감 단일화 후보로 나왔으면 당연히 좋았을 텐데, 우리[가] 또 그러지를 못했었잖아요. 결정을 늦게 하셨거든. 그래서 가족협의회에서는 사실상 우리, 잘못된 부분이 많죠, 이 한국의 교육체계에. 그러기 때문에 우리 전교조 선생님들부터 시작해서, 또 여기 기억저장소 교육문예창작회 선생님들부터 시작해서, 또 전국 각지에 흩어져 있지만 함께 4·16연대[와] 연대해서 이렇게 지지했던 분들도 사실은 단일화 후보로서 송주명 후보를 당연히 지지할 건 뻔하고, 그래서 가족협의회에서는 임원 회의에서 결정을 합니다. "나는 안산교육지원청에, 상징적인 공간이고 이 부분에 대해서 민주시민교육원과 기억교실에 대한 복원을 이재정 교육감과 약속을 했고, 선언하고, 그 사업이 진행되는 거 아니냐. 그 약속을 나는 가족협의회 위원장으로서 이미 했고 진행했기 때문에, 가족협의회 강제하진 않는다. 하지만 여러분들도 그 의견을 존중하고 따라야 된다. '이재정 교육감 지지를 반대한다', 내 앞에서 그런 행위는 하지 말아라".

두 번째, 4·16연대 대표와, 공동대표와 또 사무처, 그다음에 송주명 캠프에도 연락을 합니다. "나로서는, 가족협의회의 입장에서는 어쩔 수 없이 그런 사항이 있다. 우리가 정치하는 사람이 아니기 때문에,

또 가족협의회 위원장으로서는 어쩔 수 없이 행정사무적인 판단을 할 수밖에 없다. 정치는 안 하더라도. 우리 아이들을 위해서 나는 이 일을 할 뿐이지 나는 정치하는 사람은 아니니까, 그런 취지가 있었으니까 캠프에서 송주명 후보님도 이해해 주셨으면 좋겠고 오해 안 했으면 좋겠다. 다만, 가족협의회에서는 누가, 가족협의회 대표인 저만, 이재정 교육감님 지지 선언을 하고, 기자회견이든 요청이 있으면 지지 발언을 하고 해주겠다. 다만 4·16연대와 가족협의회는 내가 보는 앞에서는 이재정 후보를 반대하거나 그런 행위는 없어야 될 것이다"를 약속을 했죠. 하지만 고거 끝나고 많이 서운하단 얘기 많이 들어요, "어떻게 가족협의회 위원장님, 같이해 줬는데 그럴 수가 있냐". 그래서 고것도 거의 한 달 간 거 같아요. 송주명 캠프 쪽에도 전달을 그렇게 했음에도 불구하고, 서운하다는 거예요. 근데 이해, 지금은 다 이해해 주시는 거 같아요.

면담자   송주명 캠프에서는 사실 "우리도 할 수 있는데"라는 입장을 가질 수 있고요. 4·16연대에는 워낙 전교조 선생님들이 많이 계시다 보니까 위원장님의 결정을 의아하게 느꼈을 수도 있을 거예요.

찬호 아빠   그런 거 외에도 욕 많이 먹는 게 본래 위원장 자리예요. 그 이재정 교육감님 미팅하러 들어가면, 고 앞에는 전교조 선생님들 피케팅하고 계세요, 현관에서. 그럼 저는 이재정 교육감님 만나고 와서도 수고하신다고 인사해야 되고, "우리 가족협의회, 지금 뭐 기억교실 관련해서 교육감님을 만나러 왔는데 고생들 하시네요", 서로 얼굴은 아니까. 근데 그 사람들은 서운하지. 거기서 피케팅하고 있는데, 위원장은 가서, 위원장한테 뭐 강력하게 항의하고 덤비지는 않고 같이, 마음은 알기 때문에, 근데 서운함이 왜 없었겠어요, 그분들이. 그런데 강하게 앞에서 막을 수도 없고…. 그런데 그것을 내가 그분들에게 아마 처음부터 설명을 했었으면 불가능하지 않았을까, 이 부분이. 저기에, 안산교육지원청 자체를 우리가 우리 아이들의 공간으로, 또 이재정 교육감님께서 가지고 계시던 4·16 세월호 참사 [이후] 교육체계의 변화, 가칭 '4·16민주시민교육원에 대한 건립' 그런 교육 공간으로 만드시겠다는 그게, 그런 교육적인 본인의 신념이 있었을 거 아니겠어요.

그게 만약에 공개적으로 전교조 선생님들한테 내가 얘기하고 우리 임원 회의에서, 또 가족회의에서 공개적으로 하고, "저기에다가 나 그렇게 만들라고 하니 여러분들 동의해 주세요"로 미리 얘기하고 갔으면 됐을까? 그래서 그런 거를 지령할 때는 아까 뭐 "외롭다" 이런 얘기했잖아요. 지금까지 뭐 그런 사항이 한두 번이었겠어요. 이미, 나중에 시간이 지나면 이해해 주길 바라면서, 적어도 그게 자질이든 능력이라고도 볼 수 있고, 혹은 또 그 정도의 어떤 나약함. 제가 얘기하는 거는 뭐 제가 능력이 탁월하거나 그러지는 않은 사람이니까, 최대한 아이들을 위해서 열심히 한다. 다만, 내가 몸이 안 좋거나 또 건강을 핑계로 혹은 피곤하고 힘들다는 그런 안일한 생각으로, 노력을 쪼금 덜 하거나 할 수는 없는 부분이죠. 최대한 노력을 하되, 우리 찬호와 우리 찬호 친구들을 위해서 하는 일이라고 하면 욕먹는 게 뭔 대수겠어요. 근데 솔직하게, 많이 힘들고 외롭고, 본의 아니게 그런 공격은 사실 많이 당하죠. 본래 그 자리라고 생각… 하죠.

면담자   기억교실과 관련해 참 힘든 일들을 계속 겪게 되시네요.

찬호 아빠   그렇죠. 그 회의가 사실은 계속 지속된 거죠. "이미 그렇게 협약했으니까 끝났네. 빼서 기억교실 임시 이전했으니까 끝났네"가 아니라, 그래 놓고, 아마 기억저장소 소장님도 고생 많으셨어요. 제가 그것은 우리 가족분들이나 또 시민, 또 참여하지 않으셨던 4·16연대 회원분들도 그렇게 어려움이 있었다는 걸 좀 알아주셨으면 좋겠다. 어려움을 알아달라는 게 아니라 그냥 그렇게 방치가 아니라 지금까지 꾸준하게 시민교육 프로그램이든 기획안[을] 만들어서, 또 혹은 우리 기억저장소에 있는 엄마들, 자리 지킴 하거나, 그 회의 자체가 1년 이상 계속 지속돼 왔었던 거죠.

그러면서 최종… 지난달에 마음이 시원해진 게, 8월이니까 7월 말쯤으로 최종 결론을 내린 게 뭐냐 하면, 예산을 확보해요. 사실은 90억 가지고는 턱도 없거든. 말은 "시민 친화적이고 열린 공간, 열린 교육의 공간"이라고 지칭을 하면서, 1층에다가 주차장 만들어놓고 무슨 열린 공간이야. 아이들이 왔다 갔다 해야 되는데 차들 때문에, 뭐가 주차장 만들어놓고 말이 열린 공간이고, 옥상에다가 태양열 [집열판], 이제는 뭐 어쩔 수 없이 규정상 그거 설치해 놓고 그게 무슨 단원고 옥상에 그게 있었나요, 그런 게? 요건 좀 어폐가 있네. 그러면서 그 태양열도 본관으로 옮기게 하고, 거기에는 말 그대로 열린 공간, 시민 친화적인 공간, 하늘 정원을 만들어야 되는데 당연히 예산 부족했겠죠. 그리고 또 한 90억 가지고 민주시민교육원 리모델링하는 데 26억, 나머지 64억 가지고 단원고 3층 건물을 짓고 교실을 복원하고 하늘 정원을 만들고, 우리 예산은 턱도 없이 부족하죠, 지하 주차장을 만들 수도 없고. 그래서 이번에 예산이 만들어졌어요. 지난 7월 말에 기관장 회의를 통해서 최종 추가 예산을…

면담자   그 지원은 이제 어디에서 나오기로 된 건가요?

찬호 아빠   똑같죠. 경기도교육청과 경기도에서 50 대 50. 그래서 추가로 필요한 예산이 지하 주차장 만드는 거와 하늘 정원의 예산이 한 38억 정도가 부족했어요. 실제 주차장 비용만 38억. 그래서 교육감님 한테 제가 그랬어요. 경기도의회 의장님한테, 그다음에 경기도지사님께, 안산 시장님께 "나중에, 일단은 그렇게만 해주면 나중에 저 하늘 정원[은] 5억이 됐든 10억이 됐든 내가 돈 대겠다" 그랬어요. 근데 평생 5억 벌어서 하더라도 하고 싶었으니까. 근데 그렇게 고생은 안 해도 될 거 같아요. 아무튼 38억이 예산이 확보됐고, 지하 주차장도 만들고, 그렇게 돼서. 11월이면, 올해 11월이면 아마… (면담자 : 공사를 시작하나요?) 아니 입찰. 지금 최종 컨셉[콘셉트] 설계… 그니까 예산이 지난달에 됐기 때문에 기존의 3층 건물로 복원에 대한 설계 도면 자체부터 변경을 해야 되죠.

그래서 지하 주차장부터 해서 만들어서 진행해야 되니까 빠르면, (면담자 : 총 몇 층으로 만드나요?) 지하 1층에 지상 3층에 옥상에 하늘 정원까지 하고, 지하 주차장 만드는 데 예산이, 기존 건물 층에만 대서 이렇게 만드는 게 아니라, 앞에 전면까지 좀 더 넓혀서 많은 차가 주차될 수 있게끔 해서, 규모 한 457평으로 제가 기억되고 있구요. 1508제곱미터면 한 457평 정도 나오는 거 같은데, 그 정도 규모면 적어도 한 35대 이상 대지 않을까. 그래서 이제 돼서 속이 좀 편안해요, 시원해요. 그런 과정들이 있었고, 그러한 부분에 있어서 송주명 캠프나 전교조 선생님들의 서운함이 있었지만, 이재정 교육감님을 가족협의회에서는 지지할 수밖에 없었다. 다만, 이제 국민들이 알아줬으면 좋겠다, 전교조 선생님들도 이해하시겠지만. 우리 피해 가족으로서 우리가 하고자 했던 사업을 하기 위해서 그것을, 기존의 교육, 정책적으로 잘못됐던 부분이 정치적이거나 혹은 정책적으로 있었다라고 하더라도, 세월호 가족협의회, 우리 4·16 가족협의회 입장에서 보면 우리는 부모로서 다른 그런 정치적인 부분을 염두에 두고 정치하는 사람들이 아니었다 보니까, 이번 계기로 그렇게 잘 만들어지고 나면 충분히 그런 서운함은 풀어지셨으면 좋겠고.

나름 잘못한 부분이 있더라도, 이재정 교육감님도 나름 세월호 참사에 대한, 세월호 참사로 희생된 우리 아이들에 대한 교육 가치관과 신념과 철학은 가지고 계셨던 분이고 그거만큼은 이행을 할라고 했다. 그런 부분에 있어서는 이제는 선생님들과 국민들이 좀 알아줬으면 좋겠다. 그냥 손가락질하고 이제 더 이상 욕하지 말고 그런 부분을 이해해 줬으면 좋겠다. 그리고 이 시간 이후로 나한테도 항의 전화하거나 서운하다고 얘기하는 사람 없었으면 좋겠다 싶어요.

4

선조위와 선체 인양에 대한 생각

면담자　　　네, 알겠습니다. 이제 2017년으로 넘어가겠습니다. 1월 7일에 4·16세월호참사 국민조사위원회가 발족합니다. 그 당시 상황을 잠깐 설명해 주시겠어요?

찬호 아빠　　　국민조사위원회는 그 전부터 사실은 진행이 됐었었구요. 제 기억에 15인의 공동대표가 있었을 겁니다. 이제 시민사회 단체부터 시작해서 각계 분야에 계신 분들, 그니까 자발적으로 참여해서 국민대책위원회가 만들어지게 됐었던 거고. 많은 분들이 참여를 하셨어요, 전국에서. 특히 각계 전문 분야, 그니까 교수님들도 본인들의 전문 분야에 대해서는 조언을 하고 참여하고, 또 "세월호 참사에 대한, 진상 규명에 대한 조사, 지금 강제해산 돼서 못 하고 있으니까 지금까지 모아진 내용 가지고 계속 그런 작업을 해서 연계해 나가자. 그리고 2기 특별조사위원회가 만들어지기 전까지 그런 활동을 하자"라는, 전반적으로 신속처리법안을 만들면서 국민조사위원회의 내용은 나왔구요. 그런 많은 논의를 거치면서, 발족만 그렇게 좀 늦게 된 부분이다…라는 부분이고. 그 이유는 좀 전에 설명한 대로 그거 하나에 대한 이유로 진행되게 됐었던 거죠.

면담자   3월 2일에 국회에서 '세월호 선체조사위원회의 설치 및 운영에 관한 특별법'이 가결되고요. 선체조사위원회는 국회가 선출하는 다섯 명, 희생자 가족 대표가 선출하는 세 명으로 구성되었습니다. 이때 가족들이 조사 위원을 선정하는 과정에 대해 기억나는 대로 말씀해 주시겠어요?

찬호 아빠   선체조사위원회의… 선정 과정에 있어서는 항상 저희들이, 이제 임원 회의 때 당연히 회의를 하죠. 회의를 하고 나서 가족들에게도 안내를 합니다. 그래서 "어떤, 추천하시고 싶으시거나 그런 전문 분야에 종사하시는 분들, 또 그다음에 진상 규명을 위해서, 또 침몰 원인, 또 미수습자 수습, 그 주된 두 가지 내용을 가족들에게 안내를 하고. 그리고 추천을 하실 분들이 있으면 추천을 해주셔라" 이런 것은 우리가 항상 회의 때 공개적으로 하고, 또 가족들에게 안내 자체도 그렇게 공개적으로 합니다. (면담자 : 반별로 다 공개를 하시고?) 아니, 전체 가족협의회 밴드에다가 공지를 하고, 또한 전체 밴드가 반으로 구분된 게 아니라 다 들어와 계시니까, 그렇게 공지를 하거든요. 그래서 가족협의회는 이 소통에 대한 게 큰 창구가 두 개가 있는데, 가족협의회 회원이신 분들의 밴드, 가족협의회 회원은 아니지만 피해 가족들이 계시잖아요, 세월호 참사. 그래서 밴드가 두 개가 있어요. 꼭 가족협의회 회원들만한테 알리고 그런 게 아니라, 또 회원에 국한돼서 진행되는 거는 또 그렇게 할 수밖에 없고. 이제 그런 식으로 다 안내를 하죠.

면담자　이거는 가족협의회 회원이 아니라 모든 피해자 가족들에게 알린 거네요?

찬호 아빠　그렇죠. 네, 밴드가 두 개로 아직도 운영… 관리되고 있다. 그렇게 해서 안내를 하고 추천을 받죠. 그런 논의를 거치고 가족협의회에서 추천 인사를 정하고, 또한 시민사회 단체, 4·16연대 그다음에 국회에 가서 많은 조언을 구하죠. 어떤 당, 쉽게 말해서 그 당시는 야당이죠. 여당 국회의원들한테 추천하라 그래 봐야 또 고영주나 조대환이나 이런 애들 할 거 아니에요, 그죠. 그러기 때문에 야당 국회의원들, 그다음에 우리 4·16연대[에], 민변부터 시작해서 다 들어와 있으니까, 안전 관련된, 환경 관련된 단체 다 들어와 있기 때문에, 또 노동, 인권, 연대에 다 그런 분들이 계시기 때문에 그렇게 추천을 해서 진행하게 되고, 그래서… 같이 좀 논의를 하죠, 그런 부분에. 또 약력이든 그분의 이력이든 그런 부분을 보고, 필요하면 삼고초려를 해서라도 모셔 올려고, 그런… 회의를 공개적으로 하고, 그렇게 진행을 합니다.

| 면담자 | 그러면 지금 선체조사위원회 가족 대표는 어떤 분인가요? |

찬호 아빠 사실은 권영빈 상임이죠, 1기 특조위에 계셨던 권영빈 상임, 그다음에 공길영 교수, 이런 분들이 계셨고. 그렇다고 그러면 "야당 추천위원들은 그게 아니냐"라는 부분에 있어서는, 아무튼 국회에서 추천하는 인사가 있다 보니까 고민은 다 하고 있었어요. 조금 많이 불만족스러운 부분도 사실은 많이 있었는데, 지금 지나고 보니까 그렇고 초기에도 마찬가지였다. 김창준 위원장은 이제 더불어민주당 추천위원이었었던 거고.

면담자 그리고 2017년 3월 22일에 드디어 세월호 인양이 시작됩니다. 2015년 8월에 인양업체가 상하이샐비지로 결정되고, 2016년 7월에 "약 1년 안에 완료한다"라고 발표를 했지만 2016년 11월에는 "인양 방식을 변경하겠다"라고 하는 등 계속 미뤄져서 2017년 3월 22일에 시작되죠. 이런 지난한 인양 과정에 대해 가족협의회에서 중점적으로 생각했던 것은 무엇인지요? 그리고 가족들이 동거차도에서 1년 넘도록 감시 활동을 하셨는데 막상 인양이 너무 빨리 진행되죠. 그에 대해 위원장님은 어떤 생각을 하셨는지 말씀해 주시죠.

찬호 아빠 인양에 대해서는 여러 가지 사항들이 있었구요. 고거는 얘기가 쪼금 길 거 같애. 잠깐 쉬고 내가 바로 하면, 여기서 딱 끊고 하면 되죠? 교수님 얘기하시는 거 다 [이야기할 수 있어요].

면담자 아, 네, 그럼 좀 쉬었다가 재개하겠습니다.

(잠시 중단)

찬호 아빠 그 인양 관련해서는 초기부터, 우리 임원들이 좀 불신이 있었죠. 그 상하이샐비지가 선정되게 된 부분과 그다음에 그렇게 하면서 국내 업체가 컨소시엄으로 같이 참여하게 됨으로 인해서 말 그대로, 또 우리 코리아샐비지 같은 경우도 어떻게 보면 많은 전문가들, 그다음에 그 자료들이 검토가 됐었고, 가족협의회에서는 '사실은 좀 신뢰하기가 어려운 부분이 많았었다'라는 게 가족협의회 입장이었어요.

면담자   그런데 사실 맨 처음에는 정부에서 배를 해체한다는 소문들도 있었죠.

찬호 아빠   그렇죠. 그 얘기도 같이 연계해서 하면 될 것 같은데, 그런 불신들이 상당히 많았었고. 그 불신들이 결론은 그런 자료들에 대한 부분, 그리고 또한 국내[에] 그런 업체가 워낙에 또 기술력으로 인정된 업체가 없었던 것은 어느 정도 인정은 되지만, 아무튼 가족협의회 임원들 전체적으로, 또 가족들이나 함께 내용을 집중적으로 들여다봤던 사람들, 해외에서 입찰에 참여했던 업체들, 모든 자료를 보더라도 좀 신뢰하기 어려운 부분이 많이 있었다⋯라는 거였구요. 그래서 그 전부터 이미 그게⋯ 업체가 선정되기 이전에, 이미 전에 구술할 때 잠깐 얘기했지만, 임원들과 해수부 연영진 [세월호인양추진단] 단장, 그다음에 이철조 부단장을 비롯한 해수부 해양⋯ 항만국장, 그다음에 고 밑에 담당 한두 명 더 있었던 거 같은데, 서울 모처에서 만나서 그런 부분도 많은 논의를 했었어요. 논의를 했었고 우리 입장도 얘기를 전달을 한 바가 있었고.

근데 한결같이 연영진 단장은, 언론에도 그렇게 해수부에서 발표를 했지만, "철저하게 기술 위주, 안전과 기술력과 안전이, 온전히 인양할 수 있는 기술력에 대한 부분을 가장 중점적으로 봤다. 그리고 재원[비용]에 대한 부분은 별개고, 재원이 중요한 게 아니라 그런 부분에 있어서 업체 선정을 하게 됐다"라고 언론을 통해서라도 국민들에게 알리고. 우리한테도 똑같이 그런 표현의 얘기였지만 신뢰할 수 없는 부분이 상당히 많았었다, 초기부터 그랬었다라고 하고.

인양 방식에 대한 부분도 실제적으로, 나중에 바뀌었다는 내용이 나오지만, 그게 그 기존의 입찰에 응했던 타 입찰 업체에서 이미 제안했던 방식이었었거든요. 그니까 철저하게 1년 반 정도 시간만 허비하고, 미수습자 가족들의 수습도 늦춰지게 만들었고, 말 그대로 또 그뿐만이 아니라 세월호 선체에 대한 훼손, 뭐 이런 부분도 결과적으로 시간만 낭비하고. 또 국민 세금으로 진행했었던 그 재원 부분도 실제적으로 낙찰, 입찰할 당시에만 850억이었던 거지, 실제 진행하면서 추가 많은 비용이 들어가서 초기에 입찰 제안했던 1061억인가, 뭐 그 정도 입찰했던 업체보다도 더 많이 비용이 들어가는 거잖아요. 유실 방지망 설치라든가 또 미수습자 수습 저기 유실 방[지], 저 대책을 강구하기 위해서 별도의 또 추가, 시간은 1년 반 연장, 시간은 시간대로 보내고, 또 초기에 기술적으로만 검토를 했다고 그랬는데 인양 방식 또한 또 바뀌고, 그리고 좀 전에 교수님께서 얘기했었던 많은 것들….

솔직한 표현으로 얘기하면 가족협의회에서 가장 불안했던 거는, 그게 있었어요. 전 정권, 이 박근혜 정권에서, 말 그대로 해수부에서 상하이샐비지와 입찰하기 이전에 아마 그간에 우리가 가장 고민했었던 게 뭐였나 하면, '별도의 무슨, 말 그대로 비공개라든가, 별도의 무슨 협약이든 체결이 있지 않았겠냐'라는 부분에 의심이 상당히 강했죠. 문제는 뭐였나 하면, 입찰하기 이전에 해수부 관계자가 중국에 갔다 온 것까지도 언론을 통해서 나온 부분이 있었죠. 그리고 말 그대로 재원은 실제 가장 작게 [비중을 둔다고 하고], 국민들에게, 가장 누가 보더라도 기술… 을 앞에다 내세우고, 재원도 가장 저렴한 850억에 저렇게 업체를 선정 함으로 인해서 국민들에게 또 오도하는 거죠. "오로지 기술에 대한 부분이 가장 탁월한, 기술만 중점으로 했다"라고 하고 "국민 세금, 재원도 그만큼 적게 들어간다"라고 하니, '누가, 우리 가족들 말고 더 이상, 전문가가 아니니까 반대에 대한 요지로 계속, 반대쪽의 의견을 제시할 수 있었겠냐'라는 부분.

그래서 '그 이면에는 실제적으로 중국 업체와, 정부에서는 말은 그렇게 해놓고 또 수백억의 비밀 협약이나 계약도 충분히 있었을 거 같다. 그리고 결과적으로 중국 잠수사들 통해서, 세월호가 결과적으로 인양이 못 되게끔 저렇게 시간만 허비하다가 결과적으로는 포기하지 않을까'에 대한 그런 두려움, 이게 너무 많았죠, 그런 부분이. 그게 현실적으로 인양 [작업]이 [시작]되면서부터 "우리가 동거차도에서 감시 진행하고 모니터링 직접 하겠다"라고 했을 때, 고 부분이 이미 가족들이 직접적으로 모니터링 할 수 없게끔 바지선 자체를 방향을 바꿔버리거나, 그런 행태. 그다음에 맨 처음에 만들어졌을 때, 해수부에서는 말 그대로 가족들의 참여, 그다음에 진행함에 있어서 가족들과의 참여와 참관 그런 내용[을] 가지고도 아주 지리한 많은 회의가 있었고, 참여권 보장에 대한 부분도 철저히 배제할려고 하는 게 해수부 관계자들, 공무원들 통해서, 실제 우리가 계속 대응했던 거기 때문에 불안함은 상당히 컸었어요.

그 불안함이 있었고 실제적으로, 간략하게 얘기하면, 인양에 대해서는 그냥 결과적으로 시간만 허비하고 인양을 안 할 것이다. 그리고 [계약]기간이 만료가 되면, 말 그대로 인양업체 선정하고 기한이 정해져 있기 때문에 또 철저하게 예비를 한 게, 인양을 못 하면 비용을 다 준다, 안 준다? 안 준다는 거였거든요. 국민들로 봤을 때는 이걸, 피해 가족으로 봤을 때는, 국민들 정서가 아니라, 가족들로 봤을 때는 '그런 표현 자체가, 그러기 때문에 쟤들은 인양을 못 하면 나머지 돈을 다 못 받기 때문에 절대적으로 인양은 무조건 할 것이다. 강제적으로[일부러] 안 하지는 않겠다'가 정부에서 국민들에게 전달됐던 메시지죠. 근데 실제 계약에 보면, 맨 첨에 이제 작업을[이] 시작되면 기본 얼마, 그리고 나서 어느 정도 작업 단계가 되면 또 이제 집행, 이렇게 한 3단계로 대부분 계약을 체결하잖아요.

그리고 나서 가장 불안하게 또 했던 게 뭐냐 하면, 그런, 국민들에게 대한 정서적으로 그런 호도하는 부분과, 그래서 반대에 대한 주장을 아주 철저하게 못 하게끔 아주 막았던 그런 부분과, 또 한 가지는 보험을 들은 부분이죠. 국민 세금이니까 보험 드는 거 맞죠, 당연히. 보험 드는 거 맞는데 "실제 반드시 인양하겠다. 기술적으로만 검토한 부분이다"라고 하면 굳이 그렇게 세밀하게 뒤에서, 언론에는 공개적으로 알리지 않으면서 그런 처리는, 왜 가족들과 논의 석상에서 얘길 안 하고 그렇게 비밀스럽게 진행했었냐는 부분. 그래서 상당히 신뢰하기 어려웠었다. 이미 업체 선정 과정부터 시작해서 어려움이 있었고, 그 부분에 대해서 전문적인 지식, 혹은 전문가적인 견해 혹은 반대쪽의 여론, 혹은 반대쪽의 입찰에 참여했던 업체에 대해서 요구도 했었어요, 가족협의회 입장에서는. 실제 기술적으로 이렇게 잘못됐을 경우, 이제 부적절, 이제 반대쪽에 대한 그것을 직접 와서 얘기까지 해주고 "저걸 해줘"라고까지 했는데, 이게 국제입찰이다 보니까 회사 측에서도 사실 그런 어려움이 있는 거죠.

이게 국가와 국가 간의 계약 체결인데, 그냥 업체에서 나서서 자기들이 그러면 "상하이샐비지의 저 인양 방식은 현실적으로 맞지 않다" 그렇게 저희한테는 얘길 해주거든요, "어렵다". 근데 그것을 공개적으로 자료를 만들어서 제안을 못 하는 거죠, 입찰했으면 끝이니까. 그런 부분들을 철저하게 우리가 가족협의회에서 피해 가족들로서, 또 전문적인 이론적인 내용이라든가 자료를 붙여서 반박할 수 없도록, 국민들 정서적으로는 이미 국가는 최대한 예의를 갖춰서 인양도 하고 미수습자 가족들도 수습하고 국민 세금도 최소한으로 들이고, 그렇게 아예 좀 분리시키려는 부분이 있었다…라고 생각이 되구요. 그 당시에 좀 아쉽다라고 하면, 그렇게 참여해서 우리가 요구했음에도 불구하고, 충분히 이해는 됩니다. 입찰에 참여했던 업체에, 업체만의 문제가 아니라 말 그대로 국가와 국가 간의 이런 협약이었기 때문에, 그런 어려움은 있었겠다 싶지만, 그 당시에, 그리고 인양 방법이 변경됐을 때 강하게 그거에 대한, 주무 부처인 정부와 해수부에 대한 자질과 능력과 그다음에 검토했던 자문위원들의 검토 내용들을 반박하거나 잘못됐던 부분들을 지적하고 이런 부분이 좀, 직접적으로 그런 분들이 참여해 주지 못하고 가족들 힘을 실어주지 못한 부분은 좀 아쉬움으로도 남는다.

그래서 최종, 어떻게 보면 시간은 시간대로 낭비를 하고, 미수습자 수습은 수습대로 늦어지게 만들고, 또 혹은 유실 방지도 제대로 됐다라고 하지만 수중 내에서, 나중에 자료를 통해서 확인이 됐지만, 유실 방지망이[을] 제대로 설치 못 해서 유실에 대한 여부도 인양 과정에서 그 것도 책임 있게 얘기할 수 있는 그런 부분도 정부가 책임을 다하지 못 했다…라는 부분. 그런 부분에 대해서는 많은 아쉬움이 남아요, 지금 도. 그리고 또한 침몰 해역에서 수습됐던 유해가 있었거든요. 그리고 국민들, 조금 아쉬움이 또 하나, 가족협의회 내의 아쉬움과 저의 부족 함이라고 보면, 그 당시의 수중 수색, 아니 수중촬영에 대한 부분을 저 희가 할라고 했었어요, 회의 때까지 논의까지 하고. 근데 그러고 나서 해수부에서 자료를 보여주기 시작하거든요, 수중 영상을. 근데 그때 어 떻게든 힘을 꼭, 어떻게든 싸워서라도 가족협의회 스스로가 잠수부들 을 동원하고 수중촬영, "세월호 전체를 다 해야 되겠다" 그래서 그것을 제안을 했었거든요, 해수부에. 근데 위험한 부분, 안전에 대한 부분과, 그다음에 그 자료에 대한 부분, "영상[을] 다 제공하겠다" 거기에 또 어 쩔 수 없이 한발 물러날 수밖에 없었던 부분.

그리고 그 영상을 통해서 사실은 제대로 유실 방지망이 설치 안 됐 던 부분이, 봤는데 안 돼 있었던 부분. 그런 거에 대한 책임 소재에 대 한 부분을 정확하게, 이제 2기 특조위에서는 짚어야 된다라고 봐요. 그 런 부분에 대한 부분이 좀 아쉬움으로 남죠, 수중촬영 못 했던 부분. 그 리고 그 영상이 진짜 우리가 다 확보한 것은 맞는 것인지…에 대한, 지 금으로서는 조금 아쉬움이 남고…. 또 하나는 실제 해역에 대한 수색, 그것도 믿을 수 있겠느냐에 대한 부분, 그런 아쉬움이 좀 상당히 많아 요. 그리고 인양이 돼서 이동할 때까지의, 저희 가족들도 실제 이동 항 로를 따라서 같이 계속 모니터링 하고 했었던 부분은 있지만, 실제 목 포 신항에까지 도착해서 3월 30일[31일] 날 육상에 거치될 때까지에 대한 부분도 사실상 많은 아쉬움이 또 있다, 그 부분에 있어서도. 그게 해수부에서 제시했던 하중에 대한 그런 기술 검토 자료라든가, 전문가들의, 그리고 그걸 통한 육상 거치까지에 상당한 기간이 걸렸는데, 그 무게 때문이었었거든요. 그래서 모듈 트랜스포터에 대한 [필요] 수량이 배가 되거든요.

근데 그런 것들에 대한 질책이 정확하게 국민들에게 전달되고, 그 때까지도 언론을 통해서 제대로 그런 게 안 나갔던 거예요. 그리고 적어도 양심이 있다라고 하고 자기가 대한민국 내에서 적어도 해양, 또 안전 이런 쪽의 전문가라고 하시는, 지칭하시는 그런 분들, 그런 분들은 좀 양심적이었어야 되지 않겠냐. 본인의 능력이 부족했으면 그것을 인정하고, 그런 부분에 있어서는 너무나 수색이, 그 이후의 육상 거치 이후의 수색이 늦어졌다라는 부분은 본인 스스로가 양심적으로 얘길 해야 되는데, 이미 첫 번째 모듈, 무게 하중에 대한 기술적인 검토에 대한 부분에 신뢰성이 없는 부분. 두 번째, 그 안에 있는 물을, 그래서 하중을 줄이기 위해서 물을 뺌에 있어서도, 일단은 무게를 줄일려고 했던 부분에 있어서도 실제적으로 어이가 없죠. 모듈 트랜스포터는 두 배로 늘어나고, 그다음에 무게도 아예 계산 자체가, 그니까 얼마나 허접했다는 거예요. 얼마나 능력이 없고, 자질이 없고, 그런 사람들이 뭐 대한민국 최고의 전문가고 교수고, 또 기술 자문이다라고 할 수 있었겠느냐…라는 부분.

그러면서, 그 뜨거운 태양 [볕]에 올라와서 일주일 이상 방치하는 과정에 이미 뻘은 굳기 시작하고, 그러면서 미수습자 수습 자체도 저렇게 지연되게 시켰던 부분이 당연하게 있다. 그리고 또한, 선체에 대한 훼손에 대한 부분도 그거는 진짜, 초기부터 계속 내용들이 바뀌어오죠. 이렇게 휘둘리고 저렇게 휘둘리고, 하다가 안 될 거 같으면 짤라내고. 짤라내고 들어가 보니까 '오, 여기는 아무것도 없었네', 뭐 그거까질 얘기하면 안 되겠지만, 현재 나왔던 선조위 활동 마무리하면서, 그 얘기는 하면 안 되겠네요, 또 외력설 이런 얘기가 좀 들어가면 그러니까. 근데 실제 열어봤더니 안에 아무것도 없고, 기기도 없고, 무엇이 [필요해서] 그런 저걸 [짤라]냈을까, 뭐 이런 거 자체가 너무나…. 도면을 가지고 검토하고 했었다라고 하면, 적어도 자문가고 선박을 그 정도로 잘 안다라고 하면 왜 그런 행위들의 브리핑이 나오고 왜 회의할 때 그런 내용들이 바뀌고. 도대체가 진짜 너무나 답답하다…라고 얘기를 해야 될 거 같구요.

또 그날 아무튼 우리가 육상에 거치됐을 때, 스텔라데이지호 [침몰 사건] 같은 그런 참사가 일어나서 그런 마음 아픔도 한편에 있었다는 얘기도 해야 될 거 같고. 그리고 해수부[가] 이제 그렇게 해서 인양됐을 때 그런 기술적인 부분, 잘못됐던 부분과 그렇게 시간적으로 낭비했던 부분, 그런 부분은 나중에라도 제대로 좀 밝혀야 되겠다라는 부분이 있구요. 하나 또 얘기하고 싶었던 게 있었는데 그게 뭐냐 하면, 어느 정도 무능력했냐에 대해서, 일단 인양을 그렇게 해서 방식하고 결정하기로 했을 때 푼톤[폰툰, 부력재]이라 그러죠, 푼톤. 공기량, 그래서 무게량 따져서, 그것도 수중에 있는, 육상에 있는 것도 아니고, 그거조차도 끌어올리는데 그 푼톤 자체가 빠지고…. 나는, 지금 제가 웃음밖에 안 나와요. 그게 진짜 전문가였고, 그건…… 나는 '아, 진짜 창피하다'. 그리고 지금은 제가 수치를 기억 못 하는데, 그래서 그때 얼마나 답답했으면 언론에 나와서 애들이 브리핑했던, 그다음에 회의 석상에서 브리핑했던 총중량과 그리고 또 말 그대로 공기, 그다음에 수중의 저항력, 계산도 엄청 복잡해요.

뭐 단순하게, 그렇게 계산할 게 뭐 있어, 저희처럼 전문가가 아닌 사람들은 인터넷 검색하면 나오는 거예요. "모듈 트랜스포터도 국내에 70톤, 80톤까지 나와 있다"라고 이미 언론에는 다 나와 있었는데, 왜 그 전문가들만 3, 40[톤] 하중을 40[톤] 기준으로 잡고 했는지. 전문가들이, 전문가들이라고 하는 사람들이 기술 발달된 거는 모르고 자기가 배웠을 당시의 10년, 15년 전 얘기를 하는 건지, 그렇게 묻고 싶더라고 그 회의 석상에서. 근데 그거는 아주 예의가 아닌 거 같아서 안 물어봤는데, 그렇게 계산 자체에, 하중 자체도 계산을 못 하는 사람들이 아직도 국내 최대 전문가라고 지칭을 받고, 그리고 아직도 학생들을 가리키고. 아, 교수님이 잘못했다는 게 아니라 (웃으며) 그런 사람들은 제대로, 사실은 국민들에게 그런 부분은 책임 있게, 가족들과 또 국민들에게, 특히 미수습 가족들에게, 방해만 한 거거든요, 국민 세금도 헛되이 썼고. 그리고 또한, 가족들의 참관도 제대로 못 하게끔 어떻게든 철저하게 숨길라고 했던 그 당시의 해수부 관계자들…은 진짜, 사회적참사법[과] 2기 특조위를 통해서라도 반드시, 인양에 대한 이런 부분들에 대한 부분은 짚어야 된다. 이거 말고도 뭐, 엄청나잖아요, 실제. 워낙에 많았었고, 사안들이.

그래서 인양은… 고 정도로 일단 얘길 하면서, 고거와 연계된 선조위도 심각했다. 문제는, 선조위 얘기를 할 게 아니라 주무 부처 얘기를 하는 거다라고 보구요. 전문가들이나 주무 부처. 그런 분들이 실제적으로 인양이 되고 나서, 이제 말 그대로 그러면 미수습자 가족들의 수습과 그다음에 유품과 유실물 혹은 유류품들에 대한 부분에 대한 계획은 그럼 있었느냐, 철저했냐. 말은 인양 전부터 가장 중요시하게, 국민들의 정서에 공감대를 형성하기 위해서, 돈은 850억에 입찰됐지만 나중에 유실 방지망에서 추가 250억이 들어갔을 거예요, 그담에 유실 방지망 비용만 60억이[을] 다시 반영을 하고. 그거 국민들이 아냐, 그렇게 유실 방지망을 철저하게 했는데 수중촬영 해보니까 유실 방지망 제대로 잠겨 있지도 않고 열려 있는 데도 있고. 제대로, 뭐라 그럴까요, 로프로 해서 구멍이 그냥 열려 있는 공간도 있었고.

그런데 이 소중한 국민 세금을 가지고 그렇게 처리한 중국 업체한테 돈을 왜 다 줬냐, 제대로 못 했는데. 바본 거죠, 바보. 국가에 대한 힘도 없는 거고, 또 혹은 주무 부처가 그⋯ 상하이샐비지라는 업체, 그렇게 수중촬영 해서 잘못된 부분, 그리고 인양을 함으로 인해서 이미 그 현장에서 인골이 나왔던 부분, 수습 과정에서, 유실 방지망이 그렇게 잘못됐던 부분. 근데 그 비용을 왜 다 줬냐. 그리고 또한 야간에 1차 인양을 진행하면서 세월호 선체에 상당한 심각한 훼손을 가했죠. 그 찢어먹었는데 그렇게, 그때 야간에, 담당은 어떤 놈이었는지(한숨). 또 [지칭이] 놈으로 가네. 그거에 대한 책임자, 그 자리에 진짜 그걸 [보고] 있으면서 그렇게 지시했는지, 파손되는데도, 그러면 제대로 모니터링 못하고 있었고 자리를 이탈해 있었는지, 그 부분부터 철저하게 조사해야 된다. 이미 증언도 있다. 근데 말 그대로 선조위에서 인양에 대한 부분에, 그런 내용조차도 보고서 내용에 하나 안 넣어놓은 부분[을] 보면, 암튼 아쉬움들이 너무 많고 너무나 부족함이 많다.

찬호 아빠 전명선

그리고, 특히나 이 정부 부처인 해수부의 그런, 뭐라고 해야 될까요, 무능이라고 해야 되죠, 무능함. 그리고 그런 비용, 그 국민들 피땀을, 쉽게 말해서 그렇게 그거 낭비한 거죠, 제대로 한 게 아니라. 그런 부분에 아쉬움이 너무 많고, 준비도 너무 안됐다. 실제 유류품이나 그런 게 나왔을 때에 준비 과정은 그럼 있었느냐, 주무 부처는. 왜, 주무 부처서는 그렇게까지 장담하고, 말 그대로 주무 부처임에도 불구하고 그 책임을 누구한테 미루냐. 선체조사위원회가 제대로 구성도 안 됐는데, 인양이 됐어요. 그러면 적어도 포렌식이라든가, 휴대폰이 나올 수도 있고 그 안에서 나오는 CCTV든, 많은 또 컴퓨터 기기들도 있을 수 있고, 그러면 침몰의 원인이든 최종 마지막의 영상이든, 나중에 블랙박스 영상이든 많이 나왔지만, 그런 부분에 대한 부분은 고민을 안 했냐, 그러면. 정확하게 세월호가 왜 침몰했는지, 그다음에 미수습자 수습 못한 부분을 철저하게 그렇게 수습하겠다는, 두 가지가 근본적인, 선체조사위원회가 만들어진 주된 그런 염원과 목적이었는데, 그것을 진행하는 주무 부처에서는 그러면 그런 부분은 왜 본인들의 책임이라고 인정을 안 했는지, 그리고 그 준비는 왜 하나도 안 했는지.

그러고 나서 그것조차도, 결론은 4·16 가족협의회에서 뉴스타파를 통해서 협약을 미리 맺고, 그리고 선체조사위원회도 어떠한 그런 소중한 자료가 나올지 모름에도 불구하고, 그러면 적어도 위원장이면 예산이 부족했으면 그거에 대한 기획을 만들고 기안을 만들어서 어떻게든 정부를 설득해서 제대로 된 정리 조사와, 그 증거를 확보하기 위해서는 예산이 부족하면 "예산이 부족하다"라고 해서 진행을 했어야지. 예산 타령은 하고 결론은 더 이상 진행도 제대로 못 하고, 말 그대로 포렌식

자체도 "예산이 얼마로 지금 책정돼 있으니까, 기기도 100대가 나오든 200대가 나오든 모르겠고 예산상으로 10대 할 수 있으니까 10대만 해"라는 그런 안일한…. 선체조사위원회가 대응한, 주무 부처에서 선조위가 제대로 구성이 못 됐음에도, 안 돼 있음에도 불구하고 세월호가 인양이 돼서 이미 육상에 거치됐는데, 그거에 대한 유품과 미수습자 수습에 대한 방안이라든가 또 혹은 그 보존 처리라든가, 어떠한 부분도 능동적으로 준비하거나 기획서에 담아내거나, 회의 석상이든 공개 브리핑 석상에서 피해 가족인 당사자들이 주장하고 요구하고 얘기하기 이전에는 어떠한 답변이나 능동적으로 내놓은 자료조차도 없는 게 현실이었다. 그런 부분은 아마 2기 특조위를 통해서, 인양에 대한 부분, 진행됐던 사항들은 철저하게 좀 다시 조사해야 될 필요가 있겠다… 정도. 뭐… 그 정도로 해야 될 거 같아요.

면담자   네. 선체조사위원회와 관련된 문제는 안타깝게도 미수습자 시신을 수습하는 문제와 바로 연결되잖아요. 9월 23일에 은화와 다윤이가 영결식을 하고, 이어서 이영숙 씨, 고창석 교사 추모식을 하고, 11월 18일에 목포 신항에서 합동 위령제를 하고, 그걸 이어서 서울과 안산에서 장례를 치르게 되죠. 근데 당시 가족협의회에서는 "미수습자 수습 중단을 원치 않는다"라고 말씀하셨는데, 이유가 무엇인지, 그리고 당시 종결되면서 어떤 문제들이 발생했는지 말씀해 주시죠.

찬호 아빠   다수의 주관[적인] 생각들이 많이 있을 수는 있으나 미수습자 가족에게 바란 부분은 선체조사위원회의 활동 기한과 연관이 돼 있다…라는 부분이었어요, 제 주관은. 그게 뭐였나 하면, 예전에 선체조사위원회가 만들어질 때 유성엽 의원이 발의한 법안 있죠. 근데 그걸 하루 만에 다시 정정을 합니다. 그게 뭐였나 하면, 이미 전문가들이라고 하시는 분들과 국회에서 법안을 발의할 때 어떤 내용이 나오나 하면, 실제 저 규모에 재원의, 세월호에 대한 재원과, 이미 물속에 그 정도로 있었던 기한과, 그다음에 인양을 했을 때 실제적으로 저 규모, 재원이 되는 저 정도 규모를 어떻게? '청소'라고 표현하지요, 제대로 다 수색하고 클리어하게 진짜 이렇게 물청소 개념으로 싹 하는 시간이 얼마였냐라는 부분이었어요.

근데 그것을, 그거 청소하는 시간만 1기 특조위 때 권영빈 상임이, 이미 조언을 받아서 그래서 인양에 대한 필요성을 얘기하기 위해서 1기 특조위 때 얘기할 때, 3개월이라는 자료가 나와요, 최소한. 근데 그게 3개월이라고 하니까 유성엽 의원께서 법안 발의를 하는데, 선체조사위원회가 만들어져야 되니까 발의를 해주신 거죠. 근데 자의적으로 국회에서 발의를 하시면서 그런 데이터 내용들 때문에 적어도 얼마? "육상에 거치되고 3개월…"이라는 표현이 나와요. 근데 그거는 청소하는 거에 대한 부분만이었거든. 그래서 그날 밤에 12시 넘어서 제가 전화를 한 기억이 있거든요. "의원님, 잘못됐다 이거. 언론에 이렇게 나오는데, 최소한 청소해서 고걸 안에를 들여다보고 조사하는 시간이 최소한 6개월이라는 겁니다. 청소하는 시간만 3개월이랍니다…"가 주된 내용이었다라고 해서, 지금도 자료 찾아보면 아시겠지만 유성엽 의원이 그렇게 발의를 했다가 바로 그다음 날 정정을 해요, 최소 기한이 6개월로. 선체조사, 그런 내용이 있거든요. 밤 12시 넘어서 한 세 차례 내가 통화한 기억이 있어서….

그 정도로 이 전문가들이, 이… 제안을 해주고 조언을 해주고 했던 부분이, 또 이론적인 뒷받침의 자료들이 아주 엉망 개판이었던 거죠. 근본적으로 얘기하고자 하는 거는 선체조사위원회 활동 기한이, 그런 되지도 않는 비, 전문가라고 하지만 비전문가들에 대한 내용으로 충족돼서 너무나 좀… 기간이 짧았다. 그런 아쉬움도 얘길 해야 되겠다. 근데 왜 그렇게 됐을까? 그런 유성엽 의원을 또 막 이렇게 공격하시는 분들도 있었어요. 특히 낙선운동 해야 된다고 전주에서 나한테 직접 시민 사회 단체에서 전화까지 왔으니까. "당신들이 잘못 알고 있다. 유성엽 의원이 나쁜 분이 아니라 유성엽 의원은, 가족협의회 의견을 내가 가서 만나서 얘길 했고 이렇게 해서 선체조사위원회가 빨리 만들어져서 인양이 제대로 되고 미수습자 수습하고 이런 거를 피력함으로 인해서, 도와주시고자 법안 발의를 하신 거다. 많은 의원들이 발의를 하셨지만". 근데 그 3개월을 다시 정정했던 부분은 언론에 안 나가니까 유성엽 의원이 "야, 이거 그냥 뭐 형식적으로만 하자는 거야?" 이런 식으로 공격을 하기 시작한 거예요. 그다음에 바로 선거 있었잖아요, (웃으며) 법안 발의 끝나고. 지역에서 잘못 알 정도로….

그래서 그런 이… 뭐라 그럴까요, 아주아주 그… 대한민국 내에 역사상 없었던 그런 아주 중대한 사안이고 그런 참사였음에도 불구하고 너무나… 수동적인 것과 플러스, 이 뭐라 그럴까요, 그런 전문가적인 그런 기술력이 너무나 부족했다. 그래서 선체조사위원회 활동 기한이 너무 짧았던 게 더 사실은 문제도 있다…로 얘기를 드리고 싶고. 무조건 "너네가 못 했어"가, 못 한 거 많아요, 못 한 거 많지만, 일단 고런 부분이 첫 번째 한번 짚어져야 될 거고. 왜 미수습자 가족들 얘기하는데 그 얘기를 하냐, 어떻게 보면… 저는 서운함이 있어요. 그런 부분이 있

찬호 아빠 전명선

었기 때문에 일단 더 이상 못 하고, 정밀 조사를 못 하고 하면, 또 사회적 참사법에 따른 2기 특조위도 있고, 제대로 조사를, 세월호를 훼손도 안 하고 무조건 막 짤라내기 시작하면….

미수습자 수습이 가장 중요하죠. 그건 인정을 하지만, 세월호 참사의 진상을 제대로 밝히고자 한다라고 하면 제대로 된 조사와 수사가, 정밀 조사가 일단은 먼저 이뤄져야 될 거 아니에요. 근데 시기적으로 이 촉박함 이런 거로 인해서…. 미수습자 가족들 생각은 이해가 돼요. 얼마나 조바심 나고 저거 했겠어요. 그걸 또 선조위와 해수부는 교묘하게 이용을 했다라고 봐야 되고, 미수습 가족과 4·16 가족협의회 가족들 하고의 갈등… 구조로 계속 대립되게 만드는, 그런 잘못도 당연히 있다. 근데 그런 촉박함에 대한 불안 이런 것도 맨 처음에 미수습자 가족은 있었을 거 같다. 그 부분은, 실제 당사자 아닌 제3자로서 얘기하는 부분은 바람직하지 않다.

〈비공개〉

면담자   세월호 인양을 전후로 유가족과 가족협의회에 대한 언론, 정부 기관, 지식인, 시민 등의 태도가 변화됐다고 느끼셨나요?

찬호 아빠   음… 제가 그런 얘기 전에 했었나 안 했었나 모르겠어요. 근데 제 생각은 항상 같다 보니까, 아마 전에 구술할 때 그런 얘기를 했는지도 모르겠지만… 아직도 멀었다고 보죠. 그리고 말 그대로 함께해 주신, 마음이 같은 사람들은 알겠는데, 그것을 정치인으로서 혹은 안전을 책임지고 있는 이런 정부 부처, 또 현장 내에서 그렇게 일하고 있는, 종사하고 있는 분들이나, '다 와닿지는 못하겠구나'라는 항상 부족함, 항상 부족하다고 느끼죠. 함께 단식을 하고, 함께 거리에서 풍찬노숙을 하고, 그다음에 그 무더운 뙤약볕에서 말 그대로 피케팅을 하고 행진을 하고. 그리고 또 국회 본연에서 해야 될 업무들이 있는데, 두 가지인 거 같아요. 마음적으로는 항상 감사하고, 또 그분들 역량에서는 최대한의 노력을 기울인다고 할 수는 있겠으나, 가족협의회 시선으로 보거나 제가 보는 시선에서는 '항상 부족하고 만족스럽지가 못하다'로 얘길 해야 되고 마음은 든다.

면담자   그럼 언론보도에서도 큰 차이를 못 느끼셨나요?

찬호 아빠   언론보도 같은 경우도 사실은 국정농단 이후, 그다음에 정권교체 이후, 실제적으로 다 그렇진 않지만 변화되는 모습은 느낄 수가 있다…라는 거구요. 또 이제 국회라든가, 자유한국당 현재 입장으로 보면 보수 쪽에서도, 자유한국당 입장에서도 탄핵 관련돼서 탄핵 이후에, 국정농단 이후에 세월호 관련된 기무사 문건이든, 이런 건에 대해서 우리가 기무사 관계자들을 고발하고 이렇게 대응하는 부분에 있어서, 세월호 관련돼서는 예전처럼 적대적으로 당 차원에서 대변인을 통해서 당 입장을 내거나 하는 행위 자체는 없어졌으니까, 없어졌으니까 그래도 나름 좀 변화가 됐다. 공무원들도 사실은 좀 변화되는 모습을 보이고, 있을 수 없었던 뭐 해경이라든가, 말 그대로, 또 육경 같은 경우도 그렇고, 뭐 아이들 『416 단원고 약전』을 비치한다라든가, 그다음에 주된 해양 안전, 국민 안전을 논의함에 있어서 아직까지는 공개적인 석상에서, 취임식이든 그런 데를 통해서라도 공개적으로 세월호에 대한 희생과 제2 세월호 참사 [예방]에 대한, 국민 안전에 대한 부분을 아예 이제는, 정권이 바뀌어서 그런지 몰라도 공개적으로 얘길 한다. 근데 그런 게 그대로 언론을 통해서 다 나가고, 나름 논평이나 이런 걸 보더라도, 사실 자한당 쪽에서도 그거에 대한 반대 논평 자체를 아예 내거나 이런 행위가 없어진 거 보니까 변화된 모습은 보이지만, 한계는 있는 거 같고 부족함은 느낀다…로 얘길 해야 될 거 같구요.

언론도 마찬가지, 변화되는 모습은 보이지만 그래도 아직까지, 그 다음에 흥행 뭐 이렇게 또 이제 관심에[이] 집중될 수 있게끔 하는 부분이지, 심층적으로, 세월호에 대한 문제를 좀 심층적으로 다뤄서 그거에 대한 제도개선이라든가 이렇게 대응하는 아직까지 언론이 안 나오다 보니까 고런 부분이 아쉬움이 있고. 이제 재조명이라고 해야 될 건데, 그런 것도 많은… 언론사뿐만이 아니라 시민사회 단체도 있을 테지만, 시민사회 단체에서는 외려 재조명하고자 하는 그런 부분을 계속 진행을 하고 있는 거 같지만, 기존 언론사에서는 아직 그런 대응까지는 좀 안 보이니까 아직까지도 부족함이 있다. 그리고 뭐 2기 특조위를 통해서 또 진행되는 새로운 이런 국면 사항들이 나오다 보면, 충분히 그런 부분들은 나올 수 있겠다…라고 얘기를 하면 될 거 같구요.

부족함으로 대표적인 예는, 저는 항상 그… 공무원들이 바뀐 건 아니거든요, 정권이 바뀌었고. 뭐 예를 들어서, 해경에 그 당시에 있었던 주된 지휘관 책임을 가지고 있었던 사람들이 대부분 어떻게 됐죠? 육경 출신의 해경 청장을 교체를 한다라고 해서 기존의 해경들이 그러면, 있었던 지휘 계층과 직위에 대한 부분들이 한 번에 다 일순간에 바뀔 수 있는 부분은 아니잖아요. 그러면 그때 책임… 지휘관으로 있었던 사람들이 대부분 다 지금 현직에 머물고 있고, 대부분 함장, 서장, 또 지역 경찰… 청장으로 당연히 다 그렇게 되는 거. 그건 부정할 수 있는 부분은 사실은 없죠, 국민 전체의 안전을 얘기해야 되니까. 나중에, 우리가 법조인이 아니다 보니까 그것은 재판부에서 따지면 되지요. 조사를 하고 그 당시에 잘못된 부분이 있으면, 지금 만약에 청장으로 있거나 함장으로 있거나 경찰서장으로 있다라고 하더라도, 실제 새로운 사실이 나오고 그거에 대한 부분에 잘못이 있다라고 하면 법적 책임을 지게 하면 되는 거죠.

국민 전체 안전을 위해서 "너네는 적폐 세력의 대상자였으니까 지금부터 모든 직위를 박탈하고, 너네는 어떻게 돼, 그 자리에 있으면 안 돼"로 얘기할 수 있는 건 아니잖아요, 세월호 가족 입장에서는, 가족협의회 입장에서는 그렇게 얘기하고 싶은데. 그런 부분은 좀 존중돼야 된다…라는 생각도 해요, 전체를 본다라고 하면. 그래서, 한 줄로 정리하면 저는 그렇게 얘기하고 싶어요. 조금씩 변화되는 모습은 보이고 있다. 근데 항상 부족함을 느낀다. 그리고 또한 대통령은 바뀌었지만 공무원이 바뀌지는 않았다. 그리고 대통령께서 국민들에게 얘기하고 국민들에게 약속했던 부분을, 대통령은 실행으로 옮기고 행동으로 옮기고 싶어 하는 부분이 보이는데, 실제로 그 밑에 대통령을 보좌하고 있는 공무원들, 공무원 세계는 아직까지 바뀌지 못하고 있구나. 왜? 아직도 의전이라든가 관행과 관례, 관습을 따지면서 제대로 그렇게 획기적으로 대통령이 요구하는 방향, 대통령께서 걷고자 하는 방향대로 아직까지 제대로 보좌하고 바뀌어가는 모습이 보이지 않는다. 대통령을 빗대서 하는 게 맞는지는 모르겠지만, 그런 생각을 합니다.

5
잠수사, 어민들의 문제에 대한 생각

면담자   네. 2018년으로 이제 넘어가겠습니다. 2018년 2월에 '세월호 피해자 지원법 개정을 위한 정책간담회'가 열렸는데요. 인양 시기에 기름유출로 피해를 입은 진도 어민들도 등장하고, 생존자 가족이라든지 일반인 피해자 대표라든지, 민간 잠수사 등이 참여해서 피해자 지원에 대해 논의를 합니다. 이런 문제에 대해서 가족협의회 위원장으로서 어떻게 생각을 하시나요?

찬호 아빠   그거 박주민 의원께서 대표 발의를 하고, 그 전부터 연대를 했지만, 김관홍법[4·16세월호참사피해구제및지원등을위한특별법일부개정법률안], 말 그대로, 그 잠수사들, 마음 아프죠. 그리고 '당연히 그런 피해를 입었기 때문에 뭐 당연히 필요하다'라고 봐요, 적극적으로 동의를 하고. 그다음에 가족협의회 입장에서는 당연히 어민뿐만이 아니라, 잠수사뿐만이 아니라 실제 피해를 입었다라는, 전 국민이 어떻게 보면 큰 트라우마를 겪었고, 그다음에 '전 국민이 사실 피해자다' 이런 생각을 해요. 그래서 현실적으로 안산 지역에서도 이렇게 지금 생명안전공원 이렇게 반대하고 또 자한당이나 바른미래당에서는 지역 정책은 없이 그냥 표심만 가지고 "세월호 납골당 반대" 오로지, 이런 걸 보고 저 사람들도, 나쁘죠. 가족협의회 입장에서는 진짜 부도덕한 사람들이라고 얘길 하고 싶지만, 또 한편으로는 저 사람들도 피해자인 거거든요. 그래서 부정할 수는 없겠다.

그래서 전체 피해자들에 대한 부분, 그다음에 직접적으로 피해를 입고, 근데 피해자라고 지칭하는 자체가 현실적으로는 희생되거나 세월호에 탑승한 사람들로 너무 국한돼서 지금까지 정부에서 대응했기 때문에, 그런 부족함에 있어서 직간접적으로 피해를 입었던, 기본적으로 이제 잠수사분들이나 희생당하신 분들도 있고, 사실은, 그리고 또한 어민들. 동거차도, 서거차도 그 조도 어민들에 대한, 정부에 대한[정부의] 피해 지원에 대한 부분은 너무나 필요하다. 그니까 세월호 탑승한 [경우] 외에 직간접적인 그런 피해자에 대한 지원하는 방안이든 법안은 적극적으로 우리도 동의하고, 또 그걸 요청을 했었고, 그렇게 해서 만들어지고 있으니까 잘됐으면 좋겠다…로 얘길 하구요.

한 가지 근데 이런 표현이 맞는진 몰라도, 가족협의회 위원장으로 봤을 때는 '이 부분이 실제 어디서부터 손을 대야 되는 부분인가는 좀 짚어볼 필요가 있겠다'라는 거죠. 실제 어민들이 피해를 입었으니까 그냥 피해보상을 해야 된다? 근데 그게 어민들이 피해 본 거는 인정이 되지만, 그거에 대한 피해를 있게끔 한 당사자들, 또 그거를 방치하거나 방관한 당사자들은, 결론은 공무원들일 수밖에 없다. 그리고 최종적으로는 정부일 수밖에 없다. 그 책임은 정부가 져야 된다. 다만, 그 피해라는 게, 육체적 혹은 정신적 이런 피해 말고 실제적으로 돈에 대한… 부분으로 국한시켜서 축소한다라고 하면, '그것은 정부만의 잘못은 아니다. 피해당사자들이었던 분들의 책임도, 나는 있다'라고 정확하게 짚어야 될 거 같다. 그래야지만 어떠한 사안 하나로 이… 앞으로의 이 사회적인 변화를 이뤄낼라고 하면, 그니까 이런 지원 하나로 끝내서는 될 게 아니고, 될 게 아니라 정확하게 그거에 대한 제도개선이 이루어져야 된다라고 하면, 정부의 잘못과 실제 피해자라고 주장하고 있는 국민들

찬호 아빠 전명선

도 인정할 부분은 인정하고 들어가야지만 확실한 변화가 있을 거다라는 생각을 해요.

그 아쉬움이 뭐냐 하면, 어민들 얘기를 들어서 그분들이 어쩔지는 모르겠지만, 저는 어민들께서 소송을 하셨는데, 어민들의 피해에 대한 부분을 좀 들여다봤어요. 법률대리인으로 아마 어민들을 변호해 주시는 분들 중에 대표 변호사가 계시는데, 홍지백 변호사고. 그래서 어민들이 피해 주장을 하는 내용들을 좀 들여다봤어요. 왜, 잠수사들도 반드시 이렇게 해서 지원이[을] 받아야 되고, 또 피해 어민들, 또 우리가 너무나 많은, 우리한테 도움을 주셨던 그 어민들의 피해도 당연히 세월호 참사로 인해서 피해를 보신 거기 때문에 가족협의회 입장에서는 '정확하게 그거에 대한 피해보상은 받아야 된다. 혹은 정신적인 부분, 그 치료에 대한 부분도 받아야 된다'라고 생각을 하지요. 근데 내용을 좀 들여다보면서 '같이 좀 반성하고, 앞으로 제도개선을 하고 같이 책임 있는 자세는 좀 필요하겠다'라고 느낀 것은 그런 거예요. 양식장을 운영을 하셨거나, 혹은 양식장을 운영을 하시면서 피해액에 대한 산정 기준이라든가. 그거는 가장 근본적으로, 육지에서 몇 킬로 내에는 양식을 할 수 없고, 그리고 말 그대로 대한민국 국민이니까 아무리 나라가 나라 같지 않더라도 지킬 건 또 지켜야 되는 부분이 있다 보니까.

그렇다라고 하면, 거기는 물류를 이동하기 위한의 공간 정도로 허가를 받았는데, 거기에서 양식을 하셨어. 실제. 그러다 보니까 법 기준으로 따져서 전복 양식을 하셨는데 실제 피해액이 8억인데 정부에서 인정할 수 있는 거는 1억밖에 안 돼. 너무나 차이가 나잖아요. 그런 결과가 왜 일어났을까? 그것은, 거기에서는 양식장을 인허가를 내줄 수 없는[데] 진도군, 혹은 지역 지자체에서 공무원들이 암암리에 불법을 자행할 수 있게끔 눈감아 준 부분들이 있었더라고 인정할 건 인정을 해야된다. 그리고 그게 피해 어민들이니까 피해 어민들보고 무조건 인정하라는 게 아니라, 그러면 앞으로는 적어도 기존의 법규가 그러면, 제도 개선을 해야 되면 법규를 바꾸게 해서라도 그렇게 하든가, 아니면 지자체 내에서도 그런 불법을 눈감아 주거나 하는 공무원의 그런 안일한, 앞으로 그런 행동 자체부터 다 고쳐져야 되겠다.

아니, 법적으로 규정하는 게 8억이고 1억의 차이면 어마어마한 차이고. 그래서 그런 부분은, 제가 봐서 결과적으로는 어민들, 또 국민들, 피해를 보는 그런 분들이 아예 사회적으로 대대적으로 진짜 획기적으로 이제, 이윤이 주목적이 아니라 함께 살아가는 사회, 그다음에 진짜 안전이 우선시되고 그다음에 서로 또 존중되고, 그런 사회를 만들고, 그런 사회 변화의 모습은 정부의, 정부만으로도 안 되고, 그거에 따른 지자체 공무원들부터 시작해서 진짜 국민들 정서까지도, 국민들까지도 고런 내용이 좀 들어가 줘야 되겠다. 그래서 가급적이면 요번은 어떻게 됐든 간에 그렇게 피해를 보셨으니까, 솔직한 내용은, 실제 그게 있었던 [피해 수산물] 양은 다 추정이 가능하고 있기 때문에 그 보상은 다 해주는 게 맞다. 근데 이거는 그렇더라도, 쫌 어폐가 있을지 몰라도, 실제 들여다보고, 내가 법조인이라면… 납득하기 어려운 부분이 있다. 그 첫 번째 책임은 지자체 공무원이 져야 될 것이고, 그 부분에 있어서 서로에 대한 협의가 좀 있어야 되겠다, 그 피해 어민들하고. 그러고 나서 그것을 나의 피해로만 국한시키지 말고, 본인이 손해 보는 부분이 있더라도, 이번 지원 특별법에서 배·보상이든 뭐든 제대로 지원을 받되, 그런 부분도 서로 아예 오픈 해놓고 이 기회에 아주 그런 부분까지, 대한민국 전체가 좀 바뀌는 모습을 보여줬으면 좋겠다… 싶어요.

면담자   지금 말씀하신 게 가족협의회 위원장으로서 그렇게 생각을 하시는 건가요. 아니면 개인적으로 여러 법적인 문제들에 많이 관여를 하시다 보니까 생각하시게 된 건가요?

찬호 아빠   그것은 개인적으로 얘기하는 것은 아주 건방진 거 같구요. 가족협의회 위원장이다 보니까, 어민들도 있지만 지금까지 많은 국민들이 저희를[와] 지금 연대하고 지지해 주고 힘을 실어줘서 지금까지 이렇게 버틸 수 있었던 거잖아요, 그게 동력도 됐었고. 그러다 보니까 우리를 도와주셨던 분들을 개인적으로 다 봐야 돼요. 그니까 감사 인사를 해야 될 분들이, 평생 감사한 마음으로 살아가야 될 분들이 한두 분이 아니잖아요. 그러다 보니까, 개인이 아니라 가족협의회 위원장이다 보니까 김관홍법이라든가 또 실제 수습 과정에서 희생되신 분들도 있고, 그다음에 그 안전에 대한 부분을 가지고 그걸 총괄하는 해경의 잘못…이 아니라 실제 잠수부들 자체의 잘못으로… 해서 재판까지 받게 만들고, 그런 것을 봤을 때는 진짜 너무 잘못됐다. 그리고 어민들 같은 경우도….

면담자   공우영 잠수사를 말씀하시는 거죠?

찬호 아빠   네. 공우영 이사… 같은 경우에 그런 법적 책임에 대한 부분. 그러면 제대로 된 안전 검사를 못 했던 부분도 사실 잠수사들 책임도 있다는 거예요. 그래서 그것을 어느 잣대로 딱 놓지 말고, 그런 게 정확하게 지원 특별법을 통해서 지원 부분은 지원이고, 제가 바라는 것은 개선에 대한 부분이다. 그러다 보니까, 가족협의회 위원장이다 보니까 그런 자료들을 다 들여다볼 수밖에 없고, 제가 우리 일도 너무나 많지만 그런 분들, 도와주신 분들을 그냥 가족협의회에서 무시할 수 있는 건 아니고, 평생 은혜를 갚으면서 살고 그 감사한 마음을 가지고 살아야 되다 보니까, 그 어민이, 소송에 참여했던 분들의 내용 피해액까지 사실은 "주셔라" 그래서 사실은 검토를 다 했어요. 검토를 해서 내용들을 다 보고, 내 주관이 그런 생각이 들은 거지. 가족협의회 위원장이니까 그런, 우리 사안들도 워낙에 바쁘지만, 그런 잠수사들에 대한 부분, 어민들에 대한 피해 액수도 보고, 실제 참여하신 내용들도 보고. 근데 '법적으로 이렇게 요청을 했는데 왜 정부에서 인정을 하지 않을까?'를 들여다보다 보니까, 법조인은 아니지만, 그런 병폐들이 있더라, 그런 생각을….

6
세월호 추모공원 건립으로 인한 안산 시민과의 갈등

면담자 알겠습니다. 2018년 2월 20일에 제종길 안산 시장이 세월호 추모공원을 안산 화랑유원지에 조성하기로 발표합니다. 4·16생명안전공원 선정 논의는 2015년 9월부터 시작해 이후 입지 선정을 둘러싸고 시민들과 의견이 갈리기도 합니다. 사실 도교육청, 시장도 우호적인 입장은 아니었다가 2018년 2월에 그런 발표를 하게 되고 자유한국당 소속 안산 시의원 8인이 반대 투쟁을 하죠. 그 과정에서 시민 의견 수렴을 위한 공청회 등이 개최되었는데, 그때 "수백 명의 통장이 동원됐다"라든지 하는 논란이 좀 있었어요. 그래서 이 과정, 이게 또 굉장히 긴 과정이기는 한데요. 여기에 대해서 좀 기억나시는 대로 말씀해 주시죠. 특히 가족협의회는 안산시나 각 정부 부처와 관련해서 어떤 입장들이었는지, 만약 입장의 변화가 있다면 어떤 변화가 있었는지 상세하게 말씀해 주시면 좋겠습니다.

찬호 아빠   실망스럽고, 심각하죠. 사실은 [세월호] 추모사업 추진위원회가 발족이 되고, 그 위원회 회의가 사실은 17년 6월 30일에 종료가 되죠. 근데 그 위원회 위원장이 이제 안산 시장이었고, 제종길 시장이셨고, 이제 시의원, 그다음에 자치위원들, 그다음에 전문가, 시민사회단체, 그다음에 주무 부처 공무원들까지 참여해서 그런 위원회가 열려서 진행이 됐음에도 불구하고 위원회 회의를 16차례, 그다음에 소위원회를 11차례, 그다음에 간담회와 토론회를, 주민 경청회부터 주민 간, 공청회, 토론회, 그다음에 주민 간담회까지 포함해서 12차례의 회의를 진행을 했어요. 그리고 나름 그… 설문조사라든가, 의견 수렴 과정에서는 한국리서치 같이 전문 설문[업체], 그다음에 그것을 또 아주 뭐라 그럴까, 어떻게 보면 다수의 의견을, 다수의 내용들이[을] 설문 내용에 담을 수 있도록 전문 기관에다가 의뢰를 해서 진행을 했었던 부분도 있고, 기본 절차들은 다 진행이 됐었다. 그 지리한 과정이었다라고 봐야 될 거 같구요.

    그러면서 지역 주민들하고의 갈등 부분에 있어서는 안산시도 그렇고, 사실상 정부 법무조정실이나 국무조정실도 그렇고, 너무나 방기했던 부분이 있다. 외려 시민, 지역 주민들과 유가족하고의 싸움으로, 그니까 본인들이 어떻게든 중재를 하고 제대로 된 기획과 내용을 만들어서 중장기적인 지역사회의 비전과, 뭐 그런 걸 제시할 필요가 있었는데, 오로지 그런 거 없이, 추모공원, 생명안전공원은 나중에 [이름이] 바뀐 거고, 추모공원을 법적으로 해야 되고 그 부지에 대한 부분은 지자체에서, 장소는 당연히 해야 되니까. 4·16세월호참사법에 명기돼 있으니까, 지원 추모 특별법상 있으니까, 추모공원을 조성할 수 있도록. 그니까 너무나 단순핸[단순하게] 고 내용 자체로 가지고 했지. 그니까 국조실과 안산시가… 4·16가족협의회 또는 안산 시민들에게 그런 제대로 된 비전, 가치를 제시하지 못하고 토론회와 그다음에 의견만 물어가는 과정으로 좀 진행된 부분이 너무나 극과 극으로 대립할 수, 할 수밖에 없었지 않았겠냐 싶은 거구요. 그다음에 너무나 좀 수동적으로 대응했었던 부분은 인정하고 넘어가야 될 것이다.

그리고 그런 부분에 있어서 실제적으로 가족들 목소리가 먹히지가 않았죠. 왜, 이미 불신을 시작하게 되다 보니까, 얘기했던 대로 그런 시설을 만들어놓으면, 시내 한가운데다가, 학교 옆에다가 그걸 만들면… 냄새. 그 냄새라는 건[게] "화장장"으로까지 표현된 거예요. 그리고 또한 예전에 안산은, 한 5년, 6년 전이 되나, 양산동에 [화장장] 유치 관련돼서 아주 크게 한 번 부딪친 적이 있었거든요. 그랬다가 취소가 됐었던 부분이 있어서 그런지 몰라도, 이상하게 비쳐졌다. 그래서 제대로 기획하거나 비전이든 가치든, 이런 복합 문화시설에 대한 제안이든 기획안 없이 그냥 갈등 구조로만 계속 진행됐었던 부분이 아쉽고.

어떻게 보면 또 지자체에서 안일한 대응도 있었다…라는 부분이죠. 그게 뭐냐 하면, 지자체장 의지도 약했다라고 생각을 해야 돼요. 아, '의지가 약했다'라는 게 아니라 '좀 방기했다'로 표현하는 게 맞는 거 같

찬호 아빠 전명선

아요. 그게 뭐냐 하면 위원회 내에서, 지자체장이기도 하시지만 [세월]회]지원추모위원회를 실제 구성, 운영하는, 진행을 하는 위원장으로서 중립적인 부분은 당연히 인정이 돼야 된다. 하지만 안산시에서 요청한 게 있죠. 그것은 딱 두 가지였다, "첫 번째, 전액 국비로… 건립해라. 두 번째는, 그 시행권은 지자체에다 줘라". 그래서 그렇게 두 가지예요, 크게. 그래서 그냥 쉽게 법적으로 만약에 "시행권을 지자체에서 줘라"라고 한 부분은 그러면 지자체에서 책임 있게 땅, 부지에 대한 부분을 지자체에서 제공을 해야 되는 거죠. 법적으로 정부가 땅값까지 대줄 수는 없는 거잖아, 시행권을 달라고 했으니까. 근데 그거는 부정하는 거지.

"전액 국비로" 그니까 정부에서, 부처에서는 "알았다. 그러니까 부지만 해서 기본 계획만 수립되면 그렇게 하면 된다"라고 했음에도 불구하고 권리주장만 하고, 그거에 대한 대응안도 못 잡은 채로 권리만 주장하고, 실제적으로 지자체장으로서 이행해야 될 세부적인 계획안은 마련도 못 했다. 시행권을 달라고 했으면 적어도 지역 주민들에게 그런 비전을 제시하고, 그다음에 그런 부지에 대한 비용 부분, 규모 부분, 그것은 안산시에 비전을 제시하면서 충분히 "[비용을] 우리가 대야 되는 게 맞다, 지역에서, 지자체에서"로 가야 되는 게 정상이잖아요. 그리고 현재 대한민국 법상 시행권을 가져오게 되면 부지는 아무래도 안산시가 대는 게 맞는데, 고렇게까지 했던 부분이 참 저는 너무나 수동적이었고, 아주 뭐라 그럴까 "이것을 어떻게 잘 만들어서 시민 친화적 복합 문화시설로 만들고, 그것을 교육의 장으로 할애해야 된다" 이런 원론적으로만 얘기했던 부분들, 그렇게만 얘기해 가지고 안산 시민들한테 와닿았겠냐. 그런 부분에 대해서 너무나 좀 아쉬움이 남는다라는 거죠.

그래서 두 가지 그렇게 요청을 했었던 부분은 안산시에서 좀, 지역에서 좀 잘못된 부분이었다, 지자체장으로서.

면담자   안산 시장 같은 경우는 그동안 4·16생명안전공원 설립과 관련해서 미온적인 입장을 취하다가 정권이 바뀐 다음부터 입장을 바꾼 것으로 보입니다. 그 계기는 뭐라고 생각하시나요?

찬호 아빠   그거는 창피한 일이라고 봐야죠. 아주 창피한 일이다. 요점 얘기를 하면 국조실도, 정부의 국무조정실에서도 제대로 그 역할을 못 했다라고 한마디 해야 되고. 그래서 부지에 대한 부분만 가지고 얘기를 했다라고 하면, 결론은 "알았고 그렇게 해줘. 그러면 우리는 정부에서 집행할 거야" 그것도 좀 안일한, 너무나 수동적인 대응이었다라고 보고. 나름 [서로] 간에 주장하는 바는 또 극과 극으로 다릅니다. 우리한테 그런 권한이 없으니까, 부처에서, "안산시에서 부지를 줘야지만 그다음에 거기에 규모라든가 그게 나와야지만 예산을 책정할 거 아니냐"라고 하지만, 여기는 그 수준도 못 됐었던 거고. 그것을 국조실도 정부에서는 알고 있었지만 지자체에다가만 계속, 그거에 대한 저것만 했었던 거고. 그래서 안산시는 그러면, "그것까지 다 주면 나중에 '전액 국비'라고 시행권은 줘. 부지값도 모르겠고 다 내줘" 이런 거에 대한 그런, 아무튼 부족한 부분이 있었고. 그러면 왜 6월 30일 날 종료되고 그… "12월, 연말까지는 반드시 하겠다"라고 가족협의회와 약속을 했는데 그 약속도 이행이 안 됐고. 그래서 최소한 1월 안에는 해야 된다라는 부분.

이미 정권도 바뀌었는데 왜 못 했을까요. 그거는 저는, 그… 정치적인 야심, 그다음에… (면담자 : 시민들의 반대?) 안산 시민들의 반대야 이미 시장을, 의정활동을 하시면서 느꼈겠지만, 정권이 바뀌고 대통령이 이미 선언을 해서 약속을 했던 부분이 있고, 그리고 8월 16일인가, 대통령 당선 되고 나서 가족들하고의 간담회가 언론을 통해서 공개적으로 나가죠. 그래서 문재인 대통령이 약속을 해버리는 거죠, 이 생명안전공원에 대한 부분을. 그래서 아마 집권 여당 입장에서, 또 지역 지자체장으로서 그러면 정부와, 또 대통령의 입장과, 그다음에 정부의 입장과, 말 그대로 당 차원, 국회, 자한당을 빼고 당 차원의 입장들…을 지자체장 혼자서 거부할 수 있었을까 싶은 거예요. 그 전에 그렇게 좀 열심히 하지.

그리고 그때까지 마지막에 노력을 해주신 분은 사실상 지역구 의원이고 세월호 특위 위원장이신 전해철 의원의 공이 컸다. 뭐… 대부분 모르시겠지만, 마지막 그때 최종적으로 심각한 논의까지 있었다…라고 저는 얘기를 드려야 되고. 제가 홍남기 장관을 뵙고, 국무조정실장님을 뵙고 비공식적으로 얘기했던 내용도 있을 것이고. 또 가족협의회 위원장으로서의 생명안전공원 유치, 생명안전공원 건립에 대한 지금까지의 이렇게 잘못된 내용들을, 시민사회혁신수석실이 결론은 전체 시민사회단체든 각 지역의 그런 국민들의 여론을, 아무튼 의견을 수렴하는 거니까, 그런 부분을 통해서 전달을 다 했었죠. 그리고 또한 국회 차원에서도. 그래서 마지막에는 약속이, 그래서 1월 달까지도 결론은 최종 결정을 못 내고, 마지막에 박주민 의원, 전해철 의원, 아무튼 전해철 지역구 의원이시지만 세월호 특위 위원장이시잖아요. 전해철 의원님이 중간에서 많은 노력을 했다…라고 얘기를 드려야 될 거 같고. 그래서 "지자체장 혼자서 힘드니까 당 차원에서 대응하겠다. 그리고 지역 의원으로서 본인들도 책임지겠다". 그래서 전해철 의원, 김철민 의원이 아예 붙게 된 거죠. 그리고 지역[당협]위원장들까지도, 네 분의 [안산시] 지역위원장들이 "함께 책임지고 이 부분은 풀어나가야 되고 공동책임을 져야 될 필요가 있다"고까지 얘길 해요. 그래서 한 두 차례 미팅을 했고, 그래서 국무조정실에 가서 정확한 가족협의회 입장을 밝히고 현재 상황들 공유를 하고.

또 두 번째는 제종길 시장, 전해철 의원, 박주민 의원…과 외부에서 비공식적인, 최종 두 차례 정도 회의를 합니다. 그러고 나서 선언을 하게 되는 거죠. 안 그러면 저는, 요것도 나중엔 그렇겠지만, 전 그랬어요. 민주당 차원에서, 저는 강하게 비판했죠. "대통령께서 얘기하고, 당에서까지도 당 차원의 의견들이 만들어졌는데, 지자체의 장이고 더불어민주당 소속이라고 하면서 그것을 당 차원의 의견과 정부 의견 자체를 거부한다? 공천권 주지 말아야지", 저는 그걸 요구를 했어요. 가족협의회 위원장이기 때문에 그런 얘기를 못 할 게 없거든요. "공천도 주지 말아라. 그 사람 저기 민주당 맞냐? 새정치민주연합 때 떨어져 나갔던 안철수, 김한길 라인 아니냐, 안철수 라인. 정확하게 따져보면, 다시 환경운동할 때부터. 그 사람 라인 파악해 볼 필요가 있겠다. 그리고 진짜 선언 안 하고 그러면 이거 용납 안 해야 된다. 그리고 민주당도 똑같다, 더 이상 그러면. 공천 주지 말아라" 저 사람은, 아주… 저런 사람이 저기 (웃으며) 그런 얘기까지 막 하죠. 국무조정실장한테도 그런 얘기를 하고, 청와대 가서도 그런 얘기 합니다, 나는. 왜? 개인으로 하면은 아주 건방지거나 아주 무례한 행동이 되겠지만 왜? 나는 찬호와 아이, 우리 찬호 친구들, 그다음에 가족협의회 위원장이기 때문에 수단과 방법을 가리지 않고, 누구와의 타협이 아니라 어떻게든 만들어내야 될 게 있는 거죠. 그러기 때문에 못 할 말이 없는 거죠. 그런 얘기 합니다.

그렇게까지 강하게 좀 그런 부분이 있었고, 그래서 아무튼 전해철 의원이 워낙에 고생해 주셨다, 마지막에 박주민 의원. 당에 전체적으로 또 지지를 해주셨다, 민주당 측면에서는, 그래서 감사하고. 그다음에 여기 안산시 지역위원장들 책임 있게 같이 기자회견 나서주고 하겠다 라고 해서 했는데, 너무 늦었었다. 고 정도까지만 얘기해야 될 거 같아 요, 그래서. 공천 얘기하고 이러니까, 그런데. 너무 건방지죠, 교수님이 들어도? (웃음)

면담자　　　아니요. 사실 저는 제종길 안산 시장의 급변이 좀 의아했 던 점이 있거든요. 그런데 사실 이런 내막이 있었던 거군요.

찬호 아빠　　　그런 게 있었고, 언론에 미리 얘기할 수도 없고 [가족협의 회] 임원들한테 얘기할 수도 없었지만, 기자회견 하기 전에, 전날 밤에 최종 워딩, 사실 저한테 줘서 다 확인을 했었고, 적어도 이렇게 해야 된 다라는 부분, 그다음에 아침에 최종 기자회견문이 저한테 오죠. 그래서 다 확인을 했었고, 지금에서야 얘기하지만 그 정도까지였어요, 그리고 고렇게까지. 여기서 얘기도 못 했죠. 안산시에서 만나서 같이 얘기도 못 했죠. 어디에서, 안산시 말고 따른 시 가서. 왜? 안산 시장이니까 안 산시 어딜 둘이서 가서 만나서 얘기를 하면 다 알게 되잖아요. 그래 서… 저기 항상 한 (웃으며) 외부에 가서 얘기를 한 거 같아요, 외부에 가서 얘길 하고.

추가로 쫌 얘기하면 엄청난 공격을 했어요. "사동 88블록. 학교 부 지 저거 안 하고 땅 다 팔아먹은 거, 결론은 지자체장이 잘못한 거 아니냐? 그 정도도 파악 안 됐냐? 그걸 경기도교육청만[의] 잘못으로 돌려야 되냐? 아이들 안전 얘기하면서 학교 부지까지 팔아먹은 게, 지자체에서 팔아먹었으면서". 두 번째, "정부[가] 아주 잘못하고 있다. 안산시는 재개발 진행하는 게 24개, 신규가 2개, 전체 28개다. 여기 안산시는 어떻게, 재개발 과열 특구 해서 지정해라". 자기들 재산권 운운하는데 아주 꼴 보기 싫고, 진짜 여기 앞에 뭐, 3000, 5000 얘기합니다. 이거를 장관님 찾아가서 그런 얘기를 했다는 게 말이 돼요? 그래서 "정부에서, 안산시를 아예 확 그렇게 지정해 버려라. 돈만 가지고도 아직도 시민들[이] 전전긍긍하고 재개발 주장하고 저러는데, 반대하고 이러는데, 26개다. 그다음에 2018년도[에] 진행될 게 11갠가 내가 그렇게 알고 있다". 그래서 어떻게 해요, "과열 특구로 확 지정해서 찍어버려라, 아주. 풍비박산 내버리게, 아주. 제재 좀 강하게 해주고, 또 신안산선, 시민들과 지역 주민들에게 그렇게, 시의원들 공약 그렇게 지역에서 하고 나서 지금 법정관리 들어가서 진행 안 되고 있지 않나. 그런 것도 빨리 정부에서 나서서 해결해 줘라". 그리고 또 있죠. "도서관 같은 거, 그냥 하나 만들어줘라"(웃음). 그다음에 "지자체장이 요구하는 인센티브가 뭔진 모르지만 그냥 들어주서라. 그리고 신안산선, KTX 마찬가지. KTX 역을 왜 만드냐, 지금. 추모공원도 못 만들어주고 있고, 지금 북한에서는 미사일 쏘고 난린데. 국가안보가 더 중요한 거 아닙니까, 장관님. 안산 시민으로서, 가족협의회 위원장으로서 내가 볼 때는, KTX 지금 중요한 거 아닌데. 국가안보가 문제지. 저거 확 보류시켜 버리세요. 안산시… 재개발 과열 특구로 지정해 주서라. KTX 날려버려라. 신안산선 못 타게 해버려라. 그다음에, 저 학교 부지까지 매각해서 팔아먹은 이런 거에 대한 잘못된 부분, 교육부를 통해서 강하게 지적해야 되는 거 아니냐, 지자체장, 안산시. 그런데 생명안전공원이 되면 이거 한 번에 다 해줘라" 솔직하게 난, 홍남기 장관한테 그렇게 얘기했어요. 증인은, 제가 그런 걸 할 때 꼭 옆에 한 명을 둬요, 가족협의회 사무처장, 현재 사무처장. 그게 현실적인 거예요. 국무조정실 장관 입장에서 얼마나 어이가 없었겠어요. 오죽했으면 그랬겠어요, 오죽 답답했으면.

꺼꿀로[거꾸로] 제종길 시장한테는 어떤 얘기 했겠어요. 저는 그랬어요. 단독, 단둘이서 할 때, 단장도 빠지고, 그것도 어디, 꼭 명절 되면 추모공원 다 도는 걸 알잖아요. 또 분향소에서 어디 이런 데[서] 얘기하면 안 될 거 같아서 하늘공원 가서 내가, 아침 6신가 기다렸다가 거기서 만나기로 했거든요. 뭐라고 얘기했겠어요, 안산 시장님한테는. "재개발조합장 만나봤다. 6단지, 그 사람들 입장. 시장님은 앞으로 10년, 20년 안산 시장만 할 거예요? 그리고 지금 임기 얼마 남지도 않았는데. 아니 여기, 특히 피해 지역 일대, 요구하는 게 뭐예요? 재개발 얘기하는 거 아니에요, 지금 여기 위치. 해준다고 하세요. 왜? 하고 그거 검토하고 진행할라면 이미 그때 임기 끝나, 시장님 임기. '알았다, 적극 검토해서 해주겠다' 그거 얘기하라고. 시장님 임기 시절에 다 못 할 일이에요. 그럼 다음 시장이 알아서 잘하겠죠. 그리고 하다가 열심히 해보다가 안 되면 '죄송합니다' 하면 되는 거 아니에요? 발표해 주세요, 그냥. 그런 배짱이 없어요? 우리 애들 희생 때문에 생명안전공원 어떻게든 만들겠다고 개인적으로 자꾸 약속하면서 그 정도 못 하냐고. 그렇게 그냥 선언하세요". 일대일로 만나서 미팅하는데 그런 얘기까지 하는 거죠, 오죽했으면.

근데 그것은 뭐다, 나는 가족협의회 위원장으로서 이 일을 꼭 해야 되잖아요. 그럼 수단, 방법 안 가려요. 비굴하지만, 정부합동분향소 글씨 떨어지고 천막 찢어질 때 제가 쫓아간 사람은, 김재원 정무수석이에요. 새누리당. "해수부에다 얘기해서, 돈 4000만 원만 주세요, 빨리. 왜, 글씨 지금 날아가고 뜯어지고 비바람 안에 다 들여칠 텐데, 나 그렇게 되면 저거 가만 안 놔둔다. 그렇게 되면 나 진짜 가만히 안 있는다. 돈 주세요. 제 앞에서 해수부 연영진 실장한테 전화해 주세요, 이 자리에서. 도와주겠다매요. 필요한 거 있으면 나한테 찾아오라매. 찾아왔어요. 새누리당에서는 지역구 의원이 있지만 얘기 안 합니다. 저는, 새누리당은 김재원 수석님하고, 수석부대표로 있을 때부터 지금까지 계속 그렇게만 회의하고 있지 않았습니까. 당장 필요하, '빨리 4000만 원 주라' 그러세요", 그 자리에서 전화한 거예요.

그거 하면서 제가 뭘 한지 아세요? [그 전에는] '세월호 사고 정부합동분향소'죠. 이름을 바꿨던 거 아세요, 혹시? "세월호 참사 정부합동분향소로 바꿔. 요번에 글씨 새길 때". 안산시, 당연히 그러죠. 이거는 정부에서 운영하고 정부에서 지었던, 말 그대로 정부합동분향소잖아요. "임의로 개인이 할 수 있는 거 아니다"라고 얘길 했겠죠. 근데, 그래서 "새누리당이든 뭐든 쟤들이 고발하면 뭐, 평생 다 그럴 각오 돼 있고. 아, 열받아서. 이런 것까지도 내가 해야 돼? 안산시, 웃긴 소리 하지 마시구요, 그냥 '세월호 참사'로 글씨 파서 바꿔요, 그냥 다, 싹. 법적 책임 내가 지면 되지. '누가 글씨 그렇게 팠어?' 그러면 '가족협의회 위원장이 팠다' 그래라. 법적 책임 내가 진다". 그래서 그때 '사고'를 '참사'로, 그래서 바뀐 거예요. 본래 저기 사고로 돼 있었잖아요. 글씨 그냥 강제로 바꾼 거예요. 그 정도로 열불이 나죠. 우리 아이들 일을 하기 위해서, 그런 행태들을 보면 그분이 지역의 시장이든 그분이 한 나라의 아주 장관이시든, 대한민국의. 존중은 하지만 우리 아이들 일에서는, 내가 볼 때 '나보다 못하다'라는 생각을 하는 거예요. 발상 자체도 "나보다 못하다"고 저는 얘길 해요. 어떻게 그렇게 해서, 생각이 그렇게밖에 안 드냐.

그리고 우리 추모분과랑 정례 미팅 하면, "어떻게 시장이 나보다도 더 모르냐"로 덤비니까. 싸운 적도 있어요, 기분 나빠서. 우리 또 추모분과장님은 엄마잖아. 또 갑자기 내가 그런 모습 안 보이다가, 가족들과 함께 있을 때는 절대 화를 내가 안 내거든요. 근데 고런 자리에서 할 때는 화를 내면서 얘길 해요, 테이블도 내려치고 소리도 지르고. 시장실에서 막 소리소리 지르고 하니까, 그런 모습을 안 봤다 보니까 이제 차라리 분과장이 말리고 그러는데. 그거는 왜 그러냐, 우리 아이들 일이고, 그다음에 나는, 내가 해야 될 것은, [말을] 뱉었던 거는 책임을 져야죠. 그다음에 되든 안 되든 될 때까지 하면 되는 거예요. 그 될 때까지라는 거는, 내가 살아 있는 동안 열심히 하면 되는 거예요. 중간에 포기만 안 하면 되는 거죠. 그건 찬호하고의 약속이었고, 찬호 친구들과의 약속이었고, 또 우리 집사람하고의 약속이야. 그것은 개인이 아니라 철저히 이렇게, 그런 대응을 했던 부분은, 개인의 자격이 아니라 가족협의회 위원장이니까, 위원장이니까 정치를 몰라도 얘기할 수 있고, 법조인이 아니라서 법을 제대로 몰라도 기본적인, 세월호 참사 지원 특별법, 세월호 참사 진상 규명 특별법에 의존하는 내용대로만 얘기를 하면 되니까. 법조인이 아닌데, 나는 세월호 피해 가족이고 세월호 참사 가족협의회 위원장이니까, 고 법만 알면 되는 거예요, 따른 얘기는 몰라도, 그죠. 그런 식으로 대응했다…라고 얘기해요.

면담자   4·16생명안전공원 건립을 위한 주민 경청회를 개최했는데, "수백 명의 통장이 동원됐다"라는 논란이 있었잖아요? 그런 것에 대해서는 어떻게 생각하시나요?

찬호 아빠   그런 거는, 나는 그렇게 '깊다'라고 생각을 안 해요, 반대되는 것도 있으니까. 뭐냐 하면, 안산시에 통장이 2000명이 넘죠, 통장. 그래서 2016년도 통장 모임이 있을 때, 말 그대로 [안산 문화]예술의전당에서 제가 가서 발언도 하거든요. 그래서 "통장님들이 어디든 불러주시면 제가 가서 이 세월호 참사에 대한 가족협의회 입장과 그다음에 여러분들이 잘못 알고 있는 내용들은, 언제든지 불러주시면 가겠다" 통장 모임 때, 예술의전당에서. 그 "자리를 만들어줘"라고 요구했을 때 제종길 시장이 받아들여 줬고. 그때 제가 그런 얘길 해요. 내가 한 번에 안산시 2000명 통장을 언제 보겠어. 귀담아들었는지는 모르겠지만. 그런 얘기를 아무튼 만들어준 거죠. 그리고 여기… 동, 동별 공청회, 간담회 할 때, 각 동별로 통장들이 대거… 근데 실제 시간부터도 잘못됐다, 또. 제가 요구했던 거는, 제 혼자의 주관은 아니지만, 우리 가족협의회에서 요구했던 거는, 추모분과와 정례 미팅을 하는데 "가급적이면 시간을 늦게 잡자. 학생들도 학교 일정 끝나고, 학사일정 끝나고 참여할 수 있도록 하고 직장인들도 직장 갔다가 퇴근할 시간에 하자". 근데 그게 안 받아들여졌죠. 소위에서 결론은, 왜? 지역자치위원장들, 지역, 그니까 자치위원장들의 의견이, 위원회에 네 분이 들어와 있었으니까 그 의견이 절대적으로, 소통이니까, 같은 지역 주민들 간의, 받아들여져서 낮에 하다 보니 결과적으로 동원된 게 다 통장들이었지.

그리고 그 모임 석상을[에] 한 번도 안 빠지고 가서 인사말을 항상 하거든요. 몇 번 해보니까 '마음으로 대응할 게 있고, 좀 이렇게 마음적이지 않은, 원론적으로 대응할 부분도 필요하겠구나'를 느낀 거죠. 딱 하나…, (면담자 : 통장님들 반응은 다 똑같은가요?) 아뇨, 다 그렇지는 않아요. 다 그렇지는 않은데 "당연히 그렇게 돼야 된다"라고 하시는 분들도 있고 반대하시는 분들도 있죠. 근데 강하게 부정하고 반대하시는 분들에 대한 얘기를 내가 하는 거고, 다 그렇지는 않죠. 적극 지지하고 찬성하시는 분들도 있어요. 근데 반대하시는 분들 중에 그 얘기를 함에 있어서, 질문하는데 평생 못 잊을 거 같애. 그게 뭐였나 하면 "언론을 통해 보니까 돈도 많이 받았다는데… 안산 지역을 위해서 좀 돈을 내놓을 생각이 없냐"를 얘길 하는 거예요, 질문을 저한테. 뭐 그래서 "충분히 그럴 용의가 있고, 이미 제가 자꾸 얘길 하지 않았냐. 국가를 상대로 소송을 제기하고 지금 소송에 참여 중에 있고, 아직까지 재판 진행 중입니다"로 얘길 했는데, 안 받았으니까요. "그리고 그것을 이미 소송을, 받았다는 걸 인정하면, 인정받은 가족들도 있다. 근데 그 부분은, 충분히 그 내용 공감할 수 있고. 그렇게 끝나서 가족협의회에서도, 혹은 나중이라도 우리는 그런 생각을 하고 있다. 내 주관을 묻는 거라면" [하고] 어디든지 한결같이 얘기하거든요. 적어도, 소송은 진행 중이니까, '국민 성금을 받았던 것 중에 절반은 다시 사회에 기여해야 된다'라고 저는 생각하고 있어요. 이분들한테도 그렇게 하고, 우리 엄마들 간담회 때도 그런 얘기 합니다. 이런 얘길 하거든요. 거기까지 얘길 해요.

"아, 그러면 받으면 저희도 힘드니까 돈을", 배·보상, 자식 목숨값이잖아요, 근데, "이제 안산시 발전을 위해서 가족들이, 지금까지 우리가 함께해 줬으니까 내주셨으면 좋겠어요" 딱 한마디 하고 싶었어요. "당신 화랑유원지에, 혹은 자원봉사자로, 혹은 분향이나 몇 번이나 와봤어?" 묻고 싶었죠. 와보지도 않고, 고사리손으로 진상 규명하겠다고 저금통 들고 오는 아이들 모습[을] 한 번만 봤으면 그런 얘기 못 하죠. 그것도, "앞으로 어떻게 잘 만들어갈까"를 얘길 하는데 첫 질문이 돈 얘기하고, 두 번째 내용이 "그래서 진행되면 돈 냈으면 좋겠다. 우리도 힘드니까 앞으로 가족들이 다 끝나면 그렇게" 뭐 그런 얘기를 하는 순간, '야, 아직까지도, 그래 재원이 좋겠구나'. 두 번째, 상인연합회죠. 상인연합회 회장이 찾아온 적이 있어요.

면담자　　　현수막 철거하고, 이런 일들이 있었죠?

찬호 아빠　　네, 현수막 철거 때문에 요구를 한 적이 있는데, 제가 그분한테 얘기한 거는 딱 한 가지예요. 그거는 그 전에 있었던 일이에요, 이 전에. 근데 같이 연관이 돼서 얘기하면, 수준이라고 얘기해야 되는 부분, 인식이라고 얘기하는 부분. 상인연합회 회장과 사무국장하고 둘이 왔는데 요구 사항은 딱 하나예요. "[안산] 25시광장에 리본과 현수막, 가족협의회에서 설치한 걸 다 철수해 주세요" 요구 사항이. "안 그러면 법적 소송 대응할 겁니다". 왜, 이미 화랑유원지 내에 식당 있죠. 추어탕 [가게], 그다음에 그 매점들, 그다음에 그 커피 전문점, 뭐 이렇게 해서 소송을, 가족과 안산시를 상대로 소송을 걸었었잖아요. 초기에, 초기에 소송을 걸었어요, 장사 안된다고. 추어탕은 낮에 자리가 없어요, 밥 먹을래도. 그리고 아예 안산시에서 세금 감면해 주고, "전년도 대비 증빙 자료 제출을 하면 그거에 대한 보조를 해주겠다". 그럼 지금까지

탈세했다는 거 아냐. 30프로, 20프로, 15프로 이렇게까지 혜택을 드렸어요.

두 번째, 안산 시민들도 알아야 돼요. 저런 부분은 공개입찰이죠. 근데 "그렇게 힘들고 장사 안됐다" 그래서 기간 다 연장해 줬어요, 1년, 1년 반, 다 그냥. 편의 봐준 거죠. 전년도의 매출 실적 그대로 가져와서 올해 거 내역이랑 해서 장사가 그만큼 안됐으면, 매출이 줄었으면, 그거에 대한 세금에 대한 혜택을 10프로가 됐든 15프로, 30프로까지 해주겠다라고 했는데 장사 안됐다라고 고소를 했어요, 고소 고발. 그 얘긴 뭐죠? 지금까지는 탈세했다는 거 아니에요. 제대로 세금 신고 안 했다는 거잖아. 어떻게, 누가 생각해도 그렇게, 역으로 생각하면 그런 내용인데 그런 발상으로 얘길 하냐고. 같은 피해자라고, 같이했다라고 하면서 14년도에 고소 고발을 하냐고. 1년이 지났어, 2년이 지났어. 그리고 14년 지나자마자 15년도에도 마찬가지. 추가 고발하겠다고 25시광장 상인연합회 회장이 찾아오는 자체가, 그래서 제가 뭐라 그랬나 하면, 그 당시의 사무처장 김유신, 상호 아빠, 김유신 사무처장, 변호사는 제 옆에 아마 황필규 변호사 있었을 거예요. 황필규 변호사 아니면 박주민 변호사였었겠죠. "알았다. 알았고, 사무처장 지금 빨리 가서, 차로 가면 20분도 안 걸리니까. 가서 보고 가족들이 걸은 거 있으면 그대로 다 그냥, 다 떼어서 가지고 와". 왜? 한두 번 가본 데도 아니고, 가족협의회에서 걸은 게 없거든요.

그리고 보내놓고 제가 그런 얘기를 했어요. "회장님, 자제분이 계시냐" 그랬더니까 학생이 있대요. "근데 그걸 따라는 걸 왜 저한테 물어보세요? 자제분한테 허락받고 떼면 되는데. 가족협의회에서, 아마 갔다 오겠지만, 가족협의회에서 현수막이든 그거 걸은 거 없구요. 마음 아파하는, 일단 청소년 학생들이 주축이 돼서 그렇게 참여를 해서 현수막을 걸고, 그다음에 리본에다가 글씨를 해서 달고. 그다음에 족자 현수막을 안산 시민들이 자발적으로 참여해서 걸은 걸로 알고 있다. 거기 이름도 다 있는 걸로 알고 있다. 가족협의회에서 걸은 건 하나도 없을 거다. 그리고 가족협의회가 걸지 않았던 걸 왜 세월호 유가족보고 따라고 그러세요? 자제분 계시다매요. 자제분한테 허락받고 띠시면 되구요. 안산 4·16연대 내가 소개시켜 드릴 테니까, 거기 가서, 그다음에 안산시 전역으로 확대해서 안산 시민들에게 동의받고 띠세요. 가족협의회 찾아와서 그러지 마시고. 회장님, 아시겠어요?" 그렇게 표현을 했어요.

그러고 나서 사무처장이 왔겠죠. 가족들이 걸었던 거, 띠어 온 거 [없이] 맨손으로 왔겠죠. "저희가 거기 걸은 거 하나도 없어요. 분향소 앞에만 우리가 걸은 게 있고, 없어서 다시 확인했는데 없어요. 회장님 어떻게 할 거예요? 장사가 그렇게 안된다매. 그 [안산] 참치거리가 지금 장사가 아예 안된다매". 제가 뭐라 그랬나 하면, "그렇게 장사가 안되고 그러면, 거기를 좀 활성화시키시면 되지 않겠어요? 안산시에다 그런 요청 하고 있는 걸로 알고 있는데. 조형물", 솔직한 표현으로 이렇게 얘기했어요. "제가 내 개인 돈 들여서 참치 대가리 양쪽으로 한 두 개 박아줄까요, 그 거리에다가? 하나에, 뭐 조형물 하나 그렇게 참치 대가리 하나씩 만드는 데 한 3000 들어간다매? 요청했더만, 안산시에. 그거 내가 해줄게, 내 개인 돈으로. 차라리 그런 걸 요청하세요, 회장님". 나보다 나이 한참 많은 연장자일 거 아니에요. 그럼 머리 푹 숙이고 얼굴 시뻘게져 갖고 "사무국장이랑 가서, 자기들끼리 다시 그 내용 전달하고, '가족협의회에서 걸은 게 하나도 없다' 얘기하고, 답변 주겠다" 그리고 "다시 상인연합회 모여서 얘기하고, 실제 보니까 그렇더라. 그리고, 고소 고발 안 하겠다" 그렇게 연락받았어요. 참치 대가리는 얘기 안 하더라구요. 얘기하면 내가 그거 한 두 개 박아준다 그랬어요, 내 돈 들여서라도. 그런 인식, 통장들도 그런 인식. 그런 사람들[을] 내가 상대했으니, 찬성하고 적극적으로 지지해 주시는 분도 계시지만 반대하는 분들은 말 그대로, 지금 이 표현이 맞냐구요.

지금 내가 말을 하면서도 참 어이가 없는데, 적어도 한글을 읽을 수 있는 사람이면, 자기가 했던 내용을 다시 써놓고 읽으면 이게 맞지 않잖아. 그런 사람들하고 더 이상 어떻게, "원론적인 얘기로 대응할 부분은 원론적으로 가고, 진짜 마음을 같이 나눠야 될 시민들도 있다. 다만, 우리가 노력해서 가족들, 엄마들, 특히 지역 골목골목 들어가서 세월호[를] 우리가 알리고 그다음에 봉사활동 하고 그렇게 해나가자" 그렇게 하고, 지금까지도 하고 있어요. '지역 마을 가꾸기' 이런 데 가서 행사하면 떡도 만들어서 갖다가 나이 드신 분들, 엄마들이 가서 나눠드리고, 세월호 유가족이라고 하고 그렇게 하고 있죠. 그래서 올해도 지역 행사들 있으면 추모분과장을 위주로 해서 엄마들이 가서 그런 봉사활동들도 하고, 또 어르신들 드실 수 있는 떡 같은 것도 가서 그런 나눔하고, 그럴 계획이고. 그니까 '마음과, 원론적으로 대응할 부분은 정확하게 그렇게 하지 않으면 계속 대립되고 싸울 수밖에 없겠구나…' 그런 생각.

면담자   유가족분들 중에는 사실 안산 시민분들의 격렬한 반대나 폭언 등을 경험하면서 안산을 떠나고 싶다고 말씀하시는 분들도 꽤 계

603
·
5회차

셨어요. 위원장님께서는 안산 지역의 반응이 좀 좋아지고 있다고 보시나요, 아니면 비관적이신가요?

찬호 아빠   저는, 내 주관은 정확해요. 안산 시민들이 거부하고, 안산 시민들이 반대하고. 찬호가 묻히는 공간 자체를 아주 혐오시설로 보고 손가락질 하고, 진짜 나쁜 표현으로 침 뱉던 그런 자리에 내 찬호를 놓고 싶은 생각이 부모니까 없지요, 당연히. 근데, 우리 아이들도 희생해야 된다라고 봐요, 이제. 나중에 진정한 명예를 찬호가 찾는다라고 하고 친구들이 찾을 수 있다라는 게 뭐냐 하면, 처음에는 손가락질 하더라도 나중에 10년이 지나고 20년이 지나고 부모들이 죽고 나서더라도 "그래, 이게 바뀌었어". 그럼 다시 어떻게, 그렇게 되는 순간이 진짜 우리 아이들 명예가 회복될 수 있는 거라고 보지, 그 명예를 부모들이 만들어주고, 부모들이야 자기 자식들인데 안 훌륭해요? 찬호가 가장 소중하고, 찬호가 가장 훌륭했고 그렇지. 근데 그것을 가족이 인정해주는 건가? 결과적으로 그런 부분은 나중에 밝혀질 부분이라서, 아무리 힘들어도 가족들이, 이렇게 노력하는 가족들이 있으면 나는 서서히 바뀌어갈 것이다라는 부분이죠. 왜.

　　지금 이미 보여진다라고 봐요, 저는. 재개발조합에서 그렇게 반대했다 그랬잖아요. 아까 내가 강하게 "과열 특구로 아예 지정해 달라" 이런 얘기까지도 올라가서 정부에다 했다라고 했지만. 사실… 만나봤죠. 입주자 대표 간담회에 내가 참석을 해봤고. 그다음에, 재개발조합장들… 때는 아예 시작도 못 했어요, 그냥 뭐 후드려 때리고 다 나가버려서, 미팅을 한 사람은 없어서. 하도 답답해서 나름, 그[리로] 가면 싸움 나고 죽일 것처럼 해요. 뭐 위원장이니까 "저 새끼만 없으면 돼" 이렇게 손가락질 나한테 하고 막 그러거든요. 근데 문제는, 제가 그렇잖아요. 실제 그렇게 하는 사람은, 하나도 겁 안 나는 사람. 겁낼 필요도 없어요. 왜, 그런 사람들은 배짱이 없어요. 제가 지금까지 48년 살아오면서 느낀 바로는, 앞에서 그렇게 말하는 사람들은 사실은 다 겁쟁이에요, 정의롭지도 못하고. 겁쟁이들이라고 봐요. 그래서 하도 억울해서 "들어보고 싶다" 그래서, 가족들도 반대했죠. 근데 사실은 재개발조합장, 6단지 재개발조합장을 만났어요. 내가 그 재개발조합 사무실 갔어요(웃음). 그니까 단원경찰서에서는 난리 났죠. 정보관이 왔어요.

보나 마나 바로 붙을 거 뻔하고 몸도 비리비리한데, 아파 가지고 오래 앉아 있지도 못하는데, 혼자 가? 문 앞에서 제재만 해도 그냥 나가떨어질 거 같은데, 계단에서 밀어도. 그래서 단원경찰서의 정보관이 중재를 한 거예요. "가족협의회 위원장 혼자 간다. 조합장이랑 미팅하러 간다. 그니까 그쪽에서도 사무처장이고 뭐고 다 빠지고, 조합회… 조합장하고만 둘이서만 얘기해라", 그렇게 자리가 만들어져서 가요. 가서 맨 처음에는 커피도 한잔 먹고 음료수도 먹고. 뭐 얘기하다 보니까, 열받기 시작하니까 (웃으며) 그 안에서 담배도 피고, 얘기를 해봐요. 근데, 그분들이 우려하는 것도 있어요. 그분 의견이니까, 뭐 다 들어주고 내가 얘기 다 하고. 고 때까지는 서로 자기 주관을 서로 얘기하는 거니까. 그러고 나서 집요하게 이제 공격을 해야 되죠. 근데 그런 좋은 얘기는 20분이면 끝나요, 서로의 입장만 얘기하고.

그다음부터는, 한 2시간 얘기하고 나온 거 같은데, 이제 목에 핏대 서는 거죠. "무슨 근거로 그런 얘기하냐, 조합장이. 거짓말하지 말아라. 제가요, 미안한데 안산에 산 지 20몇 년 됐고, 24년째거든요. 24년 됐고, 지금까지 살면서 나도 어떠한 업에 종사를 해봤고, 내가 알 수 있는 사람 중에서 여 6단지에 사는 사람이 있고, 6단지 조합장 아니냐. 6단지 분양 다 안 된 게, 6단지 분양이 늦어진 게, 6단지 재개발에 한 개 건설사가 들어오지 않고 여러 개의 건설사가 들어오게 된 이유가 뭐냐. 그건 조합장 당신하고 조합원들의 자질이고, 그게 늦어져서 늦은 거지 세월호 참사랑 뭔 상관이냐. 두 번째, 분양 안 된 거 그게 세월호 참사랑 뭔 상관이냐. 안산에 이미 20몇 개 진행하고 있는데, 이왕이면 가장 할라 그러는 게 공원과 화랑유원지 근교에 할라 그러지 누가 이쪽으로 할라 그러냐. 집값도 여기가, 누가 거기 와서 할라 그러냐. 6단지 사는 사람들도 다 앞으로 나올라고 하겠네, 공원 쪽으로. 그게 왜 세월호 때문이냐. 그다음에 분양률이 얼마라구요?" 80몇 프로래. "인터넷 검색을 하세요. 저도 그런 계통의 회사를 몇십 년을 다녔다구요. 정부에서 지금 공식적으로 지금 20프로 넘은 적도 없고 18프로, 재개발 입주율은. 무슨 근거로 그런 얘기를 하고, 조합원들 호도하고 하시냐고, 조합장님. 그 데이터가 어딨는데. 자기 살았다는 사람들이 다 들어오는 기준으로 해서. 뭐 말 같지도 않은 이유를 따지고. 분양 아직도 다 안 됐죠?" 안 됐대. "그럼 조합장 능력이 잘못된 거예요, 당신이. 당신 잘못을 왜 세월호에다가 빗대서 얘기하시냐고" 그러면 어떻게 돼요, 바로. 옆에 여직원들 있고 사무처장 있는데 그러면 자기 공격하는 거잖아. 그때부터는 "니가 뭔데", 아 그럼 또 들어줘. 그렇게 2시간.

그래서, 하고 나니까 속이 시원하더라고. 이왕이면 한 대 좀 때려줬으면 좋겠는데, 왜? 사람 눈빛을 보면 못 덤비거든요. 각오를 하고 간 사람은, 아무리 쓰레기 같은 놈들이라도 겁 안 나죠. 그래서 그분은 나름 그래도 훌륭하신 분이었다. 최종 그렇게 서로의 주관을 하고, 서로 그렇게 공격하고 얘길 했지만 본인이 우려하면서, 본인이 지켜봤던 가족들에 대한 불만을 얘기한 부분에서, 내가 돌이켜 봐도 내가 잘못한 부분도 있는 거 같애. 인정할 건 인정해야지. 하나 딱 더 짚고 넘어가면 딱 하나예요. 안산은 베드[타운] 도시라는 거야(웃음). "그래요? 아, 근데 화랑유원지에 일부에, 그렇게 시민 친화적이고 복합문화공간으로 들어오고, 봉안시설로서는 가족들만 들어갈 수 있고 지하화해서 일반 사람들 눈에 보이지도 않고 그러는데 그걸 왜 반대하세요?" 자기는 반대 안 한대. "그럴 수 있다. 그런 교육, 그런 공간들이 만들어지고 하는 것, 아 그러면 좋지. 근데 나는 그것 땜에 반대하는 거 아니다. 화랑유원지는 말 그대로, 유원지대로만 있으면 된다. 화랑유원지 안에 시설물이 들어오고 건축물 들어오고, 그걸 반대하는 거다. 조합장으로서, 나는. 보안 시설 들어오고 그것 때문에 반대하는 거 아니다" 이렇게 얘기하는 거예요. 실수한 거지. 왜, 제대로 파악을 못 하고 있는 거야.

"조합장님, 한마디만. 그 최근에 언제 가보셨어요?" 자기도 여러 번 가봤대. 분향소 자주 가서, 다들 그래요, 안산 시민들은. 자원봉사, 시민이 다 했고, 그리고 나서, 추모하러 계속 그렇게 왔고. 다들 그래요, 다 그렇게 좋으신 분들만 계시다니까, 훌륭하신 분들만. 근데 실제, 언제 와봤는지 모르겠어. 14년 이전에 왔었던 건지, 참사 이후에 왔는지를 모르겠어, 그렇게 얘기하는 사람들. 청소년수련관이 지어지고 있어. "다문화센터 지어야 되는 거는 건물 아닌가요? 청소년수련관 지금 땅 파고, 지금 그거 작업 들어간 거 모르세요?" 그랬더니까 얼굴이 시뻘게지는 거죠. 모른 거지. "그때는 왜 반대 안 했어요? 거 건물 지어요, 지금. 모르세요, 이미 땅 팠는데? 최근에 안 가보셨네. 이미 안산시에, 제가 의사록을 다 읽는데, 조합장님 이미 작년에 다 발표한 거예요, 그거. 그리고 참사 나던 해 전에, 2013년도에 안산에 산업역사박물관 만들겠다고 이미 다 했잖아요. 안 봤어요? 그거도 화랑유원지 안에 만드는 건데. 그거 건물 짓는 건데, 그거. 그때는 조합에서 반대 안 했어요?" 더 이상 할 말이 없는 거잖아. 그러면 더 이상 얘기가 없다는 거는, 본인 스스로가 느꼈다는 거야.

그걸 방관 못 하는 것은, 오로지 지금 재개발하면서 자기들 분양 다 안 됐고, 그다음에 분양 집값 떨어질까 봐, 재산권만 톡 까놓고 얘기하면 되는 거잖아요. 솔직하게 그렇게 얘기하면 되지. 뭘 원론적인 얘기, 뭐 세월호 참사, 이 국가적인 재앙…. 본인 머릿속에는 그게 아니라 본인 재산권부터 얘기하고 싶으면서 뭘 원론적인 얘기하고, 비판할 거 있으면 하고, 받아들일 거 있으면 받아들이고, 추궁할 거 있으면 인정할 거 있으면 인정하면 되는 거지, 어른이면. 그리고 본인이 그 조합장으로서 그런 부족함. 다른 데는 먼저 건물 다 지어지고 있는데 왜 늦냐고. 지금도 제일 늦잖아. "왜 건설사가 한 번에 못 들어왔어? 당신들 욕심 땜에 그런 거 아니냐. 분양이 이렇게 다른 데는 다 분양되는데 미분양 나는 게 뭔 이유 때문이냐. 당신들 욕심 때문에 건설사 다 찢어진 거고, 그거 늦어지면 골치 아플 텐데? 한마디만 할게요. 이거는, 이제 싸우자고 하는 얘기가 아니라, 나 진짜 열받으면 당신들 가만히 안 둬. 그리고 조합장, 당신들 진짜 완전히 나중에 진짜 조합원들한테, 입주자들한테 개박살 나게 내가 만들 거야. 그러니까 앞으로 내 앞에서 원론적인 얘기하지 말고, 서로 공격하지 말고, 본인들 주장할 거 있으면 어른이면 어른답게 행동했으면 좋겠다. 요것만 지켜줬으면 좋겠어요".

협박하네. "협박하지. 나한테는 여러분들이 지금 협박 안 해요? 나는 법적 기준 지켜서 할 거야. 미안한데, 조합장 대표로 할 거야? 내 자식 놈 여기 아파트 분양받은 거 있거든? 그거 권한 누가 가지고 있어? 입주자들이 가지고 있어, 조합장 당신이 가지고 있는 거 아니야, 착각하지 마. 그담에 설문조사 했다고? 내 자식 놈한테 문자 온 적 없어. 현수막 당장 바꿔. '화랑유원지 납골당 반대하는 주민 일동'이라고 글씨 다 바꿔. 안 그러면 내가 다, 나가는 순간 다 고발할 거야". 그리고 다 바뀌었어요, 싹(웃음). (면담자 : 싹 어떻게 바뀌었나요?) 푸르지오, 벽산아파트 그런 담에 뭐냐 하면 "반대하는 주민 일동". 벽산아파트에 내가 사는데 그게 지금 내가 피가 안 서? "이거 누가 걸었어? 설문조사 했다고? 언제 했어?" [나보고] 누구네. "나는 그냥 입주자. 그다음에 4·16 [참새] 나 유가족이고, 가족협의회 위원장이야. 누가 했어요. 아니 뭐 주민들한테 뭐라 그러는 게 아니라 이거 현수막 건 놈 누가 요거 썼는지, 이게 거짓이잖아. 이 사람 내가 고소 고발, 내가 대응할라구요. 관리 사무소 가서", "아, 그러지 마시구요", "아, 누가 했는지 얘기하라니까? 나랑 싸우지 말고. 얘기하고 싶은 생각도 없으니까. 아, 그냥 법적으로 고발할라고", 이런 식으로 대응을 하니까, 사실 그러면 자기가 피해 볼 거 같으면 물러나요. 맞잖아, 그리고. 그리고 그렇게 얘길 하다 보면 아무리 어른들이래도 치고받고 싸울 개념이 안 되지요. 왜? 부끄러, 그래도 핏대 세우고 덤비면 아주 부끄러운 사람인 거지.

면담자   나중에 그럼 그 현수막이 내용이 바뀌는 거예요? (찬호 아빠 : 아니) 아니면 그 현수막을 뗐나요?

찬호 아빠　　　글씨가 저… 그… 이렇게. 그니까, "화랑유원지 납골당 반대하는 주민 일동" 그니까, 뭐 "벽산아파트 주민 일동", "푸르지오 주민 일동"으로 했다가 늘 "반대하는 주민 일동"으로 딱 바꾸죠. 그리고 "납골당 아닌데 이것도 유언비어 내가 씨, 고발할 거야" 이랬더니까 뭘로 바꿔요, "봉안시설"(웃음). 그니까, 아주 이기적이고 그런 사람들은, 자기가 또 법적으로 따져서 어, 그런 거 같은 경우는 [바로 바꿔요]. 원론적인 얘기, 어른스럽지 못하다는 걸 얘기하는 거야. 그리고, 자기 재산권을 지킬 거는 얘기하면 나는 떳떳하게 얘길 했으면 좋겠어요. 그게 맞아. 그잖아요. 되지도 않는 뭐 율, 정부에서 아예 인터넷 치면 "재개발률이 몇 프로" 이런 게 다 나오거든요. 어떻게 조합장이 자기들 그거조차도 파악 못 하고, 뭐 되지도 않는 말로 그 짧은 혀로, 그게 가능한 거예요? 그니까 실제 그래서 한번 만나보고 나니까 사실 속은 후련하더라구요.

　그러고 나서, 그분을 내가 지금 욕을 한 거 같은데, 따른 사람들은 더한 사람들이고 나름 합리적인 사람이야, 6단지는. 그래도 만나서 자기 의견을 피력하고 "어?" 받아들일 거는 받아들이고, 인정 못 할 거는 인정 못 하고, 답변을 못 하는 부분은 자기가 어려운 거잖아. 그리고 나한테 지적하는 것도 있어요. 거기서 내가 받아들일 건 받아들인다니까. "아, 그 시선이 맞을 수도 있겠네. 여러분들이 봤을 땐 당신들도 같은 피해자였지만 너무나 우리만 치중하고 우리만 생각한 거 같은 부분은 잘못된 거 같으네", 인정할 거는 그 자리서 나도 무조건 인정 안 하면 안 되죠, 100프로다. 그래서 그런 얘기는 좀 좋았었다라고 보고. 그러고 나서 재산권에 대한 부분은 재개발조합에서 더 이상은 잘 안 나왔던 거 같애.

그리고 제가 한 가지 더 얘기드리면, 이 얘기를 해야 돼요. 뭐냐 하면, 그러면 "뭔 근거로 니가 그렇게 싸울 거를 했냐" 그랬는데, 안산 시민사회 단체, 안산시에서 반대했어요, 하지 말라고, 위원장. 전 진짜 할라 그랬어요. 전 한다 그러면 한다 그러잖아요. 어떻게? 건물이 다 만들어지고, 아파트가, 그러면 준공에 대한 권한을 누가 가지고 있죠? 지자체가 가지고 있죠. 지자체가 가지고 있는데 시장이 그렇게 쩔쩔매냐 이거야, 조합장들한테 "당신 권한이 얼마나 막강한데, 이 사람아". 그걸 얘기하고 싶고. 대신에 품질이든, 집이 지어지고 나서 그 각자의 집에 대한 권리는 누구한테 있어요? 입주자한테 있어요, 조합장한테 있는 게 아니라. 그러면, 준공을 한 달만 지연시켜 버리면 조합에서는 입주자들이 부담해야 되는 비용이 늘어나죠. 두 달만 지연시키면, 깽판 놔 가지고. 깽판(웃음). 교수님, 이렇게 표준어 나오네, 또(웃음). 그렇게 얘길 해요. "두 달만 내가 지연시키면, 3개월 지연시키면 그거는 돈으로 계산 안 돼. 입주자들한테 조합장 데리고 집행부들, 머리 처박고 빌어도 해결 안 돼 인마, 돈으로. 정신 차려. 열받으면 나 그렇게 대응한다" 그랬는데, 정의당 위원장님이 "아, 위원장님 직접 그렇게 하시는 건 아니다". "아니, 내 자식 놈이 여기 분양받았다니까. 말로만 하지 말고 그러면 하라니까. 그렇게 배포 있는 사람 있으면. 조합 상대로 내가 붙으면 되지", "아니 그게 [그렇게 하시면] 그냥 싸우자는 거죠", "아, 그럼 가만있든가" 그렇게까지 나 대응할라 그랬는데 말렸어요. "위원장님 이름 들어가는 순간 이미 끝났다" 이거야, "가족협의회하고 더 갈등대로 싸운다", "그 위원장 말고 누가 해주면 안 될까, 거기 들어간 사람 중에. 안산시 공무원이든", 그렇게까지 얘기했다니까요.

근데, 우리 정의당의 모 위원장님께서, 그다음에 박재철 우리 [안산시] 비정규직[노동자지원센터] 센터장께서, 우리 추모위원회에서 회의하고 내가 열받아갖고 그런 얘기를 하거든. 근데 "하지 마셔라. 그건 진짜 극과 극으로 싸우게 된다". 근데 저는 그런 각오를 했었어요. 그리고 법적으로 그렇게 대응하면, 준공에 대한 권한은 지자체장에게 있기 때문에, "그 권력을 행사를 해라, 좀. 겁박도 주고. 이쪽에는 거짓말도 좀 하고. 재개발 해줄게". 해주는 게 뭐, 시장이 해준다고 되나 그게. 다 또 이게, 저걸 해야 되는 거지. 그렇게… 그니까 나도 나쁜 놈이죠, 교수님, 얘기하다 보니까. 그런데 준공을 늦추는 거는 딱 하나예요. 입주자… 그 검수를 받아야 되거든요. 지적, 하자, 보수. 하다못해 "우리 현관문에 이런 기스[흠]가 하나 났어" 이거 딱지 붙이는 순간… 그건 건설사하고, 뭐라 그래 업체, 쉽게 주방 가구면 주방 가구업체에서 AS 처리 하는 규정을 다 맺어서 처리를 해야 돼요. "죽어도 나 이거 못 하겠다. 타일 깨진 거 있다, 이거 바꿔라" 그다음에 이렇게 들어가서 붙기 시작하면, 근데 그게 조합에서 그냥 확 덮을 수가 없어요. 개인 권리거든. 이미 그 권한은 내 집이거든. 내 집에 문짝에 보니까 기스가 나 있네, 불합격. 내 집에 현관문에 기스가 나 있네, 불합격. 내 집에 섀시에 보니까 실리콘이든 뭐든 제대로 안 돼 있네, 불합격. 타일이 보니까 하나 줄이 안 맞네, 불합격. 그거는 조합장이 나설 수 없는 거예요. "나 그런 식으로 한다. 내가 그런 회사에서 몇십 년간 종사한 사람이고, 그거는 거의 내가 아마, 아주… 심각할 거다. 각오하고 덤벼라, 덤빌 거면". 그렇게까지….

그다음에 두산 위브? 세월호 지킴이 대표 한다 그랬었죠. "거기 입주자들 참 바보스럽다. 이 사람아", 그 집 분양하고 이미 입주자들 들어가서 사는데, 뭐가… 그 본인의 권한 있잖아요. 이사해서 살고 있는데 그 집이 자기 명의가 아니야. 준공 인허가 기준 때문에 그게 다 처리가 안 됐었던 거예요. 거기에 우리 유가족들이 여덟 집이나 가서 살고 있으니까 내가 피가 거꾸로 섰던 거예요. 그런 조합장을 확 그, 못 주저앉히냐고. "너네 뭐 하자는 거야? 내 재산권인데, 나 분양 했는데[받았는데], 어떻게 아직까지 여기에… 뭐 100동, 1200몇 호, 건물주는 누구, 집주인은 누구. 내 이름이 있어야 되는데 왜 아직까지… 관공서에 가서 띠면 이게 안 돼 있어? 조합장, 너 뭐 하는 놈이야?" 그래서 이미 몇 달간 그게 지연이 됐어요. "그거에 대한 세금이든 내가 받아야 될 권리든 그거에 대한 책임, 조합장 너가 다 질 거야?" 여덟 명만 덤볐어도 이겨요. 근데 실제 본인이 피해 볼 거 같으면 안 묻는 게 문제라고. 이 돈이 그래서 문젠 거야, 이게 돈이. 아, 얘기하다 보니까 열받네. 우리 가족들이 그렇게 있는데도 안 하니까 내가 열받는 거예요. 〈비공개〉

면담자   다시 4·16생명안전공원에 대한 이야기로 돌아가면요. 4·16생명안전공원이 현재까지 진행된 상태와 앞으로 남은 문제가 어떤 게 있는지 듣고 이 질문은 마무리하겠습니다.

찬호 아빠   네. 그러면… 생명안전공원이 이미, 전 제종길 시장이 기자회견을 했고, 그다음에 지금 현 민선 7기 윤화섭 시장도 이미 그 약속에 대한 부분, 이행에 대한 부분은 이제 실천을 하면 된다. 남은 과정은… 말 그대로, 아직까지 그 지역 주민의 여론을 또 듣겠다, 의견들을 또, 그래서 진짜 잘 만들어가겠다는 거잖아요. 그래서 이 기회에 화랑유원지 전체를 어떻게 보면 제대로 잘 리모델링할 수 있게끔, 그래서 시민 친화적이고, 교육 공간으로 그렇게 만들겠다는 거였기 때문에. 제종길 시장이 얘기했던 '50인 위원회'는 그거는 좀, 너무 좀 무리였던 거 같고. 그것도 그라운드제로, 아니 9·11 테러 [현장]에 가서 방문하시고 이제 50인 위원회를 한 건데, 뭐 그거대로 할라면 위원회 가지고 그럼 뭐 2년, 3년 또 진행하라는 건 아니잖아요. 그래서 그 약속은 이행해야 되겠다. 그래서 8월 안에 위원회가 구성이 되고, 위원회 구성은 아마 20인에서 25인 정도로 구성하는 게 바람직하겠다. 그걸 넘어선 안 되겠다. 그러고 나서 적어도 위원회를 거쳐서 이미… 장소는 이미 결정이 됐고, 어떻게 잘 리모델링하고 진짜 시민 친화적이고 만들어갈 건지에 대한 그런 여론들. 그다음에 그런 전문가들의 조언, 그래서 고런 내용으로 기본 계획이 수립되면 되겠다라는 거잖아요.

그래서 위원회가 8월에 만들어지고, 최소한 위원회의 고런 과정을 거쳐서 그런 전문가들, 또 용역이든 추가로 또 반영될 수 있다라고 하면 진행이 돼서 12월까지는 기본 계획 수립을 하는 게 목표고, 그 원칙은 안산시도 이제는 더 이상 지켜야 된다. 그래서 기본 계획 수립이[을] 12월까지 하게 되면, 어떻게 내년부터는 바로 사업이 진행될 수 있겠다. 그래서 국제 공모 이런 식으로 진행될 거고. 기본 계획은 올해까지는, 12월까지는 반드시 수립해야 된다. 그 약속은 이행돼야 된다. 그리고 그렇게 될 것이다. (면담자 : 네, 알겠습니다) 잠깐만요, 안 끊었으면. 근데 거기에서 진짜 빠뜨리지 말아야 될 게 있다, 지금 시장도 마찬가지고, 가족들도. 말 그대로 저 공간은 우리 애들의 공간이 아니다. 추모하는 공간은 당연히, 어떻게 보면 희생되신 분들을 기억하고 그리워하는 공간, 당연히 가족들의 공간이 마련될 수 있을 것이다, 그 공간은. 근데 그게 사회적으로, 그다음에 시민들에게 제대로 진짜 교육의 공간으로 할애되기 위해서는, 가족들과 시민들하고의 서로의, 어떤 게 진짜 좋을 건지에 대한 그런 교감 정도는 있어야 되겠다. 그게 잘 만들어져야 되겠다.

그래서 반대하는 사람들은 "다 되는데 봉안시설은 안 돼" 이런 주장이 아니다. 그다음에 우리 같은 경우도 말 그대로 "지금까지 너무나 얄미웠기 때문에 우리 아이들 공원만 딱 만들어지면 돼. 나머지는 우리가 알 바 아니야"에 대한, 그렇게 접근하는 것은 아닌 것 같다. 그래서 많이 내용상에 진행되고 있었던, 그래서 뭐 국립, 그니까 트라우마 센터를 특화한 준병원 시설에 대한 부분. 그게 뭐 국립으로 만들어져서, 또 지역에서 운영할 수 있도록 하면 좋겠고. 그 공동체, 공동체 복합 센터 같은 경우에, 그래서 4·16연대, 뭐 그렇게 지칭하는 게 또 축소된 거 같고 저도 말을 잘못하는 거 같고. 그런 공동체 복합 센터 같은 경우도 국립으로 만들어줘서, 또 시행 운행권은 지자체로 충분히 줄 수 있는 거 아니냐. 그래서 시민사회, 그니까 지역에 한 74개 단체가 2014년 기준으로 등록된 걸로 알고 있고, 그 이후의 단체는 제가 더 이상 파악을 못 했지만.

그렇듯이… 그런… 이런 공동체 복합 센터가 만들어지고, 또 그것을 통해서 지역공동체, 각계 분야의 공동체, 그다음에 그런 것을 통해서 뭐 지역 전반적인 이런 거버넌스의 장으로 활용될 수 있는 그런 국립 공동체 복합 센터. 그리고 시립이 될지 국립이 될지, 규모에 대해서, 아니면 국립중앙도서관 개념 정도. 그니까, 국내에 두 개밖에 없으니까, 아예 이 기회에 안산에 그런, 뭐 이렇게 아주 뭐 그런 규모가 될지, 그것을 규모에 대한 부분을 얘기하기보다는 그런, 뭐 이런 도서관 같은 경우도 국립으로 당연히, 교육 공간이라고 하면 그런 교육과 그것을 또 자료와 같이 연계돼서 볼 수 있는 그게 필요하다 보니까 고런 부분. 그 다음에 지역 주민들이 요구하는 시민 친화적인 문화, 체육, 뭐 요런 시설도 들어왔으면 좋겠다라는 그런 내용들이 또 있는데, 고런 부분들도 충분히 같이 쫌 녹여서 아주 잘 만들어줬으면 좋겠고. 그래서 결론은 그게 장기적으로, 누가 보더라도 '안산' 그러면 '안전교육의 도시' 그렇게 지칭받을 수 있는, 어… 안산시가, 안산시에 그렇게 만들어진다라고 하면, 글쎄 나중에, 나중에 지속적으로 그런 것들이 잘 유지될 수, 유지될 수 있을 거 같고. 그런 것을 통해서 아이들의 명예도 쫌 회복될 수 있을 거 같고. 어떻게 만들어지는가도 중요하고, 또 앞으로 어떻게 운영되는가에 대한 부분도 쫌 고민이 되고. 그렇게 잘될 수 있도록 가족협의회가 끝까지 유지가 돼야 된다.

그리고 반대하는 지역 주민들[이] 나쁜 놈이 아니라, 반대하는 사람들이 나중에 '아, 결론은 잘 만들어졌네. 이게 안산시에, 또 안산시 발전에 또 안산 시민들의 자긍심과 자부심을 가질 수 있는 그런 계기가 되었네'라는 것이, 그분들이 인정할 수 있을 때까지 같이 노력하고, 그분들이 그렇게 될 때 비로소 안산시는 이렇게 딱, 하나의 그런, 아주 가족과 같은 그런… 지자체, 이렇게, 그렇게 될 때까지는 노력, 서로 하면 되겠다 싶어요.

면담자   특별히 우려되거나 걱정되는 부분은 없으신가요?

찬호 아빠   될 때까지 하면 되니까요. 중간에 포기만 하지 않고, 또 반대한다라고 그냥 "나쁜 놈"이 아니라, 쉽게 말해서, 함께하지 못하더라도 마음을 함께할 수 있는 분이 있고, 또 원론적으로 서로, 서로에게 상처 주고 피해 주는 게 아니라 함께할 수 있는 거는 함께하고, 함께할 수 없는 것은 그냥 공격하고 그렇게 대응하는 게 아니라, 서로가 상처 주지 않는 범위에서, 그니까 원론적…이라고 표현하, 이게 좀 이상하네, 마음을 나눌 수 없다라고 하면 서로에게 기본적인 예의를 지킬 수 있는, 어른으로서, 혹은 각자가 서로 아주, 폄하하지 않는 수준의 서로에 대한 존중. 뭐 저는 그런 표현을 그냥, 언어가 잘못됐는지는 몰라도 원론적인 대응, 원론적인 관계, 뭐 이렇게 표현하는데요. 뭐 그런 분들이라도 서로 그렇게 갈등하지 않고 그렇게 대응해 나가다 보고[보면] 그렇게 서로 찾다 보면, 결론은 다 그렇게 만들어지지 않을까 싶어요. 결론은 그렇게 돼야지만 진정한 우리 아이들의 명예는 회복되고, 지역에서 가족들이 없어도 "이웃사촌이 더 낫다" 그러잖아요, 친척보다. 나중에 우리 아이들 앞에 꽃이라도 한 송이, 그다음에 가족이 아닌 다른 사람이래도 쪼끔 와서, 좀 추모하고 좀 기억해 주고. 또 부모 아닌 사람이래도 그 아이들 내용을 보고래도 좀 그리워해 주고, 이렇게 해주면 좋지 않겠나 싶어요.

7
가협 위원장으로서 4년간의 활동에 대한 회고와 전망

면담자 네. 4·16생명안전공원 선정 논의와 시민들의 의견이 갈리는 문제, 그리고 이후에 해결되는 과정까지 말씀을 들었고요. 이제는 가족협의회 위원장으로서 가장 기억나는 것에 대해 여쭙겠습니다. 첫 번째 질문은 지금까지 4년간의 활동 중에서 특별히 기억나는, 좋았던, 혹은 가슴 아팠던 이런 경험이 있다면 간단하게 말씀 부탁드립니다.

찬호 아빠　　일단 참사 겪고 나서 피해당사자들이, 가족들이 흩어지지 않고 모여 있었다는 것. 그리고 많은 국민들이 함께해 주신 것에 대한 감사. 그리고 서서히 바뀌어가고 있는, 사회의 바뀌어가고 있는 모습들이 눈에 들어오는 부분도 있어요. 말 그대로, 참사 이후에 추모에 대한 이 대한민국 내의, 추모에 대한 애도에 대한 문화 자체가 바뀌었다. 뭐 지하철 혹은 여대생, 그다음에 말 그대로 지역에, 남양주부터 시작해서 제천 화재[2017년 제천 스포츠센터 화재 사건], 그 많은 내용들을 보면서 참사 이후에, 나도 성인이지만, 세월호 참사 이후에 추모와 애도의 그런 분위기는 확실히 바뀌어가고 있다. 사회의 변화되는 모습은 아주 좋아 보이구요. 그리고 또 좋았던 거를 물어보시니까, 가장 그래도 저거 한 것은 지금까지 대한민국 헌정사상, 학사일정 중에 희생된, 본의의 의지와 상관없이 희생되신 분들은… 지금까지는 다 제적처리를 당했었다. 그런데 세월호 참사 이후에 명예졸업이라는 학적부가 신설이 된 부분에 대해서는, 과거에 없던 내용이 바뀌어서 그 부분은 참 좋았다. 그리고 아이들의 희생으로 인해서 이제 더 이상의, 학사일정 중에 희생당하거나 그런 아이들의, 본인의 의사와 관계없이 그렇게 제적처리당하고 명예까지 실추되는 부분은 없어진 부분. 그 부분은 아주 좋았다라고 생각이 되구요. 그런 부분이 좋았고, 크게 좋았던 부분은 없는 거 같고, 아쉬운 점이 더 많았다 싶어요. 아쉬운 점들은, 지나고 나니까 아쉬운 점들이 좀 너무 많이 남는다.

면담자   4년을 되돌아볼 때 가장 아쉬운 활동 경험은 무엇인가요?

찬호 아빠   가장 지금도 마음 아픈 것은, 뭐 부모님들이 함께해 줬기 때문에 이렇게 있을 수 있었다라고는 하지만, 세월호 참사로 희생되신 피해 가족들 전체를 아우르지 못하고 전체가 같이 이렇게 한 단체로서 목소리를 내고 같이 활동을 했으면 좋았는데, 그러지 못한 점이 가장 아쉽죠. 가장 아쉽고, 나름 가족협의회 위원장으로서 나름 노력은 했다라고 해요. 열심히는 한 거 같은데, 자질이나 능력이 좀 부족했었던 부분 아닌가…에 대한 아쉬움. 내 스스로에 대한 아쉬움. 그래서 그게 가장 아쉬운 점.

두 번째는… 무엇보다 참사를 겪고 피해 가족으로서 그렇게 아픔을 겪었던 사람…, 같은 피해 가족이었었는데, 그 대리기사 폭행 사건은 저는 '아주 의도적인 것이고 그다음에 또 정치적으로 이용당했다'라고 생각을 해서, 같은 피해자로서 뭐 1기 집행부, 2기 집행부 이렇게, 또 마음의 상처를 서로 주고받았던 부분. 그리고 또 그분들을 어떻게든, 뭐 잘못된 부분은 서로 인정을 하더라도, 같은 피해 가족으로서는 다시 규합돼서 같이 활동하고 했어야 되는데… 그러지 못한 부분. 그게 가장 마음 아픈 일이죠.

그리고 세 번째는 탄핵소추안에 세월호 참사에 대한, 우리 아이들 희생에 대한, 탄핵소추안에 교묘하게 박근혜가 그건 또 벗어나 버린 거죠, 그 부분에 대해서. 고 부분은 진짜… 반드시 꼭 남기고 싶었던 게 내 아주 개인적인 그건데, 결론은 그 부분이 받아들이지, 인용되지 못한 부분. 그 부분은 너무나 아쉽다. 국정농단 이후에 최근 나왔던 기무사 문건 정도였다면, 그다음에 청와대에서 얘기했던 국민들의 눈과 귀를 가렸던 "이것이 팩트다[세월호 당일 이것이 팩트입니다]"라는 내용이, 그 문건이 쪼금이라도 빨리 나왔으면 적어도 헌재에서 기각되지 않고 인용됐을 것이다. 그래서 그게 너무나 아쉽고 마음 아픈 일인 거 같아요. 그래서⋯ 고렇게, 그렇고.

나머지⋯ 네 번째라고 하면, 4년 동안 이렇게 활동해 오면서 가장, 가족들 곁에 있어주고 함께해 줬던 자원봉사자들. 또 그냥 개개인의 엄마, 아빠, 대한민국 국민의 한 사람, 또 해외에 계신 동포들까지도 그렇게 많은 분들이 함께 활동을 해주시고 하셨는데, 본의 아니게, 뭐 본의든 타의든 간에, 그런 감사한 내용들을 충분히, 우리 일만 전념하느라고 가족협의회에서 그런 분들의 은혜를, [은혜]에 대한 감사함을 전하지 못한 부분이 너무도 많고. 또, 그런 좋은 취지에서 모였지만 중간에⋯ 또 많은 사람들이 있다 보니까, 또 마음의 상처를 입고 그 활동을 떠나거나 또한 활동가로서 참여를 했지만 본인의 하고 싶었던 그 활동에 대한 부분이⋯ 고민스럽게 만들었을 경우. 그니까 가족들하고의 갈등으로 비쳐져서, 결론은 마음의 상처를 입고 떠나신 부분이죠. 그분들은 우리 가족들뿐만의 미안함이 아니라, 앞으로 그런 활동가분들은 본인의 지금까지 살아온 거라든가 앞으로 살아가야 될 방향에 대한 부분도 다시 또 고민하게 되는⋯. 그런, 우리가 피해자지만 그런 분들한테는 외려 그런 피해를 준 분들이 또 많은 거 같아요. 그래요, 고런 부분이 크게 좀 아쉬움으로 남는다⋯ 싶어요.

면담자   긴 시간 구술해 주시면서도 종종 언급됐습니다만, 가족협의회 위원장으로서 가장 힘들었던 때는 언제인가요?

찬호 아빠   가장 힘든 것은⋯ 결심을 해야 될 때, 결심을 해야 될 때가 가장 힘들었고. 솔직한 표현으로… 위원장의 자리는 진짜 외롭고, 누구한테 하소연할 수 있는 자리도 아니다. 가장 좀 외롭고, 누구한테 같이 얘기할 수 있는 그런 부분이 없다는 게 가장 힘들었고. 실제적으로 외로움이라고 표현해야 될 거 같구요. 그다음에 어떠한 사안이든, 결심을 해야 될 때. 가족들 전체, 다수의 의견이 당연히, 또 소수의 의견도 존중돼야 하지만 그게 팽팽하게 맞서고, 혹은 어떠한 결론을 도출하기 어려운 상황에서 실제적으로 가족협의회 위원장으로서 결심을 해야 될 때는, 진짜 많이 힘들죠. 그리고 또한 그 결심으로 인해서 가족들이 소외당하거나, 본인 스스로가 그렇게 느끼거나 혹은 가족협의회에 대한 불만을 표출하거나 그럴 때는, 그럴 때가 가장 좀 힘든 부분 아니었나…라고 생각이 되고. 또한 같은 내용인 거 같은데, 어떠한 결정을 함에 있어서 그러한 결심을 하기 전까지의 과정에서, 위임이라고 하죠. 다수의 의견이기는 하지만, 결정을 못 할 때 그러면… 뭐… 사실 내가 그럴 자격이 있었었나? "내 의견을 존중하고 위임해 주세라". 초창기에는 그런 게 없었던 거 같은데 한 2년, 3년 진행하면서 우리 가족들 앞에, 또 임원들 앞에 그런… 회의 석상에서 행위가 되짚어 보면 있었어요. 근데 그런 부분은, 그렇게 하고 진행했으면서 진짜 그게 최선이었는지, 뭐 그런 부분. 고럴 때가 가장 힘들었다 싶어요.

면담자 　　　네. 지난 4년을 돌아볼 때, 이렇게 지속적으로 활동에 참여할 수 있었던 이유는 무엇이라고 생각하십니까?

찬호 아빠 　　　그 이유는 자식을 잃은 부모의 마음. 혹은 꼭 자식이 아니고, 세월호 참사로 일반인 [희생자분]들도 계시고 많은 분들이 계시지만, 이 가족협의회가 이렇게 결속력 있게 올 수 있었던 것은 딱 한 가지였다고 생각이 돼요. 가장 큰 것은, 부모였다. 그다음에, 아이들의 꿈도 제대로 실현하고 펼쳐보지 못한, 진짜 꽃다운 나이. 18년도 제대로 못 살았던 그런 자식을 가지었던 부모였었고, 참사가 났을 때 그 모습을 지켜볼 수밖에 없었던, 그다음에 부모로서 어떠한 것도 할 수 없었던 그런 미안함. 지켜주지 못한 것에 대한 미안함, 그게 가장 큰 힘이었다 라고 생각이 돼요.

면담자　　　　4·16의 경험이 아버님의 세상에 대한 관점이나 삶에 대한 태도에 변화를 가져왔다고 생각하십니까? 예를 들어서 가족, 자녀 교육, 정치, 돈 등 이런 여러 가지에 대해서요.

찬호 아빠　　　그 세상 물정을 너무 몰랐었다는 거죠. 그리고 많은 과거 사를 지금까지 경험한 바도 있고, 또 지났던 내용들을 이렇게 전해 듣거나, 혹은 그런 곳을 방문하면서 이렇게 되새겼던 그런…. 적어도 이 사회가 이제는 이 정도까지는 아니었을 거다라는 그런 부분. 그리고, 너무나 이렇게 어렵게 사는 분들이 많았었다는 부분. 그니까 한마디로, 너무나 세상 물정을 모르고 살았다. 한 직장에서만 생활을 하고, 한 집안의 가장으로서 또 아이들의 아빠로서 남에게 피해 안 주고, 어떻게 보면 우리 가족들의, 남한테 피해 안 주고 우리 가족들의 안위를 위해서 가장으로서만 열심히 살고 충실하면 되지 않겠냐. 그리고, 능력이 된다라고 하면 나름 서로 베풀고 그러면서, 아이들 교육 차원에서 아주 나쁘게 살았지는 않았지만, 세상 물정을 너무 몰랐다. 그리고, 그렇게 생활했던 자체가, 참사[를] 겪고 나서 외려 부족함이나 부끄러움도 많았었고, 이제는 이미 그런 의사를 전달했지만 내가 잘했던 일, 내가 지금까지 살아오면서 했던 일에 대한 부분에[으로] 사회 복귀는 하기 어렵겠다. 그것으로 인해서 그 밑에 많은 사람들이 너무나 힘들어했었겠구나. 너무나 이윤 추구적인 그런 삶을 살지 않았겠냐. 그래서 가장 잘했던 그런 일은 이제 하기가 싫다, 그리고 이미 그렇게 선언을 했고. 그런 부분은 바뀐 거 같아요. 그래서… 앞으로… 어떻게 보면 지금까지 받았던, 그런 것을 잊지 않고 나름 함께하면서, 그런 아픈 사람들을 대신할 수는 없어도 그래도 그 마음은 잊지 말고 살아야 되겠다. 그리고 그 노력은 끝까지 해야 되겠다, 우리 아이들 일도 아직 많이 남았으니까. 뭐 그런 생각.

면담자　　2019년 1월이면 가족협의회 총회가 있을 예정입니다. 그때 위원장을 그만두시거나 재임하실 수도 있겠죠. 앞으로 아버님 본인의 삶의 전망을 어떻게 보시나요? 뭔가 계획이 있으신가요?

찬호 아빠　　처음이나 지금이나 그… 바뀐 것은 없구요. 가장 하고 싶은 것은… 자료를 보고 싶은 거예요. 우리 자료실에 있는, 아예 나스[NAS, 네트워크 저장장치] 체계를 구축해서 세월호 참사 이후의 많은 사항들, 그때그때 사안들을 들어가서 봤을 뿐인데, 실제 개인 시간이 된다라고 하면 모든 것을 잊어버리고, 머릿속에서 다 지우고 맨 처음부터, 우리가 모아놨던 목차, 목록화에 의해서 그 자료들을, 한 2년에서 3년 정도는 그 자료만 보고 싶다…는 게 제 생각이에요. 그리고, 그렇게 하고 나서 그거에 대한 부분에 나름 찬호 아빠로서 내 주관적인 내용들, 이러한 부분에서 앞으로, 이런 부분은 조금 미약했다, 좀 재조명될 필요가 있겠다. 그런 내용들 정도 수준만 좀 정리가 돼서 그것을 어디 뭐 외부가 아니라, 그 모든 자료를 그렇게 정리를 해서, 자료를 찬호 책상에다가 아빠로서 딱 올려놔 주는 게 기본적으로 내, 기본적으로 해야 될 일에, 해야 될 일이고 꼭 그렇게 할 것이다 약속을 했던 부분이라 고 거를 일단 먼저, 가장 먼저 하고 싶어요, 한 2년에서 3년 정도 걸릴 거 같고. 그게 끝나고, 끝나게 되면 예전에 이미 사회생활 하면서 목표했던, 조금 좀 확대했으면 좋겠는데. 그… 시골이라 그러죠. 전원생활, 뭐 귀촌, 귀농 이런 개념이 아니라, 전혀 뭐 그런 거 할 줄도 모르고 농사일도 모르고 그래서. 근데 그런… 그런 쉼터라고 할까요? 이렇게 힐링 할 수 있는 그런 공간을 하나 만들고 싶다. 그것을 만들고, 지금까지 이 주위에 보면 많이 힘들어하시는 분들이 많은데, 내가 좀 재력이 되고 능력이 돼서 그렇게 운영할 정도가 된다라고 하면 그런 공간을 만들어 주고, 제가 알거나 또 힘들어하는 그런 사람들이 있거나 그러면 와서 조금씩 머리를 식히고 갈 수 있는 그런 공간. 사실 우리 가족들의 그런, 시골에 별장 같은 공간을 꼭 만들겠다는 게 찬호 살아 있을 때 우리 가족들 내부에서의 목소리였고, 내 목표였고. 그래서 ○○, 찬호 열쇠 하나씩 주고 우리 하나 가지고 있고, "아무 때나 와서 쉴 수 있는 공간을 꼭 아빠는 50대 가면 만들겠다" 그게 와이프랑 약속했던 거였는데.

그게 없어졌다가 최근에는 또 그런 생각이 들어요. 이렇게 많이 힘들고, 또한 가족분들 중에서도 때로는 이렇게 많이 힘들어하고 스트레스 많이 받고 이런 걸 보면, '고런 공간도 하나 만들고 싶다'. 다른 걸 이제 또 뭐 하겠다는 생각은 없구요, 고 정도까지, 현재로서는. 앞으로 2년, 3년은 자료만 볼 것이다. 그리고 그 내용을 정리해서 찬호 책상에다 올려놓는 게, 내 마지막, 이 세월호 참사에 대한 진상 규명에 대한 아빠로서 찬호한테 하는 것은 고것까지는 꼭 해보고 싶다. 해놓고, 그담에 그런 공간을, 참사 나고는 포기를 했었다가 최근에 들어서는 그런 공간을 하나 만들고 싶다…라는 생각이 들어요. 그래서, 그 이후에 또 어떻게 살 건지는 사실은 쫌, 지금 구체적으로 생각해 본 거는 없고, 현재는 한 두 가지 정도, 꼭 반드시 그렇게 할 거다. 근데 그 전에 해야 될 일들도, 사실은 좀 많아요.

면담자   그렇죠. 진상 규명이 위원장님으로서가 아닌 찬호 아빠에게는 어떤 의미이며, 그에 대한 전망은 어떠하신가요? 그리고 위원장직을 내려놓고 싶다고 하셨는데, 위원장직에 대한 부담과 책임감은 어느 정도이신가요?

찬호 아빠   그… 고런 부분 때문에 사실은 작년부터 많은 조바심이 났었어요. 그래서… 일단은, 지금 단원고 추모 조형물, 그다음에 기억 공간, 이것은 올해 이루어질 거 같고. 그게 만들어진다라고 해서 또 유지 관리에 대한 부분이라든가 그런 부분이 사실상 빠져 있으면 안 되는데, 고런 것을 어떻게든 연계해서 앞으로 단원고가 없어지지 않는 한 잘 만들어질 수 있게끔, 진짜 제대로 기획돼 있어야 된다. 준비… 부분도 위원장 내려놓기 전에 마저 해야 될 부분이다. 그다음에 가칭 민주시민교육원 및 기억교실 복원 사업에 관련해서도, 일단 필요한 예산, 부족한 예산은 이제 확보해서 진행이 되겠지만, 그게 가족협의회 것도 아니고, 실제 경기도교육청이 이제 주관하는 그런… 뭐라고 해야 될까요, 그런 앞으로 계속 지속되는 사업으로 연계될라면, 그거에 대한 부분도 지금 기억저장소 소장님과 또 운영위원분들이 워낙에 탁월하게 잘해주고 계시지만, 가족협의회 위원장으로서는 그런 부분에 대한 재원, 기본적으로 남에 의지하는 게 아니라 가족협의회 내에, 또 기억저장소의 내에서 그런 재원 정도는 반드시 만들어져야 되겠다. 그걸 통해서 우리가 죽고 나서도, 이제 다음 세대든 그게 유지 운영 관리 되면서 지속된 그런 거를 할 수 있는 기본적인 그런 틀거리 정도가 마련돼야 되겠다 싶고.

가족협의회 측면에서는 가장 중요한 게 지금 생명안전공원인데, 생명안전공원 같은 경우도 아까 얘기한 대로 12월 달까지는 기본 계획이 수립되고, 내년도에 지원추모위원회에서 심의 의결해서 내년도부터는 정확하게 사업이 반영되게 돼서 진행돼야 되겠다…라는 부분이고. 또 그렇게 되면 법적으로 따질 부분이 있지만, 실제 그러면서 올해 안에는 반드시 그게 돼야 되겠다. 그러면서 내년도에는 적어도, 사업 주체로서 또 피해자 당사자로서, 혹은 만들어질 4·16재단을 통해서, 그게 정부에서 얘기하는, 말 그대로 한시적, 5년간 지원하기로 돼 있는 부분도 반드시 국가 공인 사업으로 전환시켜 놔야 된다. 고거까지는 반드시 돼야 된다. 그래야지만 모든 부분이 잘 연계돼서 진행될 수 있겠다 싶어서, 가장 중요한 것은 4·16재단과 생명안전공원에 대한 기본 계획 수립과 재단 승인은 올해 안에 반드시 12월 안에 이루어져야지만 된다.

그게 불가능하다라고 하면, 가족협의회 위원장을 지금까지 맡고 있으면서 아직까지 해야 될 일이 많다라고 생각은 되는데, 내년도에 내려놓을 때 다음 사람들한테 최선을 다하지 못한 그런 미안함도 있을 거 같고, 고게 제일 걱정돼요. 그래서 고것은 올해 안에 반드시 해야 되는 부분이 있겠다. 그래서 4·16재단이 말 그대로, 법에 의거한 대로, 명시된 대로 인정이 돼서, 승인을 받아서 생명안전공원을 운영 관리하는 데, 말 그대로 한계를 [두고] 해서 5년이 아니라, 아예 정부에서 국가 공인 사업으로 인정을 받고, 그러고 나서 그 재원에 대한 부분도 다시, 확정이 안 돼 있지만, 그 재원도 최대한 확보를 해서, 오로지 여기에만 쓰라는 게 아니라 4·16재단, 모든 안전과 참사와 혹은 연루된 피해 가족들, 또 지금 고통받고 있는 분들에게 지원할 수 있는 그야말로 메마르지 않는 저수지 개념, 역할을 재단이 할 수 있게끔 해줬으면 좋겠다… 싶은 게 가장 부담이고.

가족협의회에서도 아직까지 부진한 점이 많다…라고 [말하고] 싶어요. 그래서… 뭐 단원고와 민주시민교육원, 기억교실 복원과 생명안전공원과 재단이 된다라고 하더라도 실제 가족협의회는, 재단이 만들어지고 그렇게 되더라도 영구히, 우리가 생을 마감하더라도 이 가족협의회만큼은 끝까지 유지돼 줬으면 좋겠다… 싶은 거예요. 그래서 사회 복귀도 제대로 [필요]하지만, 실제적으로 이 가족협의회에서 지향하고 있었던, 우리가 초기에 가졌던 그런 사고와 의지가 계속 이제 후손으로 연계됐으면 좋겠다라는 부분이라서, 현실적으로 어려움은 있지만 기부금 단체 등록이 됐고, 이제 가족분들이 2기 특조위를 통해서, 적어도 국민이나 가족들이 납득할 수 있을 만큼의 진상 규명이 일단은 이루어진다라고 하면. 그리고 나서 제대로 가족협의회의 가족분들도, 가족협의회는 존치가 되더라도 올바르게 사회로 복귀해서, 사회로 복귀했으면 좋겠다.

고게 이행 될라면… 순차적으로, 현실적으로는 올해는 좀 어려운 거 같은데, 기부금 단체 등록 이후에… (면담자: 기부금 단체 등록이 언제 되신 거죠?) 저희가, 본래 그게 6월이죠, 반기별로 하니까 6월에 전체적으로 모아서 승인을 받은 거고, 올해 이제 됐기 때문에. 실제 그리고 이 가족협의[회]가 비영리 사단법인이기 때문에 많은 인력과, [가족들이] 제대로 사회 복귀 하면서도 [단체가] 남아 있을라면, 실제적으로 그… 저거를, 그다음 단계를 만들어야 될 거 같은데, 그게 뭐냐 하면… 갑자기 용어가 생각이 안 나지? 그… 공중, 그거를 뭐라 그러지. 그 뭐라 그러지? 공중 제외 대상? 그 명칭이 있어요, 그건 이따가 다시 생각나면 좀 얘기를 해야 될 거 같고. 쪼끔 전에 얘기할 때 그게 생각이 나서 얘길 했는데 (웃으며) 그게 갑자기 명칭이 생각이 안 나네요. 그래서… 제외 대상. 그러니까 그 제외 대상으로까지 인정을 받아야 될 필요가 있겠다. 제외 대상으로까지 승인을 받아야지만 가족협의회 실무관들, 실제 운영하시는 분들이 크게 어렵지 않고[않게] 잘 운용할 수 있겠다. 그래서… 기부금 단체 등록이 되고 나면 바로 절차상 공중 제외 대상 업체[단체]로 지정이 돼야 되는 거죠. 고걸 반드시 하고 싶다. 근데 현실적으로 내년 1월까지는 좀 어렵거든요. 그게 뭐냐 하면, 지금 정관도 수정을 해야 되고, 정관은 총회에서만 수정할 수밖에 없는 부분이라, 그 기틀은 마련해야겠다… 싶은 게 제 목표예요.

면담자   공중 제외 대상 법인으로 인정받지 못하면 기부금을 돌려줘야 하나요?

찬호 아빠   아뇨. 기부금은 다 되는 건데, 그리고 나서 이제 모든 서류 절차. 우리가 서울시에 등록을 해 있기 때문에 모든 서류든 그걸 감사를 받고, 그때마다 조건에 따라서 해야 되는데, 그다음으로 하는 그런 게 있어요. 거기에서 제외 대상으로 딱 접수가 되게 되면 그만큼 운영하는 게 편안해지는 그게 있는데. 그건 제가 쪼끔 이따가 얘기하다가 생각이 나면, 다시 하면 나중에 편집해서 넣으셔도 될 거 같고. 고걸 반드시 만들려, 그래서 올해 12월 안에 가족협의회 내부에서는 적어도 임원 워크숍 정도를 한두 차례 진행을 했으면 좋겠다. 그래서 사무처에서 제대로 준비해 주기를 원하고 있고, 그걸 통해서 정관 수정이라든가 이사회에 대한 부분, 실제 변경을 해야지만 제대로 가능한 부분이 있어요, 그 서류 절차를 밟을라면. 그래서 고 절차까지 가는 것을 가급적이면 올해 연말 안에 가족협의회 내부에서 워크숍을 통해서 정확하게 좀 정리를 하고. 그렇게 좀 단순화시키고, 운영하기[에] 좀 편리성도 제공하고, 어렵지 않게끔 만들어야 될 부분이 있겠다. 그쵸, 고 정도까지를 만들어주고, 다음 분들이 가족협의회를 맡으시면 그래도 그만큼 운영하기가 편하지 않을까에 대한 부분이라서, 고거는 가족협의회 측면에서는 반드시, 위원장으로서는 아직도 과제고 진행돼야 될 사항이다. 거기까지는 최대한 노력을 하면 될 거 같구요. 그다음에 임기에 대한 부분은… 피해 가족들 누가 되더라도 사실상, 우리가 비영리 사단법인을 만들고, 그 목적과 취지를 다 공유하시는 분들이기 때문에 잘 진행이 될 수 있을 거 같다 싶어요.

면담자   가족협의회 조직의 운영 방식을 좀 더 원활하게 하는 사안과 관련해서 질문을 드리면, 사실 임원진들도 아주 최소한의 활동비만 받고 일하시는 거잖아요? 그 외에 다른 생계활동이 불가능한 상태이신데, "활동비의 현실화를 해결하지 않고서는 임원진이 활동을 지속하기 어렵다"는 의견도 있으세요. 결국 가족협의회의 재원 문제인데, 이런 점에 대해서는 어떻게 생각하시나요?

찬호 아빠   그래서… 그 부분이에요. 그 부분을 해결할라면 조금 전에 제가 얘기하고자 했던 고 부분이 해결이 돼야 되고, 그다음에 워크숍을 통해서 조직에 대한 부분, 가족협의회가 지금 집행위원회, 운영위

원회 이렇게 나눠져 있고 이런 부분을 사실상 아주 간단명료하게, 확대
운영회의를 우리가 실제 진행을 하고 있고 그 확대운영위원회와 실제
이사들, 초기의 많은 다수의 이사들이 포함돼 있지만 그런 부분도 정확
하게 명쾌하게 정리가 돼야 된다. 그래야지만 쉽게 운영이든 절차든,
서울시의 감사든 우리 또 규정을, 규정에 준수해서 나갈 수 있는 방법
이 있겠다 싶은 거구요. 그래서 그걸 위해서, 요번 워크숍을 통해서 반
드시 그렇게 쫌 간단명료하게 해야 될 부분이 있고. 온전하게 사회 복
귀에 대한 부분도 어떻게 보면 그… 표현 자체가 '상근'이란 표현은 아
주 잘못된 표현이고, 그것은 우리 가족들 자체가 바라지 않았던 부분
이죠.

근데 최소한의 활동비라고 해서, 실제 그 정도 금액으로 활동 자체
는 어려운 거지, 당연히. 그리고 초기부터 지원했던 것도 아니고, 실제
지원하게 된 거는 한 1년 정도 지금 한 건데, 고 부분도 현실적으로는
좀 어려운 부분이거든요. 그게 뭐냐 하면…, (면담자 : 이게 지금 회비로
충당되는 건가요?) 회비 가지고는 부족하죠. 그러다 보니까… 비영리법
인이기 때문에, 사실 영리사업을 진행을 하면 안 되죠. 그래서 아까 얘
기했던 기부금 단체 등록을 통해서 진짜, 아주 1000원이 됐든 2000원
이 됐든, [기부금액이] 작은 분들도 그게 제대로 다시 혜택을 받을 수 있
게끔 만들어봐야 되는 게 당연한 거죠. 그래야지만 그런 회원들과 함께
할 수 있는 부분이 있고, 또 후원 자체가 이미 거의 없다 보니까 가족협
의회의 월 회비 6만 원 가지고는 실제 실무관님들 실비와 또 운영 경비
와 또 4대보험, 퇴직금 이런 거 하다 보면 이미 부족하거든요. 그래서
현재까지는 재무구조 자체가, 재무제표를 보면 다음 기수까지 충분히,

찬호 아빠 전명선

또 2년 누가 하시든 간에 운영은 가능하게 돼 있어요. 이제 현재로서는.

그런데 그것을 이제 쉽게, 편안하게 할 수 있게끔 할라면, 재정적으로 부담이 없이 할라면 결과적으로 영리사업이 아닌 비영리사업을 하기로 했으니까, 그런 기획안과 후원 사업들로 해서, 기획안으로 만들어서 기획안으로 집행되게끔 해야 되는 부분이 있겠다. 그래서 공중 제외 대상 신청, 이제 생각이 났어요, 아까 얘기했던 비영리, 아니 저 "공중 제외 대상을 만들어야 되겠다"가 제, 아까 갑자기 용어가 생각 안 났던…, (면담자 : 아까도 그렇게 말씀하셨어요) 아, 그런 건가요? 아, 공중 제외 대상, 이렇게 신청을 하게 되면 되게 간소화되고 그런 부분이 있어요. 그래서 우리가 영리사업을 할 수 없다 보니까 그런 부분을 통해서 기안이든 기획안을 가지고, 후원 사업과 연계된 기획안으로 사업을 전개해 나가면 실비용 들어가는 것은 실제적으로 절차상, 또 법규상 크게 제재를 안 받고 할 수 있는 부분이 있겠더라구요. 그래서 실제 가장 고민됐었던 게 기부금 단체 등록이었었고, 그게 쫌 시간이 걸렸던 거고. 근데 또… 전체가 반대하면 할 수 없으니까. 맨 처음에 반대해서 못했던 거거든요. 그래서 너무 늦어졌었고, 고게 됐기 때문에….

임원 회의 때 사실은 그게 쫌 받아들이지[받아들여지지] 않았었죠. 기억저장소도 마찬가지죠. 임원 회의 때 반대를 해서 결론은 기억저장소가 기부금 단체 등록이 안 돼 있다 보니까, 가진 자들이 후원하고 지원하지 않거든요, 후원. 실제 어려우신 분들이, 4년 동안 겪어보니까 그런 분들이 십시일반, 같이 나누고 생활을 하시는 분들인데, 가장 중요하게 생각한 게 기부금 단체 등록. 그다음에 우리가 비영리 사단법인이다 보니까 나름 우리 실무관들이, 또 혹은 가족협의회에서 앞으로 그런 재정적인 후원 사업에 인해서 법규를 준수하고, 어디… 지금까지 함께해 줬던 국민들이나, 혹은 어디로부터도 자유롭게, 이기적인 집단, 영리를 추구하는 집단, 그렇게 비쳐지면 절대 안 되기 때문에. 그래서 공중 제외 대상 단체로 딱 등록이 되는 순간, 되게 간소화됩니다.

그렇게 돼서, 그런 기획안과 그런 제안서와 그다음에 함께할 수 있는 그런 협력기관들. 그니까 단체겠죠. 그렇게 해서 운영을 하게 되면 쉽게, 많은 재원이 아니더라도 우리가 추구했던 목적 사업들은 계속 지속해 나갈 수 있겠다. 굳이 크게 현실적인, 물질적인 재원만 쏟아부어서 운영하는 게 아니라. 그래서 고 부분이 꼭 해놓고 싶은데 고거는 현실적으로, 내년 1월까지는 좀…. 총회에서 그게 다 정리가 돼야지만, 그 내용이 나와야지만 그걸 가지고 신청… 다음 절차를 갈 수 있는 부분이라, 어떻게든 힘닿는 데까지 해서, 그런 내용을 워크숍을 통해서 가족들, 임원들에게 안내하고 그거에 대한 동의 절차를 거치고 나면 사실 1월 달에 총회가 되더래도 그 총회 석상에서, 다음 분이 진행을 하더래도 편안하게 그렇게 연계해서 할 수 있도록 반드시 만들어놔야 되겠다…라는 부분이구요.

또 한 가지는… 실질적인 돈에 대한 부분이 사실은 언급을 안 할 수가 없는데, 다 가족분들이 똑같은 생각을 하고 있으리라 생각은 됩니다. 생각은 되지만… 적어도 이 4·16재단, 꼭 4·16가족협의회를 위해서 존재하는 것은 아니죠. 4·16가족협의회와 4·16재단은 엄연히 다른 단체인 거죠. 확실히 구분해야 된다… 그런 생각을 하고. 당연히 그렇게 돼야 된다라고 전제하면서 다만 그래도, 가족협의회가 그렇게 제대로 앞으로 지속… 있어야[되어야], 4·16재단도 목적 사업으로 인해서 잘

632
•
찬호 아빠 전명선

해나갈 것이다…라는 생각을 해요. 그래서 개인적인 욕심은 제가 위원장으로 있을 때, 사실은 최대한 제가 하고 싶었던 이 4·16재단의 재원, 정부 재원은 그렇다 치더라도, 기본적으로 지금 사회복지공동모금[회]에 있는 재원들은 다 끌어와야 되겠다.

그다음에 두 번째는 그… 재단 뭐 이사장님이 계시고 많은 이사님들이 계시겠지만, 우리 스스로를 평가하고, 필요에 의하면 진짜 전문가, 그것을 가장 잘할 수 있는 분한테 맡겨야 된다. 그냥 의지와, 훌륭하신 분들이 많은데 능력을 무시하고자 하는 거는 아니지만, 그냥 4·16재단이니까, 4·16재단 내에서 결정하는 거보다는 진짜 이 세월호 참사는, 그다음에 4·16재단은 가족뿐만이 아니라 각계각층의 국민들이 함께 참여해서 만든 재단이다 보니까, 대한민국 전체를 아울러야 된다라고 저는 보는 거거든요. 그러기 때문에 그것을 대표할 수 있는 그런, 아주 전문가적인 사람이 직접적으로 와서 운영해야 된다. 그리고 그렇지 않을 거라면 냉정하게 우리 스스로를 돌아보고 그것을 내려놔야 된다. 권리주장을 해서는 안 된다…라는 게, 꼭 제가 가족협의회 위원장일 때 4·16재단 모든 이사님들이 그렇게 동의해 주고, 이사장님까지 해서 한결같이 그렇게 좀 진행을 해줬으면 좋겠다라는 부분이에요.

그래서 간단하게 얘기하면 첫 번째는 이미, 아까 재단과 생명안전공원의 지원추모위원회에서 12월 안에 의결돼야 되겠다라고 했지만, 고런 의미에서, 아니면 투 트랙으로도 가야 되겠다, 필요하면. 그것은 그 재원에 대한 부분을 저는 염두에 두고 있다. 그래서 적어도, 투 트랙으로 가더라도, 아니면 위원회가 두 번 열리더라도 재단에 대한 부분은 적어도 12월 초, 11월 말에는 승인돼야 된다. 그리고 그 승인됨으로 인해서 내년도로 넘기면 안 되겠다. 올해 안에 반드시, 정부에서 다른 소리 할 수 없도록, 그 재원에 대한 부분은 국민들, 그 목적과 취지에 맞게 사회복지공동모금회에 470, 거의 500억 가까이 지금 이제 있는 걸로 알고 있는데, 400억에서 그만큼 늘어난 거거든요. 그래서 최소한 400억 이상의 재원을 확보하는 게 목표다.

그리고 두 번째는, 지자체에서 아직도 반대하고 있는 그런 시민분들이, 권리주장을 하고 계신 분들이 있는데, 말 그대로 법적으로 시행권을 지자체에다가 줬으면 부지는 지자체에서 대는 부분이 맞는데, 그렇게 아직도 그런 부분에서 피해를 주장하고 그런 분들이 계시기 때문에, 지역 주민들 중에. 적어도 그 재원 중에, 말 그대로 안산시의 공시가로 따져서라도 생명안전공원 부지에 대한 비용, 그게 30억이 됐든 50억이 됐든 그것은… 정부에서는 받기 어렵고, 결론은 또 반대 보수쪽에서 엄청난 공격을 받을 수 있는 부분이라, 그거는 자발적인 그런 부분으로 해서 아예 사회복지공동모금회든 혹은 재단에서 그 비용을 다 댔으면 좋겠다. 더 좋으려면, 우리 가족들도 또 거기에 참여해서 돈을, 재원을 좀 모아서 그 부분만큼은 해결하고 싶은 게 욕심이다라는 거구요. 그다음에 내년 1월이 딱 되자마자 이 재단에 대한 부분을, 말 그대로 재단 내에서, 제대로 된 사업들을 기획해 나가고. 그 기획된 사업들이 가장 처음이기 때문에 전 국민을[이] 납득할 수 있는, 전 국민이다, 우리가 피해자로서 혹은 그 재단에서 함께하면서 지원 참여한 부분에서 적어도 부끄러움이 없다 정도의, 전 국민들을 아우를 수 있는 그런 기획안. 거대하다는 것보다는 다수를 다 아우를 수 있는 그런 기획안이 최소한 6월 안에 만들어져야 되지 않겠냐.

찬호 아빠 전명선

그게 만들어져서 주무 부처인 아무래도 행안부에, 또 해수부에 제대로 접수가 돼서, 그게 국가기관에서 승인되고, 그다음에 그 내용에 따라서 아예 정부의 또 재원 출연, 그것도 저는 최소한, 최초 재원 자체는 그… 사업, 그런 기획을 그만큼 잘함으로 인해서, 그다음에 주무 부처에 제시하고 함으로 인해서, 정부의 재원 자체도 초기에, 사람들은 지나가면서 잊혀지기도 쉽고 그렇다라고 하지, 그건 뭘 어쩔 수 없는 거라고 본다라고 하면, 초기에 만들 때는 확실히 이원화해서 분리해서, 정부의 재원 자체도 그렇게 잘 만들어서, 최대한 많은 재원들을 확보하고, 그 사업계획을 그 어느 국민들이래도 납득할 수 있는 수준으로 만들어내야 되겠다…라는 거고요. 그래서 결과적으로 4·16가족협의회, 그다음에 단원고, 민주시민교육원과 기억교실, 그다음에 생명안전공원, 그게 그 재단으로 잘 운영, 관리되는, 그런 재단의 권한을 부여되게 [하게] 된다라고 하면, 그래서 마지막으로 그렇게 소중하게 만든 재원을 어떻게 운영할 거냐에 대한 부분은, 아까 얘기했던 전문가. 그리고 그것을 일괄 집행할 것인가, 혹은 일괄이 아니라 매월, 분할해서 매년 집행을 해서 운영할 것인가에 대한 신중함이 있어야 되겠다라는 거죠.

그래서 그런 전문가들, 그리고 가장 잘 아는 사람들. 정부 기관에다가, 저는 개인적으로는 그래요, 제 주관은, 개인적으로 그래서, 500억이든 600억이든. 뭐 일단 당장 한 500억 기준이라고 하면, 500억을 한 번에 재단으로 끌어들여서는 안 되겠다는 거죠. 그렇게 되면 견물생심, 혹은 잘못 운영될 수도 있고 또 많은 사항들이 서로 팽팽히 재단 내에서 대립될 수 있으니, 저는 4·3재단을[제주4·3평화재단의 방식을] 조금 선호하는 편이다… 싶어요. 그래서 뭐냐 하면 [국가에] 500억 맡겨놓고,

매년 그러면 얼마, 불려서 얼마, 35억씩 가져와. 매년 35억씩 사업을 짜고 집행하면 된다. 근데 정부 재원까지 늘어서 600억이다. 그러면 최소 얼마, 연 40억씩 가져오면 되는 거죠. 그렇게 해서 다 열어놓고 투명하게 운영이 된다라고 하면, 재단 운영부터 시작해서 가족협의회든 모든 단체에서 또, 시민들이 참여했던 부분들에 개인의 의견들이 다 반영된 거 아니겠나. 재단 내에서, 이사회에서 결정해서 진행하고 이런 것보다는 고런 방식이 개인적으로 좋겠다 그러는데. 가족협의회 위원장이지만, 뭐 이사들 중에 한 명 아니겠어요. 그래서 아무튼 지금 위원장 내려놓기 전에 탁월한 사람이 들어와서 날 설득하거나, 그렇지 않으면 내 의견이 반영됐으면 좋겠다. 고거까지도 욕심을 내고, 위원장직을 물려줘야 내 마음이 그래도 쪼금 편안할 거 같다. 요 정도까지.

8
진상 규명의 의미와 남기고 싶은 말

면담자   네. 아까 질문에서 이게 조금 빠졌는데요. 진상 규명은 아버님에게 어떤 의미인가요?

찬호 아빠   진상 규명이요? 진상 규명에… 진상 규명이란 무엇이냐. 찬호의 명예, 간단하게 얘기하면. 찬호에게는 명예이고, 그다음에 찬호를 지켜주려고 했던 아빠, 그다음에 가족협의회 위원장으로서 때로는 찬호 아빠로서, 때로는 국민들이 바라봤던 4·16 세월호 참사 피해 가족으로서 지켜봤던 입장이라고 하면, 찬호에게는 명예 회복이고, 부모로서 나 개인에게는, 어른으로서 지금까지 국민들에게 약속했던, 어디에서 발언하고 항상 같이 얘기했던 떳떳함. 나중에 죽어서 찬호를 만났을 때 부끄럽지 않은 부모. 그런 도덕적, 윤리적, 그다음에 인간의 존엄성을 참사 이후에 가장 소중히 생각하고 살아갔던 사람으로서 기억되는, 그게 아마 내가 바라다봤을 때 진상 규명 아닌가 싶어요.

면담자   마지막 질문입니다. 4년이 지난 지금, 찬호를 떠올리면 무슨 생각이 드시는지요? 지금 생각할 때 찬호는 아버님에게 어떠한 존재였던 것 같으세요?

찬호 아빠   찬호…야 제 분신이죠, 자식인데. 내 희망이고, 모든 가족들도 마찬가지지만, 희망과 꿈, 그다음에 나 스스로, 내 2세다 보니까 나의 미래, 뭐 그런 거죠. 그게 한 번에 없어진 거죠, 그런 것들이. 그리고 저기… 찬호는 아무튼 저한테는 그런 존재였다. 뭐 다른 부모들도 다 마찬가지겠지만, 그랬었고. 지금 찬호를 생각한다는 거는 아무튼 지금까지도… 되게 미안하죠. 제가 가장 미안한 것은 찬호한테 미안하고, 또 찬호 엄마와 찬호 형, 그다음에 우리 가족들, 실제. 저도 사람이고, 가장 순서로 따진다라고 하면 다 소중하지만. 가족협의회 위원장을 맡고 있다 보니까 외려 찬호에 대한 얘기를 못 하고, 때로는, 어떠한 작은 물품조차도 찬호를 기억하고 그런 것을 가족협의회 위원장이다 보니까, 해주겠다라고 해도 그걸 받아들일 수 없었던, 우리 아이들 전체를 생각해야 되다 보니까, 그런 부분 때문에 외려 찬호한테 너무 미안하고 가족들한테 미안하다. 단 한 번도 지금까지 생일이든 기일을 챙겨주지 못했다, 4년 동안. 그게 너무 미안하고. 이제 그렇게 못 했던 부분을 앞으로, 이제 시간이 되면 열심히 잘하면 될 거 같고.

　　그리고… 그렇게 내려놓고 나면 이제 쫌 찬호가 보고 싶고, 진짜 힘들 때는 좀 울어도 누가 뭐라 그럴 사람 없을 거 같고. 뭐 술을 한잔 기울여도 뭐라 그럴 사람 없을 거 같고. 그 힘들어했던 우리 가족들, 아내와 우리 큰놈, ○○랑 같이 술 한잔 기울여도 누구 하나 뭐라 그럴 사람 없고. 술 한잔 기울이다가 좀 눈물을 보이더라도 그걸 나약함으로 생각할 사람은 없겠다. 그래서… 실제 그렇게 내려놓고 나면 좀 편안할 거 같고. 아직까지는 많이 보고 싶죠. 찬호 생각나면… 가끔가다가 찬호랑 함께했던 추억들, 이렇게 글을 써요. 요즘도 힘들면… 그것을 그냥 모아놓지는 않았다가 모아보니까 좀 많이 있어요. 그런 거 한 번씩 읽어보고, 그러면서 위안 삼고. 그런 식. 됐어요? 끝.

면담자   네. 구술이 이제 5차까지 모두 마쳤고요. 혹시 추가적으로 하고 싶은 얘기가 있으신지요?

찬호 아빠   추가적으로요? 이러면 또 한 10시간 해야 돼, 처음부터 다시. 추가로 진짜 꼭 하고 싶은 말은 있어요. 아까도 얘기를 했는데…, 진짜 이 피해자 가족들은… 나중에, 나중에라도, 지금 이렇게 서로 떨어져 있는 사람이라도 다 모여야 된다. 그 시간이 얼마가 걸리더라도, 인천, 화물 피해 기사, 다 떠나서, 미수습자 가족분들, 다 한군데 진짜 모여야 된다. 반드시 그렇게 돼야 된다. 꼭 그렇게 됐으면 좋겠다고. 각자 간에 아까 시민들 불구, 자원봉사자분들뿐만 아니라 실제 피해자의 당사자인 가족들끼리, 본의 아니게 의견 차이로 인해서 이렇게 마음[에] 상처 입었던 분들. 같은 가족이라고 이제 생각을 하고, 진짜 다 잊어버리고 다 서로 용서하고, 가족들 간에 용서를 구하고 용서를 하고 할 게 뭐 있어요, 진정한 가족이라면. 그래서, 전 집행부, 이런 부분도 이제는 언급돼서는 안 되겠다. 세월호 참사로 인한 피해자 가족들이면,

진짜 말 그대로 가족이고, 이제는 누가 손을 내밀고 손을 잡고 하는 부분이 아니라, 자연스럽게 시간이 지나서, 집 나갔다 들어왔다라고 표현하면 좀 어떨지 모르겠지만, 잠깐 방황하고 왔었다. 내가 마음이 그만큼 힘들었었다. 서로 그렇게 에둘러 아우르면서 함께 모였으면 좋겠다. 진짜 그게, 그런 모습을 기대하고 싶어요.

면담자   네, 감사합니다. 이것으로 구술증언을 마치도록 하겠습니다.

찬호 아빠   끝. 아, 고생하셨어요.

4·16구술증언록 단원고 2학년 7반 제7권

그날을 말하다 찬호 아빠 전명선

ⓒ 4·16기억저장소, 2020

기획 편집 4·16기억저장소 | **지원 협조** (사)4·16세월호참사가족협의회
펴낸이 김종수 | **펴낸곳** 한울엠플러스(주)
초판 1쇄 인쇄 2020년 4월 1일 | **초판 1쇄 발행** 2020년 4월 16일
주소 10881 경기도 파주시 광인사길 153 한울시소빌딩 3층
전화 031-955-0655 | **팩스** 031-955-0656 | **홈페이지** www.hanulmplus.kr
등록번호 제406-2015-000143호

Printed in Korea.
ISBN 978-89-460-6768-4 04300
    978-89-460-6801-8 (세트)
* 책값은 겉표지에 표시되어 있습니다.